U0560922

当代美国丛书

当代美国外交

CONTEMPORARY AMERICAN DIPLOMACY

（修订版）

赵学功/著

社会科学文献出版社
SOCIAL SCIENCES ACADEMIC PRESS (CHINA)

当代美国丛书编委会

新世纪以来美国的力量变化轨迹

（代前言）

黄　平*

在《当代美国丛书》（修订版）出版之际，有关“美国是否正在走向衰落?”的讨论也正在美国、中国和世界其他国家和地区热烈展开。本篇短文将简单描述进入新世纪以来美国力量变化的一些轨迹，希望对已经并将继续展开的有关“美国是否正在走向衰落?”的讨论有一定参考，并权作为本丛书系列的代前言。

应该说明的是，观察和描述一个国家的“综合国力”变化，还需要更全面的数据支撑、更长期的观察、更广阔的视野。同时，还需要进一步纳入尚不能用数据说明的重要纬度，例如制度维度、文化维度和历史维度。

美国是一个极具自然资源禀赋的国家，国土面积居世界第三位，森林面积居世界第四位，人均可耕地面积居世界第五位，探明石油储量居世界第十二位，天然气储量居世界第五位，煤炭储量更是高居世界第一。

按照《全球足迹网络 2010 年度报告》统计，美国整体的生态承载能力仅次于中国，远超过法、德、英、日、意任意一国，甚至超过这些国家的总和。但另一方面，美国的生态需求也超过这些国

---

* 黄平，中国社会科学院美国研究所研究员、所长。美国研究所何兴强、王玮博士参与了起草，周婧、谢韫博士参与了资料数据的搜集工作。

家的总和，生态承载能力与生态需求之间有较大的缺口。以人均资源进口为标准，美国和中国大体处在同一水平，对进口资源的依赖性相对较低；德国和法国对进口资源的依赖性相对较高；日本、英国和意大利对进口资源的依赖性最高。单就进口资源依赖度而言，美、日、欧发达国家整体上不如俄、中、印新兴经济体，但美国的情况好于欧盟和日本。

从经济活动看，美国国内生产总值在2000年时高居世界榜首。到2003年，欧盟国内生产总值首次超过美国，美国退居次席，再后是日本、中国。按照现价美元计算的数据显示，美国国内生产总值占世界的份额从2000年的30.7%下降到了2009年的24.3%。根据购买力平价计算的数据显示，美国国内生产总值占世界的份额已经从2000年的23.6%下降到2010年的20.2%，预计到2015年还会进一步下降到18.4%。两组数据都揭示出这样一个趋势：尽管美国经济规模仍然在扩大，但它在全球经济中的份额正在缩小。

美国人均生产总值从2000年的35327美元增加到了2010年的47484美元。在这一指标上，美国在2000年时小幅落后于日本，在当前则小幅领先于日本；它还一直领先于欧盟，且领先的优势仍在缓慢扩大。相对于新兴经济体，美国依然有着明显的领先优势，但同十年前相比优势正大幅缩小。例如，2000年度美国人均生产总值相当于印度的80倍、中国的40倍、俄罗斯的20倍，2010年时变成了相当于印度的40倍、中国的10倍、俄罗斯的5倍。从购买力平价法计算的人均国民收入看，大体也表现出同样的趋势。

2000~2009年间，美国的出口额累计增加了60%，达到1.6万亿美元的规模，相当于整个欧盟的出口量，也与中国的出口量大致相当。在如此高的出口总额下，美国的出口依存度并不高。十年间，美、日、欧出口总额占国内生产总值的比例均维持在一成左右，与俄、中、印“出口导向型经济”形成了明显的对比。以国际贸易对经济增长的贡献看，美国、欧盟和印度连年逆差，稍逊于连年顺差的俄罗斯、日本和中国。但是，美国贸易逆差占国内生产总

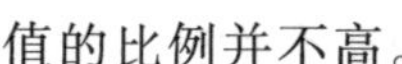

值的比例并不高。

从吸收外商直接投资总额看，美国依然是外商投资的首选地。2000～2009年间，美国在任何单独年份吸收的外商直接投资都高于日本、中国、俄罗斯、印度及欧盟主要国家。外资规模除了反映一国的投资环境外，也能反映出国内投资水平。美国自20世纪80年代以来，私人储蓄开始小于私人投资，国内储蓄不足以提供足够的资金来满足其总的投资需求。为了维持经济增长，美国需要吸引更多的国际投资。

在就业问题上，尽管美国在2000～2008年间失业率从未超过6%，但从2009起连续三年接近或超过9%，就业问题已经成为美国当前最紧迫的社会问题之一。在关系民生的物价水平上，美国和欧盟在十年间大致维持了价格水平的基本稳定，既没有俄罗斯、印度的通货膨胀压力，也没有日本的通货紧缩压力。

根据联合国开发计划署的统计，2000～2010年美国的基尼系数为0.408，在所有发达经济体中属于很高的，贫富差距是美国一直没有能够解决的顽疾。

2000～2007年间，美国政府债务占国内生产总值的比例一直维持在35%左右，但2008年突破40%，2009年进一步突破50%，2010年更是超过了90%。至于财政赤字占国内生产总值的比重，美国在2008年突破了通常所说的警戒线（3%），2009年更是达到或接近10%。按照国际货币基金组织的预测，美国的赤字率在2010年虽有所回落但仍然接近7%，甚至到2011年也会超过5%。在国家财政状况方面，美、欧大致相当并优于日本，但逊于中、俄。

从军费开支看，2009年美国维持了6610亿美元的规模，占全球军费开支总额的43%，相当于排名世界第二至第十五位的14国军费开支的总和。美国军费占国内生产总值的比重也从2000年的2.96%提高到2009年的4.68%。相比较而言，主要大国中只有俄罗斯维持过高于或接近美国比例的军费支出。美国现有的核武器数量仍然庞大，据美国科学家联合会和自然资源保护协会估计，2011年美国实际布置的战略核弹头为1968枚，发射装置为798个。

常规力量方面，美国一直维持着一支规模庞大的军队。截至2010年6月30日，美国武装力量人员共计161万，其中海外驻军就接近30万，分散驻扎在数百个海外军事基地（高峰时达823个）。2004年起，美国开始在全球范围内建立供美军机动部署的小型军事基地，旨在提高部队的战斗力和灵活性。

就太空探索能力而言，忧思科学家联盟的统计显示，2000～2010年间全球范围内发射卫星总数为651颗。其中，美国单独发射了258颗卫星，超过俄、中、法、德、英、意、日、印单独发射卫星数量的总和。从新增卫星的用途看，美国有1/3的新增卫星都有军事用途。2000～2010年间的新增卫星中，对美国有军事用途的新增卫星数量约为中国的5倍。

在科技发展方面，美国研发投入的总额及其占国内生产总值的比例一直位居世界前列；从版权与许可费的收入来看，美国高居世界第一；从发表的科技期刊文章的数量来看，十年间美国的科技论文数量遥遥领先于世界各国。世界经济论坛的国际竞争力报告亦显示，在创新能力、企业的研发费用、科研机构的质量、科学家和工程师数、每百万人口拥有的专利数量、产学研结合能力等指标上，美国均名列世界前茅。

在反映一国凝聚力的民众满意度上，皮尤研究中心的调查显示，2005年超过半数的美国受访者表示不满意“国家的当前情况”。这一比例大致相当于同期英国、印度民众的反应，虽低于法、德、俄、意等国的民众满意度（各有70%以上表示不满意），但显著高于中国民众（中国民众的满意度超过72%）。调查还显示，2002～2008年间，美国民众对“国家发展方向”的满意程度呈下降趋势，从41%一路降到23%，2009年民众满意度虽有所提高（36%），但2010年又出现了下跌的趋势（30%）。美国民众对国家发展方向的满意度不仅远远低于中国（2006年以来一直在80%

以上，2009 年和 2010 年都达到 87%）、印度（2007 年以来也在 40% 以上，2009 年达到 53%）等新兴经济体，而且即使在发达国家中也是偏低的。

到此，我们可以提出以下几个简短的判断作为下一步研究和进一步讨论的“问题”。

第一，美国综合国力的形成是一个历史过程，因此也需要从比较长的时间来观察其变化，虽然一些事变或突变（例如“9·11”）也对综合国力的变化有重要作用。

第二，美国的综合国力变化有绝对值变化和相对值变化之差别。在绝对值方面，美国在很多方面还在继续走高；在相对值方面，也是有的在提高，有的在降低或减弱。

第三，判断美国的综合国力变化，还需要把它与其他国家和地区加以比较。从与欧、日、中、俄、印的比较来看，在一些领域，确实存在力量此消彼长的现象，虽然从短期看许多方面还并不十分明显，尤其在科技和军事领域，目前尚无国家和地区对美国构成严重挑战。

第四，从对国家（或地区）的综合力量变化的一般描述、比较层面看，虽然多极化趋势已依稀可见，但目前尚未出现“几足鼎立”（特别是美、欧、亚三足鼎立）的世界格局。欧盟的整合还在进行之中，且本身并没有构成一个国家的力量形态，而亚洲各国尤其是中、日、印就更是远远没有形成统一的区域性力量。

第五，在有所变化的领域（其中许多还在发生过程之中），只能列出一些事实差别，但由于没有深入分析，目前的描述还推不出其中的因果关系。

2010 年 5 月 1 日

（本文全文原载黄平、倪峰主编

《美国问题研究报告（2011）》，北京，

社会科学文献出版社，2011 年 6 月出版）

目　录

第一章
总　论

一　美国的外交传统

综观整个美国对外政策史，扩张是贯穿始终的一根主线。在一定意义上，美国本身就是英国商业资本扩张的产物。从西欧到北美大陆的第一艘船带去的商业精神、扩张意识，美国独立后自然把这种遗产继承下来。扩张意识从一开始就深深植根于美国的文化之中，并成为美国对外交往的一个鲜明特征。正如美国历史学家普拉特所言："有一种天命在主宰和指导着美国扩张，这种思想根植在我们的民族意识里面，简直有很少不存在的时候。"美国的对外扩张大致可以分为三个历史阶段，即大陆扩张时期（1775～1897）、海外扩张时期（1898～1945）和全球扩张时期（第二次世界大战后至今）。在大陆扩张时期，美国的对外扩张主要是围绕扩大版图，向西部大规模开拓。1898年美国发动了对西班牙的战争，正式吹响了向海外扩张的号角。美国开始踏上世界政治舞台，在海外追逐经济、商业利益，攫取广阔的海外市场。第二次世界大战结束后，美国凭借在战时迅速积聚起来的强大经济和军事力量，走上了全球扩张的道路，同苏联在亚洲、非洲和欧洲展开了激烈争夺，进行了长达半个世纪的冷战，力图建立一个以美国为中心的世界经济和政治新秩序。

美利坚民族的扩张意识主要起源于所谓的"天赋使命观"。这种使命观是盎格鲁—撒克逊清教徒的宿命论在美国文化中的反映。他们认为自己是上帝的选民，是受上帝之托，来实现上帝赋予的

“拯救”世界的特殊使命。从欧洲来到北美的第一批移民就幻想把北美大陆建成人类文明的“榜样”和“希望之乡”，使之成为“世界的未来”。到了19世纪40年代，这种宿命论发展成为“天定命运”论，为美国的大陆扩张提供“理论”依据。信奉“天定命运”的扩张主义者宣称，美利坚民族是世界上最优秀的民族，他们“有征服劣等民族的权利”；同时，美国也具有帮助改造落后民族的能力和“使命”，把美国的民主价值观和政治体制向全世界推广。第二次世界大战后，不论是美国还是世界都发生了巨大变化，但美国的扩张意识没有因此而有所改变，美国人的“使命感”依然异常强烈。这反映在美国外交活动中便是经常表现出自命不凡、唯我独尊、颐指气使，竭力企图把自己的政治、经济和文化模式强加于人。

在大陆扩张时期，美国外交的基本指导思想是所谓孤立主义。建国初期美国国力弱小，无力与英法等欧洲列强相抗衡，因此它既不愿意让欧洲各国涉足北美，同时也无意卷入欧洲事务的旋涡。美国外交的孤立主义传统始于开国元勋。早在1776年，后担任美国第二任总统的亚当斯就提出：“我们应该不与任何欧洲大国达成任何结盟协定。我们应该最大限度地把自己孤立起来。”1783年6月，美国国会通过决议，宣布美国的“真正利益要求应该尽可能地不卷入欧洲国家的政治和纷争”。法国资产阶级革命爆发后，与英国陷入了长期的战争之中。法国派公使到美国，希望得到美国的支持，但是，美国政府却于1793年4月22日宣布了《中立宣言》，明确表示美国不介入交战的任何一方，规定美国公民不得参加交战任何一方的军事行动，禁止同英法进行走私贸易。这可以说是孤立主义外交原则在美国外交中的首次运用。

1796年9月17日，开国总统华盛顿发表了著名的《告别演说》，系统地提出了孤立主义外交的基本原则。他告诫美国人，不要把美国的命运“与欧洲任何一部分的命运纠缠在一起”。他认为：“我们独处一方，远离他国，这种地理位置允许并促使我们奉行一条不同的政治路线；我们真正的政策，乃是避免同任何外国订立永久的同盟。”华盛顿的演说虽然没有明确出现“孤立主义”字样，但他系统地阐释了孤立主义的基本原则，把传统的孤立思想上升为对外政策的指导方针，由此，确定了指导未来美国外交政策的一项主要原则。美国第三任总统杰斐逊在其就职演说中，重申了美国的对外政策原则：“与世界各国和平相处，通商往来和友诚相待，但不与任何一国结成同盟。”在两次世界大战期间，美国的孤立主义思潮甚嚣尘上，成为美国政治生活中的一个突出现象。20 世纪 30 年代中期，美国国会通过了一系列中立法案，使美国的孤立主义达到高潮。1941 年日本偷袭珍珠港，美国全面卷入第二次世界大战，宣告了孤立主义外交政策的破产。

美国的孤立首先是借助于其独特的地理位置和条件，浩瀚的大洋成为美国奉行孤立主义的“天然屏障”。早期美国政治家们大都支持奉行孤立主义政策，并把它作为指导美国外交的主要原则之一。美国早期政治家梅森在 1783 年写道：“大自然用一望无际的海洋把我们同欧洲国家分隔开来。我们介入它们的纷争和政治越少，对我们就越有利。”但是，所谓的孤立主义并不是绝对的，对于西半球，美国则奉行扩张主义。美国立国之初便开始向西部扩张，扩张是贯穿整个美国外交政策史的一根主线。1803 年美国从法国手中购买了路易斯安那，使美国的版图扩大了一倍多。1848 年美国又开始向南部扩张，发动了对墨西哥的战争，其结果是美国获得了墨西哥的大片土地。美国资本主义的发展需要广阔的海外市场，因而不久就向美洲大陆的其他地区和亚太地区大力扩张。到了 19 世纪末，随着美国经济实力的不断增强，要求开拓国外市场、向海外扩张的呼声甚嚣尘上。1898 年的美西战争吹响了美国向海外扩张的号角。

在海外扩张时期，美国外交的指导思想是门户开放政策，它是 1899 年和 1900 年由美国国务卿海约翰首先提出的一种针对中国的外交政策，后来则成为海外扩张时期美国对外政策的指南，它反映了在美国国力不断上升、但实力尚不敌英法等列强的情况下，美国不得不打着机会均等、利益均沾的旗号，力求最大限度地维护和扩大美国的海外利益，同其他列强争夺海外市场。

美国外交传统的最大特点是现实利益考虑与意识形态考虑之间的矛盾，亦即现实主义和理想主义之间的冲突。美国人以注重实际著称，由此发展起来的实用主义哲学在美国最为发达，它是典型的美国生活方式的产物。与此同时，美国人又是追求信仰的。从北美殖民地开始，新教就对人们的社会生活和政治生活产生了极为深刻的影响。那些从英国来的清教徒认定他们是上帝的选民，注定要承担起领导世界的责任，为全世界树立榜样，由此，在美国文化中形成了一种强烈的“使命感”。这两种思想倾向反映到美国外交中，便逐渐形成了外交思想的“现实主义”和“理想主义”传统。现实主义外交被认为是趋向保守，强调外交的主要目的是维护和平和实现国家利益，手段是从国家实力出发，采用一切必要的办法，包括使用武力，来实现国家的目标。现实主义外交家把国际关系看成是权力政治，其主要观察方法是分析国家间实力对比的变化，主张运用均势原则指导外交实践，并认为国家的外交决策权应高度集中，决策者可以以秘密外交等多种方式来实现国家利益。

理想主义外交则更趋向于主张世界政治的变革，强调外交活动的主要目标应是维护正义和促进社会进步。认为美国对人类的发展和命运负有特殊的责任，视美国为世界上独一无二的道义之邦，是其他各国应当仿效的范例。理想主义者都有一种非常强烈的“使命感”，认为美国的政治制度和民主价值观念是世界上最好的，其他国家都应当效法美国；美国也有义务把美国式的民主推广到全世界，维护世界的和平和正义。理想主义更多地从意识形态的角度去观察世界和解释国际关系，在很大程度上把国家之间的矛盾和国家间冲突看做正义与邪恶之争，民主与独裁之争，维护人权与践踏人权之争。理想主义者强调公开外交，国会和公众对外交活动的监督和制约，反对秘密外交。

美国外交思想中存在的理想主义和现实主义的矛盾，并不意味着可以把不同时期的美国外交思想明确地分为两种类型，或把两者截然分开。从某种意义上说，两者的差别只是实现国家利益的所采用的手段和方法的不同。实际上，两种思想之间常常相互渗透，相互影响，共同服务于美国的国家利益。

二 战后美国外交与安全政策的演变

第二次世界大战是美国外交史上的一个重大转折点，不仅把美国推上了世界政治大舞台，而且使其在战争中迅速崛起，发展成为国力、军力都高居于西方资本主义国家之首的超级大国。到战争结束时，美国工业是西欧和日本总和的两倍多，美国的黄金储备占资本主义世界的 70%。美陆军达 89 个师 600 万人，海军 385 万人，各型舰船 10759 艘，总吨位达 1382.8 万吨。此外，美国还是当时世界上唯一拥有核武器的国家。美国凭借这一优势地位，为了遏制以苏联为首的社会主义国家所谓的“扩张”，维护和扩大美国的全球利益，制定了遏制战略，同苏联展开了长达近半个世纪的冷战。“遏制共产主义”成为美国长期和不变的战略目标。遏制战略的提出和实施是美国外交政策的一大转折，它表明美国的国家安全政策已由地区政策转向全球政策，由原来的海外扩张转向全球扩张。在遏制战略的指导下，杜鲁门政府不遗余力地在全球范围内同苏联展开了激烈的争夺，在亚洲、欧洲、非洲建立了军事基地。尽管此后美国历届政府都提出了带有本届政府印记的外交和安全政策，但遏制政策的核心和实质并没有改变。正如里根所言，自杜鲁门以来，不管是共和党还是民主党执政，“美国政府对苏联的政策始终是以遏制其扩张主义为目标的”。

到了 20 世纪 80 年代中期，里根政府“以实力求和平”，对苏联采取强硬政策，同苏联展开了一场综合国力的较量，使苏联陷入内外交困的境地，迫使苏联不得不转变战略，谋求与美国关系的缓和。戈尔巴乔夫上台后一方面在国内进行政治改革，另一方面提出国际政治新思维，对苏联的外交政策作出重大调整，力图缓和美苏紧张关系。在此背景下，美国也开始酝酿对外交及安全政策进行调整。

1989 年 5 月 12 日，布什总统在得克萨斯农工大学发表讲话，首次提出了对苏联的超越遏制政策。他称“美国现在的目标远不仅仅是遏制苏联的扩张主义，我们所谋求的是苏联重新成为国际社会的一员”。他要求苏联“在国际上以较负责态度行事”，“朝着较开放和民主化的方向前进”，以便“回到世界秩序中来”。1990 年 3 月，布什向国会提交了他上台后的第一个《国家安全战略报告》，明确提出美国与苏联的关系仍然是战略重点，对苏联不能只是简单地、消极地、被动地进行遏制，而是要大胆地超越第二次世界大战后长期奉行的遏制共产主义的政策，通过综合运用政治、经济、军事、外交、文化、意识形态等多种手段，积极主动地争取把苏联作为一个建设性的伙伴纳入国际体系，使其重新成为国际社会中负责任的一员，从而开创一个超越遏制的新时代。

超越遏制政策实际上是遏制政策的继续和发展，但其目标要比遏制政策大得多，即在保持强大军事力量、不放弃军事遏制的同时，以经济援助为诱饵，采取政治、经济、文化和意识形态等各种手段，使东欧国家脱离苏联的影响，促使苏联削减军事力量，最终使苏联在国内实行政治民主化和西方式的市场经济。这一政策的提出是乔治·布什政府发出的即将对冷战时期长期奉行的遏制政策进行重大调整的明确信号。

1992 年 2 月，美国国防部长切尼对美国国家安全战略构想做了系统阐释，将美国新的国家安全战略正式命名为“地区防务战略”，这是对遏制战略的一次重要调整，它的出台标志着美国以遏制共产主义为基本特征的冷战型国家安全战略的终结和冷战后新的战略构想开始形成。地区防务战略的基本内容是：（1）美国的主要作战对象由苏联转变为可能危及美国国家安全的地区军事强国，战争准备由原来的应付全球性大战转变为主要对付地区性冲突，地区安全问题成为美国全球战略的一个重要内容。（2）美国的战略重心由原来的欧洲转变为欧亚并重。(3) 在安全手段上，由主要针对苏联的核威慑战略转变为全方位、多层次的威慑战略。(4) 在军事部署上，由原来的前沿部署转为强调前沿存在，适当收缩海外驻军和海外基地，特别是减少驻欧兵力，适当增加在中东的力量，维持在亚太的军事存在。(5) 缩减部队规模，改编常规力量，重点增强部队的重组能力。(6) 在作战方针上，强调部队对国际危机的快速反应能力。

在外交战略方面，布什政府根据变化了的国际形势，也进行了重大调整，主要包括以下几个方面：(1) 建立以美国为主导的集体参与的伙伴关系。巩固和加强与盟国的关系是冷战结束后美国外交的一个重点。为了实现美国主导下的合作，美国领导人非常重视与欧洲和亚太盟国的关系。在欧洲，美国力图建立一个从温哥华到海参崴的大西洋共同体。在亚太，美国提出了建立太平洋共同体的构想。(2) 把在全球促进民主与人权作为一项基本政策，大力推行人权外交。(3) 加强军备控制，防止大规模毁灭性武器的扩散。冷战后美国对外政策的一项紧迫任务就是如何处理前苏联所拥有的大量的核武器和常规军事力量，如何减少地区冲突的诱因和控制其强度。为此，美国采取了双管齐下的方针。一是与前苏联经过多次谈判达成了关于削减常规力量和战略核武器的一系列协议，使欧洲常规力量的对比由原苏联的优势转为有利于美国及其盟国的优势，使战略核力量的对比达成均势，并维持在较低的水平。二是通过双边和多边谈判，加强对核武器、化学武器、生物武器等的控制，防止其扩散。(4) 利用联合国和其他国际机构，建立美国领导下的集体安全体制，加强对国际事务的干预。冷战结束后，特别是海湾战争以来，美国更加注重集体安全，依靠联合国和其他国际机构来实现美国的战略意图，维护美国的利益。在海湾战争中，美国就是凭借联合国的决议，组建了以美国为首的多国部队。同时，美国也多次以维护集体安全为由，打着联合国的旗号，武力干涉他国的内政。

在调整军事、外交战略的同时，布什政府也对美国的对外经济战略作了较大调整，把提高综合国力，保持美国产品的国际竞争力列为国家安全的重要目标。1989年5月，布什政府向国会提交了《国家贸易政策纲要》，首次提出了90年代美国对外经济战略的几大重点：（1）早日完成关贸总协定乌拉圭回合多边贸易谈判，建立一个更加开放和自由的国际贸易体系；（2）积极推进北美经济一体化进程，建立北美自由贸易区；（3）与日本进行谈判，促使日本进一步向美国开放市场，减少并最终消除对日巨额贸易赤字；（4）与欧洲国家进行谈判，使欧洲市场保持开放性，确保美国产品的自由进入；（5）扩大和加强与亚太地区的贸易关系。这一纲要奠定了布什政府对外经济战略的基础。在这一纲要的指导下，美国政府提出了建立北美自由贸易区的倡议，积极推动亚太经济的一体化，并与欧共体国家就市场开放、协调贸易政策等议题进行谈判，以确保美国的产品能够自由地进入这些地区，为美国增加新的市场和就业机会。

1991年8月，乔治·布什总统向国会提交《1991年国家安全战略报告》，进一步勾画了新形势下的美国安全战略。他强调，美国必须修改遏制战略，把安全战略的重点从对付苏联的全球性威胁转向解决地区性冲突等多样化危机；美国的军事战略转向以“全球威慑，应急反应”为核心，将防务重点从对付苏联和全球性挑战转向对主要地区的威胁做出反应；在军队建设上，维持一支有效的攻防兼备的战略威慑力量，缩小常规力量规模，提高其质量，发展高技术武器装备，在关键地区保持前沿军事存在，增强军队的机动、快速反应和重组能力；美国将进一步削减军备开支，同时强调防止核武器及导弹等先进技术的扩散，推动军控和裁军；美国更加重视经济领域的竞争，努力推动关贸总协定乌拉圭回合的谈判和促进北美自由贸易区的谈判，同时防止西欧以及亚太地区贸易保护主义倾向的发展。该报告同时还指出，美苏关系虽然已经缓和，但仍存在两国“重新出现对抗的危险”。乔治·布什在提交这一报告时还发表了一项声明，强调这份报告是在“历史上罕见的时刻提出的，我们难得有这样的机会——按照我们自己的价值观和理想建立新的国际体系”。他声称美国国家安全战略的重点不仅在于保护美国公民和美国的利益，而且还在于帮助建立一个能使美国的价值观念“不但继续存在下去，而且得以发扬光大”的世界。

早在1990年9月11日，乔治·布什就海湾危机向美国国会发表讲话时，就明确提出了美国建立世界新秩序的问题。他声称，“今天我们处于一个独特的非常时刻。尽管波斯湾的危机很严重，但它也提供了一个朝着具有历史意义的合作时期前进的少有机会”。他认为，在这种动荡过后，就可以实现美国建立世界新秩序的目标，即进入一个“新纪元”，“一个少受恐怖的威胁、在寻求公正中变得更强大、在寻求和平中变得更安全的新纪元，一个世界各国，不管东方还是西方，北方还是南方，都能繁荣富强，和谐生活的新纪元”。海湾战争之后，乔治·布什和美国政府高级官员多次发表讲话，阐述美国建立世界新秩序的构想，其主要内容包括：(1) 世界新秩序的目的是在全世界实现“和平和安全、自由和法治”，各国不论大小，“共同承担责任”，各国要“以新的方式同其他国家合作，以制止侵略，实现稳定，实现繁荣，首先是实现和平”。(2) 强调在世界新秩序中“美国的领导是不可或缺的”，“没有人能够代替美国的领导地位”。声称在世界各国中，“只有美国同时具有道义上的声望，也具有维持这一声望的物质力量”。(3) 认为需要同盟国建立伙伴关系，以“公平地分担责任和义务”。(4) 努力把苏联纳入世界新秩序之中，谋求同苏联的合作，继续支持苏联的政治、经济改革进程。(5) 世界新秩序必须以美国的价值观和理想为基础，认为自由的思想在美国“得到了最大胆、最明确的体现”，世人“从美国的思想中看到了希望”。

1993年克林顿政府上台后，对美国的国家安全战略又作了重大调整。克林顿是冷战结束后美国的第一任总统。在竞选时，他就打出变革的旗号，提出要重振美国经济，扭转颓势，恢复美国在世界上的领导地位。9月21日，美国国家安全事务顾问莱克在霍普金斯大学高级国际问题研究院发表演说时，第一次较为完整地阐述了克林顿政府的“扩展战略”。他提出，“在整个冷战时期，我们遏制了市场民主制所面临的全球威胁”，“在实行了遏制政策之后必须采取一项扩展战略，即扩大这个世界自由市场民主制国家组成的自由大家庭”。莱克强调，扩展战略以民主与市场经济为核心内容，包括4个部分：(1) 加强由主要市场民主制国家组成的大家庭，加强美国与欧洲、加拿大、日本的关系，以此作为扩展战略的核心。(2) 在可能的地方帮助促进和巩固新的民主制和市场经济，特别是在有着特别意义和机会的国家，主要是指前苏联国家和东欧地区以及中国等社会主义国家。莱克认为，独联体和东欧的“新生民主国家”的“民主制度和市场经济往往是脆弱的”，防止这些国家“民主浪潮出现逆转”关系到“扩展战略”的成败。(3) 必须反抗敌视民主和市场经济的国家的侵略，并支持其自由化，最大限度地缩小“反民主国家”对民主国家进行威胁的能力。美国认为这是减少对民主制市场经济国家外部威胁的有效途径。一旦出现威胁，美国的政策是要采用各种手段和方法，在外交、军事和经济上孤立这些国家。(4) 在存在严重人道主义问题的地区，美国不仅要提供援助，而且应当帮助这些地区建立和发展民主和市场经济，以此来实现美国的“人道主义议程”。莱克称，美国的人道主义努力能在世界许多地区促进民主与市场的发展。

1993年9月27日，克林顿总统在联合国大会上发表演说，向全世界宣布了美国的“扩展战略”。他强调，在一个危险和机会并存的新时代，美国的首要目标是扩大和加强世界上“以市场为基础的民主国家的大家庭”，推进自由市场民主制度，努力减少敌视民主政权的威胁，支持愿意和平相处的“非民主国家”的自由化。11月4日，克里斯托弗国务卿在美国参议院外交委员会作证时，把克林顿政府的国家安全战略具体为6大重点：确保美国的经济安全；支持俄罗斯和独联体其他国家的政治和经济改革；重振北约联盟以适应新形势下欧洲面临的挑战；加深同亚太地区的联合和合作，包括同中国建立起一种全面关系，从而在广泛的战略框架下解决相互的分歧；推进中东和平进程所取得的突破，争取实现中东地区全面持久的和平；加强在全球实施不扩散原则并致力于解决其他的全球性问题。

经过一段时间的酝酿，1994 年 7 月 21 日，克林顿政府正式提出了被称为“参与和扩展”的国家安全战略，并确定了该战略的总目标是恢复美国在世界上的领导地位。克林顿在《国家安全战略报告》中强调，美国将在全球范围内推行“参与和扩展战略”，美国的长期目标是“建立一个每个大国都是民主国家的世界，同时许多其他国家也都加入市场民主体制的大家庭”。参与是指美国应积极参与国际事务，进一步加强美国对世界的领导。“扩展”是指要扩大美国在世界上的影响，推广美国式的市场经济、民主制度和价值观念。这一战略的主要意图是，加强美国的安全，促进美国的经济繁荣，推进国外的民主，在全球范围内“保护、巩固和扩大自由市场民主国家的阵营”，谋求美国国家利益的最大化。这是对冷战时期长期奉行的遏制战略的第二次重要调整。

根据新的国家安全战略，美国国家安全的重心由以往的核威慑和准备全面战争转向预防性防务。美国领导人认为，“这是对付具有冷战后特点的危险以保持美国利益的最好途径”。新战略强调国际接触，以确保美国在世界上的领导地位。美国领导人认为，要确保和扩大美国的利益，美国政府“应当有能力影响其他国家的政策和行动”，这就要求美国必须保持与国外的接触，特别是那些与美国利益攸关的国家和地区。任何形式的孤立主义都会减弱美国的国际影响力，从而损害美国的利益。打开国外市场、促进民主自由体制的发展都需要美国积极参与并领导国际事务。美国政府认为，在全球范围内，特别是在对美国具有地缘战略意义的国家和地区，当“民主和市场”占主导地位时，美国就会变得更加安全，美国的利益也就更能得到保障。

美国领导人还对美国的国家利益进行层次区分，并以此作为军事行动的依据。第一层次是美国“生死攸关的利益”。凡涉及美国或其主要盟友的生存，涉及美国的重大经济利益以及重要的基础设施，就属于“生死攸关的利益”。当这一利益受到威胁时，美国必须采取必要的行动来捍卫这些利益，包括在必要和适当的时候单方面和果断地使用武力来对付这种威胁。第二层次是美国的“重大利益”。这种利益不影响美国的生存，但关系到美国的发展。在此情况下，美国将根据受到威胁的利益的大小决定动用何种等级的武力来做出反应。这类利益涉及美国在其中有重要的经济利益或对盟国有承诺的地区，保护全球环境以及有可能造成大规模的和造成严重不稳定后果的难民潮的危机等。第三层次是“人道主义利益”。美国政府认为军队的主要任务是执行作战任务，而不是人道主义行动，但在以下情况下，可使用武装部队提供人道主义援助：自然或人为灾害使正常的救援机构丧失了反应能力；迫切需要救援，且只有军队才有能力迅速做出反应；只有军方具有作出反应的资源等。

1997 年克林顿连任总统后，进一步对美国国家安全战略作出调整。同年 5 月 19 日《新世纪国家安全战略》出台，这是自布什政府提出“超越遏制”战略以来，美国国家安全战略的又一次重大调整，进一步明确了冷战后美国安全政策特别是军事战略发展的方向。其主要内容包括以下几点：第一，报告强调 20 世纪末至 21 世纪初，美国将获得一个“战略机遇期”。在 2015 年以前，世界上不可能出现与美国相抗衡的战略对手，美国面临的安全威胁主要是地区冲突、大规模杀伤性武器的扩散、国际恐怖主义活动等。2015 年以后则有可能出现一个地区强国或势均力敌的对手对美国构成“意想不到的严峻挑战”，俄罗斯和中国有可能成为这样的对手。第二，系统地提出了以“塑造—反应—准备”为核心的跨世纪的战略方针。所谓“塑造”就是积极参与国际事务，把军事与外交密切结合起来，塑造有利于美国的国际环境，在危险或危机出现之前就采取主动措施来防止或减轻这些威胁。塑造行动可以通过外交方式、国际援助方式、军控方式、军事行动等方式来完成。所谓反应就是要提高防止和应付各种局部冲突的军事能力，特别是要准备打赢两场几乎同时发生的地区战争。美国领导人认为，仅仅依靠塑造行动不可能实现美国所谋求的国际安全环境，美国还必须有能力应付各种情况下出现的危机，并需要迅速作出反应，这种反应包括外交的、经济的、军事的等等。所谓“准备”就是要为难以预测的重大挑战做好各种准备。

通过几次调整，冷战后美国国家安全战略的雏形基本形成。其基本特点是：（1）战略内涵大大扩大。美国政府把“经济安全”和“促进全球民主化”纳入了国家安全范畴之内。（2）积极推行预防性外交，防患于未然，提高国家安全的系数。（3）地区防务趋于全球化。美国政府认为，冷战结束后，美国的安全利益遍布世界各地，世界上各个地区发生的地区性冲突都与美国的利益息息相关。新的国家安全战略要求美国具有在全球进行干预的能力，要求美国更积极地干预地区性事务。为继续保持在欧洲的影响和领导地位，美国在欧洲部署了10万人的军队，并进一步强化北约。在亚太，美国同样保持了10万驻军。在中东、非洲、拉美地区，美国都采取了积极干预的政策，以维护美国在这些地区的利益。（4）重新加强军事集团化的趋势。在冷战时期，为了与苏联相抗争，美国不仅建立起先后有16个国家参加的庞大的北约军事集团，而且还与许多国家签订了一系列双边或多边军事协定。冷战结束后，这些军事集团和军事同盟并没有因为竞争对手的消失而消失，反而在规模和职能上进一步加强。美国政府认为，虽然美国在冷战后是“唯一具有真正全球利益和全球干预能力的国家”，但实力仍然是“有限的”，“离开其他国家的积极支持和帮助，美国也无法单独达到目的”。为此，在欧洲，美国强调要进一步强化北约的职能，积极支持北约推行“和平伙伴关系计划”，大力推动北约向东欧国家扩展，继续以北约为主要工具，巩固对欧洲事务的主导权。与北约东扩相呼应，在亚太地区，美国继续把日本作为推行亚太安全战略的基石，进一步强化日美同盟关系。

1998 年 12 月 1 日，克林顿政府发表了新一份国家安全战略报告，分析了世纪之交美国面临的战略形势，阐述了战略指导思想、目标、任务和手段，以及对于威胁、危机和地区问题的政策。新报告认为，美国所处的安全环境变化不定，充满着威胁和挑战。民族冲突、大规模毁灭性武器扩散、恐怖主义、毒品走私、有组织犯罪、环境破坏等，对美国构成了地区的、跨国的和技术扩散等方面的威胁。在另一方面，由于代议制体制、自由市场经济、尊重人权和法制等美国的价值观已为世界上的许多国家所接受，从而为促进和平、繁荣和加强国家之间的合作创造了新的机会，因而美国也面临着新的机遇。报告继续强调美国安全的基本指导思想，即参与和扩展战略。对于美国所面临的安全形势，报告特别强调了情报威胁、所谓“失败国家”的威胁和全球化对美国带来的影响。美国政府认为，冷战结束以来，“来自外国情报机构的威胁比以往任何时候更加多种多样、更加复杂、更难对付”，并称“这种威胁是传统的和非传统的敌对情报机构的结合，它们把目标对准美国的军事、外交、技术和商业秘密。一些情报机构正快速采用新的技术和创新方法来获得这种秘密，其中包括试图使用全球信息基础设施，通过打入计算机系统和网络的办法获得敏感的信息”。关于“失败国家”的威胁，报告提出，尽管国际上进行预防努力，但是有些国家将无法为它们的国民提供基本的管理、服务和机会，从而可能引起内部冲突、人道主义危机或地区不稳定。在一些国家，政府失去为自己的公民提供福利的能力后，大规模的迁移、内乱、饥荒、大屠杀、环境灾难和侵略就会威胁到美国的利益和公民。这份新报告将外国情报机构的威胁、“失败的国家”造成的威胁与以往强调的地区威胁、跨国威胁和技术扩散威胁一起，列为对美国利益的 5 种主要威胁。与前几份报告有所不同的是，在第 5 个报告中首次论述了全球化的发展趋势对美国所造成的影响，指出全球化使各大洲的公民更加紧密地联系在一起，全球经济发展的巨大动力使商业、文化、通讯和全球关系发生变化，正在为成千上万的美国公民创造就业和经济机会，与此同时，全球化使得其他国家、恐怖主义分子、毒品贩子等能够以新的方式对美国公民和边界的安全提出严峻的挑战。

1998 年国家安全报告继续强调冷战后美国的基本安全战略，即参与和扩展战略，认为只有实施以“参与和扩展”为指导思想的安全战略，才能减少美国面临的威胁，确保美国的安全，促进美国的利益。新报告特别对参与的紧迫性作了进一步系统的论述，认为在“今天错综复杂的安全环境”下，如果没有美国的领导和参与，国际社会往往不愿采取强有力的行动，威胁就可能成倍地增长，美国的利益就会受到严重地破坏。关于“扩展”，报告称：“我们寻求一个越来越多地接受民主价值观念、尊重人权和法制的世界。这将通过扩大自由市场民主国家大家庭、促进国际社会对人道主义问题做出积极反应和加强致力于人权和民主化的国际非政府运动来实现。”在实现美国战略目标的手段方面，明确地归纳为 4 个方面：加强军事实力；致力于美国外交；促进国际经济发展和国际金融稳定；承担世界领导责任。为此，报告确定了今后美国国家安全的 6 项“优先战略任务”：建成一个统一、民主和和平的欧洲；结成一个强大而稳定的亚洲太平洋大家庭；继续充当世界领袖；通过某种更加开放和更具竞争性的贸易体系，为美国人民创造更多的就业机会；增强国际合作，以对付那些跨国界的无法单边解决的安全威胁；强化为迎接挑战所需的军事力量和外交工具。为完成这 6 项“优先战略任务”，报告又提出了需要采取的 5 个方面的“主动行动”：扩大北约组织及其和平伙伴关系；通过世界贸易组织推动自由贸易以及美洲和其他地区的国家走向贸易自由化的行动；实施诸如《化学武器公约》、《全面禁止核试验条约》等强有力的军备控制制度；建立打击国际恐怖主义、贪污腐化、犯罪、毒品走私活动的多国联盟；承担具有约束力的、保护环境和维护人权的国际义务。

克林顿政府把经济安全放到了美国外交战略的显著位置，强调美国国家安全战略的中心目标是通过国内外的努力促进美国的繁荣，因而在对外经济战略方面，采取了积极的、多方面的干预。美国领导人多次强调，“经济安全”的首要因素就是确保让美国的企业和产品进入不断扩大的全球市场。以此为核心，美国政府在对外经济战略方面做出了重大调整。首先，改善美国国内宏观经济状况，大力发展高技术产业，从而加强美国的国际竞争力。其措施主要包括：削减财政赤字；增加投资和储蓄；对技术进行投资，提高企业的劳动生产率；积极推动高科技产业的发展；改善教育和劳动力的培训计划；改进信息网络和其他重要的基础设施等。其次，推动西方主要工业国家协调经济政策，力求建立一个较为稳定的国际金融体系，以促进各国经济和贸易的发展。美国决策者认为，当今经济已全球化，世界各国经济相互依存程度越来越高。在此情况下，一个国家的国内政策和对外政策之间的界限已变得日益模糊。在美国等国家的大力推动下，1993 年西方主要工业国家达成一项经济协调战略，主要内容是：在美国和加拿大，通过大力削减财政赤字来增加储蓄和投资；在欧洲，采取措施刺激私营部门的需求和制止失业率上升，特别是通过中期财政调整和开支控制促使利率进一步下降；在日本，采取措施刺激国内需求以加快经济增长，减少其巨额外贸逆差。再次，政府积极干预，大力促进美国产品的出口。同时，双边、多边手段并用，以确保美国在新的世界经济体系中的领导地位。克林顿政府把对外贸易在经济和外交中的作用提高到了前所未有的地位，更加强调外交政策服务于美国海外市场的扩大，更加注重外交与贸易之间的相互作用。1993 年 9 月 29 日，美国政府正式出台了所谓“国家出口战略”报告，就改革政府与私营部门合作扩大出口的办法提出了 65 项具体建议，其基本原则就是商业优先，促进政府各部门、政府与私人企业之间的合作。具体做法包括放宽高技术产品出口的限制，设立新的以促进出口为目的的政府机构，政府为出口企业提供信息和更完善的金融服务等。

克林顿政府认为，美国经济的成功取决于它在国际市场的成功，国际竞争能力也确保美国的公司继续创新，继续提高生产力。而要参加国外竞争，美国的公司就需要打入外国市场。因此，美国决定通过双边、地区和多边安排，采取有力措施，促使美国的公司进入外国市场。在地区贸易问题上，克林顿政府继续并逐步扩大布什政府时期开始的以北美为基点向全球渗透的战略。在美洲，1994年1月1日，北美自由贸易协定正式生效。与此同时，美国与美洲其他国家一起就建立美洲自由贸易区进行了多次磋商和谈判，确定在2005年建立美洲自由贸易区。在亚太，美国推动亚太经济合作组织走向机制化，并确定到2020年分阶段实现亚太地区贸易自由化。1996年，美国正式提出了建立跨大西洋自由贸易区的构想。克林顿政府在向美国国会提交的《1997年全球贸易政策安排》报告中明确指出："对美国经济来说，贸易现在比任何时候都更加重要。今天，美国对外贸易额几乎等于国内生产总值的30%。"报告特别强调美国必须在经济上继续保持"对世界出口猛增的趋势"；在政治上，贸易是美国能够在全世界推广其核心价值观的重要工具。同时，通过加强与其他国家的贸易关系，美国可以继续保持在世界上的领导作用。

最后，通过加强国际经济的宏观调控和协调政策，改善全球经济状况，促进世界经济的增长。美国政府认识到，随着国家经济日益纳入国际轨道，美国单靠自身的力量不能推动全球经济的增长，必须与其他国家特别是西方发达国家一起协调宏观经济政策。

在新旧世纪交替之际，1999年12月克林顿政府提出了《新世纪的国家安全战略》报告，强调美国所面临的主要挑战是继续在世界上发挥领导作用，利用新的全球时代带来的机遇造福美国和世界。报告认为，21世纪将是一个大有希望的时代。随着世界上越来越多的国家接受美国的民主政治体制、自由市场经济以及尊重基本人权和法治等核心价值观，创造了促进和平、繁荣和各国之间进行合作的新机会，全球经济的活力正在使商务、文化、交流和全球关系发生变化，为美国人创造了新的工作和机会。在另一方面，报告指出，全球化也给国际社会和美国带来一些负面影响。大规模毁灭性武器扩散、恐怖活动、毒品贩运和其他国际犯罪活动以及起源于海外的其他问题，诸如资源枯竭、快速的人口增长、环境破坏、新的传染性疾病、普遍的腐败以及失控的难民迁徙，对美国的安全产生了越来越重要的影响。美国所处的安全环境动荡不定，充满许多可能变得更加致命的威胁和挑战，对美国利益的威胁可分为以下几个方面：（1）地区性威胁或以国家为中心的威胁；（2）跨国界威胁；（3）大规模毁灭性武器对全球稳定与安全构成最大的潜在威胁；（4）失败国家的威胁；（5）其他国家的威胁，包括进行种族清洗或采取种族灭绝的国家；（6）外国情报搜集部门的威胁；（7）环境和健康威胁。报告提出，美国安全战略的基础是以美国在国外继续进行接触和发挥领导作用，其核心目标是增强美国的安全，促进美国的经济繁荣和促进国外的民主与人权。加强美国的安全有三个组成部分：创造国际安全环境、对威胁和危机做出反应以及准备应付将来的不测事件。美国的繁荣取决于美国与之进行贸易并进口石油和天然气等重要商品的几个重要地区是否稳定，取决于美国对发展、金融和贸易等领域的国际组织的领导。美国将努力在所有国家加强民主和自由市场机制，特别是那些从闭关锁国向开放社会过渡的国家，通过双边和国际机构促进世界各国尊重民主原则、法治和国际人权标准。美国政府认为，美国的民主理想和价值观是美国在国际上发挥领导作用的支柱，确信“民主的传播、人权以及对法制的尊重，不仅反映美国的价值观，而且还促进我们的安全和繁荣”。

三　美国全球战略的调整

2001 年 9 月 11 日，19 名恐怖分子劫持了 4 架美国民航客机，并对美国纽约市的世界贸易中心大楼、华盛顿的五角大楼等几个标志性建筑发动恐怖袭击，制造了震惊世界的“9·11”事件，共造成3000多人死亡。其中，4架客机上246名机组人员和乘客全部遇难，2600多人在针对世贸中心的袭击中丧生。这一事件给美国造成的直接和间接经济损失高达数千亿美元。

美国政府首先对面临的安全环境进行了重新评估，恐怖主义被列为美国的头号威胁。2002年1月29日，布什总统在国会参众两院联席会议发表了上台后的首篇国情咨文，强调美国将继续在全球范围内打击恐怖主义，加强国土安全，同时要大力重振国内经济，为国民创造更多的就业机会。他说，当前美国正处于战争之中，经济也陷入了衰退，世界正面临着“前所未有的危险”；上万名经过训练的恐怖分子还散布在世界各地，随时准备对美国进行袭击。5月，布什在德国发表演说时首先提出要对敌人实施“先发制人”的打击。6月1日，在西点军校讲话中，布什进一步阐述了这一战略的内容。他说，如果有必要的话，美国将先发制人，以阻止恐怖分子对美国发动袭击，依靠防御无法取得反对恐怖主义的战争胜利。在美国领导人看来，威慑对于对抗没有国家和人民保护的“难以捉摸”的恐怖主义网络没有任何意义。反对恐怖主义的战争不能靠防御取胜，而必须向敌人开战，粉碎敌人的计划，并在最严重的威胁出现之前就“予以迎头痛击”。布什强调：“通向安全的唯一道路就是行动。我们国家决心行动。”①

9月20日，布什政府正式出台《国家安全战略报告》，确定了今后几年美国对外政策的基调、主要内容及行动方针。报告明确把反对恐怖主义列为国家安全的首要内容，确立了美国国家安全最主要的任务，即打击恐怖主义和防止大规模毁灭性武器的扩散。报告明确指出：“我们所面临的严重威胁是激进主义与技术的结合”，“美国现在受到的威胁与其说是来自耀武扬威的国家，倒不如说是来自衰败的国家；与其说是来自舰队和军队，倒不如说是来自少数

① 2002年6月1日布什总统在西点军校的讲话。

怀恨在心者手中的灾难性武器”。报告称，成千上万受过训练的恐怖主义分子仍逍遥法外，他们的巢穴遍布北美洲、南美洲、欧洲、非洲、中东及整个亚洲。美国政府认识到，美国“面临一种史无前例的威胁”，“今天的安全环境变得更加复杂和危险”。报告承认，对付恐怖主义“不同于我们历史上的任何其他战争”，因为这场持久的战争是“在众多战线上与一个行踪特别诡秘的敌人作战”。以往的敌人需要庞大的军队和巨大的工业能力才能威胁，而现在，“由个人组成的隐蔽网络只需不到一辆坦克价钱的代价，就可以给我们的国土造成极大的混乱和苦难”。因而，美国“最优先的重点是铲除全球性恐怖组织以及庇护恐怖主义的政权”。报告指出，为了击败恐怖分子对美国的威胁，美国必须使用所拥有的各种手段——军事力量、国土防御能力、司法制度、情报以及积极的措施。报告指出，“我们反恐的重点次序是：破坏和摧毁全球的恐怖主义组织，并且打击它们的领导人，破坏它们的指挥、控制和通讯系统，断绝其物资供应和经费来源。这样就能使恐怖主义分子的计划和他们实施恐怖行动的能力陷于瘫痪”。美国将帮助需要援助的国家开展打击恐怖的行动，将追究那些姑息恐怖的国家，包括那些庇护恐怖主义分子的国家，因为与恐怖为伍就是与文明为敌。美国和与之合作的国家绝不允许恐怖主义分子建立新的巢穴，“我们将努力使他们无论何时何地都无法得到庇护所”。

为了打击恐怖主义，布什政府放弃了以前的威慑和遏制战略，转而采取先发制人的主动进攻战略。布什强调，对待恐怖分子和“无赖国家”，美国要在威胁真正形成之前将其摧毁，并将这种思想作为一种共识和自卫的手段。要求美国不能再像过去那样仅采取遏制和防御的姿态，要在威胁形成之前对它们进行先发制人的打击，不能让敌人先发制人。《国家安全战略报告》明确规定，为了保护美国免受恐怖主义分子的袭击，必要时美国将对其实施“先发制人”的进攻，美国认识到“最好的防御是出色的进攻”，传统的威慑概念对恐怖主义分子没有作用。在威胁到达美国边界前将其查明并摧毁它，从而达到保卫美国、美国人民和美国海内外利益的目的。报告强调，美国将一如既往争取国际社会的支持，但是在必要的时候，即使得不到国际社会的支持，“我们将果断地单独采取行动，以行使我们的自卫权力，对恐怖主义分子采取先发制人的打击，防止他们伤害我们的人民和我们的国家”。报告说，美国长期以来保留着采取先发制人行动来对付美国国家安全所面临的重大威胁的选择。美国不会在任何情况下都使用武力防范新出现的威胁，任何国家也不应把先发制人作为侵略的借口。但是在文明的敌人公开和活跃地谋求世界上最具破坏性的技术的时代里，美国在危险积聚的时候不能无所作为，有必要采取先发制人行动。为了争取国际社会的支持，报告同时表示，“我们永远会慎重行事，权衡我们行动的后果”。为了支持先发制人的选择，美国将建立更加出色、完整的情报能力，以提供有关威胁的及时、准确的情报，不管它们在哪里出现；与盟国密切协调，以便形成对最危险的威胁的共同评估；继续改造美国的军队，以确保实施快速和精确行动，取得决定性成果的能力。美国行动的宗旨永远是“消灭美国以及我们盟国和友邦面临的具体威胁”，“我们行动的原因是明确的，力度是有分寸的，理由是正当的”。在我们已经进入的新世界中，通向安全的唯一道路是采取行动。以研究冷战史著称的美国历史学家约翰·加迪斯认为，这份报告的出台表明，美国的国家安全战略正经历一场深刻的变化。①

小布什政府认为，通过促进全球自由市场与贸易，增进世界其他国家的繁荣和自由，维持一个强大的世界经济，能够增强美国的国家安全。“9·11”事件使美国认识到，像阿富汗这样的弱国也能够像强国一样对美国发动大规模的袭击，给美国造成巨大的危害。报告认识到，贫困不会直接导致恐怖主义，但是贫困、制度落后和

① John Gaddis, *A Grand Strategy of Transformation*, Foreign Policy, November/December 2002, pp. 50 - 56.

腐败将使弱国无法避免在其国境内形成恐怖分子网络和毒品贩卖网络。而自由贸易和自由市场是促进繁荣、减少贫困的最好方式，“能够使整个社会脱离贫困”。所以，美国要通过鼓励自由贸易、开拓自由市场以及支持和促进发达国家对贫困地区投资等方法促进世界经济的发展，消除贫困，改善美国的安全环境；鼓励发展中国家和封闭地区开放自己的社会，加强民主政治建设。为此，报告提出美国将建立一个新的“千年挑战基金”，以“为治理公正、造福于民、鼓励经济自由的国家提供更多的发展援助”。“自由市场和自由贸易是我们国家安全战略的重点”。

美国政府同时也认识到，反对恐怖主义单靠美国一个国家是不可能取得成功的，打击遍及全球的恐怖主义分子的战争是一项持久的全球性任务，没有其他国家的支持与合作是不可思议的。为了推进其战略利益，美国必须与其他国家特别是大国保持良好的关系。报告称，“今天，国际社会面临 17 世纪民族国家兴起以来建立大国和平竞争而非持续备战的世界的最好机会。今天，世界大国发现它们站在一起——恐怖主义暴力和混乱的共同威胁把它们团结了起来。美国将依赖这些共同利益来促进全球安全”。报告明确表示，“尽管我们的重点是保护美国，但我们知道，要在今天的全球化世界上击败恐怖主义，我们需要盟国和友邦的支持”。报告指出，美国将继续鼓励地区合作伙伴采取孤立恐怖分子的协调努力；在开展地区行动的过程中，如发现某一国家受到威胁，美国将提供帮助，确保这个国家拥有完成任务所必需的军事、执法、政治和金融手段；美国将继续与盟国共同努力，破坏恐怖主义的财源，将查明并断绝恐怖主义的经费来源，冻结恐怖主义分子及其支持者的资产，堵住恐怖主义分子利用国际金融系统的渠道，防止合法慈善团体被恐怖主义分子所利用，阻止恐怖主义分子通过替代性金融网络转移资产。

美国国家安全战略报告提出拟从以下几方面来破坏和摧毁恐怖主义组织，包括利用国家和国际力量的一切要素，采取直接和连续的行动；目前最迫切的任务是，摧毁那些具有全球影响的恐怖主义组织，以及任何试图获得或利用大规模杀伤性武器或武器制作材料的恐怖主义分子或支持恐怖主义的国家；通过说服或迫使各国承担自己的主权义务，使恐怖分子得不到进一步的赞助、支持和庇护；还将发动思想战，以赢得打击国际恐怖主义战争的胜利。这包括：利用美国全部的影响力，与盟国和友邦密切合作，明确宣告所有的恐怖主义行为都是非法的，因此恐怖主义将被认为与奴役、掠夺和种族灭绝如出一辙，任何有尊严的政府对此都不能宽恕和支持这样的行为，所有政府都必须反对这样的行为；支持温和的现代政府，尤其是在伊斯兰世界中，以确保助长恐怖主义的环境和意识形态在任何国家都找不到温床；推动国际社会将其力量和资源用在危机最为深重的地区，从而削弱滋生恐怖主义的潜在条件；利用有效的公开外交促进信息和思想的自由流动。

“9·11”事件表明，即使没有装备大规模毁灭性武器的恐怖分子，利用飞机作为武器对美国发动袭击，就对美国造成了巨大的创伤，如果恐怖分子掌握了大规模毁灭性武器，将对美国的国家安全造成极其严重的威胁。“当生、化和核武器随着弹道导弹技术一起扩散时，即使弱国和小的团体也能够获得对大国进行灾难性打击的能力”。布什政府认为，“据信伊拉克拥有化学武器，并计划获得核武器和生物制剂；朝鲜已经成为世界上主要的弹道导弹生产商，并在积极的发展自己的大规模毁灭性武器”；其他的“无赖国家”也在寻求核、生、化武器。

布什政府提出要改造美国的军队，构筑美国国防的军队优势；革新情报机构，构建新的情报能力。报告指出，当前美国军队必须具有遏制未来军事竞争、威慑针对美国及盟国利益的威胁并在威慑失败后给敌人以致命打击的能力。为了对付面临的大量安全挑战，“美国需要在西欧和东北亚设立基地，还要为美国军队的远程部署设立临时驻地”，美国军队还要在实验新的作战方法、加强联合作战、发挥美国情报优势和充分利用科学技术的基础上进行革新。美国军队要保持足够强大，以遏制和劝阻潜在的敌人不要试图通过追求军队建设来妄想超过美国军事能力或与之相平。报告称，自从苏联解体后，美国的军事力量遥遥领先，美国的武装力量将足以强大到任何潜在的对手都不会抱有超越美国力量的企图。美国永远也不允许任何外国势力像在冷战时代一样挑战美国的军事力量。

“9·11”恐怖袭击事件之后，“国土安全第一”成为美国朝野的共识。布什多次表示，防止恐怖分子对美国发动进一步袭击是头等大事。2002 年 6 月，布什正式向国会提出组建国土安全部的建议。7 月 16 日，布什政府推出美国历史上第一份《国土安全国家策略》。文件要求采取各种措施，加强国内安全，防止美国遭到类似“9·11”事件的恐怖袭击。文件确定了国土安全战略的三大目标：阻止恐怖分子在美国境内发动袭击；加强国家容易受到恐怖分子袭击的薄弱环节；在遭受恐怖袭击后最大限度地减少损伤，并提高恢复能力。文件还列举了防止恐怖主义分子再次袭击美国本土的种种措施，并具体讨论了建立国土安全部事宜。11 月 25 日，布什签署了成立国土安全部的法案。在行政机构改革的同时，美国对军事部署也进行了大调整。2002 年 4 月，美国国防部宣布组建专门负责北美洲大陆安全的北方司令部，使其成为美军第五大战区司令部，辖区范围包括美国本土、加拿大和墨西哥。北方司令部已于 10 月 1 日正式运行，总部设在科罗拉多州彼得森空军基地。

2003 年 2 月 14 日，美国政府又发表了《打击恐怖主义国家战略》。这项战略是对《美国国家安全战略》中的重要内容的扩充，并且与有关国土安全、抵御大规模毁灭性武器、电脑网络安全、给予重要基础设施和关键资产实地保护等各项国家战略以及毒品管制国家战略相辅相成，这些努力共同构成了加强美国安全以应对 21 世纪威胁的重要目标。布什指出，“我们的战略是，对恐怖主义团伙采取直接、持续的行动，循序渐进，首先瓦解、然后逐步削弱、最终消灭恐怖主义组织。我们越是频繁和不懈地利用一切国家手段在所有战线上打击恐怖主义分子，我们就将越有成效”。他重申，在这场抗击共同敌人的斗争中，美国将始终力求获得国际社会的支持；但在必要时，将毫不犹豫地单独行动，行使“我们的自卫权利”，包括先发制人地攻击恐怖主义分子，在威胁到达美国边境之前，就发现并消灭它们。在“9·11”事件两周年之际，布什就“反恐战争”形势发表电视讲话，重申“为了保护我们自己的人民免遭袭击，最可靠的途径就是在敌人生存和策划之地给他们以迎头痛击”。2005 年 2 月，布什在国情咨文中首次提出将以“自由”为手段对抗恐怖主义，开始强调反恐是一场与伊斯兰极端主义的思想战。7 月 11 日，布什在一次演讲中称，“反恐的短期做法是在海外打击恐怖分子，长期做法则是传播自由和民主以击败仇恨和压迫的极端主义意识形态”。

2006 年 3 月，布什发布了他就任总统以来的第二份“国家安全战略报告”，重申美国奉行“先发制人”的军事打击战略，并把伊朗视为美国可能面临的最大威胁和挑战。布什在报告前言中强调，外交是美国在阻止核武器和其他大规模杀伤性武器扩散方面的首选手段，但如有必要，即使是在敌方发动攻击的时间和地点尚未清楚的情况下，美国也不能排除在遭到袭击之前对敌人采取“先发制人”军事打击。报告说，美国的中期国家安全政策将是继续采取一切必要措施应对挑战，保护国家安全和经济安全。与 2002 年报告中宣扬单边外交路线不同的是，这份报告提出美国将通过多边渠道应对核扩散、恐怖主义、贩卖人口和自然灾害等国际问题，但仍强调美国要发挥领导作用。布什在报告中称：目前美国有两条路可选，一是孤立退却的“胆怯之路”，二是主动出击的“自信之路”。他表示，美国要主动到国外去打击恐怖分子，而不是坐在家中等其上门；美国要塑造世界，而不是被世界塑造；要主动影响国际局势，而不是被其影响。为此，美国要建立一支“无人能及”的军事力量。8 月 31 日，布什在美国退伍军人大会上发表讲话称，美国目前正在进行的“反恐战争”不仅是一场军事斗争，而且是“一场 21 世纪决定性的意识形态斗争”，是“西方的民主自由力量”与“伊斯兰法西斯主义”的一场战争。他强调，这场战争“将是艰苦而漫长的”。9 月，布什政府公布了新的《国家反恐战略》，强调美国所面对的主要恐怖分子敌人是一个由极端组织、网络组织和个人组成的跨国运动组织，以及支持他们的国家和个人等，美国将继续领导广泛的国际合作，消除“残暴的极端主义”，使其在全球无法藏身。报告提出，赢得“反恐战争”的长期手段是切实有效地推进民主政治，以转变恐怖主义的意识形态。短期途径包括有效阻止试图使用大规模杀伤性武器的“无赖国家”和他们的恐怖分子同盟获得大规模杀伤性武器；阻止“无赖国家”向恐怖分子提供支持和庇护；有效阻止恐怖分子控制任何国家，把这些国家作为他们发动恐怖袭击的基地和平台。报告表示，“反恐战争”是一场长期的战争，美国将加强与盟国和国际社会的合作，一起赢得这场战争。2006 年美国政府出台的几份报告都更加强调要运用军事、外交、经济、科技、文化、政治等多种手段打击恐怖主义。

2007 年 10 月 9 日，美国政府对 2002 年 7 月的《国土安全战略报告》进行更新，提出了打击恐怖主义的三大策略：一是阻止恐怖分子及相关武器入境，阻止其在国际上跨境行动，包括加强边境管理，加强国际合作等；二是阻止恐怖分子在境内活动，遏制其在境内的活动能力；三是采取措施，预防和打击暴力伊斯兰极端主义，阻止其在境内招募人员，宣传极端思想，努力挫败本土成长的极端主义势力。除继续加强反恐措施，加大军事打击力度外，美国政府强调，必须推进民主、自由价值观，加强民主化战略，反击极端思想，只有这样才能最终赢得反恐战争。

军控政策方面，美国继续将防止大规模杀伤性武器扩散作为外交的重要任务，力图构建以美国为主导的国际防扩散体系。2003 年 5 月，布什在访问波兰时宣布发起“防扩散安全倡议”。经过几年的发展，防扩散安全倡议从最初的概念设想，进入具体操作和实施阶段，成为布什政府反扩散的新举措，已有 70 多个国家表示支持。2005 年 6 月，布什签署了“关于切断大规模杀伤性武器扩散活动资金来源的行政命令”。美国先后把伊朗、朝鲜和叙利亚等国的 18

家机构和公司列入从事扩散的“黑名单”，并宣称任何同它们进行商业往来者都将受到美国的制裁，其在美国的资产将被冻结。10月，在美国的推动下，国际海事组织通过修改《制止危及海上航行安全的非法行为公约》的议定书。根据新的议定书，签约方可以在公海检查运送与大规模杀伤性武器项目有关货物的船只。12月，美国成立了国家反扩散中心。

美国还将安全眼光投向太空。1996年美国颁布的国家太空政策确定的首要目标是，“通过载人或机器人探索，增加对地球、太阳系和宇宙的认识”，以及“加强和保证美国的国家安全”。2006年8月31日，布什签署新的《国家太空政策》，将安全问题提到首位，强调要加强美国的太空领导权，保证太空能力可在美国国家安全、国土安全及外交政策需要时为之服务。文件说，对美国而言，太空行动自由与美国的空中力量和海上力量同样重要；为了增加知识、促进经济繁荣和加强国家安全，美国必须发展强大而现今的太空能力；美国的太空系统有不受干扰的权利，任何有意干扰美国太空系统的做法将被视为对其权利的侵犯；美国认为其太空能力对国家利益至关重要。文件称美国拒绝就任何可能会限制其进入或使用太空的协议进行谈判，美国有权不让任何敌视美国利益的国家或个人进入太空。美国国家安全委员会发言人琼斯表示，新政策反映了太空已日益成为美国经济、国家和国土安全的重要组成部分。

布什宣布退出反弹道导弹条约后，决心大力发展导弹防御系统，并加速发展空间军事计划、研发无人驾驶飞机和对深藏目标的打击能力。2002年12月17日，布什宣布，他已经指示军方着手部署导弹防御系统，以防大规模杀伤性武器造成的“灾难性破坏”。根据美国国防部公布的初步导弹防御系统，美国军方将在2004年底以前在阿拉斯加格里斯堡基地部署6枚陆基拦截导弹，在2005年底以前在该基地再部署10枚；在加利福尼亚范登堡空军基地部署4枚，另有百余枚导弹部署在军舰和美军基地。2004年7月，美军在阿拉斯加格里斯堡和加利福尼亚范登堡空军基地开始部署远程导弹拦截系统，标志着美国导弹防御系统正式启动。美国在中亚、南亚和东南亚的军事存在进一步扩大，与中亚4国签订了驻军或者军事设施利用协议，同东南亚国家签署了军事合作协议。2006年2月出台的《四年防务评估报告》重新定义了美军面临的威胁，将重点从常规战争转向恐怖主义、大规模杀伤性武器和新兴战略对手等三个领域，提出美国国防战略的重点是：摧毁恐怖组织、保卫美国本土、对付处于“战略十字路口”的新兴军事强国、防止敌对国家或恐怖分子获得或使用大规模杀伤性武器。

基于美国军事战略的调整，在维护美国国家利益和重塑世界秩序过程中，美国将更加依赖军事手段，进一步增强军事实力，以追求所谓的“绝对安全”和“绝对优势”。因而，不顾国际社会的反对，美国决意退出《反导条约》，大力发展导弹防御系统，开发、研制新型武器系统，大幅度提高国防费用，力图建立起以核武器、高科技常规武器和导弹防御系统为“新三位一体”的战略防御体系。布什曾明确表示：“美国拥有并意欲继续保持首屈一指的军事力量，从而使曾在其他时期出现的破坏稳定的军备竞赛失去意义，并使竞争限于贸易和其他追求和平的事业上。”这清楚地表明，美国绝不会允许其军事实力受到任何挑战。

打击恐怖主义不仅要消灭进行恐怖行为的人和组织，而是要从根本上解决问题，消除产生恐怖主义的根源，这需要整个国际社会从社会、经济、法律、教育、文化等各个方面做出巨大努力，而不仅仅是采取武力手段简单地进行军事打击。美国政府过分依赖先进的武器和技术，动辄使用武力或以武力相威胁，其后果将是极为严重和危险的。[①] 布什政府清醒地认识到，由于恐怖主义具有长期性、隐蔽性和不确定性，“这场反恐战争是在多条战线对付不确定敌人

---

① Stanley Hoffmann, *American in the World*, American Prospect, No. 17, 2002, pp. 20 - 21; G. John Ikenberry, *America's Imperial Ambition*, Foreign Affaires, September/October 2002, pp. 56 - 58.

的持久战”，并将是“长期的和艰苦的”。美国所发动的对阿富汗和伊拉克的战争，不仅给这两个国家的无辜平民造成大量伤亡，而且美国也为此付出了沉重的代价。已有4400多人在伊拉克死亡，1220多人在阿富汗丧生。用于两场战争的费用累计已超过1万亿美元，其中伊拉克战争约为7480亿美元，阿富汗战争约为3000亿美元。

2009年1月，奥巴马成为美国历史上第一位非洲裔总统。他面临的是布什政府留下的诸多难题。就国际而言，由于小布什时期美国深陷伊拉克战争、阿富汗战争，美国在世界上的声誉和地位受到严重影响，新兴国家崛起，成为活跃在国际舞台上的一支重要力量，美国的霸权地位受到挑战。在美国国内，经济持续低迷，遭遇了自1929年以来最为严重的一次金融危机；债台高筑，财政赤字逐年增加，美国债务从2001年的5.7亿美元增加到2010年底的14万亿美元；失业率突破10%，并且居高不下。2009财年美国联邦财政赤字高达1.42万亿美元。

2009年2月7日，副总统拜登在出席第45届慕尼黑安全政策会议上端出了新政府的外交基调，表示要同布什政府奉行的单边主义政策决裂。他称，“我代表美国新政府来到这里，新政府已决心在与世界其他国家的关系中确立新的基调”，美国将加强与外部世界的“接触”、“倾听”和“磋商”，同时希望美国的盟友在国际事务中分担更多的责任。9月23日，奥巴马在联合国发表讲话时进一步强调了国际合作的主张。他呼吁各国领导人一起构建一个在互相尊重和共同利益基础上的新时代。他说，美国已通过口头和行动，寻求由各国参与的新构架；“现在是我们共同承担责任，一同应对全球挑战的时候了”。

8月6日，美国总统国土安全和反恐事务助理布伦南在战略与国际问题研究中心发表演说时表示，奥巴马政府将实施军事打击和加强援助相结合的“双轨”战略打击恐怖主义。与以往偏重军事打击的做法相比，美国的“反恐战略”必须同时运用政治、经济和社会等软实力，以帮助有关国家提高自身安全和劝阻其民众参与恐怖暴力活动。布伦南强调，在短期内，奥巴马政府反恐的目标是打败“基地”组织；但从中长期而言，是要遏制暴力极端势力，因此需要综合运用美国软硬实力。奥巴马的反恐策略包括五个基本点：确定正确的目标和地点，使反恐为美国整体国策服务；摈弃“反恐战争”的说法；正确理解恐怖主义产生的根源；最有效的“反恐”手段不是军事打击，而是综合运用政治、经济和社会力量消除恐怖主义产生的土壤；全面运用美国各种实力劝阻世人远离极端主义。

2010年5月27日，奥巴马政府首次发布国家安全战略报告。报告指出，“我们的国家安全战略应着眼于重振美国的领导地位，使我们能够在21世纪更有效地推进美国利益”。报告承认美国“帝国负担过重”，21世纪的负担不能“仅仅落在美国人身上”。奥巴马认为，美国的经济成功是美国影响力的源泉，他把推动美国经济增长，扭转美国状况作为事关美国国家安全的大事，把削减财政赤字列为当前要务。报告指出，经济上的成功对于美国保持海外影响力至关重要，必须把推动经济增长和扭转财政乱象作为国家安全的优先任务。报告强调，“我们努力的核心是致力于复兴我们的经济，这才是美国实力的源泉”。美国必须为经济发展打造一个更加坚实的基础。这一基础必须包括：每一个美国人拥有完整的、富有竞争力的教育机会；转变能源的生产和使用方式，减少对矿物燃料的依赖并引领世界创造新的产业和就业机会；高质量的、能负担得起的卫生保健服务，美国人民、工商界和政府不再会被不断上升的医疗开支困扰和束缚；对联邦预算进行可靠负责的管理；必须确保美国始终站在科技和创新的最前沿，这是支持美国繁荣、国防、国际技术领导地位的基础。

关于外部世界的威胁，奥巴马政府认为，美国为了成功打击暴力极端主义而在全球做出的努力，仅仅是美国战略环境的一部分，它不能代表美国与世界关系的全部。恐怖主义是在全球化时代众多重要的威胁之一。美国人和世界安全面临的最严峻的威胁仍然来自大规模杀伤性武器，尤其是核武器，还包括“为我们的日常生活和军事行动提供动力的现实空间和网络空间易于受到破坏和攻击”；“对化石燃料的依赖限制了我们的选择并使我们的环境受到污染”；气候变化和大范围流行性疾病威胁到地区安全和美国人的健康及人身安全；“失败国家”导致冲突并危及地区和全球安全；全球犯罪网络在国外制造不安并将威胁美国人的人身安全和国际贸易安全。报告提出，核扩散、太空及互联网遭受威胁属于美国目前最大的安全风险。因而，奥巴马认为，全球合作和伙伴关系将是塑造世界新秩序的基础，以新的国际秩序应对暴力极端主义、核扩散与核安全、气候变化、全球经济增长等挑战，为此，他强烈主张“扩大负责任国家的范围”。

奥巴马政府强调国防、外交和发展是美国对外政策的三大支柱，将反恐重心从伊拉克转移到阿富汗，重视解决巴以冲突、朝鲜半岛核问题和伊朗核问题等热点问题，保持和改善与其他大国关系，努力改善与伊斯兰世界的关系，强调通过国际组织等多边渠道解决问题，高度重视气候变化、能源、环境、核裁军等全球性问题。奥巴马在新战略中更突出了国际合作的重要性，在加强与盟国关系的同时，注重加强同俄罗斯、中国等大国以及巴西、南非等新兴市场国家的合作。这归根结底是由于发展中和新兴市场国家近年来经济实力显著增强，国际地位日益提升。特别是金融危机爆发后，发展中和新兴市场国家显示出相对较强的抗冲击能力，并率先实现复苏，这让包括美国在内的发达国家更加认识到发展中和新兴市场国家在应对全球挑战中的重要作用。因此，新战略认为，由发达国家和发展中国家共同组成的“20 国集团”应取代“8 国集团”，成为国际磋商与合作的重要平台。

与小布什的“先发制人”战略相比，奥巴马政府强调在处理国际事务时应以多边外交优先，并与国际组织合作，军事将是外交努力无效情况下的最后手段。奥巴马的新战略最重要的变化是放弃将“先发制人”作为基石。新战略表明，在继续维持军事优势地位的同时，强调外交、情报、执法等非军事力量在应对国家安全挑战中的作用。新战略扩大了“国家安全”概念的外延，强调经济、教育、科技、能源等对国家安全的影响。报告说，维护美国在世界的领导地位，首先是要重建并巩固美国国家实力与影响力的根基，而实现平衡与可持续的经济增长是关键一环。新战略放弃了布什政府“反恐战争”的说法，对美国的敌人做出进一步限定。报告说，美国的敌人并非圣战组织或伊斯兰教徒，而是“基地”组织及其追随者。美国此举旨在缓和与伊斯兰世界的紧张关系，在“反恐”问题上争取更多支持。新战略强调本土恐怖主义对美国国家安全构成的威胁。报告说，随着美国对“基地”组织打击力度的加大，该组织在海外招募成员对美国本土发动袭击的难度增加，转而寻求在美国本土物色和发展激进分子，导致本土恐怖主义威胁日益增加。奥巴马政府是在对美国国内外形势进行最新评估的基础上推出新国家安全战略的。布什政府在“先发制人”战略下发动的伊拉克战争，正遭到美国国内外越来越多的人反对。战前，美国指控萨达姆政权发展大规模杀伤性武器并与恐怖组织有染，因此要在其尚未对美构成实质性威胁之前将其推翻。但时至今日，美国始终未拿出能够支撑其指控的有力证据。另外，新战略之所以强调经济因素在国家安全中的作用，是因为美国刚刚经历上世纪 30 年代“大萧条”以来最为严重的经济衰退，经济复苏乏力。国务卿希拉里甚至认为，债务和赤字问题将成为美国国家安全面临的重大威胁。

2011 年 6 月 29 日，美国政府公布了一份新的《国家反恐战略》报告，将反恐重心定位在打击基地组织以及防止本土恐怖分子威胁国土安全上。这是 2006 年以来美国首次全面更新反恐战略。该战略既是对“9·11”事件以来美国“反恐战争”的全面总结，也是针对奥巴马政府上台后全球恐怖形势变化所做出的新调整。新战略出台的重要背景是，美军于 5 月初在巴基斯坦击毙了“9·11”恐怖袭击的主要策划者本·拉登，美国的“反恐战争”取得了阶段性重大胜利；美国于 7 月正式启动从阿富汗撤军进程；从国际恐怖主义形势的最新变化看，以“基地”为代表的恐怖主义对美国构成的威胁有所下降。基于此，美国对其“反恐战略”进行了较大调整。一是强调“反恐”不再决定美国整体安全战略。奥巴马政府上台之初便放弃了布什政府奉行的“反恐高于一切”、“以反恐划线”政策，改变以反恐为核心的国家安全战略。报告认为，“反恐仅仅是美国国家安全战略的一部分，制定反恐战略的目的是确保国家安全利益，它并不起到定义外交政策的作用”。这一变化表明，在美国的安全评估中，恐怖主义对其总体威胁呈下降趋势。正如布伦南所言，虽然“基地”及其分支仍然对美国本土安全构成威胁，但已难以从根本上冲击美国的全球领导地位。二是首次将本土列为“反恐”最重要的“战场”，战略重点由“域外打恐”转向优先“境内防恐”。新战略明确指出，美国“反恐战略”的最终目标是击败“基地”组织，但美国本土是“反恐”努力的最重要“战场”。这是美国首次在其官方战略性文件中将本土恐怖主义列为首要威胁。自 2009 年以来，美国本土发生多起恐怖袭击未遂事件。如 2009 年 9 月，曾在巴基斯坦受训的纳吉布拉·扎齐等 3 人企图袭击纽约地铁；2010 年 5 月，纽约时报广场发生未遂汽车炸弹袭击事件；还有 2009 年 12 月的圣诞未遂炸机事件、“邮包炸弹”袭击案等。上述事件逐渐使美国认识到，即便在海外打赢反恐战，也难以确保本土安全。正是基于这一认识，美国在继续对阿富汗、巴基斯坦、也门等地恐怖组织保持高压打击的同时，更加注重强化国内反恐防线，打击本土恐怖主义成为反恐的新内容。为此，新战略强调通过情报等手段严防国际恐怖势力袭击美国本土的图谋，同时防范本土恐怖威胁。新战略认为，“基地”等恐怖组织近年来加大利用网络等手段力度，向美国国内民众散布极端思想、发展伊斯兰裔的美国公民甚至是土生土长的白人加入其阵营，这一威胁尤其突出。三是将“基地”分支组织列为新的重点打击对象。四是在反恐的手段方面强调运用“巧实力”，综合运用政治、军事、外交、经济、社会、法律等各种手段，以消除恐怖主义产生的土壤。根据新战略，美国未来将不会采用大规模战争的方式进行反恐，转而采取精确定位打击的方式，依靠无人机、特种部队、当地力量以及私人承包商等手段，实施“手术刀式”的打击。奥巴马上台以来，无人机袭击逐渐成为美国反恐的重要手段。

美国出台新的反恐战略，在对恐怖主义的认识、反恐目标、主要手法等方面均有显著变化。美国对恐怖主义的认识更趋理性、务实，反恐战线呈现全面收缩态势，确保自身安全成为美国的首要目标。美国宣称伊朗、叙利亚、黎巴嫩“真主党”和巴勒斯坦伊斯兰抵抗运动（哈马斯）等“支持恐怖主义”的国家与组织都对美国构成安全威胁，但“基地”组织及其分支对美国构成最重大的直接威胁。除了“基地”组织，美国土生土长的恐怖分子也是打击的重点。这一战略将击败“基地”组织定位为最终目标。具体做法是：通过提升和加强防护措施减少国土安全的薄弱环节；在全球各地打击“基地”组织；降低“基地”领导层的能力；消灭“基地”的安全港；反击“基地”的意识形态；切断“基地”的经济来源、后勤支持及网上联络，以及确保“基地”不会获得大规模杀伤性武器。美国国土安全及反恐事务顾问布伦南说，这一战略标志着美国首次将本土作为反对恐怖主义的最重要“战场”。他说，国家“反恐战略”是国家安全战略的一部分，制定这一战略的目的是确保国家安全利益。制定这一战略的出发点是务实，并没有提出概念性的新思路，而是综合了过去10年间取得成效的政策与做法，其中所有内容在过去两年半中都已开始付诸实施，这一战略也体现了美国政府逐步理解恐怖威胁的过程。

在核裁军方面，奥巴马政府提出要彻底销毁核武器，建立一个无核世界。2009年4月5日，奥巴马在布拉格发表讲话说，几千件核武器的存在是冷战遗留下来的最危险遗产，尽管冷战也已结束，“全球性核战争的危险大大降低了，但是核打击的风险却上升了”。作为世界上核武器最多并唯一在实战中使用核武器的国家，美国在销毁核武器问题上负有“道义上的责任”，“为了结束冷战思维，我们将降低核武器在国家安全战略中的地位，而且敦促其他国家也这么做”，美国将寻求让全部核国家加入这一行动。他宣布，美国希望并致力于在一个无核化的世界里实现和平与安全。具体步骤包括：与俄罗斯一道尽快通过谈判达成新的削减战略武器条约，大幅削减美俄核武器；美国政府将力争美国国会尽快批准《全面禁止核试验条约》；与其他国家一道寻求强化《核不扩散条约》，包括加强核查、强化对违反条约国家的制裁；寻求建立一个关于和平利用核能的新机制；争取在4年内确保可用于核武器生产的核裂变材料不会被扩散；在一年内主持召开关于世界核安全的全球首脑会议。奥巴马的这一倡议得到了国际社会的广泛关注。2010年4月，美国公布《核态势评估报告》，首次将“寻求无核武世界”作为核战略的终极目标，强调降低核武器在国家安全战略中的作用，大幅降低对核武器依赖，这标志着冷战后美国核武器政策的重大转变。4月12～13日，美国举办了首届核安全峰会。同时，美国还推动联合国重新审议《不扩散武器条约》。

在情报方面，2009年9月15日，美国国家情报委员会出台了《2009年国家情报战略》，以指导今后4年美国情报机构的主要工作。报告确定美国机构的主要任务：打击暴力极端主义；防止核武器和生化武器扩散；为即将到来的危机提供预警，同时通过情报工作引导相关政策制定；加强反情报工作；保护计算机网络免受威胁；为美军在阿富汗和伊拉克的战事提供情报支持。报告称反情报工作和网络安全是美国情报部门两个新的工作重点。

无论是布什政府奉行的单边主义，还是奥巴马政府倡导的多边主义，其国家安全战略的根本出发点都是维护美国国家利益，确保其在世界上的领导地位，凭借绝对优势，谋求绝对安全。

第二章
美国对欧洲、中亚的外交政策

一 美国与欧盟的关系

美国一贯重视美欧关系，加强与欧洲盟国的关系一直是战后美国外交的核心内容。面对苏联、东欧国家发生的剧变，华沙条约组织的解体，原来维系美国与欧洲盟友关系的因素发生了变化。随着经济因素在国际关系中的地位日益上升，欧洲国家加快了经济一体化的步伐，独立意识与行动明显加强。双方在政治、经济、安全等领域的矛盾凸显，美国领导人必须对其欧洲政策做出某些调整，以迎接美欧关系的新挑战。

1989 年 12 月 4 日，乔治·布什在布鲁塞尔向北约首脑通报美苏马耳他会谈情况时提出了“新大西洋主义”。12 月 12 日，贝克国务卿在柏林新闻俱乐部发表演说时对“新大西洋主义”作了进一步的阐述，希望在新大西洋主义的基础上创造一个新欧洲，并建议就此问题同欧共体进行磋商。美国的这一主张是在欧洲战后形成的政治、经济、军事格局正在发生巨大变化时候提出的，是美国为迎接冷战后欧洲的新挑战而提出的一项对欧新战略。其目标主要为：一是为美国在欧洲继续存在的“合法性”提供依据。欧洲曾是美苏冷战的主战场，是双方争夺的焦点所在。美国作为北约的盟主和西欧的保护者积极参与并主导欧洲事务。随着东欧剧变，华约面临解体，苏联军事威胁基本消失，欧洲的安全形势发生了巨大变化，要使北约和美国继续在欧洲存在下去，就必须为北约确立新的任务，

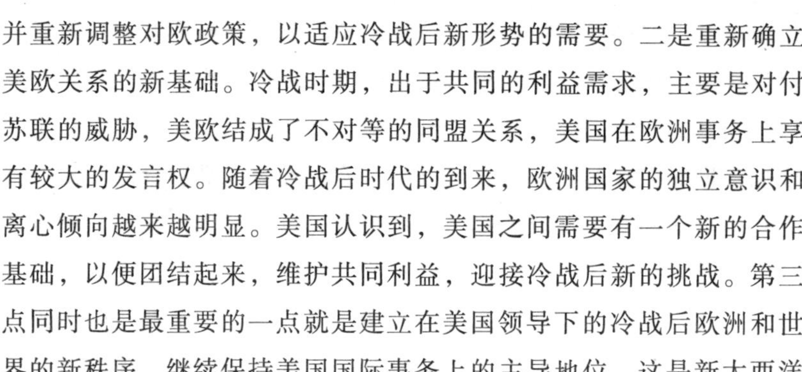

并重新调整对欧政策，以适应冷战后新形势的需要。二是重新确立美欧关系的新基础。冷战时期，出于共同的利益需求，主要是对付苏联的威胁，美欧结成了不对等的同盟关系，美国在欧洲事务上享有较大的发言权。随着冷战后时代的到来，欧洲国家的独立意识和离心倾向越来越明显。美国认识到，美国之间需要有一个新的合作基础，以便团结起来，维护共同利益，迎接冷战后新的挑战。第三点同时也是最重要的一点就是建立在美国领导下的冷战后欧洲和世界的新秩序，继续保持美国国际事务上的主导地位。这是新大西洋主义的核心所在。

概括地说，美国的新大西洋主义的主要内容包括以下几个方面：（1）美国在政治、经济、军事等方面的安全是同欧洲的安全紧密联系在一起的，美国是“欧洲重要的军事力量”，美欧要对共同的未来承担义务。（2）北约仍是美欧联系的重要纽带，在建立一种新的维持共同防御的安全结构时，它是至关重要的军事组成部分。在继续保持作为军事组织的维护安全的任务同时，还应进一步扩大其职能，使之成为“一个能建立欧洲安全新结构的政治组织”，在加强与东方的政治和经济合作方面采取主动行动。（3）欧洲共同体是大西洋两岸关系的经济基础，应该通过条约形式同美国建立机构性的对话和磋商机制。美国要把大西洋两岸的合作和欧洲一体化进程结合起来，加强美欧关系。（4）美国还主张扩大欧洲安全与合作会议组织的职能，使其成为“东西欧最重要的合作场所”和欧洲大陆的管理机构，特别是在促使苏联和东欧国家向市场经济和民主化过渡方面发挥重要作用。

经过一段时间的紧张谈判，1990 年 11 月 23 日，美国和欧共体国家终于达成协议，发表了指导未来双方关系发展的《欧共体—美国关系宣言》。宣言确认双方要维护北约的团结，支持欧洲一体化进程，并努力改进它们之间的关系。宣言提出了双方最重要的共同目标，包括：在世界范围内履行其调停冲突的责任，特别是加强联合国的作用；用它们的政策为世界经济实现持续增长和低通货膨胀作出贡献；支持发展中国家的政治和经济改革；向中欧和东欧国家提供必要的援助，鼓励这些国家参加所有多边机构，特别是贸易和财政领域的多边机构。宣言提出了双方合作的重点，主要有：进一步加强世界多边贸易并使之自由化；反对恐怖主义和毒品贸易；强化环境保护和防止大规模毁灭性武器的扩散等。双方在宣言中确定了实现协商和对话的机制，包括：欧共体理事会轮值主席和欧共体委员会主席每年同美国总统会晤两次；欧共体 12 国外长和美国国务卿每年会晤两次；如出现危机情况时，欧共体轮值主席或外长和美国国务卿及时进行磋商，次数不限；欧共体委员会和美国政府之间每年举行两次部长级会晤；双方欢迎欧洲议会和美国国会每年举行工作委员会一级的会晤。除此之外，宣言还规定，双方在一切国际组织中尽可能协调立场。只要有一方提出要求，即应进行协商。《欧共体—美国关系宣言》的发表标志着美欧关系进入一个新的发展阶段。双方第一次就建立全面合作关系问题达成了正式协议，明确了双方在冷战后时代共同面临的任务和挑战，制定了一套比较系统的对话和磋商机制，这对保证双方关系的进一步发展起到了积极的促进作用，并有助于维护欧洲的和平与稳定。但它没有、也不可能从根本上消除双方利益的矛盾和摩擦。

为了应对冷战后美欧关系所面临的新挑战，进一步巩固和加强双方的关系，双方都作了积极的外交努力，力图弥合分歧。克林顿上台后，非常重视同欧洲盟国的关系，派国务卿克里斯托弗几度出访西欧，强调欧洲仍然是美国全球战略的重心，欧洲在美国外交政策中仍然具有十分重要的地位。1994 年克林顿本人四度出访欧洲，表示要继续致力于加强大西洋伙伴关系，与欧洲盟国密切合作，共同对付冷战后世界面临的挑战。在处理与西欧国家的关系上，美国非常重视与德国的关系，认为统一后的德国作为欧洲的发动机，应协助美国将东欧国家纳入西方的经济、军事和政治体系之中。1994 年 7 月 10 ~ 12 日，克林顿对德国进行正式访问，表示德国是美国欧洲政策的基石和首要战略伙伴，一再强调美德之间独特的“伙伴关系”，公开要求德国在国际事务中同美国一起发挥“领导作用”。美国试图借助德国的力量，确立自己在欧洲的主导权。

1995 年 11 月 29 日至 12 月 3 日，克林顿总统先后访问了英国、爱尔兰、德国、西班牙等国家。他在英国议会发表讲话，把美英之间的友谊称作“独一无二的、牢不可破的、超出所有其他友谊的、是应当把所有民主国家联系起来的关系的典范”。克林顿与欧盟领导人在马德里举行了首脑会议，并同欧盟轮值主席、西班牙首相冈萨雷斯和欧盟委员会主席桑特共同签署了《跨大西洋新纲要》和《欧美联合行动计划》。《跨大西洋新纲要》重申北约是跨大西洋的“安全核心”，是加强欧美关系不可缺少的保证，提出双方要共同努力，促进世界和平、稳定和民主，尤其是欧洲和中东地区的稳定和发展；采取协调行动对付国际犯罪、恐怖主义、贩毒、非法移民和环境污染等全球性的挑战；推动世界贸易发展，完善包括世界贸易组织在内的多边贸易体制，促进跨大西洋经济增长，并共同解决失业问题；促进科学、文化、艺术以及立法等方面的交流。该文件被认为是 21 世纪美欧关系发展的指导性文件。《欧美联合行动计划》则确定了 130 多个具体合作项目，基本上涵盖了美欧关系的各个领域。美欧各界赞誉这次首脑会议“具有历史意义”，是美欧关系中“跨世纪的里程碑”，从此双方将进入一个“从协商到合作的空前合作时期”。1998 年 5 月 13 ~ 19 日，克林顿在伦敦参加了美国与欧盟首脑会议，双方发表了关于建立跨大西洋经济、政治合作伙伴关系，加强在打击跨国犯罪、防扩散等领域合作的声明。

经济关系是美国—欧盟关系的基石，其核心是双方的贸易和投资关系。在 20 世纪 90 年代，美国是欧盟最大的贸易伙伴，占了欧盟总进口量的 17% 和总出口量的 18%。欧盟是美国的第二大贸易伙伴，仅次于加拿大，占了美国总进口量的 17% 和总出口量的 20%。美国在欧盟的直接投资占其对外投资总额的 42%。1994 ~ 1999 年，美国对欧投资增长了 7 倍。1999 年美欧双边贸易额为 4500 亿美元，相互投资额达 1 万亿美元。为了进一步推动双方经贸关系的发展，1995 年初，美国和欧盟建立了旨在推动双方贸易谈判、处理双方贸易纠纷的“大西洋商业对话机制”。为了增加对欧洲的出口，美国制定了促进对欧出口和投资的对欧贸易新战略，并把航空、电讯、能源和环境列为 4 个重点领域予以推动。同年 6 月 2 日，美国国务卿克里斯托弗公开倡导建立欧盟—北美自由贸易区，并提出了一系列双方有待谈判的问题，包括共同产品标准、环保规定、欧盟公共采购中的歧视待遇等等。12 月 3 日，美国和欧盟首脑会议在马德里召开，要求减少以至取消欧美间的贸易壁垒，进一步实现双方市场自由化，为此双方表示将采取联合行动，进一步削减工业品关税，并将就电信、信息技术等进行谈判。1998 年 5 月，美国与欧盟国家提出了建立跨大西洋经济伙伴关系的计划，目的就是进一步加深双方之间的经济关系。双方承诺要努力减少影响制造业、农业和服务业发展的壁垒，相互开放市场，并同意采取“一种更加广泛的、富有合作精神的办法来解决范围广泛的贸易问题”。

在雅尔塔体制和冷战格局下，维系欧美双方盟友关系的主导因素是政治因素，即共同与苏联对抗，维护自身利益。冷战结束后，随着东西方军事对抗的消失，经济因素在国际关系中的作用和影响日益加强。为了争夺世界经济的主导权，美国和欧洲国家在贸易方面的竞争和摩擦不断加剧，爆发了一轮又一轮的贸易战。1990 年 3 月，美国政府发表一份报告，将欧共体国家列入实行不公正贸易国家的行列，批评欧共体抬高关税，实行公共采购国内优先的政策，并对造船、采煤和飞机制造业实行政府补贴。4 月，欧共体国家就美国的指责进行反击，也提出一份报告，称美国政府对欧洲向美国的出口实行限制措施，采取了“不公正的贸易行为”。欧共体的报告指出：“尽管美国从整体上看，实行的是较开放的经济，但它始终保留着妨碍乃至损害贸易往来、破坏多边贸易制度的法律制度。”报告批评了美国的贸易保护主义政策，并历数美国对欧贸易中的 50 种关税和非关税壁垒，其中包括：进口数量限制；歧视性的国家采

购政策；出口补贴以及在产品规格、检验、认证等方面的不公正措施。对于美国贸易法301条款关于政府有权对实行“不公正贸易行为”的国家采取措施进行制裁的规定，欧共体国家更是深恶痛绝，一再要求美国必须放弃单方面保护主义措施，按照国际贸易中多边性原则修改其贸易法，主张一切贸易争端都应在关税与贸易总协定的多边谈判中寻求解决，任何一方不得自行其是。面对日益升级的美欧贸易摩擦，1991年11月布什总统发出警告：“我们必须防止这样的危险：冷战中的老的盟友将变成新的经济上的敌手，冷战斗士变成贸易劲敌。”他的这番话不幸被言中。随着世界经济区域化、全球化趋势的日益加快，美国和西欧盟国之间在经济领域里的矛盾也不断公开化、尖锐化和扩大化。

美国和西欧之间的贸易关系长期以来一直存在着摩擦，冷战结束后则变得更加激烈。双方的贸易摩擦主要围绕农产品贸易和民用航空工业领域。在农产品方面，欧共体国家由于农业结构、自然条件和技术水平均不及美国，每年不惜花费上千亿美元对农产品生产和出口进行补贴，以期扩大农产品出口。美国对此做法极为不满，要求欧共体国家大幅度削减对农产品生产和出口的补贴。1986年开始的包括107个成员国的关贸总协定乌拉圭回合贸易谈判本该于1990年底结束，但由于美欧在农产品补贴问题上难以达成协议而搁浅。1991年12月，关税与贸易总协定总干事邓克尔提出一项关于削减农产品生产和出口补贴、进一步开放市场的一揽子妥协建议，得到了美国的支持，却遭到欧共体国家的集体抵制。法国担心此举会使“欧共体变成一个由美国左右的自由贸易区”。1992年2月，美国副总统奎尔为逼迫欧共体国家在贸易谈判中就范，竟然在慕尼黑安全政策会议上以放弃保护欧洲安全相要挟，警告欧洲人“乌拉圭多边谈判同北约是联系在一起的”。欧共体国家对此猛烈回击，迫使布什总统不得不出来澄清奎尔的讲话，否认贸易谈判同安全问题的联系。1992年双方围绕农产品贸易问题大动干戈，互不相让。美国主张在2000年前全部取消农产品的补贴，遭到欧共体国家的强烈反对。为了迫使西欧国家做出让步，美国一再声称要对欧共体国家输美的农产品实行补贴性价格采取报复行动。1992 年 11 月 5 日，美国宣布对欧盟成员国价值 3 亿美元的出口产品/农产品征收高达 200% 的惩罚性关税。虽然这一争执最后以欧共体让步和妥协而告一段落，但双方的贸易冲突并没有结束，反而不断升级。

在民用航空方面，美欧之间的摩擦主要是围绕欧洲“空中客车”公司享受财政补贴问题而展开的。美国认为，“空中客车”公司 75% 的研究和开发费用是由法国、英国、德国和西班牙政府提供的，政府补贴总额已高达 135 亿美元，“空中客车”公司已获得新喷气机 1/3 的订货，并取代美国麦道公司成为仅次于波音公司的第二大飞机供应商，而且对波音公司也形成了威胁。美欧双方就限制航空工业补贴问题进行了多年谈判，但因分歧严重，未能达成任何协议。1991 年 6 月，美国政府不顾欧共体的强烈反对，向关贸总协定提出控告，指责“空中客车”公司享受补贴违反了关贸总协定的有关规定，从而损害了美国的利益。美国正式要求在总协定的范围内举行双边磋商，以解决争端。面对美国咄咄逼人的态势，欧共体并不示弱。它一方面对美国的做法表示遗憾，并声明愿意参加美国要求的双边谈判，另一方面则重申欧共体国家将不遗余力地保护其飞机制造厂商的合法权益，准备对美国的行动进行反击。

1993 年克林顿上台伊始便向欧共体提出开放市场的要求。欧共体方面则抢先颁布了一项保护主义措施，要求其所有成员国在政府采购中拒绝使用“欧共体生产部件不足 50% 的外来产品”，同时要求各国在进行政府采购合同招标时，在欧共体厂家的价格不高于外来产品 3% 的情况下，优先使用欧共体的产品和服务。欧共体的这一措施等于把其他国家的厂商，特别是传统上在这一市场中占有很大份额的美国厂家排除在欧共体 12 国的政府采购市场之外。美国政府对此做出强烈反应。1993 年 1 月 27 日，克林顿政府宣布对包括英国、法国、德国、意大利、比利时、西班牙和荷兰等欧共体 7 国在内的欧洲 19 国向美国的钢材出口征收 109% 的惩罚性关税。同

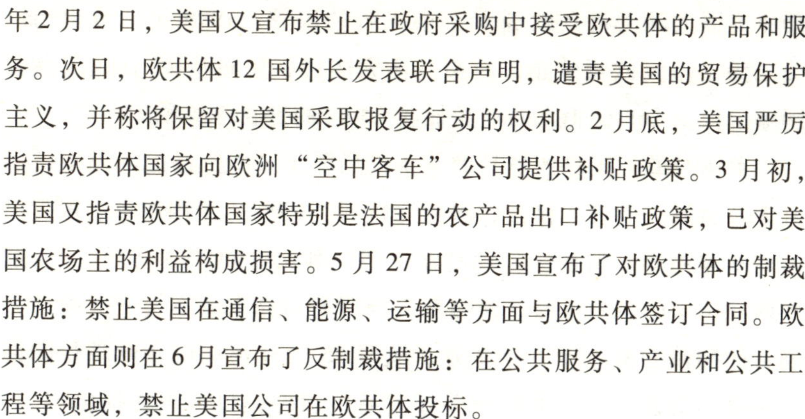

年2月2日，美国又宣布禁止在政府采购中接受欧共体的产品和服务。次日，欧共体12国外长发表联合声明，谴责美国的贸易保护主义，并称将保留对美国采取报复行动的权利。2月底，美国严厉指责欧共体国家向欧洲“空中客车”公司提供补贴政策。3月初，美国又指责欧共体国家特别是法国的农产品出口补贴政策，已对美国农场主的利益构成损害。5月27日，美国宣布了对欧共体的制裁措施：禁止美国在通信、能源、运输等方面与欧共体签订合同。欧共体方面则在6月宣布了反制裁措施：在公共服务、产业和公共工程等领域，禁止美国公司在欧共体投标。

1997年美欧又围绕波音公司兼并麦道公司一案发生了激烈争吵。1996年12月美国波音公司宣布以133亿美元兼并另一家美国飞机制造公司麦道公司，随后得到了美国政府的批准。欧盟认为，波音公司兼并麦道后将控制世界商用飞机近70%的市场，对欧洲“空中客车”公司的生存和发展构成了严重威胁。不仅如此，两家公司的合并还将进一步加强美国在国际军火市场竞争中的地位，从而使欧洲在未来的发展中对美国更加俯首听命。欧盟明确表示，如果美方不做出让步，欧盟将不惜与美国进行一场贸易战来进行报复。最终，波音公司在坚持兼并麦道公司的原则下做出重大让步，其中包括放弃同美国三大航空公司（美洲、德尔塔和大陆）的“独家供货”协议。在这场争执中，欧洲国家，特别是法国，对美国的做法深表愤慨。

1998年12月中旬，美国与欧盟首脑会议在华盛顿召开，因双方在香蕉、牛肉、空中客车补贴等问题上摩擦尖锐，致使双方未能在推进美欧经济、政治合作方面取得成果。12月21日，美国正式公布对欧盟实施贸易报复的清单，决定从1999年3月初起对欧盟价值5.2亿美元的16类商品征收100%的惩罚性关税。欧盟为此向美国提出抗议，并向世贸组织状告美国，要求召开紧急会议，讨论美国的行为是否合法。同时，美国众议院通过一项禁止欧洲超音速飞机在美国着陆的议案，以报复欧洲议会通过的关于从2002年起禁止美国大龄飞机在欧洲天空中飞行的决议。1999 年 7 月 19 日，美国为了报复欧盟禁止进口美国激素牛肉，宣布从 29 日起对欧盟国家价值 1.168 亿美元的产品征收 100% 的惩罚性关税。

美国与欧洲国家的贸易摩擦不仅局限于某些产品的问题上，而且涉及金融、投资、科技、服务等领域。1996 年美国出台制裁古巴的“赫尔姆斯—伯顿法”和制裁伊朗、利比亚的“达马托法”，遭到西欧国家的强烈反对，纷纷发表声明予以谴责，不接受美国单方制订的制裁方案。1996 年 7 月，欧盟 15 国外长在卢森堡举行的部长理事会会议上一致决定向世界贸易组织仲裁机构正式提出申诉。11 月，世界贸易组织接受了欧盟的起诉书，决定成立一个仲裁委员会进行仲裁。西欧国家如此一致地坚决与美国相抗衡，是双边关系史上少见的，最终迫使美国不得不做出一定的让步。1997 年 9 月，法国道达尔公司与伊朗签订了一项价值 20 亿美元的共同开发天然气的合同，美国声言要根据“达马托法”制裁道达尔公司，但法国政府和西欧国家坚决支持道达尔公司，双方的矛盾不断激化。欧洲国家的强硬立场迫使美国不得不做出一定的让步。1998 年 5 月中旬，美国与欧盟达成协议，不对欧盟国家在古巴、伊朗和利比亚的投资者实行制裁。

美国与欧洲之间的经济竞争已从双边国别基础上的竞争发展成为区域性集团的竞争。为了同美国、日本争夺 21 世纪世界经济的主导权，在冷战结束后，欧洲国家加快了筹建欧洲统一市场的步伐。经过几年的努力，统一市场已于 1993 年 1 月 1 日开始运转。同年 11 月，马斯特里赫条约（马约）正式生效，欧洲联盟诞生。与此同时，欧盟还加紧东进、南扩，力图建立一个大欧洲市场。美国则努力推进北美自由贸易区的建设，以抗衡欧盟。北美自由贸易协定于 1994 年 1 月 1 日开始生效。美国的最终目标是要建立一个包括拉美在内的美洲自由贸易区。与此同时，美国力图通过加强与欧洲的经济关系，使欧洲国家进一步向美国开放市场。但是，欧洲各国对于美国欲主导跨大西洋自由贸易区的企图表示担心，对美国提出的建立欧盟—北美自由贸易区的建议，欧洲国家态度谨慎。

安全关系是美国同欧盟关系的基石。冷战结束后，影响美国与欧洲关系的一个重要问题是，在双方传统的对手苏联解体、对欧洲的军事威胁消失后，如何构筑新的欧洲安全体系。北大西洋公约组织（北约）的继续存在受到很大质疑。北约是战后美国为对付苏联和东欧国家而建立的军事集团，是美苏进行冷战的产物。1949 年 4 月 4 日，美国、英国、法国等 12 个西方国家的外长在华盛顿举行了签字仪式，宣告北约正式成立。与此针锋相对，苏联和东欧国家在 1955 年 5 月 14 日缔结《华沙条约》，成立了华沙条约组织。随着东欧国家发生巨变，苏联解体，北约的任务和性质发生了变化。1991 年 7 月，华沙条约组织宣布解散，北约的去向和如何构筑欧洲安全的新结构等问题摆在了西方国家面前。以法国和德国为首的一些西欧国家主张建立以欧共体为核心的新的欧洲安全结构。1991 年 2 月，法国与德国建议重新签订 1998 年期满的西欧联盟条约，把仅具有协调功能的西欧联盟转变为负责西欧安全防务事务的重要机构。同年 10 月，法德联合倡议在西欧联盟框架内组建以法德军队为核心的欧洲军团，在欧洲防务中发挥独立作用。此外，也有国家建议加强欧洲安全与合作会议，并赋予其新的职能。所有这些方案，实际上都排斥了美国在欧洲安全体制中的核心地位。这显然是美国所不能允许的。

为了保持对欧洲事务的影响力，美国一再强调跨大西洋的北约组织是冷战后唯一能够维持欧洲安全的机构，应成为欧洲新的安全结构的基础，坚持以北约为主构筑冷战后欧洲的安全体系。美国政府认为，北约是美国参与欧洲事务的一个支柱，是大西洋两岸安全的一个关键因素，北约必须在促进欧洲融合和加强安全方面发挥重要作用，时刻准备对新的挑战做出反应。为此，美国竭力推动北约扩大职能和活动范围。美国还十分重视欧洲安全与合作组织在维护欧洲安全与稳定方面的作用，认为欧安组织在加强欧洲的稳定方面“起着一种主要作用”，它可以为美国建立欧洲的安全结构提供一个场所，这种结构又可以对美国的北约战略形成补充。克林顿政府在2000年1月的《新世纪的国家安全战略》报告中明确提出，美国将一如既往地给予欧安组织有力的支持，“以此作为我们同欧洲所有国家、高加索地区、中亚国家进行接触的最佳选择，从而促进民主、人权和法治的发展，促使这些国家在局势动荡、社会不稳、违反人权的行为威胁到地区安全的时候彼此之间相互支持”。美国对西欧联盟的“复活”甚为关注，担心它将取代北约，导致美国最终完全撤出欧洲大陆。

冷战结束以来，美国和欧盟之间在西欧联盟的归属问题上一直存在分歧。美国坚持西欧联盟仍应作为北约在欧洲的工具，而西欧国家则试图将其建成欧盟的安全和防务机构。为了使北约适应冷战后欧洲新的形势的需要，美国提出加强北约组织的作用，特别是加强它在政治和经济方面的作用。在美国的积极推动下，1991年北约首脑会议强调了美国在欧洲事务中的作用，坚持北约为欧洲防务支柱并赋予其新的、更大的职能。对美国来说，北约是实现其战略意图，领导和支配欧洲事务的重要工具，只能加强其职能而不能削弱。

1990年7月北约国家在伦敦召开会议，决定了北约调整的基本方针：第一，华沙条约组织（华约）国家不应再被视为敌人；第二，北约的常规力量规模应当缩小，但应更机动，更具有多方面的作战能力，更加多国化；第三，核武器将作为最后手段。1991年11月北约罗马会议上通过了伦敦会议的基本方针，强调北约继续在欧洲防务中起主要作用，对北约军事战略做出重大调整，即从过去主要对付苏联的“前沿防御”转向全方位防御；北约今后的主要任务是预防冲突和处理危机；缩小部队规模，提高其灵活、机动和快速反应能力；削减核武器，但仍保持一定的核威慑力量。

北约改革的方向是欧洲国家在北约内和欧洲安全事务上享有更大的发言权，美国则想继续保持在欧洲的军事存在和对北约的控制，以便主导欧洲事务。为了履行对北约的承诺，美国决定仍将在

欧洲保持10万人的驻军，提供明显的威慑力量，以促进地区和平，对危机作出反应，保持至关重要的大西洋两岸关系，维护美国在北约中的领导地位。在北约东扩问题上，美国和欧洲国家也存在分歧。美国不仅要扩大北约成员国，还要扩大其职能，使北约的任务从防御敌国入侵，转为防止大规模杀伤性武器扩散、防止恐怖活动等，允许北约对防区以外“涉及共同利益的危机和冲突”进行集体干预。时任美国国务卿奥尔布赖特公开宣称，北约应该成为一个“有能力对包括防区外的各种危机作出有效反应的联盟”。她力主北约成为一个能对世界上各种危机做出反应，并“不受联合国否决危险的独立自主的联盟”，声称北约对外干涉“不一定非要联合国授权”，并反对“将北约变成联合国的一个简单的分支机构”。实际上，美国就是要通过强化北约，并以北约为依托，建立以美国为主导的横跨欧亚大陆以至全球的安全体系，使北约逐步实现“全球化”，以便插手世界各地的安全事务。但是，欧洲各国普遍对于在欧洲以外承担安全义务持谨慎态度，对美国力图使北约摆脱联合国约束的建议表示反对。欧洲国家认为，北约在防区之外采取军事干预行动，需要联合国的明确授权。1998年12月美国对伊拉克发动大规模空袭时，只有英国参与了这次行动，法国、德国和意大利等则对美英的行动表示“不安”和“遗憾”。法国、德国认为，尽管在1999年10月北约抛开联合国单独作出就科索沃问题对南联盟实施空袭的决定，但这只是“特例”，并强调这一行动不应成为绕开联合国的先例。

除了在北约主导权上的争执，美欧还围绕欧洲防务问题产生了严重分歧。尽管美国对欧洲建立独立防务一再表示反对，但欧盟国家并没有因此放弃努力，而是更加积极。1993年在德、法混合旅的基础上，欧盟5国组建了“欧洲军团”。1996年1月，欧盟委员会作出决定，敦促各成员国采取行动，减少对美国军事装备的依赖，促进西欧军事工业的迅速发展。3月，德、法、意、西、比5国提出了一项旨在缔造欧洲防务联盟的三阶段计划：在初始阶段，欧盟可以“请求”西欧联盟代表它执行商定的安全使命，在第二阶段欧盟便可就军事问题向西欧联盟发出指示，到第三阶段，建立一个全面的一体化的欧盟防务体系。这一方案也得到了荷兰和卢森堡等国家的支持。1996 年 12 月，德、法签署了两国“安全和防务共同构想”的文件。1998 年 12 月，英、法两国也就防务合作发表联合声明，表示双方对全面迅速地实现欧盟的共同外交和安全政策极为重视。1999 年欧元正式启动后，欧洲国家明显加快了统一安全政策、组建自己独立防务力量的步伐。欧盟这种防务合作势头通过 1999 年的科索沃战争得到了更有力的推动。在科索沃危机初期，英、法等欧盟国家力图把解决科索沃危机的主导权控制在自己手中，不希望美国过多地参与，像当初在代顿那样签署和平协议，因而把谈判地点定在法国的朗布依埃。在谈判破裂、欲想对南联盟动武之时，欧盟国家却又感到力不从心，不得不由美国来主导这场侵略性战争。科索沃战争大大刺激了欧盟，它使欧盟看到自己防务力量的虚弱。德国外交部国务秘书伊辛格在 1999 年 9 月的一次谈话中坦率地承认：“在军事领域里，我们还远远不能适当地分担重任，绝大部分在科索沃冲突中投入的飞机是美国的飞机，战略运输工具也是如此。”他由此确信，“有一个结论是显而易见的：欧洲必须获得自己在政治上和军事上解决危机的能力”。英国国防大臣罗伯逊也深有同感。他在 1999 年 8 月的一次讲话中强调，欧洲从科索沃冲突中得出的一个主要教训就是，“欧洲有必要加强自身的军事能力”，“我们必须在处理欧洲事务方面加强合作”。科索沃战争使欧盟国家认识到，要成为与美国真正平起平坐的伙伴，作多极世界中“合格的一极”，在国际事务特别是在欧洲事务扮演积极的角色，发挥影响力，就必须具有自己的军事力量。

1999 年 5 月，德、法两国首脑提出，要把欧洲军团改建为欧洲快速反应部队。同年 6 月，欧盟在德国科隆举行的首脑会议上着重提出要发展自己的防务力量。9 月，法国、意大利首脑会晤时呼吁要实现加强欧洲防务的共同目标。随后，英、法两国首脑就欧洲防

务问题发表联合公报，指出欧盟应当建立一支拥有5万~6万人的快速反应部队，以便今后迅速部署到出现危机的地区。声明呼吁"欧盟必须建立适当的机构，能对局势和情报来源进行分析并制定相关的战略规划"，声称"我们决心共同努力以使欧盟对这些目标作出具体的表示"。两国首脑同时同意将各自的作战指挥中心交给欧盟支配。英法协议签署后，法、德也就欧洲独立防务达成协议。12月10~11日，欧盟15国领导人在赫尔辛基举行的首脑会议上，就欧洲共同安全和防务政策做出了决定：欧盟将建立自主决策的军事力量，在没有北约参与的情况下，由欧盟领导对国际危机采取军事干预行动。为此，要在2003年前建立一支由5万~6万人的欧洲快速反应部队，要求这支部队能在60天内进行部署，并要保证能在危机地区至少维持一年，同时能完成人道主义的救援、维和、平息冲突和调停等使命。2000年3月，欧盟成员国国防部长会议决定成立三个机构：政治和安全委员会，负责欧盟的外交与安全政策；军事委员会和一体化的参谋部。6月中旬，欧盟领导人会议决定，于2003年组建一支由5000人组成的欧洲警察部队，作为快速反应部队的补充。7月，法国国防部长里夏尔宣布，法国和德国建议成立"欧洲情报收集联合体"，以使欧洲获得独立获取、传送和处理情报的能力，同时还建议组建"欧洲战略空运指挥部"。这一倡议得到了欧盟不少国家的赞同。7月底，德国、法国、英国、意大利、西班牙和瑞典6大武器生产国宣布签署了一项框架协议，表示要联合起来，"决心维护一个强大且有竞争力的工业，能与世界上最先进的武器工业竞争"。欧盟建立独立防务的目的旨在使欧洲最终能够摆脱在安全上长期依赖并受控于美国的局面。

美国历来对欧洲防务问题抱着极其复杂的心态。一方面，它主张欧洲提高防务能力，使其能够更好地在处理危机时与美国密切配合，充当美国的有力伙伴；但同时，又对欧洲国家提高防务能力的努力顾虑重重。对于欧盟国家组建独立的欧洲快速反应部队，美国方面更是深感不安，担心有朝一日欧洲国家会摆脱对美国的依赖，最终使美国从欧洲事务中退出。此外，美国还担心，一旦欧洲快速反应部队建成，势必会使北约内的欧盟成员国减少对北约的人力、物力和财力的支持，从而削弱北约的力量。美国政府一再重申，欧洲发展独立防务必须在北约范围内进行，应该把欧洲快速反应部队纳入北约的框架之内，实际上就是要把这支部队的决策指挥权交给美国，并提出所有北约成员国对欧洲快速反应部队的决策从始至终均有发言权。2000 年 3 月 27 日，美国国务卿奥尔布赖特和国防部长科恩联名发表了一篇题为“建设一个更强大的欧洲”的文章，强调“大西洋安全不可分割”，警告欧盟建立欧洲快速反应部队不得削弱北约的力量，明确提出“不是欧盟成员的北约盟国应该在考虑欧洲安全与防务问题时享有发言权”，要求欧盟“保证今后军事行动的组织不会由欧盟独自做出”。欧盟对于美国控制欧洲快速反应部队的企图表示坚决反对，明确指出这支部队受欧盟领导和指挥，完全独立于北约，一切有关事宜均由欧盟自己决定；它与北约的关系是“合作和相互补充”，是否需要北约介入、在什么问题上、以多大程度以及何时介入等问题，也均有欧盟决定后再与北约磋商；受欧盟最高领导机构控制与指挥的“政治和安全委员会”负责就欧洲快速反应部队的所有重大事宜向欧盟最高决策机构提供决策建议。从本质上讲，欧洲组建快速反应部队是对美国在欧洲地位的严重挑战，它也表明欧洲国家要求独立、自强、联合的意识正日益增强。它的出现对于打破冷战后出现的一超独霸的格局、促进世界进一步向多极化方向发展具有重要意义。此外，对于美国提出的部署国家导弹防御系统计划，欧盟国家普遍表示忧虑，担心这将破坏目前的全球战略平衡，引发新一轮的军备竞赛，并导致西方同俄罗斯关系的重新紧张，从而损害欧洲的和平与稳定。

尽管美国和欧洲国家之间存在着种种分歧和矛盾，双方在经贸领域、安全问题等方面争吵不断，但两者在利益上的共同需求决定了双方的关系依然是既竞争又合作，既是对手，同时又是伙伴。这是因为：第一，美国和欧洲国家有着千丝万缕的联系，在政治、社

会、宗教和民族等方面有着许多共同之处，这是美欧联盟能够继续存在并不断加强的重要基础。第二，在欧洲安全和国际事务中，美欧之间也需要相互合作，相互支持。第三，美欧经济联系十分紧密，双方互为最重要的经济伙伴，相互依赖程度很高。第四，欧洲要摆脱美国的控制仍有一定的难度。在未来相当一段时期内，美国将会继续保持强大的综合国力和军事实力，仍将保持世界超级大国的地位，欧洲难以与之抗衡。前北约秘书长索拉纳曾言，“美国不能没有欧洲，正像欧洲不能没有美国一样”，美欧需要合作。冷战的结束虽然极大地动摇了美国在西方的盟主地位，但美国依然是欧洲舞台上的重要角色，在处理欧洲事务、维护欧洲安全与稳定方面起着不可替代的作用。

小布什执政后，表示要进一步强化美欧关系。2001 年 6 月 11 ~ 16 日，布什访问西班牙、比利时、瑞典、波兰和斯洛文尼亚等国，出席在比利时举行的北约首脑特别会晤和在瑞典举行的美欧首脑会议。他强调，愿意加强与欧盟的对话，欢迎欧盟在与北约保持协调的前提下增强处理军事冲突的能力，并表示支持北约继续东扩。7 月 19 ~ 24 日，布什访问英国，出席在意大利热那亚举行的八国首脑会议。他承诺在气候变化、贸易等全球问题上与欧洲加强协调与合作。“9·11”事件后，布什多次与英国、法国、德国等国领导人通话，欧洲各国领导人也纷纷访美，表示要加强在金融、情报、执法等方面的合作。由于法国、德国坚决反对美英对伊拉克开战，使欧美关系一度颇为紧张。欧洲国家公开批评布什政府的单边主义政策，反对将“反恐战争”扩大化，并表示将与伊朗、朝鲜进行接触和对话。2002 年 5 月底，布什分别对德、法进行首次正式访问，以缓和美欧紧张关系。2003 年，围绕对伊拉克问题，美欧关系出现深刻裂痕。法国、德国反对未经联合国安理会授权对伊拉克采取军事行动，而英国、西班牙、意大利等则支持美国对伊动武。伊拉克战争结束后，欧美都表示了修复关系的愿望。2003 年 5 月底，布什在波兰发表演讲称，美国与欧洲间应弥合分歧，共同发展大西洋两岸关系，打击国际恐怖主义。2004 年，为修补美欧关系，布什、鲍威尔、拉姆斯菲尔德等相继出访欧洲；德国、爱尔兰、英国、罗马尼亚、波兰、法国等国领导人也陆续访美。布什多次表示，美欧拥有共同价值观，是“自由世界的两个支柱”，强调要进一步加强跨大西洋伙伴关系。鲍威尔也在访问比利时时发表讲话强调，美国非常重视美欧关系，跨大西洋两岸“是自由、民主、和平的集团”，“不管我们过去在伊拉克等问题上有何分歧，我们现在要向前看”，美国正向欧洲伸出手，也希望欧洲向美国伸出手。

2004 年 6 月 25 日至 26 日，欧美首脑会议在爱尔兰的德罗莫兰卡斯城举行。这次首脑会议无疑为双方改善关系再次提供了机会，因此双方对会议都十分重视。在这次首脑会议上，欧美领导人着重讨论一些重大国际问题，其中包括伊拉克问题、中东问题、反对恐怖主义以及双边经贸问题等。美方显然想通过峰会协调与欧盟的立场，寻求欧盟在上述问题上的支持。在伊拉克问题上，美国一直呼吁欧盟慷慨解囊，向伊拉克提供援助资金。但欧盟只承诺捐赠 12.4 亿欧元，这使美国颇感不悦。在中东和平问题，特别是巴以问题上，欧美的观点也大相径庭。欧盟坚持将解决巴以冲突作为中东“反恐”斗争的先决步骤，而美国则强调在中东地区的首要任务是推行“民主”。2004 年 9 月，第 58 届联大以压倒性优势通过了要求以色列不得驱逐阿拉法特的决议案。欧盟对该决议投了赞成票，而美国却投了反对票。欧盟始终认为阿拉法特是巴勒斯坦人的合法代表，并呼吁以色列停止修建隔离墙；但美国一味偏袒以色列，强调保证以色列人安全的重要性。在“反恐”问题上，欧美的看法也有差异。欧盟支持美国反恐既有维护自身安全的考虑，同时也是为了尽盟国的义务。而美国单纯以武力对付恐怖主义，不认真反思恐怖主义的根源，同时还借反恐名义打击异己国家政权，激化了这些国家的民族主义情绪。对美国的这些做法，欧盟不予认同。在防务问题上，美国推动北约和欧盟就欧洲安全防御及北约防务合作达成

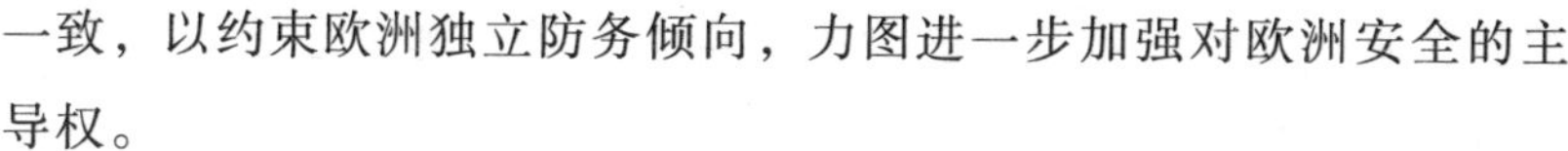

一致，以约束欧洲独立防务倾向，力图进一步加强对欧洲安全的主导权。

由于欧盟加强自身防务引发欧美争吵，加上伊拉克战争造成欧盟和北约内部分裂，欧美关系已降至二战以来的最低点。欧美在重大问题上的分歧，损害了双边关系赖以存在的基础。欧美之间矛盾冲突的根源，是双方对建立世界新秩序的观点截然不同：美国力图保持“单极世界”的格局，绝不允许出现一个与其平起平坐的对手；而欧洲则坚决主张建立“多极世界”。

经过半个世纪的整合，欧盟实力已大大增强，虽然在现阶段还没有与美国对等的实力，但独立于美国的倾向日益明显。因此，欧美之间的裂痕很难在短期内弥合。

美国—欧盟首脑会议依然是双方磋商的重要平台。2002 年 5 月，双方在华盛顿举行会议，围绕中东和平进程、反恐合作、贸易整顿、阿富汗问题、北约与俄罗斯关系等问题进行了讨论，强调双方的共同利益远大于分歧，表示将在重大国际问题上进行合作。由于美国不顾包括欧盟在内的国际社会的反对，发动对伊拉克的战争，导致美欧关系出现严重裂痕。因而，改善与欧盟的关系成为布什政府对外政策的一大重点。2003 年 6 月 25 日，布什与到访的欧盟轮值国主席希腊总理西米蒂斯和欧盟委员会主席普罗迪举行会晤，双方就反恐、防扩散、经贸、欧洲安全及地区热点问题举行会谈，同意在反恐、防止大规模杀伤性武器扩散以及促进中东和平等方面加强合作。2004 年 6 月，双方在爱尔兰的德罗莫兰卡举行会议，就伊拉克、中东、反恐、防扩散等问题发表了 7 项声明。2005 年 2 月、4 月、5 月，布什三访欧洲，极力缓和与法国、德国等国的矛盾，称“任何暂时的争论、分歧以及世界上任何其他力量都不能将美欧分开”。6 月，欧盟发表了《面向 21 世纪更强大的欧美关系和更开放的市场》的对美政策文件，旨在加强双方的经济联系和进一步强化双边关系框架。6 月 20 日，双方在华盛顿举行会议，着重讨论了欧美跨大西洋关系的重要性，并就反恐、防扩散、非洲发展问题、推进“民主自由”等议题发表多个联合声明与宣言。2006 年 6 月 21 日，美欧在奥地利维也纳举行首脑会议，双方同意在能源问题上进行战略合作，并在清洁能源和可持续发展方面建立高级别对话机制。会议发表的声明强调，欧美双方一致同意加强战略能源对话与合作，倡导以市场为基础的能源安全政策，在能源领域增加投资，并积极促进能源供应多元化。双方还就经济关系、加强相互投资、促进经济增长和就业、保护知识产权等问题进行了磋商。2007 年 4 月 30 日，美国—欧盟首脑会议在华盛顿举行，布什、欧盟轮值国主席德国总理默克尔和欧盟委员会主席巴罗佐等出席会议。双方讨论了贸易、伊拉克和伊朗等问题，签署了“跨大西洋经济一体化计划”，双方同意推动在知识产权、金融服务、商业和汽车工业等 40 多个领域的管理整合，为建立美欧单一市场奠定基础。双方还达成“美国—欧盟空运协议”和“美国—欧盟开放领空协议”等，决定成立“跨大西洋经济理事会”，以监督、指导和加强双方经贸关系。在政治方面，美欧对话增多，德国、英国和法国领导人先后访美，双方都表示要加强在各领域的协调合作。2008 年 6 月 10 日，双方在斯洛文尼亚布尔多举行会议，讨论了国际金融市场、伊拉克、中东和平进程等问题，并强调在气候变化、能源安全和维护国际金融市场稳定等方面加强合作。

奥巴马上台后多次承诺要重振美欧关系，支持欧盟增加军事能力，继续向东扩大并接纳土耳其，在金融经济政策、气候变化等问题上加强与欧洲国家的协调。2009 年 4 月初，奥巴马访问英、法、德，并出席在法国斯特拉斯堡举行的北约首脑会议。他多次表示，他的首次欧洲之行是为了重振美欧关系，美国应倾听欧洲盟友的想法并向它们学习，欧洲盟友应该承担相应的安全责任。奥巴马承认，美欧关系在过去几年迷失了方向。欧洲对美国有过多的批评，美国没有认识到欧洲可以在许多领域发挥领导作用。他说，这些是不明智的，也没有反应真相。奥巴马强调，美国不能独立面对 21

世纪的挑战，欧洲离开美国同样也不能面对这些挑战。美欧应该一起为共同面对的问题寻找解决之道。奥巴马同时也表示，美国正在改变，但单单美国改变是不够的，欧洲也应该改变。他说，美欧关系固然受到伊拉克战争的影响，但欧洲应该认识到，欧美双方当前仍然共同面临“基地”组织的威胁。反恐、大规模杀伤性武器扩散、气候变化、当前的经济危机等均需要美欧乃至全世界携手合作。4 月 4 日，奥巴马抵达布拉格，出席欧盟 - 美国峰会。这是奥巴马就职以来的首次欧美峰会，将重点讨论如何改善欧美关系、加强双方在气候变化、国际热点问题和能源安全等方面的合作。如何巩固和改善欧美关系是本次峰会的一大焦点。由于美国布什政府在伊拉克等诸多问题上采取单边主义政策，欧美之间出现隔阂。奥巴马上台以来，美国政府对欧政策出现了一些积极变化，更多地强调了加强欧美合作的重要性，并承认欧盟在一些领域的领导作用。但与此同时，美国也希望欧盟在维护世界安全等问题，尤其是阿富汗问题上发挥更大作用，明确希望欧盟国家向阿富汗增兵，但欧盟主要国家在这一问题上态度并不积极。

2009 年 6 月 5 ~7 日，奥巴马对德国和法国进行了访问，先后与德国总理默克尔和法国总统萨科奇举行会谈，并出席第二次世界大战盟军诺曼底登陆 65 周年的纪念活动。11 月 3 日，第二次美欧峰会在华盛顿举行。在气候变化、能源安全、反恐战略、外交政策等问题上美国与欧洲国家的契合点日益增多，与布什政府相比，美欧关系有了极大的改善。2011 年 5 月 22 ~28 日，奥巴马对爱尔兰、英国、法国和波兰进行了为期 6 天的访问，这是他执政以来第 8 次访问欧洲。奥巴马在华沙举行的新闻发布会上表示，他希望所有美国人都明白，“大西洋联盟仍为美国安全的支柱和基石”。他同意深化与波兰的安全合作，支持几名美国议员提出的关于改革免签证待遇的法案，认为像波兰这样在伊拉克和阿富汗战争中均给予美国“有力和坚定支持”的盟友应获得美国免签入境待遇。奥巴马政府在处理跨大西洋关系方面更加务实。

二 乔治·布什政府对东欧国家的政策

1989年东欧各国普遍进行了政治体制和经济体制的改革，美国政府乘此机会，力促东欧的变革朝着美国所希望的方向演变，并把波兰和匈牙利作为实施演变的突破口。对波兰，美国要求盟国采取共同措施，支持波兰的改革。这些措施主要包括：减免波兰的债务，以便为市场经济的确立与发展减轻负担；鼓励外国资本和美国企业到波兰进行投资，同波兰私人企业进行合作；签订私人的贸易协议；加强国际货币基金组织支持以市场经济为方向的项目；进行教育、文化交流。1989年4月，乔治·布什宣布向波兰提供10亿美元的援助，并称这些援助不是无条件的，要求波兰政府放宽限制。同年5月底，他又发表讲话称，要尽其所能打开封闭的东欧社会，推进东欧国家的自由选举和政治多元化，支持东欧那些争取民主与自由的政党和人士。1989年夏，乔治·布什出访波兰和匈牙利，宣称他的波、匈之行是要向这两个国家阐述美国的民主制，“支持该地区的自由”，促进波、匈的变革。在访问中，他允诺向两国提供经济和技术援助，要求波、匈两国加快向自由市场经济的转变。11月，乔治·布什签署支持东欧民主化法案。该法案称，东欧的“民主革命”对美国及其盟国来说既是一次历史性的挑战，同时又是一次实现建立完整与自由欧洲理想的“难得的机会”，对于东欧国家实行政治民主化和经济自由化，美国负有“特殊的责任”。该法案的主要内容包括：（1）要求东欧国家进行经济改革，实行经济私有化。作为回报，国际货币基金组织和世界银行提供10亿美元作为稳定基金，其中美国负担2亿美元，实行债务的豁免与延长偿还，并提供食物援助。（2）美国通过提供贷款、赠款、技术援助、培训等多种途径，保证波兰和匈牙利私营经济的发展，建立非营利的企业基金，资助私人企业的发展，并向波兰和匈牙利派遣和平队。（3）鼓励美国企业在东欧国家扩大投资和贸易。（4）进行教育、文化和科学交流活动，特别是资助那些支持政治民主化和经济多元化的研究项目。美国国会在1990、1991、1992年财政年度批准提供9亿多美元的援助，以推动波兰和匈牙利的民主化，加速进行经济改革，实行私有化。

对于东欧其他国家，美国的做法也大体相同。布什政府对东欧国家的基本政策是：通过提供经济援助，推进东欧国家的经济改革，实行自由市场经济；在政治上，促进民主化进程，推进政治多元化，帮助建立民主化机制；在文化上，通过扩大文化教育交流，向东欧国家输出美国的“民主”和价值观念。最终，美国的目标是促使东欧国家朝着有利于美国的方向和平演变。1990年5月，乔治·布什在南卡罗莱纳大学发表演说，提出了美国对东欧国家的4项措施：通过提供经援、信贷，促进与发展东欧的自由经济；确保东欧国家举行自由公正的选举；把东欧国家纳入欧洲安全体系，使之“加入这个自由国家的联邦”；建立“公民民主队”，成立一个由美国私人部门对东欧提供援助和志愿活动的交流中心，“帮助这些国家沿着民主的道路前进”。

1989年5月，美国政府提出对苏联的“超越遏制”战略，力图以此来促使苏联发生有利于美国的变革，争取将一个建立在民主价值观基础上的苏联纳入国际体系，使其成为一个建设性的伙伴。在手段上，由强调军事对抗转向强调全面竞争，在保持强大军事压力的同时，将西方的民主制度、价值观念以及自由市场经济作为与苏联竞争的主要工具。美国实现“超越遏制”的主要途径是“坚决支持”苏联的“政治改革和经济改革”，实现“苏联的体制和做法有根本性的改变”，以便出现一个“建立在民主价值观上的新苏联”，成为美国“实际上的伙伴”。美国国务卿贝克多次发表讲话，具体阐述了美国对苏联新政策的主要内容：政治上支持苏联实行民主化和公开性，鼓励自由化和多元化；经济上加强两国经贸关系，向苏联提供一定的援助，促进其经济的市场化和私有化，帮助苏联向自由市场经济过渡；外交上与苏联广泛开展高层对话，扩大多层次交流，推动双边关系的缓和；军事上通过裁军谈判，争取同苏联达成有关削减和销毁核武器、常规武器以及生物、化学武器的协议。在乔治·布什当政时期，与苏联领导人戈尔巴乔夫先后举行了5次会晤，讨论和决定有关双边关系和协调在国际问题上的行动。

1989年以来，苏联东欧国家政治发生重大变化。在外交上，苏联的重点转向发展同西方国家的关系，争取西方支持，与西方建立伙伴关系。1988年11月戈尔巴乔夫祝贺布什当选总统时就曾表示，“苏联方面愿意就最广泛的问题，继续并深化互利的苏美合作。苏联决心扩大苏美建设性的协调行动”，因为这样“既符合我们两国人民的利益，也符合整个世界大家庭的利益”。1989年5月美国国务卿贝克访苏，双方讨论了地区冲突、限制弹道导弹和化学武器扩散等问题，并决定成立裁军问题、区域性问题、双边关系、跨国问题以及人文问题等5个专门的工作小组进行具体协商。戈尔巴乔夫在会见贝克时指出，美国和苏联两国“应该保持对话，把对话提高到新高度，以推动实际的相互协作和在各个问题上的合作”。同年9月，苏联外长谢瓦尔德纳泽访问美国，同贝克举行会谈，双方广泛讨论了军控、地区冲突、人权和双边关系。苏联在军控问题上作出重大让步，放弃了长期坚持的削减战略核武器与限制战略核武器相挂钩的要求，同意海基巡航导弹问题另案处理。美国对部署机动洲际导弹也作出一定让步。美苏外长在会晤后发表声明称，两国的共同目标是“建立一种更为稳定的建设性的持久关系”，这种关系将使“开放性和合作不断代替不信任和竞争”。

1989年12月2～3日，乔治·布什与苏联总统戈尔巴乔夫在马耳他举行非正式会晤，讨论东欧形势、双边关系问题。双方表示不以武力干预东欧国家发生的变革，承诺在1990年美苏首脑会晤前就削减50%的进攻性战略武器达成协议，并完成欧洲常规力量的协议草案。会晤后戈尔巴乔夫称“冷战时代已彻底过去，它已让位于新时代”，乔治·布什也表示美苏关系进入了一个“崭新的时期”。此后，两国关系开始从对抗走向缓和，双方频繁进行高层接触，不

断扩大在政治、经济等领域的交流与合作。在国际事务上，两国开始协调立场、互相配合。1990 年 5 月 31 日至 6 月 3 日，戈尔巴乔夫访问美国，同乔治·布什进行了会谈。双方签署了削减战略武器和欧洲常规力量、销毁和不生产化学武器、监督和检查地下核设施、和平利用原子能等有关军控的协议和声明。双方还签署了一系列有关扩大美苏贸易、扩大文化和科技交流的协定。双方争论的主要问题是关于东欧国家的发展。美国主张，德国统一后仍为北约成员，苏联则坚持德国应是中立和不结盟的，或同属北约和华约。在波罗的海国家问题上，美国支持立陶宛自治，并表示美国从来不承认波罗的海国家并入苏联，苏联坚持认为这是苏联内政，应该根据苏联宪法程序解决。双方都对这次会晤取得的成果表示满意。乔治·布什称这是“一次非常有成果的首脑会晤”，标志着两国关系“确实进入了一个新时代”，并表示，通过会晤使他对苏联的改革形势有了新的认识，认为苏联的改革符合美国的最大国家利益。戈尔巴乔夫也表示，会谈进一步加强了“相互谅解”。1990 年 8 月伊拉克入侵科威特后，美苏首脑于 9 月 9 日在赫尔辛基举行会谈，商讨两国在海湾危机中的合作问题。双方发表联合声明，支持联合国安理会作出的要求伊拉克无条件撤出科威特和制裁伊拉克的一系列决议，敦促伊拉克无条件撤出科威特，恢复科威特的合法政府，双方保证“将单独和共同地采取行动”，以确保对伊拉克的制裁得到充分的执行。会晤后，乔治·布什声称美苏之间“新的伙伴关系已经开始”。但实际上，此后两国关系发展并不顺利。主要是美国对苏联的援助并没有兑现，引起苏联的不满。此外，在波罗的海国家独立问题上，双方分歧严重。1991 年 1 月苏联坦克开进立陶宛，美国反应强烈，提出抗议。美国国会作出决议，要求制裁苏联，致使两国关系陷入停滞不前的状态。

1991 年 4 月，戈尔巴乔夫与 9 个加盟共和国领导人发表声明，表示要在自由、平等和保护人权的基础上建立新联盟。与此同时，美国政府的对苏政策有所转变，认为苏联的局势正处于关键时期，它的去向直接关系到美国和西方的利益，美国对此不能袖手旁观，应该有所作为，帮助戈尔巴乔夫渡过难关，使苏联的变革朝着美国所希望的方向发展。乔治·布什宣布向苏联提供15亿美元的农业信贷，以利苏联购买美国的农产品，并邀请戈尔巴乔夫出席西方七国首脑会议，以便争取西方国家的援助。6月，美国副总统奎尔在访问西欧时提出了美国向苏联提供援助的5个条件。奎尔提出，在苏联实行根本改革之前，美国是不会提供任何数量的援助的。所谓的“根本性改革”就是“朝着民主化前进，朝着私有化前进，朝着开放市场和实行自由市场经济前进”。奎尔提出的援助条件是：开始建立市场经济，允许私人资本竞争，建立健全的货币和自由价格体系；向着自由选举和法制社会迈进；彻底放弃那些“对内镇压、对外进行颠覆活动”的政权的支持；通过同波罗的海各加盟共和国的谈判给予它们所要求的自治权；大量削减防务开支，加快把军工厂转化为生产消费品的工厂的速度。同年5月，苏联经济学家和美国经济学家共同起草指导苏联改革的“希望协定”，又称“哈佛计划”。该计划的目标是由西方拿出不超过每年军费的1%，提供类似马歇尔计划的无偿援助，“使苏联在真正民主化和加入世界经济和国际社会的基础上坚定地向市场经济过渡”，为此，要在苏联同时进行政治改革和经济改革，并制定了改革议程和时间表。

1991年7月30日至8月1日，乔治·布什访问苏联，同戈尔巴乔夫就经济、裁减军备、双边关系和地区问题举行会谈，并正式签署了《削减进攻性战略武器条约》，主要内容包括：双方削减各自核力量的1/3，各自部署的陆基弹道导弹、潜射弹道导弹和重型轰炸机将削减到不超过1600枚；限制双方进行第一次核打击的能力；禁止今后部署新式陆基弹道导弹、重型潜射导弹、分导式远程空基和海基巡航导弹；同时还规定了严格的审查制度。双方还签订了一系列有关技术经济合作协定。戈尔巴乔夫希望美国能提供大量的经济援助，帮助苏联渡过经济危机，并扩大两国经济技术合作。布什宣布将正式要求美国国会给予苏联贸易最惠国待遇，强调这次首脑会晤“标志着美苏相互为敌的漫长时代的结束和建立一种新的伙伴关系的开端”。此外，两国领导人还就中东、南斯拉夫局势等重大国际问题发表联合声明，阐明了双方的立场。在关于中东问题的联合声明中，美苏两国共同倡议召开中东和会。在关于南斯拉夫问题的联合声明中两国领导人表示，南斯拉夫问题应当由南斯拉夫各族人民“通过和平谈判和建设性的对话”来解决，呼吁南斯拉夫各方遵守有关停火的协议。

1991 年 8 月 19 日，苏联内部发生政变，成立了以副总统亚纳耶夫为首的国家紧急状态委员会，并软禁了戈尔巴乔夫。亚纳耶夫发表致各国政府首脑的声明，宣布自 8 月 19 日起，在苏联部分地区实施为期 6 个月的紧急状态，在此期间国家全部权力移交给国家紧急状态委员会。政变发生后，美国政府很快做出反应，谴责政变是“非法的”，宣布不承认苏联新领导人，要求恢复戈尔巴乔夫的权力。乔治·布什还发表了指导美国对苏政策的五项原则：（1）苏联继续实行改革政策；（2）美国支持苏联合法当选的领导人，支持恢复戈尔巴乔夫的总统职务；（3）苏联遵守国际公约和自己的承诺；（4）美国无意进行新的冷战或使东西方关系紧张；（5）如果苏联继续违反宪法活动，美国将不支持援苏计划。嗣后，贝克又宣布了美国政府对待苏联政局变化的几项原则：苏联的前途由苏联人民以和平方式本着民主价值观的原则自己决定；苏联及各加盟共和国应尊重现有边界；美国支持民主与法治，“支持通过有秩序的民主进程进行和平变革”；必须保护人权，尤其要平等对待少数民族；应该尊重国际法和国际义务，“最重要的一步是澄清各加盟共和国之间及各加盟共和国与中心（莫斯科）之间的相互关系”。

“8·19 政变”加速了苏联的解体。同年 9 月，立陶宛、拉脱维亚、爱沙尼亚宣布独立，美国立即给予承认，并宣布加强对波罗的海国家援助的五项措施：将在 9 月 17 日联大会议上倡议接纳三国为联合国成员国；实现经济关系正常化，给予最惠国待遇；帮助三国纳入世界经济，鼓励国际货币基金组织和世界银行同三国密切合作；将与盟国合作，协调经济援助。9月14日，美国国务卿贝克先后访问上述三国，商讨美国向这些国家提供经济和财政援助等问题。11月19日，美国宣布将向苏联提供的15亿美元的粮食直接交给12个加盟共和国。12月，乌克兰宣布独立。12月22日，前苏联的加盟共和国领导人在阿拉木图举行会议，正式宣告“独立国家联合体”成立。12月25日，戈尔巴乔夫辞职苏联正式解体。对此，乔治·布什表示赞成独联体的“历史性的自由选择”，承认俄罗斯，支持俄罗斯接替苏联在联合国的常任理事国的席位，承认乌克兰、亚美尼亚、白俄罗斯等的独立，并与之建立外交关系。1992年1月3日，美国与俄罗斯正式建立了外交关系。从此，美苏关系转变为美俄关系。

1991年苏联解体后，美国对俄罗斯的政策主要是在提供经济援助和防止大规模毁灭性武器扩散方面。苏联的解体着实让美国领导人兴奋不已，但美国面临的问题并没有因此而减少。核扩散的威胁、前苏联国家政治局势的动荡和经济状况的恶化成为美国决策者关注的焦点。布什政府力图以经济援助来促使俄罗斯按照西方的模式发生全面变革，把原来的社会主义制度转变为美国式的“民主自由制度”，完全消除俄罗斯对西方国家的威胁，最终使俄罗斯成为一个在美国领导下解决国际问题的“小伙伴”。围绕着消除核威胁、经济援助以及建立伙伴和友好关系，布什政府展开了积极的外交活动。乔治·布什和俄罗斯总统叶利钦先后于1992年2月和6月以及1993年1月连续举行了3次首脑会晤，主要议题是美国对俄罗斯的援助和消除核危险。1992年1月，在华盛顿举行的国际援助国协调会议上，美国宣布了一项紧急援助计划，向俄罗斯和前苏联国家提供2800万美元的剩余军用食品和医疗物资。与此同时，美国加紧了同俄罗斯就削减战略武器问题谈判的步伐。1992年1月15日，美国副国务卿巴塞洛缪访问俄罗斯，就核武器控制和核裁军问题同俄罗斯领导人进行磋商。1月25日，为了打消西方国家的忧虑，叶利钦宣布俄罗斯不再把美国当做潜在的敌人，俄领土上的洲

际导弹也不再对准美国的城市。

1992 年 2 月 1 日，布什同叶利钦在戴维营举行会晤，在会谈后发表的联合声明中称，两国“不把彼此视为潜在的敌人”，它们之间关系的特点“将是友谊和伙伴关系”，并建立在互相信任和尊重的基础上，共同致力于民主和自由。两国领导人还表示，要努力消除冷战敌对状态的一切残余，并尽可能广泛地扩大目前维系两国人民的纽带；积极地促进自由贸易、投资和两国之间的经济合作；“尽一切努力来倡导我们共同的民主价值观，法治，尊重人权，包括尊重少数民族的权利，尊重边界以及全球的和平变革；共同积极地努力，防止大规模破坏性武器及有关技术的扩散和制止先进的常规武器的扩散；双方致力于和平解决地区性冲突，共同努力对付恐怖活动，制止贩毒和防止环境恶化。6 月 16 日至 18 日，俄罗斯总统叶利钦对美国进行了首次正式国事访问，双方签署了“具有历史意义”和“决定美俄关系性质”的《美俄伙伴和友好关系宪章》、美俄关于进一步削减战略核武器的《联合谅解协定》等协定。乔治·布什认为，这次访问和两国领导人的会晤具有极为重要的意义，它标志着两国关系“一个新时代的开始”，称“这不是两个争夺世界霸权的强国之间的会谈，而是两个力争建立民主和平的伙伴之间的会谈”。在访问期间，叶利钦作为俄国历史上第一位在美国国会发表演说的领导人，向美国议员们保证要把俄罗斯“改造”成具有美国式的“民主自由”和经济制度的国家。他声称共产主义已经在俄罗斯死亡，他绝不会让其卷土重来。叶利钦还告诉美国的议员们，原来瞄准美国的俄罗斯的核武器已经取消了警戒状态。这次会谈双方签订了《美俄关于削减战略武器的谅解协定》、《关于双边关系问题的联合声明》等涉及政治、经济、科技、贸易、军事各个领域的 30 多个声明和协议。布什和叶利钦还签署了《美俄伙伴和友好关系宪章》，即《华盛顿宪章》，肯定了 2 月戴维营会谈所确定的指导两国关系的基本原则。宪章的主要内容包括：美俄两国建立“民主和伙伴关系”；双方“致力于民主的理想、法治的首要地位和尊重人权的基本自由”；两国以“相互信任和尊重以及对民主和经济自由的共同承诺为基础”；保证“发展伙伴和友好关系”，“将为促进和捍卫共同的民主价值观以及人权和基本自由而在国际领域进行密切合作”；双方决定扩大在各个级别的经常性的磋商，进行广泛对话，定期地举行首脑会晤，扩大公民之间的接触。两国领导人在宪章中表示要共同维护“国际和平与安全”，努力建立一个“民主的和平”，决心用和平手段解决双方争端，并且不对对方的领土完整和政治独立进行威胁或使用武力，重申支持加强“欧洲—大西洋大家庭”，共同致力于进一步控制武器和裁军，以及不扩散核武器。美国方面还表示继续支持俄罗斯的改革，继续对俄罗斯提供双边或多边援助，鼓励双方在贸易、投资、科学技术等领域的互利性合作。此外，双方还签署了《关于太空合作的声明》、《关于双边投资的条约》等文件。

美俄《华盛顿宪章》确认两国关系为“友谊和伙伴关系”后，两国都积极致力于巩固和发展双方的伙伴关系。美国的努力首先表现在政治上支持叶利钦政府，经济上援助俄罗斯并与之开展经济合作，促进其自由市场经济的发展。1992 年 7 月 8 日，在美国的大力推动下，西方 7 国首脑慕尼黑会议决定向俄罗斯提供 240 亿美元的一揽子援助计划。9 月，美国宣布将向俄罗斯提供价值总额为 11 亿美元的农业贷款担保和食品援助。10 月，布什总统签署一项有关向前苏联各加盟共和国增加援助的法案。美俄还决定成立共同投资银行，以发展实业合作，进一步吸引外商到俄投资。此外，美俄两国在航天、核能利用等高科技领域加强了合作。1992 年 7 月，美俄宣布两国将在太空领域开展各种合作，其中包括美国航天飞机与俄罗斯“和平”号轨道站实现对接、美国宇航员到俄罗斯“和平”号轨道站工作等。与此同时，美俄和欧共体、日本达成协议，联合研制一座耗资 12 亿美元的实验用核聚变反应堆，以探索和平利用核聚变能量的可能性。

核控制是美国政府在考虑对俄罗斯政策时极为关心的一个棘手

问题。原苏联拥有战略核武器2500多件，核弹头12080枚。80%部署在俄罗斯，其他则分别部署在乌克兰、白俄罗斯和哈萨克斯坦。战术核武器2万枚左右，90%部署在上述4国。前苏联大约有90万人从事核工业，其中从事核武器设计的约2000多人。美国政府决心“帮助苏联人消除和控制冷战后所留下的军事装备”，采取的具体措施包括：要求各共和国保证非核化，将核武器置于“统一、安全、负责、可靠”的控制之下，防止核武器和核技术的扩散；把履行美苏已达成的削减战略武器协议、承担防止核扩散的义务作为与各独立国家建交的先决条件；从国防部拨款4亿美元，帮助销毁前苏联的大规模杀伤性武器；帮助解决从事核研究、制造的科学家的工作安排，资助2500万美元建立一个国际研究所，专门从事核能和平利用的研究，防止核技术的外流扩散。同时，美国还敦促各独立国家削减常规军事力量，并与俄罗斯继续进行第二阶段削减进攻性战略武器的谈判。1992年6月，双方在削减核弹头方面取得协议，同意在2003年之前将各自的核弹头削减到3000~3500枚，削减幅度为2/3。叶利钦放弃了“核均势”的传统主张，同意削减俄罗斯战略核力量的支柱陆基洲际导弹，美国则在自己享有优势的海基导弹方面作了某些让步。此外，双方还签署了《美俄有关核储存援助协议》。根据这一协议，美国提供1500万美元帮助俄罗斯设计一个安全储存废弃炸弹和火箭的核物资的设施。同年7月，美俄同德国、法国等25个国家在赫尔辛基签署《限制欧洲常规军备协议》之后，两国决定立即成立三个工作小组，分别研究全球性防御系统的结构和职能、防止大规模杀伤性武器扩散的途径和手段以及科学研究和试验设计方案等技术合作问题。

1993年1月2日，布什访问莫斯科，同俄罗斯达成了削减进攻性战略武器的第二阶段协议。美俄两国首脑在莫斯科签署了《第二阶段削减进攻性战略武器条约》，规定两国逐步将各自现有的核弹头削减2/3，到2003年，俄美双方可拥有各种核弹头3000枚至3500枚，其中双方拥有的洲际弹道导弹的数量分别为736枚和

1000枚，潜艇导弹分别为1700枚和1750枚。条约还规定，到2003年1月1日前双方销毁全部陆基多弹头洲际弹道导弹。这是继美苏两国在1987年12月签署《中导条约》和1991年7月签署《第一阶段削减进攻性战略武器条约》之后，两国在核裁军领域取得的又一重大进展。布什在美俄总统联合记者招待会上称，“今天的日子开辟了俄美两国和全世界的新时代”，现在美俄已“着手解决最复杂的任务——把冲突关系变为友好和伙伴关系”。他表示美国将帮助俄罗斯巩固民主、改革经济。叶利钦认为，俄美关系发生了一场“真正的革命”。俄美两国已将引起双方最为担忧的战略武器列入大规模削减之列，这将大大降低“危险性”。他强调，俄美削减战略核武器条约加强了俄罗斯的安全。

三　冷战后美国对东欧国家的政策

克林顿入主白宫后，美国更加重视并加速俄罗斯的转变，把处理美俄关系作为外交政策的一个重要内容。克林顿一再声称，美国在同俄罗斯的合作中主要关心三个问题：一是使世界更为安全，减少核战争的威胁和核武器的扩散；二是支持俄罗斯的民主和自由；三是支持俄罗斯发展市场经济。克里斯托弗在参议院讲话时也强调：支持和帮助俄罗斯和前苏联地区政治、经济改革，并确保这一进程走向成功，是美国对外政策优先考虑的重点。他认为，在俄罗斯政治危机期间，美国政府“必须制定支持民主的长期战略”。他说：“我们欢迎叶利钦总统的保证，即公民自由将得到尊重，包括言论自由和新闻自由。我们也欢迎他坚决反对帝国和冷战政策的做法。”克里斯托弗警告说，如果俄罗斯“陷入无政府状态或是倒退到专制主义，那么我们付出的代价可能是惊人的”，“它涉及重新出现核威胁的可能性，涉及美国国防预算增加、动乱蔓延以及世界民主运动遭受毁灭性挫折的可能性。这应该受到每一位美国人的重视。”

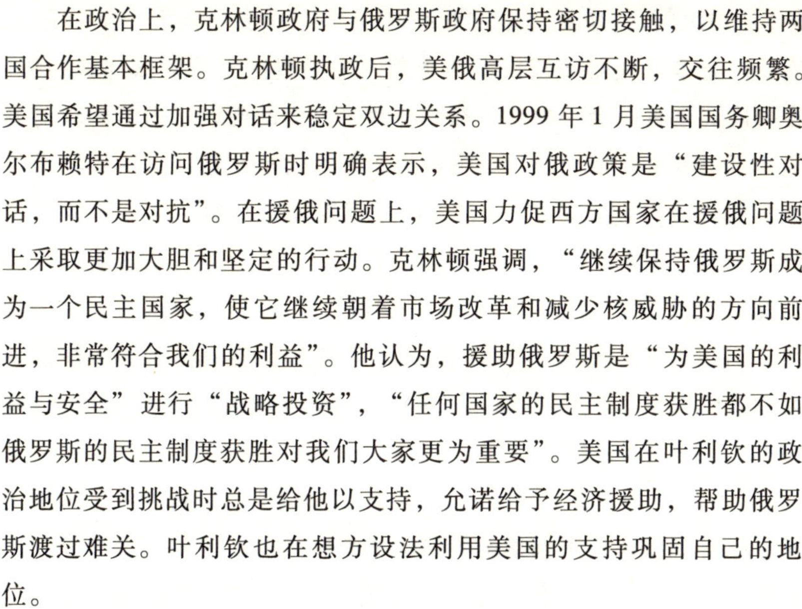

在政治上，克林顿政府与俄罗斯政府保持密切接触，以维持两国合作基本框架。克林顿执政后，美俄高层互访不断，交往频繁。美国希望通过加强对话来稳定双边关系。1999 年 1 月美国国务卿奥尔布赖特在访问俄罗斯时明确表示，美国对俄政策是“建设性对话，而不是对抗”。在援俄问题上，美国力促西方国家在援俄问题上采取更加大胆和坚定的行动。克林顿强调，“继续保持俄罗斯成为一个民主国家，使它继续朝着市场改革和减少核威胁的方向前进，非常符合我们的利益”。他认为，援助俄罗斯是“为美国的利益与安全”进行“战略投资”，“任何国家的民主制度获胜都不如俄罗斯的民主制度获胜对我们大家更为重要”。美国在叶利钦的政治地位受到挑战时总是给他以支持，允诺给予经济援助，帮助俄罗斯渡过难关。叶利钦也在想方设法利用美国的支持巩固自己的地位。

1993 年 4 月 3 日至 4 日，克林顿与叶利钦在加拿大的温哥华会晤，商定了加强两国经济合作的一揽子计划，宣布美国对俄罗斯的援助从 4 亿美元增加到 16 亿美元。双方签署了《温哥华宣言》，宣称坚决致力于两国“富有生气、卓有成效并加强国际安全的伙伴关系”。两国领导人批准了一项“促进民主、安全与和平的全面合作的战略”，成立了美俄经济、科技和能源、空间委员会，重申进一步扩大在安全和防务以及科技、教育、文化、环境、空间等领域的合作。这次首脑会议是两国领导人首次把会议的主题由传统的安全问题转入经济领域，双方承诺扩大贸易和经济联系，促进彼此开放市场。在会晤中，叶利钦表示“坚决致力于促进民主化、法治和市场经济”，克林顿则保证给予“积极支持”。在会谈结束后的联合记者招待会上，克林顿强调，“我们今天的投资不仅是为了俄罗斯的未来，而且也是为了美国的未来”；美国支持俄罗斯的“民主”、“改革”和“市场经济”；这次会晤为美俄之间“新的民主伙伴关系奠定了基础”。

在核裁军和核安全领域的合作是美国对俄政策中的重要组成部

分，美国的意图是通过军控和裁军谈判，逐步削弱俄罗斯的核武库，防止俄核武器和核技术的扩散，确立美国对俄的核优势地位。在历次美俄首脑会晤中几乎都要涉及这方面的问题。为了解决前苏联地区的武器扩散问题，美国希望前苏联的核武器能够由俄罗斯一国管辖。1992 年 5 月 23 日，美国、俄罗斯、乌克兰、白俄罗斯和哈萨克斯坦签订了《里斯本五国议定书》，规定将后三国的核导弹全部运往俄罗斯销毁。1994 年 1 月 14 日，在美国的压力下，美俄乌三国又签署了关于在 2001 年以前将乌克兰境内核武器运往俄罗斯销毁的协定。1996 年 6 月，乌克兰已将其境内的核弹头全部运往俄罗斯。

1994 年 1 月 12 日至 15 日，克林顿对俄罗斯进行了首次国事访问，与叶利钦讨论了包括削减和不扩散核武器在内的安全问题、地区热点及双边关系。会议发表了《莫斯科宣言》，重申两国遵循美俄伙伴关系宪章所规定的两国关系的基本原则，称两国关系已“进入了成熟的战略伙伴关系的新阶段，这种关系的基础是平等、互利和相互承认各自国家的利益”，并沿着“开诚布公和相互信任”的道路发展。美俄两国领导人在会晤期间又宣布各自的核武器将不再瞄准对方，并签署了加速进行核裁军领域合作的协定。叶利钦表示俄罗斯国内经济改革将继续进行，不会放慢速度，同时要求美国对俄开放市场，取消贸易限制，在平等的基础上进行经贸合作。克林顿重申美国坚决支持俄罗斯的“民主市场变革”，同意降低 4000 多种进口俄商品的关税，继续承诺对俄经济改革予以援助。9 月 26 日至 28 日，叶利钦访美。美俄首脑签订了“经济进步伙伴关系”和“战略稳定和核安全”两项联合声明，同时签订了一系列具体合作协议。美国答应通过国际组织将尽快向俄提供 160 亿美元的援助。在关于“战略稳定和核安全”问题的联合声明中，双方表示将促使 1992 年签署的《第二阶段削减战略武器条约》尽快获得两国国会的通过，并进一步探讨削减核力量的可能性。双方还同意在打击核原料倒卖和走私、确保核安全方面加强合作。另一方面，美国力图

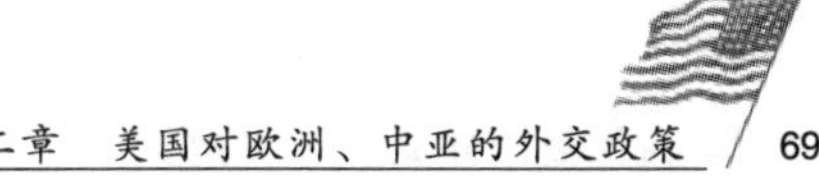

以北约为核心，在俄罗斯和东欧地区加紧推行西方的“民主制度”和市场经济体制。1994 年 1 月，美国通过北约提出了“和平伙伴关系”框架协议，目标是把将原来属于苏联势力范围的国家纳入以美国为首的西方体系之中。

在经济领域，美国支持俄罗斯经济改革，并协调西方国家对俄罗斯的经济援助，派专家帮助俄罗斯实行所谓“休克疗法”，试图在俄罗斯建立全面的西方式的自由市场经济。1990 年 12 月，美国给予俄罗斯 10 亿美元的商业贷款和 3 亿美元进出口银行贷款。1991 年 6 月，美国又给予俄 15 亿美元的援助。俄罗斯独立后，美国组织了一项紧急国际援助，其中美国提供了 2800 万美元的剩余军用食品和医疗物资。1992 年 4 月 1 日，布什正式宣布，美国和西方国家向俄罗斯提供 240 亿美元的经济援助。美国在援俄问题上并不积极，实际提供的援助相对较少，并且附加许多苛刻条件，其中包括：减少预算赤字以稳定经济，减少政府对经济的干预；建立和发展市场经济所需的法律机构和合同权利等。在 1992 年，俄罗斯从 240 亿美元的援助中实际只得到 10 多亿美元。这促使俄罗斯不得不转变对外经济政策，放弃对西方国家援助的幻想。1994 年 1 月叶利钦明确宣布：“俄罗斯将不再谋求得到人道主义援助，而是要求美国对俄出口商品和技术开放市场，取消贸易限制。”在这一问题上，美国和西方国家作出一定的让步。1994 年 5 月，旨在于对苏联和东欧国家实行贸易限制的巴黎统筹委员会宣布解散。经过一年多的艰苦谈判，俄罗斯和西欧国家在 1994 年签署了《伙伴关系与合作协议》，解决了对欧洲市场的准入问题。1994 年 6 月俄总理访问美国，双方签署了加强经济合作的协议。

1994 年 9 月 28 日，叶利钦访美时两国发表了《关于经济进步伙伴关系的联合声明》，双方认为牢固的经济关系和合作大大有助于在两国之间建立牢固的友好关系、加速发展两国的自由市场、促进经济增长和创造就业机会，确定了双边贸易、经济合作和投资关系的原则，规定：两国尽可能迅速地建立正常的贸易关系，美国将修改 1947 年贸易法中对俄罗斯形成的贸易限制；扩大双方相互投资和解决市场准入问题；加强经济合作和密切商业伙伴关系。美国承诺继续向俄罗斯提供积极的援助，俄罗斯则继续为建立市场经济而努力，加强同美国的经济合作，“以找到两国能够携起手来加速俄罗斯向市场体制转变的途径”。

但是，美国对俄经济援助往往是口惠而实不至，不仅提供的数量在日益减少，而且还有许多附加苛刻条件。克林顿政府 1993 年允诺的 434 亿美元（含 150 亿美元的减免债务），只兑现了 50 亿美元。实际上，美国援俄资金的相当一部分是用来销毁俄大规模杀伤性武器，防止核扩散。美国援俄的主要目的是：防止俄国内出现政治动荡；促使俄罗斯继续推行经济改革和向民主化过渡；软化俄在北约东扩、伊拉克以及科索沃等国际问题上的强硬立场，并力图在削减战略武器谈判中谋求对俄罗斯的优势。在经济合作方面，尽管双方签订了一些表示要加强合作的协议，实际上，正如 1999 年 3 月俄罗斯总理普里马科夫在讲话中所言，俄美两国在经济领域的有效合作才“刚刚起步”，目前两国经济关系在好转，但转变“太慢了”。造成这种状况的根本原因是，美国不愿看到一个强大的俄罗斯重新出现在国际舞台上，成为自己的有力竞争对手。

在北约东扩问题上，美国和俄罗斯之间存在着严重的矛盾和分歧，是双方争论的焦点所在。在苏联解体后不久，东欧一些国家出于自身利益的考虑，纷纷提出加入北约的申请。面对这种形势，北约开始逐步调整对东欧国家的政策。1991 年 6 月初，北约国家外长在哥本哈根举行会议，发表声明表示要加强同东欧国家的政治军事关系。声明称在欧洲几十年的分裂局面结束后，北约谋求同东欧国家“建立建设性的伙伴关系，以便进一步促进一个自由和统一的欧洲的安全与稳定”。该声明强调：“我们不会从欧洲变化的局势中谋求单方面的利益，也不会威胁任何国家的合法利益，但我们将继续努力以确保欧洲各国人民生活在和平和安全之中。我们不希望孤立任何国家，也不愿看到这个大陆出现新的分裂局面。”

1991 年 11 月，北约首脑会议在罗马举行，其主要议题是关于建立北大西洋合作委员会。会议决定每年同东欧、中欧、苏联和波罗的海三国举行一次安全会议，讨论欧洲安全问题。布什在会议上继续强调美国在欧洲的军事存在，称“欧洲的安全和美国的安全是不可分割的。在新时期里，美国将继续履行它对欧洲的承诺”。首脑会议通过了《罗马和平与合作宣言》，表示北约计划同苏联东欧国家建立一种“比较制度化的就政治与安全问题进行磋商与合作的关系”。首脑会议决定邀请苏联和东欧国家的外长参加 12 月在布鲁塞尔举行的北约外长会议。这次会议将发表一项政治宣言，以表示欧洲新的伙伴关系时代的开始，并进一步确定这个过程的形式和内容。首脑会议宣言称，苏联东欧国家可以参加北大西洋理事会部长级年会、北大西洋理事会常驻代表定期会议、北大西洋理事会在特殊情况下召开的部长级或常驻代表特别会议；建议苏联东欧国家同北约下属的委员会，包括政治委员会和军事委员会以及其他军事组织按照双方商定的间隔时间举行定期例会，讨论与欧洲安全相关的问题。

根据北约罗马首脑会议，1991 年 12 月 20 日，北约 16 国和苏联东欧国家的代表在布鲁塞尔举行了北大西洋合作委员会第一次会议，标志着北大西洋合作委员会正式成立。会议发表了“关于对话、伙伴关系和合作的声明”，决定加强北约和前华约成员国的联系机制，在防务计划、军备控制、科技和环保等方面进行合作。声明称委员会致力于“北约同中欧和东欧国家之间建立真正的伙伴关系”，以图共同建立“欧洲持久的和平新秩序”。1992 年 3 月，该委员会在布鲁塞尔举行外长会议，决定接纳独联体 11 国为该委员会的成员国。会议发表的声明再次强调北大西洋委员会成员国“决心通过对话、伙伴关系和合作，为在欧洲建立一个新的、持久的和平秩序而共同努力”。会议还制订了《关于对话、伙伴关系及合作的工作计划》。与会各国表示要尽力促成欧洲常规力量谈判达成协议并限制自己的常规力量。4 月，北约和前华约国家国防部长在布鲁塞尔举行会议，拟订了一份全面的合作清单，包括军事政策、防务管理、防务规划、武器控制、控制管制等各个领域。在随后召开的参谋长会议上，对上述内容进行了具体的讨论。

从1993年起，美国开始明确表示要尽快吸收东欧国家加入北约，把东欧国家纳入西方势力范围。克林顿政府在继续奉行提供经济援助、促进民主化、保持局势相对稳定的政策同时，着力推动东欧国家政治经济制度和军事结构加速与西方接轨。在东欧国家中，美国特别注重发展同波兰、匈牙利、捷克、斯洛伐克等国的关系。1993年4月间，捷克总统哈维尔和斯洛伐克总统科瓦奇先后访问美国，与克林顿总统就进一步加强双方在各个领域的合作问题进行了会谈。6月，波兰国防部长访问美国，就加强双边军事合作问题与美国领导人进行磋商。同年10月，美国国务卿克里斯托夫访问匈牙利，主要讨论匈牙利等东欧国家同北约关系问题。与此同时，美国与东欧其他国家的双边关系也都有不同程度的改善。1993年10月，美国国防部长阿斯平与到访的阿尔巴尼亚国防部长在华盛顿签署了两国军事合作备忘录，决定双方在军事计划、教育培训和人员交流等方面进行合作。同年11月，美国恢复了罗马尼亚的最惠国待遇。对于美国欲把东欧拉入自己势力范围的企图，俄罗斯方面表示坚决反对，认为北约东扩将严重损害俄罗斯的安全利益，并大大削弱俄罗斯的大国地位，称中东欧国家的安全应由俄罗斯和北约共同来保证。俄罗斯外长明确指出，东欧的未来是变成一座连接东西大陆的桥梁。

1993年10月20日，美国在北约国防部长非正式会议上，提出了同东欧和独联体国家建立“和平伙伴关系”计划。“和平伙伴关系”计划的主要内容包括：北约伙伴国和其他尚未加入北约的欧洲国家均可要求与北约建立和平伙伴关系；和平伙伴国应签署一项协议，承诺在防务、军备控制、民主化进程等方面与西方主要国家合作；北约同和平伙伴国可分别签署双边协议，进行有关维和方面的联合军事训练和演习；和平伙伴国还应按西方标准改造本国军队，

并向北约开放军事设施，公开国防预算；当和平伙伴国在安全受到威胁时，可向北约咨询并进行协商，但北约不负担在危机情况下向它们提供安全保障的任务，也不承担保护它们边界安全的任务；成员国有权向北约总部及和平伙伴关系组织机构派遣常驻联络官。同年 12 月 2 日，北约国家外长会议对美国的“和平伙伴关系”计划表示支持，并同意将其作为北约今后加深同东欧国家关系的“基本出发点”。会议强调东欧国家加入北约是“一个长期的、渐进的过程”，建立“和平伙伴关系”是其逐步向北约成员国过渡的第一步，同时还表示，欢迎俄罗斯也加入“和平伙伴关系”计划。美国的“和平伙伴关系”计划在 1994 年 1 月的北约首脑会议上得到通过并开始实施。

但是，俄罗斯依然强烈反对北约东扩。在北约做出东扩的决定后，叶利钦当即强调，在排除俄的情况下，任何吸收前华约国家加入北约的举动都可能导致这个“对世界命运至关重要的地区出现军事政治的不稳定”。俄军方领导人警告说，中东欧国家如果加入北约，即是宣布与俄罗斯处于敌对状态，俄罗斯将对此做出军事反应。俄罗斯外长科济列夫表示，匆忙扩大北约“可能会破坏欧洲安全”。美国政府态度也十分强硬，一再重申决不放弃东扩计划，绝不允许任何国家对此有否决权。与此同时，美国也试图缓和俄罗斯的反对态度。1994 年 3 月初，美国国务卿克里斯托弗在与俄外长科济列夫会谈时表示，将支持俄参加西方七国首脑会议的要求。3 月中旬，俄总理切尔诺梅尔金在与美国国防部长佩里会谈后宣布，俄罗斯将加入“和平伙伴关系计划”。但是，俄罗斯也提出了加入的前提条件，要求北约签署一项特殊协议：西方承认俄罗斯在“计划”内拥有“特殊地位”，即允许俄出席北约成员国会议，参与制定重大问题的决策；承认俄在独联体地区有“特殊责任”；在军队改革和防务问题上考虑俄的利益等。俄罗斯的这一要求遭到了美国等国的反对。经过讨价还价，1994 年 6 月 22 日，俄外长科济列夫在北约总部布鲁塞尔签署了俄加入“和平伙伴关系”计划。

1994 年 1 月，北约首脑会议正式提出东扩战略，提出“欧洲其他国家都可以参加北约”，宣布北约的大门对能够推进北大西洋公约原则的实施并对北大西洋地区的安全作出贡献的其他欧洲国家敞开，欢迎欧洲其他民主国家加入。会议还强调，在北约东扩问题上，任何国家和势力都不允许有否决权。

俄罗斯对北约东扩仍持坚决反对立场，且态度越来越强硬。外长科济列夫强调北约东扩“不符合俄罗斯的国家利益，也不符合欧洲安全的利益”，提醒美国等西方国家“不要盲目地仓促行事”。叶利钦多次发出警告：北约东扩将导致“恢复冷战”；北约扩大到俄罗斯边界将恢复“两个军事集团”；北约东扩“不仅在欧洲版图上产生新的分界线，而且将在人民的心头刻下深深的伤痕”。俄罗斯为对付北约东扩的威胁采取了一系列措施，包括加强自身的核保障，巩固同周边国家特别是同西部边界国家的联盟关系，加强独联体国家的军事协调等。1994 年 12 月初，美俄两国领导人在欧安会上围绕北约东扩问题发生了激烈争论，使两国关系降到了俄罗斯独立以来的最低点。叶利钦指责北约东扩将会“播下不信任的种子”。克林顿则声称“不能允许外部国家否决扩大计划”。1995 年 5 月 30 日，北约外长理事会在发表的公报中强调，“扩大北约组织将是一项广泛的欧洲安全构想的组成部分，这种构想的基础就是整个欧洲建立真正的伙伴与合作关系”。

1995 年 9 月，北约提出了关于东扩问题的研究报告，阐述了东扩的目的、战略意图、与俄罗斯的关系等问题。面对西方的强硬态度，俄罗斯在北约东扩问题上开始做出让步，表示不反对中东欧国家加入北约，但要按照“法国方式”来处理，即中东欧国家只参加北约的政治组织，而不参加其军事组织。西方国家并没有理会俄罗斯的这一要求，相反，加紧了东扩的步伐。1996 年 1 月，北约正式通知“和平伙伴”计划成员国，北约将与申请加入北约的国家进行接纳新成员的定期会谈。同年 3 月，美国国务卿克里斯托弗在布拉格召集了 12 个要求加入北约的中东欧国家外长会议，宣称“美国

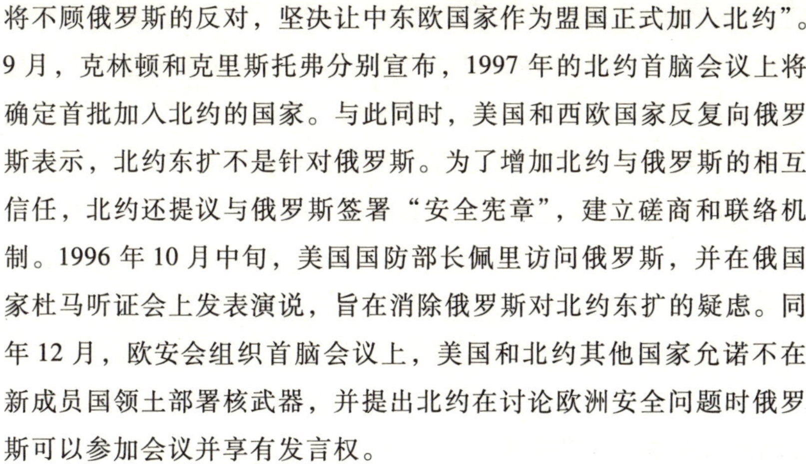

将不顾俄罗斯的反对，坚决让中东欧国家作为盟国正式加入北约”。9月，克林顿和克里斯托弗分别宣布，1997年的北约首脑会议上将确定首批加入北约的国家。与此同时，美国和西欧国家反复向俄罗斯表示，北约东扩不是针对俄罗斯。为了增加北约与俄罗斯的相互信任，北约还提议与俄罗斯签署“安全宪章”，建立磋商和联络机制。1996年10月中旬，美国国防部长佩里访问俄罗斯，并在俄国家杜马听证会上发表演说，旨在消除俄罗斯对北约东扩的疑虑。同年12月，欧安会组织首脑会议上，美国和北约其他国家允诺不在新成员国领土部署核武器，并提出北约在讨论欧洲安全问题时俄罗斯可以参加会议并享有发言权。

美国的政策在一定程度上软化了俄罗斯反对北约东扩的立场。1997年1月至5月，北约和俄罗斯就签署相互关系基本文件举行了6轮艰苦谈判，最终双方于5月27日在巴黎签署了《俄罗斯与北约相互关系、合作与安全的基本文件》。这份文件虽然不具有法律约束力，只是一种“政治承诺”，但它确定了北约与俄罗斯合作的目的和任务，规范了双方合作的原则和范围，确立了未来的磋商机制。双方同意成立一个常设联合理事会，定期举行各种级别的会晤。该文件的签署，表明在北约东扩问题上双方基本达成了妥协。1997年7月，北约首脑马德里会议正式提出首批加入北约的东欧国家名单，北约东扩开始启动。1997年波兰、捷克和匈牙利成为北约首批新成员国。尽管俄罗斯予以顽强抵制，但其自身实力不济，也没有真正的战略盟友，难以阻挡美国主导下的北约东扩进程。

1997年3月20日至21日，美俄两国首脑在赫尔辛基举行会晤。叶利钦在会晤前夕指责北约东扩是一个严重错误，明确表示：俄美关系必须是平等的关系，俄不能再向美国作任何妥协；俄不希望回到冷战状态，不希望在经济和战略上被孤立，因此反对北约东扩。赫尔辛基会晤的主题是北约东扩问题。叶利钦重申了反对北约东扩的立场，美国则表示无论俄方如何反应，西方都将继续实施北约东扩计划。最终，双方签署了《美俄关于欧洲安全问题的联合声明》，俄罗斯被迫默认了北约的东扩。作为回报，美国邀请叶利钦正式参加1997年6月在美国丹佛召开的西方七国首脑会议，并将该会议改成为八国首脑会议。美国承诺“目前不考虑”在北约新成员国部署核武器，同意北约削减常规军备和核武库。双方同时发表了关于两国经济关系的声明，美国鼓励本国企业界增加对俄罗斯的投资，帮助俄罗斯向市场经济过渡。在削减武器问题上，双方表示将加快关于修改欧洲常规武装力量条约的谈判。叶利钦保证努力促使俄议会批准第二阶段削减战略武器条约。在此条约批准后，双方将开始第三阶段削减战略武器谈判，力争到2007年底之前将两国的各种战略核弹头削减至2000至2500枚。同年5月，俄罗斯和北约16个成员国领导人在法国巴黎签署了“基本文件”，宣布俄罗斯和北约今后不再是对手，而要建立“崭新关系”，这标志着北约正式启动。为了使北约东扩不至于过分刺激俄罗斯，美国对俄采取了“安抚”政策，注意保持两国高层接触和热线联系。

1998年9月1日至3日，克林顿对俄罗斯进行正式访问，双方签署了涉及安全、军备控制、经贸合作和国际问题的联合声明。在经济领域，双方表示应通过非政府组织途径加强双边贸易、投资和技术合作，特别是在航天、民用航空等领域。在关于非军用钚的处理和利用原则声明中，双方同意在5年内各自销毁50吨钚，并计划成立利用钚联合协调委员会。为了将双方导弹进攻的错误预警后果降到最低程度，防止由于错误预警而发射导弹的可能性，两国表示将在导弹发射和早期预警信息方面加强交流，并计划成立俄美火箭运行数据交流中心。

1999年3月12日，在美国密苏里州独立城杜鲁门总统图书馆，波兰、捷克和匈牙利三国外长和美国国务卿奥尔布赖特分别代表本国政府在波、捷、匈三国加入北约的正式文件上签字，从而使北约成员国增加到19个。奥尔布赖特宣称，“北约东扩是一个过程”，波、捷、匈三国是北约冷战结束后吸收的首批成员国，但不会是最后一批成员。3月16日，在布鲁塞尔北约总部，举行了三国加入北约的正式仪式。俄罗斯对波、匈、捷3国加入北约坚持反对态度。俄外长伊万诺夫3月10日发表讲话，指出北约东扩是朝一个“错误的方向”前进。他说：“欧洲国家应该合作建立一个共同的安全体系。欧洲国家应该为所有国家的利益，而不是为各自集团的利益采取行动。”俄罗斯武装部队第一副总参谋长、俄联邦安全会议副秘书长马尼洛夫3月15日就3国加入北约发表评论指出，北约吸收新成员国这一事实本身将导致欧洲大陆局势的失衡，因而也就孕育着使整个国际关系体系发生重组，以及破坏现行的国际裁军和削减军备条约体系的危险。他重申，俄罗斯强烈反对北约吸收前苏联加盟共和国。尽管俄罗斯对北约东扩一直持反对态度，但鉴于其经济实力和国内问题的严重性，俄罗斯不可能阻挡住北约继续东扩的进程。

在推动北约东扩的同时，美国不断向俄施加压力，促使俄继续削减核力量。尽管俄罗斯经济面临严重困难，但仍保留着大量核武器。1998年俄有战略导弹近7000枚，与美国保持大致平衡，而战术核武器数量甚至超过了美国，这使美国颇感不平。美国政府想方设法敦促俄罗斯杜马批准1992年美苏签署的《第二阶段削减战略武器条约》，主张在此基础上开始谈判第三阶段战略武器谈判，将各自的核武库再缩减30%，以进一步削弱俄核武库。1998年9月美俄首脑会晤时就第三阶段削减战略武器交换了意见，并就各自销毁50吨钚和成立导弹发射联合中心问题达成了协议。1997年9月，双方签署了一揽子裁军协议，决定将两国《第二阶段削减战略武器条约》生效时间由2003年年底推迟到2007年底。从同年12月起，俄罗斯根据1991年苏美第一阶段削减战略武器条约，开始销毁弹道导弹。而美国则决定部署国家导弹防御系统，要求对1972年的《反弹道导弹条约》作部分修改，单方面阻挠第一阶段削减战略武器条约的实施。俄罗斯强烈反对修改《反弹道导弹条约》，指出该条约是第一和第二阶段削减战略武器条约的基础，修改该条约是向俄“公开挑战”，其目的就是要确保美国在常规武器和核武器方面对俄罗斯的战略优势。1999 年 1 月，克林顿致函叶利钦，称为了对付“无赖国家”的导弹袭击，美国计划部署反弹道导弹系统。美国国防部长科恩则威胁说，如果俄罗斯反对美国的做法，美国将退出《反弹道导弹条约》。同年 3 月，美国国会参众两院分别通过部署国家导弹防御系统法案。

对于其他国际重大问题，美俄之间也存在着严重分歧。1993 年以来，俄罗斯开始调整外交政策，决心在国际事务上重新发挥积极作用，改变以往“小伙伴”的地位。1994 年 2 月，北约准备对波黑塞族采取大规模军事行动时，俄罗斯立即明确予以反对，并对美国在波黑问题上排斥俄罗斯的做法表示强烈不满。1999 年 3 月，以美国为首的北约不顾国际社会的强烈反对，悍然对南联盟动用武力。南联盟是俄罗斯传统的盟友，俄坚持维护南联盟的独立和领土完整，主张通过和平谈判解决问题。叶利钦在空袭后立即发表声明，谴责空袭是“公开侵略”，并决定召回俄驻北约的代表，中止与北约的合作关系，表示如果冲突继续下去，俄有权做出确保自己以及整个欧洲安全的相应措施。正在访美途中的普里马科夫总理甚至掉转机头回国。在中东问题上，俄罗斯坚持主张放松对伊拉克和利比亚的经济制裁，并不顾美国的反对，继续发展同伊拉克和伊朗的关系。

此外，在涉及俄罗斯主权的车臣问题上，美国也横加干涉。1991 年 11 月，俄罗斯联邦所属车臣共和国领导人杜达耶夫宣布车臣独立，俄联邦坚决反对，双方关系日趋紧张。此后，俄联邦采取军事行动试图解决车臣问题。1999 年车臣非法武装加紧活动，俄政府也随之加大打击力度。美国政府把俄罗斯在车臣打击恐怖分子的军事行动称为“种族冲突”，表示“关注”，强烈要求俄政府立即停止在车臣的“暴力”。在 1999 年 11 月欧洲安全与合作组织首脑会议上，美俄围绕车臣问题发生尖锐冲突，克林顿公开向叶利钦施加压力。俄罗斯则以车臣问题是俄罗斯的内部事务为由，对美国的指责予以坚决反对，认为美国的做法主要是为了挑起事端，制造混乱，从而实现其插手并控制整个中亚、高加索地区的企图，以便进一步挤压俄罗斯的战略空间，削弱俄罗斯的力量。

1999 年 12 月 31 日，俄罗斯总统叶利钦突然提前辞职，并指定总理普京为代总统。美国迅速与普京建立关系，希望普京像叶利钦总统一样，与美“携起手来，促进我们的共同利益”，继续致力于两国的伙伴关系。2000 年 2 月，美国国务卿奥尔布莱特与俄新领导人就双边关系问题进行了会谈。4 月 14 日，俄罗斯国家杜马通过了美俄第二阶段削减战略武器条约，美国政府立即表示欢迎。克林顿发表声明，认为这将为两国进一步采取“重大步骤”，继续削减核武器，减少核威胁打开了大门。同年 6 月 3 日至 5 日，克林顿访问莫斯科，两国领导人宣布致力于战略稳定和国际安全，在调整和改善关系方面取得了共识。美俄双方签订了《关于战略稳定原则的联合声明》、《关于俄罗斯与美国建立导弹发射预警系统数据交换中心的备忘录》等 4 个文件，表示两国将致力于加强战略稳定和国际安全，承诺就进一步削减战略核武器继续进行谈判，并决定处理 34 吨钚，永远不再用它来制造核武器。双方还签署了关于建立导弹发射早期预警和相互通报导弹发射情况的联合中心的备忘录，并决定该中心设在莫斯科，由俄方 18 人和美方 16 人组成，双方享有平等权利。7 月 27 日，在冲绳八国首脑会议期间，克林顿与普京举行会晤，双方发表了题为“关于战略性稳定的合作”的联合声明，强调两国将“继续加强全球的稳定和国际性的安全保障”，并使第二阶段削减战略武器条约尽早生效，同时准备第三阶段削减战略性武器谈判。在会谈中，普京重申俄方反对美国发展国家导弹防御系统，认为这将导致新的军备竞赛，破坏全球战略平衡和稳定。

美国之所以积极同俄罗斯新领导人建立关系，主要是出于其战略需要。(1) 美国认为，“美俄关系意义重大”，俄罗斯的走向及稳定对美国国家利益“至关重要”，希望通过保持与俄的政治、经济交往和高层互访，维持两国合作框架，继续促进俄罗斯向民主化方向转变。美国认为，在叶利钦执政时期，“民主和自由在俄罗斯并没有想盛起来”，俄罗斯远非一个自由民主国家。奥尔布莱特明确表示，“俄民主化进程还刚刚开始”，“过渡到自由、稳定和繁荣尚需时日”，美国必须以“耐心、现实主义的态度和长远眼光”制定对俄政策。（2）继续削弱俄罗斯的战略核力量。1998 年，俄罗斯仍然保留了近 7000 枚战略核导弹，与美国基本保持均衡，而美国的目标则是大幅度削减俄罗斯的核力量，确立对俄的战略优势。（3）争取俄罗斯在国际和地区问题上同美国保持合作，特别是谋求俄罗斯防止核武器及其扩散，并继续软化俄罗斯在北约东扩等问题上的立场。

小布什执政后，美俄关系仍是美国外交的重点，而核裁军则是对俄政策的重要议题之一。2001 年 6 月 16 日，普京和布什在斯洛文尼亚首都卢布尔雅那举行了布什就任总统后的首次会晤，双方未能解决在美国导弹防御计划和北约东扩等重大问题上的矛盾，但强调彼此不是敌人，而是“伙伴和朋友”，表示将进一步在经贸、能源、地区和安全等更广泛的领域展开建设性对话，并商定将实现两国总统的互访。普京重申俄罗斯反对美国建立导弹防御系统的计划，反对修改美苏 1972 年签署的《反弹道导弹条约》。7 月 22 日，布什和普京在意大利热那亚参加八国首脑会议期间再次举行会晤，双方同意未来的美俄军备控制谈判将把削减进攻性战略武器与导弹防御问题结合起来讨论。双方在联合声明中表示，两国将就进攻和防御系统的相互关联议题进行深入讨论。双边还表示要加强两国经贸合作，建立商业对话机制。11 月 13 ~ 15 日，普京访问美国，与布什举行会晤，双方承诺要把各自拥有的核弹头削减 2/3。双方还就美俄新型关系、反恐合作、中东问题、阿富汗问题等发表多项声明。

2002 年 5 月 23 ~ 26 日，布什首次访问俄罗斯，与普京在克里姆林宫举行会晤。24 日，双方签署了《美俄削减进攻性战略武器条约》（又称《莫斯科条约》）和《美俄新型战略关系联合宣言》以及关于美俄反恐合作、经济关系、能源对话、民间交流和中东问

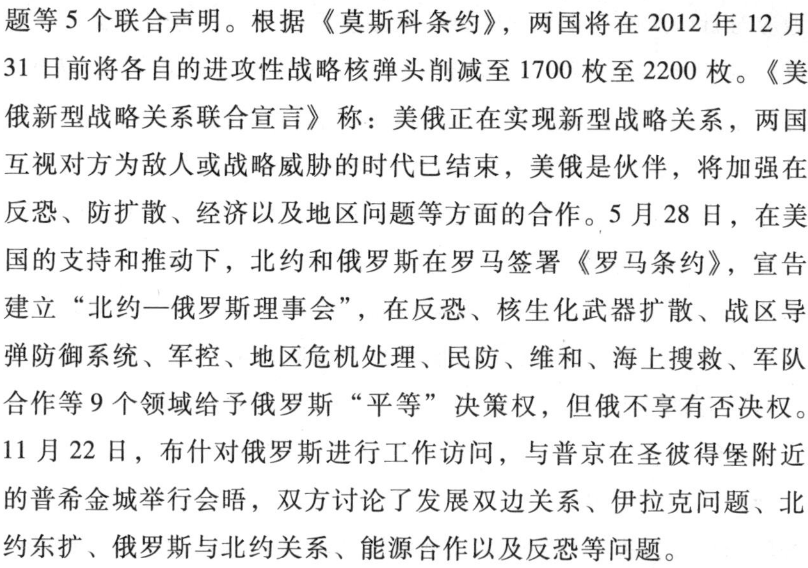

题等5个联合声明。根据《莫斯科条约》，两国将在2012年12月31日前将各自的进攻性战略核弹头削减至1700枚至2200枚。《美俄新型战略关系联合宣言》称：美俄正在实现新型战略关系，两国互视对方为敌人或战略威胁的时代已结束，美俄是伙伴，将加强在反恐、防扩散、经济以及地区问题等方面的合作。5月28日，在美国的支持和推动下，北约和俄罗斯在罗马签署《罗马条约》，宣告建立“北约—俄罗斯理事会”，在反恐、核生化武器扩散、战区导弹防御系统、军控、地区危机处理、民防、维和、海上搜救、军队合作等9个领域给予俄罗斯“平等”决策权，但俄不享有否决权。11月22日，布什对俄罗斯进行工作访问，与普京在圣彼得堡附近的普希金城举行会晤，双方讨论了发展双边关系、伊拉克问题、北约东扩、俄罗斯与北约关系、能源合作以及反恐等问题。

2003年6月1日，普京和布什在圣彼得堡举行会晤，两国领导人深入讨论了继续发展两国关系以及伊拉克重建、伊朗和朝鲜等问题，并签署了两国交换《俄美削减进攻性战略武器条约》批准书的备忘录和互换了各自国家对这一条约的批准书。《俄美削减进攻性战略武器条约》开始生效。美国和俄罗斯代表每年举行两次会议，商讨条约执行情况。双方领导人表示致力于发展两国新型战略伙伴关系，进一步加强反恐、防扩散合作。9月26~27日，布什在戴维营与来访的普京举行会谈，双方发表声明，表示将切实履行《削减进攻性战略武器条约》，加强两国在反恐、经贸、能源、高技术等领域的交流与合作。

在布什第二任期，双方高层接触更加频繁。2005年2月24日，普京和布什在斯洛伐克首都布拉迪斯拉发举行会晤，这是布什连任总统后第一次与普京会谈，双方就反恐、防扩散、地区冲突、经贸合作等问题进行了讨论，并发表了关于核安全合作、能源对话和俄罗斯加入世贸组织问题的三个联合声明。5月、9月，布什与普京两度举行会晤。2006年7月，普京和布什在圣彼得堡举行会晤，双方决定两国共同发起《打击核恐怖主义全球倡议》，以便更加有效地应对日趋严峻的和恐怖威胁。双方发表《打击核恐怖主义全球倡议》和关于《和平利用核能合作协定》的两个联合声明。2007 年 6 月，布什和普京在德国举行的八国集团首脑会议期间举行会晤。7 月 1 日，布什与普京举行会谈，就缓和两国关系以及一系列重大国际问题交换了意见，强调沟通合作。9 月，在悉尼出席亚太经合组织领导人非正式会议期间，布什与普京就东欧反导系统等问题举行会晤。10 月 12 日，赖斯、盖茨和俄罗斯外长拉夫罗夫、国防部长谢尔久科夫在莫斯科举行美俄首次外长和防长“2 + 2”会晤，并决定将此会晤机制化。

2008 年 4 月 6 日，布什对俄罗斯进行工作访问。普京与布什在俄南部城市索契举行了会谈，重点讨论美国计划在东欧部署反导系统问题，并发表了《俄美关系战略框架宣言》。俄方在宣言中重申，俄罗斯不同意美国在波兰和捷克部署导弹防御系统。宣言说，俄美互相将对方视为战略威胁的时代已经终结，双方愿意摈弃冷战思维，将俄美关系从战略竞争转变为战略合作关系，共同应对全球挑战；双方将本着相互尊重的精神，针对有争议的问题进行对话，寻求解决办法；俄美将继续就削减战略进攻性武器问题拟定新的协议。双方未能弥合在北约东扩、反导系统等问题上分歧。普京在会谈后举行的记者招待会上指出，俄罗斯没有改变反对美国在东欧部署导弹防御计划的立场。他认为，尽管俄美存在矛盾，但相互视对方为伙伴国，而不是敌人。他提出，打消俄罗斯对反导系统担忧的最好办法就是共同研制一个全球反导系统，并能“平等地、民主地”管理它，这对所有国家都是最好的安全保障。如果暂时还不能建立这样一个共同的全球反导系统，而美国还继续建立自己的反导系统，那么俄罗斯就坚决要求对这个反导系统的监控应是透明的、客观的和经常性的。在北约东扩问题上，普京称扩大政策是过时的逻辑，美国需要的不应是让更多的原苏联国家加入北约，而是发展同俄罗斯的关系。

奥巴马执政后，宣布重启美俄关系，积极推动两国关系的改善

和发展。美俄首脑多次举行会晤，奥巴马、希拉里、总统国家安全事务助理琼斯先后访俄，双方官员频繁接触。2009 年 2 月 6 日，白宫发言人吉布斯表示，新一届美国政府将采取坦率的态度对待同俄罗斯的分歧，同时在相互间国家利益问题上寻求“更深层次和更加广泛的合作”。副总统拜登在出席慕尼黑安全会议期间也向俄罗斯发出缓和关系的信号，表示要“重启”美俄关系，并称美国将重新评估在东欧部署反导系统问题。3 月 6 日，希拉里与俄罗斯外长拉夫罗夫在日内瓦举行会谈，双方承诺将重启美俄双边关系，加强在军控、防止核扩散、阿富汗、伊朗和朝鲜等一系列重要问题上的合作。希拉里称，无论就双边关系而言，还是就双方在世界重要领域特别是在核武器和核安全领域的领导作用而言，这次会谈都是一个良好的开端。拉夫罗夫也表示，俄愿意在重要问题上与美国进行开诚布公的合作。希拉里和拉夫罗夫共同按下了象征两国关系“重启”的红色按钮。4 月 1 日，奥巴马和俄罗斯总统梅德韦杰夫在出席伦敦 20 国峰会期间举行会晤，这也是奥巴马执政以来美俄最高领导人的首次会晤。双方就削减战略武器问题达成协议，同意将“立即开始”就新的削减进攻性战略武器条约展开磋商，以期达成“一项新的、内容广泛的、具有法律约束力的新协议”，取代 2009 年 12 月 5 日到期的《削减和限制进攻性战略武器条约》，进而对两国进攻性战略军备逐步进行“新的、可验证的削减”。奥巴马在会谈结束后表示，双方关于削减战略武器谈判的决定表明，美俄关系取得“巨大进展”。在双方发表的联合声明中，两国领导人表示将“超越冷战思维”，开创双边关系的新时代。4 月 24 日，双方代表在罗马就削减战略武器问题进行了初步会谈。5 月 18 日，美俄在莫斯科就此开始首轮正式谈判。

2009 年 7 月 6 日，奥巴马抵达莫斯科，开始了为期三天的访问，这是他就任总统以来首次访问俄罗斯。奥巴马与俄罗斯总统梅德韦杰夫举行会晤，两国领导人就进一步削减进攻性战略武器达成共识并签署框架性文件。根据这一文件，两国承诺尽快完成新条约的起草工作，争取在年底前得以签署。新条约的有效期为10年，在条约生效7年后，俄美将各自的战略运载工具削减到500件至1000件，携带的核弹头数量削减至1500枚至1675枚，双方只能将进攻性战略武器部署在本国境内。两国领导人决定建立由他们亲自领导的双边合作发展委员会，负责指导和协调两国各领域的合作。委员会包括13个工作组，负责人由相关领域的政府部长或副部长担任，两国外长担任委员会协调员，这些工作组将负责两国在核能和核安全、武器和国家安全监控、外交和反恐、禁毒、企业联系与经贸关系发展、能源和环境、农业、科技、太空合作、医疗保健、紧急情况预警及应对、公民社会、教育文化领域的合作。

双方通过了关于反导问题、核领域合作、阿富汗问题等联合声明。在关于反导问题的联合声明中，两国领导人表示，将继续讨论共同应对弹道导弹扩散问题；两国将在相互尊重安全利益的基础上，积极寻找加强彼此战略关系的最佳途径；两国总统委托专家分析全世界面临的弹道导弹威胁，并提出用外交政治手段解决相关威胁的建议。双方会谈的另一成果是签署了美军穿越俄罗斯国境进入阿富汗的军事过境协议。据此，美军飞机每年可以实施4500次穿越俄罗斯过境的飞行，且无须向俄方缴纳过境费。奥巴马对此表示，俄罗斯为解决阿富汗问题作出的贡献“非常重要”，这一协议为美国节省了大量金钱、资源和时间。至2011年4月，美国自俄罗斯过境飞行1000次，向阿富汗战场输送了15万多人。在有关阿富汗问题的联合声明中，两国领导人表示，两国将在打击阿富汗恐怖主义、极端主义和毒品走私方面开展合作。

经过近一年的反复磋商，美俄终于就缔结新的核裁军条约达成协议。2010年4月8日，奥巴马和梅德韦杰夫在捷克首都布拉格签署新的《削减战略武器条约》，同意进一步削减和限制进攻性战略武器。按照程序，新的核裁军条约在经美国国会和俄罗斯国家杜马（议会下院）批准后正式生效，以取代2009年12月5日到期的《削减和限制进攻性战略武器条约》，新条约有效期为10年。条约

规定，7 年内美俄各自部署的核弹头应削减至 1550 枚以下，而战略武器运载工具应被削减至 700 件以下。与以往条约相比，新条约还规定了操作性更强的核查措施，以确保美俄核裁军进程接受有力的监督。奥巴马在签字后的新闻发布会上说，“对核安全与核不扩散、美俄两国关系来说，今天是一个重要的里程碑”，新条约是重启美俄两国关系的重要一步，有助于两国建立互信，并为美俄进一步削减核武器奠定基础。梅德韦杰夫也表示俄美签署新条约是一个历史性事件，为俄美关系掀开了新的一页。他说，签署新条约对俄美两国来说是双赢，“没有一方因条约而使利益受损，整个世界将从中受益”。美国参议院和俄罗斯国家杜马分别于 2010 年 12 月、2011 年 1 月批准了这一条约。2011 年 2 月 5 日，国务卿希拉里克林顿和俄罗斯外长拉夫罗夫在德国的慕尼黑正式交换了新的《削减和限制进攻性战略武器条约》的签署文本，标志着该条约正式生效。美国政府将此条约的签署视为“重启”美俄关系的重要成就之一。

2010 年 6 月 22 日，俄总统梅德韦杰夫抵达美国，开始了为期 3 天的首次正式访问。双方就经贸合作、反恐、俄罗斯加入世界贸易组织等问题达成多项共识，发表 9 项联合声明，美俄关系进一步提升。双方同意通过加强两国在经贸、投资等领域的合作“重启”并加强双边关系，推动实现共同繁荣。双方发表“创新领域伙伴关系联合声明”，就创新经济合作达成多项共识。梅德韦杰夫在与奥巴马会谈后举行的联合记者会上说，俄美双方在建立互信、改善关系以及推动世界安全方面已经做出大量努力，但在强化经济联系方面还要做出更多努力，他此次访美最重要的目的就是深化和拓展双边经贸关系。访问期间，俄罗斯宣布将从美国购买 50 架总价值 40 亿美元的波音 737 飞机。

尽管俄美签署了多项重要文件对改善和提升两国关系具有一定的积极作用，但双方在一些重大问题上的固有分歧依然没有化解。在核裁军方面，俄方强调削减进攻性战略武器应与反导问题挂钩，而美方则认为两者互不相关。奥巴马认为，任何反导系统都防不住俄罗斯强大的核武器，因此美国的反导系统不应当视为对俄罗斯安全的威胁。在签署新的核裁军会议上，奥巴马呼吁美俄双方在导弹防御系统上展开对话与合作。而梅德韦杰夫则表示，如果美国反导系统破坏了俄美之间的战略平衡，俄罗斯保留退出新条约的权利。

在经贸领域，美国是俄罗斯第 8 大贸易伙伴，俄罗斯是美国最大的能源进口国。2009 年双边贸易额为 233 亿美元。美国积极推动俄罗斯加入世界贸易组织。2011 年 6 月 24 日，奥巴马在与来访的梅德韦杰夫会谈后举行的新闻发布会上表示，“我们认为俄罗斯加入世贸组织不仅符合俄罗斯联邦的利益，而且也符合美国的利益和全世界的利益。因此，我们希望使这个问题得到解决”。他说，约有 90% 到 95% 技术上的分歧已经解决，虽然尚存的问题“还需要相当大的努力去解决”，但他对最终能够达成协议表示有信心。奥巴马和梅德韦杰夫同意争取在 9 月 30 日前解决与俄罗斯入世相关的尚存问题。奥巴马还表示，随着俄罗斯改善对美国的看法，两国已越过了“重启”双边关系的阶段而走向拓展两国关系的阶段，包括在商贸领域和在能效与清洁能源技术领域的合作。他强调，冷战结束 20 年后，美俄关系不能仅限于安全和军控领域，还必须包括共同繁荣。俄罗斯加入世贸组织有利于美国，有利于世界。美方为此将尽一切可能加快相关进程，力争在秋季之前解决俄罗斯加入世贸组织的技术性问题。梅德韦杰夫说，有关俄罗斯入世谈判的大部分实质性问题，包括有关加密和知识产权的问题，都已经解决，还剩下一些技术性的小问题，希望在 2011 年 9 月底前，整个工作可以最后完成。2010 年 10 月 1 日，梅德韦杰夫与奥巴马通话，确认美俄关于俄罗斯加入世贸组织的双边谈判已经结束。

尽管美俄在政治关系和削减战略武器等方面取得了一定进展，但双方的基本矛盾不会轻易改变：美国将继续推动北约东扩，在中亚和东南欧加紧渗透，排斥俄罗斯的影响；在俄罗斯民族问题上还会继续施加压力；并利用援助问题迫使俄罗斯在国际事务上做出让步。从俄罗斯方面来说，也不愿意放弃对国家利益和大国地位的追求，不愿充当“二流国家”听任美国摆布。近年来，俄罗斯加快了对外交和国防战略的调整。双方在地区事务主导权的争夺上会进一步加剧，在一些重大国际问题上的分歧和摩擦也在不断加深。此外，俄罗斯坚决反对美国部署国家导弹防御系统。美俄关系仍将在矛盾、斗争与合作、妥协并存的基本框架内发展。

进入新世纪以来，美国加快在东欧部署导弹防御系统的步伐，挤压俄罗斯战略空间，导致双方关系裂痕加深。2002 年美国和波兰、捷克开始就战略导弹防御基地问题进行秘密接触，但种种原因，谈判一度中断。2007 年 1 月，美国政府向捷克、波兰政府提出就建立导弹防御基地问题恢复谈判，计划 4 年出资 20 亿美元在波兰建立 10 个导弹拦截装置，在捷克建立雷达预警基地。布什称，建立基地是为了保护欧洲不受伊朗等国的威胁，“伊朗可能在 2015 年前得到研制远程弹道导弹的技术，将对美国及盟国构成威胁”，绝不是针对俄罗斯的，俄罗斯没有必要为此感到担心。之后，美国明显加快了实施这一计划的步伐，与捷克和波兰政府就此问题保持密切接触。捷克总统克劳斯访问美国，双方讨论了两国进行导弹防御合作的可能性。3 月底，捷克政府正式决定启动谈判。4 月，捷克外长施瓦岑贝格与赖斯国务卿在华盛顿专门就雷达基地问题举行会谈。与此同时，美国对在捷克部署雷达基地进行了大量技术准备，派出专家组对雷达基地地区的水文和地质情况进行勘测，评估该地区的基础设施和运输情况。根据民意调查，捷克约有 70% 的民众反对在本国境内建立美国雷达基地，认为美国的导弹防御基地将严重危害当地居民的安全与利益。他们担心，一旦发生军事冲突，基地将首先成为被攻击的目标。但是，捷克政府对此态度积极，认为美国在捷克建立雷达基地将会加强捷克的国家安全，而且会给捷克带来教育和科技方面的投资。捷克媒体指出，捷政府欲以基地问题换取美国加强对捷克的安全保障，增加对捷克的投资，同捷方进行军队现代化方面的合作以及在反恐领域交换信息。

2007 年 5 月 10 ~ 11 日，美国代表团与捷克政府就在捷克建立雷达基地问题进行磋商，这是美国和捷克就建立反导基地问题进行的首轮谈判，标志着美国在东欧部署导弹防御系统进入实质阶段。双方就建立雷达基地涉及的政治和法律地位问题以及雷达基地的选址、规模和技术层面的一系列问题进行全面磋商。6 月 5 日，布什抵达布拉格，开始对捷克进行为期 2 天的工作访问。他在记者招待会上表示，在中东欧地区部署导弹防御系统是纯防御性质的，不可能威胁到俄罗斯。冷战已经结束，俄罗斯不是美国的敌人，俄罗斯没有理由对美国在捷克和波兰部署导弹防御系统感到担心。他呼吁俄罗斯在这一问题上与美国合作。

美国在东欧部署导弹计划一出笼，就遭到俄罗斯的强烈批评和质疑。俄罗斯政府认为，美国的这一计划明显是针对俄罗斯的，不利于全球战略稳定。2007 年 4 月，普京在与克劳斯在莫斯科会谈时表示，如果俄罗斯不对美国在欧洲部署反导系统采取措施，那么俄罗斯整个欧洲部分的领土安全将遭到威胁。5 月 15 日，普京在会见来访的赖斯时重申，俄罗斯反对美国在欧洲部署导弹防御系统。赖斯则表示，美国不会因为俄罗斯的反对而改变在欧洲部署导弹防御系统的计划。俄罗斯战略导弹部队与航天部队总司令索洛夫佐夫则表示，如果美国在捷克和波兰建立反导基地，这些基地将可能成为俄罗斯战略导弹瞄准的目标。5 月 23 日，普京在维也纳回答记者提问时严厉谴责美国在欧洲部署反导系统的举动，认为这一计划是“有害的、无根据的和灾难性的”。他强调说，美国在东欧部署导弹防御系统没有任何必要性，这一计划只能导致新一轮军备竞赛。他说，“美国称，建立这一系统是为了防御伊朗的导弹威胁，而伊朗的导弹射程根本达不到欧洲”。29 日，俄罗斯宣布成功发射两枚能携带多弹头的新型导弹。俄罗斯第一副总理伊万诺夫称，新型导弹“能穿透任何导弹防御系统”。5 月 31 日，普京在莫斯科举行新闻发布会，不点名地严厉斥责美国在东欧部署反导系统的举动是“独裁的和帝国主义的”做法，同时表示俄罗斯将完善自身军事能力，并以不对称手段维护俄美之间的战略平衡。6 月初，普京在出席八国集团首脑会议前夕接受八国记者联合采访时强调，如果美国执意在欧洲部署导弹防御系统并将威胁到俄罗斯的安全，俄罗斯有可能将导弹重新瞄准欧洲境内的目标，俄对此将不承担责任。他指出，在欧洲出现了美国的核武器，这将改变国际安全的格局，威胁到俄罗斯的安全，因此俄罗斯不得不做出反应。6 月 2 日，他在接受德国《明镜》周刊采访时再次对美国计划在捷克和波兰部署导弹防御系统提出强烈批评，称俄罗斯对此将“被迫做出反应”。他警告说，由于美国的行动，“引发核冲突的可能性甚至变得更大了”，“世界的战略平衡遭到了破坏”。2007 年 7 月，普京与布什会晤时建议让更多欧洲国家参与到反导决定中，并将反导纳入“俄罗斯—北约合作平台”，并提出由俄罗斯南部雷达站承担预警任务，美国不必在欧洲部署新的设施。这一建议遭到美国的反对。8 月，俄罗斯恢复了中断了 15 年的远程战略轰炸机例行战斗值班飞行。12 月，俄罗斯海军舰队恢复例行远洋航行，并宣布暂停执行《欧洲常规力量条约》。为打破两国在反导系统问题上的僵局，俄美于 2007 年 10 月 12 日在莫斯科举行两国外长和国防部长会谈。由于分歧严重，原定两天的会谈举行半天后就宣布未能达成一致。2008 年 3 月 17 ~ 18 日，俄美两国再次在俄罗斯举行会谈，仍未能取得进展。

2008 年 3 月，布什表示，美国将帮助波兰实现军事现代化，作为美国在波兰部署反导系统计划的一部分。7 月 8 日，美国国务卿赖斯与捷克外长施瓦岑贝格在布拉格签署了在捷克布尔迪地区建设反导雷达预警基地的协定。据此，美国将于 2010 年开始在捷克兴建这一基地。协议规定：美国对在捷克的反导雷达基地拥有指挥权和管理权，可在基地部署 250 名美军士兵，捷克在该基地派驻一名军官；美国将承担捷克免遭弹道导弹袭击的全部责任，并将在捷克受到恐怖袭击威胁时与捷克合作；设在捷克和波兰的反导系统不得用于背离《联合国宪章》的活动；美国在没有受到直接安全威胁的情况下不能主动发起攻击等。9 月 19 日，正在伦敦出席北约防长会议的美国和捷克两国国防部长签署了《美国驻军地位协定》和两国战略合作声明。

与此同时，美国与波兰的谈判也取得进展。2008 年 8 月 14 日，美国与波兰就美在波境内建立反导基地的谈判达成一致，美国将于 2012 年前在波兰部署 10 个导弹拦截装置；为了保证波兰的安全，美国同意在波兰长期部署“爱国者”导弹；如波兰受到其他国家威胁，美国将提供军事援助，同时美国还将帮助波兰进行军事现代化改革。波兰外长西科尔斯基表示，协议的达成表明波美双方的政治军事合作将上升到一个新的层面，双方今后将定期讨论战略合作方面的问题。他说，根据协议，在遭受第三方军事或者其他形式威胁时，波美两国将做出同步反应，并进行更加紧密的合作。20 日，西科尔斯基和赖斯在华沙正式签署了波美反导基地协议。赖斯表示，反导基地协议的签署表明美国、波兰两国在国防方面的合作进一步加强，同时也将加深双方在北约框架内的合作。俄罗斯对此做出强硬反应，俄外交部发表声明，美国在波兰建立反导基地损害了欧洲的安全。俄武装部队副总参谋长强调指出，波兰允许美国在其境内部署反导系统，将使波兰成为俄军合法攻击目标，包括核打击。

奥巴马执政后对于欧洲的导弹防御计划进行了新的调整。2009 年 9 月 17 日，奥巴马发表讲话，宣布放弃在东欧建立导弹防御基地的计划。他表示，将在欧洲部署能够应对 21 世纪威胁的强大导弹防御系统，比旧系统更全面、更有适应性和操作性、更具效率，将向美国驻军和盟友提供“更强大、更精确和更快捷的保护”。他同时表示，美国在“反导”问题上将继续与波兰和捷克进行合作。国防部长盖茨也指出，“我们正在加强而不是取消欧洲反导系统。近期内它们将足以使欧洲免于来自伊朗或其他国家的直接导弹威胁”。根据新方案，美国在欧洲部署导弹防御系统将分成四阶段完成，至 2020 年完成。2010 年 5 月，美国驻德国的“爱国者”导弹部队开始进驻波兰，训练波方部队使用这种导弹系统，这一训练将持续至 2012 年。同时，美国出资 200 万美元，与捷克建立联合反

导防御中心。奥巴马政府之所以在反导问题上做出妥协，主要是出于三方面的考虑：一是缓和与俄罗斯的紧张关系；二是为了重振美国经济，摆脱金融危机的影响；三是技术上的问题尚未完全解决。

2011 年 5 月 27 日，奥巴马抵达波兰，开始进行为期两天的访问。在波兰总统府，奥巴马与十多名中欧和东欧国家领导人共进工作晚餐。他在晚宴上表示，美国重视与中东欧国家的关系，愿意成为中东欧国家的"伙伴"。奥巴马于 28 日会晤波兰总统科莫罗夫斯基和总理图斯克，导弹防御计划和能源合作是重要议题。奥巴马在会晤科莫罗夫斯基时对波兰参与北约军事行动表示感谢，称目前美国和波兰之间的关系是历史上最好的。奥巴马和图斯克讨论了阿富汗局势、经贸合作、清洁能源合作、核能合作以及合作开采波兰的油页岩等问题。奥巴马称此次波兰之行的目的就是要明确与波兰的良好关系，支持波兰在本地区发挥重要作用。关于美国向波兰派驻空军技术人员问题，奥巴马称双方接近达成协议。据此，美国将向波兰派驻人员，帮助培训波兰飞行员以操控波兰购买的美国 F-16 战斗机和 C-130 运输机。

美国与中东欧国家的关系特别是军事关系也有所加强，军事合作趋于密切。2002 年罗马尼亚加入北约。2005 年 3 月 10 日，布什与到访的罗马尼亚总统伯塞斯库举行会谈。美国政府决定今后两年内向罗马尼亚军队提供 7000 万美元的财政援助。12 月，美国与罗马尼亚签署了美国在罗马尼亚设立军事基地的协定，这一协定改写了东欧没有美军基地的历史，具有重大的地缘政治意义。2006 年年初，保加利亚与美国签署了为期 10 年的协议，同意美国在其领土建立军事基地。2011 年 9 月 13 日，美国和罗马尼亚在华盛顿就部署反导系统签署协议。据此，美国将在 2015 年之前在罗马尼亚一空军基地部署陆基 SM-3 导弹拦截系统，以保护欧洲和美国免遭中东弹道导弹袭击。这一基地将成为美国全球反导系统的组成部分。希拉里将协议称为两国关系的又一重要里程碑。

围绕俄罗斯和格鲁吉亚之间的冲突，美国与俄罗斯的关系一度出现紧张。南奥塞梯地区是格鲁吉亚的一个自治州，与俄罗斯的北奥塞梯共和国接壤。自 1989 年以来，南奥塞梯就一直要求独立并与俄境内的北奥塞梯合并。因而，格鲁吉亚政府和南奥塞梯地方当局的矛盾不断恶化，多次导致大规模的武装冲突。俄罗斯、格鲁吉亚组建了混合维和部队，负责在冲突地区执行维和任务。2008 年 8 月 8 日，格鲁吉亚政府军进入南奥塞梯控制区，炮击南奥塞梯首府。俄罗斯军队也随即进入南奥塞梯地区，增援俄维和部队。8 月 10 日，格鲁吉亚要求美国调停冲突。14 日，赖斯国务卿抵达欧盟轮值主席国法国，敦促俄罗斯和格鲁吉亚签署停火协议。15 日，布什发表声明，指出俄罗斯必须遵守承诺，停止在格鲁吉亚的一切军事行动，并从格鲁吉亚撤出所有军队，“格鲁吉亚的主权和领土完整必须得到尊重”。他强调，“美国坚定地同格鲁吉亚民主选举的政府站在一起”，俄罗斯对格鲁吉亚的军事行动破坏了俄同美国及其他西方国家的关系。同时，布什指派国务卿赖斯前往格鲁吉亚，表达美国的支持，并指示军方带领一个人道主义使团前往，使用航空母舰和海军舰只对格鲁吉亚展开人道救援行动，要求俄罗斯保证在海陆空运输线路和通讯方面对美国援助行动保持开放。赖斯在同一天举行的记者会上表示，任何违反停火协议的举动都只能使俄罗斯在国际上进一步孤立。8 月 26 日，梅德韦杰夫签署法令，承认南奥塞梯独立。随后，俄罗斯与格鲁吉亚断交，并与南奥塞梯签署了友好合作互助条约。俄罗斯在南奥塞梯问题上的举动遭到美国和西方国家的强烈反对。9 月 3 日，美国副总统切尼出访格鲁吉亚时表示，美国反对以武力方式改变格鲁吉亚边界，主张联合国尽快通过一项和平解决俄罗斯、格鲁吉亚冲突的决议，并表示美国支持格鲁吉亚加入北约。美国先后向格鲁吉亚提供了 3000 万美元人道主义援助和 10 亿美元的经济援助。9 月 8 日，美国政府宣布，搁置 2008 年 5 月同俄罗斯签署的民用核能框架合作协议。俄罗斯也针锋相对，取消两国原定在远东地区举行的空中反恐演习，并决定进一步加强导弹部队的力量。

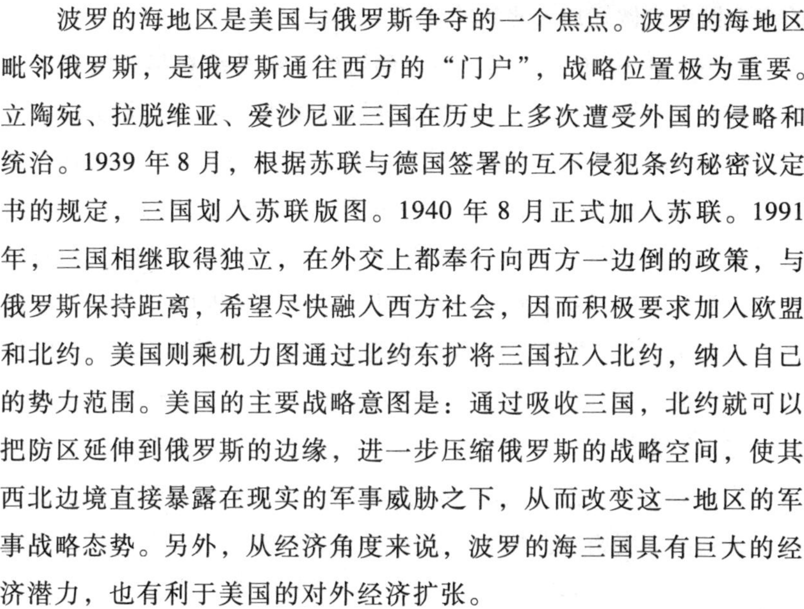

波罗的海地区是美国与俄罗斯争夺的一个焦点。波罗的海地区毗邻俄罗斯，是俄罗斯通往西方的“门户”，战略位置极为重要。立陶宛、拉脱维亚、爱沙尼亚三国在历史上多次遭受外国的侵略和统治。1939 年 8 月，根据苏联与德国签署的互不侵犯条约秘密议定书的规定，三国划入苏联版图。1940 年 8 月正式加入苏联。1991 年，三国相继取得独立，在外交上都奉行向西方一边倒的政策，与俄罗斯保持距离，希望尽快融入西方社会，因而积极要求加入欧盟和北约。美国则乘机力图通过北约东扩将三国拉入北约，纳入自己的势力范围。美国的主要战略意图是：通过吸收三国，北约就可以把防区延伸到俄罗斯的边缘，进一步压缩俄罗斯的战略空间，使其西北边境直接暴露在现实的军事威胁之下，从而改变这一地区的军事战略态势。另外，从经济角度来说，波罗的海三国具有巨大的经济潜力，也有利于美国的对外经济扩张。

美国多次明确表示，波罗的海地区是美国欧洲战略的重要组成部分，在安全、政治、经济等领域加紧向这一地区渗透，在“和平伙伴关系”框架内，积极帮助 3 国发展军事力量，向三国提供军需用品，帮助培训军官。在安全上，美国不顾俄罗斯的强烈反对，积极推动三国加入北约。1997 年北约秘书长索拉纳对三国进行访问，同三国领导人探讨了三国加入北约的可能性问题。在经济领域，1996 年 6 月，美国依照“支持东欧民主计划”向三国提供技术、进行人员培训和交流、投资等，美国的政策遭到了俄罗斯的反对。特别是在三国加入北约问题上，由于三国与俄利害关系密切，俄罗斯态度强硬。1996 年 6 月，俄罗斯总统叶利钦致函克林顿，坚决反对北约扩大到波罗的海地区，强调三国加入北约“是绝对不允许的，在这方面采取任何步骤都会被视为对俄罗斯安全的直接挑衅，是对欧洲稳定与合作的破坏”。俄军方甚至宣称，如果三国加入北约，俄海军将继续驻扎波罗的海，俄军不可避免地进驻三国。俄罗斯的强硬态度迫使美国在三国加入北约问题上不得不谨慎从事。1996 年 9 月，美国国防部长佩里在北约国防部长会议上表示，波罗的海三国尚未做好加入北约的准备。

1998 年 1 月 16 日，克林顿与到访的三国总统在华盛顿签署了《美国—波罗的海伙伴关系宪章》，规定：波罗的海地区是美国欧洲战略的重要组成部分，三国的安全、独立和领土完整对美国具有真正、深远和持久的利益；美国支持并帮助三国加入北约；美国加强与三国的政治、经济、军事领域的合作，以促进它们与西方的融合，并为三国加入欧盟和世界贸易组织而努力；四国决定成立“伙伴关系委员会”，并建立“波罗的海—美国伙伴关系基金”，以加大对三国的军事援助。同时，美国还与三国签订避免双重征税协定，与立陶宛签订双边投资协定和司法互助协定。宪章虽然是一份不具法律效力的政治性文件，但它却是三国加速融入西方的重要步骤，也是美国实施欧洲战略、遏制俄罗斯的又一重要举措，美国与三国在政治、经济和军事等领域的关系明显加强。宪章签署后，俄罗斯反应强烈，表示坚决反对波罗的海三国加入北约组织。

1998 年 7 月 8 日，美国—波罗的海三国伙伴关系委员会首次会议在拉脱维亚首都里加举行，美国副国务卿塔尔博特率代表团出席。会议决定，今后美国与三国将重点加强在能源、交通运输、技术和环保领域的合作；在维护地区安全、军控以及安全模式问题上相互支持对方立场；美国对三国按照欧安会原则在社会一体化方面取得“重要进展”表示赞赏，承诺帮助三国向欧盟、北约及世界贸易组织的标准靠拢。这次会议是美国与波罗的海三国关系史上的一件大事，标志着四国伙伴关系委员会这一合作机制正式开始运作，表明美国与波罗的海三国在双边政治、经济、军事等各领域的关系正逐步提高到一个新阶段，美国对波罗的海事务的介入和影响正日益扩大。拉脱维亚外长强调，里加会议有两个重要意义，一是美国向外界发出信号：波罗的海三国是美国有特殊利益的地区；二是三国支持美国在该地区的存在。1998 年 9 月上旬，北约军事首脑访问波罗的海三国，讨论如何加强三国与北约的防务合作。9 月中旬，三国与部分北约国家在“和平伙伴关系”框架下举行名为“98 开

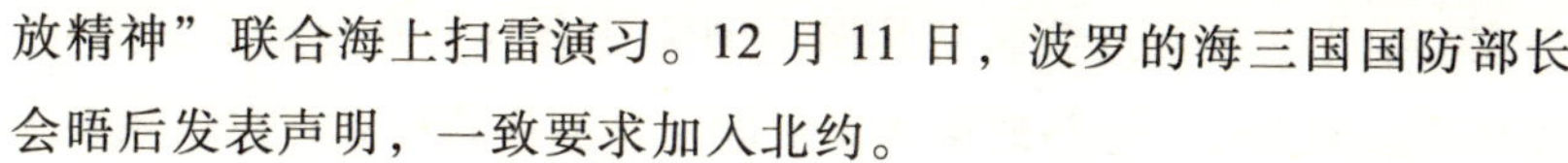

放精神”联合海上扫雷演习。12 月 11 日，波罗的海三国国防部长会晤后发表声明，一致要求加入北约。

吸收波罗的海三国是北约整个东扩战略中十分重要的一环。1999 年北约吸收波兰、捷克和匈牙利之后，下一个目标便是向波罗的海地区扩展。2000 年 3 月底，北约秘书长罗伯逊访问拉脱维亚，向拉脱维亚领导人表示：“在今后北约吸收新成员国时，拉脱维亚将是一个被认真考虑的对象。”拉脱维亚方面则表示“将全力保证不出现反对拉脱维亚加入北约的任何借口”。6 月，美国国防部长科恩在出访立陶宛期间，就北约东扩和地区安全问题同波罗的海三国国防部长举行了会谈，这表明，北约向波罗的海三国扩展的计划已开始启动。

在与东欧其他国家关系中，美国与乌克兰的关系发展迅速，双方高层接触频繁，经济、科技、军事等领域的合作不断加深。乌克兰地处中东欧的中心，战略位置十分重要，被美国视为向欧亚大陆腹地进行渗透的重要跳板，也是美国在黑海地区重要的合作伙伴。1992 年建立外交关系以来，两国领导人接触频繁。1994 年 1 月 12 日，克林顿对乌克兰进行访问，与乌总统克拉夫丘克会晤并宣布，美、俄、乌三国总统已商定签署一项协议，乌克兰承诺销毁以美为目标的 176 枚洲际导弹和 1500 枚核弹头。为拆除核武器，美国向乌提供 1.75 亿美元的援助，同时美俄向乌提供安全保障。同年 3 月，乌克兰总统克拉夫丘克对美国进行正式访问，两国签署了关于发展“友好伙伴关系”的联合声明以及鼓励和保护投资协议等 10 个文件。美国宣布，对乌销毁核武器的援助将从 1.75 亿美元增加到 3.5 亿美元。8 月 2 日，美国副总统戈尔访问乌克兰，表示美国坚决支持乌克兰进行全面经济改革的政策。11 月 21 日至 23 日，乌总统库奇马对美国进行国事访问，双方签署了“乌美伙伴关系、友好与合作宪章”等 14 个文件，美国承诺在 1994/1995 年度向乌提供 9 亿美元的经济援助。1995 年 5 月 11 ~ 12 日，克林顿对乌克兰进行正式访问，两国领导人签署《联合声明》，指出两国认为支持乌克兰向市场经济过渡和使其融入国际社会具有极为重要的意义。克林顿强调支持乌经济改革和民主进程，承认其独立、主权和领土完整，并承诺提供10亿美元贷款以帮助乌进行政治和经济改革。两国的政府间委员会在戈尔和库奇马的领导下从1996年正式开始运转，负责处理两国贸易、投资、环境保护和军事安全等问题。

1998年3月初，美国国务卿奥尔布赖特对乌克兰进行工作访问，同乌克兰总统库奇马等举行会谈。双方主要讨论了核不扩散、控制导弹技术和乌投资环境等问题，签署了卫星技术合作协议和关于和平利用原子能方面合作的协议。同年7月22～23日，美国副总统戈尔访问乌克兰，双方就乌克兰经济改革和充实两国战略伙伴关系问题进行了会谈。戈尔表示美国支持国际货币基金组织向乌提供贷款，愿意帮助乌加入世界贸易组织。双方还签署了纺织品与服装贸易备忘录等文件。9月底，美国与乌克兰举行了联合军事演习，进一步加强了双方的军事合作。

2000年初，美国进一步调整了对乌政策。奥尔布赖特以及北约秘书长、北约盟军最高司令等相继访问乌克兰，同时乌总理、外长和国防部长也先后访问美国。根据2000年美国制定的国家安全战略报告，美国将继续同乌克兰等新独立国家保持接触，以改善这些国家的选举程序，通过与基层组织、独立媒体和新兴企业共同努力，帮助建立文明社会，并帮助这些国家制定市场民主制度所需要的法律、制度和掌握必要的技巧，打击犯罪和腐败以及推进人权和法制，这符合美国的国家利益。为了进一步加强美乌关系，6月5日，克林顿再次访问乌克兰。克林顿在出访前明确表示，乌克兰在欧洲和亚洲之间发挥着重要的桥梁作用，美国将继续支持乌克兰加快经济改革和民主进程。访问期间，两国领导人就乌克兰的改革、中小企业的发展、保护知识产权等问题进行了会谈，并发表了一项联合声明，确认了两国各自在保障发展和深化面向21世纪战略伙伴关系中的责任。两国领导人认为，乌克兰民主和市场经济改革是实现乌克兰融入欧洲的重要基础，而美国将努力支持乌克兰达到这一目标。在克林顿访问期间，两国还签署了科技领域合作协定、航空和航运协定、消除紧急状态合作协定等一系列文件。双方一致认为，两国战略伙伴关系“具有坚实的基础和美好的未来”。

四　美国与波黑冲突和科索沃战争

1991 年春夏，由诸多民族组成的南斯拉夫在内部矛盾和外部压力下迅速走向分裂。伴随着这个过程的是剧烈、频繁的民族矛盾激化，乃至相互残杀。斯洛文尼亚、克罗地亚、波黑都爆发了激烈的内战，这些冲突主要是发生在塞尔维亚族和其他民族之间。在前南冲突爆发最初一段时期内，美国摆出比较公正客观的姿态，主张维护“领土完整”、“主权完整”和“和平解决争端”。贝克国务卿曾六次穿梭于华盛顿和南斯拉夫之间，试图劝说冲突双方互作让步，实现和平。美国还告诫斯洛文尼亚和克罗地亚如果退出南斯拉夫，美国将不予承认。10 月，斯洛文尼亚和克罗地亚先后单方面宣布脱离南斯拉夫独立。同年 12 月，美国助理国务卿纳尔斯发表讲话称：“我们的立场是，南斯拉夫边界的任何变动都是无法接受的。不论是某些共和国的脱离，还是像塞尔维亚试图通过军事手段来变动边界，都是如此。南斯拉夫边界的任何变动只能通过和平手段和通过协议来进行。”

从 1992 年 3 月起，美国的政策开始发生重大变化。改变了对前南斯拉夫危机的立场。同年 3 月 10 日，美国国务卿贝克与欧共体各国外长在南斯拉夫问题上达成共识，赞同肢解南斯拉夫。同年 4 月初，欧共体国家继承认斯洛文尼亚和克罗地亚之后，又宣布承认波黑。波黑地处前南斯拉夫中部，面积 5 万多平方公里，人口 480 万，主要由信仰伊斯兰教的穆斯林族、信奉东正教的塞尔维亚族和信奉天主教的克罗地亚族组成。由于历史上和宗教上的原因，三个民族长期不和，矛盾十分尖锐。1992 年 4 月 7 日，美国继欧共体之后宣布同时承认斯洛文尼亚、克罗地亚和波黑三国独立，从此开始介入波黑冲突，并越陷越深。同一天，在波黑发生了穆斯林族袭击塞尔维亚族事件，随后，双方的冲突不断升级，逐渐演变成第二次世界大战之后在欧洲土地上发生的规模最大、持续时间最长的内战。这场内战前后延续了三年半时间，造成了20多万人丧生，270多万人流离失所，经济损失超过1000亿美元。

波黑冲突的直接原因是波黑境内3个主要民族在波黑独立问题上的分歧。在波黑议会中占据了58%席位的穆族和克族主张波黑独立，塞族坚决反对，表示如果波黑独立，它将脱离波黑而独立，双方立场严重对立。穆克两族利用其在议会中的多数席位，不顾塞族的抵制，于1992年2月底就波黑独立问题举行全民公决，得到了大多数选民的支持。10月15日，穆克两族在塞族退席的情况下，强行以议会的名义通过《关于波黑主权问题的备忘录》，宣布波黑为保持现有边界的主权国家，并准备脱离南联邦而独立，从而使穆克两族与塞族的矛盾更加激化，三方开始加紧扩充军事力量，小规模的冲突时有发生。1992年3月3日，波黑的穆、克两族正式宣布独立并建立政府。欧共体和美国对波黑独立的承认无异于火上浇油。塞族宣布退出波黑，成立了独立的“波黑塞尔维亚共和国”，由此，波黑内战全面展开，并迅速蔓延到波黑全境。

美国在波黑危机中，明显地偏袒穆族和克族一方，对塞族一方则施加压力，片面地指责波黑塞族和塞尔维亚共和国是波黑内战的祸首，并同德国中止了南斯拉夫在欧洲安全与合作会议的成员国资格，促使联合国通过了制裁南斯拉夫的决议。美国的政策是以武力威慑为后盾，试图实现“强制性的和平”。1992年6月24日，美国政府下令单方面对南联盟采取新的制裁措施，宣布驱逐南联盟大使，关闭南联盟驻芝加哥领事馆，并力促停止塞尔维亚继承前南斯拉夫联邦在联合国及其他国际组织中的席位。同月底，美国宣布准备参与对萨拉热窝的紧急空运行动，并决定使用海、空军力量为向波黑提供人道主义援助给予空中侦察、巡逻等军事掩护和保障。8

月 6 日，布什总统宣布美国决定与波黑、克罗地亚和斯洛文尼亚三国建立外交关系，同时声称在必要时，美国将使用武力来保护在波黑执行国际救援任务的美国士兵的安全。8 月底，在伦敦召开的关于前南斯拉夫问题的国际会议上，美国极力主张向塞尔维亚施加压力，迫其就范。10 月初，美国敦促联合国通过一项禁止塞尔维亚作战飞机在波黑上空飞行的决议，指出美国已经做好准备，为盟国实施此项禁令提供军事力量。美国欲对波黑内战进行军事干预的倾向明显增强。

克林顿执政后，美国的政策仍然是以武力为后盾，通过强制手段推进和平进程。1993 年 2 月 10 日，美国提出了解决波黑危机的 6 点和平计划，主要内容包括：派遣美国驻北约大使参与联合国特使万斯和欧共体代表欧文主持的波黑冲突三方的和谈，谋求波黑问题的政治解决；进一步加强对塞尔维亚的经济制裁和政治压力；采取新的措施，减少波黑地区的流血冲突，其中包括建立禁飞区、增加对波黑的人道主义援助等，同时建议联合国设立一个审判“战争罪行法庭”；一旦冲突各方达成停火协议，美国将参与联合国或北约组织的停火实施行动；与欧盟和俄罗斯就波黑冲突问题进行更广泛的外交磋商。克里斯托弗在宣布美国的和平计划时声称，波黑冲突“是对我们面对一个发生根本变化的世界更新自己对外政策能力的考验；是对我们培育民主承诺的考验；是对我们帮助类似北约这样的集体安全机制继续发展演变，最终适应新时代要求的意志考验；是对我们从血腥的 20 世纪获取何种智慧的考验；是衡量我们为应对有组织进行的种族屠杀，而尽早采取协调一致行动的决心的标尺”。英国、德国对美国愿意在波黑问题谈判中“发挥积极作用：表示欢迎，认为美国的参与给波黑冲突获得持久解决带来希望。2 月 25 日，克林顿宣布将向波黑东部穆族控制区空投救援物资，这标志着美国开始正式介入波黑冲突。3 月 31 日，在美国的推动下，联合国安理会通过决议，授权北约在波黑采取“一切必要手段”建立禁飞区。随后北约有 6 个国家的飞机进入波黑领空进行巡逻飞行。4月中旬，美国等国家又推动联合国做出对南联盟实行贸易禁运、交通封锁和资金冻结的制裁决议。

克林顿还一再要求北约国家采取更加强硬的手段干预波黑内战，呼吁联合国安理会解除对波黑穆族的武器禁运，对塞族地面设施进行空袭，为此还派遣国务卿克里斯托弗赴欧洲进行游说，但遭到英、法等西欧国家和俄罗斯的抵制。英国首相梅杰表示，如果他试图寻求议会支持美国取消对波黑穆族武器禁运的提议，那么他的政府就会倒台。英国主张应通过外交途径政治解决波黑问题。欧共体波黑问题调解人欧文指出，欧洲国家一致认为，解除对波黑穆族的武器禁运是“火上浇油”；如果对塞族阵地进行空袭，欧洲一些国家，特别是在波黑派有几千名维和部队的英、法两国担心空袭会招致塞族对本国士兵的报复。欧文要求美国向波黑派遣地面部队，参加联合国在那里的维和行动，以表明美国兑现结束波黑战乱承诺的诚意。美国对英、法的态度甚表不满。5月18日，克里斯托弗在美国国会的听证会上称，波黑内战从本质上讲“是一个欧洲问题”，其迟迟得不到解决的原因在于欧洲盟国对美国的不合作态度。他强调，美国不愿向波黑派遣地面部队，重申美国提出的解除武器禁运和进行空袭的方案是解决波黑问题的“最好方法”。他在给克林顿的报告中极力主张美国坚持推行“取消和打击”的强硬政策，并努力将欧洲人拉过来。克里斯托弗声称，“我的欧洲之行使我确信，如果仅以我们计划的价值而言，欧洲人是不会跟我们走的。他们将只会被赤裸裸的权力说服。我们必须告诉他们，我们已经决定坚决执行我们所倾向的政策选择，希望他们给予支持”。

5月底，美国联合英、法等国提出一项“共同行动计划”，决定采取更为强硬的军事手段，在波黑建立安全区；封锁波黑边界；继续加强对南联盟的国际制裁；建立惩罚战争罪犯的国际法庭；向科索沃和马其顿派遣或增派联合国观察员；继续向波黑提供人道主义援助等。同年8月初，美国向北约提出动用空中打击手段对波黑塞族武装力量的战略要地进行袭击，并表示，如果西欧盟国不愿参

与这一行动，美国将单独行动。经过激烈争论，北约最终通过了对波黑实施空中打击的计划，并确定了具体的空袭目标和行动方案。在西欧国家的一再坚持下，美国同意将对波黑实施空袭的最后决定权交给联合国秘书长。此后，由于俄罗斯的强烈反对，加上波黑塞族从萨拉热窝周围两座战略高地撤出，解除了对萨拉热窝的包围，在一定程度上减轻了空袭压力。因而，美国对空袭计划未付诸实施。但它同时也表明，美国对波黑冲突的政策愈来愈强硬。

1994 年 3 月初，美国促成波黑穆克两族在华盛顿达成建立穆克联邦以及该联邦与克罗地亚结成邦联的框架协议。4 月，在美国的极力推动下，以美军为首的北约空军对波黑塞族阵地发动袭击，企图迫使塞族做出让步。与此同时，美国则听任穆族和克族违反停火协议。7 月 6 日，美国与英、法、德、俄组成的 5 国联络小组提出解决波黑问题的领土划分方案，规定穆族和塞族领土拥有比例为 51% 和 49%，敦促波黑塞族在 10 月 15 日之前接受该方案，否则，美国将要求联合国或单方面取消对波黑穆族的武器禁运。该方案遭到波黑塞族的抵制。11 月 28 日，美国正式向联合国安理会提出在 6 个月后取消对波黑穆族武器禁运的决议草案。11 月 13 日，美国又单方面停止对波黑穆族武器禁运的监督，遭到英、法、德等国家的强烈反对。11 月底，北约对波黑塞族发动大规模的空袭，但未能扭转穆族在战场上的败局。美国被迫宣布将寻求外交途径解决波黑问题，并表示考虑让塞族与穆族享有同等的权利，与南联盟的塞尔维亚共和国结成邦联。应波黑塞族领导人卡拉季奇的请求，12 月 17 日，美国前总统卡特赴波黑调停，促成波黑交战各方于 19 日达成停火为期 4 个月的协议，主要内容包括：波黑全境在今后 72 小时内实现停火，停火由联合国维和部队监督；从 12 月 23 日开始就完全停止敌对活动举行谈判，以在 1995 年 1 月 1 日前达成协议；停止敌对活动期限为 4 个月，如双方同意，期限还可延长；在国际联络小组主持下，就达成全面和平协议进行谈判等。但是，事实表明，这一停火协议不过是一纸空文，双方的冲突依然在继续进行。

1995 年 5 月，美国促使北约对塞族进行空袭，从而引发塞族扣留联合国维和部队的人质危机。7 月 21 日，美国在波黑问题伦敦会议上，强调应对继续进攻联合国安全区的波黑塞族实行“大规模和决定性”打击，并力主由北约负责批准对波黑塞族的空袭，取消北约与联合国共同批准的制度。进入 8 月，美国利用波黑战场局势发生不利于塞族变化的机会，彻底改变以往对波黑问题相对超脱、不过深卷入的政策，提出了解决波黑内战和整个前南斯拉夫问题的七点和平计划，开始全面插手波黑和前南问题。美国和平计划的主要内容为：波黑将由穆克联邦和波黑塞族共和国两个实体组成，两者的领土比例为穆克联邦占 51%，塞族共和国占 49%；允许两个实体分别同克罗地亚和塞尔维亚建立特殊关系；波黑、克罗地亚和南斯拉夫联邦三国互相承认。较美国以前的立场相比，该和平计划相对现实地考虑到了波黑三方的力量对比、三方的要求和愿望，特别是改变了过去明显偏袒克族和穆族、压制塞族的态度，相当程度地考虑了塞族的利益和要求。8 月中旬，美国国家安全事务助理莱克和副国务卿塔尔诺夫奔赴欧洲，向英、法等盟国兜售美国的新方案。同时美国政府做出决定，如果盟国不愿意接受美国的领导，美国将单方面取消对穆克两族的武器禁运。美国的和平方案在国际上引起很大反响。英国表示支持，认为美国的计划是积极的。德国表示赞同通过谈判解决前南斯拉夫领土上的冲突。波黑各方也对美国的和平方案表示欢迎。

美国的七点和平计划为波黑内战的政治解决提供了希望，并为各方进行谈判奠定了基础。为确保这一方案能够成功，美国采取了军事与外交双管齐下的政策。美国在提出和平方案的同时，就威胁波黑塞族，如果拒绝这一方案，北约将对塞族实施毁灭性的空中打击，并解除对穆族的武器禁运。对南联盟以加重制裁相威胁，迫使它宣布中止同塞族的一切政治、经济联系，封锁与波黑塞族区的边界，使塞族处于孤立无援的境地。与此同时，美国向波黑穆族许诺，如果穆族接受美国的方案，美国将在波黑的重建问题上提供大量援助，若拒绝这一方案，美国将不在插手波黑内战。为了促使波黑各方接受美国的新方案，克林顿政府派遣负责欧洲事务的助理国务卿霍尔布鲁克前去斡旋，迫使各方同意就美国和平计划进行谈判。在军事方面，从8月底起，美国借口8月28日萨拉热窝发生的一起爆炸案件系塞族所为，由北约出面，对塞族的军事目标和一些民用目标，如医院等进行狂轰滥炸，基本摧毁了塞族的防空和指挥通信系统。从8月30日至9月14日，北约空军出动飞机3200余架次，投弹约1万吨。而穆族和克族则乘机扩大占领区，大举向塞族控制区发动进攻，十几天内使塞族所占土地从72%减为62%。

在美国的“胡萝卜加大棒”政策基础上，美国于1995年8月提出与波黑交战双方重开谈判，并得到了俄罗斯、英国、法国和德国的支持。此后，美国积极策划和推动前南地区有关方面达成了几项重要协议：9月8日，在日内瓦达成波黑国家结构及领土划分比例的原则协议；9月26日，在纽约就波黑未来国体达成原则协议；10月11日，波黑三方达成全面协议。所有这些，都为日后的和平谈判铺平了道路。同年11月1日，各方就结束波黑内战和解决前南危机的重大问题举行谈判。谈判在美国俄亥俄州代顿附近的空军基地正式举行，与会者包括代表波黑塞族的塞尔维亚共和国总统米洛舍维奇、代表波黑克族的克罗地亚共和国总统图季曼、代表波黑穆族的波黑共和国总统伊泽特贝戈维奇，以及美国代表霍尔布鲁克和欧盟代表比尔特等。克林顿说：“现在是波黑内战三年以来出现的最好的和平机会，也可能是在很长的一段时间内最后的和平机会。”国务卿克里斯托弗警告说，如果这次和谈失败，将意味着巴尔干半岛的战争升级并会扩展到其他欧洲国家。他要求谈判各方必须坚持到底，直到达成协议。克里斯托弗在和谈正式开始前的开幕词中称，美国与波黑和平进程利益攸关，“如果巴尔干战争又重新连成一片，就可能引发一场更为广泛的冲突，就像本世纪将大批美军拖入战争的两次欧洲大战那样。如果这一冲突继续下去，如果它还继续蔓延那么它就会损害我们在整个欧洲推进稳定与安全的努力。它还将威胁到50年来一直是欧洲安全基石的北约的生存”。

代顿会议引起了全世界的密切关注。这次和谈是由美国提议、设计和主持的，也是美国第一次抛开欧洲盟友，饶过联合国，独揽解决波黑冲突的主导权。谈判的成败，不仅关系到整个波黑和平进程的命运，而且也是对美国政府外交能力的一次严峻考验。为确保会谈成功，美国政府作了周密计划和安排。为排除干扰，将谈判代表与外界分开，对谈判进程严格保密，仅由美国发言人在华盛顿发布。美国还为和平解决波黑冲突制定了三大原则：必须保证波黑作为一个单一国家在现有边界内存在；必须确保萨拉热窝不可分割；必须确保波黑各族居民的基本人权及对战犯进行起诉和审判。美国还为会谈准备了长达100多页的一揽子协议草案，其中包括波黑宪法草案、波黑和平协议、北约多国部队行动规则、战后波黑重建等内容。经过历时整整三周的艰难谈判，三方终于在11月21日达成和平协议。其内容主要包括，各方承认波黑是一个统一主权国家，波黑国家将有两个政治实体组成，即占51%领土的穆克联邦和占49%领土的塞族共和国，各方均可保留军队；萨拉热窝是波黑统一的首都；北约将向波黑派遣6万名维持和平部队。12月14日，在法国巴黎正式举行了波黑和平协议的签字仪式。这一和平协议受到全世界的热烈欢迎，标志着欧洲大陆持续了三年之久的波黑内战宣告结束。同时，它也向全世界表明，在冷战后的欧洲，美国的存在和美国的作用，对于欧洲大陆自身的安全和稳定来说，仍然是至关重要的，甚至是不可替代的。波黑冲突各方达成“代顿协议”后，美国军官指挥的多国部队驻扎在波斯尼亚。同时，美国派遣的外交官作为欧洲安全与合作组织驻波黑的首席代表，监督了1996年9月的波黑大选。同年12月，联合国安理会通过决议，成立一支任期18个月多国稳定部队，开始进驻波黑。这支部队由一名美国将军担任司令，总兵力为3.1万人，其中美军8500人，是其中最大的一支力量。

波黑和平协议刚刚签署，科索沃问题立即突出出来。科索沃是南联盟塞尔维亚共和国的一个自治省。1991 年 10 月，占科索沃人口 90% 的阿尔巴尼亚人举行“全民公决”，宣布成立独立的“科索沃共和国”，遭到南联邦和塞尔维亚共和国的坚决反对。1998 年 2 月 28 日，阿族武装分子袭击科索沃首府普里什蒂纳的警察局，制造流血冲突，南联邦政府开始大规模清剿科索沃境内的阿族非法武装。美国等西方国家认为必须吸收波黑的教训，必须迅速、果断地采取“强有力的”措施和行动，才能避免“局势继续恶化”。同年 3 月 9 日，由美、英、法、德等国组成的前南问题国际联络小组在伦敦召开会议，制订了包括武器禁运、冻结出口、投资、贷款等内容制裁南联邦的方案。3 月 31 日，在美英等国的推动下，联合国安理会也通过了对南联邦武器禁运的决议。此后，前南联络小组又做出决议，进一步加强了对南联邦的制裁。9 月 23 日，联合国安理会在美国和北约国家的策动下通过了关于科索沃问题的 1199 号决议，向南联盟提出在科索沃停火、撤军等 6 项要求，宣布如果南联盟政府不满足这些要求就将采取进一步的行动。次日，美国向南联盟政府发出了空中打击的警告。10 月 13 日，北约发出对南联盟实施有限空中打击的动员令。10 月 12 日，南联盟总统米洛舍维奇与美国特使霍尔布鲁克经过 8 轮会谈达成协议，南联邦政府同意做出让步，撤出其在科索沃的军队和特种警察部队，并接受欧安组织派遣观察团进入科索沃监督双方的停火。北约宣布无限期推迟军事打击的最后期限。

1999 年 1 月 16 日，欧安组织观察团团长、美国退役将军沃尔克称在一个名叫拉察克的村庄发现 45 具阿族人尸体，并认定这是塞族警察对阿族平民的“大屠杀”。南联邦政府对此做出强烈反应，驱逐沃尔克出境，拒绝海牙国际法庭的实地调查。美国政府态度强硬，国务卿奥尔布赖特宣布，如果南联邦“胆敢违抗国际社会的意志，北约就将对南联邦正式启动空中打击方案”。与此同时，前南问题国际联络小组发表声明，要求科索沃冲突各方展开谈判。2 月 6 日，南联盟政府代表和科索沃阿族代表抵达法国巴黎附近的朗布依埃，开始了为期一个月的谈判。美国国务卿奥尔布赖特先后 3 次奔赴巴黎，主导这次由英、法两国发起的解决科索沃危机的和会。最终，谈判双方接受了美、英、法 3 国拟订的和平方案，签署了《朗布依埃协议》。

1999 年 3 月 24 日，以美国为首的北约以制止所谓的“种族清洗”和“民族屠杀”、“维护地区稳定”、“保护人权”为由，未经联合国同意和授权，发动了对南联盟的大规模空中打击。美英的行动遭到了全世界舆论的普遍谴责。这场战争进行了两个多月，给南联盟人民的生命财产造成了巨大破坏。更为严重的是，美国在战争中使用了大量的贫铀弹，这将在今后相当长的一段时期内严重威胁着该地区人民的健康安全。4 月 24 日，美国在华盛顿主持北约成立 50 周年庆典和北约首脑会议，与欧洲盟国就如何解决科索沃问题进行了磋商，并发表了《关于科索沃问题的声明》。6 月初，美国一方面加大对南联盟军事打击力度，同时加紧外交斡旋。6 月 10 日，南联盟接受由俄罗斯特使切尔诺梅尔金、欧盟调解人芬兰总统阿克蒂萨里和美国副国务卿塔尔博特达成的政治解决方案，同意从科索沃撤出军警部队，接受以美国为首的北约维和部队进驻。至此，科索沃战争宣布告一段落。但科索沃问题上所潜伏的矛盾、冲突和危机远未解决。7 月 29 ~ 30 日，克林顿赴波黑首都萨拉热窝出席有 40 多个国家元首和政府首脑参加的《东南欧稳定公约》第一次首脑会议，宣布美国为科索沃难民提供 5 亿美元人道主义援助，并在会后提出总额为 7 亿美元的援助巴尔干一揽子计划。

美国干涉科索沃问题最主要的理由是“塞族政府在科索沃制造人为的、系统的种族清洗和屠杀”，称大约有近 50 万阿族居民被杀或失踪。而事实上，联合国海牙国家法庭在经过了长达 5 个月的调查后，也没有找到所谓塞族大规模“种族清洗”的证据。美国打着“制止人道主义灾难”的旗号，在科索沃战争中，开创了一系列令国际社会深感焦虑的危险先例。首先，北约作为一个地区性的军事联盟组织，未经联合国授权便以“国际社会”的名义对一个主权国家发动军事攻击，这是对联合国权威和国际关系基本准则的公然蔑视和挑战。其次，美国和北约在国际事务动辄使用武力和以武力相威胁，对世界和平和稳定产生了极为消极的影响。再次，美国和北约打着“人权”和“人道”的旗号干涉一个主权国家的内部事务，严重违反了国际法的基本准则。1999 年 6 月 21 日，克林顿在访问欧洲的一次讲话中引用科索沃的例子宣称：“希望将来能确认一个重要原则：如果国际社会有力量阻止种族灭绝和种族清洗，就应当加以组织。”美国国家安全事务助理伯杰在 7 月 26 日的讲话中进一步提出了美国在世界其他地区进行“科索沃式”军事干预的三项条件：出现有计划、有步骤的种族灭绝现象；关系到美国的国家利益；美国有能力采取军事行动。科索沃战争为美国进行所谓“人道主义干预”开了一个恶例。南联盟是俄罗斯的传统盟国，被美国视为北约东扩的一大障碍。美国借处理危机为名，对南联盟内部事务横加干涉，其实际目的是要加强对巴尔干地区的控制，不断向东扩展北约势力。

五　美国对中亚的政策

中亚是连接欧亚大陆的战略通道，处于欧亚大陆的腹心地带，地理位置极为重要，是影响欧亚大陆稳定的重要因素。历史上，中亚还是世界三大文明和三大宗教的交汇点，还有著名的“丝绸之路”穿过，一直是大国争夺的重要目标。早在 1904 年，英国著名地缘政治学家麦金德就提出，中亚过去是而且永远是全球最重要的地区，是“历史上的地理枢纽”和“欧亚大陆的心脏”，强调谁控制了中亚，谁就能控制欧亚大陆；谁控制了欧亚大陆，谁就能控制全世界。1991 年 8 月以后，中亚原苏联的加盟共和国纷纷宣布独立。美国非常重视这一地区，将其视为直接关系到 21 世纪美国国家安全利益的重要地区。美国政府从自身战略利益出发，凭借其雄厚的经济和军事实力，逐步加强了对这一地区的经济介入和军事渗透，不断扩大与中亚国家的政治、经济和军事关系，力图夺取在这一地区的主导地位。苏联解体后，这里一度出现“政治真空”，也为美国进入中亚腹地提供了难得的机遇。

美国中亚战略的提出有一个酝酿的过程。苏联解体之初，虽然美国最为关心的是苏联的走向，但对中亚地区也并没有完全忽视。1992 年 2 月，贝克国务卿在出访中亚各国时就表示，“必须尽我们的可能最大限度地争取它们，以符合美国的利益”。克林顿上台后，提升中亚在美国外交政策中的地位，制定对中亚的新战略成为美国政府外交政策的一个重要问题。1995 年美国宣布，由于中亚地区局势不稳，美国应该对该地区做出战略承诺。1997 年 3 月 27 日，美国国家安全事务助理伯杰在其讲话中把中亚和高加索列为美国特别关注的地区，强调中亚和高加索与美国有很大的利害关系，美国意欲加紧参与中亚和高加索事务的步伐，因为那里新发现的石油资源可望成为世界上仅次于波斯湾的第二个最容易开采的大油田。同年 4 月，美国国务院向国会提交了《里海地区能源发展报告》。7 月底，美国参议院外交委员会通过一项决议，宣布中亚和高加索是对美国具有切身重要意义的地区，因此要立即帮助该地区的几个国家，使他们能够抵御俄罗斯和伊朗的影响。7 月 21 日，主管欧亚事务的副国务卿塔尔博特就美国的中亚政策发表演讲，声言美国对中亚政策的目标是“促进民主，创建市场经济，保证中亚各国内部以及国家间的和平与合作”，并把解决这一地区的冲突作为美国对这一地区政策的首要任务，“它既是能源开发的前提，又与能源开发同时进行”。塔尔博特称，“欧洲大西洋联盟正在不断发展和扩大，它从大西洋以东出发，一直延伸到乌拉尔山以东。它的出现标志着长期生活在外国统治下外高加索和中亚各国将与昨天决裂，并可能彻底摆脱在大国争夺中充当棋子的角色”。在塔尔博特的主持下，美国制定了下中亚战略，其主要目标是：支持中亚国家对俄罗斯的独立倾向，把这些国家纳入西方体系；解决这一地区冲突同开发石油资源同时进行，使这一地区成为美国 21 世纪的战略能源基地；

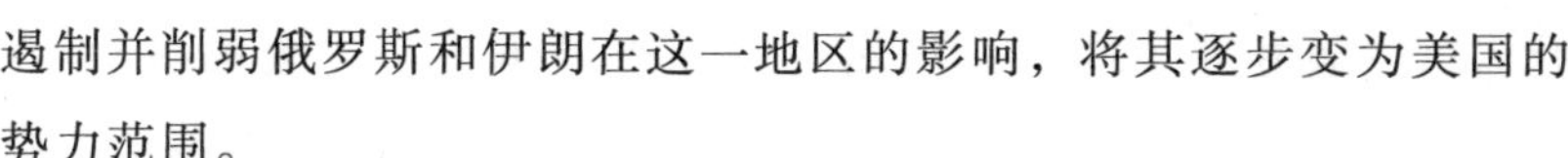

遏制并削弱俄罗斯和伊朗在这一地区的影响，将其逐步变为美国的势力范围。

美国制定中亚战略，主要基于以下考虑：(1) 获取中亚地区的石油和天然气。中亚地区蕴藏着储量极大的石油和天然气资源，已探明的石油储量超过2000亿桶，仅次于中东地区；天然气储量近8万亿立方米，居世界第三位。此外，中亚还有丰富的有色金属和稀有金属资源。哈萨克斯坦的钨、铬储量是世界第一，铜、铅、锌储量是亚洲第一。乌兹别克斯坦的黄金储量居世界第五，铜、铀等的储量也非常可观。土库曼斯坦年产天然气600亿至800亿立方米，居世界前列，大部分用来出口。此外，塔吉克斯坦和吉尔吉斯斯坦也都蕴藏着丰富的铝、锌、钨、锑等有色金属和稀有金属。这一地区与中东和西伯利亚一起构成世界三大能源供应基地，并被称为“当今世界上最后一片尚未开发的石油和天然气丰富的蕴藏地”。随着美国经济的迅速发展和对能源需求的日益增加，美国对海外进口能源的依赖性越来越强。目前美国国内石油消费的一半以上依赖进口。美国进口石油中有相当一部分来自中东，特别使海湾地区，而这一地区形势既不稳定也不确定。2000年的美国政府制定的《新世纪的国家安全战略》明确提出，“美国正在经历一场根本转变，旨在摆脱对中东石油的依赖”，而里海地区石油储量丰富，在未来的几十年里，这里有望在满足不断上升的世界能源需要方面起到日益重要的作用。美国政府认为“要实现能源来源的多样化，减少对中东地区的严重依赖”，就必须控制中亚油田和输出通道。1997年8月，美国前国防部长温伯格呼吁，“美国在对外政策方面的紧急任务之一应当是制定一项使我们能从里海地区进口石油和天然气的坚定计划”，并认为“这个地区远比中东稳定”。前国务卿贝克也撰文称“里海石油最终可能会同今天的中东石油一样重要”。(2) 夺取并占有中亚广阔而潜力巨大的市场。90年代以来，中亚各国普遍进行了经济改革，扩大对外开放，吸引国外投资。与此同时，中亚国家在内部还逐步实行自由贸易，加强经贸合作，试图实现经济一体化。这一颇具规模的统一市场对美国来说也具有较大的吸引力。（3）削弱俄罗斯在这一地区的影响。中亚地区的国家大都是前苏联的加盟共和国，与现在的俄罗斯有着传统的联系。美国为了增强中亚国家对俄罗斯的离心倾向，填补这一地区的“政治真空”，加紧向这一地区的渗透。美国认为，控制中亚对于遏制俄罗斯东山再起有重要作用。（4）防止伊朗等伊斯兰国家在这一地区的介入。由于历史、文化以及地理上的因素，中亚地区受伊斯兰文化的影响最深。伊朗等国家也在力图扩大在这一地区的影响，一旦该地区成为宗教激进主义的势力范围，特别是控制了用来制造核武器的铀和哈萨克境内的核武器，将对美国的中亚战略构成严重的挑战。（5）中亚地区战略地理位置重要，处于俄罗斯、欧盟和中国之间，控制了这一地区对于美国进入欧亚大陆至关重要。

为了实施中亚战略，美国从政治、经济、军事等各个方面开始向这一地区进行渗透，扩大影响。在政治上，密切高层接触和往来，提升政治关系。20世纪90年代中期以来，美国高层领导人不断出访中亚，并邀请中亚国家领导人访问美国，通过加强双边接触向中亚地区输出美国的政治制度和民主价值观，并推进中亚国家的经济市场化和自由化。美国还积极支持中亚国家争取独立自主、脱离俄罗斯的种种努力，力图使这些国家加入西方体系。1996年6月，乌兹别克斯坦总统卡里莫夫访问美国，双方签署了多项经贸合作协定，两国关系迅速升温。1997年7月，吉尔吉斯斯坦、格鲁吉亚和阿塞拜疆领导人相继访问美国。美国表示要加强同格鲁吉亚和吉尔吉斯两国在经贸、外交和安全领域的合作，支持两国加入世界贸易组织。克林顿在与阿塞拜疆领导人会谈时强调，阿塞拜疆是美国的战略伙伴，对美国具有重要的地缘战略意义，双方签署了关于发展双边关系和支持投资的联合声明，双方结成了“战略和军事伙伴”，密切了军事合作。作为对阿塞拜疆最大的投资国，美国决定进一步增加投资。此外，美国和哈萨克斯坦先后签订了《哈美民主伙伴关系宪章》、《哈美在国际和军事交往中相互谅解备忘录》等文件。哈国总统纳扎尔耶夫更是先后三访美国。美国与多数中亚国家成立了政府间混合委员会，协调政治、经济和军事关系。2000年4月，美国国务卿奥尔布赖特访问了哈萨克斯坦、吉尔吉斯斯坦和乌兹别克斯坦，强调美国与中亚国家有“共同利益”，双方要加强政治、经济和安全合作，承诺向三国提供300万美元的补充安全援助。

在经济上，以经济援助和经济合作为名，积极参与该地区的石油资源的开发活动，力图控制中亚地区的油气生产和运输。早在1994年，克林顿政府就提出了促进美国在中亚投资和贸易的计划。1995年，美国能源部副部长怀特访问中亚，旨在谋求扩大美国在开发这一地区石油和天然气资源中所占的份额，并铺设不经过俄罗斯的输油管道。在90年代中后期，美国大幅度增加了对这一地区的经济援助，成为中亚地区最大的经援国。1997年美国对中亚各国的援助为6.2亿美元，1998年提高到9亿美元。美国还进一步加强了对这一地区石油和天然气工业的投资力度，扩大与该地区国家的经济合作。1996年6月，美国向乌兹别克斯坦提供2亿美元的投资和4亿美元的贷款。1995～1996年美乌贸易额增长了7倍多。到1999年，在乌投资的美国公司约70家，总额达30亿美元。1997年7月，美国和阿塞拜疆签署了总价值达100亿美元的石油合同，在阿塞拜疆与外国签署的开发里海石油的几个“世纪合同”中，美国就占了26%的份额。至2000年初，哈萨克斯坦石油天然气部门共有20多亿美元的外国直接投资，其中15亿美元来自美国。1997年11月，哈美两国商定，决定投巨资合作开发里海海底资源。1998年4月中旬，土库曼斯坦总统尼亚佐夫访美，两国签署了就发展能源合作进行双边对话的意向声明等15个能源和农业合作协议，并就铺设跨里海天然气管道事宜达成一致意见。美国与中亚双边贸易也在不断增长。1996年美国对中亚国家的出口额为7.55亿美元，比1995年增加了2倍多。

与此同时，美国试图全面控制中亚战略资源的输出，竭力开辟运输里海石油的新通道，避免其“石油生命线”为俄罗斯所控制和垄断。鉴于现有的里海油气外输路线都要经过俄罗斯，美国政府积极策划和支持建设一条能够绕开俄罗斯的东西方向运输走廊。克林顿政府为此专门设立了里海能源问题总统特别顾问一职，其主要职责是游说里海地区各国建立不经过俄罗斯的石油出口路线。1999 年 11 月，美国促使阿塞拜疆、格鲁吉亚、土库曼斯坦、哈萨克斯坦和土耳其就修建一条从巴库经格鲁吉亚到土耳其杰伊汉港的输油管道达成协议，克林顿亲自参加了签字仪式。此外，美国也与土库曼斯坦签订协议，修建由土经阿富汗到巴基斯坦的天然气管道。美国和日本等国还计划修建从土库曼斯坦到日本的长达 8000 公里的天然气管道。美国的目的就是要打破中亚国家对俄罗斯的依赖，使它们不仅在政治上，而且在经济上完全纳入西方轨道。美国消费的石油一半以上来自进口，夺取对中亚地区油气资源的控制，对保障美国 21 世纪的经济安全和经济发展具有至关重要的作用。

在军事方面，美国加强了与中亚国家的军事交流和合作，加大对中亚的军事渗透，双方军事关系发展迅速。美国的具体做法是：

第一，建立“和平伙伴关系”，通过北约东扩，最终把中亚国家纳入北约体系。1994 年，美国先后将哈萨克斯坦、土库曼斯坦、乌兹别克斯坦、吉尔吉斯斯坦拉入北约“和平伙伴关系计划”，成为北约的“和平伙伴关系国家”。1995 年 4 月，美国国防部长佩里访问乌兹别克斯坦，商讨了两国军事技术合作问题。同年 12 月，由美国商业部副部长率领的 16 个国防工业公司的庞大代表团访乌，商谈具体的合作事宜。1996 年 1 月，哈国防部长率团访美，与美国签署了《相互关系宣言》。同年 3 月，美国防部长助理访哈，两国在共同销毁哈境内核设施及共同研究核安全等问题上达成了共识。同年 8 月，根据“和平伙伴关系”框架协议，美国先后邀请哈、吉、乌三国军队参加在美国举行的军事演习，进一步巩固了双方的军事关系。1997 年 3 月，北约秘书长索拉纳访问乌兹别克斯坦，称乌兹别克斯坦为北约在中亚地区最重要的伙伴。同年 7 月北约马德里会议上，中亚国家被纳入新成立的“欧洲—大西洋伙伴关系委员会”。1998年9月，哈、乌、吉三国根据“和平伙伴关系”计划，与北约部队在吉境内举行了大规模联合军事演习。1999年4月下旬，美国邀请包括中亚国家在内的独联体14个国家的领导人参加了在华盛顿举行的北约首脑会议。

第二，开展交流与合作，扩大对中亚的军事影响。1996年4月，美国驻北约大使抵达哈、吉、乌、土等国访问，就加强军事合作问题进行磋商，签订了合作协议。1998年，美军大西洋地区司令等人先后访问了中亚国家。美国还取消了对中亚国家的军售限制，并以优惠价格和提供贷款等方式向中亚国家出口先进武器装备。1998年，美国仅向哈就出售价值150万美元的武器装备。美国同哈、乌、吉等国家签署了包括培训军官、提供技术和经费、举行联合军事演习和军事训练、互派军事专家等在内的一系列双边和多边军事协议，使美国在中亚的军事存在进一步合法化。1998年9月底至10月初，美国中部战区司令出访吉、哈、土、乌四国，探讨美国与中亚各国加强军事合作的新途径，承诺帮助中亚各国按照北约模式进行军事改革，增加对它们的军事援助，免费提供军事技术培训。1999年5月中旬，美国中部战区司令再次访问乌、土、吉三国，就加强双边军事合作问题进行磋商。美中部战区司令、国务卿新独立国家事务顾问也先后访问哈萨克斯坦，就美国帮助哈制定国防计划、管理国防资源等问题达成协议。美国还决定向哈提供5000万美元的军事援助，并提出帮助哈守卫边界。1999年美国与乌克兰、格鲁吉亚在黑海举行联合军事演习。

第三，在调解地区冲突方面，美国支持哈、乌、吉三国组建“中亚维和营”，并提供技术等方面的帮助。1997年9月，“中亚维和营”分别在三国举行军事演习，美国第82空降师500名全副武装的士兵从美国本土直接飞到哈萨克斯坦参加演习，这是美军首次进入中亚腹地。1998年9月，美国再一次与这些国家举行“维和营”联合军事演习。1999年1月，美国军方在美组织召开吉尔吉斯斯坦、哈萨克斯坦和乌兹别克斯坦三国国防部副部长参加的筹备1999年“维和营”演习和扩大维和营会议，决定于同年5月在美国路易斯安那州举行联合军事演习，同时决定让塔吉克斯坦和土库曼斯坦入营。此外，美国还积极介入解决该地区热点冲突的进程，多次派特使斡旋中亚地区内部冲突。1999年4月北约首脑会议期间，美国促成阿塞拜疆、亚美尼亚两国总统在没有俄罗斯参与的情况下直接举行谈判，并为两国拟订政治解决边界纠纷的方案，同时促成阿塞拜疆、亚美尼亚和格鲁吉亚三国领导人举行会晤，推动建立“高加索合作论坛”。美国还试图在中亚地区建立军事基地，以加强在这一地区的军事存在，发挥军事影响，削弱和排挤俄罗斯在这一地区的势力。

苏联解体之前，中亚各国是社会主义国家。苏联解体之后，大部分中亚国家放弃了社会主义道路，这对美国来说，“正处于一个对这个遥远而又重要的地区的未来施加影响的大好时机”。为了扩大对中亚的政治影响，美国极力在这一地区宣传美国的价值观念和意识形态，推广西方的政治、经济模式，促其推行政治民主化。为此，美国在土耳其设立了针对中亚国家的电台，在“美国之音”中专门增设了对中亚地区的广播，加强了对中亚国家的文化渗透，力图从舆论上影响这些国家今后的发展走向。2000年1月美国公布的《新世纪的国家安全战略》明确指出，美国应帮助中亚外高加索地区国家制定市场民主制度所需要的法律、制度，打击犯罪和腐败以及推进人权和法制，这样做符合美国的国家利益。美国的和平队等组织向该地区派遣志愿者，为这些国家的小企业的发展提供经验和帮助，并在私有化等方面为各国提供建议。美国要求乌兹别克斯坦政府允许流亡的持不同政见者回国以换取经济援助。美国还敦促阿塞拜疆、哈萨克斯坦、土库曼斯坦等国改进总统和议会选举制度，制定加速民主化的时间表，加快民主改革，并资助反对党领袖参加竞选，以促进这些国家的民主化进程。

美国在中亚地区的政策取得了一定进展，扩大了美国在该地区的影响。但是，由于中亚地区普遍政局不稳，民族主义情绪高涨，再加上宗教势力特别是伊斯兰复兴运动在冷战后的迅猛发展，使美国的中亚政策在推行过程中不得不受到一定程度的掣肘和制约，妨碍了其目标的完全实现。中亚国家虽然都把发展同美国的关系作为本国外交中的优先方面，对美国的政治经济支持寄予厚望，欢迎美国参与中亚事务，但同时对美国政府的许多做法也表示不满。在政治上，美国对中亚的政治民主化进程颇多微词，对中亚一些国家的“人权状况”提出批评。奥尔布赖特在出访中亚时更是公开指责中亚国家的选举“不符合西方的民主标准”，遭到中亚国家的反对，并警告美国不要干涉中亚国家的内政。经济上，美国更为关心攫取和控制中亚地区丰富的战略资源，对中亚国家面临的经济困境缺乏支持，从而招致中亚国家的不满。

特别重要的是，随着里海地区油气资源开发浪潮的不断升温，美国同俄罗斯等国家在该地区的争夺也将愈演愈烈。俄罗斯一直把中亚地区视为自己的“战略后院”，不论在政治、经济、文化还是在安全、军事等方面都同中亚各国有着难以割舍的关系，对美国在这一地区的渗透深表忧虑和不安。叶利钦曾经明确指出，中亚地区是俄罗斯的战略利益所在，如果俄罗斯失去对这一地区的控制，俄罗斯的整个国家安全将受到严重威胁。普京就任俄总统伊始即开始了中亚之行，旨在显示俄罗斯新政府对中亚地区的高度重视，表明俄罗斯将加紧调整政策，全面改善和发展同中亚国家的政治、经济和军事合作，遏制美国在这一地区的介入，力图恢复并加强俄在该地区的传统地位和影响。围绕着渗透与反渗透，美俄在中亚地区的较量进一步加剧。

布什政府利用阿富汗战争之机，加大了对中亚各国在政治、经济、军事、思想等方面的渗透，使中亚在美国全球战略地位中的地位迅速提升。政治方面，进一步密切与中亚国家的高层接触和往来。2002 年 3 月 12 日，布什会见来访的乌兹别克斯坦总统卡里莫夫，双方签署 5 项有关两国建立政治和战略伙伴关系的协议，美国向乌方提供1.6亿美元的经济援助。9月23日，布什与到访的吉尔吉斯斯坦阿卡耶夫发表联合声明，称双方“致力于加强长期战略伙伴与合作关系”。12月，塔吉克斯坦总统拉赫莫诺夫首次访美，双方宣布发展“全方位长期战略伙伴关系”。2006年美国《国家安全战略报告》重申，“中亚是我们对外政策的一个永恒重点”。2006年年初，美国国务院成立“中亚与南亚事务局”。美国从经贸、能源和安全等领域着手，推行“大中亚计划”。政治方面，美国努力加强与中亚各国的关系，强调中亚地区的重要性。2007年3月和6月，美国负责中亚和南亚事务的助理国务卿包润石两度访问哈萨克斯坦、吉尔吉斯斯坦等中亚国家，就反恐、防扩散、经济与能源合作进行磋商。2008年1月下旬，美军中央司令部司令法伦上将首次访问乌兹别克斯坦。6月19~22日，负责中亚事务的助理国务卿帮办克罗尔访问了吉尔吉斯斯坦。9月初，美国副总统切尼相继访问阿塞拜疆、格鲁吉亚和乌克兰。期间，切尼表示美国“深切关注”中亚和高加索地区的安全。10月5日，赖斯国务卿访问哈萨克斯坦，就能源合作问题与哈领导人会谈。11月，美国副国务卿帮办克罗尔在塔吉克斯坦访问时强调，美国不会因为金融危机而减少对中亚的经济投入，并且还准备扩大在中亚和阿富汗的军事投入。

经济方面，美国在全方位加强与中亚各国经贸关系的同时，重点推进与中亚各国的能源合作，鼓励中亚各国特别是哈萨克斯坦和土库曼斯坦修建更多的不经过俄罗斯的能源输出管道，使中亚各国在能源出口方面摆脱俄罗斯的依赖，进而削弱俄罗斯在中亚的影响力。2007年4月，美国国际开发署在哈萨克斯坦召开“中亚与南亚通讯政策与管理论坛”，推动建立中亚和南亚统一通讯市场。7月中旬，“美国—中亚国家贸易与投资框架协议”第三次会议在华盛顿举行，双方就电力、交通、航空、电信和贸易便利化等领域合作问题进行了磋商。美国宣布向中亚国家提供3900万美元，帮助其实施跨界水资源利用计划。

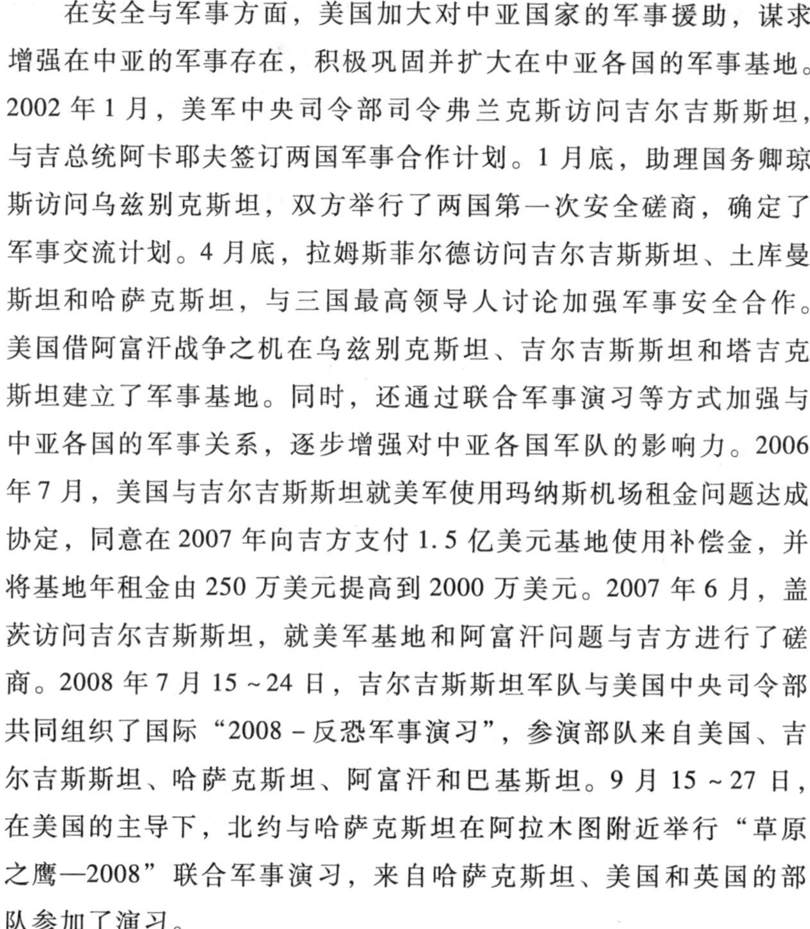

在安全与军事方面，美国加大对中亚国家的军事援助，谋求增强在中亚的军事存在，积极巩固并扩大在中亚各国的军事基地。2002 年 1 月，美军中央司令部司令弗兰克斯访问吉尔吉斯斯坦，与吉总统阿卡耶夫签订两国军事合作计划。1 月底，助理国务卿琼斯访问乌兹别克斯坦，双方举行了两国第一次安全磋商，确定了军事交流计划。4 月底，拉姆斯菲尔德访问吉尔吉斯斯坦、土库曼斯坦和哈萨克斯坦，与三国最高领导人讨论加强军事安全合作。美国借阿富汗战争之机在乌兹别克斯坦、吉尔吉斯斯坦和塔吉克斯坦建立了军事基地。同时，还通过联合军事演习等方式加强与中亚各国的军事关系，逐步增强对中亚各国军队的影响力。2006 年 7 月，美国与吉尔吉斯斯坦就美军使用玛纳斯机场租金问题达成协定，同意在 2007 年向吉方支付 1.5 亿美元基地使用补偿金，并将基地年租金由 250 万美元提高到 2000 万美元。2007 年 6 月，盖茨访问吉尔吉斯斯坦，就美军基地和阿富汗问题与吉方进行了磋商。2008 年 7 月 15 ~ 24 日，吉尔吉斯斯坦军队与美国中央司令部共同组织了国际“2008 - 反恐军事演习”，参演部队来自美国、吉尔吉斯斯坦、哈萨克斯坦、阿富汗和巴基斯坦。9 月 15 ~ 27 日，在美国的主导下，北约与哈萨克斯坦在阿拉木图附近举行“草原之鹰—2008”联合军事演习，来自哈萨克斯坦、美国和英国的部队参加了演习。

奥巴马政府重视发展与中亚关系。2009 年以来，国务卿希拉里、副国务卿伯恩斯、美军中央司令部司令彼得雷乌斯等官员多次出访中亚，就反恐、能源合作等问题进行磋商，推动中亚国家为美国向阿富汗过境运输物资开放领空和陆路运输线。2009 年 6 月，美国与吉尔吉斯斯坦就美军在玛纳斯空军基地建立物资转运中心达成协议，美国除了向吉方支付 6000 万美元租金外，还要另拨 1.7 亿美元用以修建新的停机坪和仓库，购置新的地面导航设备。美国与中亚国家分别商定建立年度磋商机制，继续与中亚国家开展安全、经济能源、文教卫生、禁毒合作，提供发展援助。2009 年，为了帮助各国应对金融危机的冲击，美国向吉尔吉斯斯坦的援助从2008年的2440万美元提高至4150万美元；对塔吉克斯坦的援助从2520万美元增至4650万美元，对土库曼斯坦的援助从800万美元增至1300万美元。[①] 2010年9月，美国政府向塔吉克斯坦提供700万美元用于打击毒品走私、加强边防建设、执法机关改革和改善法制体系等。

① 中国现代国际关系研究院：《国际战略与安全形势评估》（2009/2010），时事出版社，2010，第208～209页。

第三章
美国对西亚、非洲的外交政策

一　美国与海湾战争

1990 年 8 月 2 日凌晨，伊拉克突然出动 10 万军队，在数百辆坦克和数十架直升机的掩护下，大举入侵邻国科威特，10 个小时后，控制了科威特全境。8 日，伊拉克宣布兼并科威特，将其作为自己的第 19 个省。海湾地区的形势骤然紧张。

伊科矛盾由来已久。在奥斯曼帝国统治时期，科威特曾是属于今伊拉克的巴士拉行省的一个县。1923 年土耳其与英国等列强签订了《洛桑协定》后，早已为英国占领的伊科正式成为英国的殖民地，并分别建立了伊拉克王国和科威特埃米尔王国，但两国的边界并没有明确划分。1961 年科威特取得独立，也没有得到伊拉克政府的承认。1963 年伊拉克复兴党执政后，宣布承认科威特，但两国之间长达 160 公里的边界未明确划定。1980 年两伊战争爆发后，科威特出于自身利益考虑，站在了伊拉克一边，在 8 年时间里向伊拉克提供了大约 180 亿美元的援助。战争结束后，伊科矛盾渐渐突出。伊拉克不仅要求科威特全部免除在战争期间伊所欠科的债务，而且不断指责科威特在两伊战争期间盗采伊拉克的石油，蚕食伊拉克的领土，在属于伊拉克的地区建立军事哨所和石油开采设施，同时还指控科威特伙同阿联酋等国有意超产石油、降低油价，使伊拉克蒙受巨大损失。1990 年 7 月，伊拉克方面声称科威特在伊科边境地区开采石油是“对伊拉克的侵略与战争”，为此，开始在伊科边界集结军队，两国争端日趋激化。

伊拉克的侵略行径遭到了国际社会的强烈反对和谴责。就在伊拉克入侵科威特的当天，联合国安理会召开紧急会议，通过了谴责伊拉克并要求其无条件撤军、恢复科威特合法政府的 660 号决议，并呼吁伊科两国立即举行谈判以解决争端。8 月 6 日，安理会通过 661 号决议，要求各成员国对伊拉克实施严格的贸易和财政制裁。为此，安理会设立了一个特别制裁委员会。到 1991 年 1 月 17 日海湾战争爆发前，安理会共通过了 12 个相关决议。其中 1990 年 11 月 29 日通过的第 678 号决议规定，如果伊拉克不在 1991 年 1 月 15 日以前完全执行联合国有关决议，安理会成员国将与科威特合作，“采取一切必要手段维护和执行安理会第 660 号等针对伊的决议，恢复国际和平与地区安全”。

美国从其战略利益出发，对伊拉克侵略科威特的反应尤为强烈，认为伊拉克的行动打破了海湾地区力量的平衡，对中东石油的稳定供应构成威胁，严重影响了美国在中东的利益，表示“我们决心采取一切必要行动，保卫我们在海湾的长期而重要的利益”。伊拉克入侵科威特的当天，美国立即宣布冻结伊拉克和科威特在美国的财产，禁止同伊拉克的金融交易和贸易往来，要求伊拉克立即无条件从科威特撤军。美苏外长还在第二天紧急磋商并发表联合声明，认为必须采取一切措施制止伊科冲突，并表示两国“暂停向伊拉克供应武器”。1990 年 8 月 7 日，布什总统签署命令，决定对伊拉克实施代号为“沙漠盾牌”的军事行动，开始向海湾地区增派军队。美国方面称，“沙漠盾牌”行动的目标是：迫使伊拉克无条件从科威特撤军；恢复科威特合法政府，维护整个海湾地区的稳定；保护美国海外侨民的生命安全。8 月 11 日，美国宣布对伊拉克实行封锁。8 月 16 日，美国海军开始拦截伊拉克的船只。伊拉克发表声明称，美国拦截伊拉克油轮的任何行为都将被视为“侵略行动”。与此同时，伊拉克决定扣留在伊拉克和科威特的西方国家公民为“人质”，并将他们送往重要的军事和经济目标，以防止美国可能发

动的袭击。伊拉克还限令各国驻科使馆关闭，并迁至巴格达，遭到美国等西方国家的拒绝。

为了实施“沙漠盾牌”行动，美国将大批军队开往沙特阿拉伯和海湾地区，先后调集了50余万军队，1300多架战机和由6艘航空母舰率领的庞大舰群，对伊拉克形成了强大的威慑力量。与此同时，美国还呼吁其他国家共同出兵作战，敦促海湾石油富国和西方经济大国为美国在海湾地区的军事部署和行动提供经费。除美国外，共有41个国家100万军队、2000多架作战飞机、210艘舰只、7000辆坦克和装甲车、4000门火炮集结在海湾和伊拉克北部边境，沙特阿拉伯、科威特、阿联酋、德国、日本等国则同意分担美国在海湾地区派驻军队的部分费用。另一方面，伊拉克在伊沙边境和科威特境内部署的43万军队也已进入高度戒备状态，与以美国为首的多国部队紧张对峙。

美国为了取得国际社会特别是阿拉伯国家的支持和合作，展开了频繁的外交活动。布什向阿拉伯国家许诺，对伊战争结束后将召开解决阿以冲突的国际会议，在联合国有关决议的基础上促成阿以和平解决巴勒斯坦问题。布什同时向以色列政府施加压力，针对伊拉克扬言在海湾开战时将首先攻击以色列的威胁，要求以色列采取克制态度。9月9日，美国和苏联两国首脑在赫尔辛基会晤后发表联合声明，谴责伊拉克的侵略行为，要求伊拉克立即无条件撤出科威特，恢复科威特合法政权，并释放所有人质。9月25日，在美英等国的推动下，联合国通过决议，决定对伊拉克和科威特实施空中封锁，规定所有国家不得准许任何来自伊拉克和科威特的飞机载运货物自其领土起飞或飞越其领空，除非所载货物经过安理会制裁委员会核准。

围绕人质问题，国际社会有关方面展开了频繁的斡旋活动，加紧与伊拉克政府进行接触。1990年10月下旬，伊拉克释放了全部近200名法国人质、33名英国人质和14名美国人质。美国担心人质问题的解决有可能会瓦解反伊联合阵线，因而一再强调“不排除在海湾使用武力”，称如果伊拉克不从科威特撤军，美国及其盟国将准备开战，并与英国一道推动联合国通过了要求伊拉克赔偿战争损失的决议，继续对伊拉克施加压力，同时美国拒绝了伊拉克要求进行谈判的建议。

1990 年 11 月 29 日，联合国安理会特别会议通过了 678 号决议，授权联合国成员国在伊拉克于 1991 年 1 月 15 日之前仍拒不执行有关决议的情况下，使用一切必要手段，维护、执行有关决议，恢复海湾地区的和平与安全。布什提出美国国务卿贝克与伊拉克外长阿齐兹互访的建议，试图在战争爆发前压伊拉克做出让步。尽管双方在日内瓦举行了会谈，但双方立场强硬，互不相让。贝克不同意伊拉克从科威特部分撤军的方案，不同意把海湾危机与阿以问题挂钩的要求，强调伊拉克在执行联合国有关决议方面没有表现出任何灵活性。阿齐兹也毫不退让，表示伊已做好最坏打算，会谈最终不欢而散。1991 年 1 月 17 日巴格达时间凌晨 2 时，美国、英国、法国、意大利、加拿大、沙特阿拉伯和科威特军队开始对伊拉克境内和伊军在科威特的军事目标实施大规模的空袭。随后，布什在华盛顿发表讲话，宣布代号为“沙漠风暴”、旨在“解放”科威特的战争开始。

“沙漠风暴”行动自 1991 年 1 月 17 日至 2 月 28 日共历时 42 天。行动分 38 天的大规模空袭和 100 小时的地面作战两个阶段。在 38 天的空袭中，以美国为首的多国部队公出动了飞机 11 万架次，投弹量 10 多万吨，还从海上舰只向伊发射了 280 多枚战斧式巡航导弹。空袭的主要目标是伊军的指挥中枢系统、军事基地、电力、石油供应系统。多国部队的空袭严重破坏了伊拉克的军事力量，使伊拉克的空、海军基本上丧失了作战能力。据多国部队方面统计，大规模的空袭摧毁了伊军重型武器装备的 30% ~45%，3/4 的指挥控制系统，55% 的飞机掩体和核生化武器的大部分；50% 以上的桥梁和通讯线路被破坏；伊军战斗力损失 40%。伊拉克在遭受空袭重创后，于 1991 年 2 月 15 日表示愿意讨论安理会要求它从科撤军的660号决议，但先决条件是：伊拉克从科威特撤军与海湾全面停火相联系；以色列必须从所占的阿拉伯领土撤军；免除伊拉克的国际债务并保证出资重建伊拉克。美国拒绝了伊拉克的建议，宣布如果伊拉克想避免一场地面战争，它就必须从2月23日12时起立即无条件地在一周之内从科威特全部撤军。由于伊拉克拒不接受美国的这一“最后通牒”，以美国为首的多国部队决定向伊军发动地面攻势。2月24日，多国部队向伊拉克发起代号为“沙漠军刀”的地面进攻。在4天的地面战争中，多国部队歼灭伊军40多个师，摧毁伊拉克坦克3000多辆，俘虏伊军士兵10万多人。2月26日，伊拉克宣布从科威特全部撤军。27日，多国部队收复科威特市。28日，布什宣布对伊军作战目标已经实现。4月11日，安理会正式宣布在海湾实行停火。

美国进行海湾战争的主要战略意图是：（1）控制海湾丰富的石油资源。海湾已探明的石油储量占世界的65%，美国、西欧和日本进口石油的25%、45%和65%来自海湾。长久以来，美国始终把维护海湾石油输出安全置于美国中东政策之首。能否控制海湾石油，直接关系到美国和整个西方经济的发展。1990年11月13日，美国国务卿贝克明确指出，美国出兵海湾旨在防止伊拉克控制该地区的石油资源，这对西方经济至关重要。（2）借以显示美国在世界上的“领导作用”。80年代以来，随着西欧的政治联合、日本的经济迅速发展，这些国家的独立意识和倾向越来越强，使美国在西方世界的领导地位受到严重挑战，美国与其盟国的关系正在发生深刻变化。组建多国联盟对伊拉克动武可以显示美国是冷战后世界上“唯一的超级大国”，从而保证美国对全球和地区事务的主导权，维护美国对世界的领导地位。

二　美国对中东的政策与中东和平进程

中东历来是美国在国际上关注的一个焦点，其根本原因是美国在中东具有至关重要的经济、战略和安全利益。美国在中东最大的经济利益是石油。美国首先需要保证来自这一地区的石油供应。中东石油储量占世界石油总储量的70%以上，美国石油消费的1/4来自中东。掌握和控制石油的开采及运输通道是美国在中东地区的长期战略目标。在第二次世界大战之前，美国已控制了巴林和沙特阿拉伯石油能源的全部、科威特的50%、伊拉克的近24%。1990年3月，美国国家安全战略报告在谈到中东地区时指出："自由世界对这个关键性地区的能源供应的依赖以及我们同这个地区许多国家的牢固关系，仍然是美国的重要利益。"海湾危机爆发后，布什总统也强调，中东的石油"不只是美国运作的关键，也是全世界运作的关键，如果世界上庞大的石油储备的控制权落入萨达姆手中，那么我们的工作、生活方式、我们的自由以及世界上所有国家的自由都会受到威胁"。其次，美国需要保护它在中东地区的最重要盟国以色列的安全。最后，美国认为在该地区正在复活的宗教激进主义对地区稳定和美国的国家安全构成重大威胁。美国认为在全球只有7个国家是对美国构成威胁的支持国际恐怖活动的国家，亦即敌对国家，其中三个在中东（伊拉克、伊朗和叙利亚）。在海湾战争前后，美国领导人多次阐述了中东在美国战略中的地位和冷战后美国的中东政策，试图以海湾危机和海湾战争为契机，确立冷战后美国在中东的主导地位，实现冷战后中东的新秩序，维护美国在这一地区的战略利益。

美国在中东的一个重要目标是保护以色列的安全，加强美以的"特殊关系"。1948年5月，以色列刚刚宣布建国11分钟后，美国政府即予以承认，其速度之快是国际关系史上所罕见的。之后，历届美国政府一直视以色列为其在中东的重要支柱和战略资产。以色列在美国的中东政策中具有极为特殊的地位。美国之所以保持与以色列的"特殊关系"，主要是出于以下考虑：其一，美国和以色列具有共同的价值观，以色列是美国在中东地区"民主的橱窗"。克林顿认为，美以关系是"建立在共同的价值观和共同的理想基础上

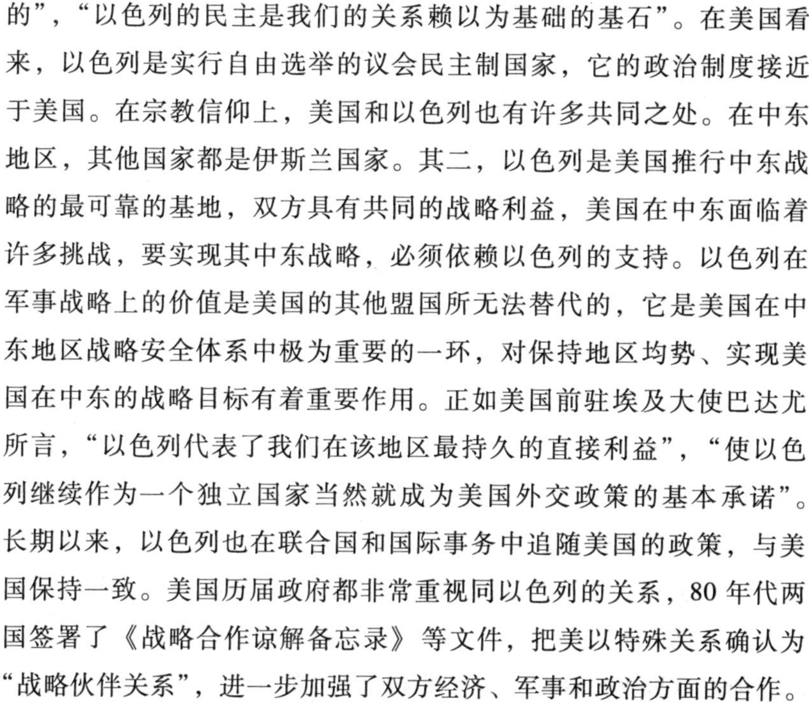

的”，“以色列的民主是我们的关系赖以为基础的基石”。在美国看来，以色列是实行自由选举的议会民主制国家，它的政治制度接近于美国。在宗教信仰上，美国和以色列也有许多共同之处。在中东地区，其他国家都是伊斯兰国家。其二，以色列是美国推行中东战略的最可靠的基地，双方具有共同的战略利益，美国在中东面临着许多挑战，要实现其中东战略，必须依赖以色列的支持。以色列在军事战略上的价值是美国的其他盟国所无法替代的，它是美国在中东地区战略安全体系中极为重要的一环，对保持地区均势、实现美国在中东的战略目标有着重要作用。正如美国前驻埃及大使巴达尤所言，“以色列代表了我们在该地区最持久的直接利益”，“使以色列继续作为一个独立国家当然就成为美国外交政策的基本承诺”。长期以来，以色列也在联合国和国际事务中追随美国的政策，与美国保持一致。美国历届政府都非常重视同以色列的关系，80 年代两国签署了《战略合作谅解备忘录》等文件，把美以特殊关系确认为“战略伙伴关系”，进一步加强了双方经济、军事和政治方面的合作。

海湾战争结束后，一方面，阿以矛盾再次成为国际社会关注的焦点；在另一方面，海湾战争改变了中东地区的国际关系格局，为打破中东和谈的僵局创造了有利条件。美国通过海湾战争确立了在中东地区的主导地位，并试图利用这一优势建立符合自己愿望的中东新秩序。1991 年 3 月 6 日，布什在国会两院会议上重提召开中东和平会议的倡议，希望在安理会第 242 号和 338 号决议的范围内，以“土地换和平”原则政治解决阿以冲突，实现的中东全面和平。以色列获得安全和承认，巴勒斯坦人获得合法的政治权利。布什认为“结束阿以冲突的时机已经到来”。安理会 242 号和 338 号两个决议分别于 1967 年 11 月 22 日和 1973 年 10 月 22 日通过，规定以色列撤出在 1967 年 6 月第三次中东战争中所占领的阿拉伯国家领土，结束一切好战言论和好战状态，尊重并承认该地区各国的主权、领土完整和政治独立以及他们在安全和得到承认的边界内和平生活的权利，在此基础上建立公正和持久的和平。

为促成和谈在1991年内举行，国务卿贝克自1991年3月上旬至10月中旬先后8次出访中东进行穿梭斡旋，力图消除阿以间的分歧。1991年9月16日至21日，贝克第七次访问中东时，正式提出了美国起草的《和平谅解备忘录》，就一些具体问题阐明了美国的立场：（1）关于巴勒斯坦问题，美国既不支持建立独立的巴勒斯坦国，也不赞成以色列在被占领土上的长期存在。中东和会第一阶段可先谈判巴勒斯坦自治问题，以后再寻求最终解决方案。美国将继续支持犹太人移居以色列，但反对在被占领土上再建新的定居点。（2）关于耶路撒冷问题，美国反对“任何分割该城的方案”，但同意和会讨论其最终地位问题。尽管阿以双方都不满意这一备忘录，但在当时它却是双方能够接受的“最佳方案”。同年10月30日，中东和平会议在西班牙首都马德里正式拉开序幕。此次会议只是阿以和谈的一个开始，它没有也不可能解决阿以争端。根据美国的设想，整个中东和平会议由三部分组成：马德里中东和会开幕式；阿以双边政治谈判；涉及其他问题的多边谈判。马德里会议标志着中东和平进程进入一个新阶段，具有重要的历史和现实意义，对中东局势的发展产生了深远的影响。

由于以色列拒不放弃其强硬立场，致使和会进展极为缓慢。以方坚持奉行不撤离其占领的阿拉伯领土，不停止在这些领土上建立犹太人定居点，不同巴勒斯坦解放组织进行谈判的僵硬政策，对阿方提出的各种以土地换和平方案置之不理。美国认为，以色列的强硬态度已成为中东和平进程的主要障碍，决定对以色列施加更大的压力，促其缓和谈判立场。1992年6月，对和谈持僵硬态度的沙米尔政府倒台，以色列提前举行大选，力主推动和平进程的工党获胜。工党领袖拉宾上台后作出种种和解姿态，宣布停止在被占领土上建立定居点。1993年初，以色列正式解除了与巴解组织接触的禁令。

克林顿上台后，基本继承了布什政府的中东政策，大力促进阿以和谈，支持友好的温和国家，打击反美的激进势力，控制中东石

油，最终目标是要建立“一个以自由市场、扩大民主和控制大规模毁灭性武器及其运载工具的扩散为目标的、思想相同的中东国家共同体”，以维护自己在中东地区的主导地位和利益，特别是石油利益。1994 年美国《国家安全战略报告》明确提出，美国在中东有持久的利益，特别是在寻求中东和平的全面突破，确保以色列以及阿拉伯友好国家的安全，以及维持该地区的石油以合理的价格自由输出。1995 年 5 月，美国国防部发表《美国对中东安全的战略》报告，更加强调美国在中东的首要国家利益是“保证海湾的石油以稳定的价格流向世界”。基于此，美国政府继续推行“西促和谈、东遏两伊”的战略，进一步加大干预中东地区政治和经济事务的力度。

克林顿政府非常重视发展同以色列的关系，继续推进中东和平进程，“把实现中东和平作为优先考虑的事项”。美国政府认为，“促使以色列同阿拉伯邻国朝着实现公正、全面和持久的和平继续取得进展对我们有着明显的利害关系。这样的和平是中东的长期安全和繁荣的一个必要组成部分”，“建立一个比较和平的中东将有助于削弱伊拉克这样的激进国家及激进政治运动在许多阿拉伯人中间的吸引力”。克林顿政府强调维护以色列的安全，同时照顾到阿拉伯国家的民族利益，主张执行联合国安理会 242 号决议，实行以“土地换和平”的原则。入主白宫一个月，便派国务卿克里斯托弗首先访问以色列。1993 年 4 月，中东和会第九轮谈判在华盛顿举行，美国宣布以“正式伙伴”身份参与和谈。1993 年 9 月 13 日巴勒斯坦解放组织同以色列在华盛顿签署《临时自治安排原则宣言》后，美国不仅恢复了与巴解组织的高层对话，还允许巴解组织在美设立办事处。

在推动巴以和谈的同时，美国也在积极推进以色列同叙利亚、约旦的和平谈判，谋求解决双方之间的分歧和矛盾，调解双方的立场，以便达成协议，并力图通过叙以、约以和谈促进巴以和谈，从而推动整个中东问题的和平解决。叙利亚在整个中东和平进程中起着重要作用。叙利亚坚持以色列从被占叙利亚领土戈兰高地上全部撤军，并宣布，如果以色列不做出撤军的承诺，叙利亚将不参加阿以和谈。叙利亚的这一立场对中东和平进程的主要倡导者之一美国来说无疑是一个沉重打击。美国认识到，没有叙利亚这个中东地区举足轻重的国家的积极参与，并签订和平协议，阿以协议就难以付诸实施，整个中东地区持久的和平与稳定就难以实现。美国必须谋求打破叙利亚和以色列关系的僵局，进而以此推动整个中东和平进程取得进展。1994 年 1 月，克林顿在日内瓦会见叙利亚总统阿萨德，双方就中东和平进程和双边关系进行了会晤，表示将共同努力实现“勇敢者的和平”。在会晤后的记者招待会上，两位领导人都呼吁，阿以和谈有关国家必须采取勇敢的和平行动，推动中东地区尽快实现全面和平。阿萨德表示，叙美首脑成功地举行了此次会晤，是中东地区朝着实现全面、公正、和平迈出的重要一步。他说，叙美双方都强调有必要为结束阿以争端而共同努力，叙利亚准备采取“勇敢的和平行动”，呼吁以色列领导人也能够采取同样的勇敢行动。克林顿重申美国坚持在本地区实现全面和平的目标，对叙利亚的和平立场表示赞赏，认为叙利亚在中东和平进程中具有关键作用，希望美叙两国改善关系。美国国务卿克里斯托弗认为，此次首脑会晤“将为中东和平进程注入强大的动力”。叙利亚方面也对会晤充满信心，认为“它将导致积极的结果”。

1994 年 6 月，约旦国王侯赛因访问美国，克林顿力促约旦和以色列能够先行实现和解，美国为此可以向约旦提供援助和补偿，希望约以在华盛顿举行最高级会晤。侯赛因国王表示愿意公开与以色列举行高级会晤，从而首先向以色列敞开了两国首脑会晤的大门。6 月中旬，约以谈判代表在死海附近的约以边界举行了会谈，双方就边界划分、水资源和安全等问题交换了意见。为促成约以和谈成功，美国国务卿克里斯托弗三访中东。美国向约旦做出承诺，只要约以先行和解并在美国举行最高级会晤，美国将向约旦提供军事援助，同时免除约旦欠美国的大约 10 亿美元的债务；对以色列，美国也作了相应的经济、军事等方面的承诺。7 月 25 日，侯赛因国王

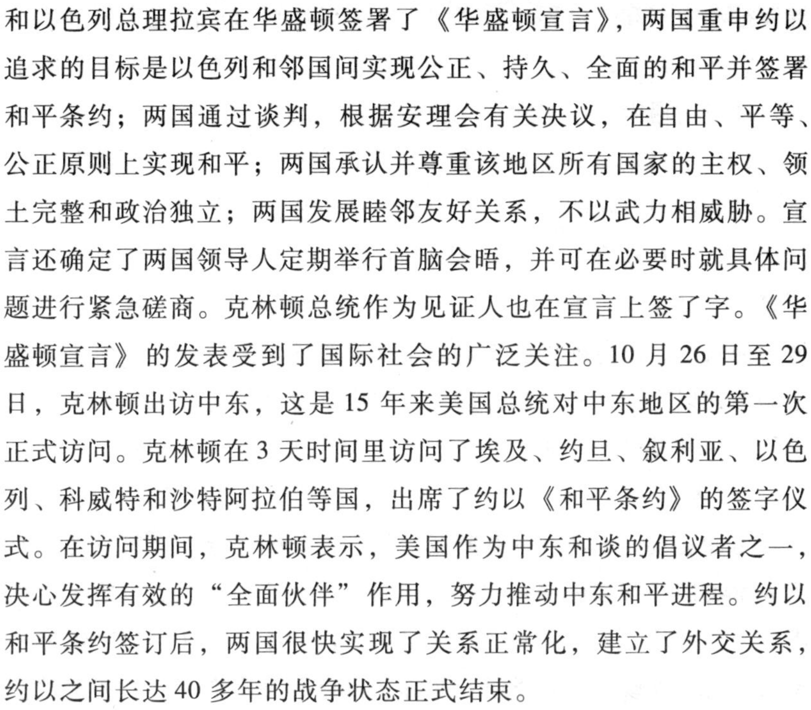

和以色列总理拉宾在华盛顿签署了《华盛顿宣言》，两国重申约以追求的目标是以色列和邻国间实现公正、持久、全面的和平并签署和平条约；两国通过谈判，根据安理会有关决议，在自由、平等、公正原则上实现和平；两国承认并尊重该地区所有国家的主权、领土完整和政治独立；两国发展睦邻友好关系，不以武力相威胁。宣言还确定了两国领导人定期举行首脑会晤，并可在必要时就具体问题进行紧急磋商。克林顿总统作为见证人也在宣言上签了字。《华盛顿宣言》的发表受到了国际社会的广泛关注。10 月 26 日至 29 日，克林顿出访中东，这是 15 年来美国总统对中东地区的第一次正式访问。克林顿在 3 天时间里访问了埃及、约旦、叙利亚、以色列、科威特和沙特阿拉伯等国，出席了约以《和平条约》的签字仪式。在访问期间，克林顿表示，美国作为中东和谈的倡议者之一，决心发挥有效的"全面伙伴"作用，努力推动中东和平进程。约以和平条约签订后，两国很快实现了关系正常化，建立了外交关系，约以之间长达 40 多年的战争状态正式结束。

1994 年 10 月 30 日至 11 月 1 日，在美国的积极倡导下，首届中东北非经济首脑会议在摩洛哥的卡萨布兰卡举行。以色列和阿拉伯国家的政府官员首次共同探讨地区经济合作发展问题。会议发表的《卡萨布兰卡宣言》称此次会议的目的在于加强阿拉伯人和以色列人之间的和平事业，促进各国政府之间和企业界人士之间实现全面和平并建立新的伙伴关系。与会国决定采取一系列措施，促进地区经济合作，为中东和平进程提供经济保障。此后，美国又积极推动召开并参加了第二、三、四届中东北非经济首脑会议。

1995 年 8 月 13 日，巴以双方达成关于在约旦河西岸扩大巴勒斯坦自治范围的《联合声明》。9 月 28 日，在克林顿的主持下，巴以双方在华盛顿正式签署了关于扩大巴勒斯坦自治范围的协议。协议规定，以军在 12 月底以前完成在约旦河西岸 6 个城镇的重新部署和向巴方移交权力。1995 年 11 月拉宾遇刺身亡，美国反应尤为强烈。克林顿多次发表讲话，谴责这种恐怖主义行径，重申美国将继续推动中东和平进程，并率由100多名政要组成的庞大代表团参加拉宾的葬礼，以显示与以色列的盟友关系和对中东和平进程的重视。拉宾的遇害给中东和平进程蒙上了一层阴影。

1996年5月，以色列举行大选，以奉行强硬立场著称的利库德集团领袖内塔尼亚胡上台，使中东和平进程陷入困境。内塔尼亚胡反对“以土地换和平”的政策，而代之以所谓“三不”政策，即不允许巴勒斯坦建国；不讨论东耶路撒冷地位以及不撤出戈兰高地。他表示，以色列不会被迫以土地换取外交上的承认，称“现在不是考虑以土地换和平的时候，首先应该考虑的是以安全来保证和平”，“和平进程能否取得进展取决于以色列的安全利益能否得到保证”。以色列的这一政策使巴以和平进程面临倒退的危险，巴以之间暴力冲突接连不断，且有升级之势。克林顿在会见内塔尼亚胡时则表示美国坚持推进中东和平进程的立场，劝告他“历史的潮流是不可能逆转的，走回头路将会犯错误”。但是，以色列政府依然坚持自己的强硬政策。内塔尼亚胡称，以色列决不会用自己的利益去迎合美国的利益，他的政府“将坚定不移地坚持他的政策，哪怕以同至关重要的盟国美国的关系为代价也在所不惜”，认为以色列与美国的关系“属于以色列的头等战略财宝，但是它并不是至高无上的财宝。至高无上的财宝是我们的安全，对我们来说，像耶路撒冷这样一些东西才是神圣的”。

美国为推动中东和平进程竭力进行调解，1996年10月初在华盛顿安排了阿拉法特同内塔尼亚胡的会晤。1997年1月，阿以双方签署了希伯伦协议，以色列军队撤出希伯伦市大部分地区，打破了和谈僵局。虽然克林顿政府表示不赞成以色列扩建定居点等行动，认为“这一行动是令人烦恼的，是实现中东和平的一个障碍”，但其偏袒以色列的基本立场并没有改变，引起越来越多的中东国家的不满。7月底，在西耶路撒冷闹市区发生两起恶性爆炸事件，导致巴以矛盾急剧升级，以色列对巴勒斯坦自治区实行“完全封锁”，双方暴力冲突不断，使中东和平进程陷于停顿。9月初，美国新任国务卿奥尔布赖特首次出访以色列、巴勒斯坦自治区、叙利亚、埃及、沙特、约旦和黎巴嫩，旨在为中东和平进程寻求新的出路，但成效甚微。

1998年，美国加大推动阿以和谈力度。新年伊始，克林顿在华盛顿分别会见巴以双方领导人，提议巴方采取打击伊斯兰激进分子及与伊方分享安全方面情报等措施；以色列则根据这些措施给伊带来安全保障的程度逐步撤出约旦河西岸。据此，各方同意成立一个由巴勒斯坦立法委员会、以色列议会和美国国会三方成员组成的联合委员会，进行情报交换及合作打击恐怖活动。但是，在撤军问题上，以色列拒不做出任何让步。巴以和谈持续停滞不前，迫使美国政府加紧展开调解活动。在华盛顿首脑会晤结束后不久，奥尔布赖特便前往以色列和巴勒斯坦自治区，在内塔尼亚胡和阿拉法特之间进行斡旋，结果以失败而告终。3月中旬，联合国秘书长安南受克林顿之托访问了约旦、埃及、黎巴嫩、叙利亚、以色列和巴勒斯坦自治区。安南带去了美国提出的一项妥协方案，核心内容是以色列分阶段撤出约旦河西岸13.1%的土地。安南在访问中力促和谈各方同美国进行合作，在和谈中表现出更多的灵活性。安南的访问虽然受到各方欢迎，但却在促使以色列做出让步方面没有取得任何实质性进展。同年8月初，奥尔布赖特在美国新闻俱乐部就美国中东政策发表讲话，敦促巴以双方举行最高级会晤，直接进入最终地位谈判，以期打开解决巴以争端的突破口。谈判问题包括巴勒斯坦建国问题、巴以边境划界及耶路撒冷最终归属问题等。与此同时，克林顿派中东问题特使罗斯前往中东进行新一轮的斡旋活动。9月中旬，奥尔布赖特开始了对以色列、巴勒斯坦自治区、叙利亚、埃及、沙特阿拉伯、约旦和黎巴嫩7国的中东之行，旨在促成巴以双方恢复高层接触，为陷入僵局达半年之久的和平进程寻找新的出路。9月27日，奥尔布赖特在纽约主持了内塔尼亚胡和阿拉法特的会晤。几个小时后，克林顿又在华盛顿同内塔尼亚胡和阿拉法特举行了三方会谈，确定巴以领导人将于10月中旬重返华盛顿举行谈判。阿拉法特在29日同克林顿会晤后宣布：巴勒斯坦方面接受以色列提出的修正案。该修正案的核心内容是以色列接受13.1%的撤军建议，但其中的3%为双方不得从事开发的自然保护区，由以色列负责安全保障。

在美国的极力促使下，克林顿与巴勒斯坦民族权力机构主席阿拉法特、以色列总理内塔尼亚胡于1998年10月15日在白宫举行正式会晤，以推动停滞达一年半之久的中东和平进程。在会晤后举行的记者招待会上，克林顿表示，这次怀伊种植园会谈将为中东和平进程提供一次机会，并强调美国将为实现中东和平做出一切努力。随后，巴以领导人在距离华盛顿110多公里的马里兰州怀伊种植园开始举行谈判。克林顿、奥尔布赖特等也参加了会谈，美国要求巴以双方“务必达成协议”。经过9天的艰苦谈判，双方于23日达成名为《怀伊备忘录》的临时和平协议，规定以色列分三次向巴勒斯坦方面移交约旦河西岸13%土地，并完成军队的重新部署；立即恢复最终地位的谈判；美国和巴以三方加强反恐怖活动的合作；巴勒斯坦删除其宪章中的反以条款；以色列释放部分关押的巴勒斯坦人；以色列承诺进行第三阶段撤军谈判；允许巴勒斯坦在加沙和西岸地区修建机场和建立工业园区等。作为见证人，克林顿也在临时和平协议上签字，称这是一项“重建信任并重新点燃希望的协议”。该协议的签订是巴以和平进程的重要成果，双方领导人都对此给予积极评价。11月20日，以色列开始实施从约旦河西岸第一期撤军。11月30日，美国政府倡议在华盛顿召开了有50多个国家和国际组织参加的支持中东和平与发展会议，与会国家承诺向巴勒斯坦提供30多亿美元的经济援助。克林顿表示，在今后5年内，美国除继续执行每年向巴勒斯坦提供1亿美元援助的计划外，再提供4亿美元的援助。

12月12~15日，克林顿对以色列和巴勒斯坦自治区进行了为期3天的访问。克林顿与以色列总理内塔尼亚胡举行了会谈，他强调，和谈是解决目前巴以之间分歧的唯一途径。在会谈后举行的联合记者招待会上，克林顿指出，巴以双方应避免采取单方面行动，以保证和谈继续进行。他表示，目前巴以双方应继续采取措施，阻止双方间的暴力冲突，以打破和谈僵局，将和平进程纳入正轨。克林顿向以色列重申，美国对以色列的安全承诺不可动摇，并在每年30亿美元的经济和军事援助之外，再给12亿美元以帮助以色列执行临时和平协议。克林顿还特别赞扬巴勒斯坦方面在打击恐怖主义活动和收缴非法武器等方面做出的努力。

1999年5月，以色列提前举行大选，以巴拉克为代表的以色列工党上台，积极推动中东和平进程，把推动和谈作为新政府的首要任务。巴拉克呼吁中东地区“所有领导人握住我们伸出的和解之手，勇敢地实现和解”，声称新政府将努力争取在15个月内实现与巴勒斯坦、叙利亚和黎巴嫩的全面和解。9月，巴以正式进入最终地位谈判。为推动陷于停滞的叙以谈判，1999年9月初，奥尔布赖特出访叙利亚，力图促使叙利亚与以色列进行和谈，并允诺向叙利亚提供经济和财政援助，鼓励美国企业界到叙利亚投资办厂。在美国、埃及等国的协助下，巴以双方于9月5日签署了《沙姆沙伊赫协议》，确定了以色列军队从约旦河西岸开始第三阶段撤军，并规定在协议签署一周之后，巴以最后阶段谈判与过渡阶段谈判同时进行，到2000年9月完成巴以最后阶段的谈判。但是，双方在谈判中，不论是在原则问题上，还是在一些具体问题上，都存在着难以弥合的分歧。巴方强调，应以联合国242号决议为谈判基础，以色列应从包括东耶路撒冷在内的阿拉伯被占领土上撤军，撤至1967年阿以战争以前的边界线内。以色列则不接收以联合国242号决议作为划分巴以未来边界的原则基础，认为应当根据“以土地换和平”的原则具体谈判以色列的撤军范围。

为打破巴以和谈较长时期以来停滞不前的僵局，巴勒斯坦领导人阿拉法特于2000年1月下旬前往华盛顿，要求美国直接介入巴以谈判。2月初，由于美国的调解，阿拉法特与巴拉克举行会晤。随后，美国中东事务协调员罗斯赴巴以进行斡旋。在克林顿的极力促使下，从2000年7月开始，巴拉克和巴勒斯坦民族权力机构主席阿拉法特在戴维营举行首脑会晤，力争就巴以之间的关键问题达成协议。美国为此次调停煞费苦心，为防止舆论造成不必要的干扰，对会晤的全过程进行新闻封锁，在会晤结束前拒绝透露会晤进展情况。克林顿一直全力以赴在巴拉克和阿拉法特之间进行斡旋。由于双方在耶路撒冷最终地位、边界划分等诸多重大问题上面分歧严重，巴以未能达成新的协议，使中东和平进程又一次面临严峻考验。10月11日至25日，克林顿、巴拉克和阿拉法特在戴维营就如何推动巴以最终地位谈判、在中东实现永久和平再次进行磋商。由于会谈在耶路撒冷未来地位问题上无法达成一致，宣告破裂。根据美国白宫发表的一项三方首脑联合声明，此次会谈内容"在广度和深度上都是史无前例的"，双方将继续谈判，"一揽子解决所有涉及最终地位的重大谈判，以结束巴以长达半个世纪的冲突，实现公正和持久的和平"。美国政府表示，争取尽快促使巴以双方恢复和谈。

海湾战争后，美国还加强了在中东特别是海湾地区的军事前沿存在，以形成强有力的威慑力。由于海湾国家具有重要的战略地位，发展同这一地区国家的军事关系是美国中东政策的一个重要内容。美国在地中海驻有一支航空母舰编队和一支两栖作战部队，在海湾驻有一支有2.4万人的海军，200多架战斗机，并加强了在巴林的海军基地，美国与巴林、科威特、阿曼等国达成了双边安全协定，建立起长期军事合作关系。根据美国1991年9月19日同科威特签订的为期10年的安全协定，美国可以在科威特储存物资，双方可以举行联合军事演习，美国帮助科威特训练部队，美国海军可以使用科威特的港口设施。美国始终把与沙特阿拉伯的关系放在十分重要的位置，两国在军事、经济上保持紧密合作。沙特作为世界上最大的武器进口国，其军火市场的60%被美国所占，美国从军火交易中大获其利。1997年3月，美国国防部长佩里访问海湾六国，谋求加强同海湾国家的军事合作，扩大美国在海湾的战略储备，以应对突发事件。

2000年9月28日，以色列强硬派领导人沙龙强行进入伊斯兰圣地阿克萨清真寺，引发了巴以间一场旷日持久的流血冲突，巴以地位谈判最终中断。此后，虽然国际社会一直在进行不懈的努力，但由于双方分歧严重，巴以最终地位谈判始终没能取得进展。布什上台后，对巴以问题一改克林顿时期美国“全力介入”的做法，一度采取相对超脱的政策，让有关各方自己解决问题。布什曾公开宣布，美国在中东“只是促和，而不逼和”。2001年3月，布什向到访的以色列总理沙龙表示，美国将继续努力帮助以色列和阿拉伯国家奠定和平基础，但不会过多介入。鲍威尔国务卿在首次出访以色列和巴勒斯坦后称，美国在中东优先要解决的是伊拉克问题，而不是巴以问题。“9·11”事件后，以色列多次借口“打击恐怖主义”，对巴勒斯坦目标进行大规模轰炸。对此，美国政府一方面表示“承认以色列拥有自卫权”，一方面宣布哈马斯等巴激进组织为“恐怖组织”，敦促巴领导机构加大打击恐怖活动的力度，并一再对巴领导机构反对恐怖主义的力度表示不满。对巴勒斯坦建国问题，布什曾明确表示，只要以色列的生存权利得到尊重，美国就支持建立巴勒斯坦国的设想。

面对不断升级的巴以冲突，包括联合国、欧盟、俄罗斯以及阿拉伯在内的各方纷纷要求巴以双方实行停火。美国因担心自己在中东地区的利益，开始积极介入，加大对巴以问题斡旋力度。以美国前参议员米切尔为主席的巴以冲突国际调查委员会于2001年5月提出一份计划，主要内容包括：巴以立即无条件停止暴力冲突，共同创造一个缓和期；巴民族权力机构努力打击恐怖主义；以政府冻结所有建立定居点活动，取消对巴领土的封锁；双方重新恢复安全方面的合作。6月，美国中央情报局局长特尼特也提出一项解决方案，内容包括：巴勒斯坦应立即逮捕激进组织成员，停止向那些针对以色列的“恐怖活动”提供帮助；以色列保证不对巴方目标进行袭击，并将军队撤回到2000年9月28日巴以爆发冲突前的位置，结束对巴自治地区的封锁。6月底，美国国务卿鲍威尔访问埃及、以色列、巴勒斯坦和约旦，推动巴以双方接受7天“考验期”和6周“冷却期”的停火时间表，接受“米切尔计划”和“特尼特计划”。11月19日，鲍威尔就美国的中东政策发表讲话，呼吁巴以双方尽快停火，为恢复和谈创造条件；敦促双方在安理会第338号和第242号决议的基础上，通过谈判达成最后协议，实现巴勒斯坦建国，并保证以色列的安全。他明确表示美国将加大参与中东和平进程的力度，派遣2名特使前往中东进行斡旋活动，以推动巴以恢复和谈。鲍威尔的讲话受到各方普遍欢迎。阿盟秘书长穆萨认为，这一讲话可以成为缓和中东紧张局势的“框架和工作基础”。巴勒斯坦方面发表声明，指出鲍威尔的讲话为恢复和平进程，全面、公正和持久解决巴以冲突和阿以争端打下了“重要基础”，承诺将恪守联合国有关决议和巴以双边协议。以色列方面也认为鲍威尔的讲话是“积极的”。①

2002年2月，在俄罗斯和美国的共同倡议下，中东问题多边会谈部长级会议在莫斯科召开。4月10日，美国国务卿鲍威尔在赴中东进行斡旋之前在西班牙首都马德里与联合国、欧盟、俄罗斯举行了首次四方会议，就中东政策问题进行磋商。此后，联合国、欧盟、俄罗斯和美国不定期就中东问题进行磋商，以寻找一种有效途径，帮助巴以实现和平。于是，中东问题有关四方磋商机制形成。6月24日小布什提出了一个中东和平计划，主要内容包括：在巴更换领导人、建立新的政治体制并与邻国达成新的安全保证条件下，支持巴方建立一个临时性国家；巴以双方通过谈判解决边界及其他有关主权问题后，再建立一个与以共处的正式国家；以应结束对巴领土的占领，停止修建犹太人定居点。此后，联合国、欧盟、俄罗斯和美国中东问题四方会议代表在此基础上几经磋商，最终形成了中东和平“路线图”计划，并在2002年12月的华盛顿会议上获得

① “巴以欢迎鲍威尔有关中东政策的讲话”，新华网，2001年11月20日；“阿盟和一些中东国家欢迎鲍威尔中东政策讲话”，新华网，2001年11月21日。

通过。2002 年 9 月小布什政府提出的《国家安全战略》明确表示，美国始终支持建立一个独立、民主的巴勒斯坦，它与以色列和平、安全地共处；继续要求以色列领导人采取切实措施，支持建立一个自立自强的巴勒斯坦国。随着在安全问题上的进展，以色列军队应该全部撤走，恢复到 2000 年 9 月 28 日以前的状态。根据米切尔委员会的建议，以色列在被占领地区兴建定居点的活动必须停止。随着暴力的缓和，必须恢复人们行动的自由，使巴勒斯坦人能够重新开始工作，恢复正常生活。报告强调，美国能够发挥关键作用，但是归根结底，只有在以色列人和巴勒斯坦人解决了这些问题并结束它们之间的冲突以后，才能实现持久和平。同年 9 月底，巴以爆发大规模流血冲突。10 月，为结束巴以流血冲突，中东问题多边首脑会议在埃及沙姆沙伊赫举行。会议在安全安排、恢复和平进程以及成立国际调查委员会调查巴以暴力冲突的起因等方面达成了协议，但协议大部分内容并未得到执行。

伊拉克战争爆发后，美国为缓和与阿拉伯国家之间的关系和维护美国在该地区的利益，加大了对巴以冲突的介入力度。2003 年 4 月 30 日，美国、联合国、欧盟、俄罗斯中东问题四方会议代表经过多次磋商，推出一项旨在解决巴以冲突的中东和平“路线图”计划，“路线图”计划主要分三个阶段：第一阶段（从公布之日至 5 月），巴以双方实现停火；巴方将打击恐怖活动，进行全面的政治改革，建立新的政治体制，并在安全问题上与以合作；以方则应撤离 2009 年 9 月 28 日以后占领的巴方领土，冻结犹太人定居点的建设，拆除 2001 年 3 月以后建立的定居点，并采取一切必要措施使巴勒斯坦人的生活恢复正常。第二阶段（2003 年 6 月至 12 月）为过渡期，重点是在 2003 年年底建立一个有临时边界和主权象征的巴勒斯坦国。此后的两年为第三阶段，即在 2005 年完成巴以最终地位谈判并达成协议，建立巴勒斯坦国。为落实“路线图”计划，巴以首脑曾多次举行会晤，巴激进组织也一度宣布停火。6 月 4 日，巴、以、美三方还在约旦红海港口城市亚喀巴举行首脑峰会，正式启动中东和平“路线图”计划。小布什强调，以巴应立即采取切实措施实现和平，美国支持巴勒斯坦建国，认为这是中东和平的关键，同时承诺要确保以色列的安全。小布什、鲍威尔等多次与巴以领导人会晤，表示美国将克服一切阻力推动中东和平进程，并向约旦河西岸和加沙地带的巴勒斯坦难民提供2600万美元紧急援助。但是，由于以色列坚持其强硬政策，导致巴以冲突再起，和平努力再次受挫。2003年9月巴以和谈中断，“路线图”计划搁浅。尽管小布什多次重申美国仍致力于“路线图”计划，国务卿赖斯等数度出访巴勒斯坦、以色列、埃及、约旦、黎巴嫩和沙特等国斡旋，但成效甚微。2006年1月哈马斯赢得巴勒斯坦大选后坚持强硬立场，美国以及欧盟一些成员国等西方国家对哈马斯政府采取抵制和封锁政策，导致巴以乱象迭起。

随着伊拉克安全局势不断恶化，美对中东的政策面临来自国内外的强大压力。美国逐渐意识到，要换取阿拉伯国家对美国的支持，必须调整对巴以问题的立场。2006年9月，小布什在联合国大会上表示，将致力于重新推动停滞不前的巴以和平进程，并指派国务卿赖斯亲自负责这项工作。此后，赖斯多次穿梭于中东地区进行斡旋活动，强调推动中东和平进程仍是布什政府的优先考虑。2007年7月16日，小布什宣布向巴勒斯坦提供1.9亿美元援助，其中包括在加沙地带展开人道救援的资金。12月17日，美国政府又承诺向巴方提供5.55亿美元的援助，用于发展项目、平衡预算、安全改革及救济难民。在美国政府的推动下，2007年11月27日，中东问题国际会议在美国马里兰州首府安纳波利斯举行。美国总统小布什、巴勒斯坦民族权力机构主席阿巴斯、以色列总理奥尔默特以及40多个国家、地区和国际组织的代表出席会议。巴以双方达成“共同谅解文件”，承诺重新启动巴以和平进程。小布什向与会的以色列、巴勒斯坦和国际代表发表讲话，称这次会议是“和平进程的开端，而非终结”，并指出在达成最后的和平协议之前必须解决一些棘手的问题。他强调，美国将积极参与谈判进程，并向巴以双方提供帮助。布什任命琼斯为中东安全特使，负责未来巴勒斯坦建国谈判事宜。奥尔默特和阿巴斯宣布重启中断7年之久的和谈，承诺力争在2008年年底之前达成一项内容广泛的和平协议，谈判内容包括巴以间所有的核心问题。中东问题出现了积极进展。巴以双方领导人举行了多轮直接谈判，双方谈判小组保持密切接触，国际社会也为推动和平进程做出了不懈努力。但由于巴以双方在一些关键问题上分歧严重，和谈未能取得实质性进展。

2008年1月8日，小布什开始对中东地区进行为期8天的访问。这是他首次以总统身份访问以色列，也是他首次踏上巴勒斯坦约旦河西岸的土地。他还访问了科威特、巴林、阿拉伯联合酋长国、沙特阿拉伯和埃及。此行最主要的目的是要“直接推动以色列和巴勒斯坦达成和平协议，并最终导致巴勒斯坦国的建立”。小布什行前在接受阿拉伯语电视台“自由电视台”的采访时说，他这次中东之行的主要目标是为了争取让美国在中东地区的盟友更多支持以色列和巴勒斯坦人的和平努力。他与以色列总理奥尔默特和巴勒斯坦权力机构主席阿巴斯举行会谈，力图推动和平谈判。国务卿赖斯在接受媒体采访时表示，保持安纳波利斯中东和平会议的势头将是美国外交政策的头等大事。在新的一年中，美国将“积极和不遗余力地”支持和平进程。

2月27日至3月3日，以色列以回应巴方火箭弹袭击为由对加沙地带发动大规模军事行动，造成120名巴勒斯坦人死亡。随后巴方宣布暂停与以色列的所有谈判。为了推进巴以和平进程，美国政府高层频频出访中东进行斡旋。2008年3月，副总统切尼访问沙特、约旦、以色列、土耳其、阿曼、伊拉克等国。同月，赖斯两次访问埃及、巴勒斯坦、以色列。在随后的几个月中，她曾数度出访中东地区。4月7日，巴以领导人同意继续定期举行会谈。5月13～18日，布什访问以色列、沙特阿拉伯和埃及三国。布什表示，以色列是美国在中东地区“最强大的盟友”，美国将继续支持以色列，并继续努力推动以巴和平进程。9月，小布什与巴勒斯坦权力机构主席阿巴斯在第63届联大会议期间会晤，强调将继续推动达成巴以和平协议和建立巴勒斯坦国。11月9日，中东问题有关四方代表（联合国、俄罗斯、欧盟和美国）在埃及城市沙姆沙伊赫召开会议，共同商讨中东和平进程。与会者听取了巴以双方代表有关中东和平进程的报告，特别是自安纳波利斯会议以来巴以和谈的相关进展，并讨论中东和平进程的未来发展方向。12月15日，中东问题有关四方代表在纽约联合国总部举行会谈并发表声明，强调支持巴勒斯坦和以色列继续通过双边会谈达成全面的和平协议。安理会也通过决议，支持安纳波利斯启动的巴以谈判进程，承诺将使双方谈判不可逆转，呼吁双方加大和谈努力，以便最终达成全面和平协议。

奥巴马政府大力推行新中东政策，积极重启中东和平进程。奥巴马在竞选期间就曾承诺，“从履新第一天就推动巴以朝签署和平协议方向前进”。上台伊始，奥巴马就频频向伊斯兰世界伸出“橄榄枝”。2009年1月20日，奥巴马在就职演说中表示，在处理同伊斯兰世界关系的问题上，他的政府将“以共同利益和相互尊重为基础，寻求一条新的前进道路”。22日，他在国务院发表讲话，强调新一届政府将积极主动寻求实现巴以之间以及阿以之间的和平。27日，他在接受阿拉伯卫星电视台专访时重申，将在任期内致力于修复美国同伊斯兰世界的关系，并称美国不与伊斯兰世界为敌。上台伊始，奥巴马任命前参议员米切尔为美国中东问题特使。2009年1月27日至2月1日，米切尔出访埃及、以色列、约旦河西岸巴勒斯坦自治区、约旦和沙特阿拉伯。此后，他数次前往巴以地区进行斡旋活动，以期推动中东和平进程。米切尔表示，“奥巴马决心把实现中东全面和平置于绝对优先地位”。2月，奥巴马致信伊斯兰会议组织，表示愿意加强与该组织的合作，共同将美国伊斯兰世界的友好关系提升到一个新的水平，打造一个更加安全稳定的世界。3月、10月，国务卿希拉里两度出访中东地区。4月，奥巴马访问土耳其期间承诺美国与伊斯兰国家将永不开战，表示要构建双方“伙伴关系”。5 月 18 日，奥巴马在与内塔尼亚胡举行首次会晤时表示，支持巴勒斯坦建国方案，认为两国和平共处是通往中东和平的唯一道路，要求以色列停止在约旦河西岸扩建定居点，拆除前沿关卡。内塔尼亚胡除了重申支持巴勒斯坦自治外，对巴建国问题避而不谈。从这次会晤可以看出，美以在中东和平问题上存在较大分歧。

2009 年 6 月 3 日，奥巴马开始就职以来的首次中东之旅，访问沙特和埃及这两个有重要影响的阿拉伯国家。其主要意图一是向伊斯兰世界表示善意，寻求改善美国形象；二是推动中东和平进程。4 日，奥巴马在开罗大学发表了旨在修复美国与伊斯兰世界关系的演讲。他在演讲中表示，美国愿与伊斯兰国家建立“伙伴关系”，“携手解决”共同面对的困难和挑战。在演说中，奥巴马称赞伊斯兰教对人类文明以及美国历史作出的贡献，强调伊斯兰世界与美国应当结束“猜疑与不和的恶性循环”，“通过伙伴关系解决问题，共享进步”。奥巴马强调，美国与全世界的穆斯林应在共同利益和相互尊重的基础上有一个“新开端”；作为美国总统，他将把消除美国对伊斯兰国家的偏见作为己任，同时也希望伊斯兰国家消除对美国的误解，“无休止的猜疑和不和必须结束了”。他呼吁双方开诚布公，相互倾听，相互学习，相互尊重，寻找共同点。在打击暴力极端主义问题上，奥巴马不再将反恐矛头指向伊斯兰教，认为伊斯兰国家也面临着同样的威胁，应与美国携手打击极端主义分子。他指出，“基地”组织和塔利班杀害无辜平民的行径“与人权、民族进步、伊斯兰教义不相容”。他表示，“美国决不会，也永远不会同伊斯兰发生战争”。在巴以问题上，奥巴马在强调美以关系“牢不可破”的同时，一改美国多年来偏袒以色列的形象，支持以色列与巴勒斯坦和平共处的“两国方案”，称以色列必须承认“巴勒斯坦国存在的权利”，停止在约旦河西岸继续扩建犹太人定居点，巴勒斯坦人目前的处境“是不能容忍的”，美国对巴勒斯坦人追求尊严、机会和自身国家的合理抱负不会置之不理。他重申，“美国不会承认以色列建立定居点的合法性”，“定居点的建设违背先前达成的协议，破坏实现和平的努力，现在到了停建定居点的时候了”。他同时呼吁阿拉伯国家承认以色列的合法性和生存权。奥巴马的演说得到了国际社会的好评。联合国秘书长潘基文发表声明说，希望奥巴马的演说能有助于“开启美国与伊斯兰世界关系的新篇章”，并对中东和平进程以及一系列中东问题的解决产生积极影响。他说，奥巴马的演讲“十分令人鼓舞”，他对奥巴马在演讲中传递出的有关和平、理解与和解的信息“尤为欢迎”。埃及媒体认为奥巴马的讲话展现出了友善的态度，为弥合美国与伊斯兰世界在“9·11”事件后产生的误解和矛盾营造了积极氛围。

据统计，在约旦河西岸的被占领土上，以政府批准建成的定居点有120多处，居住单元58800套；犹太人口增长了3倍，达28万多人。此外，以政府已经批准在现有定居点拟再扩建46500个单元。而未经以政府批准建成的小居民点还有数十处之多。这就将巴勒斯坦被占领土切割得支离破碎，将来难以成国。因此，巴勒斯坦民族权力机构主席阿巴斯表示，以色列不冻结定居点建设，巴方就不会与其重启和谈。美国历届政府都曾在口头上要求以色列停建定居点，但并未施压。小布什还曾于2004年在给沙龙的信中默认以色列可以扩建人口“自然增长”所需的定居点。奥巴马不承认小布什与沙龙达成的默契，坚持要求以色列停建定居点。他认识到，只有解决了以巴争端，中东才能有持久的稳定与和平，美国才能从根本上改善与阿拉伯国家和伊斯兰世界的关系。国务卿希拉里明确表示：美国政府要求以色列停建所有定居点，不是某些定居点，也不是前沿小居民点，自然增长点也不能例外。6月1日，奥巴马在接受电视采访时也再次表示：无论是在公开场所还是私下场合，我都对以色列说得很清楚：停止定居点的建设，包括“自然增长”在内，这是它的义务。他明确告诉到访的内塔尼亚胡，停建定居点并让巴勒斯坦建国符合以色列的长远安全利益。但内塔尼亚胡则认为，这是一个“不理智的要求”。奥巴马说，耶路撒冷应当是犹太人、基督教徒和穆斯林共有的家园。他同时敦促巴勒斯坦伊斯兰抵抗运动（哈马斯）等派别结束暴力行动，并呼吁阿拉伯世界积极促进巴以和平进程。他强调，巴以和平唯一的解决方案，“是通过建立以色列和巴勒斯坦两个国家，以色列人民和巴勒斯坦人民都能和平、安全地生活，双方都能实现自己的抱负”。他多次表示，“两国方案既符合以色列的利益，符合巴勒斯坦的利益，也符合美国的利益，符合世界的利益”。2009 年 9 月 22 日，奥巴马在纽约同内塔尼亚胡和阿巴斯分别举行双边会晤，并围绕恢复巴以和谈等问题主持美、以、巴三方峰会。但以巴立场对立严重，使美国计划受挫，会谈无果而终。10 月 31 日，希拉里在耶路撒冷表示，美国希望巴以尽快恢复和平谈判，为实现“两国方案”而努力，建议允许以方在不做出公开承诺的情况下停止约旦河西岸犹太人定居点建设，以此作为与巴方重启和谈的条件。

犹太人定居点问题是巴以和平进程的主要障碍之一，双方在这一问题上分歧严重。巴勒斯坦方面一直拒绝在以方完全停止在约旦河西岸和东耶路撒冷建设定居点之前恢复和谈。为打破巴以和谈僵局，2010 年以来奥巴马政府加大了对巴以和谈的斡旋力度，要求巴以双方立即无条件地重开和谈，并提议双方在美国斡旋下首先展开间接谈判，为恢复直接谈判铺路，并要求以色列停止在约旦河西岸扩建定居点，拆除现有非法定居点，同时敦促阿拉伯国家也做出某些让步。这一提议得到阿拉伯国家和以巴双方的回应。2010 年 3 月 19 日，中东问题有关四方在莫斯科举行会议，旨在缓和中东地区紧张局势，推动巴以重启和谈进程。在国际社会的大力推动下，巴以双方终于同意举行为期 4 个月的间接谈判。然而，由于以内政部随后宣布批准在东耶路撒冷的犹太人聚居区新建 1600 套房屋，巴以间接和谈的启动一度陷入困境。当时，美国中东问题特使米切尔和副总统拜登正在巴以访问，以色列政府的这一举措不仅遭到巴勒斯坦和阿拉伯世界的强烈反对，而且还招致美国、联合国、欧盟的谴责。巴方认为以色列对谈判缺乏诚意，坚决拒绝在以方不完全冻结定居点建设的前提下重启和谈。此后，在美方的施压和阿拉伯国家的支持下，巴方终于在5月同意与以方进行间接和谈。5月9日，巴以间接谈判正式开始。但是，间接谈判自启动以来几无成果。为此，美国、欧盟等极力敦促巴方与以色列尽快转入直接谈判。经过斡旋，8月20日，希拉里国务卿宣布，巴以双方同意就解决巴以之间最终地位问题重启谈判，美方希望在一年之内完成所有最终地位谈判，从而达成一项和平协议。最终地位问题包括耶路撒冷地位、巴以边界划分、巴勒斯坦难民回归、犹太人定居点和水资源分配。

在美国的斡旋下，9月2日，以色列总理内塔尼亚胡和巴勒斯坦民族权力机构主席阿巴斯在华盛顿重启中断了近两年的直接谈判。主持这次谈判的美国国务卿希拉里·克林顿说，多年冲突和希望不断受挫导致不少人对巴以和谈持怀疑态度，美方对此表示理解。她表示，和谈要取得成功“需要耐心、坚持和领导能力”。内塔尼亚胡在发言中再次要求巴方承认以色列为“犹太民族国家”，并考虑以色列“真实的安全需求”。他表示，真正和持久的和平只能通过以巴双方相互的、痛苦的妥协达成，以色列希望成为巴勒斯坦人民的好邻居，愿同巴方共塑未来。只有通过双方痛苦的让步，永久和平才能实现。”他再次将阿巴斯称为“和平伙伴”。阿巴斯则说，谈判面临不少障碍，但目标明确，通向持久和平的路径为双方所熟知。他要求以色列停止所有在约旦河西岸的犹太人定居点建设，完全解除对加沙地带的封锁。双方同意将继续会谈，并承诺要努力实现和平。美国中东问题特使米切尔在新闻发布会上说，在国务卿希拉里·克林顿的主持下，以色列政府与巴勒斯坦代表团就广泛议题进行了“长时间和富有成果”的对话，双方同意力争在一年内解决双方之间所有最终地位问题。双方一致认为，和谈的成功需要双方以最大诚意共同推动。但是，鉴于巴以问题的极端复杂性，双方至今未能签署永久性和平协议。2011年5月，奥巴马再次就美国中东政策发表讲话。他表示巴以未来谈判应以1967年边界为基础，强调巴以双方如不共同推动谈判，将面临更大的风险。8月15

日，以色列政府宣布在约旦河西岸一处犹太人定居点新建 277 套住宅，这是内塔尼亚胡政府自 2009 年上台以来批准的最大规模单个犹太人定居点扩建计划。10 月 14 日，以色列又宣布，将在东耶路撒冷南部地区再兴建 2600 套犹太人住宅。

中东和平进程已经取得了令人瞩目的进展，实现中东地区全面持久的和平是人心所向，大势所趋。但是，由于阿以双方长期处于对立和冲突，积怨甚深，缺乏信任，再加上所牵涉的问题异常复杂，这就决定了中东和平进程必将是长期、曲折的。中东和谈开始至今，每前进一步几乎都离不开国际社会特别是美国的极力推动。美国作为重要的外部推动力量，在促使双方达成协议方面做了大量积极的努力，但其影响毕竟有限。中东问题的核心和解决的根本出路还在于阿以双方本身。

三　美国对两伊的遏制政策

伊拉克和伊朗作为海湾地区的大国，其军事力量、石油资源和战略地位都十分重要。美国认为，这两个国家大力扩充军备，并企图发展和拥有核武器，以此确立在波斯湾地区的霸权，这是对美国在该地区战略利益和地位的严重挑战。美国对伊朗和伊拉克实行的是所谓双重遏制政策。美国 1994 年的《国家安全战略报告》规定，只要伊拉克和伊朗对美国的利益、对该地区的其他国家和它们本国的国民构成威胁，美国则执行同时遏制这两个国家的战略。美国对两伊政策的核心内容是对这两个国家在经济上进行封锁，外交上进行孤立，军事上进行威慑。

海湾战争后，美国继续对伊拉克采取强硬政策，试图彻底削弱和摧毁伊拉克的经济实力与军事潜力，消除伊拉克对美国在中东利益的威胁，并且促使萨达姆政权垮台，以期出现一个亲美政府。2000 年 1 月公布的《新世纪的国家安全战略》报告明确提出美国对伊拉克的政策由三个核心部分组成：遏制和实行经济制裁，防止萨达姆再次威胁极其重要的海湾地区的稳定；通过联合国的石油换食品计划“缓解伊拉克人民遭受的人道主义灾难”；“向谋求一个能与邻国和自己的人民和平相处的政府来取代萨达姆政权的伊拉克人提供支持”。

在美国、英国的推动下，1991 年 4 月 3 日，联合国安理会通过海湾正式停火的 687 号决议，对伊拉克实行部分禁运和制裁，并提出了取消制裁的条件，包括：伊拉克承认 1963 年确定的伊科边界；伊拉克应无条件地保证不使用、研制、建造或取得核武器，并将其拥有的核材料完全置于国际原子能机构的控制之下；在国际监督下销毁、拆除现存的所有生物、化学武器以及射程超过 150 公里的弹道导弹；伊拉克承担战争赔偿；不支持国际恐怖活动。决议指出，只有在以上这些条件得到满足时，国际社会才有可能考虑取消对伊的制裁。为了具体实施这一决议，联合国批准成立了负责销毁和监督伊拉克生产导弹、生物、化学等其他违禁武器的特别委员会，简称联合国特委会，并为此设立了一个武器核查小组，由联合国特委会领导，负责监督、检查和销毁伊拉克武器。

美国等西方国家在停火协议后坚持对伊拉克施加军事压力。1991 年 7 月，美国强行规定伊拉克北纬 36 度以北地区为“安全区”，禁止伊拉克飞机进入该地区上空。1992 年 7 月，美国又规定伊拉克北纬 32 度以南上空地区为“禁飞区”。这两个“禁飞区”覆盖了伊拉克 40% 的国土，美国的高空侦察机还不断在两个“禁飞区”之间飞行，监视伊拉克的军事行动。1993 年 1 月 13 日，以美国为首的多国部队以伊拉克进入南部“禁飞区”为由，出动 110 余架飞机对伊拉克南部地区的地对空导弹基地和其他防空军事设施实施空袭。布什总统在空袭后表示，这一行动“完全成功”，“令人十分满意”。美国国防部发言人称，伊拉克在南部的防空系统已遭“严重挫伤”。1 月 17 日，美国又从海湾和红海的军舰上发射了 40 枚“战斧”式巡航导弹，袭击位于巴格达东南的工业基地。据美国称，该基地是伊拉克的核设施。次日，美、英、法出动 75 架作战飞机，对伊拉克南部和北部的地对空导弹基地和雷达设施进行了大规模空袭。同年6月，美国称发现了伊拉克想要暗杀前总统布什的计划，向巴格达发射了20枚巡航导弹。

1994年10月，美国政府宣布，根据可靠情报，伊拉克精锐部队已向伊科边境移动，加上原来驻守该地区的伊军，伊拉克在这一地区的兵力已达5万多人，坦克1000辆。对此，克林顿政府立即做出反应，开始向海湾地区大举增兵。至10月中旬，美国已将一艘航空母舰、200架作战飞机派遣到海湾，将两个“爱国者”防空导弹连派驻科威特，使美国在海湾地区的兵力增至4万人。与此同时，英国、法国也分别派出护卫舰，以配合美军行动。10月11日，伊拉克突然宣布，应友好国家的请求，伊已从10日起开始从伊科边境撤军。尽管如此，美国方面表示，仍将在海湾地区部署部队，并不断增加军舰数量。国防部长佩里称，除非伊拉克不再对海湾的稳定构成威胁，否则美国不会从海湾撤军。

1996年9月3日至4日，美国以伊拉克进入北部“禁飞区”为由，对伊拉克接连实施大规模轰炸。停泊在海湾的美国军舰和从美军关岛基地起飞的B-52重型轰炸机共发射44枚巡航导弹，对伊南部及巴格达附近的包括防空雷达基地、导弹发射基地和军事指挥中心等一系列目标进行空中打击。克林顿政府认为，伊拉克萨达姆政府的政策和行动“不仅对地区和平而且对美国国家安全和对外政策都是一个不同寻常的威胁”，因此，“美国将继续保持经济制裁措施，制止它威胁地区和平与稳定”。1997年3月，奥尔布赖特国务卿公开发表讲话称，如果萨达姆不下台，美国就不会同意取消对伊制裁。自1991年以来，美国在“禁飞区”内扔下了450万吨炸弹，每年平均耗费10亿多美元。

美国和伊拉克的矛盾在武器核查方面表现得最为尖锐。伊拉克一开始就对联合国武器核查小组采取抵制和不合作的态度。1992年7月，核查小组和伊拉克之间发生了轰动一时的“农业部大楼事件”。核查小组要求进入伊拉克农业部大楼搜寻有关武器材料，遭到伊方拒绝。联合国安理会发表声明，要求伊方立即允许核查小组进入大楼。美国向伊发出警告，它将使用可能包括武力在内的一切手段，迫使巴格达停止干涉联合国核查人员的工作。最终，伊拉克被迫同意核查小组进入农业部大楼进行检查。

20世纪90年代中期以来，伊拉克政府为了尽快让联合国解除对伊的经济制裁，在武器核查问题上减少了同联合国的对抗。1995年8月，伊拉克向联合国递交了有关远程导弹、生物与核武器研制情况的新材料，并保证尊重安理会关于海湾战争停火的各项决议。21日，伊拉克总统萨达姆决定向联合国提供停火决议提出的禁止伊拉克使用大规模杀伤性武器的全部资料。伊拉克还多次向国际社会表示，它已经交出了所有有关发展核武器、生物武器和化学武器的材料，并且已销毁了所有该销毁的武器。伊拉克试图通过主动配合武器核查小组的工作，使联合国尽快解除对伊拉克实施多年的制裁，但美国却坚持认为，伊拉克并没有完全履行规定，反对联合国放宽对伊的制裁。美国声称，伊拉克至少隐藏了100多个制造大规模杀伤性武器的目标的材料。

1997年10月，美英两国以伊拉克阻挠联合国武器核查小组的工作为由，要求联合国加强对伊拉克的制裁。10月23日，联合国安理会通过1134号决议，敦促伊拉克遵守安理会有关决议，与武器核查小组合作，否则将对伊实施新的制裁措施。伊拉克对此反应强烈，宣布驱逐核查小组的3名美国人出境，并禁止联合国武器核查小组中的美国人进入伊拉克。伊拉克还指控在联合国武器核查小组中的美国人打着联合国旗号，为美国中央情报局服务，在核查小组内无事生非，制造事端。美国政府下令美驻海湾部队进入战备状态，试图以武力迫使伊拉克做出让步。伊拉克方面并不示弱，向美国发出警告，如果美国高空侦察机飞临伊拉克上空的话，伊拉克将击落这些飞机。伊拉克称，武器核查小组中的美国人以及高空侦察机是借核查为名，从事对伊拉克的间谍活动，这是侵犯伊拉克主权的行为。伊拉克还指出，除非联合国调整核查小组的人员结构，否则就决不让目前以美国人为主的核查小组开展工作。在10、11月间，伊拉克接连7次阻止武器核查小组的美国人进入执行任务地点，核查工作因此而中断。美国对伊拉克的态度迅速做出强硬反应，称伊拉克的决定不仅是对美国的挑战，而且是对安理会及整个国际社会的挑战，警告伊拉克必须按联合国决议行事，必须为自己做出的决定承担由此带来的一切严重后果，敦促联合国安理会采取行动，对伊拉克采取更加严厉的措施，并强调必要时美国将采取单独行动。

在美国的大力推动下，11月12日，联合国安理会通过1137号决议：谴责伊拉克在武器核查问题上与联合国的不合作态度；要求伊拉克立即、无条件地与联合国特委会进行合作，遵守联合国的有关决议；立即取消驱逐美国核查人员的决定；若有必要，视事态发展对伊拉克采取“进一步的”强制性措施。但这一决议立即遭到伊拉克的断然拒绝，称伊拉克决不会屈从于美国和联合国的压力。11月13日，驻巴格达的几位美国核查人员被伊拉克驱逐出境。联合国特委会被迫宣布立即暂停在伊拉克的武器核查，将核查人员撤离伊拉克。在美国的要求下，安理会经过紧急磋商后发表一项主席声明，对伊拉克驱逐联合国武器核查小组美籍工作人员的决定表示最强烈的谴责。美国政府对伊拉克的行动做出强烈反应，立即向海湾地区增兵，并令驻海湾的部队进入战备状态。一时间，海湾地区战云密布。

面对僵局，俄罗斯和法国等国加紧斡旋，希望通过外交努力找到一个和平解决的方案，反对对伊拉克采取武力。美国在海湾的重要盟国沙特和科威特也表示反对实施军事打击，不愿让美国使用其军事基地袭击伊拉克。最终，伊拉克同意联合国武器核查小组人员返回工作。此后，双方在武器核查问题上屡屡出现纷争。1998年1月11日，伊拉克指责当天抵达巴格达的联合国武器核查小组的组成“不平衡”，认为这个由9名美国人、5名英国人、1名俄罗斯人和1名澳大利亚组成的核查小组完全受美英控制，既不会认真核查，更不能客观、公正、及时地做出检查结论。伊拉克明确表示，除非联合国对这个核查小组“重新改组”，否则。伊拉克将不允许这个小组在伊拉克进行任何活动。伊拉克还要求在6个月内结束核查工作。对此美国很快做出反应，称伊拉克必须根据安理会的有关决议“无条件地接受”武器核查，伊拉克要清除核查小组的美国人分明是对美国的蔑视和挑衅。国务卿奥尔布赖特1月13日在华盛顿发表谈话称，美国已经在海湾地区集结了强大的海军和空军力量，随时对伊拉克保持军事压力。美英两国在海湾陈兵3个航母编队、400余架飞机，总兵力超过3万人，准备打一场代号为“沙漠惊雷”的对伊战争。联合国安理会经过4次磋商，决定由联合国秘书长安南赴伊拉克作最后的外交努力。经过3天紧张的谈判，1998年2月23日，双方终于达成了一项谅解备忘录，规定：伊拉克同意根据联合国安理会的有关决议继续与特委会进行合作；联合国重申尊重伊拉克的主权和领土完整；伊拉克同意由秘书长指定的一个特别小组进入总统府官邸进行检查。剑拔弩张的核查危机再一次得到化解。联合国武器核查小组经过几个月的检查后，并没有发现违禁武器。

1998年6月，美国根据特委会的一份材料，断定伊拉克隐藏了其发展某种化学武器的材料。特委会主席巴特勒要求对伊拉克进行新的核查，遭到伊方强烈反对。同年8月初，伊方致函联合国秘书长安南，说明“伊拉克完全中止与目前的联合国特委会以及国际原子能机构的合作”。10月底，伊拉克中止了与武器核查小组的合作。11月8日，美国政府商讨对伊动武问题，并制订了两套军事打击方案：实施有限打击，即利用导弹对伊可能制造生、化、核武器的可疑地点进行打击；实施扩大打击，包括对伊主要军事基地、指挥中心甚至萨达姆本人等目标实行打击。与此同时，驻海湾美军也做好了对伊实施军事打击的各项准备，海湾上空再次战云密布。11月14日，伊拉克决定，无条件恢复同联合国特委会和国际原子能委员会的合作，使危机化险为夷。

1998年12月17日凌晨，美英两国未经联合国授权，也未发出任何警告，突然对伊拉克实施代号为“沙漠之狐”的空中打击。18、19、20日连续三天，美英继续向巴格达进行了更为猛烈、密集的轰炸，共向伊发射了300多枚“战斧”式巡航导弹。美英的行动遭到了中国、俄罗斯等国家的谴责和批评，法国、意大利等美国的盟国也表示反对。到12月20日，美英向伊拉克境内目标发动了4轮空中打击，所发射的巡航导弹已经超过了海湾战争期间所发射的数量。遭空袭的有伊拉克指挥与控制系统、导弹、生物和化学武器制造工厂以及政府大楼等100多个目标。美国国防部长科恩称：空袭已使伊拉克的军事系统遭受“巨大破坏”，使伊拉克的弹道导弹计划倒退1年，大大削弱了伊拉克威胁其邻国的能力。这次军事行动的时间正是美国众议院辩论表决是否弹劾克林顿的前夕，明显地具有减缓国内政治压力、转移公众视线的意图。克林顿宣布对伊进行空中打击后，众议院做出让步，同意推迟对克林顿弹劾案的表决。当然，其最根本的目的还在于削弱伊拉克的军事力量和武器生产能力，推翻萨达姆政权。克林顿在空袭后发表讲话称，美国必须采取行动，因为萨达姆可能在几个月内重建武器计划。这种预测性的动武理由充分暴露了美国在海湾地区的霸权主义行径，是美国强权政治的典型体现。12月19日，克林顿在宣布中止对伊拉克空袭的声明中称，美国将继续保持在海湾地区强大的军事存在，随时准备动用武力，坚持对伊实行制裁。自美英“沙漠之狐”军事行动以来，美英战机共进入伊拉克领空2.4万多次，炸死平民300多人。

自1991年4月联合国武器核查小组开始正式工作至1998年底，联合国先后共派出260个武器核查小组，3571人，进行了400多次调查，对伊拉克全国2500多处可疑场所和地点进行了反复检查，其中包括极其重要、敏感的军事指挥机构和总统官邸。50多名联合国工作人员在控制中心，使用130部抗干扰遥控摄像机监督伊拉克全国200多个重要研究机构、重要工业基地和军事基地。根据联合国特委会的统计资料，特委会摧毁了一个重要的“生物武器制造中心”；销毁了600吨化学试剂，3000多吨基础部件，426个用于制造化学武器的零件以及38537枚化学武器弹头。此外，还销毁了48枚射程在150公里以上的弹道导弹，以及一些用来制造生物和化学武器的设备等。

在经济上，美国积极倡议联合国对伊拉克实行全面的经济制裁和禁运，并且坚持阻挠联合国取消对伊拉克的制裁。美国试图通过制裁，迫使伊拉克做出让步，最终使萨达姆政权倒台。石油工业一直是伊拉克的主要经济支柱，海湾战争前，石油出口占伊外汇收入的95%。美国等国的制裁断绝了伊作为主要经济来源的石油出口收入，给伊拉克造成严重的经济困难。伊经济濒临崩溃，国内物品奇缺，物价飞涨，人民生活水平急剧下降，处境悲惨。据伊拉克官方宣布，长达10年的制裁已导致150多万平民因缺少医药和营养不良而丧生，其中大部分是无辜的儿童和老人，伊拉克人的健康水平倒退了50年。制裁造成的经济损失超过1400亿美元。伊拉克失业率高达70%，通货膨胀率高达4000%。为缓解国内压力，稳固政权，伊拉克一直在竭尽全力争取解除制裁，国际社会要求取消对伊制裁的呼声也日益高涨。

面对国际上要求解禁的压力，同时也为了摆脱困境和堵住萨达姆要求全面取消制裁的口实，1995年2月，美国为阻挠俄罗斯、法国等国在安理会提出解除对伊制裁的方案，抢先提出一项允许伊出口有限石油以购买“人道主义物资”的决议，并提交安理会批准，这项决议即安理会986号决议。该决议规定允许伊在联合国监督下每6个月出口石油20亿美元，出口渠道是经土耳其，石油收入的60%将作为战争赔偿、联合国在伊活动经费和对伊北部库尔德族人的人道主义援助，40%交伊政府用于购买粮食、药品。在美国看来，这项决议可以达到以下目的：第一，显示美国政府关注伊拉克人民的生存危机，减轻国际舆论对美国的压力；第二，向俄罗斯、法国等主张解除对伊制裁的国家表明，美国拥有对伊问题的第一发言权；第三，通过实施“以石油换食品”方案，向国际社会显示伊

拉克的生存危机已经缓和，从而维持对伊拉克的长期制裁和孤立，保持美国在中东的军事存在。第四，同时也解决了联合国在伊活动经费的部分来源。但是，伊拉克政府拒绝接受这一决议，认为它违背了安理会关于解除对伊制裁的687号决议中的第22条款的规定，该条款明确规定，只要联合国宣布销毁了伊大规模杀伤性武器，就解除对伊的制裁。而986号决议对解除制裁规定了新的更为苛刻的条件，并对伊石油出口增加了许多限制。直到1996年1月，面对国内日益严重的经济困境，伊拉克政府表示愿意就“石油换食品”计划与联合国进行谈判。经过反复的讨价还价，联合国与伊拉克于1996年5月20日在纽约达成协议，允许伊拉克在半年内出口20亿美元石油以换取购买粮食和药品所需的资金；石油收入全部存入联合国监管账号，由联合国支配，伊无权干涉。萨达姆政权只能得到石油收入的50%用来购买食品和药品，且全部过程由联合国监督。这一计划对伊拉克来说不过是杯水车薪，根本解决不了实质问题。

1996年以前，伊拉克始终把解除全面制裁作为其外交的首要目标，并为此作出各种努力，包括与联合国武器核查小组的合作，本来希望以主动合作来换取联合国尽快解除对其实施多年的经济制裁，使伊拉克重新回到国际社会。但是面对美国等国的顽固态度，伊拉克的政策变得趋于现实。1996年1月底，伊拉克被迫同意就有限出口石油以换取人道主义物品与联合国开始进行谈判，并最终接受了联合国的所有附加条件。此后，伊政府对全面解禁有了新的认识，即不断扩大“石油换食品”协议的内容，获取更多的实惠，同时展开积极的外交活动，甚至不惜走“战争边缘”政策来表达自己对制裁的强烈不满和愤怒，以期引起国际社会对制裁问题的密切关注，迫使美国最终全面解除对伊制裁。1998年，联合国通过决议，将伊拉克每半年出口石油的限额从原来的26亿美元提高到83亿美元。1999年5月，联合国安理会通过决议，决定从5月25日起将伊拉克与联合国已实施了两年半的“石油换食品”协议的执行期限延长6个月，以缓解伊国内的人道主义危机。同年11月，联合国将伊拉克每半年出口石油的限额增加到83亿美元。2000年6月，联合国决定继续延长“石油换食品”计划。然而事实证明，由于美国等国的百般阻挠，“石油换食品”计划没有也不可能解决伊拉克的人道主义危机。尽管国际社会和世界舆论从人道主义出发，一再呼吁放松和解除对伊拉克的制裁，以减轻伊拉克人民的痛苦，但美国坚持认为伊拉克仍是中东地区军事力量强大的国家之一，如果取消制裁，伊拉克将会在1年之内恢复弹道导弹以及化学和生物武器的生产，并在不到10年以内制造出核武器。

美国对伊拉克政策的最终目标是促使萨达姆政权倒台。1998年3月，美国一批国会议员发表讲话称，只要萨达姆还在掌权，武器核查协议就不会有任何作用，真正解决伊拉克问题的唯一途径就是把萨达姆赶下台。这些议员要求把萨达姆“作为一名国际战犯来进行审判，从而证明美国把他赶下台是正确的”。美国政府批准了一项建立“自由伊拉克广播电台”计划，试图以此鼓动伊拉克内部发生分裂。美国还曾试图通过扶植反对派力量来推翻萨达姆政权。1996年，美国中央情报局曾在伊拉克北部库尔德人居住区策划推翻巴格达政权的秘密活动。1998年10月，克林顿签署了一项国会通过的拨款9700万美元的《解放伊拉克法案》，公开支持伊拉克的反对派推翻现政权。克林顿在签署这一法案时称，“美国支持伊拉克社会各界的反对派组织”，“从长远来看，解决伊拉克危机的最终手段是推翻伊现政权，建立与邻国能和平相处的新政府”。奥尔布赖特也就此表示，“我们将积极地同反对派组织合作，这是我们的政策”。在美国的积极推动和支持下，1999年10月底，“伊拉克国民大会”等数十个伊拉克反对派组织聚会纽约，商讨联合推翻萨达姆政权、建立“民主和自由”的新伊拉克政府的策略。美国还在欧洲建立了一个军事训练营，由美国军官和中央情报局训练从伊拉克叛逃的官兵和库尔德反政府武装。

美国对伊拉克的几次军事打击虽然取得了一定胜利，严重破坏了伊拉克的军事设施，但没有彻底摧毁伊拉克的军事力量。制裁和

封锁虽给伊拉克经济造成极大困难，但美国的目的并没有完全实现。萨达姆依然控制着政权，并同美国周旋。在外交方面，伊拉克成功地改善了同世界上大多数国家的关系，赢得了许多伊斯兰国家的同情，使海湾战争以来形成的反伊国际联盟破裂，国际处境得到了一定程度的改善。伊拉克不断呼吁国际社会尽早解除制裁，受到世界舆论的广泛关注。海湾战争前，日本、法国、德国和意大利等西方国家曾是伊拉克重要的贸易伙伴。海湾战争后，由于联合国对伊实行制裁，它们与伊拉克的贸易被迫中断，也都希望尽快结束对伊拉克的封锁。曾作为美国反伊同盟军的阿拉伯国家对美国对伊拉克和以色列采取双重标准的做法表示极大不满，开始逐步改善与伊拉克的关系。阿拉伯国家对美国的中东政策普遍持怀疑态度，美阿关系明显下降，美国在中东的霸权地位受到严重影响。1999 年 1 月，阿拉伯联盟外长要求联合国取消对伊拉克的制裁，呼吁阿拉伯国家“为了遭受制裁打击的伊拉克人民团结起来”，“通过对话和外交手段解决我们的分歧”，认真采取行动，以结束对伊拉克的经济封锁，并谴责美国对伊拉克的空袭“加重了伊拉克人民的苦难，在该地区制造了更大的不稳定因素”。至 2000 年底，除了科威特和沙特阿拉伯外，海湾 4 个阿拉伯国家（卡塔尔、阿曼、巴林和阿联酋）都先后恢复了与伊拉克的外交关系。另外，伊拉克与叙利亚、约旦、伊朗等国家的关系也都有了实质性的发展。11 月初，伊拉克与埃及恢复了了外交关系。1998 年 12 月，美国在没有得到联合国授权的情况下对一个主权国家动用武力，违反了联合国宪章和国际法的基本准则，遭到世界上大多数国家的普遍谴责和批评，阿拉伯国家反应尤为强烈，要求放弃使用武力，和平解决争端。2000 年 10 月，萨达姆的代表应邀参加了在开罗召开的阿拉伯国家首脑会议，成为伊拉克重返阿拉伯世界的重要标志。约旦首相于 11 月初飞抵巴格达访问，从而成为近 10 年来首位访问伊拉克的阿拉伯国家政府首脑。

在积极恢复和发展同周边阿拉伯国家关系的同时，伊拉克还大力开展“石油外交”，加强同俄罗斯、法国、德国等传统贸易伙伴的关系。1997 年 3 月至 2000 年 8 月，先后与俄罗斯、法国等国签订了上百亿美元的油田开采合同。仅俄罗斯一国，自 1990 年以来的近 10 年间同伊拉克签署的石油开采、加工以及铺设石油管道等方面的合同总价值超过了 60 亿美元。伊拉克还同德国、日本、印度、韩国等签订了经济合作协议。德国政府多次表示，希望进一步发展与伊拉克的经贸关系，1999 年双边贸易额已超过了 1.6 亿美元。

美国的制裁措施越来越不得人心，要求解除制裁的呼声也日益高涨。2000 年初，为抗议联合国对伊拉克近 10 年的制裁，联合国负责人道主义事务的两任协调员以及世界粮食计划署驻伊高级官员先后愤然辞职，震动了联合国。2000 年 3 月，美国国会 70 名议员联合发表声明，反对克林顿政府奉行的对伊政策，要求政府允许伊增加进口非军事物资。在美国政府内部，一些官员也呼吁“寻求其他办法来代替全面制裁措施”。法国、俄罗斯等国都主张尽快解除对伊制裁，强调只有通过政治和外交努力才能在伊拉克及其毗邻地区确立持久而稳定的和平，认为美国对伊拉克的制裁已被证明是“无效的”。法、俄两国分别于 1993 年、1994 年与伊拉克恢复外交关系。1996 年法国宣布脱离多国部队，退出在伊北部“禁飞区”的监视活动。法国政府认为，对伊拉克实行空中封锁没有法律依据，联合国没有一项决议具体规定对伊实行空中封锁。伊与俄高层接触频繁，并就如何解除制裁取得了共识。2000 年 8 月 10 日，委内瑞拉总统查韦斯不顾美国的强烈压力，以石油输出国组织（欧佩克）轮值主席国元首身份访问伊拉克，他是海湾战争以来首位访问伊拉克的外国元首，在国际社会引起较大反响。8 月 17 日，俄罗斯一架民航客机降落在巴格达萨达姆国际机场，这是该机场重新开放后迎来的第一架外国客机。此后，法国、德国、约旦等国家的 40 多架客机也先后飞抵巴格达。这标志着美国的禁飞命令已经完全破产。美国对伊制裁政策已陷入孤立困境。

但美国也绝不会善罢甘休。波斯湾地区不仅是美国甚至是整个西方世界的石油命脉，而且具有极为重要的战略价值，美伊矛盾和斗争仍将继续下去。美国要维护其在中东的战略利益，确保对中东事务的主导地位，绝不会容忍萨达姆政权对其在中东霸权提出的公然挑战。根据2000年1月出台的美国《新世纪的国家安全战略》，美国对伊拉克的政策主要有三个核心部分组成：遏制和实行经济制裁；通过联合国的“石油换食品”计划缓解伊拉克人民遭受的人道主义苦难；“向谋求一个能与邻国和自己的人民和平相处的政府来取代萨达姆政权的伊拉克人提供支持”。2000年9月，伊拉克两次严厉指责科威特“偷采”伊拉克的石油，称科威特和沙特屈服于美国的压力增产石油，强烈谴责两国是美国的“帮凶”，伊科矛盾急剧尖锐。美国再次向伊拉克发出警告，称驻守在海湾的美英军队已做好应付任何威胁的准备，决不允许萨达姆再次成为威胁。与此同时，一支由5000多名美军官兵和60架飞机组成的突击部队进驻海湾；另一支由1400多人和45架飞机组成的精锐部队进驻土耳其，对伊拉克形成强大压力。

对于伊朗，美国同样实行遏制政策，认为与伊拉克一样，伊朗在海湾地区的行动构成了对美国利益的严重威胁，这两个国家是破坏海湾地区安全与稳定的重要因素。1979年伊朗伊斯兰革命成功后，扣留美国人质达一年之久，美国与伊朗断绝外交关系，并将它列为中东恐怖主义国家之首，对其实行武器禁运和经济制裁，两国关系长期处于紧张敌对状态。1993年克林顿政府执政后，开始进一步加大对伊朗的制裁力度。国务卿克里斯托弗认为“伊朗是世界上最主要的恐怖主义发起国，伊朗谋求制造核武器是核扩散的主要危险。美国对伊朗的政策就是要使用外交和经济措施以及军事威慑来遏制伊朗”。美国之所以对伊朗的政策如此强硬，主要有两点考虑：一是担心伊朗会成为地区大国，对美国在中东的利益构成威胁。美国认定伊朗正积极发展核武器和大规模杀伤性武器，违背了《核不扩散条约》。伊朗还从其他国家购买了大批先进武器装备以实现军队现代化，企图称霸海湾，成为该地区的主宰力量。这直接威胁着美国在中东地区的石油和战略利益。二是遏制以伊朗为中心的宗教激进主义运动的发展。美国一再指责伊朗支持国际恐怖主义，向国际恐怖主义组织提供巨额经济援助，破坏中东和平进程。

1995 年 3 月 14 日，美国宣布禁止美国公司与伊朗签订合同及开采伊朗石油。4 月 30 日，美国又宣布对伊朗实施全面经济制裁，中止与伊朗的所有贸易和投资；严禁美国人与伊朗做生意和提供贷款及相关的金融服务；禁止所有与伊朗有生意往来的外国公司与美国进行贸易。这是自 1979 年伊朗伊斯兰革命成功以来，美国对伊朗实行的最为严厉的制裁。5 月 8 日，克林顿总统正式签署对伊朗实施“新的、重大的经济制裁”的行政命令，这项命令将在 30 天后开始生效。美国还呼吁其盟国采取同样的行动，参加对伊朗的制裁。同年 6、7 月份，接连发生了驻沙特美军遭炸弹袭击和美国环球航空公司飞机爆炸事件，美国怀疑这与伊朗有关。国防部长佩里公开声明说，“伊朗是爆炸案的主要怀疑对象”。美国国防部命令驻海湾的部队处于最高戒备状态，随时准备打击来自伊朗方面的“恐怖性进攻”，同时继续指责伊朗在加紧训练针对美国的恐怖主义分子。伊朗政府对美国的指责坚决予以否认，指出“伊朗既不支持国际恐怖活动，更没在境内训练任何恐怖分子”，同时伊朗政府要求其军队做好一切迎击美国对伊朗可能发动的任何规模的进攻。伊朗领袖哈梅内伊认为，美国是当今世界上的霸权国家，它对伊朗指责的目的是要毁坏伊朗的声誉，在国际上进一步孤立伊朗，最终推翻伊朗伊斯兰共和国。伊朗总统拉夫桑贾尼还呼吁穆斯林产油国不要向美国销售石油，以抵制美国的中东政策。

1996 年 8 月 5 日，美国政府批准了加强对伊朗和利比亚制裁的“达马托法”，对在伊朗进行巨额投资（4000 万美元以上，1997 年 8 月改为 2000 万美元）的外国公司实行制裁。克林顿在签署这一法案时说，“美国必须进行这一制裁行动”，为此他将不顾忌西方盟国的反对。克林顿称，这一法案的实施将使伊朗和利比亚“没有资金来资助国际恐怖主义活动”。但是，美国的制裁并没有使伊朗政府屈服。伊朗副外长瓦艾齐在 1995 年 4 月发表谈话说："过去 16 年的事实早已证明伊朗不依靠美国也能够独立生存；而且即使美国采取更严厉的制裁，真正的和唯一的输家也只能是美国的石油公司"。

阻止伊朗生产、获得核武器是美国对伊朗政策的一个重要方面。美国对此采取了一系列强有力的措施，严格控制美国的核原料、核技术流入伊朗市场。克林顿政府认为"伊朗谋求获得核武器，违背了《核不扩散武器条约》，破坏了阿以和平进程，给中东地区形势与世界形势及美国的国家安全造成重大威胁"，对伊朗实行全面贸易禁运和制裁。与此同时，美国政府还敦促俄罗斯、乌克兰等国中止与伊朗的核合作，在国际上彻底孤立伊朗。美国还要求其他国家不向伊朗提供尖端技术，以遏制伊朗制造具有大规模杀伤力的武器。

1997 年 5 月，伊朗温和派领导人哈塔米当选伊朗新总统，呼吁改善与美国的关系。他上任后不久就发表讲话，称美国人民是"伟大的人民"，希望"在不久的将来"能同美国人民对话。克林顿政府也认为哈塔米的当选是"令人感兴趣和有希望的"，哈塔米的讲话"令人鼓舞"，对伊政策随之发生一些变化。美国从其地缘政治战略和经济利益出发，也有条件地向伊朗挥动起橄榄枝，美伊关系自 1979 年以来首次出现缓和迹象。美国通过第三国向伊朗传递信息，表示美国无意继续孤立伊朗，并提出与伊朗改善关系的建议。同年 7 月，克林顿政府改变以往立场，不再反对修建从土库曼斯坦途径伊朗到达土耳其的石油管道，此举被认为是"美国放松对伊朗经济制裁的第一步"。10 月，美国宣布在美的反伊组织"人民圣战者"为非法，消除了长期以来美伊之间的一大问题，伊朗方面认为这是美国对伊朗表示友好的"第一个积极的迹象"。1998 年 1 月，哈塔米两次公开表示希望同美国人民进行对话，建议允许文化交流，以促进相互了解。美国方面也表示准备与伊朗进行对话，希望两国人民加强交流，重新建立良好关系。同年 2 月，美国国务院发言人鲁宾宣布美国希望同伊朗展开“政府间对话”，鼓励美国人访问伊朗，并对希望到美国的伊朗人在签证方面提供便利。5月，美国政府撤销对在伊朗能源领域投资的三家外国公司的制裁。6月，克林顿表示希望美伊两国足球队在世界杯足球比赛中能够成为“结束两国不和的起点”。国务卿奥尔布赖特也称“我们能够制定一项使两国关系正常化的方案”，美国“准备探讨加强相互信任、避免加深隔阂的一切途径”。随后，美国摔跤队访问伊朗，受到伊朗各界的欢迎。

2000年2月以哈塔米为首的改革派获得议会选举胜利后，美国对伊政策进一步进行调整，表示愿意与伊朗开展无条件的对话，以消除两国长达20多年的紧张关系。3月17日，奥尔布赖特在美国—伊朗协会发表演讲时宣布，美国部分解除对伊朗的经济制裁，允许从伊朗进口地毯、瓜果、鱼子酱等非石油产品；放松对伊朗学者和艺术家、运动员进入美国的限制，鼓励两国进行人才交流；同意通过海牙国家仲裁法庭，最终解决伊朗被冻结的财产问题等。她承认美国对伊政策存在“令人遗憾的短视”，认为美国过去对伊政策犯了错误。伊朗外交部当天就表示，欢迎美国的这一做法并将采取相应步骤允许进口美国的农产品和药品。9月，奥尔布赖特和哈拉齐共同出席了有关阿富汗问题的圆桌会议。哈塔米和议长卡鲁比也来到纽约参加联合国千年首脑会议和千年议长会议，并会见了部分美国议员。所有这些表明，美国与伊朗的关系正处于一个重要转变时期。

美国对伊朗的政策之所以出现松动，主要是出于以下考虑和现实需要。首先，美国对伊朗的遏制和孤立政策并没有收到预期效果，难以为继。美国对伊朗的遏止政策从一开始就没有得到国际社会的支持，美国的盟国拒绝与美国合作，继续保持同伊朗密切的经贸关系。“达马托法”一出笼，立即遭到国际社会的普遍谴责。欧盟发表声明，反对美国的治外法权。1996年8月5日，欧盟委员会副主席布里坦表示，欧盟虽然也反对恐怖主义，但是，

“我们不认为达马托法案是正确的方向”，美国的做法“破坏了盟国之间的团结，而这种团结对于有效地共同打击恐怖主义是非常必要的”。他重申，如果达马托法案危害到欧盟的利益，欧盟将采取措施予以反击。法国外交部指出，达马托法不仅违反世界贸易组织的自由贸易精神，而且还带有治外法权性质，它对世界贸易的安全和发展极为不利。德国、英国、加拿大、日本、意大利、巴西、澳大利亚等国纷纷发表评论，指责美国的强权做法。欧盟作为伊朗最大的贸易伙伴，对美国的“达马托法案”采取了强有力的抵制，坚持与伊朗保持“批评性对话”关系。这些国家还担心对伊朗的制裁会引起世界石油市场价格上涨，给本国经济造成不利影响，损害自己的利益。还有一些国家对制裁可能会导致波斯湾局势的紧张表示忧虑不安。

其次，美国的政策既没有搞垮伊朗经济，也没有迫使伊朗改变其对外政策。相反，伊朗积极利用美国与其他国家在对伊政策上的分歧和矛盾，努力扩大对外交往，改善并发展与其他国家的关系，以此提高自己的国际地位，增强抗衡美国的能力。哈塔米上台后，逐步调整了对外政策，特别注意改善同周边阿拉伯国家的关系，与埃及、沙特、约旦和伊拉克等阿拉伯国家走上了和解之路。1997 年 12 月在德黑兰举行的伊斯兰会议组织第八次首脑会议，有 50 多个国家的首脑或代表与会，并通过了《德黑兰宣言》和 100 多项决议案。这次会议的成功表明伊朗取得了一次在外交和政治上的胜利，是对美国遏制与孤立政策的有力打击。

在修复同阿拉伯国家关系的同时，伊朗还与美国的盟友进行“建设性对话”。1999 年 3 月，哈塔米出访意大利，这是 1979 年以来伊朗国家元首对西方国家的首次访问。同年 10 月，哈塔米又对法国进行了为期 3 天的正式访问。这两次成功访问表明美国对伊朗的孤立政策已形同虚设。进入 2000 年，伊朗外交更趋活跃。1 月初，伊朗外长哈拉齐出访英国，与英国首相布莱尔等就改善双边关系等问题进行了会谈。随后，哈拉齐访问土耳其，与土耳其领导人举行了会晤，并签署了改善两国政治和经济关系的谅解备忘录。7月，哈塔米对德国进行访问，使处于徘徊状态的伊德关系有了“实质性的新开端”。10月底，哈塔米作为伊朗国家元首42年来首次出访日本，使日伊关系“进入新时代”。与此同时，奥地利、日本、德国、荷兰、西班牙等一大批政要也先后访伊。美国的政策不仅没有遏制住伊朗的发展，倒使美国自己陷入了困境。

再次，美国的政策使美国的经济受到损害。美国曾经是伊朗的重要贸易伙伴。对美国来说，伊朗是一个潜在的大市场。美国对伊朗的贸易禁运使美国每年损失45亿美元。由于美国被完全排除在伊朗市场之外，在伊朗的商业机会为美国的西欧盟国和日本所占。1996年伊朗与欧盟的双边贸易额达290多亿美元。美国的公司特别是石油公司，对美国政府的做法表示强烈不满，敦促政府调整对伊政策。再次，伊朗的战略地位以及它在中东、中亚的影响与作用，使得美国政府不得不与之改善并发展关系。伊朗是中东、海湾地区的大国，对中亚的政治、经济也有着相当大的影响，没有伊朗的合作，美国就难以在海湾、中亚地区确立和平与稳定，美国在这些地区的战略目标就不可能得到实现。

最后，美国调整对伊政策，逐步改善同伊朗的关系，是美国的利益使然，也是客观形势的要求。美国政府在2000年《新世纪的国家安全战略》中明确表示：“我们有兴趣地看待伊朗政策中的变革迹象，既看到伊朗在国际社会取得合法地位的可能性，又看到改善双边关系的机会。我们欢迎哈塔米总统提倡与美国展开人民之间的对话的讲话。我们准备进一步探索与伊朗建立相互信任和避免误解的办法。我们将加强与盟国和朋友的合作，鼓励伊朗对威胁我们共同利益的做法作出积极的改变。如果能够以一种解决双方所担心的问题的方式开始和保持政府之间的对话，那么美国愿意与这个伊斯兰共和国拟订一幅通向正常关系的道路图。”在另一方面，也应看到，美伊和解过程中必然会遇到许多难题和挫折。两国的敌对近20年，双方的敌意和不信任根深蒂固，在短时期内难以消除。要想尽弃前嫌、恢复关系，绝非易事。美国在表示无意继续孤立伊朗、希望同伊朗进行对话的同时，要求伊朗放弃“恐怖主义活动”，停止发展核武器。伊朗则要求美国停止“侵略行为”，解除对伊朗的制裁，归还所冻结的伊朗财产。哈塔米曾严厉批评美国的对外政策，指出：“我们已经处于20世纪之末，即将进入21世纪，而美国的对外政策依然停留在冷战时期，依然在寻找自己的假想敌人。”双方的立场相距较远。此外，两国关系的改善还会受到两国国内政治因素的制约。从美国方面来说，美国国会议员对伊朗所发生的变化知之甚少，主张加强制裁。在伊朗国内，虽然哈塔米奉行温和、务实的对外政策，主张与世界各国开展“文明对话”，试图改善伊朗同美国的关系，但他毕竟只是第二号人物，面临着许多阻力，特别是保守派的力量还十分强大。作为保守势力代表的宗教领袖哈梅内伊是国家内外方针的最高决策者，凌驾于各种权力之上。保守派坚持“不要东方，也不要西方，只要伊斯兰”的方针政策，反对与美国媾和。

四　新世纪美国中东政策的演变

“9·11”事件后，美国政府迅速确定“基地”组织头目本·拉登为主要嫌犯，他藏身的阿富汗成为美国决策者关注的焦点。美国政府多次要求自1996年以来执政的塔利班政权交出拉登。2001年10月7日，以美国为首的联军对阿富汗实施大规模的军事打击。12月初，塔利班政权被推翻。小布什政府敦促联合国采取行动，并主张在阿富汗建立国际安全部队。在联合国安理会授权下，由北约领导的、来自35个国家约6500名士兵组成的国际安全部队开始进驻阿富汗，负责维持阿富汗首都喀布尔等地的安全，并为救援人员提供安全保障，协助重建工作。2002年1月底，阿富汗临时政府主席卡尔扎伊访美，这是近40年来阿富汗领导人首次访美，双方发表“美国—阿富汗伙伴关系联合声明”。美国承诺战后长期帮助阿富汗重建、实现民主，承诺向阿富汗提供3亿美元的援助，解冻阿前政府在美国的2.23亿美元资产。4月，美国防部长拉姆斯菲尔德访阿，要求阿富汗政府继续清剿塔利班和“基地”组织残余。12月，小布什批准在未来4年内向阿富汗提供33亿美元的援助。

2004年1月，小布什在国情咨文中首次提出“大中东计划”，试图在中东乃至整个伊斯兰世界推动进行政治、经济、社会、教育和文化等领域的改革，建立“民主制度”，以消除恐怖主义产生的根源。这是“冷战结束以来美国进行的最为雄心勃勃的民主改造努力”。小布什称，向中东地区传播民主“是我们这个时代的重大挑战”，可能需要几代人的努力。[①] 6月初，在美国举行的八国集团首脑会议上，布什正式提出了旨在改造中东的所谓“面向进步和共同未来伙伴关系计划”，并得到与会各国首脑的批准。2004年10月，卡尔扎伊成为阿富汗第一位经民主选举产生的总统。美国在继续打击阿富汗塔利班和基地组织残余势力的同时，加大了对阿富汗的援助力度。2005年5月23日，小布什与来访的卡尔扎伊总统签署关于美国与阿富汗建立战略伙伴关系的联合宣言，宣布两国正在建立更为紧密的合作关系，在政治、经济和安全领域就共同关心的问题进行定期高层接触，以保障阿富汗的长期安全、民主与繁荣。小布什向媒体表示，在阿富汗认为自己的领土完整、独立或安全受到威胁时，美国将与阿富汗进行磋商；美国将帮助阿富汗建立强大、持久的政府和民事机构，美国将继续支持阿富汗的重建和经济发展。他还称，驻阿富汗的美军与阿富汗政府是一种合作与磋商的关系，驻阿美军将继续处于美军指挥官的统领之下，目标是铲除“基地”组织的残余势力，并使阿富汗能够保卫自己。2005年12月，切尼出席阿富汗首届议会开幕式并与卡尔扎伊会谈。赖斯、拉姆斯菲尔

① 中国现代国际关系研究院：《国际战略与安全形势评估》（2004/2005），时事出版社，2005，第286～287页。

德都是一年两度出访阿富汗，强调将致力于发展美阿长期战略伙伴关系，继续支持阿富汗改善安全局势和进行经济重建。2007 年 1 月，美国决定在今后两年内投入 106 亿美元，用于训练和装备阿富汗军队，开展重建工作。

2008 年，阿富汗政府军协同 7 万外国军队清剿恐怖势力，但塔利班武装却一次次卷土重来，其活动范围已扩大到阿境内 2/3 地区，甚至多次在首都喀布尔发动袭击。美军的军事行动并没有带来预期的安全，塔利班武装的恐怖主义活动越发猖獗。阿富汗各类暴力袭击事件造成至少 5000 人死亡，其中包括 283 名外国驻阿士兵和 2000 多平民。无论是平民还是外国士兵伤亡数字，均创下了 2001 年以来的最高纪录。① 10 月 29 日，阿富汗总统卡尔扎伊承认，塔利班政权被推翻几年了，但国家安全形势不仅没有好转，反而日益恶化。在此情形下，美国一方面敦促盟国向阿富汗增兵，同时也认识到仅靠军事手段不可能解决问题，表示愿意与塔利班的温和派接触，通过谈判来谋求阿富汗局势的稳定。

2009 年奥巴马执政后，制定了针对阿富汗局势的新战略。3 月 27 日，奥巴马宣布将在阿富汗、巴基斯坦实施新的战略。他强调，策划并参与“9·11”事件的恐怖主义分子就在巴基斯坦和阿富汗，并且正在密谋新的袭击行动，阿富汗和巴基斯坦边境地区已成为“世界上最危险的地方”，不仅对美国而且对整个国际安全都构成最严峻的挑战。美国需要有一个“更强大、更明智的综合战略”来破坏、瓦解并击败在巴基斯坦和阿富汗基地组织，并且绝不让他们今后在这两个国家重新立足。奥巴马重申，美国将调动一切力量战胜“基地”组织，这一目标必须实现。新战略的主要内容包括：美国将寻求与阿富汗和巴基斯坦建立持久的伙伴关系；为了加强阿富汗和巴基斯坦的军事和经济能力，必须动员国际社会提供支持；任命资深外交官霍尔布鲁克为负责阿富汗和巴基斯坦事务的特别代表，

① “阿富汗总统称美国将向阿增派约 3 万兵力”，新华网，2008 年 12 月 23 日。

与美军驻阿富汗司令彼得雷乌斯密切合作，协调美国在民政和军事方面的努力；美国、阿富汗、巴基斯坦开展三方长期对话，加强情报和军事合作，同时共同努力解决贸易、能源和经济发展等问题；向阿富汗增兵1.7万人，帮助培训阿富汗安全部队，到2011年建设13.4万人的军队和8.2万人的警察部队，使之最终能承担保障阿富汗安全的主要责任；支持阿富汗建立一个稳定、合法的政府。奥巴马政府将反恐主战场由伊拉克转向阿富汗，使驻阿美军总人数增至大约6.8万人。6月，美军将城镇安全防务移交给伊拉克安全部队。8月17日，奥巴马称，阿富汗战争对美国而言并不是可选择的战争，而是必须要打的战争，这事关美国的根本利益，因此“值得打下去”。至2009年9月，美国已经为阿富汗战争拨款达2230亿美元，并先后增兵1.7万和3万人。11月19日，国务卿希拉里赴喀布尔出席阿富汗总统卡尔扎伊就职仪式。

2009年12月1日，奥巴马总统在西点军校发表全国电视讲话，宣布阿富汗战略的调整方案，其中包括2010年夏季之前向阿富汗增兵3万人以及美国从2011年7月开始逐步从阿撤军。奥巴马说，在对阿富汗战略进行全面评估后，他确信向阿富汗增兵符合“国家的重大利益”，而“18个月后，我们的部队将开始回家”。他说，美国目前必须增兵才能增强阿富汗安全部队的能力，并最终以负责任的方式撤军。奥巴马说，做出以上决定是因为美国在阿富汗和巴基斯坦的安全利益受到威胁。而美国反恐的目标仍是“破坏、瓦解和击溃”阿富汗和巴基斯坦境内的“基地”组织，防止其拥有在未来威胁美国及其盟友的能力。美国希望北约盟国提供更多部队，分担反恐责任，为美国2011年7月开始逐步撤军创造条件。奥巴马的阿富汗新战略主要有三大目标：一是让“基地”无安身之所；二是削弱阿富汗塔利班势力，使其不具有推翻阿富汗政府的能力；三是加强阿富汗的安全力量和政府管理。他还说，巴基斯坦是美国在阿富汗取得成功的不可缺少的伙伴，美国将在共同利益、相互尊重和相互信任的基础上加强美巴关系。2010年1月，美国国会批准在2010财年为伊拉克和阿富汗战争追加拨款1368亿美元。截至2010年12月，驻阿美军已达10万人，联军总数超过15万人。为了阻止塔利班的卷土重来，奥巴马政府加强了在阿富汗的军事存在。反恐新战略推行一年半，美军伤亡人数持续上升，阿富汗安全局势不断恶化，暴力活动持续升级。截至2010年9月，已有323名美军士兵丧生，2010年已成为美军发动阿富汗战争以来士兵伤亡最严重的年度。2010年6月，驻阿美军最高指挥官麦克里斯特尔被免职。

2010年美军和阿富汗政府军先后在赫尔德曼省的马尔贾市和坎大哈发动了两次大规模的清剿行动，但效果并不明显，战果非常有限。鉴于仅靠军事手段难以解决阿富汗问题，美国政府开始改变策略，支持阿富汗政府与塔利班武装达成和解，使塔利班融入阿富汗社会。美国负责阿富汗和巴基斯坦事务的特使霍尔布鲁克曾表示，“阿富汗战争的终结应该是通过政治途径达成协议”，美国支持阿富汗政府与塔利班高层进行对话。阿富汗总统卡尔扎伊多次呼吁塔利班武装分子放弃使用暴力，和政府一起为实现国家和平与稳定共同努力，并派人与阿塔不同派别进行接触。[①] 卡尔扎伊政府还制定了一项“阿富汗和平与回归社会计划”，预算为2.5亿美元，力争到2015年说服近36000名塔利班武装分子放弃武器，重返社会。美国承诺出资1亿美元支持该项计划。霍尔布鲁克认为，这项计划是“阿富汗成功与否的一个关键因素”。[②] 9月28日，驻阿美军最高指挥官彼得雷乌斯首次承认与塔利班在秘密接触，并称“美国支持阿政府与阿塔和谈，这是解决阿叛乱的最有效途径”。10月，阿富汗还成立了一个由各派政治势力组成的专门委员会，负责斡旋与塔利

① “美国明确表示塔利班可参加阿富汗和平进程”，人民网，2010年6月7日；“阿富汗总统再度呼吁塔利班参与和平进程”，新华网，2010年6月13日。

② “前塔利班成员回归社会是阿富汗成功的一个关键因素”，《美国参考》2010年7月13日。

班的和解，寻求通过谈判结束战争。2011 年 2 月 18 日，美国国务卿希拉里在亚洲协会就阿富汗和巴基斯坦问题发表讲话，表示支持阿富汗政府主导的和解，以和平手段解决冲突，敦促塔利班武装分子断绝与“基地”组织的联系，停止暴力活动，遵守阿富汗宪法，同阿富汗政府和解，重新融入阿富汗社会。她警告说，塔利班面临明确的选择，要么参与阿富汗的未来建设，要么受到无情打击。[①]

与此同时，美国还向阿富汗提供了大量援助，以解决阿富汗所面临的经济困难。2009 财年援助额由 2004 财年的 9.82 亿美元增至 93 亿美元。美国通过直接投资或推动国际组织提供贷款，帮助阿富汗加速公路、铁路等基础设施建设。2010 年 1 月 12 日，美国农业部长维尔萨克与阿富汗农业部长拉希签署一项备忘录，承诺美国向阿富汗提供 2000 万美元援助资金，以促进阿富汗农业生产，为阿富汗农村创造更多就业机会，增加农民收入，进而稳定阿富汗局势。农业在阿富汗经济中发挥关键作用，约 80% 的阿富汗人依靠农业维持生计。由于农业发展落后，很多贫困的阿富汗农民转而从事鸦片种植活动，使塔利班武装组织从中获得暴利。美国政府试图通过重建阿富汗农业，使阿富汗人远离塔利班，从而促进阿富汗局势的稳定。1 月 21 日，希拉里发布《阿富汗和巴基斯坦地区稳定战略》，表示将加大对阿富汗和巴基斯坦两国长期民事援助力度，支持两国政府应对境内的极端主义威胁。根据这一战略，美国在阿富汗将加大对以农业为先导的重点产业援助，以创造就业机会。在巴基斯坦，美方将在未来 5 年内向巴政府提供 75 亿美元援助，帮助巴方克服经济发展中的困难。美国还准备动员其他国家，以构建一个“尽可能最广泛的”联盟，支持美国在阿富汗和巴基斯坦开展的行动，帮助两国实现稳定和繁荣，以抵抗极端势力的威胁。

2011 年 5 月 1 日，美军“海豹突击队”在巴基斯坦山区击毙

---

① “国务卿克林顿在亚洲协会就阿富汗和巴基斯坦问题发表讲话”，《美国参考》2011 年 2 月 22 日。

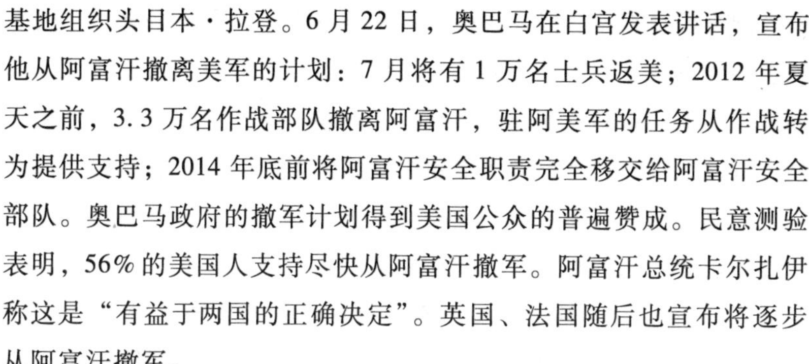

基地组织头目本·拉登。6 月 22 日，奥巴马在白宫发表讲话，宣布他从阿富汗撤离美军的计划：7 月将有 1 万名士兵返美；2012 年夏天之前，3.3 万名作战部队撤离阿富汗，驻阿美军的任务从作战转为提供支持；2014 年底前将阿富汗安全职责完全移交给阿富汗安全部队。奥巴马政府的撤军计划得到美国公众的普遍赞成。民意测验表明，56% 的美国人支持尽快从阿富汗撤军。阿富汗总统卡尔扎伊称这是“有益于两国的正确决定”。英国、法国随后也宣布将逐步从阿富汗撤军。

在进行阿富汗战争的同时，美国还力图把战火烧到伊拉克，从政治、外交、军事等各方面加紧准备推翻萨达姆政权。2002 年 1 月，小布什在《国情咨文》中将伊拉克定为“邪恶轴心国”。9 月，小布什在联合国大会发表讲话，要求伊拉克严格履行安理会决议，销毁大规模杀伤性武器，停止支持恐怖主义。10 月 10、11 日，美国国会众、参两院分别通过授权使用武力打击伊拉克的决议。10 月 16 日布什签署该决议。与此同时，布什、鲍威尔、拉姆斯菲尔等频频出访有关国家，并通过外交渠道与 50 多个国家进行接触，以争取国际社会对美国军事打击行动的支持。在军事方面，美国中央司令部在卡塔尔建立了指挥中心，在海湾地区部署了 6 万多兵力、400 余架飞机，并与科威特、约旦等阿拉伯国家和北约盟国多次举行两栖登陆、巷战、生化战、沙漠战等针对性联合军演。美军持续轰炸伊拉克“禁飞区”防空和其他军事设施，空投了数百万张传单。政治上，2002 年 7 月、8 月和 12 月，美国召集伊拉克反对派开会，商讨推翻萨达姆及战后重建等问题，并向反对派 9200 万美元的援助。11 月 8 日，联合国安理会通过有关对伊拉克武器核查的第 1441 号决议，敦促伊拉克全面履行安理会有关决议，警告伊拉克如再不履行决议或不与联合国充分合作，将面临“严重后果”；要求伊拉克政府在决议通过 7 日内明确表示接受决议，并在 30 天内完成提交其大规模杀伤性武器发展报告；联合国武器核查人员应在决议通过 45 天内恢复对伊武器核查，并在核查恢复后的 60 日内向安理会提交有关情报报告；伊拉克政府应允许联合国监测、核查和视察委员会及国际原子能机构的核查人员无阻碍、无条件和无限制地视察他们想要视察的任何地方、设施、建筑、设备、记录和运输工具，无限制和无障碍地单独接触任何人员，并同他们在伊拉克境内外进行面谈；要求伊拉克立即无条件地同联合国监测、核查和视察委员会和国际原子能机构积极合作。①

2003 年伊始，美国继续加紧进行对伊拉克军事打击的各项准备。布什在 2003 年 1 月 28 日的国情咨文中称伊拉克领导人萨达姆违反联合国有关决议，并阻挠武器核查；没有证据表明伊拉克已销毁能制造生化武器的材料；萨达姆向恐怖主义分子提供援助和保护。布什强调，美国决不能允许萨达姆统治这样一个对美国利益至关重要的国家，要求萨达姆立即解除武装。2 月 5 日，鲍威尔在安理会就伊拉克问题发表了长达 70 多分钟的讲话，并展示了美国掌握的伊拉克隐藏大规模杀伤性武器及与恐怖组织联系的"证据"。3 月初，美国在海湾地区已部署了 22.5 万人的兵力。3 月 18 日，布什向萨达姆发出最后通牒，强调有关伊拉克问题的和平努力已经失败，美国必须采取行动解除伊拉克的大规模杀伤性武器的威胁，限令萨达姆及其儿子 48 小时内离开伊拉克，否则美国将随时对伊拉克进行军事打击。20 日，美军展开"伊拉克自由行动"，发动了对伊拉克的战争。4 月 9 日，美英联军进入巴格达，推翻萨达姆政权。5 月 1 日，布什宣布伊拉克主要战事已经结束，开始转向战后安排和重建阶段。

在伊拉克问题上，美国推行的单边主义不仅遭到国家社会的普遍谴责，而且在美国国内也引起不满。迫于内外压力，布什政府开始调整对伊政策。一方面他仍强调伊拉克是"反恐战争"的主战场，为了取得胜利，美国将采取一切必要的行动，付出一切必要的代价，同时呼吁国际社会共同参与伊战后重建。布什强调，美国在

① "联合国安理会第 1441 号决议"，新华网，2003 年 2 月 9 日。

伊拉克有三大战略目标：消灭恐怖主义分子；争取其他国家对“自由伊拉克”的支持；“帮助伊拉克人民为他们自己的安全和他们自己的未来承担责任”。2005 年 2 月 5 日，布什发表了连任后的首份国情咨文，布什对伊拉克选举大加赞誉，表示将“把工作的中心日益集中到帮助伊拥有更能应付局面的安全力量上来”。布什指出，伊拉克安全部队日渐成熟，将能够承担更多的治安重任，并最终能独立承担保卫国家的重任，而美国将帮助新的伊拉克确保其自由。布什同时也表示，不能助长伊拉克恐怖分子气焰，美军没有撤军时间表。维持伊拉克秩序，积极推动伊拉克的重建成为布什第二任期内的主要任务。2005 年 12 月，随着伊拉克举行国民议会选举，伊拉克逐步进入了“伊人治伊”阶段。

为了平息美国国内对伊战后重建进程的缓慢及国会要求撤军的压力，敦促美国民众继续支持政府的伊拉克政策，2005 年 11 月 30 日，美国国家安全委员会公布了《在伊拉克取得胜利的国家战略》。报告认为，在伊拉克取得胜利事关美国的重要利益，伊拉克是美国全球“反恐战争”的中心前线。报告阐明了美国在伊拉克取得胜利的短期、中期和长期三个阶段性目标。在政治上，将争取更多的伊拉克人参与政治进程，建立一个实行宪政的代议制政府；在安全上，打击恐怖分子，平息叛乱活动，建设伊安全部队；在经济上，恢复伊拉克基础设施，帮助伊拉克政府建立和健全自力更生的经济基础，发展经济。报告并未明确提出美军撤离伊拉克的时间表，只是称随着伊拉克的政治进程向前推进，以及训练出更多的伊拉克安全部队，美国将逐步撤军。随后，小布什在安纳波利斯海军学院发表讲话，重申这一战略。他指出，“制定撤离的最后期限将会向全世界传达一个错误信息，那就是，美国很懦弱，是不值得信赖的盟友。制定撤离的最后期限也向我们的敌人送去一个信号，那就是，如果他们等待的够久，美国人就会匆忙逃跑，扔下他们的朋友”。他强调，美国军队将继续留在伊拉克，直到伊拉克人完全有能力保护自己为止。他强调说，对伊拉克战争的胜利需要“更多的时间和

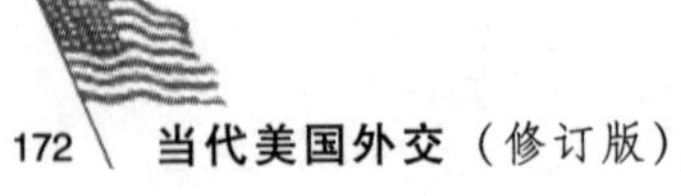

耐心”。

2006年1月31日，小布什在国会参众两院联席会议上发表2006年《国情咨文》。小布什在演讲中为自己的伊拉克政策辩护说，美国在伊拉克有明确的计划。首先，帮助伊拉克建立一个具有广泛代表性的政府；第二，帮助伊拉克政府打击腐败和重建经济；第三，培训伊拉克安全部队的同时，继续打击伊拉克的“恐怖目标”。布什说，随着伊拉克安全局势的好转和伊拉克安全部队发挥越来越大的作用，美国将逐步减少驻伊拉克军队。但美国如果突然从伊拉克撤军，就等于抛弃了伊拉克，就等于让本·拉登之类的恐怖分子来控制伊拉克这样的具有重要战略地位的国家。小布什、赖斯、国防部长盖茨、商务部长古铁雷斯、司法部长冈萨雷斯、中央司令部司令阿比扎伊德、助理国务卿戈迪克等美国政府官员频频出访伊拉克，并向伊拉克提供大量经济和军事援助，以推进伊拉克重建进程。2007年1月10日，布什提出伊拉克新战略，宣布向伊拉克增派2万美军，使驻伊美军达到16.8万人，并展开一系列大规模军事行动。与此同时，加紧训练伊拉克安全部队，帮助伊拉克建立一支具有一定规模、装备精良的部队。经济上，向伊拉克投入大量资金，加紧重建步伐，努力推动伊拉克经济复兴。政治上，加大政治调解力度，谋求伊拉克政局稳定。外交上，推动联合国、地区国家在伊拉克问题上发挥更大作用，主动与伊朗、叙利亚在伊拉克问题上进行对话，并在埃及沙姆沙伊赫举行包括联合国秘书长潘基文、欧盟、阿盟等国际组织代表以及18个国家外长参加的国际会议，商讨伊拉克和平与重建问题。美国的主要意图是尽快稳定伊拉克的局势，以便尽快从伊拉克脱身。9月13日，小布什发表电视讲话，称美国在伊拉克的关键安全目标已经达到，美军可以从伊拉克陆续撤离，2008年7月之前撤离近3万人，使驻伊美军减至13.2万人。2008年11月，美国与伊拉克签署了《美伊友好合作战略框架协议》。12月4日，小布什突访伊拉克，与伊拉克总理马利基签订《驻伊美军地位协议》。协议规定驻伊美军作战部队于2009年6

月底前撤出伊拉克城镇，2011 年底全部撤出伊拉克；美国为伊拉克提供安全保护；美军可长期使用伊境内的军事基地，有权使用伊领空、领水；美国帮助伊拉克训练安全部队。2009 年 1 月，该协议生效。

伊拉克战争爆发以来，已有 50 多万伊拉克人死于战乱，近 100 万难民逃亡国外。战争激化了伊拉克国内的种族和宗教矛盾，统一的伊拉克面临分裂和周边邻国争夺势力范围的危险。此外，战争使伊拉克的什叶派势力、黎巴嫩真主党和巴勒斯坦的哈马斯获得了空前发展，进一步激化了美国与伊朗之间的对抗。历时 5 年多的伊拉克战争，已造成美军死亡 4000 多人，伤残 60 万人，耗资 2.7 万亿美元。小布什在国内的支持率锐减至 30%，共和党在 2007 年国会中期选举中惨败，美国公众和政界对布什政府的伊拉克和伊朗政策的质疑和批评之声此伏彼起，新保守主义集团的骨干如拉姆斯菲尔德、沃尔福威茨等人先后挂冠而去。旷日持久的战争严重影响了美国经济的发展。2008 年初调查显示，15.1 万伊拉克平民死于暴力，伊安全部队死亡人数为 1.2 万人。美国 4000 多名士兵死亡，数万人受伤，耗资超过 5000 亿美元。只有 31% 的美国人对布什的伊拉克政策表示认可，72% 的美国士兵希望能早日撤军回家，86% 的伊拉克人也同样要求美军撤军。美国虽然通过军事手段很快赢得了伊拉克战争的胜利，推翻了萨达姆政权，但伊拉克的战后重建仍然是摆在美国政府面前的一大难题。伊拉克民众的反美情绪依然高昂，暴力冲突事件几乎每天都有发生，这些都严重困扰着美国政府。尽管美国花费了 800 多亿美元力图塑造一个新的民主的伊拉克，并幻想伊拉克新政权“将为这个地区其他国家的自由树立一个鲜明和令人鼓舞的榜样”，但事实证明，这将是一个长期、艰辛的过程。

如何尽快从伊拉克脱身成为奥巴马政府一项亟待解决的重要任务。为此，奥巴马、拜登、盖茨、参联会主席马伦等在 2009 年内都曾先后访问伊拉克。2009 年 2 月 27 日，奥巴马宣布了撤军计划：

2010年8月31日前，从伊拉克撤离大部分军队，结束作战任务，留下3.5万至5万兵力负责训练和装备伊拉克安全部队、保护伊拉克重建活动和承担有限的反恐行动；2011年底前撤出所有驻伊美军。奥巴马表示，“我们不能无限期坚守一个承诺，这个承诺不仅导致我们兵力紧张，还会耗掉将近1万亿美元美国纳税人的钱”。他承认伊拉克还有诸多问题尚未解决，暴力事件仍会成为伊拉克生活的一部分，很多关乎伊拉克前途的基本政治问题仍未解决，但美国已认识到，要解决伊拉克问题需要凭借政治手段，而非军事手段，美国不可能解决伊拉克的所有问题。在撤军的同时，美国将继续通过外交、政治和经济手段，帮助伊拉克实现和平和富强。他还表示美国不谋求在伊拉克建立军事基地和获取石油利益。奥巴马的撤军计划得到了美国民众和国会议员的普遍赞同。6月，奥巴马在开罗大学发表讲话时婉转地表达了对伊拉克的歉意。他承认，“不同于阿富汗的是，伊拉克战争是一场可以选择不打的战争，在美国国内和国际上引起了巨大分歧”，“尽管伊拉克人民摆脱萨达姆的专制统治后会生活得更好，但伊拉克事件提醒美国，应尽可能用外交手段和在取得国际社会许可的情况下解决我们的问题。”他承诺“美国将把伊拉克留给伊拉克人”，重申美军2010年7月前将从伊拉克撤出所有战斗部队，并于2012年年底前撤出所有的部队。6月30日，驻伊美军宣布从伊拉克城镇撤出全部战斗部队，此举被视为伊拉克实现真正主权回归的重要一步，伊政府也将这一天定为“国家主权日”。当天，美伊双方还在巴格达举行交接仪式，美军代表将象征巴格达安全控制权的钥匙模型转交给伊安全部队代表。随着美军的撤离，伊拉克的局势越发紧张，暴力袭击事件频频发生。

2010年8月18日，美国最后一批战斗部队撤出伊拉克，2003年美国发动的“自由伊拉克行动”正式被“新黎明行动”取代。8月31日，奥巴马在白宫发表声明，宣布美国正式结束在伊拉克的作战行动，美军将安保任务移交给伊拉克安全部队，留守的近5万美军将主要负责培训伊拉克安全部队和军警，为其提供情报支持，不参加作战任务，并于2011年底前撤出。伊拉克安全部队共计达75万人，但装备落后、训练不足、士气低落，战斗力弱。根据美国国防部2009年的一份报告，伊军175个战斗营中只有17个营可在无美军支援下独立作战，34个警察营中只有2个营可独立作战。由于缺乏一个强有力的政府，伊拉克动荡不安的局势还将持续一段时间。2011年10月21日，奥巴马在与伊拉克总理马利基举行视频会议后宣布，美军将在2011年底前全部撤离伊拉克，从而结束这场长达近9年的战争。奥巴马表示，美军撤离后，美伊关系将成为主权国家之间的正常双边关系，两国将在共同利益和相互尊重的基础上建立稳固、长期的伙伴关系。12月15日，美国国防部长帕内塔在巴格达正式宣布驻伊美军任务结束。他表示，撤军后美国将继续帮助伊拉克清除内部极端主义和抵御外来威胁。伊拉克战争期间，美军近4500人丧生，3万多人受伤。

对于伊朗，冷战后美国一直奉行的是遏制和孤立政策，并将其列入美国政府确定的支持恐怖主义的“邪恶轴心”名单上。“9·11”事件后，美对伊朗政策日趋强硬。2003年1月，小布什在国情咨文中指责伊朗寻求制造大规模杀伤性武器，并为恐怖分子提供援助。4月底美国国务院发表关于“全球恐怖主义的报告”，将伊朗称为“最活跃的”支持恐怖主义的国家。2005年2月2日，小布什在国情咨文中称伊朗是当今世界“首要的恐怖支持国家”。2006年美国国家安全战略报告在谈到伊朗问题时，继续指责伊朗支持恐怖组织，威胁以色列，干扰伊拉克民主进程，是美国可能面临的来自单个国家的最严峻的挑战。

2003年初，伊朗核问题凸显，美国多次指责伊朗秘密研制核武器，通过安理会向伊朗施压，并表示已做好用武力解决问题的准备，以期遏制伊朗的核技术开发。2005年6月内贾德当选伊朗总统之后，在核问题上态度日趋强硬，加速推行其核计划，引起美国的高度关注。小布什强调，美国不能接受伊朗研制或发展核武器，并表示希望通过外交途径解决这一问题，但不排除任何其他选择。2006年1月，伊朗宣布重启核燃料研究活动，在国际上引起强烈反响。美国国务卿赖斯表示，只要伊朗停止铀浓缩活动，美国愿意同伊朗进行谈判以解决伊朗核问题。1月27日、2月16日，美国国会参众两院通过决议，谴责伊朗违反核不扩散义务。4月26日，美国众议院以397票赞成、21票反对通过一项有关强化对伊朗制裁的法案，强调在没有证据表明伊朗放弃大规模杀伤性武器项目之前，美国对伊朗的制裁措施将继续有效；任何向伊朗出口或提供有助于其发展大规模杀伤性武器的物品或技术的个人都将受到制裁；任何在伊朗能源领域投资超过2000万美元的国家、企业或个人的名字都将被美国公布在政府刊物上。该法案还规定在伊朗能源领域投资的国家不能得到美国的援助，但美国总统有权酌情予以豁免。此外，法案授权美国总统向伊朗的民主团体和人权组织提供援助。美国国务院曾以布什政府名义致信众议院国际关系委员会，对这一法案表示反对，认为该法案将限制以外交手段解决伊朗核问题的空间；在法案规定制裁与伊朗做生意的国家国也包括对解决伊朗核问题十分重要的国家。[①] 在美国的推动下，联合国安理会于12月23日通过第1737号决议，决定对伊朗实施核计划和弹道导弹项目进行制裁。决议要求伊朗立即停止所有与铀浓缩、重水反应堆有关的活动；要求世界各国应对进出伊朗的与铀浓缩、重水反应堆和弹道导弹相关的物资、技术和设备实行禁运；冻结与伊朗核计划和弹道导弹项目相关的人员和公司的资产，防止向伊朗提供相关的技术和资金支持，在有关人员出入境时进行严密监督并向安理会下属的制裁委员会进行报告；要求国际原子能机构总干事在60天内就伊朗执行决议的情况向安理会提交报告。

2007年2月，国际原子能机构向安理会提交报告，说明伊朗未在规定的期限内停止铀浓缩活动，继续进行核燃料浓缩设备的安装

① “美众议院通过加强制裁伊朗的法案”，新华网，2006年4月27日。

工作和扩大研究能力，使之能够达到工业化生产水平。3 月 24 日，美国推动联合国安理会通过第 1747 号决议，敦促伊朗停止所有与铀浓缩相关的活动和后处理活动；禁止伊朗出口武器；继续对涉及伊朗核计划和弹道导弹项目的个人及实体实施资产冻结，并扩大制裁对象的范围；呼吁各国和国际金融机构不再向伊朗政府提供赠款、财政援助和优惠贷款。与此同时，美国还对伊朗采取一系列单边制裁措施。8 月 15 日，美国政府将伊朗革命卫队定性为“国际恐怖组织”。9 月 10 日，美国财政部以伊朗国有轮船公司及其下属企业参与伊朗研制核武器活动为由宣布对其实施制裁。25 日，美国众议院以 397 票对 16 票压倒性多数通过决议，进一步强化对伊朗的制裁。该法案禁止在美国设有机构的外国公司投资伊朗的石油和天然气领域，禁止美国各公司与支持伊朗核计划的国家进行核能合作，对在伊朗投资超过 2000 万美元的外国公司进行制裁。法案还呼吁外国政府及银行从伊朗转移资产。① 10 月 25 日，美国国务卿赖斯和财政部长保尔森联合召开新闻发布会，宣布对包括伊朗国防部、伊朗伊斯兰革命卫队在内的 20 多个伊朗政府机构、银行和个人实施制裁，冻结其在美国的资产，禁止美国私人团体或个人与之进行金融往来。这是美国第一次采取针对某个主权国家武装部队的制裁行动。不仅如此，美国政府也在积极准备对伊朗发动军事打击，加强在波斯湾的军事部署，在该地区驻有两艘航空母舰。布什声称，伊朗获得核武器对世界和平将是“极大的威胁”，要防止第三次世界大战的发生就必须阻止伊朗获得核武器。切尼表示，如果伊朗继续进行核计划，将带来严重后果。赖斯在国会作证时也强调，伊朗“可能对美国安全构成了最大的挑战”。② 2008 年 3 月 3 日，联合国安理会通过 1803 号决议，继续要求伊朗停止铀浓缩活

① “美国众院通过旨在强化对伊朗制裁法案”，新华网，2007 年 9 月 26 日。

② “美国对伊朗实行新制裁”，2007 年 10 月 27 日第 3 版《人民日报》；“美国宣布对伊朗实施新的制裁措施”，新华网，2007 年 10 月 26 日。

动，同时重申将致力于通过政治和外交谈判和平解决伊朗核问题，支持国际原子能机构发挥作用。这是联合国安理会自 2006 年以来通过的第 3 个制裁伊朗的决议。

随着伊拉克国内安全局势不断恶化和驻伊美军伤亡人数日益增加，小布什政府意识到，要解决伊拉克安全问题，需要包括伊朗在内的伊拉克邻国的参与。因此，美国在对伊朗核问题采取强硬立场的同时，加大了与伊朗的接触力度。2007 年 5 月，美国与伊朗就伊拉克问题进行首次直接公开对话，并先后举行 3 轮。12 月，美国国家情报委员会发布了一份有关伊朗核武器问题的评估报告，认为伊朗自 2003 年秋季中止了核武器的研发工作。2008 年 2 月，赖斯在达沃斯世界经济论坛年会发表讲话时表示，美国和伊朗可以探讨建立一种新型的、更加正常的关系，前提条件是伊朗愿意停止铀浓缩活动。7 月初，赖斯和副国务卿伯恩斯先后表示，美国对伊朗的政策并非要“更迭政权”，而是要迫使伊政权改变其行为方式。与此同时，美国还采取多种措施，扩大与伊朗的接触，并劝阻以色列对伊朗核设施实施外科手术打击。伊朗则一方面表示愿意与美国合作，另一方面也强调其和平利用核能的权利。2008 年 7 月 30 日，伊朗最高领袖哈梅内伊表示，伊朗不会在本国核计划问题上做出让步，否则“一些傲慢的大国”将会得寸进尺，那些以“伊朗的合理退让”来换取“某些国家改变政策”的想法是“完全错误和毫无根据的”。伊朗总统内贾德也频频发表讲话，强调伊朗绝不会放弃核权利，并要求西方国家应以更加务实的态度对待伊朗。

2008 年 11 月奥巴马赢得总统大选后多次发表讲话，表示“正在检讨对伊朗的政策”，希望通过与伊朗“面对面的谈话”解决彼此间的矛盾。他称“伊朗问题将会成为我们最大的挑战之一”。入主白宫后，奥巴马刻意通过阿拉伯卫星电视台的采访节目宣布，只要伊朗愿意“松开拳头”，美国会向它“伸出双手”。2009 年 2 月 9 日，奥巴马在白宫举行的首次新闻发布会上表示，美国希望在未来几个月内能够开始同伊朗进行“面对面”的对话，以新的方式与伊朗接触。2月7日，副总统拜登在第45届慕尼黑安全会议上表示，美国愿意就核问题与伊朗进行直接对话。他说，“伊朗人民是伟大的人民，波斯文明是伟大的文明”。他同时警告说，如果伊朗不放弃核武器计划以及支持恐怖主义，将会面对“压力和孤立”。3月20日，奥巴马对伊朗全国视频讲话表示，美国愿意解决美伊两国间存在的分歧，并寻求与伊朗建立“建设性”关系。奥巴马是在伊朗新年即将到来之际“直接”向伊朗人民和领导人发表讲话的。他说，近30年来，美伊关系一直处于紧张状态。但在这样的一个“迎新的时刻”，“我想明确地对伊朗领导人说，美国将致力于采取外交手段，解决我们所面临的各种问题”，并寻求与伊朗建立“建设性的”关系。奥巴马说，这种关系的建立不会通过威胁来推进，“我们寻求进行诚实且建立于相互尊重基础上的交往”。奥巴马表示，伊朗核问题不仅“关乎美国的利益，还有可能在中东地区导致核军备竞赛，把该地区和全世界引入危险境地”。他呼吁中东其他国家对美国建立“一个无核武器世界”予以支持。6月初，奥巴马在开罗大学发表讲话时再次表示希望改善与伊朗的关系。他称，消除数十年的不信任绝非易事，但“我们有勇气、有决心向前迈进”，并表示美国已做好前行的准备，愿意在没有先决条件的情况下基于相互尊重向前迈进。

伊朗对奥巴马政府的呼吁做出回应，表示已准备好在公平和相互尊重的气氛中同美国展开对话，但同时坚持推进核计划，继续进行铀浓缩活动，并要求美国彻底改变对伊朗政策，放弃对伊朗的制裁。伊朗最高领袖哈梅内伊表示，中东地区的国家“从心底里憎恶美国”，因此美国需要付诸行动，“任何人无法用言语、演讲和口号消除这种憎恶”。3月21日，他在一次群众集会上表示，美国对伊朗的政策并没有发生变化；如果美国能够做出改变，伊朗的态度将相应做出变化。尽管美国政府提出了“变革”的口号，但实际上没有发生变化。他强调，美国必须在行动上做出“真正的改变”。[①] 伊朗总统内贾德也指出，美国新政府对伊政策必须做出根本性改变，而不是战术性变化。

在伊朗核问题上，奥巴马政府主张与伊朗直接对话，通过外交手段解决分歧。2009 年 4 月 8 日，希拉里表示，美国将全面参与 6 国与伊朗间展开的多边核谈判，并尽一切努力“说服伊朗停止研制核武器的努力”。美国国务院同日表示希望伊朗接受美国、俄罗斯、中国、英国、法国和德国的邀请，共同讨论解决伊朗核问题，以打破多年的谈判僵局。这是美国政府对伊朗核政策的一个重大转变。面对美国的双轨政策，伊朗在核问题的强硬立场没有改变。4 月 9 日，伊朗建成首座核燃料工厂，每年可生产 40 吨核燃料，内贾德当日出席竣工仪式。4 月 22 日，伊朗政府发表声明表示，愿意就其核问题与有关各方在相互尊重的基础上、在相互合作的气氛中，展开“建设性的公平对话”，但仍将继续推行自己的核计划。9 月 7 日，内贾德表示，“核问题已经结束”，伊朗将在有关国家法律和准则的框架内继续核计划，并保持与国际原子能机构的合作。同时，伊朗向中、美、俄、英、法、德六国递交关于伊朗与六国谈判的一揽子新建议，表示伊朗已准备好同六国就政治安全、国际和经济三方面议题展开讨论。9 月 21 日，伊朗向国际原子能机构致函，通报伊朗正在建设一个新的核燃料浓缩厂。美国、英国和法国领导人就此发表共同声明，谴责伊朗违反联合国安理会有关决议，要求伊朗必须在 2009 年 12 月前公开其核设施和核活动，采取切实有效的措施严格遵照联合国有关决议履行义务，否则将面临新的制裁。10 月 1 日，美国、俄罗斯、中国、英国、法国和德国 6 方代表在日内瓦与伊朗举行会谈，探寻伊朗核问题可能的解决方案。这是美国高层官员首次正式参加对伊谈判。伊朗承诺在第二座铀浓缩工厂问题上与国际原子能机构合作，并原则同意由俄罗斯帮助提炼所需浓缩铀。美国副国务卿伯恩斯和伊朗首席核谈判代表贾利利还利用会谈间隙举行了

---

① “伊朗最高领袖说美国对伊朗政策没有变化”，新华网，2009 年 3 月 21 日。

非正式双边磋商。这是自1980年两国断交以来双方最高级别的双边接触。11月27日，国际原子能机构通过决议，要求伊朗与国际社会“全面合作”，澄清涉及其核计划的一切未决问题。决议还要求伊朗立即停止库姆城附近核设施的建设工作，并要求伊朗承担义务，在未向国家原子能机构申报的情况下，不得私自批准并建设其他核项目。

在向伊朗示好的同时，奥巴马政府仍旧对伊保持压力，继续采取接触与制裁相结合的双轨政策。3月12日，奥巴马致信国会称，伊朗政府的政策和行动对美国的安全与利益仍然构成严重威胁为此美国对伊朗的制裁将延长一年。奥巴马政府一方面与伊朗接触对话，呼吁伊朗接受国际原子能机构燃料供应安排，同时加强单边制裁，并推动国际社会加大对伊朗的压力。10月14日，美国众议院通过关于加大对伊朗经济制裁法案，禁止美国企业对在伊朗石油和天然气领域的投资超过2000万美元。次日，美国参议院又通过议案，规定所有向伊朗出售价值超过100万美元石油产品的外企均将被禁止参与能源部的合同竞标。

2010年1月27日，奥巴马向国会提交了第一份国情咨文，强调核武器对美国安全构成最大危险，如果伊朗在核问题上继续一意孤行，它将面临由此产生的严重后果。28日，美国参议院通过一项关于加大对伊朗制裁的议案，规定任何同伊朗能源部门打交道、向伊朗出口提炼后的石油产品或者帮助伊朗生产和进口提炼后的石油产品的企业都将受到美国的制裁。议案要求美国政府冻结参与武器扩散的伊朗实体或个人的资产，并禁止美国同伊朗进行除食品和药品以外的直接贸易。2月18日，国际原子能机构在一份报告中指责伊朗正在秘密制造原子弹。3月10日，奥巴马决定将美国制裁伊朗的第1295号行政令有效期延长一年。奥巴马在致国会的信中说：“伊朗政府的行为和政策与美国在这一地区的利益背道而驰，对美国的国家安全、外交政策和经济继续造成不寻常的巨大威胁。”因此，他做出上述决定，继续对伊朗实施全面制裁。奥巴马说，伊朗政府的行为和政策造成了美国和伊朗之间的危机，导致美国在1995

年颁布制裁伊朗的行政令，这种危机至今仍未解除。6月9日，美国推动联合国通过第1929号决议，决定对伊朗实行自2006年以来的第四轮制裁。根据决议，主要制裁措施包括禁止伊朗在国外参与核领域的投资活动；禁止各国向伊朗出口坦克、战斗机和军舰等重型武器装备；禁止伊朗进行任何与可运载核武器弹道导弹有关的活动；加强在港口和公海对涉嫌运送违禁品货船的检查措施；禁止各国与伊朗进行与核项目有关的金融交易，同时禁止伊朗在国外开设可能会被用于资助其核活动的独资或合资金融机构。安理会还决定建立一个8人专家小组，负责监督决议的执行情况，并向安理会提出相关报告和建议。安理会同时表示，将进一步加强外交努力，以促进对话和协商，并重申只要伊朗停止所有铀浓缩相关活动，安理会就会停止执行制裁措施，以便通过谈判达成解决方案。美国、俄罗斯、中国、英国、法国和德国6国外长发表联合声明，重申6国致力于通过谈判努力实现伊朗核问题的早日解决，敦促伊朗展示“现实态度”，对6国发出的对话和谈呼吁做出积极回应。6月24日，美国国会通过严厉制裁伊朗的单边决议，禁止任何企业或个人向伊朗出口油气产品或帮助其提炼、发展炼油技术，将对与伊朗邮政银行、伊朗船运公司、伊朗革命卫队相关实体及个人、与伊朗有业务关联的国际银行业机构进行制裁，包括冻结其在美资产，禁止其在美国享受金融或信用服务。美国众议院国际关系委员会主席伯曼表示，此次制裁旨在最短的时间内让伊朗付出最高的代价。7月1日，奥巴马签署了这项“有史以来国会通过的最严厉的”制裁法案，并发表声明称，这一法案旨在打击伊朗政府发展核计划和为其提供资金的能力。他警告说，“我们正在向伊朗政府表明，它将为其行为付出代价”，如果伊朗继续现行政策，美国将继续施压并使其更加孤立。① 随后，加拿大、欧盟、日本、澳大利亚等也相继出台了对伊朗的单边制裁措施，敦促伊朗停止铀浓缩活动。9月22

① “奥巴马签署一项严厉制裁伊朗法案”，新华网，2010年7月2日。

日，美国、俄罗斯、中国、英国、法国和德国6国外长在纽约就伊朗核问题举行会议。会议发表的声明强调，6国致力于早日谈判解决伊朗核问题，愿继续积极与伊朗进行接触。与此同时，美国进一步加强了在海湾地区的军事部署。参谋长联席会议主席马伦表示，尽管外交手段仍是遏制伊朗核问题的最佳途径，但一旦“总统要求采取军事行动，我们必须做好准备”。他认为，“动用武力可能会对迫使伊朗搁置其核项目产生很大帮助”。

2011年1月19日，美国、俄罗斯、中国、英国、法国和德国6国与伊朗在土耳其伊斯坦布尔就举行谈判，双方在伊朗的核发展、铀浓缩和制裁等问题上存在严重分歧，谈判未能取得任何成果。10月11日，美国司法部宣布挫败一起企图暗杀沙特驻美国大使的阴谋，并指责此次暗杀阴谋的幕后指使者与伊朗政府有关。奥巴马随即表示，将对伊朗采取最严厉措施，并动员国际社会进一步孤立伊朗，以让它为其行为付出代价。奥巴马称，美国在和伊朗打交道时不会排除任何选项，美国将继续实施能够直接打击伊朗政府的制裁措施，“直到它在和国际社会打交道时能够做出更好选择时为止”。11月21日，美国政府宣布对伊朗重要的石化产品实行制裁，同时扩大对其油气行业的制裁，禁止向伊朗石化产品行业提供实物、服务和技术支持，参与伊朗核项目的11名个人和实体也被列入制裁名单。奥巴马发表声明说，伊朗自己选择了在国际上陷入孤立的道路，“只要伊朗继续选择这条危险的道路，美国就将继续通过与我们的伙伴协作或独自采取行动，对伊朗政权实行孤立并施加更大压力”。[①] 英国、加拿大随即也宣布对伊朗能源和金融机构实施制裁，要求本国所有金融机构停止与伊朗任何银行及其分支机构进行业务往来。12月1日，美国参议院全票通过对伊朗实施严厉经济制裁的议案，决定对于与伊朗中央银行有石油及相关产品业务往来的金融机构实施制裁，冻结其在美国的资产。这一制裁措施同

① “美国宣布制裁伊朗能源行业”，新华网，2011年11月22日。

样也适用于外国银行，旨在切断伊朗中央银行与全球金融体系的联系。美国军方高层多次表示，将采取一切可能的措施阻止伊朗获得核武器，并称已经做好了与伊朗开战的准备。12 月 2 日，欧盟将伊朗 143 家企业和 37 名个人列入制裁名单。德国、法国、英国、荷兰、意大利等相继召回本国驻伊朗大使。

无疑，西方国家的一系列制裁措施使伊朗经济遭受重大打击。针对西方出台的一系列制裁措施，伊朗方面表示准备通过重启对话来解决问题，与有关各方核谈判的大门依旧敞开，但同时强调“对于针对伊朗的任何威胁，将给予坚决反击”。伊朗政府高层官员多次警告说，如果西方国家对伊朗石油出口进行制裁，伊朗将封锁霍尔木兹海峡。世界上近 40% 的石油和大量的天然气经由霍尔木兹海峡输往世界各地。一旦伊朗实施封锁，势必会对整个世界的油气供应产生严重影响，给那些依赖中东石油进口国家的经济发展带来较大冲击。2011 年 12 月初，伊朗防空部队击落一架美国无人侦察机。12 月底，伊朗展开了迄今演习区域最广、演练科目最多的一次大规模军事演习，历时 10 天。演习区域从霍尔木兹海峡以东开始，跨越阿曼湾，东至北印度洋公海，西到亚丁湾，整个演习区域约有 2000 平方公里，测试了包括中程和远程地对舰、舰对空在内的各类导弹。海军潜艇、驱逐舰、导弹发射挺、补给舰以及无人侦察机等也都进行了协同演练。2012 年 1 月 1 日，伊朗原子能组织宣布已成功生产并测试了首枚国产的核燃料棒。

尽管奥巴马政府执政以来双方关系出现了好转的某些迹象，但双方的敌视和不信任由来已久，在短期内很难完全消除。美国强调伊朗核计划的威胁性，而伊朗则坚实核计划的合法性，认为根据《核不扩散条约》的相关规定，伊朗有权和平利用核能。尽管美国和国际社会采取了制裁措施，伊朗的立场始终强硬。更重要的是，双边关系还存在诸多变量，特别是伊朗国内伊斯兰激进派的力量还非常强大，而 2009 年 6 月再次当选的伊朗总统内贾德在外交上坚持强硬态度，这将使两国关系的改善面临严峻挑战。由于两国在意识形态、宗教信仰、社会制度、价值观念等方面差异很大，相互之间缺乏必要的信任，美伊要真正实现和解和关系正常化，还有相当长的一段路要走。

叙利亚是美国政府在中东地区施压的首要目标。叙利亚一直被美国列入“支持恐怖主义国家”名单。2003 年 3 月美国发动对伊拉克的战争，遭到叙利亚的强烈反对。美国指责叙利亚向伊拉克提供军事援助，并为萨达姆的支持者提供庇护。2004 年 5 月 11 日，小布什政府以叙利亚支持恐怖组织为由，对叙利亚实施制裁，禁止向叙利亚出口除食品和药品以外的任何产品，禁止美国企业在叙投资，冻结叙在美资产，对叙利亚驻美国和联合国外交官的行动进行限制，减少与叙利亚的外交接触，禁止叙利亚飞机进入美国领空等，导致两国关系不断恶化。2005 年 2 月，黎巴嫩前总理哈里里在贝鲁特遇刺身亡，小布什政府将谋杀的矛头指向叙利亚，召回驻叙利亚大使，并敦促国际社会向叙利亚施加压力，要求联合国对其实施制裁。在美国、英国、法国的提议下，联合国安理会组织了对“哈里里事件”进行全面调查的委员会。美国曾向叙利亚提出如下要求：满足联合国“哈里里遇害事件”调查委员会的任何要求；停止干涉黎巴嫩内政；停止支持黎巴嫩真主党、巴勒斯坦“哈马斯”和“杰哈德”等伊斯兰武装组织；停止支持伊拉克反美武装。如叙利亚同意这些要求，作为交换，美国将与叙利亚建立全面友好关系，确保叙利亚政权的生存，并帮助叙利亚打开外国援助和投资之门，否则将对叙实施全面的国际制裁。与此同时，美军还以追剿伊拉克武装部队为由多次越过伊拉克与叙利亚边境。[①] 2008 年 10 月 26 日，数架美军直升机侵入叙利亚领空，袭击叙利亚境内的一个农场，造成 8 人丧生。叙利亚外交部紧急召见美国驻叙临时代办，强烈抗议美军侵略行径。

① 中国国际问题研究所：《国际形势和中国外交蓝皮书》（2005/2006），当代世界出版社，2006，第 63 页。

奥巴马执政后，对叙利亚采取了对话与施压相结合的双轨政策。一方面，努力缓和与叙利亚的关系，加强与叙对话，先后派遣多个国会代表团和官方代表团频频出访叙利亚。奥巴马政府认为，叙利亚作为一个具有地区影响力的国家，有能力在中东和平进程中发挥“重要和建设性的”作用，叙利亚应该以实际行动帮助巴以双方实现和平。美国政府希望缓和与叙利亚的关系，促使叙利亚与以色列谈判解决戈兰高地问题。2009 年 3 月，美国负责近东事务的代理助理国务卿费尔特曼和国家安全委员会官员作为美国官方代表团 4 年来首次访问叙利亚。5 月，费尔特曼再次访问叙利亚，与叙方就两国关系问题举行会谈。他在记者会上表示，这次会谈是“建设性的”，他访问叙利亚是奥巴马政府想通过外交和对话来实现共同行动和化解政策分歧的一部分。他说，“我们期待两国继续对话，解决我们之间的分歧，提升我们的共同利益”。2009 年 6 月，美国前总统卡特访问叙利亚，与叙利亚总统阿萨德就中东问题进行会谈。卡特表示，叙利亚是中东地区的重要国家，美国愿意同叙利亚建立友好合作关系，“奥巴马政府愿意同中东地区所有国家采取以对话和相互尊重为基础的新政策”。6 月底，美国政府决定重新派遣美国驻叙利亚大使。白宫发言人在新闻发布会上表示，此举是履行奥巴马总统关于增进美国与阿拉伯国家接触的承诺，希望叙利亚能够为促进中东地区和平与稳定发挥建设性作用。美国国务院重申，美国准备通过与叙利亚直接的和不断的对话“推动实现我们的利益”。7 月，美国在民用航空、通讯设备和技术、信息设备等方面解除对叙利亚的禁运。美国总统中东问题特使米切尔于 6 月和 7 月两度出访叙利亚，就中东和平问题、美叙关系进行磋商。

另一方面，在进行对话的同时，美国继续向叙利亚施压。奥巴马政府坚持认为，叙利亚尽管有过许多积极的言论，但没有付诸行动，并没有停止支持恐怖分子，因而有必要继续对叙实施经济和外交制裁。2009 年 4 月，美国国务院发表报告，继续将叙利亚列入“支持恐怖主义国家”的黑名单。5 月，美国国务院要求叙利亚采

取切实行动，与伊拉克政府合作，对进出首都大马士革机场，以及叙伊边境口岸的人员进行严格检查，阻止外国武装人员经叙利亚进入伊拉克。2010 年 5 月 3 日，奥巴马发表声明说，鉴于叙利亚政府的行为和政策，其中包括继续支持恐怖主义组织和对大规模杀伤性武器及导弹计划的追求等，对美国的国家安全、对外政策和经济构成“非同寻常的和重大的”威胁，因而决定将对叙利亚的制裁延长一年。

土耳其是美国的战略盟友。2009 年 4 月 5 日，奥巴马抵达安卡拉，开始对土耳其进行为期 2 天的访问。在与土耳其总统居尔举行的联合记者招待会上，奥巴马表示，土耳其是连接西方和伊斯兰国家的桥梁，美国将进一步加强与土耳其的盟友关系。他在土耳其大国民议会发表演说时重申，在过去数年中，伊斯兰国家和美国之间出现了信任危机，但美国绝不会也永远不会和伊斯兰国家发生战争。他说，多个世纪以来，伊斯兰信仰为创建和平美好世界作出了杰出贡献。美国希望在互惠互利和相互尊重的基础上与伊斯兰国家建立广泛的联系。他表示，“我们非常重视与伊斯兰世界建立伙伴关系”，“我们会静心倾听伊斯兰国家的心声，用沟通来消除误解，求同存异”。

2011 年 5 月 19 日，奥巴马在美国国务院发表了他上任以来的第二次中东政策演说。他表示，美国的未来与这一地区的安全、稳定和繁荣紧密地联系在一起。他强调，美国在中东地区具有 5 大核心利益，包括反恐、防止核扩散、确保自由贸易、维护地区稳定、保证以色列的安全和推动巴以和平进程。他称美国中东政策正面临“历史性机遇”，支持中东地区的政治改革与民主进程已成为美国外交的“最优先议程”。他提出要把美国的价值观和民主原则推广到中东地区，并通过经济、教育、科技和医疗等交流渠道加强与当地普通民众的接触。

五 美国对非洲的政策

冷战时期，美国为了与苏联争夺世界霸权，在非洲以苏联划线，从政治上扶植代理人，经济上和军事上提供各种援助，加强同亲美国家的关系，扩大在非洲的影响，以抵制和削弱苏联对非洲的渗透。80 年代末 90 年代初，随着东欧剧变和苏联的解体，苏联势力退出非洲，非洲在美国的外交政策中的地位和作用一度急剧下降，美国的战略重点转向欧洲和亚太。布什政府对非洲的政策主要围绕介入地区冲突、打击恐怖活动展开。美国动辄以联合国的名义派出部队参加非洲维和行动，直接卷入并武装干涉非洲国家内部事务。1992 年 12 月，美国以联合国维持和平部队的名义出兵索马里，干预索马里内战，并将美军的行动命名为“恢复希望”行动，受阻后于 1993 年退出，这是一次失败的军事干涉行动。美国出兵 2.8 万人，历时 15 个月，耗资达 20 多亿美元。

20 世纪 90 年代中期以来，随着美国全球战略的调整、世界多极化趋势的发展以及非洲政局不断走向稳定和经济持续增长，如何在新的形势下加强同非洲国家的关系及保持和扩大在非洲的影响成为美国决策者关注的重要问题。美国开始重新认识非洲的价值，并逐步调整对非政策，从忽视、冷漠非洲转向重视和积极发展同非洲国家的关系，特别是发展经济关系，力图把非洲纳入以美国为主导的资本主义经济体系。美国政府认为，非洲的经济成功和稳定直接有助于“美国的国家安全和经济安全”。

克林顿政府将发展同非洲的经贸关系、开拓非洲市场置于对非政策的核心位置，把加强贸易和扩大投资作为发展双边关系的基础。商务部长布朗六次出访非洲，大力促进美国对非贸易和投资。布朗多次表示，“资源丰富、市场广阔的非洲对美国具有战略意义，然而长期以来我们却忽视了非洲。现在是美国资本进入这个大陆的时候了”，“美国再也不会把非洲市场拱手让人。我们将同欧盟特别是英法展开激烈竞争”。1995 年，美国对非洲贸易增长了 12%，达到 181 亿美元，创历史最高水平。布朗的努力对美国对非新政策的最终形成起到了重要的促进作用。

美国对非洲政策的调整始于 1995 年中期。是年 8 月，美国政

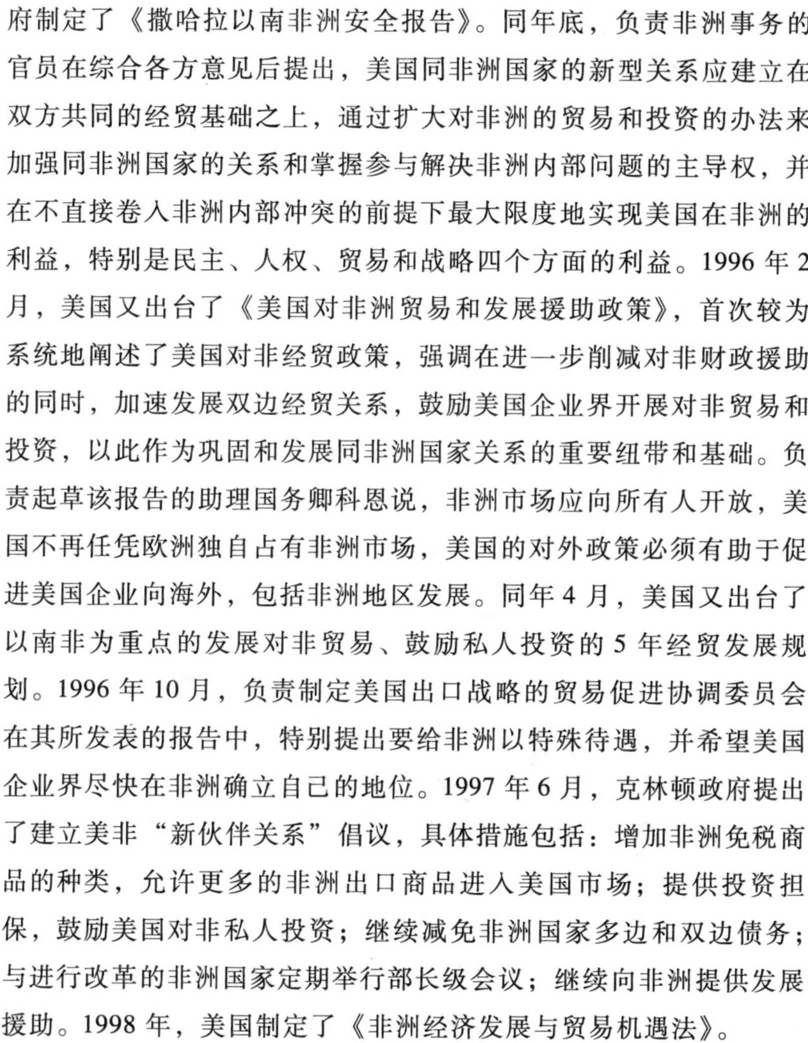

府制定了《撒哈拉以南非洲安全报告》。同年底，负责非洲事务的官员在综合各方意见后提出，美国同非洲国家的新型关系应建立在双方共同的经贸基础之上，通过扩大对非洲的贸易和投资的办法来加强同非洲国家的关系和掌握参与解决非洲内部问题的主导权，并在不直接卷入非洲内部冲突的前提下最大限度地实现美国在非洲的利益，特别是民主、人权、贸易和战略四个方面的利益。1996 年 2 月，美国又出台了《美国对非洲贸易和发展援助政策》，首次较为系统地阐述了美国对非经贸政策，强调在进一步削减对非财政援助的同时，加速发展双边经贸关系，鼓励美国企业界开展对非贸易和投资，以此作为巩固和发展同非洲国家关系的重要纽带和基础。负责起草该报告的助理国务卿科恩说，非洲市场应向所有人开放，美国不再任凭欧洲独自占有非洲市场，美国的对外政策必须有助于促进美国企业向海外，包括非洲地区发展。同年 4 月，美国又出台了以南非为重点的发展对非贸易、鼓励私人投资的 5 年经贸发展规划。1996 年 10 月，负责制定美国出口战略的贸易促进协调委员会在其所发表的报告中，特别提出要给非洲以特殊待遇，并希望美国企业界尽快在非洲确立自己的地位。1997 年 6 月，克林顿政府提出了建立美非“新伙伴关系”倡议，具体措施包括：增加非洲免税商品的种类，允许更多的非洲出口商品进入美国市场；提供投资担保，鼓励美国对非私人投资；继续减免非洲国家多边和双边债务；与进行改革的非洲国家定期举行部长级会议；继续向非洲提供发展援助。1998 年，美国制定了《非洲经济发展与贸易机遇法》。

综观美国对非洲政策的调整，其主要内容包括以下几方面。

在政治上重视非洲，加强对非洲的介入，积极发展同非洲国家的“伙伴关系”。克林顿自其第一任期中后期开始，就相继派出数位高级官员访问非洲，打破了长期以来美国高级官员很少访非的做法。1996 年 2 月和 10 月，商业部长布朗和国务卿克里斯托弗先后访非，明确表示美国对非洲的关注和重视。此后，美国副总统戈尔、国务卿奥尔布赖特、第一夫人希拉里以及财政部长萨默斯等也相继访非，强调美国要同非洲国家建立所谓“新型伙伴关系”。美国高层如此密集地访问非洲，在美国对非外交中实属空前。与此同时，美国邀请了扎伊尔、乌干达等国的领导人访问美国。这些高层往来加深了相互了解特别是美国对非洲的认识，为其对非新政策的出台奠定了基础。此外，美国还支持来自黑非洲加纳的安南任联合国秘书长。在1997年6月丹佛七国集团首脑会议上，美国提议把非洲问题列入会议日程等。在促进非洲民主化方面，美国的态度和具体做法也趋于灵活和务实。在提供经济援助时，不再把民主和人权作为唯一条件，对一些国家还实行政治与经济分开的做法。1997年12月，奥尔布赖特在访问非洲时明确表示，必须调整把外交政策重点一直放在人权问题上的做法，在处理对非事务时，“必须认识到非洲国家的差异以及它们所处的不同发展阶段”，“如果我们认为所有非洲国家都一样，认为完全可以按照我们认为合理的方式来进行安排，那就犯了错误”。美国决策者开始承认并接受非洲国家的多样性，尊重非洲国家的国情，在人权问题上采取明智的态度。

1998年3月22日至4月2日，克林顿总统访问加纳、乌干达、南非、博茨瓦纳、塞内加尔和卢旺达等非洲6国，行程历时12天，随行人员达800多人，其规模之大时间之长，都是前所未有的。在访问期间，克林顿多次强调建立美非伙伴关系的重要性，承认美国从奴隶贸易中牟利、冷战时期在非洲造成冲突和对非洲的忽视是错误的。他在乌干达发表演说时指出，美国对非洲所犯的最大错误也许是对非洲的忽视和无知，强调要“用新眼光观察非洲，创造共同的未来”。3月25日，克林顿与非洲6国领导人在乌干达的恩德培举行首脑会议。双方表示，愿在相互尊重国家主权和平等互利的基础上，建立面向21世纪的非洲与美国的新型伙伴关系，允诺美国将加强同非洲的贸易往来，提供援助水平。这次访问进一步加强了美非关系，标志着美国对非政策出现了重大变化。

1999年3月16日至18日，美国政府在华盛顿举办了首届“美

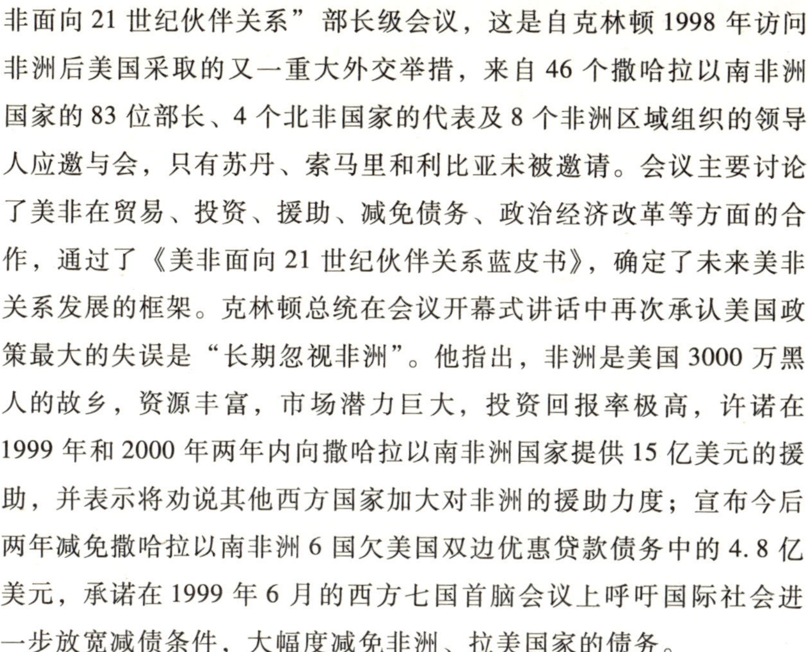

非面向21世纪伙伴关系”部长级会议，这是自克林顿1998年访问非洲后美国采取的又一重大外交举措，来自46个撒哈拉以南非洲国家的83位部长、4个北非国家的代表及8个非洲区域组织的领导人应邀与会，只有苏丹、索马里和利比亚未被邀请。会议主要讨论了美非在贸易、投资、援助、减免债务、政治经济改革等方面的合作，通过了《美非面向21世纪伙伴关系蓝皮书》，确定了未来美非关系发展的框架。克林顿总统在会议开幕式讲话中再次承认美国政策最大的失误是“长期忽视非洲”。他指出，非洲是美国3000万黑人的故乡，资源丰富，市场潜力巨大，投资回报率极高，许诺在1999年和2000年两年内向撒哈拉以南非洲国家提供15亿美元的援助，并表示将劝说其他西方国家加大对非洲的援助力度；宣布今后两年减免撒哈拉以南非洲6国欠美国双边优惠贷款债务中的4.8亿美元，承诺在1999年6月的西方七国首脑会议上呼吁国际社会进一步放宽减债条件，大幅度减免非洲、拉美国家的债务。

在非洲的安全问题上，美国改变了直接出兵干涉的做法，而是采取间接干预的办法。美国总结了出兵索马里内战失败的教训，对非洲地区的冲突采取了较为谨慎的态度，从直接干涉转变为间接干预，支持联合国、非洲国家自己等出面调解或集体干预，推行多边主义和预防性外交的做法，美国仅派观察员或代表参与解决，并提供一些人道或财政援助，帮助培训维和部队并提供装备等，强调非洲问题应该由非洲人自己解决，尽量不直接卷入军事冲突之中。美国干涉索马里的行动不仅使美国付出了巨大的财力、物力，而且也使美国付出了血的代价，18名美国维和士兵为此送命，在美国国内遭到各界的强烈批评。1994年卢旺达发生大规模种族屠杀，1996年布隆迪发生军事政变，1997年塞拉里昂发生军事政变、中非兵变以及刚果发生战乱，美国均未给予直接军事干预。

美国政府认为，非洲的和平、稳定和发展符合美国的利益。维护非洲的和平与安定是美国对非洲政策的一个重要目标。克林顿政府主张采取“多边主义”和“预防性外交”的做法，积极支持非洲统一组织建立预防冲突机制以及非洲有关地区组织和国家对冲突的干预和解决的努力。1994 年 12 月，美国总统国家安全事务助理莱克访问非洲时表示，美国将对非洲统一组织解决非洲冲突给予合作和支持。1995 年 2 月，他在华盛顿战略和国际问题研究中心发表演讲时再次强调，非洲国家正在经受内部冲突带来的国家分裂和人民遭难的严重后果，现在是它们解决自己的问题的时候了。同年 8 月，美国国防部发表《美国对撒哈拉以南非洲的安全战略》的报告，明确指出非洲解决冲突和维护和平应主要依靠非洲本身。报告还指出美国对非洲政策的主要目标是："推动该地区的民主化进程，促进人权，帮助非洲建立冷战后新的安全框架和冲突预防与解决机制，提供人道主义援助，鼓励非洲地区的经济和社会发展。"1996 年 10 月 7 日至 15 日，美国国务卿克里斯托弗访问非洲，提出了一个由美国等西方国家出钱，由博茨瓦纳、埃塞俄比亚、肯尼亚、莫桑比克、塞内加尔、南非、乌干达、津巴布韦等非洲国家出人来组建"非洲危机反应部队"的计划，这支由 7000 人至 10000 人的部队其使命是对非洲的各种冲突进行人道主义军事干预，为平民建立安全区并实行保护，这支部队受联合国管辖，美国和西方国家负责训练并提供武器装备、后勤和财政支持，费用由美国和欧盟均摊。美国的意图是确保在不直接卷入非洲内部冲突的情况下仍能保持强大的影响力，并积极参与解决非洲内部事务。在 1997 年 6 月的丹佛八国首脑会议上，美国还推动西方各国在会议公报中表示，"我们赞赏非洲领导人在发展本地区预防冲突、维持和平，以及在冲突结束后促进和解与恢复方面所作的努力"，"我们将支持非洲，特别是非统组织在地区、次地区和国家一级所采取的加强和平的主动行动"。

由于多数非洲国家对美国提出的建立"非洲危机反应部队"计划反应冷淡，1997 年 5 月，在美、英、法的建议下，西方国家在纽约成立了"帮助非洲具备维和能力的小组"。与此同时，美国又制定了"对付非洲危机计划"，帮助非洲国家训练军队，提高其干预冲突、维持和平的能力，以此确保美国对非洲事务的影响力和主导权。至2000年初，非洲国家中有塞内加尔、乌干达、埃塞俄比亚、马里和加纳等国同意接受美国的训练。美国还以军事合作为名加强对非洲的渗透。1998年2月至4月，美国与马里举行联合军事演习，并在塞内加尔参加了由法国组织的军事演习。此外，美国频频派遣总统特使前往非洲热点地区进行斡旋，也是美国力图在解决非洲内部冲突方面有所作为的重要表现之一。1998年厄立特里亚和埃塞俄比亚两国爆发边界冲突后，美国特使、前总统国家安全事务助理莱克数次奔赴两国进行穿梭外交，试图说服双方同时撤军并在边境地区建立“无人区”。1998年10月至11月，美国总统特使赖斯先后访问南非、安哥拉、刚果（金）、赞比亚、津巴布韦、卢旺达和乌干达等7国，试图调解刚果内战，促使刚果（金）接受美国提出的停火、撤军方案。

美国对非洲政策的重点从政治转向经济和贸易。冷战时期，美国在非洲主要是从政治上和军事上同苏联对抗。冷战结束后，随着非洲政局趋稳和经济开始复苏，美国对非洲的政策重心随之转向了经济方面，并从经济援助转向贸易和投资。1996年2月18日至25日，布朗访问科特迪瓦、加纳、肯尼亚、乌干达和博茨瓦纳5国时明确表示，“我们来这里是为了争取我们应得到的市场份额”，美国再也不能拱手让出具有巨大潜力的非洲市场。1996年美国出台的《美国对非洲贸易和发展援助政策》，把发展同非洲的经贸关系置于对非政策的核心地位。同年9月底，美国国会议员麦克德莫特等人向国会提交了一项名为“非洲的增长与机遇：结束依赖”的议案，主张通过扩大美国对非洲贸易来刺激非洲经济增长，以结束非洲大陆对外援的依赖。该法案提出：（1）美国政府制定一项长远的发展规划，通过与非洲国家的讨论和协商，力争在25年内共同建立一个自由贸易区。（2）设立“美—非经济合作论坛”，以便双方高层官员定期举行会晤，讨论双边或多边关系中的各种问题。（3）建立一项1亿美元的撒哈拉以南非洲公正基金，以扶植当地中小企业的发展。另外，还将建立一项1亿美元的基础设施基金，帮助非洲国家改善基础设施条件。(4) 在贸易、投资等方面给予非洲国家一定的优惠政策。(5) 设置负责非洲事务的助理贸易代表职位，并给予任职者充分的权力和经费，以使其在非洲地区进行广泛活动，并直接参与同非洲国家的经贸洽谈。1996 年下半年，美国“贸易与开发机构”在俄亥俄州的克利夫兰市举办了一次关于美国对非洲贸易的会议，与会者除了美国贸易部门的负责人和企业界人士外，还有一些非洲国家的代表参加。在会上，美国再一次重申对开发非洲市场的重视，并承诺将扩大美国对非洲国家的贸易与投资，以及在非洲能源、交通运输、通讯、农产品加工、卫生和矿业等领域与欧洲国家展开竞争。

为了加强同非洲的经贸关系，1997 年 4 月底，美国政府提出了《非洲经济增长与机会法案》。该法案是在上述议案的基础上形成的，充分肯定了非洲未来的经济发展潜力，鼓励美国企业界同非洲国家开展贸易和进行投资，力图通过贸易、投资、技术援助促进非洲经济的增长，使非洲国家摆脱对外援的依赖，并试图到 2020 年与一些非洲国家达成自由贸易协定，使非洲成为美国的贸易伙伴。美国认为，非洲的经济增长符合美国的利益，它不仅对非洲的政治及社会稳定有益，而且将为美国的商品和服务出口创造更大的市场和更好的环境，为美国增加就业机会，同时还将减少美国在提供人道主义援助方面的支出。为实现上述设想和目标，法案还明确提出了一些具体的措施，主要包括：(1) 通过提供发展援助、加强政府间对话、说服国际金融机构增加贷款和减免债务、扩大相互出口等形式，支持那些致力于经济改革的国家发展经济。(2) 要求非洲国家继续在公共财政管理、经济自由化、关税、经济及企业立法、金融体制、投资等方面进行深入和全面的改革，为经济发展营造良好的内部环境。(3) 通过提供工人及管理人员培训和扩大投资规模等措施，重点扶植非洲国家私营部门的发展。(4) 在关税和市场准入方面给予实行经济改革的国家更多的优惠。(5) 继续向非洲国家提供发展援助。此外，美国政府决定设立两项总额为 6.5 亿美元投资保证基金，以扶植非洲中小企业的发展，帮助非洲国家改善基础设施；定期与实行改革的非洲国家举行部长级会议并建立美非贸易合作论坛，深入讨论加强双方合作事宜；给予美国进出口银行对非洲贷款担保和保险业务的更大自主权。这一法案的实施将使非洲对美国的出口商品从4000种增加到5800种。在美国众议院贸易委员会举行的听证会上，该项法案得到了与会者的一致支持。1997年6月，美国宣布包括纺织品在内的1783种非洲商品可以免税进入美国。美国贸易代表巴尔舍夫斯基对此称，"政府决心同经济迅速发展和实行经济改革的撒哈拉沙漠以南非洲国家建立牢固的伙伴关系，这种关系对美国人和非洲人都有利"。在6月下旬召开的丹佛七国首脑会议上，克林顿还极力推动西方大国重视非洲，呼吁其他国家增加对非投资，减免债务，谋求经济合作。在会议最后发表的公报和声明中都明确提到建立和深化同非洲国家的伙伴关系，增加援助，扩大贸易和投资，促进非洲经济逐步融入世界经济体系等内容。会议公报宣称，"进入我们的市场是促进撒哈拉以南非洲经济增长的关键手段，我们每个国家将继续通过各种方法来扩大非洲产品进入我们的市场"。这是以前历届会议所罕见的。

为促进美国对非投资，1997年4月20日，在华盛顿召开了由美国企业界主办的"对非洲投资高峰会议"，包括南非副总统姆贝基在内的一批非洲国家政要出席了会议。同年7月25日，美国的美非贸易和投资组织"非洲人与美籍非洲人大会"（又称"非美高级会议"）在津巴布韦首都哈拉雷召开，一些非洲国家的元首和政府首脑参加了会议。在会议期间，美国不少著名大公司如可口可乐公司、微软公司等都承诺大幅度增加对非投资，进一步开发非洲市场。美国在非洲的投资回报率极高。据美国商务部统计，1996年美国在撒哈拉以南非洲地区的投资产生的收益率为31%，与此相比，拉丁美洲为12%，亚太地区为13%，中东为17%。正是这种极高的收益率吸引着众多的美国知名企业和公司不断扩大对非洲的投资。

1998年3月25日，克林顿与乌干达、刚果民主共和国、肯尼亚、卢旺达、坦桑尼亚、埃塞俄比亚六国首脑举行会议，并发表了联合公报，强调必须采取措施，加速非洲经济改革，扩大互惠互利贸易和投资机会，以促进非洲经济的发展，并使其尽快纳入经济全球化进程。克林顿在会上表示，要加快实施《非洲经济增长与机会法案》，让更多的非洲商品进入美国市场。在另一方面，美国也为那些将享受有关优惠政策的国家附加了许多条件，包括：支持民主和自由市场经济；降低关税，消除贸易壁垒；准许美非公司建立合资企业；保护知识产权，打击盗版；铲除腐败，减少政府对市场的干预；打击恐怖主义等。在克林顿第二次访问非洲时，随行的美国各大公司的代表有100多名，意在抢占非洲市场，试图通过贸易来加强对非洲经济的控制，并进而主导非洲地区政治事务。

美国调整对非洲政策是其全球战略中的一个重要组成部分，主要是出于以下几方面的考虑：

首先，美国认为在非洲有着重要的经济利益。20世纪90年代中期以来，非洲经济形势有所好转，为美国提供了巨大的经济机会。非洲国家在取得民族独立后，经济一度发展较快。但到了70年代末和80年代，非洲经济面临重重困难，陷入了停滞不前的状态。90年代非洲经济仍未走出困境。从90年代中期开始，随着政治形势的好转，地区冲突的减少，非洲各国都在积极探索适合本国国情的经济发展道路，非洲经济慢慢走出低谷，出现了增长势头。1990～1994年，非洲经济年均增长率只有0.9%，1996年达到4.6%，其中有11个国家达到或超过6%，1997年又上升到5%，高于世界经济平均增长速度。根据世界贸易组织统计，1996年非洲出口总额达1130亿美元，比1995年增长8.5%，高出世界平均水平一倍多。与此同时，非洲进口总额达1270亿美元，比1995年增长5.5%，也高于世界进口增长的平均水平。达沃斯世界经济论坛发表的《1998年非洲竞争力报告》把非洲地区的23个国家列入最具竞争力的名单。非洲有7.6亿消费者，是一个巨大的潜在市场。因此，1996年2月美国商务部长布朗在访问非洲时强调，“现在是

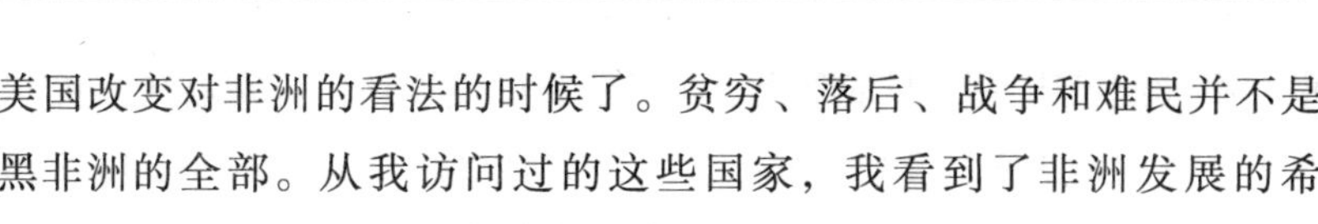

美国改变对非洲的看法的时候了。贫穷、落后、战争和难民并不是黑非洲的全部。从我访问过的这些国家，我看到了非洲发展的希望，也看到了巨大的经济潜力和商业机会”。

此外，非洲矿产资源十分丰富，素有“世界原料库”之称。世界上50种最重要的矿产资源在非洲均有可观的储量，其中至少17种占世界储量第一。非洲的石油储量约有90亿吨，是世界主要产油区之一。美国从非洲进口的石油占其总进口量的13%。南非的黄金、博茨瓦纳的钻石、赞比亚的铜、纳米比亚的铀等，都在世界市场上占有非常重要的地位。美国对非洲丰富的战略矿产资源十分重视，在非直接投资的大部分集中在能源开发及战略矿产开采领域。另外，美国在非洲的直接投资虽然仅占其海外总投资的1%，但回报率却是海外投资平均回报率的3倍。所有这些，对于美国来说无疑具有很大的吸引力。

从20世纪90年代中期以来，美非双边贸易发展较快，以每年20%的速度递增。1997年美国对撒哈拉以南非洲国家出口逾60亿美元，美非双边贸易额高达220亿美元。1998年因受亚洲金融危机的影响，美国对亚太地区的出口明显下降，但对撒哈拉以南非洲国家的出口增长了8%，达66亿美元。美国对非洲的出口已为美国国内创造了10万个就业机会。美国在非洲建立的各种公司也由1992年的184家增加到1996年的500多家，美国在非洲的直接投资开始大幅度增长。1997年美国对非直接投资达38亿美元，在撒哈拉以南非洲投资总额已达350亿美元。美国认识到，21世纪的非洲具有巨大的发展潜力，是一个充满希望和机遇的大陆，进一步扩大在非洲的市场将会促进美国的利益。但在另一方面，美非贸易仍然存在诸多不尽如人意的地方。1996年美国与撒哈拉沙漠以南非洲国家的贸易额为210亿美元，在西方国家中只排第五位。1997年美非贸易额仅占美国全部贸易的1%。美国对非洲的市场占有率为7%，远远落后于欧盟的30%。美国对非洲国家还存在着严重的贸易保护主义，对非洲国家一些重要的出口品如服装、纺织品等征收高额关税并附加配额限制，严重阻碍了美非贸易的发展。美国贸易代表巴尔舍夫斯基对此表示，“在全球经济竞争即将白热化的前夕，美国再也不能冷落非洲这个拥有7.6亿人口，但基本尚未开发的市场了”。

其次，从政治角度来说，非洲在国际事务中的发挥着越来越重要的作用。90年代以来，随着非洲经济的稳步回升，政治趋于稳定，非洲在国际和地区事务中的地位和作用也不断提高，特别是在联合国，非洲国家以一个声音说话，联合自强、加强合作的趋势明显增强。非洲越来越成为国际舞台上一支不可忽视的重要力量。美国要维护自己在国际上的地位，必须更多地争取非洲国家的支持。在打击国际恐怖主义、防止大规模毁灭性武器的扩散、保护全球生态环境等涉及美国切身利益问题上，美国必须得到非洲国家的支持和帮助。

最后，在安全方面，非洲大陆具有重要的战略价值，是维护世界和平与稳定的重要因素。从地缘政治角度来说，好望角和非洲之角分别扼守重要的海上通道。另外，以非洲大陆为主要基地的国际恐怖活动、毒品走私、跨国犯罪以及武器扩散、生态环境恶化、艾滋病蔓延、难民等，对美国的国家安全和利益都构成一定威胁。

美国对非洲政策的调整是冷战后美国所推行的全球战略的一个重要组成部分，其根本目的在于维护美国在非洲的利益，实现美国主导下的非洲和平、稳定与发展，使其更好地为维持美国在世界上的领导地位服务。当然，美国对非洲政策的调整对非洲国家自身来说具有一定的积极作用。美国在政治上重视非洲，不再把非洲视为施舍对象而是作为合作伙伴，但是，美非关系的进一步发展仍然存在不少困难和问题。

第一，非洲国家独立自主意识日益增强，对美国不在一味俯首听命。南非对美国政策的直言批评就是一个明显例证。南非总统曼德拉和副总统姆贝基表示，南非不能接受美国的《非洲经济增长与机会法案》，美国不能用贸易来代替援助。该法案提出的美非相互开放市场的做法不现实，因为非洲国家同美国这样的发达国家相比较经济实力悬殊，不可能在同一水平上进行竞争，美国所通过的法案对那些不具备基础设施和管理手段的国家是不公正的，南非“反对任何国家对自由贸易附加条件的任何企图”。曼德拉还强调，南非与古巴、利比亚和伊朗的友好关系将继续发展，南非不能因为美国的反对而放弃朋友。对于美国建立“非洲危机反应部队”的构想，曼德拉明确表示南非不予支持，认为只有联合国才有权发起组织和领导这一部队。南非的态度不仅代表了南非作为一个非洲大国所具有的独立主张，更重要的是它也反映了非洲国家要求同美国实现真正平等公正和互惠互利交往的呼声，是非洲国家独立自主、联合自强的具体体现。

第二，美国和西方大国特别是法国在非洲的竞争和争夺将会进一步加剧。非洲很大一部分是法国传统的殖民地，法国同非洲有着密切的关系。冷战后法国等欧洲国家积极调整对非政策，加强了与非洲国家的经贸和政治关系。2000 年 4 月 3 日至 4 日，首届欧洲—非洲首脑会议在开罗举行，来自非洲和欧盟的 67 国的国家元首和政府首脑或代表出席了会议，就两大洲进行经济、政治合作等问题进行磋商，并确定两大洲建立面向 21 世纪的合作伙伴关系。

第三，美国与非洲国家经贸关系的进一步发展还存在诸多人为的障碍。美国政府认为，“民主”、“人权”和经济自由化和市场化是非洲经济稳步发展的基础，也是实现对非政策不可缺少的基本保证。因而，在制定对非贸易政策时，美国还附加了许多苛刻的政治条件。根据美国对非洲经贸法案的有关规定，享受美国贸易优惠待遇的国家必须进行政治经济改革，向美国开放市场并最大限度地降低关税，这就要求非洲国家不得不付出一定的代价。克林顿在 1998 年访问非洲期间宣布免除一些非洲国家的债务，前提条件是那些国家必须是“最积极进行经济改革的国家”。

第四，非洲自身存在一些一时难以克服的困难和问题，严重制约着美非关系的发展。非洲这些困难主要包括：（1）非洲经济发展水平落后。世界上有 48 个最不发达国家中，非洲占 33 个。全世界

1/3 的难民集中在非洲。（2）战乱时有发生。冷战结束后，尽管非洲国家以及国际社会加大了解决非洲内部冲突的力度，非洲政局从总体上趋于和平与稳定，但局部战乱及军事政变时有发生。战乱的隐患并没有得到根除，非洲大陆约有 1/3 国家的经济受地区战乱的直接或间接影响。这不能不影响到投资者和进行贸易者的信心。（3）经济全球化使非洲处于更加不公平的贸易地位。非洲经济结构单一，其产品在国际市场缺乏竞争力，且极易受到国际市场价格波动的冲击。（4）大多数非洲国家外债累累，已不堪重负。至 2000 年初，非洲国家外债总额已经超过 3500 亿美元，超过其国民生产总值的 65%，其中 20 个国家的外债已超过自身国民生产总值。凡此种种，都将严重制约着美非双边关系的进一步发展。

“9·11”事件后，小布什政府以国家安全战略为中心，加紧调整对非洲的政策，重新确认非洲的战略价值，并将非洲大陆作为美全球战略的一个支撑点。2003 年 6 月 26 日至 27 日，小布什和国务卿鲍威尔先后出席了在华盛顿举行的美国与非洲商业峰会。小布什在致辞中称，美非是合作伙伴关系，要促进非洲的发展和繁荣，美国将全力帮助非洲人民寻求和平，抗击疾病，构筑繁荣和改善生活。布什指出，美国和非洲合作的首要目标是帮助非洲建立和平和安全，他宣布美国将在今后 15 个月向非洲国家提供 1 亿美元，帮助这些国家抵御恐怖活动。他说，美国和非洲合作的第二个目标是促使保健和教育在非洲大陆得到普及，提高非洲人的卫生和文化水平；第三个目标是通过援助和贸易促使非洲国家发展有活力的自由经济。小布什称，富裕国家有责任向非洲国家提供援助，他表示将增加美国和非洲国家之间的商务活动，并表示要力促农业方面的贸易。

2003 年 7 月 7～12 日，小布什首次出访了塞内加尔、南非、博茨瓦纳、乌干达和尼尔利亚。他倡导教育和医疗，制定了艾滋病防治计划，计划为期 5 年，耗资 150 亿美元。小布什在最近宣布了一个非洲反恐计划，原因是非洲一个时期来已经成为恐怖分子袭击美国目标的地方。为了对付可能发生的恐怖袭击，小布什曾提出了一个为期15个月、耗资1亿美元的计划，重点是加强肯尼亚、埃塞俄比亚、吉布提、乌干达和坦桑尼亚的机场和港口安全设施，加强边境巡逻，堵塞向恐怖组织提供资金的门路。2003年7月12日，小布什在广播讲话中说，非洲是一个充满希望和挑战的大陆，美国将帮助实现非洲的和平与繁荣。小布什指出，非洲的发展依赖于和平与稳定，美国支持非洲的民主和经济改革，美国将同盟国一道结束非洲的地区性战争和打击恐怖分子，防止非洲成为恐怖分子威胁世界的基地。2008年2月15～21日，小布什先后访问贝宁、坦桑尼亚、卢旺达、加纳和利比里亚。这是他时隔5年后第二次访问非洲。访问期间，小布什突出经济援助、疾病防治、促进民主改革和安全等议题。9月，赖斯访问利比亚、突尼斯、阿尔及利亚、摩洛哥等国，其中利比亚之行是美国国务卿55年来首次访问，双方讨论了在石油、经济、科学和教育等领域的合作问题，为两国关系发展揭开了新的篇章。

小布什政府加大了对非洲的援助力度，提出了一个非洲经济发展计划，目的是要在非洲提倡廉洁政府以吸引西方国家的私人资本，使非洲国家摆脱贫困。这一计划得到了非洲国家的积极响应。2003年5月，小布什政府宣布拨款150亿美元，主要用于帮助艾滋病感染严重的12个非洲国家和2个加勒比国家。2004年7月，布什签署法令，将“非洲增长与机会法案”有效期延至2015年。2005年6月，美国向非洲提供价值近7亿美元的援助。小布什在与来访的博茨瓦纳、加纳、莫桑比克、纳米比亚和尼日尔的5国总统会谈时表示，将扩大对非贸易，帮助非洲减少饥饿、债务和抵御艾滋病。2006年6月，美非第5届“非洲增长与机会论坛”在华盛顿举行，美国政府宣布给予超过6400种非洲商品免关税和配额待遇。2007年5月底，小布什宣布将美国资助非洲防止艾滋病项目延长5年，并将援助资金提高至300亿美元，要求国会提供5亿美元援助基金，帮助非洲加强基础教育。美国财政部长保尔森2007年11月下旬出访坦桑尼亚、南非和加纳3国，宣布启动三项总额为

2.5 亿美元的投资基金，通过对 10 余个非洲国家在运输、金融、电信及矿业领域的投资，促进非洲资本市场的发展。此举标志着美国同非洲经济交往的方式开始从援助和能源开采向贸易和战略投资转变。布什政府在卫生、教育和政府治理等领域的援助计划已涵盖 40 多个非洲国家。

随着非洲在美国反恐、能源等方面的战略地位日益突出，加强了与非洲之间的军事联系。美军加强了在非洲地区的活动，中央司令部在吉布提有少量驻军，主要负责反恐；欧洲司令部则派遣特种部队帮助西非产油国训练军队。美国在非洲采取了一系列反恐行动：2002 年在非洲西部和中部培训当地军队，打击当地反政府武装；2003 年 10 月，向吉布提的美军基地派遣了约 1800 人特种部队，开展“东非之角反恐怖行动”；2004 年，启动“跨撒哈拉反恐计划”，决定自 2007 年起，连续 5 年每年投入 1 亿美元帮助北非、西非国家训练反恐部队，防止“基地”组织在该地区的力量发展。2007 年年初，在索马里发动空袭，追击“基地”分子。2004 年 3 月，美军欧洲司令部副司令沃尔德对非洲 10 国进行了访问。两周后，多个非洲国家武装部队参谋长首次应邀到位于德国斯图加特的美军欧洲司令部开会，重点讨论加强双方军事合作事宜。美国还于 2004 年直接参与了阿尔及利亚、马里、乍得和尼日尔针对在北非活动的极端组织——拉菲斯特呼声与战斗组织的军事行动。该组织被美国列入恐怖组织黑名单，被认为与“基地”组织有关。这是美国直接在非洲参与的首次反恐行动，也是美国首次与阿尔及利亚展开密切军事合作。2006 年 2 月 11 日至 13 日，美国国防部长拉姆斯菲尔德对北非突尼斯、阿尔及利亚和摩洛哥 3 国进行了访问。此次访问是他出任国防部长后首次访问北非，美国计划在增加对三国军援的同时帮助其培训反恐部队，并扩大联合反恐军事演习的规模。5 月，美国推动召开“非洲海上力量研讨会”，讨论加强美非军事合作，确保非洲海上安全等问题。

美国还以加强安全、防止恐怖袭击为名，增加它在非洲的军事

存在。2002 年，美国在吉布提建立了一个指挥中心，并将更多的军队派往非洲之角，除帮助东非国家训练安全部队外，还负责该地区的情报收集工作。在东非，美在吉布提的军事基地除了反恐之外，还紧紧扼守着苏丹通往红海的海上通道。在西非，美国海军和海岸警卫队试图与毛里塔尼亚、塞内加尔、贝宁、多哥、圣多美和普林西比以及加蓬等国建立海上合作关系，并向该地区派遣一艘军舰，充当沿海的机动基地。吉布提的战略地位十分重要，美国已经帮助它改善了具有战略地位的红海港，并把部署在红海地区的大部分美军驻扎在这个国家。五角大楼还希望加强同摩洛哥和突尼斯等国家的军事关系。2007 年 2 月初，布什政府宣布设立非洲司令部。10 月 1 日，美军非洲司令部正式成立，总部暂时设在德国的斯图加特。布什任命非洲裔四星上将沃德为首任非洲司令部总司令。

非洲原由欧洲司令部、太平洋司令部和中央司令部共同管辖，操作起来很不方便。其中，欧洲司令部负责非洲北部和撒哈拉沙漠以南的 43 个非洲国家，中央司令部则负责东部的“非洲之角”，而太平洋司令部负责马达加斯加的军事事务。这 3 个司令部在当地的行动相当低调，主要通过雇用精英特种部队，训练和装备非洲军队和参与共同行动。设立非洲司令部将是一个重要的根本性措施，从而协调美国在这片大陆的战略决策，其目的是进一步加强对非洲的控制，谋取扩大在非洲的影响力。美军非洲司令部的职权较广，主要是灵活应对各种事件，协调军事行动，预测和对抗可能来自非洲大陆的威胁，保障五角大楼和民权当局更为密切的协同，发展与非洲国家的合作。其活动范围涵盖了除埃及之外的整个非洲大陆，埃及仍在负责中东和中亚地区行动的美军中央司令部责任区内。为了选址，美军高层曾多次出访十多个非洲国家，以“反恐”和“构建地区稳定与安全”为名，试图是这些国家接受美军非洲司令部进驻。设立美军非洲司令部标志着美国对非战略决策由冷战时期的被动防御转向主动开辟，意欲将非洲纳入其全球防务版图。美国国防部副部长帮办亨利在非洲穿梭访问，与非盟代表、阿尔及利亚、摩洛哥、利比亚、埃及和吉布提外交部官员会晤，试图说服非洲国家同意在其境内建设美军地区司令部。对于美军在北非部署地区司令部的意图，利比亚和阿尔及利亚不但拒绝合作，而且表示抗议，担心美国干涉其内部事务。北非国家摩洛哥政府同样拒绝支持美国。东非的乌干达，西非的尼日利亚，以及南部非洲发展共同体的 14 个成员国都明确表示，不愿成为美军非洲司令部的所在地，也不愿为美军提供永久性军事基地。亨利承认："我们在向非洲部署部队方面确实有较大问题。非洲舆论反对与美国结盟，他们不信任我们。就连创造数千个就业岗位的前景也无济于事。非洲人担心，美国设施将成为伊斯兰分子的目标。"非洲国家担心美国利用军事手段、借"反恐"名义达到控制非洲石油等战略资源的目的。美军非洲司令部意图在于增强在非洲的全面影响力，确保稳定的能源供应。因此尽管遭到非洲数国的拒绝，但美国不会轻易放弃建设美军非洲司令部的计划。与其他战区相比，美军在非洲投入的军力不会很大。该司令部的主要职责包括帮助非洲各国训练部队，加强与各国政府的协调，搜集情报，举行联合军演，维和与人道主义援助等。

"9·11"事件之后，美国以"非洲之角"和"撒哈拉地带"为军事据点，大幅度修改"非洲主动应对危机部队"训练内容；在非洲新设美军基地或加强原有基地的作用；以美国特种部队指导各国军队；通过进行联合军事演习等方式加强了对非洲的军事干预。2006 年上半年，以美国为首的北约曾在西非岛国佛得角境内，举行代号为"坚定美洲豹——2006"的大规模军事演习。这是有史以来北约军队首次在非洲地区开展军事活动。北约盟军最高司令、美国将军琼斯坦言，选择非洲作为演习地点，是因为"基地"组织成员可能会寻求非洲大陆作为避难所。美国还与肯尼亚、坦桑尼亚、乌干达、马里、阿尔及利亚等举行联合军事演习。

美国重新重视非洲，提高它在美国战略利益中的地位，一个重要目的是控制那里的丰富的石油等战略资源。美国是世界第一大能

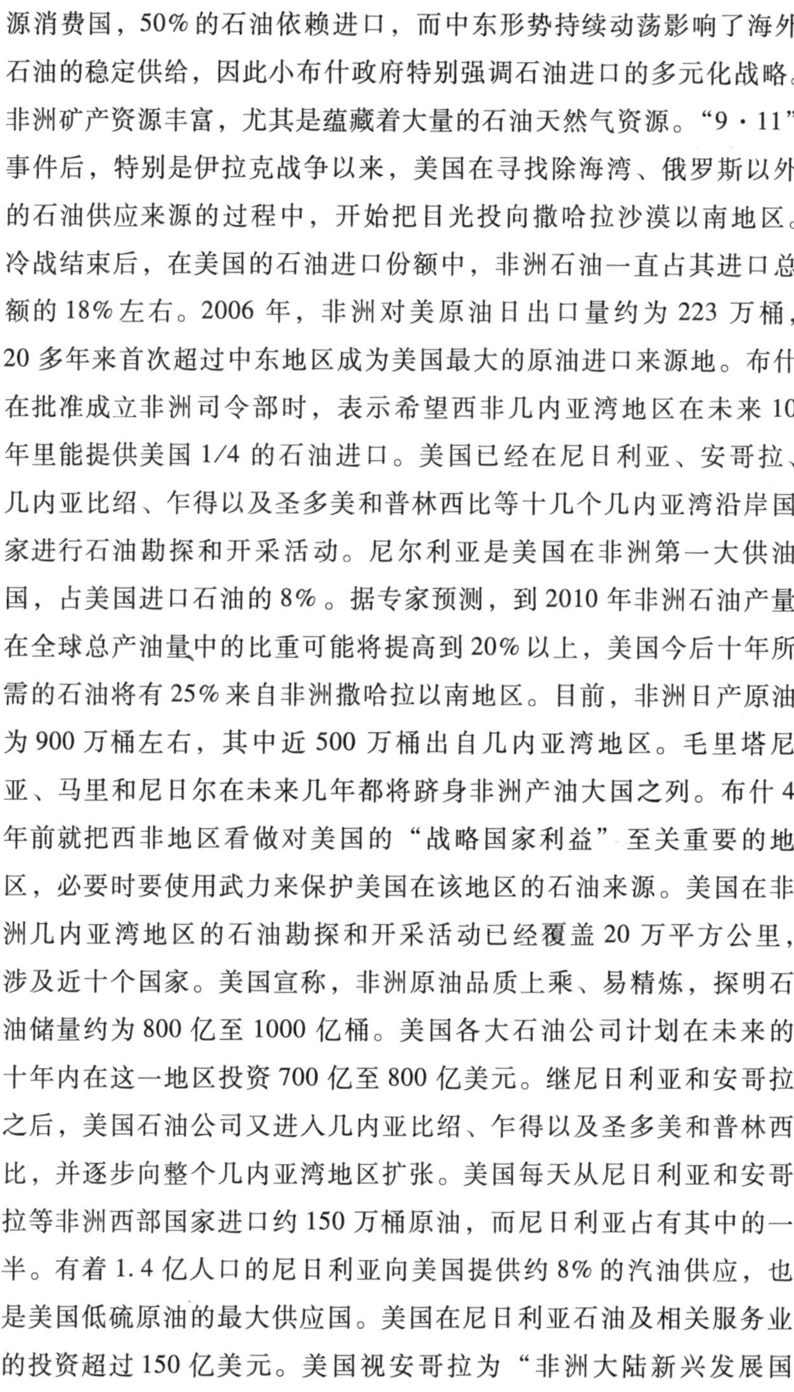

源消费国，50%的石油依赖进口，而中东形势持续动荡影响了海外石油的稳定供给，因此小布什政府特别强调石油进口的多元化战略。非洲矿产资源丰富，尤其是蕴藏着大量的石油天然气资源。“9·11”事件后，特别是伊拉克战争以来，美国在寻找除海湾、俄罗斯以外的石油供应来源的过程中，开始把目光投向撒哈拉沙漠以南地区。冷战结束后，在美国的石油进口份额中，非洲石油一直占其进口总额的18%左右。2006年，非洲对美原油日出口量约为223万桶，20多年来首次超过中东地区成为美国最大的原油进口来源地。布什在批准成立非洲司令部时，表示希望西非几内亚湾地区在未来10年里能提供美国1/4的石油进口。美国已经在尼日利亚、安哥拉、几内亚比绍、乍得以及圣多美和普林西比等十几个几内亚湾沿岸国家进行石油勘探和开采活动。尼尔利亚是美国在非洲第一大供油国，占美国进口石油的8%。据专家预测，到2010年非洲石油产量在全球总产油量中的比重可能将提高到20%以上，美国今后十年所需的石油将有25%来自非洲撒哈拉以南地区。目前，非洲日产原油为900万桶左右，其中近500万桶出自几内亚湾地区。毛里塔尼亚、马里和尼日尔在未来几年都将跻身非洲产油大国之列。布什4年前就把西非地区看做对美国的“战略国家利益”至关重要的地区，必要时要使用武力来保护美国在该地区的石油来源。美国在非洲几内亚湾地区的石油勘探和开采活动已经覆盖20万平方公里，涉及近十个国家。美国宣称，非洲原油品质上乘、易精炼，探明石油储量约为800亿至1000亿桶。美国各大石油公司计划在未来的十年内在这一地区投资700亿至800亿美元。继尼日利亚和安哥拉之后，美国石油公司又进入几内亚比绍、乍得以及圣多美和普林西比，并逐步向整个几内亚湾地区扩张。美国每天从尼日利亚和安哥拉等非洲西部国家进口约150万桶原油，而尼日利亚占有其中的一半。有着1.4亿人口的尼日利亚向美国提供约8%的汽油供应，也是美国低硫原油的最大供应国。美国在尼日利亚石油及相关服务业的投资超过150亿美元。美国视安哥拉为“非洲大陆新兴发展国家”，安哥拉也是美国汽油和液化天然气的主要供应国，美国有意“加强与这一有着巨大经济发展潜力的国家发展关系”。不仅如此，非洲石油抵达美国的时间只有中东石油抵达美国时间的一半，运输便利。尼日利亚、安哥拉和加蓬等非洲国家已成为美国的重要石油来源地。据美国国家情报委员会预测，到 2015 年，非洲石油将占美国石油总输入的 25%，超过美国从整个海湾地区进口的石油量。①

非洲具有庞大的经济潜力。拥有 8 亿多人口的非洲目前是世界上最大的未开发市场，尽管战乱频仍，近年来却引起了美国工商界的重视。即使在世界经济不景气的时候，美国对非洲的出口仍呈现上升趋势，而且美国企业的投资回报率高达 36%，远远高于亚洲 16% 和全球平均 14% 的水平。进入新世纪以来，非洲经济进入较快增长阶段。据国际货币基金组织统计，2001～2005 年，非洲年均经济增长率为 4.6%，而撒哈拉以南的 8 个石油出口国的经济增长率达到了 10%。美国显然是看中了这一巨大的市场。

政治上，改善美国的形象。在伊拉克战争中，美国政府既未得到联合国的授权，又未拿出任何伊拉克发展大规模杀伤性武器的真凭实据，美国虽然赢得了这场战争，却输掉了“道义”。美国总统国家安全事务助理赖斯就毫不讳言地指出，美国之所以关注非洲，是因为美国必须向世人表明它是一个致力于改善人们生活的国家，手中不仅有“利剑”，也有“橄榄枝”。小布什也曾向媒体表示，美国不仅要向世界展示其“肌肉”，还要展示它的“心”。

美国重视非洲也是出于反恐的需要。美国政府认为，由于许多非洲国家长期处于贫穷和战乱状态，非洲大陆成为恐怖主义活动比较活跃的地区。“基地”组织成员经常在非洲之角和撒哈拉以南地区活动，并曾在 1998 年成功策划实施了袭击美国驻肯尼亚和坦桑尼亚大使馆的行动，造成 250 人死亡，5000 多人受伤。如果美国继

① “美国加紧实施非洲石油资源战略”，新华网，2005 年 7 月 24 日。

续忽视非洲，这块贫穷落后的大陆很可能成为恐怖主义的温床和恐怖组织新的避风港，这将使美国的全球反恐斗争面临功亏一篑的危险。五角大楼发言人指出，建立非洲司令部“目的是防止出现另一个阿富汗”。美国中央司令部司令阿布扎德上将称，有“非洲之角”之称的红海沿岸地区已遭到极端分子和恐怖分子的渗透，已成为他们时常出没和策动恐怖袭击、暴力行动的地方。

奥巴马执政后，为了继续保持美国在非洲的影响力，维护美国能源来源多元化，从政治、外交、军事、经济等方面强化和调整对非政策，美国与非洲的关系得到进一步发展。美国负责非洲事务的助理国务卿卡尔森将美国对非政策概括为以下几个方面：第一，推进非洲的民主是美国对非的优先课题。将与非洲国家、国际社会以及公民社会合作，加强非洲国家民主制度建设，保护非洲国家已经取得的民主成果。第二，推动非洲经济持续发展。帮助复兴非洲农业，支持新的“全球饥饿与食品安全倡议”，重点关注减少饥饿、贫困和营养不良等；加强与非洲的贸易关系，在已有的能源、纺织和运输设备等领域合作的基础上，进一步扩大合作。第三，继续推进美国对非洲国家公共卫生健康问题的关注，继续推进小布什政府时期制定的“减少艾滋病总统紧急计划”。第四，美国将与非洲国家和国际社会一道，防止和解决非洲的冲突和分歧。关注几内亚、索马里、苏丹、民主刚果、尼日尔和马达加斯加等国局势，派出苏丹问题总统特使，寻求解决索马里的政治与人道主义危机。第五，与非洲国家合作，共同应对已有的和新的挑战，包括应对气候变化、贩毒、贩卖人口和武器。

在外交上，美国政府加大与非洲接触的力度，高层官员多次出访非洲国家。2009 年 6、7 月，奥巴马先后访问埃及和加纳，并于 7 月 11 日在加纳议会发表了对非洲政策演讲，提出要同非洲国家建立“共担责任的伙伴关系”的概念。他说，这种伙伴关系必须建立在共同承担责任和相互尊重的基础上，“这种共同的责任必须成为我们伙伴关系的基础”。他明确表示，“我不认为非洲的国家和人民身处另外一个世界”，而视非洲为“我们紧密相连的世界的一个基本组成部分”，视非洲为“美国的伙伴”；作为美非伙伴关系中重要一部分，美国会支持发展，为更多的人创造机会，继续增加对非贸易、投资和援助。他同时敦促非洲国家实行民主，消除腐败，改善公共卫生，加强劳动技能培训，和平解决争端。他称这些也是美国自身的利益所在，因为如果非洲人摆脱贫困、创造财富，“这将为我们自己的商品开辟新市场”。① 8月5日，希拉里国务卿开始对肯尼亚、南非、安哥拉、刚果民主共和国、尼尔利亚、利比里亚和佛得角等7个国家进行为期11天的访问，并出席第8届美国与非洲撒哈拉以南地区贸易与经济合作论坛（又称“《非洲经济增长与机会法案》论坛”），这是其上任以来时间最长的一次访问，意在加强美国与非洲的伙伴关系，重树美国在非洲的形象。她在访问肯尼亚时重申，美国愿做非洲的伙伴而不是“保护人”，强调非洲的进步需要美非建立“共同责任的伙伴关系”。肯尼亚被确定为它在东非的“关键战略伙伴”。美国重视民主、经贸、发展援助、安全等问题，积极介入苏丹、索马里、津巴布韦等地区热点问题。2009年3月，奥巴马任命退役空军少将格拉逊为美国苏丹问题特使。

2010年1月下旬，美国副国务卿奥特罗和负责非洲事务的助理国务卿卡尔森先后访问肯尼亚、乌干达、埃塞俄比亚、加纳、多哥、贝宁和尼尔利亚等国；2月，苏丹问题特使格拉逊访问乍得、苏丹和卢旺达，斡旋苏丹局势。4月，副国务卿伯恩斯出访非洲7国。6月，副总统拜登先后出访埃及、肯尼亚和南非，极力拉近与非洲的距离，积极开展与非洲地区组织的对话。4月，美国与非盟在华盛顿举行首次高级别战略对话，美贸易代表、副国务卿、非盟委员会主席等要员与会。会议发表联合声明，强调美非将通过双方“新型战略伙伴关系”维护共同利益和推进共同价值，并决定今后每年在华盛顿和非盟总部亚的斯亚贝巴轮流举行对话会。与此同

① “美国总统奥巴马在加纳议会的演讲全文”，《美国参考》2009年7月11日。

时，美国还与尼尔利亚、南非、安哥拉等国建立了战略对话机制。2011 年 6 月，希拉里先后访问了赞比亚、坦桑尼亚、埃塞俄比亚三国，并出席在卢萨卡召开的第 10 届《非洲经济增长与机会法案》论坛。

军事上，加强对非洲的军事渗透。奥巴马政府推进美军非洲司令部建设，并继续打击索马里海盗，派遣军舰进行护航，将非洲置于美国外交的重要位置。2010 年，美国开始在吉布提设立秘密行动中心，中情局人员再次追踪邻国恐怖分子，并对其实施无人机导弹攻击行动，以打击非洲之角的“基地”组织，从军事上控制非洲资源的运输通道。2007 年以来，美非双方每年都在非洲国家举行代号为“非洲努力”的通讯技术联合军事演习，旨在加强美军与非洲各国部队在指挥、控制通讯和信息系统一体化等方面的协同作战能力。2010 年 8 月在加纳举行的联合军演中，非洲参演国家从 2009 年的 25 个增至 38 个。2010 年 6 月，苏丹全面和平协议会议在华盛顿举行。与此同时，美国继续增加对非洲的安全援助，其中对“跨撒哈拉反恐伙伴关系计划”的援助由 2009 财年的 1500 万美元增至 2010 财年的 2000 万美元；对“东非地区战略倡议”的援助由 500 万美元增至 1000 万美元。

美国政府调整了对非援助和贸易战略。2010 年 4 月，在华盛顿举行的美非第四届基础设施建设论坛年会上，美国政府宣布向佛得角和莱索托分别提供 7000 万美元和 1.64 亿美元的援助，用于改善两国公路、桥梁和供水状况。在金融危机席卷全球的情况下，美国开始把目光投向非洲大陆，扩大贸易与投资自然成为美国的一个重要目的。《非洲增长与机会法案》是美国推动对非洲贸易的主要平台。2000 年 10 月生效以来，为 48 个撒哈拉以南非洲国家提供了单方面贸易优惠，可向美国免税出口 6000 多种商品，对于促进美非经贸关系的快速发展发挥了重要作用。2008 年，美非贸易额增长了 28%。其中美国对非洲出口增加 29.2%，进口增加 27.8%。至 2011 年，《非洲经济增长与机会法案》论坛共举行了 10 届。2010

年8月3日，第9届《非洲经济增长与机会法案》论坛在华盛顿举行。希拉里发表讲话称，为帮助非洲国家消除贫困，美国政府将把对非贸易与发展的重点放在培育非洲区域性市场，提升贸易与援助成效，与非洲伙伴国家政府共同努力推动实施结构性改革和使市场逐渐实现自由化等方面。2011年6月9日，第10届论坛在赞比亚首都卢萨卡举行，来自美国和撒哈拉以南非洲国家的2000多名代表出席，奥巴马为论坛召开发来贺信说，这一法案在过去十年间对发展美非贸易投资至关重要，今后法案将在消除贸易壁垒、吸引投资和创造就业等方面发挥更大作用。美国贸易代表柯克称，在这一法案框架下，2010年美国在非洲石油领域从非洲国家进口额达到40亿美元，比2000年增长了18%。希拉里在闭幕上说，该法案对美非经贸合作互惠双赢具有巨大推动作用。她表示，美非经贸合作具有很大潜力，双方需要共同努力和相互合作，实现互惠共赢。赞比亚商业、贸易和工业部长穆塔蒂在闭幕上指出，论坛成立10年来美国和撒哈拉以南非洲国家的合作不断加强，在双方政府、商界人士和民间组织的共同努力下，直接或间接为撒哈拉以南非洲国家创造了至少1万个以上的就业机会，地区商业和贸易得到较快发展。鉴于该法将于2015年到期，许多受惠非洲国家呼吁美国政府延长法案。希拉里和柯克表示，美国政府将在未来几个月与国会磋商，以便使该法延长至2025年。

总体来看，与小布什政府时期的非洲政策相比，奥巴马政府不再突出反恐的重要性，而是在关注传统的民主价值观的基础上，更加重视非洲国家的社会经济发展以及解决冲突等问题。但是，制约双方关系发展的因素仍然很多。现阶段非洲与美国间的贸易存在诸多问题。例如：非洲国家的生产资金严重不足、美方依然存在苛刻的贸易标准及复杂的审批手续、西方社会始终借此干预非洲国家内政等问题，使得非美之间发展经贸关系始终存在巨大障碍。美国和非洲经贸关系的进一步发展仍然需要漫长的等待。

2011年，非洲在美国全球战略中的地位再次上升。一方面，美国在中东等地区的反恐行动将部分恐怖分子驱赶到了力量薄弱的非洲国家，美国担心这些恐怖分子与当地反叛力量结合起来形成类似“基地”组织的恐怖组织，造成非洲动荡，加剧美国反恐难度。另一方面，“圣灵抵抗军”和“伊斯兰青年党”对南苏丹、安哥拉、索马里等国构成严重威胁，美国以维护该地区的安全稳定为由，乘机向相关国家渗透，以增强美国的影响力，保护美国在非洲的利益。美军非洲司令部称，美国正在阿尔及利亚、布基纳法索、乍得、马里、毛里塔尼亚、摩洛哥、尼日尔、尼日利亚、塞内加尔和突尼斯等国开展反恐训练，培训军队，以“阻止恐怖分子建立避难所”。在索马里，美国支援乌干达和布隆迪的9000名士兵打击索马里首都摩加迪沙的武装分子。2011年6月，五角大楼向乌干达和布隆迪提供了近4500万美元的军事装备，包括4架小型无人机、防弹衣、夜视仪和通信器材。美国还宣布，将派遣100名顾问在中非打击反叛组织圣灵抵抗军。美国援助肯尼亚军队和警察部队2400万美元，用于“打击恐怖分子、参与维和行动”。10月14日，奥巴马以致信国会的形式，宣布向中非地区派遣约100名特种部队官兵，展开“乌干达行动”，协助乌干达政府打击反政府武装“圣灵抵抗军”。第一批美军已于10月12日抵达乌干达，这是近年来美国在该地区规模最大的军事部署行动。奥巴马称，尽管美军携带全部作战装备，但将只“提供信息和建议”，“进行安全和攻击培训”，不与“圣灵抵抗军”交战，仅在必要时自卫。

第四章
美国对亚太地区的外交政策

一　筹建“亚太新秩序”与“新太平洋共同体”

布什入主白宫后，随着冷战的结束、东西方关系的缓和以及苏联的解体，亚太地区发生了前所未有的变化。为适应新的形势需要，美国政府加紧制定和调整自己的亚太政策。这主要体现在以下几个方面。

政治上，积极参与亚太事务。20 世纪 80 年代以来，随着美国与亚太地区经济、政治、军事联系的不断增强，美国越来越重视亚太地区。1989 年 2 月，布什上台不久便首先出访亚太。美国领导人多次讲话称，“美国是一个太平洋国家”，亚太是对美国“利益攸关的地区”，“亚洲的安全和经济发展符合美国的利益”。美国政府在 1989 年提出的“新太平洋伙伴关系”的基础上，于 1991 年 11 月更为全面地提出了建立一个以北美为基点包括日本、韩国、东盟国家和澳大利亚等在内的呈“扇形结构”的“太平洋共同体”的战略构想，从而实现以美国为主导的亚太地区新秩序。

在经济上，力图推进亚太经济合作与一体化进程。20 世纪 90 年代，亚太地区是世界上经济发展最快、最具活力的地区。1990 年美国经济增长率为 1%，1991 年出现负增长，下降 0.7%。西方发达国家平均增长率仅为 1.5% 左右。与此同时，包括中国在内的亚太地区经济持续稳定增长。1992 年，新加坡、马来西亚、印度尼西亚、泰国、韩国、中国香港和中国台湾等国家和地区增长率在

4.9% ~8.9%之间，而中国的增长率达12%。亚太也是同美国贸易发展最快的地区。1990年美国对亚太的贸易额超过了3100亿美元，而同年美国与欧洲的双边贸易额为2200亿美元。亚太地区已经成为美国最大的出口市场。1991年美国对亚太地区的出口额为1200亿美元，为美国提供了230万个就业机会。美国对日本一国的出口就超过对法国、德国和意大利三国出口的总和。美国还把亚太地区视为一个巨大的投资市场。20世纪90年代初，美国在亚太的投资超过610亿美元，而且增长势头良好。美国领导人一再强调，"亚太地区已成为世界经济的发动机"，美国的未来和命运系于太平洋，认为"对美国经济的许多行业来说，太平洋市场的潜力基本上尚未挖掘"。因而，为扭转国内经济颓势，恢复和发展经济，美国政府在经济领域积极介入亚太事务，希望亚太国家特别是日本能帮助美国摆脱经济衰退，并帮助美国"应付冷战后时代的经济挑战"。

1989年6月，美国国务卿贝克提出建立包括美国、日本在内的"泛太平洋经济联盟"，并主张依据市场经济和自由贸易的原则来促进亚太经济合作新机制的形成。5个月后，美国与亚太其他11个国家共同发起的亚太经济合作部长级会议在堪培拉召开。美国舆论认为，这为美国积极参与亚太经济合作进程和施加更大的影响提供了便利的渠道，因而称之为"亚太经济合作的里程碑"。冷战结束后，美国对亚太经济合作越发重视。在布什政府的"太平洋共同体"战略构想中，建立一个开放的"亚太经济一体化框架"被视为实现这一构想的第一根支柱。为了使更多的美国产品进入亚太市场，美国政府在贸易上不断向亚太国家施加压力，要求这些国家消除各自的贸易壁垒，建立更加开放的贸易体制，进一步对美国开放市场，加强双方的经济合作，减少贸易摩擦。1992年1月，乔治·布什总统在第二次出访亚太时，明确地把打开亚太市场，促进美国产品出口，创造国内就业机会作为"首要使命"。

美国建立"亚太经济一体化框架"的基本点是：推动"亚太经济合作会议"成为促进市场经济发展和全球及地区贸易自由化的

重要机制，进而发展为促进亚太地区政治合作、培植亚太共同体意识的主要论坛；反对建立以日本为核心的亚洲经济圈和任何把美国排斥在外的亚洲经济集团；进一步开拓美国在亚太的市场，逐步使亚太经济合作会议与北美自由贸易区挂钩，以扩展美国的势力范围，促进美国经济不断增长。

安全上，建立一个“灵活而强大的安全结构”，推行“合作性戒备”战略。战后，为了遏制苏联，美国在亚太地区建立了“前沿防御体系”，这是美国亚太军事战略的核心内容。随着东西方关系的缓和，美国国内要求减少军费开支的压力日益增大，这就促使布什政府加快调整亚太军事战略，以适应发生了巨大变化的亚太形势。1990 年 4 月，美国国防部国际安全事务办公室向国会提交了题为《亚太地区战略构想：展望 21 世纪》的报告，强调指出，虽然苏联在亚太地区的威胁较前减少了，但美国在该地区的利益并没有发生任何变化，美国亚太战略的基本成分在最近的未来将继续有效，美军在西太平洋扮演的角色应为“地区性平衡器、诚实的掮客和最终的安全保证者”。该报告得到了布什总统的批准，为美国调整亚太军事战略定下了基调。

布什政府在亚太安全问题上的基本做法是：（1）继续保持在亚太地区的前沿军事存在，认为这是美国在该地区发挥作用的有力保证，但对前沿部署部队作适当的调整，要求盟国增加防务义务，并与盟国建立“安全伙伴”关系。美国认为，在新的形势下，亚太地区已进入一个多变、不稳定和重新组合的时期，存在着诸多不稳定因素，倘若美军在亚太的前沿存在，则这一地区就会出现“力量真空”，并进而引起局势不稳，容易诱发冲突。1990 年美国制订了东亚战略计划，开始具体调整亚太军事战略。根据该计划，今后驻亚太美军的主要战略任务由原来的遏制苏联威胁转变为既遏制苏联威胁，又准备对付其他局部威胁，保持亚太地区的和平与稳定；少量削减驻亚太美军力量，三年内削减 11%，将分别从韩国撤走 5000 人，从日本撤走 5000～6000 人，从菲律宾撤走 2000 人，关闭在韩国光州、水原、大邱的三个军事基地；要求日本、韩国等盟国加强自身防卫力量，负起更大的防务责任，为美国驻军分担更多的费用。对于上述新的防务结构，美国军方称之为“合作性戒备”。用负责国际安全事务的国防部助理部长帮办福特的话来说，就是“合作各方既要为共同防御的需要做出充分的财政贡献，又要有可靠的自卫能力；美国所能做的，是成为一个以充分的防务能力为后盾的地区信任与合作网络的领导与核心，以确保没有一个国家能将自身的利益置于共同利益之上”。（2）强调美国与亚太地区盟国双边军事安排的重要性，即同日本、韩国、东盟和澳大利亚的关系是亚太安全结构的基轴，进一步强化美国与这些国家的同盟关系。1991 年 11 月，布什在美国亚洲协会发表讲话说：“在安全领域，亚洲的多样化造就了一种不同的政治和战略合作格局。我们特定的协议和关系为未来的安全提供了坚实的基础。”美国驻太平洋部队司令拉森认为，美国亚太安全战略的焦点是“通过进入途径、影响作用和威慑力量来维持地区稳定”。他指出：“通过在太平洋地区保持一支训练有素并做好准备的前沿部署的军事力量，通过利用这支军事力量同别的国家建立一个军方对军方的关系网，我们正在实现这一战略。”拉森承认，仅靠美国一家不能，而且永远不能维护整个亚太地区的稳定。1992 年 1 月，布什出访亚太时，重申美日、美韩、美澳同盟关系是美国在这一地区扇形安全结构中并列的三个支架。

在克林顿时期，美国政府更加重视亚太地区，认为“太平洋地区能够成为并将成为我们美国本土人民的一个就业、收入、合作、思想和增长的庞大来源”，美国的未来在于更广泛、更深入、更集中地参与亚太事务。为此，克林顿在 1993 年 7 月访问东京时提出建立一个“分享力量、分享繁荣和对民主价值共同承担义务”的新太平洋共同体。这一设想反映了美国在亚太地区的长远战略目标，是美国对亚太政策的又一重大转折。

美国“新太平洋共同体”的主要内容包括：经济上，积极参与和领导亚太经济合作，谋求建立一个更加开放的亚太经济贸易体系。亚太地区是当今世界最具活力的地区。随着亚太经济持续快速增长，投资和贸易市场迅猛扩大，美国与亚太地区的经贸关系变得日益紧密，亚太地区是美国最大的出口市场。美国认为，亚太地区的繁荣和开放是美国经济健康的关键，美国40%以上的对外贸易是与亚洲进行的。1992年，美国同亚太地区的双边贸易额达到3480亿美元，大大超过美国同加拿大和墨西哥2650亿美元、美国同欧洲2270亿美元的贸易额，是美国与拉美国家贸易的3倍多。美国对亚太地区的出口为其提供了250万个以上的就业机会。亚太地区也是美国公司重要的投资场所。1992年底，美国在亚太的直接投资额超过780亿美元，到1993年又增长了26%，大大高于美国对其他地区投资的增长速度。1994年1月，美国商务部提出“新兴大市场”战略，把包括中国、印度在内的10个发展中国家作为美国重点开拓的海外市场。与此同时，美国在亚太地区也面临严峻的挑战。美国1993年1160亿美元的贸易逆差中，几乎有95%来自亚太经济合作组织的成员国家和地区。很显然，以“重振美国经济”为己任的克林顿政府必将眼光投向政局相对稳定、经济迅猛崛起、与美国联系日益紧密的亚太地区。

鉴于亚太地区对于美国的重要性，克林顿总统、国务卿克里斯托弗、负责东亚和太平洋事务的助理国务卿洛德、商务部长布朗、财政部长本特森等都多次强调美国要进一步关注亚太地区。克林顿表示，西欧仍然是美国同盟关系的中心，“但是美国关心的是经济问题。美国的未来同世界上经济增长最快的亚洲太平洋密切相关，必须同这一地区加深关系”。他指出，亚洲是美国最大的贸易伙伴，而且潜力巨大。“如果我们在那个市场上的份额增加1%，就会给美国经济增加30万个就业机会”。克里斯托弗强调，“对美国的利益而言，没有比亚太地区更为重要的了”。洛德在参议院提名听证会上更是声称：“今天，对美国来说，世界上没有一个地区比亚太地区更重要。明天，在21世纪，也没有任何一个地区能够像亚太地区那样重要。”奥尔布赖特在接任国务卿后也多次重申美国对亚太地区的重视，认为“世界上没有哪个地区比亚太地区对美国的利益或未来世界的稳定与和平具有更重要的意义”。1994 年美国《国家安全战略》报告明确指出：“东亚是一个对美国的安全和繁荣具有越来越重要作用的地区。在其他任何地区我们三管齐下的战略都没有像这一地区那样紧密相连，要求美国继续参与的需要也没有像这一地区那样明显。安全、开放市场和民主现在比以往任何时候都更加同我们对这一具有活力的地区的态度密切相关。”在克林顿政府看来，美国经济复兴的关键系于与“由于经济强劲增长而涌现出各种商业机会”的亚太地区的紧密联系。

美国“新太平洋共同体”的核心内容之一就是积极参与并领导亚太经济的发展，谋求创造“美国的太平洋世纪”。克里斯托弗表示，“我们在临近下一个世纪的时候，美国必须把目光转向亚洲，转向太平洋的未来”。1993 年 11 月 1 日，布朗在纽约亚洲协会举行的午餐会上发表了题为《美国世纪，太平洋世纪：美国继续发挥领导作用的战略》的演说，对美国的亚太经济战略作了较为详尽的阐释。他指出：“我和总统一样确信，最主要的任务莫过于重新调整我们的国际政策和工作重点，以适应新的全球经济和政治现实的需要。今天，横越太平洋的贸易多于横越大西洋的贸易。太平洋贸易与 200 多万个美国就业机会有着直接的联系。太平洋国家的经济产出大大超过世界经济产出的一半，它们的经济是世界上发展最快的。因此，亚太地区不仅是我们命运的归宿，也是我们目前财富的来源。这个事实美国人必须理解，这种情况美国政府已经认识到。”他强调，“我想把亚太地区放在我们的地区出口战略的首位。把亚太地区放在首位，绝不是象征性的。它说明，总统和政府认识到，同亚太地区发展贸易是除美洲以外我们的国际经济活动第一优先考虑的对象”。布朗称，200 多年来，美国一直目不转睛地注释着欧洲，现在把目光掉转 180 度移向亚洲是一场“革命性的剧变”，表示“美国欢迎太平洋世纪的到来。在这个世纪里，作为太平洋地区生产能力和创新精神最强的国家，美国仍能起领导作用。太平洋世纪将带来一个全新的美国世纪，这个世纪比行将结束的美国世纪更具挑战性、更加繁荣昌盛”。

为开创美国的“太平洋世纪”，克林顿政府制定了新的亚太经济战略，基本内容包括：拓展美国商品在亚太地区的市场，增加国内就业，促进经济增长；增加美国对亚太的直接投资；强化和扩大亚太经济合作组织的功能，使之能够成为亚太经济合作和一体化的地区框架，而美国则在其中发挥主导作用。这一政策的中心内容就是要发起一场刺激美国跨太平洋出口的“太平洋贸促运动”。美国试图通过地区性贸易谈判、相互减少市场障碍、降低关税、消除非关税壁垒、放宽对运输和通信等服务业的限制等措施，以确保美国产品顺利进入亚太市场，加速亚太地区贸易自由化进程。

在加强与亚太地区经贸关系的同时，美国政府积极推动建立更加开放的亚太经贸体系，倡导并积极参与亚太地区的经济合作，加快推进亚太经济一体化。美国政府强调，沿着太平洋圈的新兴市场为美国企业提供了广泛的机会，而亚太经合组织则为探索这种机会提供了适当的工具。因而，克林顿政府力图提高和扩大亚太经济合作组织的作用，使之能够成为亚太地区经济合作的基石。美国政府认为，在工作级别上，亚太经济合作组织专家应把注意力集中在以下三个方面：第一，它应促进该地区开放性的贸易和投资；第二，它应在诸如能源、环境等地区性问题上加强合作；第三，它应当改进把该地区各国联系在一起的网络和基础设施。在更高级别上，亚太经济合作组织应是一个商讨亚洲经济发展的重大问题的论坛，它应有助于把注意力集中在阻碍贸易和增长的壁垒上，它应发展成为一个解决经济争端的场所。为了加强这一组织的作用，给亚太经济合作注入新的活力，在 1993 年 11 月亚太经济合作组织西雅图会议上，美国大力提升这一组织的地位，提出建立亚太经济共同体的建议，目的就是要把亚太经济合作组织从一个松散的、协商性的论坛发展成为机制化的地区经济合作政策协调机构和进行多边贸易谈判机构，以此为杠杆来推动亚太地区贸易、投资自由化，扩大美国企

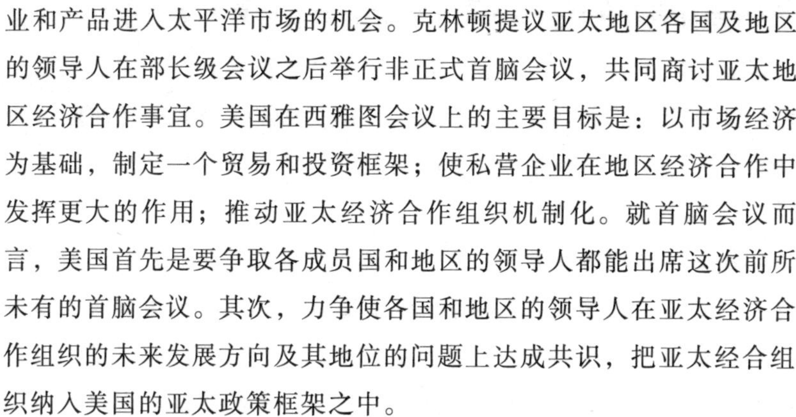

业和产品进入太平洋市场的机会。克林顿提议亚太地区各国及地区的领导人在部长级会议之后举行非正式首脑会议，共同商讨亚太地区经济合作事宜。美国在西雅图会议上的主要目标是：以市场经济为基础，制定一个贸易和投资框架；使私营企业在地区经济合作中发挥更大的作用；推动亚太经济合作组织机制化。就首脑会议而言，美国首先是要争取各成员国和地区的领导人都能出席这次前所未有的首脑会议。其次，力争使各国和地区的领导人在亚太经济合作组织的未来发展方向及其地位的问题上达成共识，把亚太经合组织纳入美国的亚太政策框架之中。

在西雅图会议上，美国的基本目标得到了实现。亚太经济合作组织 15 个成员国和地区除马来西亚领导人外都出席了领导人和部长级会议。西雅图部长级会议通过了《亚太经济合作组织贸易和投资框架宣言》，成立了贸易与投资委员会。非正式首脑会议发表了《亚太经济合作组织领导人经济展望声明》，决定增设财政部长会议和中小企业部长会议，就宏观经济政策和改善中小企业环境和经营等问题进行政策协商；设立太平洋工商论坛，由私营企业组成，就亚太地区贸易与投资问题向亚太经合组织提交报告；决定制定一项无约束力的投资原则；建立亚太经合组织教育项目、亚太经合组织工商志愿者项目和技术转移交流中心；就能源、环境和经济增长开展政策对话并制订行动计划。与会者一致表示同意，在亚太地区实现自由贸易，推进全球贸易自由化是亚太经济合作组织的长远目标。美国政府通过主办西雅图会议，进一步突出了自己在亚太经济合作中的地位，推动亚太经合组织由一个松散的论坛开始走向机制化，并为以后参与和主导亚太经济合作奠定了坚实的基础。

1994 年 11 月 15 日，亚太经合组织领导人非正式会议在印度尼西亚的茂物召开。美国政府极力推动扩大各成员国之间的贸易开放程度，力图实现美国所确定的建立亚太经济共同体的战略目标。克林顿在会前表示“新的世纪需要新的战略”，“现在是美国把国际经济的注意力扩大到欧洲及日本等成熟和强大的经济体以外的时候了”，称他此行的目的是为了扩大同亚洲的贸易联系，使美国变得更强大。11 月 12 日，克林顿在乔治敦大学发表演说，提出了美国参加茂物会议的主要意图：“我们将努力为美国企业打开在亚洲做生意的大门，定下具体目标，降低关税，取消非关税壁垒，简化商品流通的程序和标准。”

在美国的坚持和大力推动下，亚太经合组织 18 个成员国的领导人通过了《茂物宣言》，同意在 2020 年之前实现亚太地区的贸易和投资自由化，各成员国将进一步减少贸易和投资障碍，促进成员国间商品、劳务和资本的自由流通，而工业化经济体实现自由、开放的贸易与投资目标则不晚于 2010 年。此外，美国还不顾一些发展中国家的反对，坚持亚太经合组织采纳 3 项更宽大的投资原则：要求各成员国平等对待外国投资者；某些发展中国家在批准外来投资时，不应坚持转让科技和规定必须雇佣当地雇员或使用一定比例的国产配件；允许投资者自由和迅速地汇回资金、利润、特许权与专利权所回收的贷款等。尽管《茂物宣言》所确定的实现亚太投资和贸易自由化的时间表是意向性的，不具备严格的法律约束立，但它毕竟是 18 个成员国和地区的领导人所做出的庄严承诺。克林顿政府称《茂物宣言》“具有历史意义”，认为宣言的达成将使美国的产品和服务行业在海外更具有竞争力，并为美国国内创造更多的就业机会。在此后的亚太经合组织领导人会议上，美国进一步推进亚太经合组织机制化，努力打开亚太市场，为美国的商品、资本和服务进入这一地区开辟道路。同时，美国也试图利用这一组织作为对付欧盟的有力工具，维护自己在全球多边贸易体系中的地位，推动全球化的自由贸易，实现其“经济安全”战略。1995 年 12 月，在日本大阪召开了亚太经合组织第三届领导人非正式会议，在一些重大问题上达成了共识。会议制定了《大阪行动议程》，规定了包括非歧视性、同时启动和不同时间表在内的 9 项原则，明确了各成员国以积极的单边行动实施贸易、投资自由化的 15 个具体领域，以及加强经济技术合作的 13 个方面。会议最后发表的《大阪宣言》

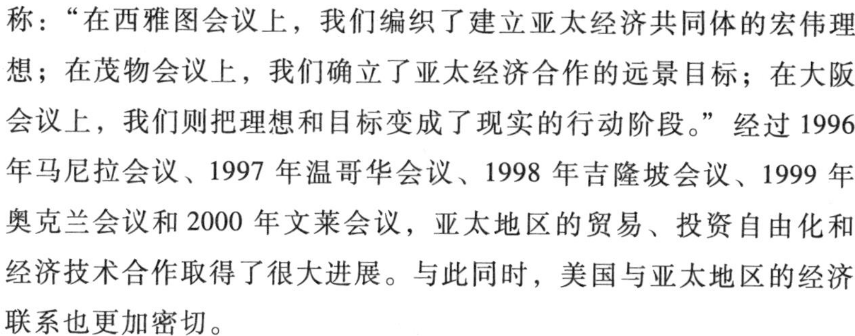

称："在西雅图会议上，我们编织了建立亚太经济共同体的宏伟理想；在茂物会议上，我们确立了亚太经济合作的远景目标；在大阪会议上，我们则把理想和目标变成了现实的行动阶段。"经过 1996 年马尼拉会议、1997 年温哥华会议、1998 年吉隆坡会议、1999 年奥克兰会议和 2000 年文莱会议，亚太地区的贸易、投资自由化和经济技术合作取得了很大进展。与此同时，美国与亚太地区的经济联系也更加密切。

在安全方面，克林顿政府继续保持在亚太的军事存在，支持建立多边对话机制。冷战结束后，亚太地区的安全环境发生了重大变化。在美国政府看来，尽管苏联的威胁没有了，但还存在着诸多"不稳定"或"不确定"因素。这些因素虽不能对美构成"直接安全威胁"，却"威胁着亚太地区的安全与稳定"，威胁着美国的海外利益。因而，克林顿政府对美国的亚太安全政策进行了重大调整，强调美国是太平洋地区的一个国家，美国打算继续在这一地区发挥积极作用；为了遏制地区性侵略和确保美国自身的利益，"美国将以积极的态度继续在那里驻军，并发挥对这一地区的领导作用"。克林顿政府认为，美国同日本、韩国、澳大利亚、泰国和菲律宾等盟国的良好关系以及美国继续承诺在这一地区驻军将为美国在亚太地区发挥安全方面的作用奠定基础。根据 1995 年 2 月 27 日美国国防部发表的《东亚安全战略报告》，美国在亚太地区安全政策的主要内容包括：努力维持在亚太的前沿军事存在，继续保持在亚太地区的 10 万驻军，以双边同盟条约为基础，以多边合作对话为补充，以强大的军事实力为后盾，应付冷战后美国在该地区面临的各种挑战，确保亚太地区的稳定，维护美国在这一地区的利益，并在这一地区发挥领导作用。该报告强调，美国在亚太保持前沿军事部署的作用在于：能对全球性危机做出迅速、灵活的反应；阻止地区霸权主义产生；增强对该地区的影响力；缩短时间和距离造成的不利因素；明确表示美国对地区安全的关心等。1996 年 5 月，美国国防部部长佩里明确提出美国将在亚太推行新的安全战略，即

“预防性防务战略”，认为预防性防御在亚太地区比对其他地区更为重要。在进一步加强美日、美韩、美澳等同盟关系的同时，美国政府也非常重视多边安全合作机制，积极参与并推动该地区出现的“多边安全对话”。克林顿政府认识到，仅靠过去冷战时期建立起来的双边军事安排已不能适应新时期亚太安全形势的需要，要在保持和发展现有的与亚太盟国的双边军事安排的前提下，积极参与并推动该地区出现的“多边安全对话机制”。用美国前负责东亚事务的助理国务卿洛德的话来说，就是“一方面保持同盟友关系的稳固基础，另一方面开展安全磋商的多边论坛”。

1998年11月23日，美国国防部又发表了一份新的《东亚战略报告》，强调东亚地区仍然存在的不稳定因素和紧张局势，要求美国加强对这一地区的安全承诺，美国的目标是促成一个稳定、安全、繁荣和和平的亚太社会，美国成为其中积极的参与国、伙伴和受益者。为此，美国要继续在亚太地区保持驻军，这除了具有威慑作用外，还起着决定安全环境的作用，使各种挑战根本无法产生。美国在亚太的驻军缓解了该地区历史上紧张关系的影响，使得美国得以预料到存在的问题，对付潜在的威胁并促成争端的解决。此外，美国在海外驻军还可以使政治领导人和指挥官能够用一系列灵活的方案对危机做出迅速反应。报告强调，美国与亚太地区国家的联盟关系一直是该地区安全的基础，建立安全关系的完整网络符合所有亚太国家的利益。其中包括：加强美日同盟；与韩国建立持久安全合作伙伴关系；继续发展与澳大利亚长期合作关系；加强与泰国的联盟关系；巩固与菲律宾的联盟关系；与中国进行全面接触；扩大与东南亚的合作；扩大与俄罗斯在亚太地区的合作等。报告认为，加强与盟国的战略伙伴关系，是解决亚太地区政治和军事挑战的重要支柱。

克林顿在谈到“新太平洋共同体”的安全职能时认为有四点需要“优先考虑”：“第一，美国必须继续对这一地区承担义务。第二，必须进一步努力打击扩散大规模毁灭性武器的活动。第三，就我们共同面临的各种安全举行新的区域性对话。第四，支持这一地区各国建立民主和进一步对外开放。”他强调，对美国来说，遏制区域侵略活动，保持这一地区经济蓬勃增长和确保美国的海上利益和其他利益的最好办法就是继续活跃地留在这一地区，并继续发挥领导作用。克里斯托弗 1994 年 2 月在参议院外交委员会作证时也谈到了美国构筑亚太安全新机制问题，指出：“在亚洲，这种安全以我们同日本、韩国、澳大利亚、泰国和菲律宾以条约形式结成的联盟为开端。我们仍将在整个太平洋地区保持在前沿地区部署的军队，我们还将同我们的盟国一起积极参与区域性的安全对话，其中包括参与东南亚国家联盟的地区论坛，以便缓和紧张局势，制止军备竞赛。”美国在亚太地区推行的“预防性防务战略”的支柱之一就是促进多边安全计划，支持东盟和东盟地区论坛等多边组织，促进各国防务和军事机构进行多边安全对话。

美国政府认为，建立多边安全对话与合作是对美国与其盟国之间现有的安全保障的补充，而不是替代，美国安全政策的基础仍然是双边同盟和前沿存在。美国的军事存在是“保持和平与安全、使亚太地区多数国家能繁荣经济”所不可缺少的。此外，美国领导人还认识到，鉴于亚太地区的多样性和问题的复杂性，不可能在这一地区建立起类似北约或欧安会那样的组织，亚太地区安全机制的建立和形成必须是循序渐进的、多层次的，“以便适应各种威胁和各种情况”。美国调整亚太安全政策的原因除了减少经济负担外，更主要的还是力图维持美国在亚太地区安全事务的主导权，防止该地区出现任何其他军事大国与美国对抗，确保美国在这一地区的战略利益和经济安全。

克林顿政府的亚太战略不是一种单一领域的战略，而是将“安全需要”、“经济需要”和“对民主和人权的关注”三者相结合的“一体化战略”。正如美国前副国务卿斯佩罗所说：“自由贸易和投资将刺激经济，是亚太安定的必要条件；生活进步和经济一体化，是促进民主、人权的基本力量；美军承担安全义务，为亚太的经济增长、市场繁荣和政治稳定创造了有利环境。”

二　美国与亚太关系的加强

2001 年 10 月，小布什参加上海举行的亚太经合组织领导人会议，呼吁所有国家为战胜恐怖主义加入持久性的全球联盟。亚太经合领导人就此发表声明，谴责对美国的恐怖主义攻击是“对所有人民、所有信仰和所有国家的和平、繁荣和安全的严重威胁”。声明保证亚太经合组织成员将实施联合国有关公约和决议，包括针对切断“基地”组织等恐怖主义团体资金的决议。各国领导人还保证采取具体措施，断绝恐怖分子的资金来源，保障空运海运安全，加强能源安全，严格边境保安和海关执法。在经贸领域，通过了由美国倡导的《上海共识》，将使实现自由贸易投资的目标成为亚太经合组织第二个十年内的重点。《上海共识》要求在 5 年时间内逐渐将贸易交易费用降低 5%，加强对亚太经合组织成员贸易自由化方案的审议，扩大政府透明度，实行鼓励新经济发展的贸易政策。

2002 年 2 月 16 日，小布什开始了为期 6 天的东亚之行，先后访问了日本、韩国和中国。他在访问期间多次强调，21 世纪是“太平洋世纪”，美国比以往更加注重在亚太地区的作用，这一地区的成功对整个世界而言“至关重要”。2003 年 10 月 17 ~ 23 日，小布什再次出访亚太地区，包括日本、菲律宾、泰国、新加坡、印度尼西亚和澳大利亚，并出席在泰国举行的亚太经合组织领导人非正式会议。2005 年 11 月 15 ~ 21 日，小布什访问了日本、韩国、中国和蒙古四国，并出席了在韩国举行的亚太经合组织峰会。布什 11 月 21 日对蒙古的访问尤为令人关注，他是美国历史上第一位访问蒙古的美国总统。尽管就综合国力和人口数量而言，蒙古不是大国，但它地处中国和俄罗斯两大国之间，拥有十分独特的地缘战略地位。蒙古总统恩赫巴亚尔评价小布什这次访蒙是“一次具有历史意义的高层访问”。小布什希望将蒙古纳入其亚太军事战略体系之中。在出访蒙古的一个月前，美国国防部长拉姆斯菲尔德访问了蒙古国，显示出美蒙之间“非同寻常的友谊”。从 2003 年起，蒙美开始举行代号为“可汗探索”的联合军事演习。蒙美间举行的规模最大的联合军事演习，突破了以往蒙美之间演习的民防与救援性质，成为真正意义上的实弹联合军事演习。之后，“可汗探索”演习成为美蒙之间的年度例行联合演习。美国还利用与蒙古举行联合军事演习的机会，在蒙古境内设立了雷达测控和电子监控站点，并在边境地区提供巡逻无线电通信和工程支援。感谢蒙古出兵伊拉克的小布什利用这次访蒙机会给蒙古送上了价值 1100 万美元的军事援助，以提高蒙古在反恐方面的军事装备。

2008 年 8 月 7 日，小布什在泰国就其亚太政策发表讲话，称 7 年前上任之初，他就认识到美国是一个“太平洋国家”，加强与亚太地区国家的关系合乎美国利益，“我们的利益和理念都要求与亚洲进行比以往任何时候更加有力的接触”。他强调，美国在亚太地区有四大目标：重振与老盟友的关系、同“与我们有共同价值观”的国家建立新关系、把握繁荣与增长的新机遇以及应对共同面临的挑战。[①] 中国、日本成为美国最大的债权国家，跨太平洋贸易也已超过跨大西洋贸易。2007 年，美国同太平洋彼岸的商品贸易额就达到 1 万亿美元，1/4 的美国贸易来自东亚地区。

奥巴马上台后，美国进一步加大对亚太地区的关注与投入，提出与亚洲国家开创合作新时代。奥巴马总统、希拉里国务卿等都曾多次强调美国要“重返亚洲”。在亚洲迅速崛起的背景下，奥巴马政府意识到亚洲正在重构全球战略的态势，因此，奥巴马上台伊始便宣布要恢复美国在亚太地区的影响，他还宣称自己是美国历史上首位“太平洋总统”。国务卿希拉里的首访则选择亚洲，2009 年 2 月 16 日至 22 日先后访问了日本、印度尼西亚、韩国和中国，打破了多年来“先欧后亚”的惯例。在亚洲之行前夕于美国亚洲协会发表讲话中，希拉里称：“我希望通过我以国务卿身份首先访问亚洲

---

① 《布什总统在泰国曼谷的讲话》，《美国参考》2008 年 8 月 7 日。

来表明，我们需要太平洋彼岸的强大伙伴，就如同我们需要大西洋彼岸的强大伙伴一样。我们毕竟既是一个跨大西洋大国，也是一个跨太平洋大国。”国务院发言人伍德在记者会上表示，希拉里第一站之所以选择亚洲是因为亚洲具有重大战略意义，而且在美国整个对外政策中日益重要。2009 年 11 月 13 日至 19 日，奥巴马访问日本、中国、韩国，并出席在新加坡举行的亚太经合组织领导人非正式会议。同时，美国还首次参加了东亚峰会。11 月 14 日，奥巴马在东京发表美国对亚洲政策演讲。他表示，“几代人以来，美国一直是太平洋国家，美国与亚洲没有被这片大洋分隔开，而是因它联结在一起”，“我要让每个人知道，要让每个美国人知道，我们共同拥有这一地区的未来”。奥巴马强调，美国与亚太地区的命运比以往更紧密地联系在一起。为应对反恐、能源安全、气候变化等全球性问题，美国将进一步巩固与日本、韩国、澳大利亚等国的关系，并与更多亚太国家建立新的伙伴关系。他明确表示欢迎中国在国际舞台上发挥更大作用，希望与中国合作共同应对 21 世纪的挑战。他同时强调，美国将更多地参与讨论如何构筑亚太地区的未来，并参与该地区合适的多边组织。

2010 年 1 月 12 日，希拉里国务卿开始对巴布亚新几内亚、新西兰和澳大利亚的访问，这是她就任国务卿以来第四次出访亚太地区。起程前夕，希拉里在夏威夷火奴鲁鲁的东西方中心发表题为《亚洲的地区性架构：原则与重点》的演讲，强调发展同亚太地区的关系是奥巴马政府对外政策的重点，美国的利益和前途与亚太地区紧密相连，美国在经济和战略上将继续发挥在该地区的领导作用。她说，在经济上，美国与亚太地区已经密不可分，美国公司对亚太国家商品和服务方面的出口高达 3200 亿美元，并创造了成百万待遇优厚的就业机会。军事上，美国数十万军人为亚太地区提供安全。希拉里在谈到指导美国继续与亚太地区进行积极接触和发挥领导作用的原则时强调，“美国的同盟关系是我们进行地区参与的基石”。希拉里称，美国与日本、韩国、澳大利亚、泰国和菲律宾

的同盟关系都属于现代历史上最成功的双边伙伴合作关系，这些关系所促成的安全和稳定已成为该地区成功和发展的关键条件。美国还将加强同中国在应对全球挑战方面的合作，强化同印度的战略伙伴关系，深化同东南亚国家的合作。

10 月 28 日，国务卿希拉里·克林顿在火奴鲁鲁就奥巴马政府的亚洲战略再次发表演说，对美国重返亚洲的努力进行了回顾与展望，重申美国应在这一地区发挥“领导作用”。希拉里说，奥巴马政府上台以来积极加大美国参与亚洲事务的力度，主要是为了维护和加强美国在亚太地区的领导作用，增强这一地区的安全和繁荣。美国在亚洲的战略实施主要依靠美国的传统盟友、新兴的伙伴关系以及美国和重要地区组织的合作。传统盟友——日本、韩国、澳大利亚、泰国和菲律宾，依然是美国和亚太地区进行战略接触的基础，美国同时也在加强同新兴伙伴的关系，比如印度尼西亚、越南和新加坡。在谈到为何美国将亚洲作为其外交优先任务时，希拉里说：“我们知道，21 世纪的大部分历史将在亚洲书写。这一地区将出现这个星球上最具变革性的经济增长。亚洲的许多城市将变成全球商务和文化中心。”希拉里在演讲中说，奥巴马政府上台 21 个月来采取了“前沿部署”的外交策略，动用了各种外交资源，派遣高级外交官和发展援助人员到亚太地区“每个角落、每个首都”去进行外交活动。她强调，美国能否有效地和中国、印度合作将是对美国领导地位的“重大考验”，指出“零和”概念不适用于美中关系，美中两国正共同努力，为 21 世纪建立一个“积极、合作和全面”的双边关系。谈到美国和地区多边组织的关系，希拉里说，美国参与亚洲地区组织的原则是，只要该组织涉及美国的安全、政治和经济利益，那么美国就希望在其中拥有一席之地。“这就是为什么我们将东盟看作亚洲新兴地区架构支点的原因。”

2011 年 11 月，希拉里在《外交政策》发表题为《美国的太平洋世纪》的文章，系统阐述了奥巴马政府亚太战略的基本构想，强调今后 10 年美国外交方略最重要的使命之一就是大幅增加对亚太地区外交、经济、战略和其他方面的投入。文章说，“亚太地区已成为全球政治的一个关键的驱动力”，这个地区从印度次大陆一直延伸到美洲西海岸，横跨太平洋和印度洋两个大洋，由于交通运输和战略因素而日益紧密地联系在一起。利用亚洲的增长和活力是美国的经济和战略利益核心，也是奥巴马总统确定的一项首要任务。亚洲开放的市场为美国进行投资、贸易及获取尖端技术提供了前所未有的机遇。美国国内的经济复苏将取决于出口和美国公司开发亚洲广阔和不断增长的消费群的能力。在战略上，无论是通过捍卫南海的航行自由、应对朝鲜的核扩散问题还是确保该地区主要国家军事活动的透明度，保障整个亚太地区的和平与安全，对全球的发展越来越至关重要。首先，它要求长期地致力于“前沿部署”外交。这意味着继续把美国的各种外交资源包括最高级别的官员、发展专家、跨部门团队和永久资产分派到亚太地区的每个国家和角落。美国的战略必须顾及并适应在亚洲各地不断出现的迅速和显著的变化。鉴于这一点，美国政府的工作将遵循六个关键的行动方针：加强双边安全联盟；深化与包括中国在内的新兴大国的工作关系；参与区域性多边机构；扩大贸易和投资；打造一种有广泛基础的军事存在；促进民主和人权。

希拉里重申，美国既是大西洋国家，也是太平洋大国。美国现在的挑战是建立跨太平洋的伙伴关系和机构网，使之与跨大西洋网络一样持久，并与美国的利益和价值观一致。日本、韩国、澳大利亚、菲律宾和泰国的条约联盟是美国转向亚太战略的支点。这些联盟已经确保了半个多世纪的地区和平与安全，为该地区引人注目的经济崛起构建了有利的环境。尽管这些联盟非常成功，但美国不能仅满足于维持现状，而需要不断更新以适应日新月异的世界。在这方面，奥巴马政府以三项核心原则为指引。“首先，我们必须在我们联盟的核心目标上保持政治共识。其次，我们必须确保我们的联盟具有灵活性和适应能力，以便成功应对新的挑战和把握新的机遇。第三，我们必须保证我们联盟的防御能力和通信基础设施能够切实阻遏各种各样的国家和非国家实体的挑衅。”希拉里强调，美国与日本的联盟是亚太地区和平与稳定的基石，与韩国的联盟正在加强，操作上越来越一体化，并且继续发展两国的联合能力，以阻遏相应对朝鲜的挑衅。美国也在扩大与澳大利亚的联盟，把美澳关系从一种太平洋伙伴关系扩展到跨越印度洋和太平洋的伙伴关系。同时，美国主动扩展与中国、印度、印度尼西亚、新加坡、新西兰、马来西亚、蒙古、越南、文莱和太平洋岛国的关系，这些都是更广泛的努力的一部分，旨在确保美国在该地区奉行更全面的战略和参与。希拉里特别指出，在美国亚洲新兴国家伙伴中最引人注目的国家之一是中国，与中国的关系是美国有史以来必须管理的最具挑战性和影响最大的双边关系之一，需要进行审慎、稳定和动态的管理。希拉里表示，美中关系的发展没有指导手册可循，然而利益攸关，不容失败。美国将继续把同中国的关系置于一个更广泛的地区性安全同盟、经济网络和社会纽带框架内。文章提出，在过去10年中，美国外交政策经历了转型，从处理后冷战时期的和平红利到履行在伊拉克和阿富汗做出的巨大承诺。随着这两场战争逐渐平息，美国将需要加快转折，以适应新的全球现实。这种转折远非易事，但在过去两年半的时间里已经为之铺平了道路，“我们有决心完成这个转折，这是我们这个时代最重要的外交努力之一”。

2011年11月11日至13日，亚太经合组织第19次领导人非正式会议在檀香山召开。会议召开的前一天，希拉里再度在夏威夷大学东西方中心发表演讲，重申亚太地区将是美国今后外交战略的重心，“21世纪将是美国的太平洋世纪”。她说，随着伊拉克战争走向结束、美军在阿富汗开始向阿方转交安全职责，美国的外交重点正在发生变化。而随着亚太地区逐渐成为21世纪全球战略与经济重心，这里也将成为美国外交战略的重心，美国外交在未来10年最重要的任务就是在亚太地区增大投入。希拉里称，美国将继续在亚太地区发挥“领导作用”，从保障南海航行自由到朝鲜核问题，以及促进平衡和包容性经济增长。表示要在太平洋两岸建立更富有活力和更持久的体系及更成熟的安全和经济构架，“以促进安全、繁荣和普遍价值”，主要行动措施包括：增强双边安全同盟；深化与新兴大国的工作关系；发展与区域性多边机制的接触；扩大贸易和投资；打造基础广泛的军事存在；增进民主和人权。奥巴马在峰会上表示，亚太地区对美国经济复苏、创造就业机会具有关键作用，美国将与亚太地区经济体在经济、贸易和安全等方面开展合作。他强调，“我们认为，没有一个地区比亚太地区更为重要”，“我们希望与亚太地区伙伴在多个方面合作，确保环太平洋地区的就业、经济增长、繁荣和安全”。随后，奥巴马开始了为期 9 天的亚太之行，并签署了数额达 250 亿美元的民间贸易协定，为美国提供了 12.7 万个就业岗位。奥巴马强调，由于亚太地区经济增长迅速，而且市场规模庞大，这一地区已成为美国出口的一个主要市场。

安全上，奥巴马政府继续强化亚太军事存在，推动驻日本、韩国等地美军重组，强化与日本、韩国、澳大利亚等国的同盟关系。美国军方多次表示，不会因为削减军费、陷入伊拉克和阿富汗战争而减少对亚洲盟友的安全承诺，美国将深化和提升在亚太地区的军事力量。2011 年 10 月 22 日至 28 日，国防部长帕内塔开始其上任后的首次亚洲之行，出访印度尼西亚、日本、韩国。他承诺，虽然面临军费削减，美国仍会维持在亚洲的军事存在，帕内塔在此次亚洲之行期间访问了印度尼西亚。他在那里说美国国内的预算削减不会妨碍华盛顿对太平洋地区的介入。帕内塔在与东盟防长举行会谈时说，华盛顿对该地区的承诺不会动摇。他在巴厘岛的会议上对东盟国家军方领导人表示：“我重申，美国是太平洋国家，在这一地区有持久利益，对我们的地区盟友和伙伴有持久承诺。我知道，你们可能都在密切关注美国国内的预算论战，质疑我们是否继续信守这些承诺。我向你们保证，我们不会减少在亚洲的存在。这一承诺不会改变。”

军事上，美国与日本、韩国、澳大利亚、菲律宾等多次举行大规模双边或多边联合军事演习。其中包括：美国和菲律宾举行的“肩并肩”年度军事演习；美国、泰国、新加坡等举行“金色眼镜蛇”联合军事演习；美日之间的联合军事演习；2002 年，7 月中旬，美国、菲律宾、泰国、新加坡、印尼、马来西亚等在南海举行首次“联合反恐”军事演习。进入 2011 年，美国与亚太国家举行联合军演的频率呈上升之势。4 月 5 日，美国、菲律宾举行了为期 10 天的第 27 届“肩并肩”联合军演，美方参演人数为 3000 人左右，菲方有约 2000 名士兵。5 月 28 日，印度尼西亚与美国海军在爪哇海举行联合军演，以加强两军的军事合作。6 月 14 日起，美国联合菲律宾、印度尼西亚、马来西亚、新加坡、泰国和文莱等 6 个东盟国家，在马六甲海峡、西里伯斯海和苏禄海举行了为期 10 天的“东南亚反恐合作”联合军演。7 月 11 日至 29 日，美国与澳大利亚在澳大利亚昆士兰州举行了两年一度的“护身军刀 2011”联合军事演习。8 月 16 日至 26 日，韩国、美国等曾参加朝鲜战争的 7 个联合国参战国在朝鲜半岛、太平洋区域和美国本土参加为期 10 天的“乙支自由卫士”演习。与此同时，美国计划耗资 126 亿美元扩建和升级关岛军事基地基础设施，包括修建核动力航母停靠的码头、导弹防御系统和实战演习基地等，并在关岛部署“全球鹰”无人侦察机。

政治上，美国谋求通过双边和多边外交在亚太地区发挥领导作用，积极参与亚太多边机制建设，签署《东南亚友好合作条约》，强化与传统盟友的关系，同时加强与新加坡、马来亚、印度尼西亚等国家的关系。2009 年举行了首次美国与东盟 10 国领导人会议。2010 年 9 月，美国首次主办美国—东盟峰会。

经济上，奥巴马政府推动“重塑亚太经济发展”，将亚洲新兴经济体作为美国实施出口倍增战略的重点目标区域。2010 年 3 月，美国宣布正式参与《跨太平洋战略经济伙伴关系协定》（TPP）谈判。这一协议最初是由新西兰、文莱、智利和新加坡四国于 2005 年签订、2006 年生效的多边贸易协定。美国试图以此为切入点推动建设以其为主导的亚太自由贸易体系。美国政府希望通过加强与亚太地区的贸易，实现其5年之内出口翻番、创造200万个就业机会的政策目标。通过“跨太平洋战略经济伙伴协定”，美国可以充分发挥其技术和金融优势，打开更多的亚太市场，使美国经济尽快步入复苏。2011年11月亚太经合组织领导人非正式会议期间，美国与澳大利亚、智利、马来西亚、新西兰、秘鲁、新加坡、文莱、越南等就《跨太平洋战略经济伙伴关系协定》达成基础框架。

三 美国对朝鲜半岛的政策

加强美韩关系，推动朝鲜半岛局势向有利于美国的方向发展，是美国政府对朝鲜半岛的基本政策。布什政府十分重视同韩国的关系，将这种关系称为美国“介入亚太地区的另一根支柱”。美国在韩国的政策目标是：积极发展同韩国的“平等伙伴关系”，加强两国的经济、军事合作，鼓励韩国军队更多地担负起自身的防务重担，使驻韩美军从主导作用转向支持作用。1992年初，布什在访问韩国时重申，“只要需要和受欢迎”，美国仍将在韩国驻军，并表示两国将发展走向21世纪太平洋时代的持久伙伴关系。克林顿政府也非常重视同韩国的关系，认为韩国处于东北亚的中心，在地区和平与安全方面可以发挥关键性的作用。1993年7月10日至11日，克林顿在参加了东京西方七国首脑会议后即对韩国进行了为期2天的正式访问。美国对韩国的基本政策是：（1）加强政治合作和磋商，协调立场，特别是在朝鲜核问题上，为此，决定在白宫和韩国总统府青瓦台之间建立热线联系；（2）建立“美韩经济合作对话机构”，以加速面向未来的经济伙伴关系，扩大经济合作领域，敦促韩国进一步开放国内市场，加强经贸往来；（3）继续重申对韩国承担的安全义务，保持现有3.7万人的驻韩美军力量，以美韩共同防御条约和年度安全磋商机制为基础，进一步加强两国安全合作，以对付可能的“威胁”和“危险”，同时要求韩国更多地分担驻韩

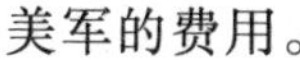

美军的费用。

朝鲜问题是亚太地区影响最大的冷战遗留问题，也是影响亚太和平与稳定的主要因素。在美国的亚太政策考虑中，朝鲜问题一直占据着十分重要的位置。美国对朝鲜政策的核心内容之一是防止朝鲜发展和拥有核武器。围绕朝鲜“核问题”，朝鲜半岛爆发了一次又一次的“核查风波”。与此同时，美国以撤走在韩国的核武器、允许北方视察美国驻韩国的基地、同意取消 1992 年美韩“协作精神”联合军事演习，来换取朝鲜接受国际原子能机构对其核设施的检查。美国还积极推动建立美、中、日、俄和朝韩的多边对话机制，以谋求朝鲜问题的解决。布什政府提高了与朝鲜对话的政治级别。1992 年 1 月，朝鲜劳动党国际部副部长金溶淳同美国副国务卿坎特在纽约举行了 40 多年来美朝第一次副部长级高级会谈。但是，美国对朝鲜的强硬态度并没有实质性的变化，两国之间的不信任气氛并未缓解。这种对立集中体现在所谓朝鲜核问题上，使朝鲜半岛的局势一次又一次地出现紧张。

1990 年 4 月，美国国防部根据卫星拍摄的照片，怀疑朝鲜在平安北道的宁边研制核武器，称朝鲜到 90 年代中期很可能拥有核武器，主张国际社会予以制止，并促使朝鲜按照国际原子能机构的规章制度接受检查。而朝鲜申明那是研究原子能发电的设施，坚决否认自己在研制核武器，美国是无端怀疑。双方对立由此日益加深，所谓“朝鲜核问题”便沸沸扬扬。围绕核查问题，朝鲜同美国等有关各方展开了十分激烈的斗争。

朝鲜方面多次表示，朝鲜无意开发核武器，也不具备制造核武器的能力，并提出朝鲜北南双方签署《朝鲜半岛无核区宣言》的建议。1991 年 12 月 31 日，朝鲜同韩国在板门店签署了《关于朝鲜半岛无核化宣言》，美国和韩国表示要撤走全部部署和储藏在朝鲜半岛的核武器，朝鲜同意国际原子能机构对其核设施进行检查。1992 年 1 月 30 日，朝鲜与国际原子能机构签订了《核安全保障措施协定》，并于同年 4 月开始生效。从 1992 年 5 月起，国际原子能机构对朝鲜的核设施进行了6次检查，没有发现朝鲜拥有核武器，并称朝鲜的核技术尚处于初级阶段。但美国对此结果表示怀疑，认为朝鲜在宁边附近有两处可能用来存放核武器生产原料的场所尚未申报，要求对其进行特别检查。1993年2月，美国推动国际原子能机构对朝鲜作出进行"特别检查"的决议以后，引起朝鲜的强烈反对。朝鲜认为，国际原子能机构决定要进行"特别核检查"的两个地方不是核设施，而是军事基地，国际原子能机构要对军事基地进行调查是对朝鲜主权的侵犯。美国则表示，朝鲜必须在一个月之内接受"检查"，否则将对其采取经济制裁措施乃至动武。为了施加压力，美韩开始进行"协作精神93"联合军事演习，并派遣美国军舰进入东北亚海域活动。同时，美国要求韩国和日本在朝鲜核问题解决前不得与朝鲜改善关系。

面对美国的巨大压力，朝鲜采取了针锋相对的态度。1993年3月8日，朝鲜政府下令全国进入"准战时军事状态"。命令说，由于美韩举行联合军事演习，朝鲜半岛出现了随时可能爆发战争的严重局势。命令要求朝鲜人民军、人民警备队、工农赤卫队等提高警惕，做好各种战斗准备。3月12日，朝鲜宣布退出《核不扩散条约》，这一决定将在3个月后生效。朝鲜发表的关于退出《核不扩散条约》的声明指出，目前，朝鲜出现了民族自主权和国家安全受到威胁的严重事态。美韩恢复了"协作精神"联合军事演习。与此同时，国际原子能机构理事会2月25日通过要求对朝鲜军事设施进行强制性"特别调查"的决议。这是侵犯朝鲜自主权，干涉朝鲜内政，扼杀朝鲜社会主义的敌对行为。声明表示，朝鲜加入防止核武器扩散条约的目的是消除美国对朝鲜的核威胁，而绝不是把朝鲜的自主权和安全交给他人任意摆布。声明同时强调，朝鲜"实行和平利用核能的政策没有改变"，退出《核不扩散条约》是"被迫的""自卫性措施"，并警告美国，"制裁即宣战"。一时间，朝鲜半岛局势骤然紧张，成为全世界关注的焦点。

1993年4月，国际原子能机构决定将"朝鲜核问题"提交联合国安理会。5月，安理会通过决议，敦促朝鲜接受核检查，尽早返约。朝鲜政府明确表示，反对安理会讨论“朝鲜核问题”，安理会的决议严重侵犯了朝鲜的主权和民族尊严，强调朝鲜的所谓“核问题”本质上不是朝鲜同国际原子能机构的问题，而是朝鲜同美国的问题，这个问题不宜在联合国范围内讨论，而应该通过朝美会谈来解决。由于中国等国家的斡旋，6月2～11日，朝美在纽约就核问题举行了第一次高级会谈，并发表了朝美关系史上第一个联合声明，双方在联合声明中就一些重要的原则达成了协议。这些原则包括：双方保证不使用包括核武器在内的武力和不以这种武力相威胁；保障朝鲜半岛的无核化、和平与安全；相互尊重主权，互不干涉内政；支持朝鲜半岛的和平统一。朝鲜方面宣布暂不退出《核不扩散条约》。双方还商定，今后将在“平等和没有偏见”的基础上继续对话。朝美第一次会谈取得的积极成果使朝鲜半岛的紧张局势得到了很大程度的缓和。参加会谈的朝鲜第一副外长姜锡柱认为，“联合声明具有历史意义，是两国关系史的转折点”。美国谈判代表团团长、助理国务卿也表示，朝鲜的新决定是“向正确方向迈出的极其有益的一步”。

7月14日至19日，朝美在日内瓦举行第二次会谈，并取得了较大进展。美国方面重申了自己的承诺，既不对朝鲜使用包括核武器在内的武力，并且不以武力威胁朝鲜；朝鲜方面希望将现有的石墨减速反应堆改为轻水反应堆。朝方提出这一建议的目的在于“提高朝鲜无核和平政策的透明度，进一步表明没有开发核武器的意图”。朝鲜的这一建议得到了美国方面的支持和欢迎。美国认为，作为最终解决核问题的一环，轻水反应堆是可以解决的。美国支持朝鲜引进轻水反应堆，并愿意同朝鲜一起探讨向朝提供轻水反应堆的方法。1994年2月，经过磋商，美朝达成四点协议：（1）美韩暂时中止1994年年度的“协作精神”军事演习；（2）国际原子能机构对朝进行维持保障监督连续性的视察；（3）朝鲜北南双方就互换特使事宜进行工作磋商；（4）3月21日举行朝美第三轮会谈。3

月，朝鲜正式接受了国际原子能机构的检查。但是，围绕检查结果，朝鲜和国际原子能机构产生严重对立。3 月 17 日，国际原子能机构发表声明称，朝鲜“拒绝接受对宁边的放射化学实验所的检查”，因此，“到目前为止不能确认朝鲜是否把核物质转用于军事目的”，该机构将召开特别理事会议讨论对策。3 月 21 日，国际原子能机构通过决议，认为对朝鲜的核检查不能证实核物质是否被转用于军事目的，要求朝鲜再次接受检查。朝鲜方面对国际原子能机构的做法表示强烈不满，指责这是“公然违反协议的不正当行动”，再次表示朝鲜“充分履行了协议事项”。美国政府也发表声明称，由于朝鲜没有能够给予检查团的工作以“完善的帮助和合作”，因而决定单方面取消第三次朝美高级会谈，并宣布恢复美韩联合军事演习，在韩国境内部署“爱国者”导弹。这引起朝鲜的强烈反对。朝鲜政府声明，“以实力对实力，以对话回答对话”是其坚定不变的政策，谴责美国违背其承诺。3 月中旬，平壤进行了两天的防空演习和灯火管制，命令全国进入“全面戒备状态”。朝鲜半岛局势再度出现紧张。

1994 年 5 月，朝鲜宣布出于技术安全考虑，开始在没有国际机构监督人员在场的情况下自行更换核燃料棒，引起国际社会的极大关注。美、日、韩三国通过紧急磋商，一致同意在联合国范围内对朝鲜实行经济和军事制裁。5 月底，联合国安理会通过一项主席声明，要求朝鲜与国际原子能机构进一步磋商以完成核查工作，遭到朝方的拒绝。美国认为朝鲜企图获得制造核武器的原料，要求安理会对朝实行制裁。国际原子能机构理事会会议通过决议，决定中止向朝鲜提供除了医疗之外的援助，并停止和平利用原子能技术合作计划。1994 年 6 月，朝鲜驻国际原子能机构代表发表声明，不再允许国际原子能机构的代表前往朝鲜进行核检查，要求仍留在朝鲜的两名国际原子能机构人员立即离开朝鲜。6 月 13 日，朝鲜外交部针对国际原子能机构对朝实行制裁，宣布采取三项对应措施：朝鲜立即退出国际原子能机构，视该机构就朝鲜问题所通过的一切不当的决议为“无效”；朝鲜不再接受国际原子能机构的核安全连续性检

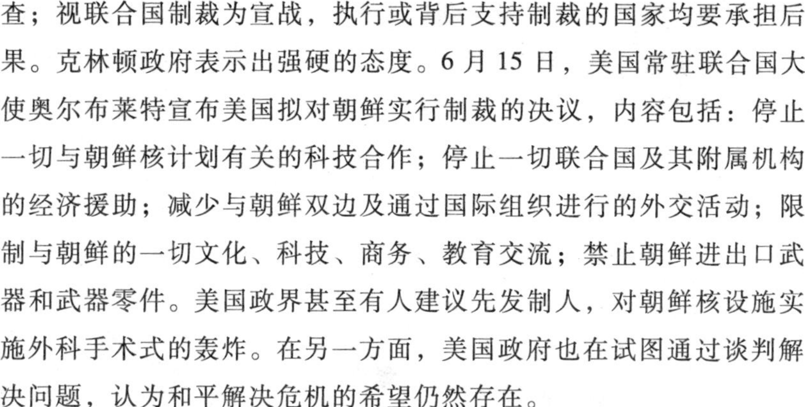

查；视联合国制裁为宣战，执行或背后支持制裁的国家均要承担后果。克林顿政府表示出强硬的态度。6 月 15 日，美国常驻联合国大使奥尔布莱特宣布美国拟对朝鲜实行制裁的决议，内容包括：停止一切与朝鲜核计划有关的科技合作；停止一切联合国及其附属机构的经济援助；减少与朝鲜双边及通过国际组织进行的外交活动；限制与朝鲜的一切文化、科技、商务、教育交流；禁止朝鲜进出口武器和武器零件。美国政界甚至有人建议先发制人，对朝鲜核设施实施外科手术式的轰炸。在另一方面，美国政府也在试图通过谈判解决问题，认为和平解决危机的希望仍然存在。

美国前总统卡特应朝鲜外交部邀请于 1994 年 6 月 15 日通过板门店到达平壤进行访问，就核查危机问题进行调解。卡特在与朝鲜外长金永南会谈时表示，朝美改善关系、建立友谊和理解、进行贸易和人员交流的时机已经到来；目前核问题在美朝间造成巨大误会，希望两国共同努力，通过直接对话增进相互理解。第二天，朝鲜最高领导人金日成主席会见了卡特，并举行了会谈。卡特表示，希望就朝鲜的核问题、联合国制裁决议和朝退出《核不扩散条约》等重要问题进行协调。金日成主席指出，朝美两国之间最重要的是信任，因为缺乏信任，出现了一些误解，他称卡特的来访是一个新的开始，表示如果美国同朝鲜就相互给予外交承认问题恢复高级会谈，并公开保证美国和其他核大国不对朝实行核攻击，朝将冻结核发展计划，把它的石墨反应堆改为轻水反应堆，以消除西方的“核疑虑”。这一倡议得到美国方面的积极响应。6 月 22 日，克林顿宣布美朝将进行第三轮会谈，在谈判期间，美国停止在安理会要求对朝鲜实行制裁的活动。7 月初，以朝鲜外交部副部长姜锡柱为团长和以美国助理国务卿加卢奇为团长的朝美双方代表团在日内瓦开始举行第三轮高级官员会谈。7 月 8 日，朝鲜最高领导人金日成去世，朝美第三轮高级会谈暂停。

1994 年 10 月 21 日，美朝双方代表在日内瓦共同签署了关于解决朝鲜核问题的《核框架协议》。双方就改造朝鲜核反应堆、双边关系、朝鲜半岛无核化等问题达成了一致意见。朝鲜方面作出承诺：冻结宁边的原子能反应堆及再处理设施；停止从燃料棒中提取钚，封存燃料棒；保证重返《核不扩散条约》，并履行条约所规定的安全保证协议，接受国际原子能机构的特别检查；履行 1991 年南北方关于非核化共同宣言和开始南北对话。美国方面则承担：到 2003 年前美国为朝鲜建设一座发电能力为 2000 兆瓦或两座 1000 兆瓦的轻水核电站；在轻水反应堆建成之前每年向朝提供 50 万吨重油，以满足其部分能源需求；推动美朝政治经济关系正常化，包括缓和经济贸易制裁，在对方首都互设联络处；保证对朝不使用核武器，也不以核武器相威胁。《核框架协议》的签署打破了朝鲜核问题的僵局，使朝鲜半岛的紧张局势转为缓和，对东北亚地区的和平与稳定，对美朝关系的改善都具有重要的影响。双方领导人都对此表示欢迎。克林顿发表声明称，这项协议将有助于实现美国长期谋求的极其重要的目标，即实现朝鲜半岛的无核化，并有益于美国和盟国以及全世界的安全。他在协议签字之前致函朝鲜领导人金正日，保证美国将履行协议。参加美朝会谈的朝鲜代表团团长、外交部第一副部长姜锡柱在协议签字仪式后的记者招待会上说，框架协议的签订是“解决朝鲜半岛核问题的里程碑”，“有助于消除朝美两国之间不正常的敌对关系，建立信任，有助于实现朝鲜半岛和亚洲的和平与安全”。联合国安理会 11 月 4 日发表一项主席声明，肯定该协议是“朝鲜半岛无核化和保证该地区和平与安全的一个积极步骤”，它将有助于推动有关各方开展对话。框架协议签署后，美朝关系一度出现缓和。1994 年 12 月，双方本着“合作和建设性”的精神，在华盛顿商定了关于互设联络处的大部分事宜。美国参议院代表团也首次抵达平壤访问。这期间，尽管发生了美国军用直升机侵入朝鲜领空被朝鲜人民军击落的一事，但双方都保持了克制态度，妥善地处理了这一事件。美方承认美机非法入侵朝鲜领空，并表示道歉；朝鲜将死亡飞行员的尸体移交美方，并将被俘人员释放。

围绕框架协议的实施，美朝又出现了新的波折。1995 年 3 月，美国、韩国、日本在纽约组成了“朝鲜半岛能源开发组织”，就分担向朝鲜提供轻水反应堆和重油的费用达成了协议，决定由美国负责提供重油，韩国负责提供轻水反应堆，朝鲜立即提出异议，以韩国轻水反应堆不符合技术和安全标准为由拒绝接受。朝美专家在北京、柏林举行了 5 次会议，结果是不欢而散。美国停止向朝鲜运送重油，并威胁要对朝鲜实行经济制裁。朝鲜则表示考虑自行处理废弃的核燃料棒。双方再次出现对峙。为挽救濒临破产的日内瓦协议，5 月 20 日至 6 月 13 日，美朝在吉隆坡再次举行谈判，最终达成协议，双方同意由以美国为首的朝鲜半岛能源开发组织负责向朝方提供轻水反应堆发电厂所需的资金和技术，反应堆型号由该组织选定，在提供轻水反应堆的工作中，美国是朝鲜的基本协作对象。12 月 15 日，朝鲜半岛能源开发组织与朝鲜在纽约正式签署轻水反应堆的供货协定。协议规定，在朝鲜保持核冻结、接受国际原子能机构的监督等前提下，朝鲜半岛能源开发组织在 2003 年向朝鲜交付两座轻水反应堆。这标志着美朝日内瓦框架协议进入实施阶段。美朝关系有一定的改善，美国通过联合国首次向朝鲜提供援助。

本来朝鲜半岛应该出现缓和势头，1996 年 9 月因发生朝方潜水艇误入韩方水域事件，使朝鲜半岛局势一度出现紧张，原有可能启动的轻水反应堆工程也被搁置。美国一方面敦促朝、韩双方保持克制，以免事态进一步扩大，另一方面积极寻求解决朝鲜“核问题”的途径。1996 年 12 月 9 日至 29 日，朝美就改善双边关系在纽约进行了磋商，双方再次确认了履行框架协议和继续促进两国关系的意愿。1997 年 8 月，酝酿已久的关于讨论朝鲜半岛和平与稳定的中、美、朝、韩四方会谈预备会议在纽约举行。8 月底，轻水反应堆工程正式在朝鲜宁边启动。

但是，美国方面对框架协议并没有认真兑现，也没有放松对朝鲜的制裁。对此，朝鲜方面深表不满，在谴责美国的行为时，朝鲜表示不再实施对原子反应堆和燃料棒的封存。1998 年 8 月 31 日，朝鲜发射了一颗人造卫星，美国则认为是名为“大埔洞—1”的导弹，引起美国和日本的强烈反对。美国借口侦察卫星发现在朝鲜北部的金仓里隐藏有地下核设施，要求进行检查，称朝鲜如不同意检查，应承担“严重后果”。朝鲜方面坚决否认在金仓里有核设施，并提出，美国如要进行检查，必须以提供粮食作为回报。经过反复交涉，1999 年 3 月 16 日双方在纽约达成妥协。朝鲜同意美国专家“视察”金仓里，以消除美国对所谓朝鲜“地下核设施”的疑虑，美国则采取措施改善两国间的政治、经济关系。随后，由美国国务院 14 名官员和技术人员组成的检查团对金仓里地下设施进行了 4 次检查，发现那里只是空空的地下坑道，并没有核设施。在这场风波过后，美国针对朝鲜可能再度发射远程导弹，1999 年 5 月 25 日派前国防部长、美国对朝鲜政策协调官佩里以总统特使身份访问朝鲜，会见了朝鲜最高人民会议常任委员会委员长金永南，转交了克林顿致朝鲜领导人金正日的信，并与朝鲜外务省官员进行了三轮会谈。同年 9 月 15 日，佩里向美国国会提出报告，全面阐述了美国对朝鲜的政策。报告认为，美国对朝鲜采取空袭或制裁的办法“都不合适”，因为一旦对朝动武，必将损害韩国和日本的利益，美国也将付出高昂的代价。如果实行制裁，也不会起到应有的作用；为消除朝鲜核武器和导弹的威胁，美国应准备同朝鲜关系正常化，并要求部分解除对朝鲜的经济制裁。

与此同时，美朝就导弹问题继续进行谈判，于 9 月 12 日在柏林达成妥协。9 月 17 日，美国白宫发表声明，宣布对朝鲜放松经济制裁，其中包括允许美国大多数消费品出口朝鲜，允许进口大部分朝鲜商品和原材料；允许美商赴朝在农业、采矿业、石油、木材、水泥、交通和基础设施方面进行投资；两国间商业和个人基金可以进行转让；允许开辟两国间商业性海空运输；允许美国国民向朝鲜汇款等，对于军需品以及敏感的军民两用产品和技术的出口仍继续实施严格限制，包括先进的个人电脑。作为对美国新“一揽子接触政策”的回应，朝鲜同意在同美方就导弹和关系正常化问题举行谈判期间暂停发射远程导弹，使朝鲜半岛又一次可能发生的危机得以缓和，美朝关系出现改善的良好势头。11 月 15 日，美朝在柏林举行第二次会谈，讨论朝鲜高级代表团访美、两国关系实现正常化、美国向朝方提供人道主义援助等问题。

改善同美国的关系是朝鲜对西方外交的重点和核心。朝鲜政府多次表示，“只要美国能平等待人，朝鲜就不会把美国视为百年之敌”。朝鲜为了争取一个宽松的外部环境，以集中精力进行社会主义建设，采取了灵活积极的多边外交政策，加强与美国对话，利用“核问题”和“导弹问题”等与美国进行多方接触，努力打破美国的封锁政策，为两国关系实现突破创造契机，并试图通过改善同美国的关系来打破半岛的冷战结构，消除安全上的压力。美国在继续遏制朝鲜的同时，也采取了一定的务实、灵活政策，扩大了同朝鲜的对话，为两国关系的改善创造了有利的前提条件。2000 年，美国政府的《新世纪的国家安全战略》明确提出，“我们愿意改善同朝鲜的双边政治和经济关系”。

2000 年 3 月初，双方在纽约举行会谈并取得进展。5 月底又在罗马举行会晤，继续就双方悬而未决的问题进行磋商。6 月 15 日，美国在朝韩首脑会晤后宣布部分解除对朝鲜实施达 50 年之久的经济制裁，取消对美朝之间商品贸易、人员往来和航空航海运输的禁令，美商可以向朝鲜出售大部分消费品，从朝鲜进口大部分原材料；允许个人和企业向朝鲜汇款和投资；两国的飞机和轮船可以进出对方的机场和港口，但仍然禁止向朝鲜出口“军用和敏感的军民两用品”，包括先进的个人电脑，不得向朝鲜提供除人道主义以外的任何援助。与此同时，美国农业部长格里克曼宣布向朝鲜提供 5 万吨小麦的粮食援助。美国还把对朝鲜的称谓从“无赖国家”改为“值得关注的国家”。7 月 28 日，在曼谷第七届东盟地区论坛会议期间，朝鲜外务相白南舜与奥尔布赖特举行了半个世纪以来两国外长的首次会晤，就进一步改善双边关系、实现关系正常化和朝鲜半岛局势等问题交换了意见，加深了相互间的了解。

10月9~12日，朝鲜最高领导人金正日委员长的特使、朝鲜国防委员会第一副委员长、人民军总政治局局长赵明录访问美国，就双方互设联络处、将朝鲜从“支持恐怖主义国家”的名单上删除、“导弹问题”和“核问题”等共同关心的问题同克林顿、奥尔布赖特和科恩等美国领导人进行了会谈，取得了积极成果，达成了诸多共识。10月12日，朝美发表联合公报宣布，双方一致表示将致力于建立一种“摆脱过去敌对状态的新型关系”，双方决定采取措施从根本上改善两国关系，以促进亚太地区的和平与安全；双方认为，可以通过“四方会谈”等诸多途径缓解朝鲜半岛的紧张局势，采取用和平协议取代1953年签署的停战协定。声明指出，双方同意继续努力消除彼此间的不信任，并保持建设性的对话气氛。声明重申，两国关系应当建立在相互尊重主权、互不干涉内政的原则基础上，并应定期保持双边或多边外交接触。声明还说，克林顿总统有可能访问朝鲜，为此，国务卿奥尔布赖特不久将前往平壤，直接向朝鲜领导人金正日转达克林顿对双边关系的看法，并为克林顿访朝做准备。此外，双方在声明中还表示要加强经济合作，支持国际社会反对国际恐怖主义的努力。朝鲜方面重申了在朝美保持对话的情况下，继续暂停远程导弹试验的立场。美国方面对赵明录与克林顿10日在白宫举行的会晤给予积极评价。总统特别顾问、国务院朝鲜政策协调员舍曼称会谈“非常积极、直率和热烈”。舍曼说，赵明录向克林顿转交了金正日的一封信，并向美方阐明了朝方关于如何在现有基础上进一步推动双边关系向前发展的一些看法。

10月23日至25日，奥尔布赖特访问平壤，受到朝鲜方面的热烈欢迎。赵明录在欢迎宴会上发表讲话说，奥尔布赖特的访问“使朝美形成了新的关系”。他强调，为了消除两国之间根深蒂固的不信任，建立两国首脑之间的信任是必要的。朝鲜最高领导人金正日委员长两次会见奥尔布赖特，主要就改善两国关系等问题交换了意见。奥尔布赖特在会见时向金正日转交了克林顿的亲笔信。克林顿在信中强调了改善美朝关系的必要性。奥尔布赖特在会见结束后举行的记者招待会上说，会见时，双方主要讨论了将朝鲜从“支持恐怖主义国家”名单中删除问题，缓和朝鲜半岛紧张局势的具体措施问题，以及美朝建立外交关系和寻找美军失踪人员等。她认为这次访问“最大的成果是在导弹问题上取得了进展”，但同时她又称，在这一问题上，双方“还有许多问题需要解决”。奥尔布赖特访朝是美朝关系改善的一个重要步骤，是两国关系由对抗转向缓和的重大事件。

尽管美朝关系渐趋好转，双方各种接触不断，但由于双方隔阂很深，距离最终实现完全关系正常化仍有很长一段路要走。美国尚未根本放弃其对朝鲜的遏制政策，仍会在“核问题”、“导弹问题”上继续向朝鲜施加压力，制造一些事端。事实上，几乎在奥尔布赖特访问朝鲜的同时，10 月 25 日至 11 月 3 日，25000 名美军与韩国陆、海、空三军部队在韩国举行了为期 10 天的代号为“秃鹫 2000”的大规模联合军事演习，并发生了参加演习的两架美军战斗机越过军事分界线侵入朝鲜领空的事件。无疑，这次美韩联合军事演习给美朝关系和朝鲜半岛的和平进程都带来严重的消极影响。10 月 26 日，朝鲜外务省发表声明，表示美韩联合军事演习破坏了与朝鲜改善关系的气氛，是对朝鲜的挑衅行为。对于美军战斗机进入朝鲜领空一事，朝鲜方面向美方提出了强烈抗议，指出美军战斗机侵犯朝鲜领空“严重地违犯了停战协定”，要求美方必须对此作出正式的赔礼道歉，并采取措施防止此类事件再次发生。

进入新世纪以来，朝核问题再次凸显。布什政府改变了克林顿政府后期相对缓和的对朝政策，宣称朝鲜为“邪恶轴心”国家，威胁要对朝鲜实施“先发制人核打击”。2001 年 11 月，美国以朝鲜研制核武器为由决定停止向朝鲜继续运送作为燃料的重油。2002 年 10 月初，美国助理国务卿凯利访朝。10 月中旬，美国国务院发表声明，称朝鲜发展浓缩铀核武器严重违反美朝框架协议和有关国际承诺，要求朝方以可核查方式放弃核计划。随后，美方宣布自 12 月起停止向朝鲜供应重油。12 月 12 日，朝鲜指责美国未履行关于朝核问题的《核框架协议》，宣布重新启动已冻结的宁边核设施。2003 年 1 月 10 日，朝鲜发表声明，正式退出《核不扩散条约》，重新启动核设施，并驱逐国际原子能机构人员。美国对此反应强烈，主张将朝核问题提交给国际原子能机构和安理会讨论，并加大了对朝鲜的军事压力，向关岛、日本和韩国增兵，威胁以军事手段解决朝核问题。为了使这一问题得到和平解决，中国政府曾多方斡旋，最终促成朝鲜、美国、中国、韩国、俄罗斯、日本六国同意就政治解决朝核问题举行会谈。2003 年 8 月 27 日至 29 日，首轮六方会谈在北京举行，各方确认朝核问题应通过对话以和平方式解决的原则，同意以同步原则分阶段解决核问题。会谈中，美方提出了“三不”原则，即“不威胁朝鲜安全、不对朝鲜采取军事打击行动、不对其进行政权更替”，条件是朝鲜弃核。10 月 19 日，布什表示，美国愿与朝鲜签署六方共同参与的文件，相互保证安全。

2004 年 2 月 25 日，第二轮六方会谈在北京举行。朝鲜强调只有美国放弃对朝敌对政策，朝鲜才能放弃核武器。在此基础上，朝鲜提出“口头对口头”原则作为第一阶段行动措施，即朝鲜冻结核武器计划，美国相应放弃对朝敌对政策。美国重申，在关切的问题解决后，美国最终愿与朝鲜实现关系正常化。美方再次要求朝鲜“全面、可核查、不可逆转地放弃核计划”。6 月 23 日至 26 日，朝核问题第三轮六方会谈举行。美国重申对朝鲜没有敌意，无意改变朝鲜政权，并提出了解决核问题的综合计划，要求朝鲜以永久、全面、透明的方式放弃所有核计划。朝鲜方面首次表示可以透明地放弃一切核武器及相关计划，而首先是冻结一切核武器相关计划。会谈最终达成以循序渐进的方式，按照口头对口头、行动对行动的原则寻求核问题的和平解决。①

2005 年初，美国国会议员相继访问朝鲜，希望朝鲜重新回到六方会谈。5 月，美国对朝政策逐渐发生变化，减少对朝鲜领导人和

① “第三轮六方会谈主席声明”，新华网，2004 年 6 月 26 日。

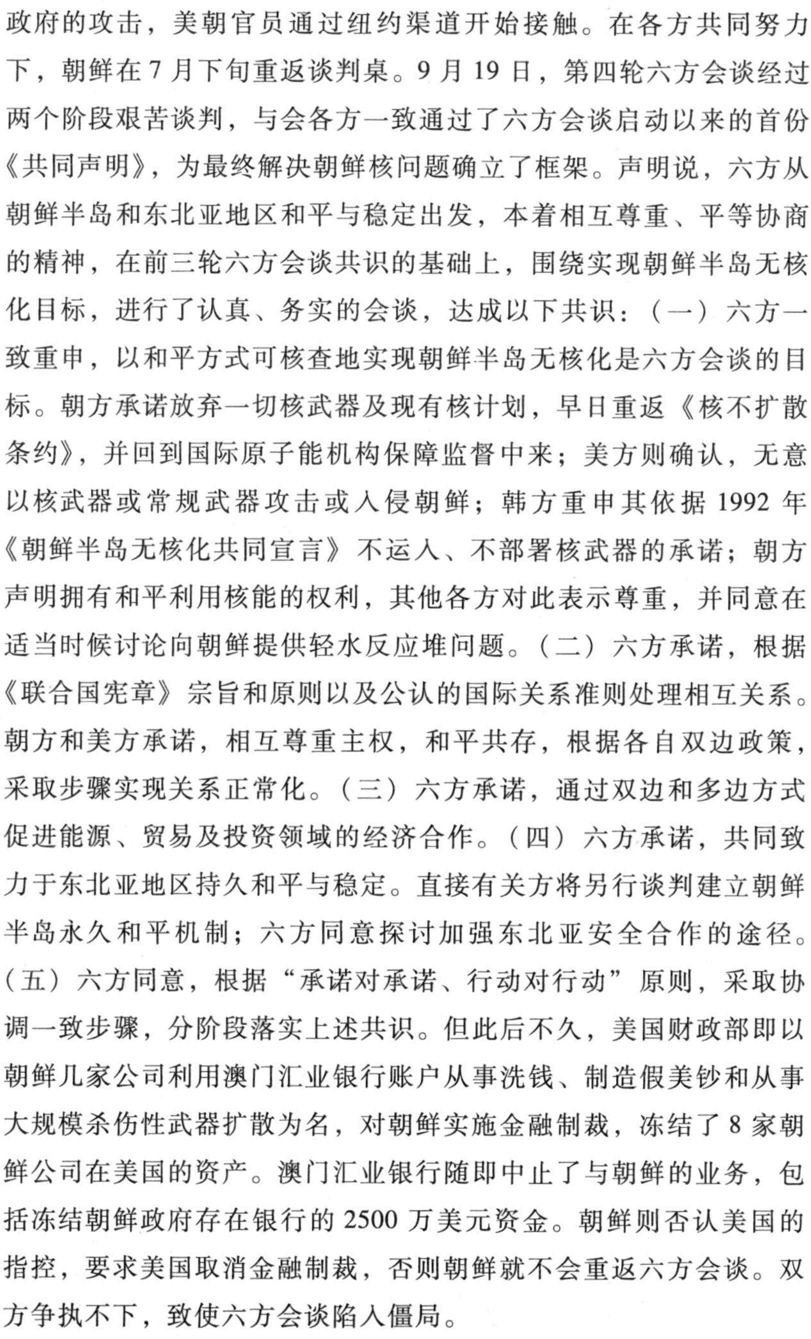

政府的攻击，美朝官员通过纽约渠道开始接触。在各方共同努力下，朝鲜在7月下旬重返谈判桌。9月19日，第四轮六方会谈经过两个阶段艰苦谈判，与会各方一致通过了六方会谈启动以来的首份《共同声明》，为最终解决朝鲜核问题确立了框架。声明说，六方从朝鲜半岛和东北亚地区和平与稳定出发，本着相互尊重、平等协商的精神，在前三轮六方会谈共识的基础上，围绕实现朝鲜半岛无核化目标，进行了认真、务实的会谈，达成以下共识：（一）六方一致重申，以和平方式可核查地实现朝鲜半岛无核化是六方会谈的目标。朝方承诺放弃一切核武器及现有核计划，早日重返《核不扩散条约》，并回到国际原子能机构保障监督中来；美方则确认，无意以核武器或常规武器攻击或入侵朝鲜；韩方重申其依据1992年《朝鲜半岛无核化共同宣言》不运入、不部署核武器的承诺；朝方声明拥有和平利用核能的权利，其他各方对此表示尊重，并同意在适当时候讨论向朝鲜提供轻水反应堆问题。（二）六方承诺，根据《联合国宪章》宗旨和原则以及公认的国际关系准则处理相互关系。朝方和美方承诺，相互尊重主权，和平共存，根据各自双边政策，采取步骤实现关系正常化。（三）六方承诺，通过双边和多边方式促进能源、贸易及投资领域的经济合作。（四）六方承诺，共同致力于东北亚地区持久和平与稳定。直接有关方将另行谈判建立朝鲜半岛永久和平机制；六方同意探讨加强东北亚安全合作的途径。（五）六方同意，根据“承诺对承诺、行动对行动”原则，采取协调一致步骤，分阶段落实上述共识。但此后不久，美国财政部即以朝鲜几家公司利用澳门汇业银行账户从事洗钱、制造假美钞和从事大规模杀伤性武器扩散为名，对朝鲜实施金融制裁，冻结了8家朝鲜公司在美国的资产。澳门汇业银行随即中止了与朝鲜的业务，包括冻结朝鲜政府存在银行的2500万美元资金。朝鲜则否认美国的指控，要求美国取消金融制裁，否则朝鲜就不会重返六方会谈。双方争执不下，致使六方会谈陷入僵局。

2006年7月5日，朝鲜试射数枚导弹。朝鲜外务省表示，发射导弹是主权国家的合法权利。美国将这一行动视为挑衅，推动联合国通过第1695号决议，谴责朝鲜发射导弹，要求朝方中断有关导弹开发的一切活动，无条件重返六方会谈，放弃核计划，重新回到如《核不扩散条约》，遵守国际原子能机构的安全规定。决议同时强调有关各方应保持克制，不要采取任何可能加剧紧张局势的行动，继续通过政治和外交努力寻求解决问题，呼吁尽早恢复六方会谈，敦促有关各方加紧全面实施2005年9月的《共同声明》，以和平方式可核查地实现朝鲜半岛无核化，维护朝鲜半岛和东北亚的和平与稳定。赖斯、助理国务卿希尔在谴责朝鲜行动的同时，表示美国愿意在任何时间、任何地点、无条件地参加六方会谈。10月9日，朝鲜宣布进行了一次地下核试验，震惊世界。美国严厉谴责朝鲜导弹和核试验是对国际和平与安全的威胁，推动联合国通过制裁朝鲜的第1718号决议，同时也表示无条件重返六方会谈，继续通过外交手段解决朝核问题。12月18日，六方会谈第五轮会议在北京复会。

2007年2月13日，六方会谈第五轮会议通过了《落实共同声明起步行动》，其中规定：在起步阶段，朝鲜将在60天内关闭并封存位于宁边的核设施，美与朝进行关系正常化谈判，并启动将朝从“支持恐怖主义国家”名单中除名的程序，五方同意向朝提供相当于100万吨重油的能源援助，并首批紧急提供5万吨重油；成立朝鲜半岛无核化、朝美关系正常化、朝日关系正常化、经济与能源合作及东北亚和平与安全机制5个工作组；在第二阶段，朝鲜实现核设施去功能化，全面申报核计划，其他5方则提供剩余的95万吨重油的能源援助。9月底，六方会谈第六轮第二阶段会议在北京举行。10月3日，会议发表《落实共同声明第二阶段行动》共同文件，朝鲜同意对一切现有核设施进行以废弃为目标的去功能化，在2007年12月底完成核设施的去功能化，并全面、准确地申报其全部核计划；朝方重申不转移核材料、核技术或核相关知识的承诺；朝美继续致力于改善双边关系，向实现全面外交关系迈进；双方将加强交流，增进相互信任；美国启动不再将朝鲜列为“支持恐怖主义国家”程序，并根据朝方行动履行其对朝承诺；美国和其他各方向朝鲜提供相当于100万吨重油的经济、能源与人道主义援助。

与此同时，美朝关系也出现了缓和迹象。美国在六方会谈之外开启了与朝鲜的双边对话。2007年3月、9月，美国助理国务卿、朝核问题六方会谈美国代表团团长希尔和朝鲜副外相金桂冠先后在纽约和日内瓦举行了两轮关系正常化谈判。4月，美国新墨西哥州州长理查森访朝。同月，美国财政部宣布全面解除对朝鲜在汇业银行的资产的冻结。6月，希尔首次访问朝鲜。小布什在9月举行的亚太经合组织领导人非正式会议上表示，只要朝鲜放弃核计划，美国将与之建交。美国还为美朝建交创造气氛：恢复对朝人道主义援助和联合搜寻朝境内美军士兵遗骸项目；首次邀请朝鲜跆拳道表演团访美；推动美国爱乐乐团负责人访问平壤；准备派资深外交官常驻平壤。美国众议院外交委员会主席兰托斯认为，“现在已是美朝建交的最佳时期”。11月初，美国核专家抵达朝鲜，开始朝鲜核设施的去功能化工作。但是，美朝围绕朝鲜的核计划申报问题产生了严重分歧。美国认为朝鲜在11月提交的核计划申报书中内容不完整，应该包括浓缩铀、核扩散等美国关注的问题。12月4日，希尔向朝方转交了小布什给朝鲜领导人的信函，强调朝鲜全面申报核计划的必要性。双方在核申报问题上的分歧使六方会谈的进程因此受到影响。

2008年，美朝关系出现好转迹象。2月底，纽约爱乐乐团在平壤举行演出。3月中旬和4月初，希尔与金桂冠先后在日内瓦、新加坡举行会谈，并就履行朝核问题六方会谈共同文件的关键问题达成共识。5月初，朝鲜向美方提供了有关宁边核设施生产日志的相关文件18000多页。5月中旬，美国国际开发署宣布恢复对朝鲜的粮食援助，计划在未来一年内向朝鲜提供50万吨粮食。6月26日，朝鲜正式提交了核申报清单，并炸毁了宁边核反应堆的冷却塔。美国方面宣布启动将朝鲜从其“支持恐怖主义国家”名单中删除的程序，在45天之内将朝鲜从“支持恐怖主义国家”名单中删除。7

月初，美国政府宣布为朝鲜去核进程提供1950万美元援助。7月23日，赖斯在新加坡东盟地区论坛外长会议期间会见朝鲜外相朴义春，这是4年来美朝首次举行部长级会晤。但是，双方在朝鲜核申报的验证问题和美国的“除名”措施实际生效问题上又产生了新的矛盾。美国坚持要求对朝鲜核设施进行严格验证，否则将不会使“除名”措施实际生效；而朝鲜则认为美国没有根据“行动对行动”的原则履行自己的义务，并对美国的“暂不除名”措施采取了强硬对策，宣布暂停宁边核设施的去功能化作业，着手恢复核设施，并驱逐国际原子能机构监督人员。这是朝美在核问题上的又一轮较量。希尔和金桂冠就此多次举行会谈。10月1日，希尔访问平壤，与朝方进行了长时间的深入会谈，双方终于就验证问题达成协议。10月11日，美国政府正式宣布将朝鲜从“支持恐怖主义国家”名单中删除，朝鲜也恢复了宁边核设施去功能化的工作。10月17日，美国向朝鲜提供2万吨玉米和5000吨大豆粮食援助的船只离美赴朝；11月12日，美国提供的5万吨重油援助运抵朝鲜。

就在奥巴马当选之际，朝鲜外务省美洲局局长李根抵达美国访问，并与美国有关官员进行了会谈。奥巴马也曾在竞选期间说，他愿意无条件地与包括朝鲜在内的敌对国家领导人举行会谈。而李根的此次美国之行，或许也是向美国新政府发出一个信号，表明朝鲜希望在现有的基础上，在更高层次与美国讨论解决问题的意愿。《朝鲜新报》发表评论说，“只要美国发生变化，朝鲜就会加以响应，建立新的朝美关系的可能性是充分存在的”。奥巴马执政后，重视推动朝核问题的解决，继续坚持要求朝鲜必须放弃核计划的立场，同时敦促其恢复六方会谈。2009年2月13日，希拉里国务卿在亚洲协会发表对亚洲政策的演讲时表示，“如果朝鲜真正准备全部并且可以核查地放弃其核计划，奥巴马政府愿意实现双边关系正常化，以一项永久性和平条约取代朝鲜半岛的停战协议，帮助满足朝鲜人民的能源需要和其他经济需要”。美国政府任命前驻韩大使博斯沃思担任朝鲜问题特使，负责与朝鲜接触，并与盟国及有关国家就朝鲜问题进行磋商。3 月，2.6 万名美军与 5 万多名韩军举行联合军事演习，遭到朝鲜方面的严厉谴责。4 月初，朝鲜宣布成功发射人造试验通讯卫星。联合国安理会发表主席声明，认为朝鲜此举违反了安理会第 1718 号决议，要求朝鲜停止类似活动，并呼吁各方采取相关措施。朝鲜方面宣布退出朝核问题六方会谈，不再受六方会谈达成协议约束，中止与国际原子能机构合作，要求其工作人员离境，同时重新启动宁边的核设施。5 月 25 日，朝鲜宣布再次成功进行了一场地下核试验，并称核试验在爆炸力和操纵技术方面有了新的提高，核试验"对保卫国家和民族自主权、保证朝鲜半岛及周边地区和平稳定做出了贡献"。6 月 13 日，安理会通过第 1874 号决议，对朝鲜核试验表示"最严厉谴责"，要求朝鲜不再进行任何核试验和使用弹道导弹技术进行发射，全面、可核查、不可逆地放弃所有核武器和核计划，并敦促朝鲜回到六方会谈的轨道上来。决议还扩大和加强了对朝鲜的制裁措施，将禁运范围从核武器、导弹、机关枪扩大至除轻型武器外的所有武器；金融制裁从核武器及导弹开发相关账户扩至除人道援助和发展外的所有金融活动；授予各国在公海搜查朝鲜可疑船只的权力；成立 7 人专家小组，监督对朝制裁措施。朝鲜随即发表声明，谴责和抵制安理会决议，宣称绝不可能弃核。

奥巴马政府呼吁朝鲜重返六方会谈，强调"六方会谈是解决朝核问题的最佳渠道"。2009 年 8 月 4 ~5 日，美国前总统克林顿访问朝鲜，与朝鲜领导人金正日进行会谈，双方就共同关心的问题交换了意见，并就通过对话解决有关问题达成一致。会谈后，朝方释放了因非法入境被扣押的两名美国女记者。虽然美国强调克林顿平壤之行"完全是一次人道主义性质的私人访问，没有谋求两名记者获释之外的任何目的"，但朝鲜方面仍称其"对加深朝美间的理解和建立信任做出了贡献"。10 月 19 日，美国负责亚太事务的助理国务卿坎贝尔表示，在确保朝核问题六方会谈能够恢复的情况下，美国愿意同朝鲜方面进行直接接触。随后，希拉里在美国和平研究所发表政策演说时称，朝鲜回归六方会谈是美朝对话前提。她说，“在平壤为走向全面无核化而采取可验证和不可逆转的步骤前”，美国将一直保持对朝鲜的各项制裁措施，两国关系正常化也难以实现。朝鲜方面则坚持，首先解决签署和平协议问题，才能增加有关方之间的互信，推动朝核问题的解决。12 月 8 日，美国朝鲜政策特别代表博斯沃思抵达平壤，开始对朝鲜为期 3 天的访问，这是奥巴马上台后美国朝鲜政策特别代表首次访朝。博斯沃思就朝鲜半岛无核化、六方会谈、美朝关系等问题与朝方进行了会谈，表示愿意有条件发展与朝鲜的关系，增加双边接触。博斯沃思表示，此次访问是“有益的”；双方就履行“9・19 共同声明”的重要性、六方会谈的必要性达成“一定共识”。但他同时也表示，美国不打算继续与朝鲜进行双边对话，为打破朝核问题僵局，有关各方需要保持战略耐心。希拉里也称，美国对朝政策是与六方会谈的盟友保持密切协调，对朝鲜保持战略耐心。

2010 年 3 月 26 日，韩国“天安”号警戒船在西部海域执勤时突然发生爆炸并沉没，造成 40 多名官兵死亡。韩国方面称“天安”号是受到朝鲜小型潜艇发射的鱼雷攻击而沉没的，要求朝方道歉，惩办肇事者，并停止“挑衅”行为。美韩连续进行大规模军事演习，向朝方施压。一时间，朝鲜半岛局势骤然紧张。6 月 15 日，奥巴马发表声明说，朝鲜半岛存在可用于制造核武器的裂变材料并有扩散风险，继续对美国国家安全和对外政策构成“异乎寻常和特别的”威胁，有必要将针对朝鲜的“全国紧急状态”及相关应对措施延长一年。① 7 月 21 日，希拉里在一次记者会上表示，美国将采取多种制裁措施制止朝鲜的“核扩散”，阻止朝鲜进行与核计划和核武器相关的“非法筹款活动”，冻结朝鲜的一些企业和个人的资产，禁止银行与朝鲜进行“非法金融业务”。她称此举旨在针对朝鲜政府“制造不稳定、非法和挑衅性的”政策。8 月 30 日，美国

① “美国延长对朝鲜制裁”，新华网，2010 年 6 月 16 日。

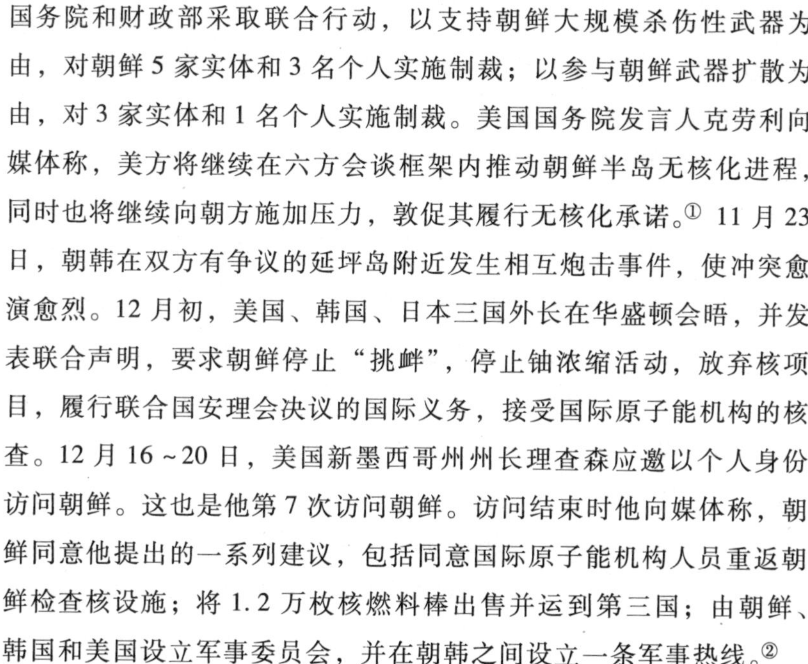

国务院和财政部采取联合行动，以支持朝鲜大规模杀伤性武器为由，对朝鲜 5 家实体和 3 名个人实施制裁；以参与朝鲜武器扩散为由，对 3 家实体和 1 名个人实施制裁。美国国务院发言人克劳利向媒体称，美方将继续在六方会谈框架内推动朝鲜半岛无核化进程，同时也将继续向朝方施加压力，敦促其履行无核化承诺。[①] 11 月 23 日，朝韩在双方有争议的延坪岛附近发生相互炮击事件，使冲突愈演愈烈。12 月初，美国、韩国、日本三国外长在华盛顿会晤，并发表联合声明，要求朝鲜停止"挑衅"，停止铀浓缩活动，放弃核项目，履行联合国安理会决议的国际义务，接受国际原子能机构的核查。12 月 16～20 日，美国新墨西哥州州长理查森应邀以个人身份访问朝鲜。这也是他第 7 次访问朝鲜。访问结束时他向媒体称，朝鲜同意他提出的一系列建议，包括同意国际原子能机构人员重返朝鲜检查核设施；将 1.2 万枚核燃料棒出售并运到第三国；由朝鲜、韩国和美国设立军事委员会，并在朝韩之间设立一条军事热线。[②]

2011 年 7 月 28～29 日，朝鲜外务省第一副相金桂冠访美，与博斯沃思进行了"真诚、建设性的会谈"，就改善朝美关系、确保朝鲜半岛稳定和恢复六方会谈问题进行了讨论。8 月 1 日，朝鲜外务省发表声明说，朝美双方就改善双边关系达成一致，一致认为通过和平谈判解决朝鲜半岛核问题符合双方利益，并同意开展进一步对话。声明表示，朝鲜将无条件参加六方会谈。10 月 24～25 日，美朝为期 2 天的日内瓦协商后，博斯沃思说，美国和朝鲜之间的会谈"非常积极"，他在会谈后对记者说："我们同朝鲜代表团进行了非常积极和总的来说具有建设性的会谈。我们在一些方面减少了分歧，并探讨了其他方面的分歧。"美朝关系的改善和实现关系的正常化符合双方的利益，有利于东北亚地区的和平与稳定，还需要

---

① "美国宣布对朝鲜相关实体及个人实施制裁"，新华网，2010 年 8 月 31 日。

② 中国国际问题研究所：《国际形势和中国外交蓝皮书》（2010/2011），时事出版社，2011，第 96 页。

双方为此继续做出巨大的努力。

美国进一步加强与韩国的同盟关系，双方在美韩同盟、亚太安全、朝鲜半岛局势等问题上保持密切接触和磋商。2001 年 3 月初，小布什与到访的韩国总统金大中就加强美韩同盟、朝鲜半岛局势、美国导弹防御计划等进行磋商，双方重申了美韩安全同盟的重要性。“9·11”事件后，韩国立即表示将在两国相关防卫条约的基础上向美国提供全面合作与支持，并采取了开放领空和军事设施，提供医疗、运输支援以及派遣军事联络组等多项措施。2002 年 2 月 19～20 日，小布什访问韩国，与韩国总统金大中就美韩关系、朝鲜半岛局势等问题举行会谈。双方每年举行联合军事演习。伊拉克战争爆发后，韩国向伊派出约 700 人的非战斗部队。2003 年 12 月，韩国政府宣布将向伊拉克派遣 3000 人的战斗部队。2003 年，双方就分阶段重新部署驻韩美军事宜达成共识，美国投资 110 亿美元，以提高驻韩美军和韩国军队的作战能力。2005 年 11 月中旬，小布什与韩国总统卢武铉在韩国南部的庆州市举行会谈，并发表联合声明，重申美韩同盟关系的重要性，并强调解决朝核问题是实现朝鲜半岛和平的前提，表示美韩两国“将继续奉行通过和平和外交手段解决朝核问题的原则”，“无法忍受朝鲜拥有核武器”，强烈要求朝鲜“尽早和以可核查的方式销毁其核武器”。[①] 2006 年 1 月，国务卿赖斯与来访的韩国外交通商部长官潘基文举行首次部长级战略对话，双方表示将在打击恐怖主义、预防大规模流行病、防扩散、促进民主、应对危机和控制灾难等方面进一步加强合作。9 月，韩国总统卢武铉对美国进行工作访问，双方就朝核问题、美韩同盟、双边经贸合作等交换意见。两国还在 11 月举行的安保年会上达成协议，决定美军在 2012 年完成向韩国移交战时指挥权。2008 年 4 月 15～19 日，韩国总统李明博对美进行正式访问，双方宣布建立面向 21 世纪的战略同盟关系。美国同意中止从韩国撤军，将驻韩美军维

① 《韩美领导人重申以和平方式解决朝核问题》，新华网，2005 年 11 月 17 日。

持在2.85万人的规模；韩国承诺将驻韩美军费用分担比重从43%提高至50%。8月5~6日，小布什访韩，与李明博举行会谈。双方一致认为有必要将美韩同盟关系从军事、安保领域扩到政治、经济、社会和文化等多个领域，并在维和、气候变化、能源安全等领域开展合作。

2009年奥巴马政府上台后表示要进一步推进美韩伙伴关系。2月20日，希拉里访问韩国，与韩国外交通商部长官柳明桓举行会谈，双方就发展韩美同盟关系达成共识。希拉里表示将与韩国建立“更全面的战略关系”。在会谈后联合举行的记者会上，柳明桓表示，韩美双方再次确认了韩美同盟关系的重要性并决定将韩美同盟关系发展为面向未来的战略同盟关系。他说，韩美双方在任何情况下都不能接受朝鲜为有核国家。韩美将以紧密协作为基础通过六方会谈推动朝鲜以可验证的方式弃核。为此，韩美将与六方会谈其他当事国进一步进行合作。6月15~17日，韩国总统李明博访美，双方发表了《美韩同盟联合展望宣言》，双方决定在朝鲜半岛、亚太地区和全球层面构筑“全面战略同盟”，包括深化美韩经贸关系；在“自由民主和市场经济原则基础上”实现半岛和平统一；要求朝鲜“完全地、可核查地”放弃核与导弹项目；支持亚太地区安全合作；共同应对恐怖主义、大规模杀伤性武器的扩散、气候变化、能源安全等全球性挑战。美国首次明确承诺对韩国提供“延伸威慑”。10月22日，美韩年度安保磋商会议发表公报，指出“延伸威慑”包括核保护伞、常规力量和导弹防御力量在内的全方位军事力量。11月18~19日，奥巴马访问韩国。

2010年7月21日，希拉里、盖茨参加在首尔举行的首次美韩外交和国防部长会议。会议达成一系列协议：设立副外长和国防部副部长对话机制；商定将战时作战指挥权移交时间由2012年4月推迟至2015年12月，并为此制订“战略同盟2015”计划；加强防扩散合作。会议发表的联合声明强调，美韩同盟对朝鲜半岛及东北亚的和平与稳定具有重要意义，双方将进一步扩大同盟合作的广度和深度，并宣布将在日本海和黄海举行一系列联合军演，同时敦促朝鲜对“天安”号沉没“负责”，并以可验证的方式弃核，停止“敌对行为”。10月8日，美国国防部长盖茨与来访的韩国国防部长官金泰荣会晤时决定，建立双边军事机制，将双方在延伸威慑方面的协商常态化，确保美国向韩国提供的核保护伞的有效性。盖茨与金泰荣在五角大楼共同主持召开第42次美韩安保磋商会议后举行的新闻发布会上重申，美国将动用包括核保护伞、常规武器和弹道导弹能力在内的全方位军事力量向韩国提供延伸威慑。双方将建立延伸威慑政策委员会，作为常设的合作机制，确保延伸威慑的有效性。双方在会后发表的共同声明中重申，不会接受朝鲜拥有核武器，呼吁朝鲜完全、可验证地弃核。金泰荣在新闻发布会上说，他和盖茨在会谈中还取得多项其他成果，其中包括签署《韩美国防合作指南》，以指导韩美两国军事同盟关系未来走向。双方还签署《战略计划方针》，以综合应对朝鲜半岛相关局势。12月初，美军参谋长联席会议主席马伦访韩，与韩国军方高层举行会谈，双方表示“美韩同盟比任何时候都要坚固，在朝鲜威胁消除之前，双方将继续维持坚固的战略同盟关系，保持必要的军事戒备态势”。①

在经贸领域，双边贸易和投资有了大幅上升。美国是韩国第三大贸易伙伴，韩国是美国第七大贸易伙伴。2006年贸易额达750亿美元。2006年2月，美韩启动双边自由贸易协定谈判。经过一年多的艰苦磋商，双方于2007年4月终于就此达成协议。据此，两国需在3年内逐步取消95%消费品和工业品的贸易关税，韩国将取消大约2/3的美国农产品进口关税，美国则取消排气量小于3升的韩国汽车进口关税。美国企业还被获准进入韩国银行、电信、邮递等市场。小布什致函国会参众两院，称该协议将进一步加强双边伙伴

---

① 中国国际问题研究所：《国际形势和中国外交蓝皮书》（2010/2011），第94～95页。

关系，为美国的农场主、牧场主和制造商等带来更多出口产品的机会，促进美国的经济增长，并创造更多高薪就业机会。[①] 6 月 30 日，美韩正式签署该协定。2011 年 10 月 12 日，美国国会通过了这一协定。21 日，奥巴马签署了这一协定。奥巴马称，这一里程碑式的协定对于两国来说是双赢，能够使美国的出口额增加 110 亿美元，为美国带来约 7 万个就业机会。韩国总统李明博表示，该协议是一个历史性的成就，将成为两国关系的重要里程碑，这是一个将在诸多方面让两国受益的双赢协议。

四　美国对日本的政策

日本是美国在亚太地区主要的盟国。乔治·布什上台后，十分重视发展同日本的关系，认为美日同盟是太平洋共同体的基轴。布什上台不久，便出访日本，并任命了新的驻日大使。贝克国务卿也一再强调，“对亚太地区安全、世界经济增长以及冷战后国际体系的作用来说，没有比美日关系更重要的了”。

在政治上，美日加强了全面合作。布什政府自 1989 年以来积极将美日基轴推向全球，要求日本不仅在亚太而且在世界其他地区为美国分担责任，同美国在全球问题上进行广泛的合作，协调行动。1992 年 1 月，布什总统出访日本，试图全面调整美日关系。在访问期间，布什特别强调美日现在是“站在合作新时代的门槛上”，需要两国在世界问题和地区问题上加强合作。1 月 9 日，布什和日本宫泽首相签署了指导未来两国关系的《东京宣言》和《行动计划》，强调两国要建立更加密切的“全球伙伴关系”，“承担建立新时代的特殊责任”。为此，双方表示要为维持世界和平与安全而努力，促进世界经济的发展，支持向民主化及市场经济转变的世界潮流，在“全球伙伴关系”之下携手并肩，“共同帮助建立公正、和

---

① 法新社华盛顿电 2007 年 4 月 2 日。

平、繁荣的世界”，并将此作为21世纪的课题。同时，两国政府也认识到，在冷战结束后，美日关系正面临着新的政治和经济方面的课题，特别是经济问题已变得更加明显。双方决定在两国的商业、金融和投资市场加强开放，抵制保护主义，为此目的，双方将加强采取旨在排除结构上障碍的政策性措施。此外，双方还表示要加强在科技领域的合作，并采取措施，进一步开展在教育、文化等方面的交流活动，以促进双方民间的相互理解和沟通。

在安全问题上，布什政府以美日安全体系为基础，继续敦促日本承担更多的防卫责任，强调要加强两国间的军事合作。1990年2月，美国国防部长切尼在访问日本时强调，日美两国在军事上的紧密合作是“保障亚洲稳定的关键”。切尼还表示，美国是太平洋国家，在亚太有广泛的利益，与日本有着共同的目标，美国必须坚持以日本为前线和基地的前沿部署战略，继续承担亚太地区的防务。由于美国财政状况严峻，布什政府不断要求日本进一步增加对驻日美军费用的负担。对此，日本政府做出承诺，将为驻日美军提供的财政资助由每年24亿美元提高到每年40亿美元。1991年4月，两国签订了《关于驻日美军经费特别协定》，计划到1995年日本将负担驻日美军总经费的50%。对于《日美安全条约》，两国首脑于1990年6月发表联合声明，重申该条约是日美两国伙伴关系的基础，是“促进亚洲太平洋地区和平和繁荣的不可缺少的手段”。冷战后，美国在日本驻军4.5万人。在要求日本分担防务费用的同时，美国反对日本大规模扩充军事力量，以保持美国在亚太安全体系中的领导地位，控制日本开发同美国不能相互补充的武器系统。1993年8月，美国国防部与日本防卫厅就共同研究未来导弹防御设想达成协议，计划设置研究防御战术导弹的联合小组，建立战区导弹防御网。1994年3月，美日安全保障协议委员会在东京举行会议，除了继续强调美日同盟的重要性外，就下述各项达成了一致：（1）完善和同意冲绳基地；（2）扩大防卫技术的交流；（3）提高亚太地区各国防卫计划和支出的透明度。

克林顿政府同样十分重视同日本的关系，认为在新太平洋共同体的构想中，“美国最优先考虑的国际经济问题必须是美国和日本建立更加牢固的新的伙伴关系”，并称“太平洋共同体的核心是美日关系”。负责东亚事务的助理国务卿洛德甚至认为，美国在亚洲，乃至在全世界的成败将取决于能否同日本发展一种“全面的、持久的伙伴关系”。1995 年 1 月 10 日至 12 日，日本首相村山富市访问美国，两国领导人确认，要建立“面向 21 世纪的日美协调关系”。双方同意，以二战结束 50 周年为契机，进一步发展日美合作关系。克林顿在会谈中称，美国与日本的关系比其他任何国家都重要，双方要努力加强两国之间“极其重要的伙伴关系”。克林顿特别强调，在多变的世界里，美国把日本看做是“最坚定的朋友”。村山重申，对美关系仍是日本外交的基石，加强两国全球合作是十分重要的。1998 年 11 月 18 日，克林顿访问日本，同日本首相小渊惠三就美日关系、朝鲜半岛局势等问题举行了会谈。克林顿表示，美国同日本在安全保障、政治、经济等领域有着广泛的伙伴关系。他继续敦促日本放宽限制，进一步开放国内市场，并希望日本国会早日通过日美防卫指针相关法案。

在安全领域，美国进一步加强了与日本的同盟关系，继续保持在日本的军事存在，并一再要求分担更多的防务费用。1994 年 3 月，美日安全保障协议委员会在东京举行第一次会议，双方商定，“在冷战结束后，为了维护亚太地区的稳定，美日应加强以美日安全同盟保障条约为基础的同盟关系”。美国认为，美日联盟仍然是冷战后亚洲和平与安全的支柱，同时也可以借此关系来制约日本的军事化。1994 年 7 月，美国政府发表了《美国国家安全战略报告》，明确指出美日同盟关系对美国在亚洲的利益是至关重要的，也是与其他国家的联盟关系所不能替代的。1995 年 1 月，美日领导人会晤时表示，要继续维护日美安全体制，该体制不仅对美日两国，而且对整个亚太地区的和平与稳定都很重要。1995 年 2 月，美国国防部《东亚战略报告》宣称，美日安全是美国亚太安全政策的关键。随后，美日两国的有关官员开始根据两国的战略利益和东亚地区冷战后的形势，准备重新修订美日安保条约，决定将安保条约的重点从防卫日本转向维持亚太地区的安全。1995 年 9 月，两国防卫部门签订了相互提供物资、后勤协定，该协定涉及 14 个具体领域，为两国相互利用各自的军事设施、货物和服务提供了法律依据。另外，两国还达成协议，日本承诺将为驻日美军提供更多的费用，并允许驻日美军更灵活地使用日本提供的军费。11 月 20 日，两国公布了《美日安全保障联合宣言》草案。

正当美日两国加紧构筑面向 21 世纪的新型同盟关系时，一个意外事件却使这一努力受到严重挫折。1995 年 9 月，在冲绳发生了 3 名美国士兵强奸一名日本少女的事件，顿时日本舆论为之哗然，抗议之声不断，要求归还冲绳基地的斗争热浪朝迭起。克林顿不得不推迟原定于 11 月对日本的访问，并就此事向日本人民公开道歉。1995 年 11 月，美国国防部长佩里在访日时与日本政府商定，在美日安全保障委员会之下设立美日冲绳特别委员会，具体负责研究缩小和调整在冲绳的美军基地。1996 年在克林顿访日前夕，美日两国就部分归还冲绳基地达成协议，决定美国将分批关闭、归还训练场、空军基地、地面通信站、军港等 11 处美军驻冲绳基地，其中全部归还 7 处，部分归还 4 处，减少美国军事基地在冲绳的占地面积 4700 公顷，试图以此来平息日本人民对美国在冲绳驻军的不满。同时，日本外相池田行彦与美国驻日大使蒙代尔还代表各自政府签署了《日美物资劳务相互提供协定》。

1996 年 4 月 16～18 日，克林顿对日本进行正式访问，与日本首相桥本龙太郎举行了会谈。双方签署了《美日安全保障联合宣言》，重申美日安全保障体制的重要性，指出“以美日安全条约为基础的两国之间的安全保障关系，将能保证实现共同安全保障的目标，也能继续成为 21 世纪亚洲太平洋地区维护安定和繁荣的基础”，强调“日美安全保障条约是日美同盟关系的核心，是日美相互信赖关系的基础，是日美在全球规模问题上实行合作的基础”。

双方一致认为，由于亚太地区仍然存在着不稳定和捉摸不定的因素，美国继续维持军事力量的存在是维护亚太地区和平与稳定所不可缺少的，日美之间在安全保障方面的关系是支持美国在这一地区实行“积极接触政策”的极其重要的支柱之一。双方重申，日本防卫的最有效的力量是日美之间紧密的防卫合作，美国根据日美安全条约所拥有的遏制力量将继续成为日本安全保障的基础。美方强调需要在日本继续保持现有的兵力；日方则重申，为了维持驻日本的美军，日本要根据日美安全条约继续提供设施和区域，并通过接受国提供援助等方式作出适当贡献。双方在宣言中提出，“安全保障、政治和经济是美日关系的三大支柱”。为了保持这一同盟的稳固性并注入新的活力，宣言还提出了今后两国加强双边军事合作的具体领域，其中包括：继续就涉及两国和地区的安全事务进行密切协商；重新研究1978年制定的“美日防卫合作指导方针”，在因日本周边地区可能发生的事态而对日本的和平与安全产生重大影响时，两国将磋商合作；商讨签署“相互提供后方支援物资和劳务协定”；共同研制开发新一代支援战斗机；在防止大规模杀伤性武器及其运载工具的扩散方面，两国要采取一致行动，与此同时，要在弹道导弹防卫系统方面进行合作；为调整、合并和缩小驻日美军的设施和基地采取必要的措施。此外，双方还表示将继续就促进全面禁止核试验条约、军备管理、裁军等全球性问题进行密切合作与协调。两国领导人还签署了《面向21世纪的挑战——日美首脑致两国国民书》，表示两国将继续努力解决双方存在的经济问题，美国支持日本成为联合国安理会常任理事国；美日这两个“具有共同价值观”的国家将作为盟国和伙伴进入21世纪。

1997年9月，双方完成了《美日防卫合作指针》的修改工作，标志着两国的军事合作进入一个新的阶段。新《美日防卫合作指针》是在“不变更”包括安全条约在内的“美日同盟关系的基本框架”的前提下拟订的，目的是“要从平时开始就构筑对付武装攻击日本及其周边事态的更加有效和更加可信赖的日美合作的牢固基础”。指针规定，“为了构筑保卫日本及更加稳定的国际安全保障环境”，日美两国从平时开始就要在各个领域保持和加强密切的合作，其中包括：（1）互通情报和磋商政策。（2）安全保障方面的种种合作。主要有加强安全保障对话，促进双方防卫方面的互访，在国际军备控制、裁军以及参加联合国维持和平活动、开展人道主义救援活动等方面的合作。（3）日美联合作业。日美两国政府“要一起研究制订日本遭受武力攻击时的联合作战计划和关于周边事态的相互合作计划”。包括研究计划在内都要联合作业，以便构筑日美合作的基础。这些努力是在双方有关机构的参与下进行的，它将构成日美两国合作的基础。日美两国政府为了进行这种联合行动，使自卫队以及美军等日美两国的官方机构和民间机构的合作得以顺利进行并行之有效，需要加强联合演习和训练。另外，日美两国政府为对付“紧急事态”，从平时开始就要取得有关机构的支持，着手建立日美之间的协调机构。

《美日防卫合作指针》规定，双方在日本遭受武装攻击时采取的联合对付行动，是日美防务合作的核心因素。在日本面临遭到武装攻击时，日美两国要采取控制事态扩大的措施，同时，要为保卫日本做好必要的准备。日本遭到武装攻击时，两国要切实地联合采取对付措施，并全力以赴尽早地排除这种武装攻击。为此，指针提出了采取相互协调的联合行动的基本想法、联合作战的基本构想以及与作战相关的指挥、协调、通信、情报、后方支援等事项。双方确认，在日本周边发生战事时，日本将向美军提供诸如物资运输、补给和医疗服务等方面的后方地区支援，以及提供民间机场和港湾等，日本在适当时候还可以与美军合作，共同执行扫雷、搜索与救援、监督、为执行联合国的制裁而检查船只等任务。随后，美国国防部长科恩、国务卿奥尔布赖特相继访日，具体商谈了防务合作问题，使美日军事同盟关系进一步得到加强。

1998 年 9 月 20 日，由美日外交和国防部长组成的美日安全保障磋商委员会在纽约举行会议并发表共同文件，决定两国自 1999

年起对美国提出的战区导弹防御计划进行共同技术研究，日方为此将在1999年度的政府预算中拨出10亿日元专款。同年11月，美国国防部公布了《东亚战略报告》，强调作为美国在亚太地区最重要的双边同盟，美日伙伴关系对美国和该地区的利益仍将是非常重要的，美国认为没有什么关系可以取代这种关系。报告指出，在21世纪，美日联盟仍将是美国亚太地区安全政策的支柱，必须继续准备对地区威胁作出反应并开展预防性外交。双方将以共同的价值观、共同的利益和互补能力为基础，继续建设全球伙伴关系。1999年1月初，美国国防部长科恩再次访日，就落实美日防卫新指针和推进战区导弹防御系统等问题进行磋商。在美国推动下，美日防卫合作新指针相关法案分别于4月27日和5月24日获日本众议院和参议院通过，从而使美日防卫合作指针的实施有了法律依据。同年4月29日至5月4日，日本首相小渊惠三正式访问美国，两国领导人强调要进一步加强双方以“自由、民主和尊重人权”的价值观为基础的同盟关系。7月26日，科恩访日，就美日安保体制等问题同日方进行商讨。

在经贸关系上，美国政府不断向日本政府施加压力，促其开放市场，是美国产品能够顺利地进入日本，改变长期以来美日贸易的不平衡性。美日贸易摩擦由来已久。从尼克松政府开始，历届美国政府一直指责日本关闭国内市场，实行歧视性贸易政策，要求日本在开放市场方面作出实质性努力。布什执政时期，美日经济摩擦日益加剧，所涉及的产品和部门越来越多，对日贸易逆差逐年上涨。1990年，美国对日贸易赤字达410亿多美元，1991年又升至430亿美元，1992年为436亿多美元。布什政府对日本一再施加压力，促其进一步开放市场，而日本则以种种理由表示难以满足美国的要求。

为消除摩擦，1989年9月至1990年4月，美国与日本开始就经济结构问题进行谈判，试图从根本上解决两国贸易逆差问题。经过四轮艰苦的谈判，美国终于迫使日本同意：在计算机、商业卫星和木材制品等方面更大地开放市场，放宽外国企业对日出口和投资的法律限制；扩大政府公共投资；消除日本国内的结构性障碍；改革储蓄制度和价格机制；鼓励民间消费，以扩大内需；推动日本企业改善经营制度等。1991年6月，美日两国就半导体达成协议，规定日本在1992年底以前，进口外国计算机芯片必须占到国内芯片市场的20%，并逐步增加市场份额，到1995年达到全面开放市场的目标。鉴于在美日贸易逆差中汽车和汽车配件占了3/4，汽车问题成了两国争吵的重点。1991年，美国国内汽车销售量为817万辆，日本汽车公司的销量就占了246万辆，约达市场的1/3。与此相反，美国汽车却只占日本市场的1%。为改变这种极不平衡的状况，1991年4月初，在两国首脑会晤时，布什直言要求日本开放汽车及汽车零配件市场，提高美国汽车在日本的占有率。经过谈判，双方于同年10月达成一项协定，双方一致同意努力消除美国汽车及零配件销往日本的障碍，以解决美日汽车贸易的赤字问题。

1992年1月，布什访问日本，汽车贸易问题同样是美日首脑“最优先讨论的问题”。经过激烈的讨价还价，双方终于就此达成一致，日本同意到1994年把进口美国汽车配件的数额从1990年的90亿美元提高到190亿美元，每年进口美国汽车2万辆。两国领导人还达成协议，为了解决经济摩擦的各种基本原因，两国决定把采取有效的措施放在最优先的位置。尽管如此，双方的指责和争吵仍然是有增无减。日本宫泽首相表示，日本在汽车贸易问题上所作出的让步是“目标，而并非承诺”。1992年1月底，美国国内掀起抵制日货运动，公众反日情绪高涨，2月初，宫泽首相批评美国工人“缺乏职业道德”，更加激起美国公众的愤怒，暴力事件时有发生。1992年7月初，美国众议院通过主要针对日本的贸易法案，允许政府对参与不公正贸易的国家采取报复行动，要求限制日本汽车进口数量和提高日本公司在美生产的汽车所使用的美制部件比例。

克林顿执政后，美日两国在经贸关系上的摩擦愈演愈烈，矛盾尖锐。1993年，美国对日贸易逆差达593.2亿美元；1994年又上升至620亿美元。克林顿一再批评日本市场的封闭性，称“美国对日本是市场开放的，但日本并没有对我们开放”，敦促日本进一步开放国内市场，增加进口美国产品，实行公平、自由贸易，消除贸易壁垒。1994年美国的《国家安全战略》也明确提出，“尽管日本是美国的第二大出口市场，但是外国商品进入日本市场在许多重要方面仍受到限制。日本目前持续的贸易顺差造成全球经济的主要不平衡”。因此，“美国政府继续作出努力，以确保有竞争力的美国商品和服务能公平地进入日本市场”。克林顿上台以来，美日在贸易问题上的争吵逐步升级。

1993年7月，美日开始举行贸易框架谈判，主要涉及日本的宏观经济政策、全球范围合作、如何打开日本包括电信设备和医疗器材的政府采购、保险、汽车和汽车零部件在内的各领域市场。美国贸易代表坎特称，“我们正在向同日本做生意的一种新的方式过渡，再也不能保持现状了”。在谈判中，美国要求用具体的“数量指标”来衡量日本市场对美国及世界的开放程度，日本则将其称为“管理贸易”、有悖自由贸易原则为由而予以拒绝。1994年2月10日至12日，日本首相细川护熙访美，与克林顿就美日贸易问题举行首脑会晤，终因双方立场相去甚远不欢而散，致使持续了近8个月的美日“框架协议”谈判失败。克林顿在2月17日的广播讲话中表示，美国将努力使用各种办法来打开日本的市场。3月3日，他签署了一项行政命令，宣布恢复使用“超级301条款”，在18个月后对日本进口商品采取关税报复行动。美日双方尽管态度强硬，但都力图避免发生全面贸易战。经过双方激烈的谈判，1994年7月终于达成了协议。框架协议确认在宏观调控、特殊领域和经济结构问题三方面，双方应进行必要的调整。在宏观经济领域，日本政府同意推动强有力、可持续的以国内需求带动经济的增长，增加有竞争力的外国产品和服务业的进入。美国同意将财政赤字作实质性削减，进一步促进国内储蓄，提高美国产品的国际竞争力。在特别部门和结构领域进行谈判的5个具体领域是：（1）政府采购，包括计算机、卫星、医疗技术和通信；（2）条例改革和增加竞争性；（3）重要的领域，如汽车；（4）在国外直接投资、知识产权保护、技术引进等；（5）执行业已存在的双边安排和协定，并确定在一些全球问题上进行合作。为了推动在这些谈判领域取得进展，美国方面主张建立一套检查质量和数量的客观标准，以衡量日本市场的开放程度，遭到了日本政府的强烈反对。日本方面认为美国的做法将会导致管理贸易，是日本所不能同意的。在这一问题上，双方争执不下。

经过双方的努力，美国在打开日本市场方面取得了一定进展。日本方面通过减税和追加公共投资等手段来扩大内需，并在进口、流通等领域放宽对美国的限制。两国在医疗器材、玻璃制品、移动电话、金融服务、农产品等 8 个领域签署了 10 多个贸易协定，但在双方争论最激烈的汽车和汽车零部件方面，却没有取得实质性的突破。在美国对日本 620 亿美元的贸易逆差中，这一领域占到了 60% 以上。因此，解决双方在这一领域的问题成了克林顿政府对日谈判的焦点和难点。1995 年 1 月日美首脑会晤时，克林顿在记者招待会上强调，除非美日在汽车和汽车零部件方面的谈判取得进展，否则美日贸易不会平衡。同年 5 月，美国宣布，如果在华盛顿时间 6 月 28 日深夜 11 时 59 分之前美日两国在汽车及汽车零部件问题上还不能达成协议，美国将向日本 13 种主要向美国出口的高档轿车征收高达 59 亿美元的惩罚性关税。日本则以美国的做法违反世界贸易组织的有关规定为由，向世界贸易组织正式提出起诉，并要求美国在 10 天之内回到谈判桌上来。6 月 19 日，美国交通部又以日本违反 1952 年两国的航空协定、拒绝美国联邦快递公司在日本的中转申请为由，宣布最晚从 7 月 14 日开始对日本的两家航空公司实行制裁。日本则声称，美国如果实施制裁，日本将对美联邦快递公司和西北航空公司进行报复。

在美国欲对日实施制裁的最后一刻，美国贸易代表坎特与日本通产相桥本终于就汽车和汽车零部件达成了协议。美国同意放弃对日本出口汽车及零部件的数量指标的要求。日本方面同意放宽汽车零部件市场的限制，在今后3年把从美国购买的轿车零部件增加50%，进口近90亿美元的美国制造的产品；允许美国的汽车制造商在日本增设更多的销售网点；增加日本5大汽车制造商购买美国生产的汽车零部件的数量；扩大日本在美设立的汽车生产厂家的产量，在3年内从目前的210万辆增加到265万辆。在美日双方达成协议后，克林顿立即发表讲话称，“我们已经达到了我们的目的”。8月23日，双方正式签署了协议，日美汽车贸易谈判暂告结束。此后一段时期，由于美国经济的迅速发展和日本经济的持续不振，美日贸易摩擦呈缓和趋势。美国和日本尽管在贸易领域矛盾尖锐，但并没有危及双方的同盟关系。

小布什时期，美日关系得到进一步提升。2001年6月30日，小布什与到访的日本首相小泉纯一郎就双边关系、导弹防御计划等问题进行磋商，双方发表“致力于安全与繁荣的伙伴关系”联合声明，确定建立美日安全、经济战略对话机制。2002年2月17～19日，小布什访日，与日本首相小泉就美日同盟、国际反恐合作、朝鲜半岛等问题举行会谈。小布什强调，日本将在全球事务中发挥“不可或缺”的作用，并表示要进一步加强美日关系。他在日本国会发表演说时表示，美日同盟是现代史上“最伟大和最牢靠”的同盟，是维护太平洋地区和平与繁荣的基石。美日将全力保证本地区不出现威胁他国安全或自由的国家或国家联盟，两国将致力于导弹防御系统的研发。4月，美日举行安全磋商。8月28～30日，美国副国务卿阿米蒂奇赴日举行首次副部长级战略对话。小布什多次与日本领导人通电话，就伊拉克问题、朝核问题等进行磋商。2004年4月，美国副总统切尼在访日时强调，两国的战略关系远远超出上述范畴，是全球合作伙伴。2005年2月19日，由美日两国外长和国防部长组成的安全磋商委员会（“2+2”会议）在华盛顿举行。双方发表联合声明，强调在确保美日两国安全与繁荣、加强地区及全球和平稳定方面，以美日安全为核心的美日同盟将继续扮演重要角色。10月29日，美日外长、防长在华盛顿再次举行安全磋商委员会会议，并发表了《美日同盟：面向未来的转型与重组》的文件，确定了今后双方的合作领域和步骤。

2005 年 11 月 15 日，小布什访问抵达日本访问，这是他就任总统后第三次访问日本。16 日，日本首相小泉纯一郎与小布什在京都就两国关系等问题举行会谈，双方都强调日美同盟关系的重要性，并表示要加强这一关系。在会谈后举行的联合记者招待会上，小泉表示，美国是日本“不可替代的同盟国”。布什也强调，美日关系是“重要的”和“牢固的”，这种牢固的关系能使两国承担起维护和平的责任。小布什还表示坚决支持日本成为联合国安理会常任理事国。2006 年 5 月 1 日，美日两国外长和防长在华盛顿举行安全磋商委员会会议（即“2 + 2”会议），讨论了美日同盟关系的发展、亚太安全、伊朗和伊拉克等问题，就驻日美军重新部署达成一致。会议发表日美《关于实施驻日美军重新部署的路线图》以及联合声明。6 月 28 ~ 30 日，日本首相小泉纯一郎对美进行正式访问。两国领导人就经贸、反恐、防扩散、伊拉克、伊朗核问题、朝核问题、能源问题等广泛领域加强合作达成共识。双方发表“新世纪日美同盟”宣言，重申将把以“共同价值和利益”为基础的日美同盟扩大到“全球范围的合作”，进一步密切双边同盟关系，宣称美日关系是 21 世纪的全球合作新同盟关系。同年 7 月，美国宣布，将在日本冲绳县部署“爱国者 - 3”陆基拦截导弹。2007 年 4 月 26 ~ 27 日，安倍晋三就任日本首相后首次访美，双方就美日同盟、朝核问题、伊核问题、伊拉克问题等举行会谈，并达成共识。双方确认美日同盟是建立在共同价值观基础上的“全球性同盟”。

奥巴马上台后进一步强化日美关系。2009 年，美国国务卿希拉里、国防部长盖茨、常务副国务卿斯坦伯格等相继访日。11 月，奥巴马出访亚洲的第一站就是日本。他与日本首相鸠山由纪夫举行了会谈。在随后的新闻发布会上，他表示美国和日本是“平等的伙伴关系”。他强调，美日关系永远是美国在亚太地区的重心，美国在亚太地区的努力将基于与日本持续且焕发活力的同盟关系之上，表示两国将力求维护平等、相互尊重的伙伴关系。

2010 年 1 月、5 月，希拉里两度访日，强调美日同盟是美国外交政策的“基石”，对于亚太地区的安全与繁荣“不可或缺”。1 月 19 日，日美就《日美安全保障条约》修订 50 周年发表联合声明，表示要进一步深化在广泛领域的安保合作。联合声明说，日美两国在本地区最重要的共同战略目标是保障日本的安全及维护亚太地区的和平与稳定，两国将继续致力于构建“不可撼动”的同盟关系，以应对 21 世纪两国面临的共同挑战。日美两国将进一步深化在广泛领域的安保合作，并加强关于安保合作的磋商；日美两国认识到日美同盟关系的重要性，并重申在应对各种威胁方面密切进行合作。美国总统奥巴马当天也就《美日安保条约》签署 50 周年发表声明，强调美日关系是建立在共同价值观以及共同安全利益基础之上的战略同盟，美国对于日本安全所做的承诺“不可撼动”，美日两国为应对共同挑战开展的合作是两国与世界接触交往的至关重要的组成部分。

围绕普天间机场的迁移问题，美日双方一直争执不下。普天间美军基地位于日本冲绳县宜野湾市中心，面积约 4.8 平方公里，为驻日美海军陆战队在冲绳岛上的两大基地之一。作为驻日美军最大的直升机机场，普天间美军基地有 70 多架直升机、12 架空中加油机和 3600 多人的部队。基地周围住宅、学校等民用设施密集，由于安全和噪声等问题，当地一直有要求返还基地的呼声。1995 年，驻冲绳美军士兵强奸少女事件在冲绳引发了大规模的反对美军基地运动，日本全国各地也举行各种规模的抗议集会。为平息这一浪潮，日美两国政府进行了多次协商。在 1996 年 12 月举行的日美安全保障委员会会议上，通过了关于冲绳美军基地问题的最终报告和普天间机场问题的附加文件。在普天间美军基地搬迁问题上，双方同意设立日美“普天间机场转移实施委员会”，在以后的 5 ~7 年里建成替代设施，在可以投入使用后归还普天间机场。日本政府提出在冲绳县名护市建设美军海上航空基地，但遭到该市大多数居民的反对，替代机场一直没有动工修建。此后10年间双方就普天间机场迁址问题一直争执不休。2006年5月，日美两国就驻日美军整编达成最终协议，决定将普天间基地转移至冲绳县名护市的美军施瓦布军营沿岸地区。2009年9月，日本民主党联合社民党和国民新党上台执政。民主党上台前一直表示要将普天间基地转移至冲绳县外或国外，但上台后却在这一问题上摇摆不定；而社民党对普天间基地原转移方案表示强烈反对。美方则要求日方执行原有的转移计划，称普天间基地不转移，驻日美军就不会进行整编。日美关系因此产生波动。

2010年4月，冲绳县举行大规模民众集会，要求将基地迁出冲绳或迁移至国外；鹿儿岛县也有1.5万名民众集会，反对将普天间机场迁至德之岛。5月16日，大约1.7万名冲绳居民走上街头，几乎封锁了普天间机场。22日，美日两国就在冲绳县名护市美军施瓦布军营沿岸修建跑道，以及将普天间空军基地迁移到冲绳县外等问题达成基本协议，并同意在2010年秋天前决定跑道的具体地点和施工方法。5月28日，日本和美国两国政府就驻日美军普天间基地迁移问题发表联合声明，表示将把该基地迁至冲绳县名护市美军施瓦布军营周边；双方将在8月底之前完成对跑道位置和施工方法的研究工作；将美国海军陆战队等驻冲绳美军的一部分训练分散到冲绳县以外进行，除将转至鹿儿岛县的德之岛之外，还将研究转移至日本以外的关岛等地；美国将归还位于冲绳岛东部的一部分美军训练水域。6月21日，日本和美国的外交及防卫部门官员首次就驻日美军普天间基地迁移候选地跑道修建地点和施工方法进行了协商。7月9日，日本冲绳县议会一致通过决议和意见书，要求修改日美两国政府就驻日美军普天间基地迁移问题发表的联合声明。8月31日，日本政府公布了日美两国专家关于驻日美军普天间基地迁移替代设施施工方案和跑道位置研究工作的报告。2011年6月21日，美国和日本在华盛顿达成协议，同意撤销在2014年前完成搬迁美军普天间基地的最后期限。

五 美国对东南亚、大洋洲的政策

冷战时期，印度支那曾是美国东亚政策的焦点，在这里进行了一场“美国历史上最长的战争”，并为此付出了惨痛的代价。1989年布什上台后，随着美苏关系和东南亚局势的日趋缓和，认为苏联和越南在印度支那的威胁减少了，而红色高棉在柬埔寨重新掌权的可能性增大，因此开始酝酿调整对印度支那的政策。1990 年 7 月，贝克国务卿宣布：美国政府决定不再承认柬埔寨抵抗力量联合政府的联合国席位；继续支持西哈努克和宋双这两派抵抗力量；将就柬埔寨问题同越南政府直接对话和准备增加对越南和金边政权的人道主义援助。这就表明，美国对柬埔寨政策发生了重大变化，它将主要遏制对象由侵柬越军和金边政权转向红色高棉。贝克等美国高级官员公开承认，美国对柬埔寨政策的改变是为了“尽力阻止红色高棉重新掌权”。

与此同时，美国决定同越南直接对话，改善美越关系。1989 年 7 月，布什政府重申越南从柬埔寨撤军、柬埔寨成立民选政府、越南与美国合作寻找美在越南失踪人员是实现美越关系正常化的条件。对此，越南方面作出积极反应。同年 9 月，越南宣布，1990 年底以前从柬埔寨全部撤军。1990 年 7 月，美国政府宣布愿意与越南就柬埔寨问题举行会谈。9 月，贝克国务卿和越南外长阮基石在纽约举行会晤，这是自 1973 年巴黎和平协议签订以来美越最高级别的官方会谈。1991 年 4 月，美国国务院明确提出了实现美越关系正常化的四阶段建议，即美国对越提供贷款和经济援助到最终取消贸易限制和实现关系正常化，将取决于越南对美国所提出的要求作何反应。在第一阶段，如果越南政府签署并对金边政权施加压力促其签署联合国安理会 5 个常任理事国草拟的有关解决柬埔寨问题的和平协定，以及与美国充分合作以解决越南战争中美军被俘和失踪人员问题，美国将与越南就越南在美国被冻结的资产、美国旅游团体前往越南观光和放松越南驻联合国外交官在美国活动的限制等问题开始进行谈判；在第二阶段，如果越南继续支持柬埔寨和平协定，继续努力解决美军被俘和失踪人员问题，美国将派高级代表团去河内就两国关系正常化问题进行谈判，允许美国的公司在越南开设商务办事处和签署合同，以及取消美国民间援助组织向越南出口用于人道主义的商品的限制；在第三阶段，如果柬埔寨和平计划在越南充分合作下实施，以及越南顾问和军队在联合国的核查下从柬埔寨撤离，美国将在6个月后在河内建立联络处，全部取消对越南的贸易禁运，以及支持越南向国际货币基金组织和世界银行申请贷款，以用于越南人民“基本生活需要的项目”；最后一个阶段是在柬埔寨通过选举产生新政府之后，美国将与越南实现关系正常化，给予越南最惠国待遇，取消对世界银行、亚洲银行和其他国际金融机构向越南发放贷款的所有限制。

1991年4月，美国决定向越南提供第一笔100万美元的人道主义援助。4月19日，美国总统特使维西访问越南，同越南方面商讨在河内建立寻找美失踪人员的临时机构问题。7月，美国在河内正式开设了战争失踪人员办事处。10月，关于柬埔寨问题的和平协议在巴黎签署，这为美越关系正常化扫清了一大障碍。布什政府宣布放松越南驻联合国外交官在美国活动的限制和美国旅游团体到越南观光的限制。11月，越南副外长黎梅与美国助理国务卿所罗门在华盛顿就两国关系正常化问题开始进行谈判。1992年3月，所罗门访问越南，这是继维西两次访越后美国高级别官员又一次访问越南，表明两国关系正逐步好转。1992年4月，美国同意与越南恢复直接的电信联系，允许向越南销售满足人们的基本生活需求的货物，如医疗用品和种子等，取消对美国非政府的和非营利的团体在越南所从事的项目的限制。在经贸往来方面，两国关系也有明显改善。尽管布什政府还没有取消对越南的经济禁运，但美国的一些公司和企业纷纷派员前去考察，准备投资设厂，有的公司则通过第三国在越南投资办厂。1992年初，美国政府宣布向越南提供400万美元的经援和人道主义援助。

克林顿上台后，美越关系有了进一步发展，实现两国关系正常化的条件基本成熟。在和平解决柬埔寨问题上，越南采取了与国际社会合作的态度，没有干涉 1993 年的柬埔寨大选活动。在帮助寻找美军失踪人员这一关键问题上，越南表现出极大的诚意和合作精神。自克林顿上台至 1994 年初，越南总共向美方转交了 67 具美军人员遗骸，并于 1993 年 8 月通过广播，宣布奖励提供美军遗骸下落的公民。在查询美军战俘和失踪人员档案资料方面，越南全面配合美国，不仅向美方移交了大量有关材料，而且同意美国专家进入某些重要的档案馆查阅有关资料。对此越南副外长黎梅曾表示，"美国希望看到越南有关战争失踪人员的档案，这是个敏感的问题，是具有越南安全利益的问题，但为了表示对美方的合作，让他们接触到越南的档案"。越南还多次与美方一起组织联合寻找活动，寻找范围遍及全国。同时，越南还同意与美国一起在越南与老挝边境地区调查有关美军遗骸问题。美国政府对越南的合作态度表示满意。克里斯托弗对此表示，"1993 年美国同越南在解决美军失踪人员问题上取得明显的进展与越南的合作是分不开的"，他认为"美国应该作出相应的回报"。克林顿本人也承认越南在帮助寻找美失踪人员方面作出了空前的努力。克林顿政府基本遵循了 1991 年布什政府制定的对越政策路线图。国务卿克里斯托弗称之为"不断加深的接触战略"。考虑到国内对此问题的敏感，克林顿政府不得不谨慎行事，决定采取分四步走的政策。即鼓励对越南改革给予经济援助；取消贸易禁运；建立联络处；建立全面外交关系。

1993 年 7 月初，克林顿政府宣布美国不再反对国际金融机构向越南提供贷款。9 月，美国决定部分取消对越南的贸易禁运，允许美国公司参与国际金融机构在越南提供资金的项目。随后，美国宣布美越不再存在"敌对状态"，美国不再视越南为敌人。1994 年 2 月 4 日，克林顿宣布解除对越南实施了 19 年之久的贸易禁运，为美越关系的改善迈出了实质性的一步。美国自 1964 年就对越南北方实行贸易禁运。1975 年越南统一后，美国又将贸易禁运扩大到越南全国。1978 年越南入侵柬埔寨，美国又敦促其他西方国家一道对越南实行贸易禁运。克林顿在作出解除禁运决定的同时，还宣布将在越南建立一个联络处，以便“为在越南的美国人提供服务，并且帮助我们同越南政府进行人权方面的对话”。克林顿称，如果越南停止与美国在解决美军失踪人员问题上的合作，美国将恢复禁运。他还强调，在越南设立联络处并不意味着两国关系正常化，在两国关系正常化前，越南尚需进一步与美国在解决美军失踪人员问题上进行合作。越南方面对美国的决定表示欢迎，表示希望双方本着互相尊重独立主权、互不干涉内政、平等互利的原则继续为实现双边关系正常化而努力。美国企业界也对克林顿的决定表示赞成，认为此举将有助于美国开拓越南市场，促进美国在越南的贸易和投资。随后，双方围绕互设联络处问题进行了数次磋商，并达成协议。10 月，越南外长阮孟琴与美国国务卿克里斯托弗在纽约举行了会谈，双方对贸易禁运解除后两国关系的进展表示满意，并决定尽快互设联络处。1995 年 1 月，美越两国开始在对方首都互设联络处，这是为两国关系实现正常化采取的关键步骤，表明美国对越南的政策发生了重大变化。联络处的主要职责是处理两国间的领事、经济、文化和其他关系，并有权签发公务和旅游签证。同时两国还签署了一项关于解决越战遗留财产问题的协议。根据该协议，越南将归还越战结束时没收的价值 2 亿多美元的美国政府和私人财产，美国将归还越南当年南越政权垮台后被冻结在美国银行的 3.6 亿美元的存款。5 月中旬，由美国负责退伍军人事务的副国务卿戈伯、负责东亚事务的助理国务卿洛德等率领的美国总统特别代表团访问越南。越共总书记杜梅、政府总理武文杰等分别会见了代表团，敦促美方尽早实现美越关系正常化。越南有关方面与代表团就美军失踪人员问题举行了会谈，并向美方提供了 200 多页的有关资料。

1995 年 7 月 11 日，克林顿在白宫正式宣布与越南建立外交关系。他在讲话中说，他领导的本届政府从一开始就把改善美越关系建立在越南帮助美国寻找美在越战中失踪人员的进展程度的基础之上；自1994年2月美国宣布取消对越贸易禁运以来，越南政府“采取了一些重要的步骤，帮助我们解决了许多疑案”，已有29个美国家庭收到了他们在越战中死亡的亲人的遗骸，美国方面还得到了数百页有助于帮助寻找美军失踪人员的文件。克林顿同时强调，与越南实现关系正常化，并不意味着美国停止寻找美军失踪人员。美国政府仍将继续努力寻找失踪人员，而美越关系正常化将使寻找美军失踪人员的工作取得更大的进展。克林顿还表示，美国将开始实现与越南贸易关系的正常化。他宣称，帮助越南回到国际社会中来，“符合美国的利益”。7月12日，越南总理武文杰在电视台发表声明，对美国宣布同越南建立正常关系表示欢迎。声明说，克林顿总统关于对越南予以外交承认和与越南建立正常关系的声明是“一项重要的决定”，越南政府和人民欢迎美国政府的上述决定，随时准备同美国政府一起在平等、尊重各自的独立和主权、互利、符合国际法普遍原则的基础上为两国关系确定了一个新的框架。武文杰表示，越南政府和人民“从人道主义出发，将继续全力以赴与美国合作，尽可能彻底地寻找越战中失踪的美国人员”，希望两国政府和人民“在继续解决战争遗留给双方的各种人道主义问题上进行有效合作，扩大双方共同关心的各领域关系，首先是经济、贸易、科技领域”。两个长期敌对交恶的国家终于实现了完全和解，两国关系由此开始进入一个新的发展阶段。

1995年8月5日，美国国务卿克里斯托弗访问越南。他在抵达河内机场后向新闻界发表讲话说，美国准备进一步发展同越南的关系，并认为，美越之间“可以建造起一座合作的桥梁”。克里斯托弗表示，他来河内是要揭开美越关系的“新篇章”，因为“越南是对美国十分重要的地区的一个具有活力的国家”。他同时也强调，寻找越战期间被俘和失踪的美军人员仍将是美国“同越南政府打交道的日程上最优先的问题”。克里斯托弗与越南外长阮孟琴就美越建交后两国关系的新框架以及共同关心的地区和国际问题进行了会谈，双方还签署并交换了美越两国正式相互承认的文件。

美国政府之所以加快改善和发展同越南的关系，主要是出于经济和战略上的考虑。90 年代以来，越南经济改革取得了较大成效，是东南亚地区经济发展较快的国家之一。美越关系的改善和发展将给美国带来巨大的经济利益。一是有利于美国公司抓住一切良机进入越南这个资源丰富、潜力很大的市场。美越商会主席鲁滨逊称，同河内的经济往来，在今后几年内有可能为美国创造 10 万个就业机会。美国工商界出于自身经济利益的考虑，要求政府解除对越贸易禁运，警告如果坚持禁运政策将会使美国失去进入越南市场的机遇。不少国会议员也认为解除禁运可为美国增加大量就业机会，同时有利于美军失踪人员问题的解决。二是有利于美国同其他国家在越南进行竞争。日本、法国、英国等国家已捷足先登，与越南展开了经贸合作，资金和商品不断进入越南。美国必须加快脚步，抢占在越南的市场。1995 年，美国在越投资只有 2.7 亿美元，而美国商界人士认为在越南的投资潜力有可能达到 70 亿美元。美越关系正常化的实现为美国商品和资金进入越南、并同西方其他国家进行市场争夺创造了有利条件。此后，美国公司纷纷进入越南。1995 年底，已有 300 多家公司在越南开设了办事处。从战略上讲，越南的地理位置十分重要。美国加快改善同越南的关系，除了经济的因素外，也意在填补冷战后苏联留下的“真空”，这有助于美国推行它的亚太安全战略。此外，美越建交后，更便于美国向越南输出美国的民主价值观，促使越南改变现行的社会制度。克林顿在宣布美越关系正常化的同时，声称“正常化和日益加深的美越关系将促进越南的自由事业，就像东欧和苏联那样”。从越南方面来说，通过改善和发展同美国的关系，不仅能够从美国和西方发达国家获得先进的生产技术和大量资金，以实现其发展经济的目标，而且也有助于提高其国际地位，扩大在国际上的活动空间。

美越关系正常化后，两国经贸关系发展较快。越南重视与美国的经贸关系，把发展同美国的经贸关系作为对美政策的重心。1999

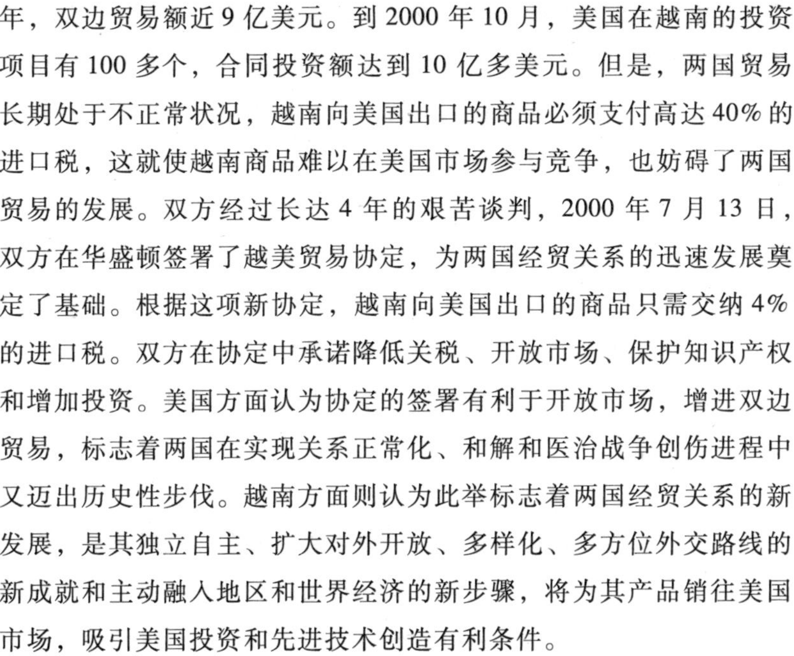

年，双边贸易额近9亿美元。到2000年10月，美国在越南的投资项目有100多个，合同投资额达到10亿多美元。但是，两国贸易长期处于不正常状况，越南向美国出口的商品必须支付高达40%的进口税，这就使越南商品难以在美国市场参与竞争，也妨碍了两国贸易的发展。双方经过长达4年的艰苦谈判，2000年7月13日，双方在华盛顿签署了越美贸易协定，为两国经贸关系的迅速发展奠定了基础。根据这项新协定，越南向美国出口的商品只需交纳4%的进口税。双方在协定中承诺降低关税、开放市场、保护知识产权和增加投资。美国方面认为协定的签署有利于开放市场，增进双边贸易，标志着两国在实现关系正常化、和解和医治战争创伤进程中又迈出历史性步伐。越南方面则认为此举标志着两国经贸关系的新发展，是其独立自主、扩大对外开放、多样化、多方位外交路线的新成就和主动融入地区和世界经济的新步骤，将为其产品销往美国市场，吸引美国投资和先进技术创造有利条件。

在政治方面，双方高层往来逐渐增多。特别是在克林顿的第二任期内，美越关系有了长足进展。1997年4月初，双方在河内签署了一项偿还债务协议，越南将在22年内偿还前南越政权拖欠美国的1.45亿美元债务。1998年9月，越南外长阮孟琴对美国进行正式访问。1999年9月6~7日，奥尔布赖特访问越南，会见了越南领导人黎可漂、潘文凯等，并同阮孟琴举行了会谈，敦促越南加快经济改革。2000年3月中旬，美国国防部长科恩应越南国防部长范文茶邀请正式访问越南，双方主要就军事交流问题进行了协商。越南国家主席陈德良在会见科恩时表示，科恩的这次访问将为加强越南和美国的合作关系做出贡献。越南总理潘文凯在与科恩会谈时希望美国能够做出更多的努力，与越南一道，本着结束过去、面向未来的精神做好克服战争后果的人道主义工作。

2000年11月16~19日，应越南国家主席陈德良的邀请，克林顿对越南进行了正式访问。这是越南统一后美国总统首次访问越南，表明双方关系的发展进入一个新阶段。在访问期间，两国领导人本着面向未来的精神，表示要进一步发展两国关系。越南领导人在会谈时对过去几年两国关系的发展表示满意，认为这符合两国人民的愿望，希望通过克林顿的访问，建立起新的关系，即建立在互相尊重独立、主权和领土完整，互不干涉内部事务，平等互利，不损害各自国家同第三方关系的原则基础上的长期友好合作关系，为巩固东南亚、亚太地区和世界的和平、安全与稳定做出贡献。克林顿承诺在今后 3 年里每年向越南提供 2000 万美元的技术援助，以实施两国贸易协定。双方还签署了两国政府科技合作协定等文件。

解决战争期间遗留问题是两国领导人关心的问题。在美国侵略越南期间，有数百万越南军民死于战火，30 多万人下落不明，约有 100 万人遭受美军在战争期间喷洒的化学毒剂的伤害，至今仍有不同程度的后遗症，还有不少未爆炸的炸弹和地雷，时刻威胁着平民的生命安全。陈德良在与克林顿会谈时强调，为了面向未来，两国不能不回顾往事，战争给越南人民留下的后果非常严重，美国应当认识到对越南人民的巨大损失所应负的责任。他认为，美国对越南的人道主义问题应当给予恰当的关心和适当的回应，应当对寻找越南失踪人员的下落提供合作，清除越南原美军基地的化学毒剂，特别是要向受害者提供资助，帮助解决其他战争遗留的人道主义问题。

越南战争结束后，共有 2583 名美国军人被认为在印度支那战争中失踪，其中 1923 名在越南。寻找在战争中失踪的美军人员一直是美越关系的一个重要问题。越南方面表示，两国关系正常化后，越南方面继续本着人道主义精神，从发展两国关系的目的出发，尽自己最大努力向美方提供帮助。越南已向美国移交了 770 多具美军失踪人员遗骸。克林顿对越南方面为寻找美军失踪人员所做出的努力表示感谢，并承诺美国将向越方提供有关材料，帮助寻找越南在越战中的失踪人员。同时他还同意进一步帮助越南排除越战遗留的炸弹和地雷，并表示要与越方合作研究化学毒剂对越南环境、越南人员和越战美军人员的危害。

克林顿对越南的访问为两国关系的发展注入新的动力。双方一致表示要进一步发展两国关系，加强双边合作，认为这符合双方的利益。两国都需要与对方合作解决战争遗留问题。在经贸领域，越南希望与美国开展经贸合作，扩大对美出口，特别是出口具有较大优势的大米、水产品以及纺织品和鞋类等，同时吸引美国投资和先进的技术。美国则希望进一步开拓越南市场，也不愿放弃在越南的投资机会。克林顿出访越南时，美国近 50 家大企业的代表也随团前往。

东盟是美国“与东南亚接触的中心点”，美国与东盟国家有较密切的经济、政治和军事关系。由于东盟国家战略位置十分重要，美国特别重视发展同东盟的安全合作。美国政府认为，由于美国在这一地区有着重大政治、经济和战略利益，这一地区在苏联威胁消失后仍存在着许多不稳定因素，威胁着地区和平。对于美国来说，东南亚仍是其亚太安全体系中极为重要的一环，为了维护其在全球特别是亚太地区的领导权，美国需要继续保持在东南亚的军事力量。因而，美国表示将不会从那里撤除全部美国军事力量。美国通过双边和多边军事协定，进一步加强了同东盟各国的军事关系。1990 年 11 月，美国与新加坡签署了谅解备忘录，允许美国海空军更多地使用新加坡的修理和补给设备。1992 年 1 月，美国根据该谅解备忘录，将驻扎在苏比克海军基地的第七舰队后勤司令部和第 73 特混编队司令部迁至新加坡。与此同时，美国还与马来西亚、印度尼西亚等探讨“在商业基础上”使用当地军事设施的可能性问题。

自 1994 年 7 月东盟地区论坛成立以来，美国采取了积极介入的政策，试图利用这一论坛使东南亚形势朝着有利于美国的方向发展。美国认为，“东盟地区论坛可以在传达用意、消除疑虑、建立信任以及最终解决冲突上起到建设性作用”，“它为东亚、东盟国家以及它们的外部伙伴一道协商本地区重大安全问题提供了一个非常好的机会”。东南亚金融危机爆发后，美国乘机加强同该地区各国的防务合作。1998 年 1 月，美国国防部长科恩访问东南亚，同新加坡达成协议，允许美国军舰自由使用新加坡的一个海军基地。在美国从菲律宾撤除军事基地几年后，美菲联合军事演习曾一度中断。1998 年 2 月，两国又签订一项《来访部队协定》，使两国能够重新举行联合军事演习和军舰互访，通过联合演习、训练和舰艇访问的形式来促进双边军事合作。同年 7 月和 8 月，奥尔布赖特和科恩先后访问菲律宾，寻求加强两国更密切的军事合作关系。2000 年 8 月中旬，100 名美军在菲律宾与菲军举行了“为改善菲军对潜在威胁的反应能力”的联合军事演习。近年来，一直在安全方面同美国保持距离的马来西亚和印度尼西亚也开始与美国进行军事合作。1998 年 3 月，美国同印尼海军进行了联合军事演习。1999 年 1 月，美国国防部长科恩访问菲律宾和新加坡时，使两国同意与美国进行联合军事演习和准许美国航空母舰在两国港口停泊。美国还与泰国达成《战争储备协定》，使泰国同意美国在泰储备战争物资。在 1999 年 12 月和 2000 年 1 月的《新世纪的国家安全战略》报告中，美国政府强调要保持与东盟国家的关系，加强美国在东盟地区论坛中的安全对话。

在经贸领域，美国与东盟国家关系进一步密切，相互依赖进一步加深。自 20 世纪 80 年代后半期以来，美国与东盟国家经贸往来呈快速发展势头。1988 年美国与东盟国家的双边贸易额为 347 亿美元，1991 年达到 490 亿美元。1986 年美国取代日本成为东盟商品出口的最大市场，并保持至今。随着对美出口额的不断增长，东盟成为美国的第五大贸易伙伴，第六大出口市场。1996 年美国对东南亚出口达到 420 亿美元，比 1995 年增长了 24%。美国目前在某些原料供应上严重依赖东盟，如美国所需天然橡胶的 89%、锡的 68%、棕榈油的 94%、椰子的 95% 来自东盟。在投资领域，东盟是美国在亚太地区最大的投资场所，美国是东盟的第二大投资国。美国在东盟的直接投资 1977 年为 32 亿美元，1989 年增至 128 亿美元，1994 年超过了 200 亿美元。在东盟所吸引的外国投资中，美国仅次于日本，居第二位。美国对东盟国家的直接投资额占其对外直接投资总额的 5.3%，居美国在亚太投资的第一位。美国的投资重点为电信、交通运输、金融服

务和环境保护等基础设施和服务领域。冷战结束后，双方经济相互依赖的不对称性有所改变。从 1990 年起，美国向东盟的出口幅度明显增加，1990～1995 年增长了 129%，其中对泰国增加 33%，对新加坡增加 20%，对马来西亚增加 27%。同期东盟国家对美国市场的依赖程度有所下降，除了泰国、马来西亚对美出口继续增加外，其他东盟国家的出口重点转向了亚洲内部。

在双边的经济交往中，美国大幅度削减了对东盟的经济援助，把交往重点放在贸易和投资上。1995 年 7 月底，由国务卿、商务部长、农业部长、财政部长、能源部长等 19 位内阁成员组成的美国贸易促进协调委员会对世界新兴大市场的组成进行了增补，把新加坡、马来西亚、泰国、菲律宾、印度尼西亚、文莱、越南全部划入其中，作为推进美国贸易的重点地区。为了进一步扩大与东盟的经贸关系，美国成立了美国东盟共同增长联盟，设立了美国东盟经济发展委员会，并确定了美国东盟对话、美国贸易代表—东盟各国经济部长会议、美国东盟贸易投资协调委员会年会等联席机制。

在政治方面，美国和东盟的冲突主要围绕人权外交和东盟的扩大问题。美国政府不断用人权外交向东盟国家施加压力，要求东盟国家改善人权状况，并极力向东盟国家推销美国的价值观。克林顿认为“民主的推广是美国在亚太地区实现区域和平繁荣和稳定的最佳保障之一”。美国在劳工问题上同印度尼西亚和马来西亚发生争执，威胁要取消对印度尼西亚的关税优惠。美国指责新加坡不公正对待在新加坡违法的美国人。东盟国家对美国的指责予以强烈反对。李光耀曾多次批评美国的人权外交，表示反对在东南亚推行西方式的民主。马哈蒂尔多次指责美国推行人权外交，称亚洲人用不着美国说三道四。1993 年马哈蒂尔拒绝参加在西雅图举行的亚太经合组织非正式首脑会议。在东盟的扩大问题上，美国和东盟国家也产生了摩擦。东盟国家为了自身利益，开始考虑建立包括印度支那三国和缅甸在内的“大东盟”。1994 年起，东盟国家加速了成员国扩大的进程，1995 年 7 月越南加入了东盟，此后老挝和缅甸也相继加入东盟。美国对东盟的扩大表示支持，但围绕缅甸的加入，东盟和美国之间出现了一些摩擦。美国强烈反对缅甸成为东盟成员国，美国认为缅甸的军人政权严重侵犯了人权，国际社会应对其进行封锁和制裁来促其转变。在 1996 年东盟地区论坛会议上，克里斯托弗表示，美国希望看到东盟采取积极步骤“确保缅甸政府不再采取进一步的压迫行动”。

随着双方经贸关系的不断发展，美国和东盟国家的贸易摩擦也不断加剧。这首先表现在贸易的不平衡方面。1990 年，东盟对美国的出口额为 170 亿美元，而进口额为 110 亿美元。美国为了减少贸易逆差，采取了一些制裁措施，如在 1989 年 4 月取消了新加坡一直享受的普惠制待遇；冻结了东盟对美纺织品出口的配额等。美国还不断向东盟国家施加压力，敦促其进一步向美开放市场，实行金融自由化，保护知识产权。

东南亚地区不仅自然资源十分丰富，是一个正在兴起的庞大市场，而且这里也是穆斯林的主要居住区之一。印度尼西亚、马来西亚和文莱是以穆斯林居民为主的国家。冷战后，由于东南亚地区政治不稳定、经济衰退和社会动荡，各种社会矛盾激化，伊斯兰激进势力有所抬头，特别是菲律宾、印度尼西亚等国是恐怖主义分子活动比较猖獗的地区。2002 年 10 月发生在印尼巴厘岛的大爆炸，给东南亚地区的稳定造成深刻影响，东南亚成为国际反恐的一个焦点。美国认为这一地区正在成为恐怖组织的活动基地，迅速调整了对这一地区的政策。在阿富汗战争取得胜利后，布什政府试图在东南亚开辟“打击恐怖主义战争的第二条战线”，并借此进一步扩大在这一地区的存在和影响。为此，美国开始进一步加强同菲律宾、泰国、新加坡、印度尼西亚等国家的关系，通过提供援助等间接形式支持这一地区的反恐活动。①

---

① Barry Desker and Kumar Ramakrishna, Forging an Indirect Strategy in Southeast Asia, The Washington Quarterly, No. 2, Spring 2002, pp. 161 – 176.

2002年1月，美国派遣650名特种部队前往菲律宾协助打击恐怖主义。美军太平洋总部司令布莱尔访问新加坡、马来西亚、越南等国，商讨加强反恐合作等问题。3月初，布莱尔表示，美军太平洋总部将增加与亚太国家的“反恐”合作和军事交流。7月29日至8月3日，美国国务卿鲍威尔访问东南亚时，与东盟各国签署了《合作打击恐怖主义联合宣言》，强调有必要制定一个合作框架，通过信息和情报交流，防止和打击国际恐怖主义；双方决定在以下范围和领域加强合作：继续加强信息和情报交流合作；加强执法机构间的联系；加强政府官员、执法人员等之间的磋商等。鲍威尔除了表示向菲律宾、印度尼西亚提供军事援助，以帮助两国打击国内的恐怖活动外，还向马来西亚提议合作建立反恐中心，以协调东南亚地区的反恐斗争，并由双方共同管理，向菲律宾提供5500万美元的军事援助。2003年7月，由美国资助、马来西亚负责管理的“东南亚反恐中心”宣布成立。2003年10月，小布什访问菲律宾、泰国、印度尼西亚、新加坡，并将泰国提升为其“非北约盟国”。2004年7月，美国国务卿鲍威尔出席东盟对话国会议期间表示，美国继续高度重视与东盟的伙伴关系，东盟作为地区稳定与繁荣的力量不断壮大符合美国的重大利益，支持东盟地区一体化。随着反恐斗争的深入，美国与东南亚国家原有的同盟关系进一步强化。美国还努力将更多的国家纳入反恐体系，以反恐为契机，加紧实现其重返东南亚的战略意图。与此同时，美国将反恐战争扩大化的做法也遭到东南亚各国伊斯兰温和派不同程度地抵制和反对。

由于受阿富汗战争和伊拉克战争等问题的牵制，相对来说，小布什在第一任期对东南亚国家关注的力度不够。自2005年以来，随着东盟在国际和地区事务中的作用不断增强，美国国内要求全面恢复和加强与东盟国关系的呼声高涨。2005年7月，赖斯因未出席东盟地区论坛而受到多方责备。11月18日，在韩国釜山亚太经合组织非正式领导人会议期间，小布什与东盟7国领导人发表了《关于增进东盟—美国伙伴关系的联合声明》，并提出建立“美国—东盟自由贸易区”设想。美国主管亚太事务的助理国务卿希尔表示，“这一伙伴关系的目标是把美国与东盟关系制度化，并未维持和扩大双方21世纪的关系奠定基础”。2006年7月，赖斯出席东盟地区论坛，与东盟10国外长签订《实施增进东盟—美国伙伴关系的行动计划》，确定了今后5年美国与东盟在政治安全、经济和社会文化等方面全方位合作的计划。在政治方面，双方探讨未来举行美国与东盟国家首脑会议的可能性；2006年，河内亚太经合组织领导人会议期间，举行美国—东盟领导人会议；加强双方在安全领域的对话合作，通过信息共享、人员培训等提升双方在航海安全、环境保护和海事安全等海洋安全合作，密切双方打击海盗、走私等方面的合作；加深和扩大打击国际恐怖主义领域的合作。美国帮助东盟实现2015年东盟无毒品目标。在经济合作方面，继续实施美国提出的《东盟企业倡议》，尽早完成《美国—东盟贸易投资框架协议》，建立加强美国—东盟贸易投资流动机制，定期举行美国—东盟经济部长级磋商会议。加强双方在世界贸易组织等多边贸易体制下的合作，支持老挝和越南早日加入世贸组织；支持湄公河经济合作战略、东盟东部增长区及次大湄公河区域等东盟一体化和次区域发展；加强双方在知识产权、能源、旅游及中小企业等领域的合作。在社会发展方面，双方将加强灾难管理和应急方面的合作，美国将向东盟提供技术、资金和人员培训等支持，加强艾滋病、非典、禽流感等传染病方面的合作；促进双方在教育、文化方面的交流与合作，扩大人员之间的接触和往来。美国继续向东盟秘书处提供培训和技术援助，向东盟提供发展援助等。8月，美国与东盟签署《美国—东盟贸易投资框架协议》，确定双方将建立正式对话渠道，协调在地区和多边贸易问题上的立场，并制订支持东盟一体化及加强美国与东盟关系的工作计划。此外，美国与东盟还将成立联合贸易与投资委员会，负责指导双方执行已签署的经贸合作协定。11月15～21日，小布什访问新加坡、越南和印度尼西亚，并出席APEC领导人峰会，提出建立亚太自由贸易区设想，试图建立以美国为主

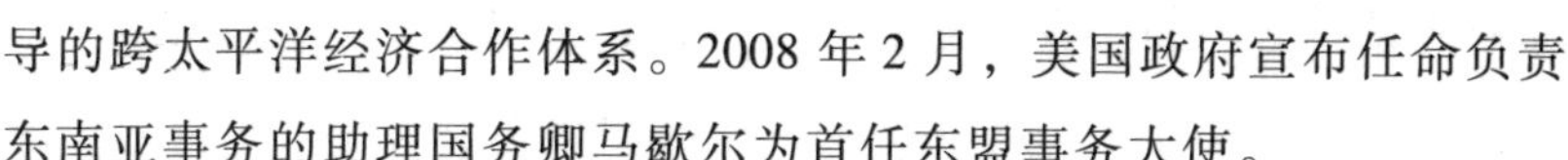

导的跨太平洋经济合作体系。2008 年 2 月，美国政府宣布任命负责东南亚事务的助理国务卿马歇尔为首任东盟事务大使。

奥巴马执政后，美国与东盟国家的关系得到大幅提升。2009 年 2 月，希拉里访问印尼时拜访了设在雅加达的东盟秘书处，这是自东盟成立以来，美国国务卿首次对该组织的秘书处进行访问，显示了奥巴马政府对东盟的重视。希拉里表示，“美国加强与东盟关系是解决全球经济危机、全球安全等问题的关键出路”，“东盟对全球未来至关重要，美国必须与东盟建立强有力的关系，必须在东盟拥有强大的、有力的存在”。她在访问泰国时召开的一次新闻发布会上强调，美国将全面加强与东盟的接触，全力推动双边关系的发展，并希望与东盟建立新的伙伴关系。7 月 21 ~22 日，希拉里出访东南亚国家，代表美国政府正式在《东南亚友好合作条约》上签字，并出席东盟地区论坛和美国与泰国、越南、老挝和柬埔寨 5 国外长会议。11 月 15 日，奥巴马在新加坡与东盟 10 国领导人举行第一届美国—东盟首脑会议，成为首位与东盟直接开展对话的美国总统。双方决定为实现持久和平与繁荣增进伙伴关系，加强在全球和地区事务中的合作。奥巴马表示，美国重视东盟国家，把东盟视为亚太地区推动和平、稳定和繁荣的重要伙伴；美国将强化自身在东南亚地区的影响，加强与东盟国家的联系。会议发表了联合声明，强调双方决定在国际反恐领域加深合作，同时进一步努力防范和应对贩毒、洗钱、走私军火、贩卖人口、国际经济犯罪和网络犯罪、海盗等跨境犯罪；加强教育科技交流与合作。12 月，美国宣布将在雅加达设立东盟使馆，助理国务卿马歇尔出任首位美国驻东盟全权大使。这表明奥巴马政府在安全领域加强与东盟对话，全面参与地区事务，并试图发挥更大的影响力。

2010 年 2 月出台的《四年防务评估报告》明确把东南亚国家分为三个类别：包括菲律宾和泰国在内的“正式盟友”；包括新加坡等国家在内的“战略伙伴”；包括印度尼西亚、马来西亚和越南在内的“可预期的战略伙伴”。9 月 24 日，第二届美国与东盟领导人会议在纽约召开。奥巴马发表讲话，承诺将加深美国和东盟的关系，并强调美国在这一地区的巨大利益。他表示，美国和东盟之间的合作将主要集中在创造可持续经济增长以及加深政治和安全合作。奥巴马重申，美国要在亚洲发挥“领导作用”。他说，作为太平洋国家，美国对于亚洲的未来有着重大责任，“亚洲是美国外交政策中非常重要的一部分”，美国需要与亚洲国家建立伙伴关系。越南国家主席、东盟轮值国主席阮明哲表示，美国和东盟关系发展良好，东盟考虑将双边关系提升到“新的层级”，“以推动地区的安全与稳定”。会议发表了《联合声明》，强调要加强在经贸、气候变化、安全、社会文化及教育等领域的合作，并成立“名人小组”，就制订未来 5 年东盟—美国战略关系行动计划提出建议。10 月 30 日，希拉里作为特邀嘉宾应邀出席第五届东亚峰会。国防部长盖茨出席了由东盟主办、在河内举行的亚洲太平洋地区国防部长会议。11 月，美国与柬埔寨、老挝、越南、泰国举行第二届美湄（公河）外长会议，东盟国家获得 1.87 亿美元资助。2011 年 11 月 18 日，奥巴马总统出席在巴厘岛举行的第三届东盟—美国领导人会议，会议通过了有关加强伙伴关系的行动计划。

菲律宾作为美国在东南亚地区的重要盟友，率先表示支持美国领导建立国际反恐联盟，并向美军提供海军基地，作为反恐军事行动的中转站。2001 年 11 月，美国向菲提供 4.6 亿美元的军事和经济援助。2002 年 1 月，美菲两国签署协议，菲律宾同意为美军人员和飞机、战舰提供补给和后勤服务。同时，美国向菲提供了数亿美元的经济和军事援助，并出动特种部队帮助菲政府打击国内的恐怖主义分子。双方还多次举行联合军事演习。2003 年初，小布什政府宣布将菲律宾列为其“非北约盟国”。2011 年 11 月 16 日，希拉里国务卿与菲律宾外长德尔罗萨里奥在马尼拉签署了旨在加强美菲合作的《马尼拉宣言》，强调双方决心继续合作来应对更广泛的地区和全球挑战，包括海上安全、气候变化、核扩散、恐怖主义和跨国犯罪等威胁。

美国同马来西亚的关系向来不睦，但出于“反恐战争”的需要，小布什政府改变了对马政策，开始向其提供反恐所需的技术设备和资金援助，加强了军事交流与合作，并停止了对马国内政策的指责和批评。美国负责亚太事务的助理国务卿凯利还称赞马来西亚是该地区一座“稳定的灯塔”，“在全球反恐战争中发挥了重要作用”。[①] 2010 年 4 月马来西亚总理纳吉布访美，表示对美国推动的“跨太平洋战略经济伙伴协议”（TPP）兴趣浓厚。11 月，希拉里、盖茨访问马来西亚，宣称马来西亚在东盟中扮演着中心角色。

美越关系有了大幅提升。2003 年 11 月，越南国防部长范文茶访美。同月，美国军舰抵达胡志明市，对越南进行越战结束后的首次访问。一个月后，越美恢复正式通航。2005 年 6 月，越南总理潘文凯访美。双方发表联合声明，表示将在平等、互尊、互利的基础上发展友好、建设性及多层面的合作伙伴关系，加强在经济、反恐、安全等广泛领域的合作与交流。美国表示支持越南加入世界贸易组织，并取消了越南纺织品出口配额。2006 年 11 月，布什赴河内参加亚太经合组织领导人非正式会议期间与越南领导人进行会谈，承诺将继续向越南开放市场准入，支持越南融入世界经济。12 月，美国国会通过决议，给予越南永久贸易最惠国待遇，美越关系实现了全面正常化。2007 年 6 月 18 ~ 23 日，越南国家主席阮明哲应邀访美，这是越南战争结束后越南最高领导人首次访美，双方签署了《贸易和投资框架协议》。越南外交部发言人表示，这次访问将有助于把越美关系推向更为深入、广泛和有效发展的新阶段，对越美关系具有重要意义；访问旨在加强越美合作关系，推动落实双方已达成的协议，特别是有关经贸、科学和教育方面的协议。2008 年 6 月 23 ~ 26 日，越南总理阮晋勇访美，与小布什就两国经贸合

① 孙承：《东南亚反恐与地区形势》，《国际问题研究》2003 年第 2 期，第 36 页；曹云华：《九一一事件以来美国与东盟的关系》，《当代亚太》2002 年第 12 期，第 36 ~ 37 页。

作、教育、能源、气候变化、食品安全和地区经济一体化等问题交换了意见，双方签署了关于开展商务合作的多项文件，并决定就经济、教育、科技以及安全防务等重大战略性问题建立新的高层对话机制。10 月 6 日，越南和美国在河内首次就政治、安全和防务等问题举行战略对话。2009 年 6 月 8 日，双方在华盛顿举行了有关全球和区域环境安全、国际安全和国防合作的第二次战略对话。在经贸领域，美国是越南的第二大贸易伙伴，2007 年美越双边贸易额达到 125 亿美元，比 2006 年增加了 29%。军事上，美越两国国防部长实现了互访，军事交往日趋活跃；包括核动力航母“华盛顿”号在内的美国军舰多次访越，并同越海军举行海上联合搜救演习；美还解除了对越部分军事物资的出口限制，启动对越军事人才培训。2011 年 8 月，美越军方在河内签署协议，决定在卫生保健方面建立合作，为双方在军队医疗上的交流与研究合作搭建平台。这标志着美越两国自 1995 年实现外交关系正常化以来首次建立正式的军事合作关系。

印度尼西亚是东盟人口最多、政局相对稳定、经济发展较快的国家，也是世界上人口最多的伊斯兰国家。2001 年 9 月 19 日，小布什与到访的印度尼西亚总统梅加瓦蒂就双边关系、反恐等问题举行会谈，并发表联合声明。双方表示要加强两国之间的安全、军事联系，建立双边安全对话机制；美国承诺向印度尼西亚提供资金和技术援助，以提高其打击恐怖主义的能力。2002 年 4 月，美国和印尼就安全合作问题举行了第一次对话。2005 年 5 月，小布什与来访的印尼总统苏西洛举行会谈，就加强反恐、恢复军事合作、开展经贸和能源对话等问题达成共识。11 月，美国宣布取消对印尼实行了长达 14 年的军事禁运。2006 年 3 月 12 日，赖斯访问印尼，与苏西洛总统就反恐、加强两国军事联系等问题进行了磋商，她称赞印尼是东南亚民主发展的“样板”。2008 年，两国双边贸易额达到 205 亿美元。美国是印尼最重要的出口国，对美出口占印尼国内生产总量的 30%。奥巴马执政后，美国与印尼关系进一步加强。2009 年 2

月，希拉里的印尼之行为双方建立“全面战略伙伴关系”迈出了重要一步，双方决定在经济、反恐、教育、人权、气候变化等领域加强合作。2010 年 6 月，两国签署了《防务合作框架协议》，为双方在军事训练、军备采购和海事安全加强合作奠定了基础，美军恢复了与印尼特种部队中断了 10 余年的联系。2010 年 11 月 9 日，奥巴马访问印度尼西亚，与印尼总统苏西洛举行双边会晤，共同签署了一份全面伙伴关系协议。根据这份协议，美国和印尼将在贸易、投资、教育、能源、环境、国家安全等领域展开全方位的合作，以巩固和加强两国在未来的合作。奥巴马在与苏西洛举行的联合记者招待会上强调，美国将竭尽全力加强与印尼之间的经贸合作，尽快把美国在印尼贸易伙伴之中的排名从第三位提高到第一位。他还承诺将召集美国商人和投资者共同在印尼寻找商业机会。奥巴马还表示，美国对于加强与伊斯兰世界的合作抱有很大的诚意。他说，美国将继续努力建设与伊斯兰世界之间的沟通渠道，并将通过一系列计划，发展同包括印尼在内的伊斯兰国家之间的友好关系。他希望印尼作为世界第一穆斯林人口大国能在伊斯兰国家和非伊斯兰国家之间建立友好关系方面发挥重要作用。[①] 10 日，奥巴马在雅加达印度尼西亚大学发表演讲，重申“共同的利益与共同的价值观把美国与印度尼西亚连在一起”。2011 年 6 月 27 日，在 20 国集团峰会期间，奥巴马会晤了苏西洛，双方就共同开展一项应对气候变化的行动计划和教育合作进行了讨论。美国计划与印尼共同建立一个气候变化研究中心，支持印尼与该地区乃至全球的气候变化研究。奥巴马表示，美国提供 700 万美元资金用于建设该中心，并另外提供 1000 万美元用于相关项目。该气候变化研究中心将与国家和当地政府以及私营部门密切合作，将科学研究与战略性的气候政策紧密联系起来。教育行动计划包括 1.65 亿美元的多个联合项目，旨在今后 5 年中加强印尼的青少年教育，包括培养领导力和管理能力、传

① “美国与印尼签署全面伙伴关系协议”，新华网，2010 年 11 月 10 日。

授科学技术知识以及增进美国和印度尼西亚之间的文化了解等。苏西洛表示，“印度尼西亚和美国正在建立并发展一个全面的伙伴关系，它将在平等的基础上提升并改变我们的关系，以应对21世纪的挑战，促进和平，在世界范围内推动经济改革，适应气候变化”。

自1988年缅甸军队接管政权以来，美国一直对缅甸实行制裁，要求缅甸军政府进行民主改革。奥巴马政府对缅甸的政策有所调整，由单纯的制裁转变为“制裁与接触”相结合的双轨政策。2009年11月，美国助理国务卿坎贝尔等访问缅甸。11月，奥巴马在出席美国—东盟峰会上会见缅甸总理吴登盛。2011年9月30日，美国负责缅甸事务的特别代表和政策协调员米切尔，负责民主、人权和劳工事务的助理国务卿波斯纳以及负责东亚和太平洋事务的助理国务卿坎贝尔与来访的缅甸外长举行了“富有成果”的会谈。11月30日，希拉里开始对缅甸为期3天的访问，成为50多年来首位访问缅甸的美国国务卿。但是，美国并没有解除对缅甸的制裁。尽管如此，吴登盛称，希拉里的来访为两国关系“开启了历史性新篇章”。

美国非常重视同澳大利亚的同盟关系，认为在亚太战略中，“日本是北面支柱，澳大利亚是南面支柱”。1992年初，布什访澳时明确表示要继续加强两国的军事同盟关系，并向澳方保证美国在亚太地区“将保持适当的军事力量以保护盟国并抵抗对和平的威胁”。在贸易问题上，美国为保护国内农业强制澳大利亚自动限制牛肉出口并对进口澳白糖实行限额，引起澳方的强烈不满。基廷总理在与布什会谈时要求美国改变农业政策，都无果而终。克林顿上台后，多次表示要进一步加强同澳大利亚的关系。1996年7月26～27日，两国在悉尼举行安全会议，澳大利亚总理霍华德以及两国国防部长、外长以及美国参谋长联席会议主席等参加，并发表了《澳美21世纪战略伙伴关系》的联合声明，表示要进一步加强双边关系，称澳美双方加强和推动这种联盟关系“为亚太地区的政治、战略和经济环境作出了重要贡献”。双方决定通过美军在澳前沿部署，巩固美国在本地区的军事存在，以“有效地对付未来地区性和全球性挑战”。双边决定提升防务合作，内容包括提高联合军事演习的规模和次数，决定于 1997 年 3 月在昆士兰州举行由 1.7 万美军官兵和 5000 名澳大利亚官兵参加的联合军事演习；1997 年在澳北部共将举行 3 次联合军事演习；更新美国设在澳大利亚的侦察卫星地面站，并将相关条件延长 10 年，联手加强对亚太和中东地区的情报搜集工作；澳大利亚同意美国反弹道导弹太空预警系统在澳建立地面中继站；加强在军事技术和情报分享、后勤支援方面的紧密合作。克里斯托弗认为，澳美之间的安全关系是跨越下个世纪的美国安全支柱之一。国防部长佩里也宣称，“美澳联盟从没有像今天这么牢固”。1998 年美国国防部《东亚战略报告》强调，在今后，美国将继续扩大和加深与澳大利亚的同盟关系，认为澳大利亚对美国在东南亚的存在将是重要的，双方将继续通过工作关系和部长级会议在安全问题上进行交流与合作。

根据美国政府 2000 年《新世纪的国家安全战略》，美国在东南亚、大洋洲的战略利益集中于发展地区双边安全和经济关系，使之支持冲突的防止和解决，扩大美国对地区经济的参与。美国在该地区的安全目标是：保持与澳大利亚、泰国和菲律宾的安全联盟；维持与新加坡和东盟其他国家作出的为安全目的使用其领土的安排；鼓励建立一个强大、团结一致、能加强地区安全和繁荣的东盟。为此，美国必须保持与东盟国家富有成果的关系，加强在东盟地区论坛中的安全对话；必须寻求与东南亚各国采取双边行动，促进民主、人权和政治稳定，促使其加强面向市场的经济改革。

小布什执政时期，美澳关系得到进一步强化。2003 年 3 月美英发动对伊拉克战争后，澳大利亚派遣 2000 名士兵前往参战。10 月 23 日，小布什出访澳大利亚，与霍华德总理会谈，并在澳议会发表讲话。他说，澳大利亚和美国对亚太地区的和平与稳定“负有特殊责任”。在谈到全球反恐战争时，小布什表示，美澳都是这场战争中的“平等伙伴”。他称赞澳大利亚在伊拉克战争和阿富汗战争中对美国的支持。他说："现在，我们比任何时候都看重澳大利亚和美国人民之间不变的友谊。"

2007 年 8 月 4 日，小布什对澳大利亚进行了他就任总统以来的第二次访问。5 日，美澳两国政府签署了一项旨在增进反恐合作特别是军事交流的《美澳防务贸易合作条约》。霍华德称这一条约为澳大利亚获得美国的先进军事技术和设备提供了更多的便利。双方在国防、反恐、先进军事技术和设备交流等领域的合作得到加强。据美国驻澳大利亚大使罗伯特·麦卡勒姆透露，这一条约将使美澳之间的军事合作从太平洋水域一直伸展到中东地区。小布什访澳对于美国强化在亚太地区的影响具有重要作用。亚太地区历来是美国全球战略的重要组成部分。多年来，美澳两国在保持和开展合作同盟关系的同时，都与同是西方利益集团重要成员的日本保持着战略伙伴关系。因此，地处太平洋南北两侧的澳大利亚和日本被称为美国亚太战略的"南北双锚"。分析人士认为，小布什访澳并促成双方签署安全条约，目的不仅是为了把美澳关系推向新高，而且希望能够对亚太地区的战略局势走向产生进一步影响。

在经贸领域，2004 年 8 月 3 日，小布什签署了美国与澳大利亚之间的自由贸易协定。据此，美国出口澳大利亚的 99% 的制成品将被免除关税，美国销往澳大利亚的农产品关税全部免除。小布什在签署仪式上发表讲话说，这一自由贸易协定是两国关系史上的一个里程碑，它将通过经济伙伴关系增加两国人员的就业等各种机会，强化两国在安全和政治领域的盟友关系。此外，它还将有助于促进太平洋沿岸地区的经济发展。美澳双边贸易总额每年约为 290 亿美元。澳大利亚是美国的第十大出口市场，飞机、汽车和医疗设备占美国对澳大利亚出口总额的 93%。

2011 年 9 月，澳美部长级年度会议（"2 + 2" 会议外长、防长）在美国旧金山举行。双方签署军事合作协议，从而保证美军更多地使用澳大利亚军事基地。澳美两国还在起草双边军事合作协议，具体包括 2010 年墨尔本澳美部长级会议期间公布的内容，即更多的美国军舰、军机和部队访问澳大利亚；美国可以定期在澳大利亚领土进行军事训练和举行军事演习；澳大利亚向美国进一步开放其军事基地，允许美军享用其军事设施。据澳大利亚媒体报道，澳大利亚空军还将向美国购买多架战机。美军不仅可以进入和使用基地和训练场及其设备，还可以在那里存放自带装备，以便随时做出快速反应。11 月，奥巴马访问澳大利亚，双方就美国在澳永久驻军达成协议，决定自 2012 年年中开始，美军将在达尔文部署一个连，5 年内增加到 2500 人；增加进出澳大利亚的军机架次；美军将分步骤扩大在澳大利亚的军事活动，包括与澳大利亚军队的联合训练和演习。

六　美国对南亚的政策

南亚地区位于印度洋北岸，扼欧、亚和大洋洲海上交通要道，具有重要的战略地位。冷战时期，美国与苏联为争夺南亚地区展开了激烈斗争。印度独立后，美国一心想把它建成“民主橱窗”，对印度进行多方援助，试图把印度拉入遏制苏联南下的巴格达条约组织。而印度则奉行不结盟政策，不愿被纳入美国战略轨道。1954 年，美国通过与巴基斯坦签订防御协定，开始扶植巴基斯坦。1962 年中印边界冲突爆发后，美印在对华问题上立场一致，两国关系逐渐密切。1965 年第二次印巴战争后，美国开始对印巴两国采取不偏不倚的政策。1960 年后，苏联和印度关系急剧升温，印度从苏联获得大量先进武器装备，成为苏联武器市场的大买主。印度开始倒向苏联一边，与美国的关系则变得十分冷淡。1971 年，苏印签署了友好合作条约，两国建立了具有军事同盟性质的战略合作关系。在经济上，印度同苏联保持着密切的往来，石油进口几乎完全依赖苏联。美国也对印度奉行敌视政策。为遏制苏联，维护美国在南亚的战略利益，美国与巴基斯坦建立了合作关系，巴基斯坦成为美国在南亚遏制苏联势力的重要盟友。由此，在南亚形成了美巴对苏印的战略格局。

冷战结束后，南亚战略格局出现重大变化。俄罗斯在战略上实行收缩，也无力与美国继续在全球进行竞争，与印度的关系随之发生变化。1993 年初，叶利钦访问印度时重新签订的两国友好条约删除了有关军事支持的条款，表明印苏特殊关系已不复存在。与此同时，作为美国与苏联在南亚抗争的前哨，巴基斯坦在美国的战略考虑中地位已相对降低。美国在南亚战略立足点从支持巴基斯坦抗衡苏印转变为承认印度的南亚大国地位，改善与印度的关系，适当拉开与巴基斯坦的距离，使美印关系和美巴关系保持相对协调。美国的战略意图是通过加强同印度的关系、维持与巴基斯坦的关系，加紧向南亚地区渗透，确保南亚地区形势的稳定，力图把南亚纳入自己的战略轨道，在这一地区发挥重要作用和影响。克林顿政府非常重视南亚地区，认为南亚是“世界上相互交织的重大问题最多的地区”，“仍然面临巨大挑战和危险”。为维护美国在这一地区的战略利益，加强在这一地区的政治、军事影响，美国对南亚政策作出新的调整。美国的基本政策是与寻求同印度和巴基斯坦建立关系，“这种关系既反映它们各自的价值，又充分体现美国在这两个国家的战略、政治和经济利益的分量和范围”。2000 年 3 月 19 ~ 25 日，克林顿总统出访南亚印度、巴基斯坦和孟加拉国三国，这是孟加拉国 1971 年独立以来、印度 1978 年以来、巴基斯坦 1970 年以来接待的第一位美国总统，也是美国冷战后调整南亚政策的一个重要举措，表明南亚已成为冷战后美国的外交重点之一。

美国同南亚国家的关系中，核不扩散和地区安全问题占主导地位。美国采取了软硬兼施的手法，试图迫使印度和巴基斯坦冻结其核武器计划，不试验和部署核武器，不发展核武器运载工具，不向其他国家输出核材料和核技术。1998 年 4 月中旬，美国总统特使理查森访问印度、巴基斯坦、孟加拉国以及斯里兰卡、阿富汗 5 国，与 5 国领导人就地区安全、经济合作、打击恐怖主义和毒品走私等问题进行了会谈。理查森呼吁印巴两国在核问题上保持克制，尽快签署《全面禁止核试验条约》（CTBT），敦促两国恢复双边会谈，加强对话。同年5月，印度和巴基斯坦先后进行了11次核试验，此后又进行了数次导弹试验，展开了公开的核竞赛，顿时南亚地区形势变得异常紧张。美国对印巴两国的核试验反应强烈，宣布对两国实行制裁。5月13日，克林顿宣布对印度实行制裁，内容包括：美国停止向印度提供发展援助；不向印度出口某些可能用于军事方面的技术；不向印度提供贷款或贷款担保，也不支持国际货币基金组织和世界银行等国际金融机构向印度提供贷款。6月18日，美国副国务卿塔尔博特正式宣布对印度、巴基斯坦实施制裁的具体措施：（1）美国停止对印度援助，但用于人道主义目的的食品和农用品援助除外。（2）暂时中止双方的军事、技术交流，停止对两国新的军售，两国以前从美国购买的军用品不予发放。（3）禁止美国银行对两国提供贷款。（4）停止对两国贸易提供信贷。（5）美国和其他西方发达国家将要求国际货币基金组织、世界银行等国际金融机构停止对两国的贷款。与此同时，美国还一再呼吁印巴两国不要进行新的核试验，并尽快签署《全面禁止核试验条约》。

1998年7月20~23日，美国副国务卿塔尔博特在印巴核试验后首次率美国政府高级代表团访问两国，重点讨论南亚核问题和地区安全形势。11月9日，克林顿根据国会授权，决定部分取消因印巴核试验而对两国实行的经济制裁，具体内容包括允许美国进出口银行等机构恢复对印巴商贸往来，重新开展美国与印巴军事教育及培训活动，不再反对国际金融机构向巴基斯坦提供贷款等。克林顿就此分别致函印巴两国领导人，希望美国此举能推动两国加入国际防扩散机制，包括签署《全面禁止核试验条约》。12月1日，美国正式宣布暂时部分解除对印巴的制裁，有效期至1999年10月21日。

20世纪90年代以来，美国开始改善并加强与印度的关系，把南亚政策重心转向印度。印度是南亚地区最大的国家，幅员辽阔，占整个南亚次大陆的67%，人口众多，战略地位重要，经济发展迅速，对南亚事务具有举足轻重的作用。美国要想维护在南亚的利益，扩大在南亚地区的影响力，最终主导整个南亚事务，没有印度的合作是不可想象的。冷战结束后，美印关系开始发生变化，印度在美国南亚战略中的地位不断上升，并逐步成为美国南亚政策的支柱。印度希望借助美国的力量，实现自己成为世界大国的愿望，特别是谋求联合国安理会常任理事国席位；在经济领域，获得美国先进的技术设备和资金，以加快国内经济发展，同时希望更多的印度产品能够进入美国市场。改善与美国的关系，也符合印度的现实利益。正是在战略上的相互需求，使得两国关系发展迅速。

1994 年 5 月 14 日至 20 日，印度总理拉奥访问美国，在华盛顿与克林顿举行会晤，共同发表了《联合声明》，将两国关系确定为“一种新的伙伴关系”，达成了在联合国维和行动、防止大规模毁灭性武器的扩散以及双边合作等问题的共识。双方会谈的重点是加强经济合作。在会谈后举行的联合记者招待会上，克林顿表示，他同拉奥的会谈标志着美国与印度之间开始了“一种非常密切的关系”。他强调指出，尽管双方在人权、防止核扩散等问题上存在分歧，但这并不妨碍两国间友好关系的发展。拉奥也同时表示，他同克林顿的会谈是“建设性的、有益的和坦率的，是朋友之间的会谈”，认为这次访美“为消除印美双边关系中在冷战时期产生的一些非正常现象，提供了一个前所未有的机会”。这次会晤为两国关系的进一步发展创造了条件。此后，美国高级官员频繁访问印度，两国关系不断升温。在大使一职空缺近两年后，美国任命了新的驻印大使。

1997 年 1 月，美国重要思想库布鲁金斯学会提出了一份关于美国对南亚政策的研究报告，受到美国国务院的高度重视，认为报告提出的建议“富有建设性”。报告称：印度作为一个羽翼已丰的民主制国家，“它同美国的经济关系前途远大，其力量能够帮助促进整个亚洲的稳定”，美国的利益要求扩大同这个国家的经济、军事和政治关系。报告建议，美国应该探索与印度“建立真正的战略伙伴关系”的途径。美国负责南亚事务的助理国务卿因德弗斯表示，克林顿在第二任期内把印度视为“战略伙伴”，美国决定在政治、经济和安全领域内加强与印度的接触。1997 年 9 月，因德弗斯访问印度。9 月下旬，印度总理古杰拉尔利用在纽约参加第 52 届联合国大会之机，与克林顿举行了会晤。双方都认为这一会谈具有极为深远的意义。美国国务院发言人称，会谈是美印两国进一步发展关系的“非常有希望的开端”。印度方面表示，这次会谈是古杰拉尔政府同克林顿政府高层接触的开始，它为今后双方更多的高层接触铺平了道路。古杰拉尔对印美关系的前景表示乐观，称印美之间存在一些“小小的分歧”，现在是着手解决这些“小小的分歧”，是双边关系进入质变阶段的时候了。10 月，美国负责政治事务的副国务卿皮克林出访印度。克林顿本人还拟在 1998 年访问印度，由于当年 5 月印度进行了一系列核试验，使美国防止核扩散的努力严重受挫，危及美国的战略利益，只好推迟访问，并联合西方国家对印度实行经济制裁，两国关系出现冷淡，但双方始终保持着各种接触。从 1998 年 7 月至 1999 年初，美国副国务卿塔尔博特与印度外长辛格在新德里、华盛顿、伦敦等地就核问题、安全问题等进行了 9 轮会谈。为了给美印外长会谈创造更为宽松的气氛，1998 年 12 月，克林顿政府部分取消了对印经济制裁，恢复美国银行在印度的活动以及两国军事教育和训练计划。

2000 年 3 月，克林顿出访南亚，在印度停留 5 天，表明美国对印度的高度重视。克林顿访问印度时与印度总理瓦杰帕伊举行了会谈，两国领导人签署了一项被称为框架性文件的联合声明《印美关系：21 世纪展望》，双方同意建立一种“持久的、政治上有建设性、经济上有效益的”新型伙伴关系。两国决定，两国领导人定期举行会晤；两国外长每年举行关于两国关系的外交对话；继续进行两国之间的安全对话机制；建立“金融和经济论坛”和“科技论坛”；两国反恐怖联合工作小组定期磋商，加强合作。克林顿的访问标志着两国关系进入一个新的发展阶段。克林顿出访前表示，“错过了 50 年的时机之后，现在是美印加强友谊与合作的时候了”。

负责南亚事务的助理国务卿因德弗斯在克林顿访问印度前夕发表讲话称，在21世纪“印度将要成为美国外交政策的一个关键因素”。

在军事方面，双方的交流与合作不断扩大，关系发展迅速。早在1991年4月，美国驻太平洋陆军总司令基克莱特访问印度，提出印美军队加强合作的“基克莱特建议”，旨在“寻求一项共同政策，以逐渐加强两国关系，争取到90年代末建立起广泛合作与伙伴关系”。建议的主要内容包括双方军队高层互访，进行定期交流及政策研讨，两国陆军参谋长会谈和在双方共同关心的某些领域进行合作等。随后，双方按建议频繁进行军方高层互访。1991年8月，印度陆军参谋长兼参谋长委员会主席罗德里格斯访美；10月中旬，美国太平洋司令部总司令拉森访印。1992年1月，由印度陆军副参谋长和美国太平洋陆军司令共同负责的“印美军队执行指导委员会”在印度召开首次会议，就实施双方商定的两军关系发展计划进行磋商。随后，两国海军间也建立了“联合执行指导委员会”。1992年，美军太平洋总部陆军总司令科恩斯、美军太平洋总部空军司令亚当斯、美国参谋长联席会议主席鲍威尔和陆军参谋长沙利文等都先后访问印度。印度空军参谋长、国防部长等也访问了美国，双方就情报交流、军官培训、军事技术合作、美国向印度出售先进武器装备和举行联合军事演习等问题进行了磋商，并达成部分协议。1992年5月，美印在印度西海岸举行了第一次联合军事演习。1992年、1993年两国伞兵还举行了两轮训练演习。1993年5月，美国空军司令拉瑟福德访印。在军事技术合作方面，美国为印度研制的轻型战斗机提供先进的发动机，为印度海军舰艇通信现代化进行技术指导，向印方提供技术，帮助改进雷达设备。

20世纪90年代中期以来，双方的军事关系有了进一步发展。1995年1月12日，美国国防部长佩里首访印度，同印度签署了“具有历史意义”的《印美防务协议》。双方表示，加强防务领域的合作是发展两国全面关系重要组成部分，符合各自的战略利益；双方把建立一种新的伙伴关系作为目标；两国防务合作应循序渐进，并有利于亚洲的安全和稳定以及世界和平与安全；双边防务合作将同双方在全球和地区问题上的观点渐趋一致相联系；双方同意加强文官对文官、军种对军种的合作；推动举办有关防务与安全问题的联合研讨会，定期磋商双方在冷战后的安全计划、政策设想等共同关心的问题；促进高层互访，举行联合军事演习和技术训练；加强专业人员的接触和业务交流合作；加强国防研究与生产合作。作为国防研究与生产合作的一部分，美国在印度合作制造轻型战斗机的计划将继续下去。双方还将就保护秘密情报尽早达成一项双边协议。根据协议，印美两国将建立防务合作机制，成立“印度—美国国防部长办公室政策小组”和“联合技术小组”。该协议的签署标志着美印两国的军事合作进入了实质性阶段。英国《独立报》发表述评认为，协议的签署使印度“已经从它在冷战时期同苏联军事联盟的阴影中走出来，开始密切与美国的军事合作关系”。1995 年 5 月、6 月，两国海军和陆军分别举行了联合军事演习。6 月，美国太平洋舰队司令访问印度，强调印度洋和波斯湾对美国的利益非常重要，建议美印两国建立安全合作体系，以便共同对付潜在的威胁。此外，美国政府还批准向印度出口性能先进、具有军事用途的技术设备和计算机等。1998 年印度核试验之后，美国对印度宣布实行一系列制裁措施，使双方的军事关系受到一定影响，但两国对话渠道并未中断。

在经济方面，美国加强了同印度的经贸往来。打开和占领印度庞大的市场，是美国改善同印度关系的一个重要因素。印度是仅次于中国的第二大发展中国家，人口 10 亿，其中中产阶级有 2 亿多人。美国认为，印度是一个具有很大潜力的广阔市场，有着丰富的自然资源、人力资源，庞大的劳务市场，雄厚的科技实力，应该尽快打开这个市场的大门。印度政府从 1991 年 7 月起开始实行经济改革和对外开放，注重引进外资，努力扩大国际和国内市场，取得明显成效，经济增长速度较快，在发展中国家处于领先水平。90 年代以来，印度经济平均增长速度一直保持在 6% 左右。即使在亚洲爆发金融危机时，印度经济仍保持稳定的发展势头。1998～1999年增长6.8%。印度的软件业在世界上享有盛誉，其出口的相当一部分是输往美国。印度的经济发展迫切需要美国等发达国家的资金和技术，美国的经济实力和先进的技术成为印度政府优先考虑的因素。1994年，美国在列出的十大新兴市场中，印度名列第二，仅次于中国。

20世纪90年代中期以来，美印经贸关系发展迅速。1996年两国贸易额为95亿美元，1997年超过100亿美元，1999年则达到127.9亿美元，美国成为印度最大的贸易伙伴和投资国。从1991年至1998年5月，印度共吸收了580亿美元的外资，其中美国公司对印直接投资占31%。1993年，包括福特汽车公司、美国电话电报公司、可口可乐公司、国际商业机器公司等在内的一些同印度有生意往来的美国大公司还成立了"印度利益集团"，以促进双边经济关系的发展。1995年1月14～20日，美国商务部长布朗访问印度，随团出访的有25名美国大企业家，包括摩托罗拉、麦道等著名公司的代表，与印度签订了总额高达70亿美元的25项经贸和投资协议，涉及电讯、电力、食品加工、保险、医疗卫生、石油化工等领域。此外，双方还建立了美印商业联盟，由印度工商联合会、印度工业联合会等工商组织与美国工商组织代表组成，旨在推动两国经贸关系的发展。布朗将美国对印度的基本政策称作"密切商业交往"，认为"这种战略是以双方关心的贸易和投资问题作为起点，以进行范围更广泛的政治和战略对话"，强调"共同的经济利益是我们建立更密切、更互利的关系的基础"。继布朗之后，同年2月11日，美国能源部长奥利里又对印度进行了为期4天的访问，双方在能源领域签署了14亿美元的投资和贸易合作协定。2000年3月克林顿访印期间，双方签订了总价值高达50亿美元的贸易、投资和信贷方面的协定。克林顿还允诺向印度提供两笔计1000万美元的赠款，向包括印度在内的南亚国家提供2.96亿美元的援助，用于这些国家的能源、环境保护和饮用水建设项目。随同访问的美国

商务部长戴利认为，加强美印经贸联系是克林顿访问的“中心目标”，并称上述协议是“双赢”的协议。

为了在南亚事务中发挥主导作用，美国还试图在印巴之间调解克什米尔争端。克什米尔争端是印度和巴基斯坦关系长期紧张的根源。克什米尔全称为查谟—克什米尔，位于南亚次大陆的最西北部，周围分别与中国、阿富汗、印度和巴基斯坦等接壤，战略位置重要。其面积约 20 万平方公里，人口 500 万，其中穆斯林占总人口的 77%，印度教徒占 20%。1947 年印巴分治时，英国提出的“蒙巴顿方案”规定，克什米尔可以自由加入印度或巴基斯坦。印度控制了克什米尔 2/3 的领土和 3/5 的人口，巴基斯坦控制了 1/3 的领土和 1/5 的人口。印巴双方均坚称整个克什米尔属于自己，并于 1947 年 10 月爆发了第一次大规模军事冲突。1949 年在联合国的干预下，克什米尔被一分为二，中间形成了一条所谓克什米尔实际控制线。同时，联合国规定通过公民投票来决定其前途。为了争夺克什米尔地区的控制权，印巴双方屡屡兵戎相见。1972 年 7 月，印巴双方签订了《西姆拉协议》，两国同意通过谈判和平解决分歧。1975 年 2 月，印度正式宣布克什米尔为印度的一个邦，遭到巴基斯坦的强烈反对。此后一段时间内，双方纷争不断。美国希望能充当“调停者”的角色，在缓和南亚紧张局势方面发挥积极作用。但是，长期以来，印度一直表示坚决反对任何第三方插手干预。1999 年 5 月初，印度和巴基斯坦在克什米尔地区爆发了二十年来最严重的大规模武装冲突，印度首次出动战斗机实施大规模空袭，巴基斯坦则用导弹来还击，并威胁使用核武器。美国政府意识到问题的严重性，开始对印巴双方施加压力，迫使双方采取较为克制的态度，使危机迅速降温。对美国来说，它不希望看到印巴紧张关系升级为一场战争甚至是核战争，从而损害美国的长远战略利益和经济利益。

克林顿在出访印度和巴基斯坦时，试图促使两国领导人恢复对话，以缓和双方的紧张关系，特别是一触即发的克什米尔局势。克林顿提出了两国领导人遵循的四项原则，即保持克制，制止暴力，尊重克什米尔实际控制线，恢复对话。但印巴都把关系紧张的责任推给对方，互不相让。使克林顿旨在缓和印巴紧张关系的努力以失败告终。事实上，在克林顿出访南亚前夕，2000 年 3 月 2 日，印度外长辛格就曾明确表示，印度在克什米尔问题上不会接受任何第三方的调停，也不会允许包括美国在内的任何“局外人”在此问题上扮演“调停人”的角色。他强调，不论是现在还是将来，印度在克什米尔问题上都不会接受任何外来干涉或调停。他同时希望美国政府能够认清当前南亚地缘政治的新格局。

在美印关系中，还存在着不少分歧和矛盾，影响着两国关系的稳定发展。核扩散问题就是一个焦点，也是美国决策者极为关注的问题。美国多次要求印度签署《全面禁止核试验条约》，控制核武器和导弹计划以及技术出口，批评印度的核试验是“一个历史性的错误”。在 1998 年印巴进行了核试验之后，美国和印度就核不扩散问题进行了 10 多轮的谈判，但未取得大的进展，双方分歧依然如故。劝说印度放弃发展核武器计划并签署《全面禁止核试验条约》是克林顿访问印度的重点，也是克林顿与印度领导人会谈的一个难点，双方终因立场相差太远未能达成一致。克林顿一再向印度领导人强调，发展核武器不符合世界潮流，“核未来不是更安全的未来”。在克林顿与印总理瓦杰帕伊发表的联合声明中双方仍是各持己见：“印度和美国共同承诺要削减以及最终消除核武器，但是在如何实现这一共同目标上我们并未总是意见一致。美国认为，印度应该放弃核武器；印度认为自己需要保留与自己估计的安全需要相一致的可信赖的最低限度的核威慑能力。”在另一方面，印度领导人再次保证不再进行核试验，不参与军备竞赛，不向任何国家首先使用核武器。至于签约，印度领导人则表示，这将由议会作出决定，政府对此无能为力。克林顿访问的目标没有实现。

在经贸领域，美国要求印度开放市场，降低关税，取消对美国商品进口的限制，以便让更多的美国商品进入印度市场。美国却不愿取消对印度向美国出口的纺织品配额的限制。在知识产权问题上，美国一直指责印度公司在未经许可和没有补偿的情况下，盗用美国的版权和专利权，称美国为此每年损失近 2 亿美元。美国政府不断施加压力，要求印度加强知识产权保护。此外，在人权问题以及其他涉及双边关系和一些重大国际问题上，双方都存在着不同程度的分歧。在印度国内，由于印美长期疏远，对美国的抵触情绪根深蒂固。就在克林顿访问期间，印度不少地方爆发了反美示威游行活动。所有这些表明，美国和印度两国关系的发展不会一帆风顺。

在加强与印度关系的同时，美国适当拉开了与巴基斯坦的距离。冷战时期，美国为了遏制苏联在南亚的影响，加强了与巴基斯坦的关系，在南亚确立了美巴同盟与苏印同盟相对抗的格局。随着苏联的解体，巴基斯坦在美国南亚战略中的地位急剧下降，美巴同盟宣告瓦解。美国开始在印巴之间试图采取“不偏不倚”的政策。1990 年 10 月，美国以巴基斯坦研制核武器和支持恐怖活动为由，根据 1985 年美国国会通过的《普雷斯勒修正案》停止了每年对巴基斯坦 6 亿美元的经济、军事援助，并拒绝交付巴方已经付款的 28 架 F－16 战斗机和其他军事装备。美国针对巴基斯坦一国的《普雷斯勒修正案》规定，美国总统必须每年向国会证明巴基斯坦没有核武器，巴基斯坦方可得到美国的援助；一旦发现巴基斯坦拥有了核装置，美国将立即停止对其提供的一切经济、军事援助。美国的做法引起巴方强烈不满，巴国内反美情绪不断上升。在此后一段时间内，两国关系冷淡。出于对本国经济发展，提高综合国力以及自身安全考虑，巴基斯坦不愿意把与美国的关系搞僵，在一些具体做法上表现出一定程度的灵活性。1991 年 6 月以来，巴基斯坦政府曾多次提出就解决双边关系中存在的问题举行对话。同年 6 月，巴方提议召开由美、苏、中、印、巴 5 国参加的国际会议，探讨地区安全和南亚无核区问题，表现出愿在核问题上与美国协调立场的态度。

1993 年 4 月，美国宣布对印巴实行“不偏不倚”的政策，即在印巴之间保持某种平衡。实际上，正如 1994 年底上任的美国驻印度大使威斯纳所言：“鉴于印巴两国大小、国防地位有着明显差别，美国的政策不会是等距离的或绝对平衡的。”巴基斯坦欢迎美国在南亚实行这一政策，认为它符合巴方的政治、安全需要。1993年10月，布托重新执政后，一直把改善和发展同美国的关系作为其外交重点，希望修复与美国的传统关系，取得美国在军事、政治、经济以及安全等方面的支持。巴基斯坦方面认为，美国有责任像解决中东问题一样在南亚发挥积极作用，呼吁美国在印巴之间进行调解，以解决两国在克什米尔和核不扩散等问题上的争端和冲突，并建议美国提出召开由安理会常任理事国和德、日等国参加的有关南亚问题的多边会谈。从美国方面来说，同样也不希望两国关系继续恶化下去。在美国看来，继续保持和发展同巴基斯坦的关系，有利于其实现南亚战略，维护美国在这一地区的利益。在反恐怖、核不扩散、扫毒以及遏制宗教激进主义等方面，美国需要巴基斯坦的配合和支持。美国负责南亚事务的助理国务卿拉斐尔1995年9月在参议院外交委员会作证时提出，“巴基斯坦是一个温和的伊斯兰大国，在这个麻烦的地区，美国需要与巴基斯坦建立一种富有成果与合作关系”。他强调，在过去的几十年中，美国主要从与苏联对抗的角度来看待同南亚国家的关系，而现在，美国则根据南亚各国对美国和本地区的重要性来发展同它们良好的关系。美国将努力打破印巴分治以来一直困扰印巴“一方受益，一方招损”的水火不容的思维模式，摆脱过去复杂的三角关系，同印巴分别发展独立的双边关系。克林顿本人也明确表示，美国“无意抛弃巴基斯坦”，巴基斯坦“一直是个良好的合作伙伴”。

20世纪90年代中期以来，美巴关系渐趋好转，双方高层互访不断增加，并恢复了双边军事合作和交流。1994年3月、4月和9月，美国助理国务卿拉斐尔、副国务卿塔尔博特和能源部长奥利里相继访巴。在奥利里访美期间，双方签订了6项价值46亿美元的投资协议和议定书。同年3月，巴基斯坦陆军参谋长访美。5月，巴总统莱加利率大型代表团访美。1995年1月10～12日，美国国防部长佩里访问巴基斯坦，目的是要“重建并加强美巴安全关系”，恢复中断了4年的美巴军事磋商。两国政府的联合公报一致同意恢复巴美军事工作小组。该小组成立于1984年，1990年后停止了活动。小组主要由两国军队、国防部以及其他相关部门的高级官员组成。美方首席代表是国防部主管安全事务的副部长奈，巴方是国防秘书杰拉尼。该小组每年在华盛顿或伊斯兰堡举行会议，商讨冷战后的安全问题，具体内容包括地区形势、联合军事演习、训练军事人员、交流军事情报等。此外，双方还将就各自的国防计划、国防预算等问题进行磋商。同年3月，美国第一夫人希拉里访问南亚，把巴基斯坦作为首访国。4月5～14日，巴总理布托访美，实现了冷战结束后巴总理的首次访美，为两国关系重新修好奠定了基础。布托访美期间，双方签订了价值62亿美元的投资备忘录。5月31日，巴美军事工作小组在华盛顿召开会议，就美国对巴方军事人员培训和1995～1996年度巴美举行联合军事演习等问题达成协议。美国助理国务卿拉斐尔认为，美巴军事工作小组的恢复，两国军队的合作，对美国在南亚的安全利益至关重要。

为促进美巴关系的改善，美国政府还要求国会能对修正《普雷斯勒修正案》持积极态度，认为该修正案“惩罚和限制了美国自身，使美国无法在巴基斯坦寻找和占领它应有的广阔市场”。1995年9月，美国国会通过了《布朗修正案》，决定部分取消对巴基斯坦的军售限制，同意向巴出售价值3.7亿美元的武器装备，其中包括“鱼叉式”地对地导弹、“响尾蛇式”空对空导弹以及雷达等先进装备，并向巴基斯坦提供军事技术转让、技术服务和人员培训。此外，根据《布朗修正案》，美国还将取消《普雷斯勒修正案》对美巴经济合作的限制，加强双方在贸易、投资、反恐怖、扫毒、维和等领域的合作，并向巴基斯坦提供必要的援助。《布朗修正案》的通过为美巴关系的不断修复和改善创造了有利条件。

1998年巴基斯坦进行核试验后，美国对巴基斯坦的政策又发生了一些变化，重点是防止核扩散和维护南亚地区局势的稳定，谋求印巴克什米尔冲突的和平解决。1998年12月初，巴基斯坦总理谢里夫正式访美。克林顿、奥尔布赖特、科恩等美国领导人与谢里夫就核不扩散、南亚安全形势等问题进行了会谈。美方再次敦促巴基斯坦参加《禁止生产核武器用裂变材料公约》谈判及停止生产核裂变材料，不部署核武器及导弹，并控制敏感技术出口，尤其要求巴方制定签署《全面禁止核试验条约》的时间表。1999 年 2 月，美国副国务卿塔尔博特访问巴基斯坦，与巴外交秘书沙姆沙德就核不扩散、地区安全等问题举行自 1998 年 5 月以来第 8 轮会谈。同年 6 月，美国中部战区司令受克林顿派遣访问巴基斯坦，向巴方转达了克林顿呼吁印巴缓和紧张局势、和平解决克什米尔争端的口信。7 月 4 日，克林顿与紧急访美的谢里夫总理就印巴克什米尔冲突问题举行会谈，并发表了联合声明，呼吁印巴双方立即停止武装冲突，通过对话解决两国之间包括克什米尔问题在内的所有悬而未决的问题。

1999 年 10 月巴基斯坦发生政变，谢里夫民选政府被推翻，成立了穆沙拉夫为首的军政府。美国对巴基斯坦的军事政变予以谴责，并采取了一些制裁措施，敦促巴方领导人尽快恢复民主，举行大选，产生民选政府，同时美国表示愿意同巴方保持接触。2000 年 3 月，克林顿访问南亚时，对巴基斯坦进行了短暂访问，与军政府领导人穆沙拉夫进行了 1 小时 40 分的会谈，并发表电视讲话，敦促巴基斯坦签署《全面禁止核试验条约》，与印度就克什米尔问题恢复对话，公开要求巴领导人尽快还政于民，恢复民主。克林顿在出访南亚前表示，巴基斯坦对美国“很重要”。克林顿访巴具有象征意义，表明美国仍将保持与巴基斯坦的关系，以便对其施加影响，维护美国在南亚的利益。

进入新世纪，美国调整了对印、巴政策，从原来的重印轻巴，转变为印巴并重。出于对阿富汗战争的实际需要，美国与巴基斯坦关系迅速好转，巴基斯坦成为美国打击恐怖主义的前线国家。2001 年 9 月，小布什宣布解除因巴基斯坦核试验而对巴采取的制裁。随后，鲍威尔、拉姆斯菲尔德相继访问巴基斯坦，就反恐问题、阿富汗未来政治安排等进行磋商。11 月 11 日，小布什和巴基斯坦总统

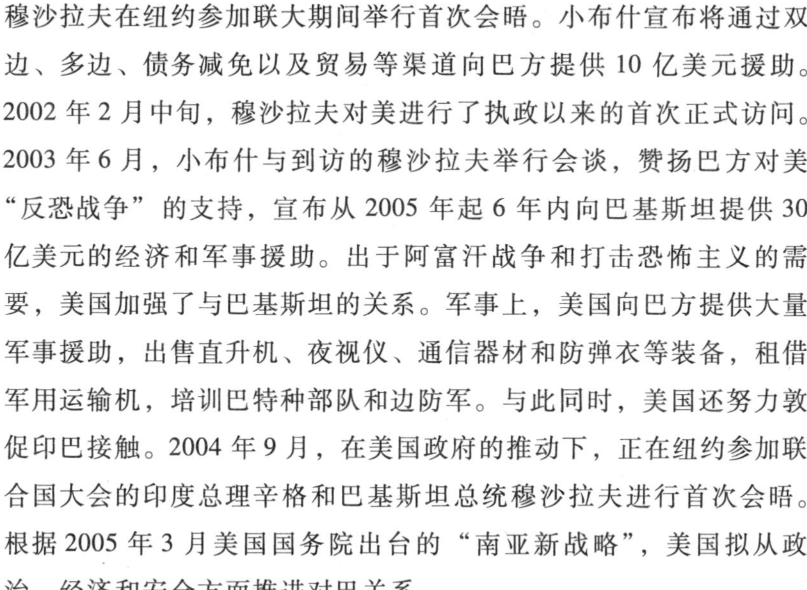

穆沙拉夫在纽约参加联大期间举行首次会晤。小布什宣布将通过双边、多边、债务减免以及贸易等渠道向巴方提供 10 亿美元援助。2002 年 2 月中旬，穆沙拉夫对美进行了执政以来的首次正式访问。2003 年 6 月，小布什与到访的穆沙拉夫举行会谈，赞扬巴方对美“反恐战争”的支持，宣布从 2005 年起 6 年内向巴基斯坦提供 30 亿美元的经济和军事援助。出于阿富汗战争和打击恐怖主义的需要，美国加强了与巴基斯坦的关系。军事上，美国向巴方提供大量军事援助，出售直升机、夜视仪、通信器材和防弹衣等装备，租借军用运输机，培训巴特种部队和边防军。与此同时，美国还努力敦促印巴接触。2004 年 9 月，在美国政府的推动下，正在纽约参加联合国大会的印度总理辛格和巴基斯坦总统穆沙拉夫进行首次会晤。根据 2005 年 3 月美国国务院出台的“南亚新战略”，美国拟从政治、经济和安全方面推进对巴关系。

奥巴马政府将巴基斯坦视为解决阿富汗问题的关键力量，加大了对巴基斯坦的关注和投入。美国阿巴事务特别代表霍尔布鲁克、国土安全部部长纳波利塔诺、国务卿希拉里等先后出访巴基斯坦。2009 年 4 月，美国宣布向巴提供 10 亿美元援助。5 月 6 ~ 7 日，奥巴马、巴基斯坦总统扎尔达理、阿富汗总统卡尔扎伊在华盛顿举行三边峰会。奥巴马表示，击败“基地”组织和塔利班武装是美国、阿富汗和巴基斯坦的共同目标，三国需要加强合作，共同应对恐怖组织和极端分子的威胁。5 月 19 日，美国向巴基斯坦提供 1.1 亿美元紧急人道主义援助，帮助缓解因巴政府军打击塔利班引发的难民问题。10 月 15 日，奥巴马签署法案，批准向巴基斯坦提供 75 亿美元援助，以帮助巴基斯坦加速发展经济、促进民主建设和进一步打击极端势力。白宫发言人称，这一法案强化了美国和巴基斯坦之间的伙伴关系。12 月，奥巴马宣布阿富汗—巴基斯坦新战略时又强调，一个有效的美巴伙伴关系与美国在阿富汗的行动有着“密不可分”的联系，美国必须强化巴基斯坦民事和军事能力，使其能够在国内坚决打击极端分子，清除恐怖分子庇护所。奥巴马认为，以往美国政府“从狭隘的角度来界定与巴基斯坦的关系”，“这种做法已经结束了。从此以后，我们将致力于在相互获益、相互尊重和相互信任的基础之上建设与巴基斯坦的伙伴关系”。

2010 年 1 月 21～22 日，美国国防部长盖茨访问巴基斯坦。他表示，美国正在考虑向巴方提供 12 架无人侦察机，在以支持巴基斯坦在阿富汗边境与美国合作打击伊斯兰极端武装分子，帮助巴方安全部队提高搜集情报的能力。盖茨在与巴基斯坦国防部长穆赫塔尔会谈后向媒体表示，他此行的主要目的是向巴基斯坦阐述美军在阿富汗的策略，并让巴基斯坦相信，美国希望与巴基斯坦建立“长期、稳定的战略伙伴关系”，成为巴基斯坦的长期盟友。与此同时，希拉里宣布向巴基斯坦政府提供 75 亿美元援助。3 月 24～25 日，美国和巴基斯坦在华盛顿举行首次部长级战略对话，由克林顿国务卿和巴基斯坦外长库雷希共同主持。双方承诺在相互尊重和信任的基础上致力于建立广泛、长期和实质性的战略伙伴关系。对话议题涉及经贸，能源，防务，安全、战略稳定与防扩散，执法与反恐，科技，教育，农业，水源，健康，通信以及公共外交等诸多领域。双方会后发表联合声明称，共同的民主价值观、相互尊重和信任是美巴伙伴关系的核心基础，一个稳定、持久和广泛的伙伴关系符合两国根本利益，双方致力于增进两国人民友谊，推动互利合作。双方决心扩大和深化各领域合作。美方承诺向巴方提供技术和经济援助，帮助巴基斯坦政府提高治理能力，充分发挥人力和自然资源优势，有效处理当前面临的政治、经济、发展和安全等领域的挑战。关于巴方对能源短缺问题的关注，美方承诺将通过“专项能源项目”强化和扩展同巴基斯坦在能源领域的全面合作，并通过计划创建的“投资基金”帮助巴基斯坦能源产业吸引更多的外国直接投资。双方承认对全球和地区安全构成威胁的恐怖主义和极端主义为两国面临的共同威胁。两国政府将加倍努力，有效打击恐怖主义。[①]

---

① “美国和巴基斯坦承诺建立实质性战略伙伴关系”，新华网，2010 年 3 月 26 日。

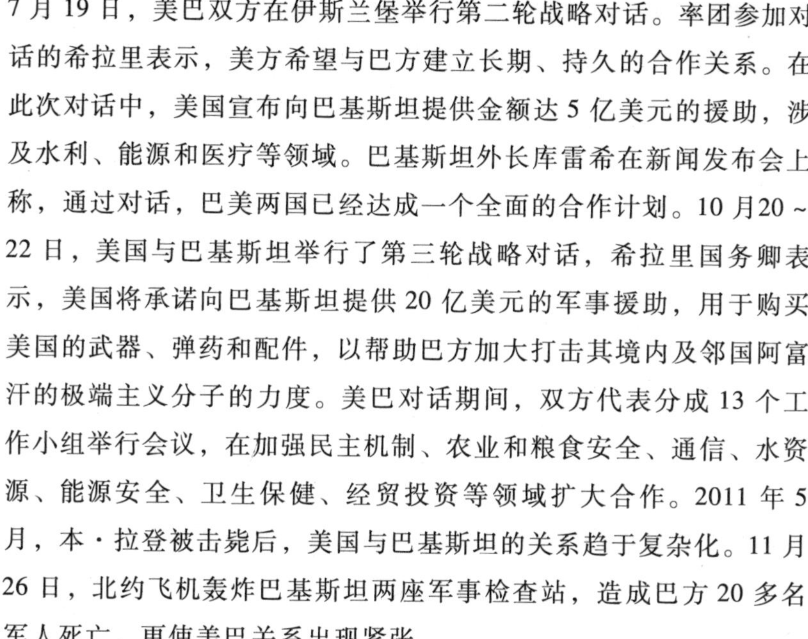

7月19日，美巴双方在伊斯兰堡举行第二轮战略对话。率团参加对话的希拉里表示，美方希望与巴方建立长期、持久的合作关系。在此次对话中，美国宣布向巴基斯坦提供金额达5亿美元的援助，涉及水利、能源和医疗等领域。巴基斯坦外长库雷希在新闻发布会上称，通过对话，巴美两国已经达成一个全面的合作计划。10月20~22日，美国与巴基斯坦举行了第三轮战略对话，希拉里国务卿表示，美国将承诺向巴基斯坦提供20亿美元的军事援助，用于购买美国的武器、弹药和配件，以帮助巴方加大打击其境内及邻国阿富汗的极端主义分子的力度。美巴对话期间，双方代表分成13个工作小组举行会议，在加强民主机制、农业和粮食安全、通信、水资源、能源安全、卫生保健、经贸投资等领域扩大合作。2011年5月，本·拉登被击毙后，美国与巴基斯坦的关系趋于复杂化。11月26日，北约飞机轰炸巴基斯坦两座军事检查站，造成巴方20多名军人死亡，更使美巴关系出现紧张。

在改善美巴关系的同时，小布什政府也非常注意全面加强与印度的关系，特别是在政治和安全领域，两国关系有了“前所未有的”提升。小布什政府把印度视为“天然的盟友”和“世界上最大的民主国家”，是一个“力量不断增强的、与我们具有共同战略利益的大国”，明确提出将“帮助印度成为21世纪的世界主要大国”。美国不仅解除了1998年5月印度进行核武器试验后对印度实行的制裁，而且迅速与其建立了非常密切的军事关系，频频举行联合军事演习。与此同时，美国还试图斡旋印巴在克什米尔的冲突，以缓和南亚地区的紧张局势，防止印巴冲突的升级会影响美国的反恐战争。美国驻印度大使布莱克维尔认为，美国和印度之间建立的紧密而合作性的关系将会长期存在下去，这是因为两国具有“共同的民主价值观”和“共同的生死攸关的国家利益”。①

---

① 罗伯特·布莱克维尔：《美国、印度和亚洲安全》，2003年1月27日在新德里第五届亚洲安全会议上的演讲。

2001 年 4 月，美印签署了《国防合作协议》，决定建立两国国防部长定期对话机制，尽早实现美军参联会主席和印度三军参谋长互访。“9·11”事件后，小布什与印度总理瓦杰帕伊通话，印方表示向美开放领空和提供军事基地等方面的合作。10 月和 11 月，鲍威尔、拉姆斯菲尔德相继访印，就阿富汗战争和反恐等问题与印度领导人进行磋商。11 月上旬，小布什与到访的瓦杰帕伊就打击恐怖主义问题举行会谈，双方同意恢复和加强在安全、防务领域的交流与合作。2002 年 1 月，美国国务卿鲍威尔和参谋长联席会议主席迈尔斯相继访印，就反恐、防务合作、印巴局势等问题进行磋商。2004 年 1 月，美印达成“战略伙伴关系后续步骤”，强调在此框架内加强两国在民用核能、空间技术和高科技领域的合作，并加强有关导弹防御的对话。2005 年以来，美印高层互访频繁。3 月 15 日，赖斯访问印度，向印度提交了小布什政府关于美印之间建立扎实、广泛的战略关系的行动纲要。6 月底，印度国防部长访美，美印签署为期 10 年的《印美防务关系新框架协议》，确定双方联合生产武器，加强在导弹防御领域的合作，两国防御部门将实施共同演习和军事交流，在多边军事行动中相互给予合作，同时加强两国在安全、反恐等领域的军事能力；美国取消对印度出口敏感技术的限制。双方签署的一项联合声明称，美印关系“进入了一个新时期”，两国防务关系已开始了“前所未有的合作”。

2005 年 3 月，美国出台南亚新战略，决定从战略对话、能源和经济对话三个轨道提升同印度的战略伙伴关系。7 月 18 ~21 日，印度总理辛格访美，同小布什就两国关系等问题举行会谈。双方签署了 10 多份重要文件，决定把两国战略伙伴关系推向全球伙伴关系的新阶段。两国逐步加强了非军事核能合作的对话，印度承诺将军用和民用核设施分离，美国则承认印度是“一个拥有先进核技术的负责任的国家”。双方发表了《民用核能合作联合声明》，确定美国将致力于与印度开展民用核能领域的全面合作，帮助印度改善能源安全状况。声明还表示，美国将向印度提供民用核燃料和核技术，印度承诺将民用核设施置于国际监督之下，以及不向其他没有核武器的国家或地区转让核技术。美印关系实现历史性的突破。10月，美印在空间技术、能源等重要领域签署一系列合作协议。美国副国务卿伯恩斯称，美国对印政策的调整是近年来美国对外政策调整最主要的内容之一。

2006年3月1日，小布什开始对印度进行为期3天的访问。他称赞印度是美国“天然的盟友”，“拥有共同价值观的友好国家”，称两国合作可以“改变世界”，将帮助印度成为“21世纪的世界大国”。双方发表联合声明，重申进一步发展“全球伙伴关系”，两国将加强在经贸、农业、能源、环境、科技和反恐等领域的合作。声明说，印美将采取措施推动双边贸易的发展，希望两国的贸易额在未来三年里增长一倍。双方将就减少商品贸易和服务领域的关税和非关税壁垒举行谈判，并成立一个印美贸易政策论坛，探讨如何减少贸易和投资领域的壁垒。声明说，印美将继续开展在农业科研领域的合作，积极推动两国农产品贸易的发展，并将就两国禽肉、奶制品等农产品的进出口条例进行谈判。印美还将成立一个双边科技委员会，以推动两国的联合科研以及企业界在研发领域的合作。同时，双方还将加强在航天领域的交流。3月2日，双方签署了民用核能合作协议。根据协议，美国将向印度提供民用核技术、核燃料和核反应堆，印度则将其民用核项目与军事核项目分离，并接受国际原子能机构对其民用核设施的核查。随后，印度公布了分离军用和民用核设施的具体方案，印度22个核反应堆中的14个被列入民用核设施，将接受国际监督。4月5日，赖斯在国会听证会上表示，美印民用核能合作不仅可以促进国际社会安全，也将加强美国能源安全，增加就业机会，协议不会导致南亚军备竞赛。同年12月9日，美国国会批准了这一协议。18日，小布什签署《美印原子能和平合作法案》，完成了美印核能合作的国内立法程序。小布什表示，该法案的签署将有助于美印双方应对21世纪的能源和安全挑战，为两国新型战略伙伴关系奠定基础。2007年7月27日，双方就协议的执行达成一致，使双方战略伙伴关系具备实质性内容。美国国务卿赖斯和印度外交部长慕克吉就文本的达成发布联合声明称，这项民用核协议是两国战略伙伴关系中的一个“历史性里程碑”。2008 年 9 月 27 日，美国众议院以 298 票对 117 票通过协议。10 月 1 日，协议在参议院以 86 票对 13 票批准了合作协议，从而为正式履行这一重要协议扫除了最后一道障碍。10 月 8 日，小布什正式签署了这一协议。9 月 25 日，印度总理辛格访美，与小布什举行会谈。双方发表联合声明，同意开展民用核能合作。

2009 年 3 月，副国务卿斯坦伯格在布鲁金斯学会发表讲话时称，奥巴马政府寻求与印度在民用核能协议的基础上谋求美印关系的历史性转变，以应对各种挑战。6 月 17 日，希拉里国务卿出席美国—印度商业委员会年会时致辞说，美国和印度的关系目前处在一个新时代，奥巴马政府寻求深化同印度的合作，并希望印度在解决全球性挑战方面发挥更大作用。希拉里说，奥巴马政府认为，印度是能够帮助美国“塑造 21 世纪”的一个重要合作伙伴，并能够在解决金融危机、气候变化等全球性挑战方面发挥更大的作用。为此，奥巴马政府已经确定在全球安全、人类发展、经济和科学技术等四大领域拓展和深化与印度的合作，进而寻求同印度的关系实现“令人瞩目的拓展”。7 月 16 ~ 20 日，希拉里访问印度，双方签署了有关国防、太空和科技合作的三项协议。俄罗斯一家媒体称，“美印签署的一批协议将建立两国的战略伙伴关系，从而把印度变成美国在亚洲的主要立足点”。

2009 年 11 月 22 日，印度总理辛格访美，同奥巴马总统进行会谈。双方签署了谅解备忘录，同意深化两国在全球安全与反恐、经济贸易与农业、文化教育与发展、卫生健康与疾病防控、环境保护与食品安全等领域的合作，以加强两国的战略伙伴关系。根据双方达成的共识，两国将加强反恐合作，支持国际社会通过可验证的《禁止生产裂变材料条约》，防止大规模杀伤性武器和弹道导弹相关技术的扩散，共同致力于实现“无核世界”的目标；两国同意启动

“绿色伙伴”计划，加强清洁能源、气候变化和视频安全领域合作；两国还同意启动“奥巴马—辛格21世纪知识行动”项目，以加强两国大学间联系，鼓励青年教师发展。奥巴马在记者招待会上说，美印关系是“21世纪最关键的伙伴关系之一”。印度是正在崛起的大国，美国欢迎并鼓励印度在帮助亚洲实现稳定、和平与繁荣的过程中扮演主要角色，在应对全球挑战方面扮演关键角色。美国和印度政府宣布建立“美印经济金融伙伴关系”的高级对话机制，以增进双方在经济、金融等问题上的相互理解并扩大合作。该对话将一年一次，在两国轮流举行，双方代表由美国财长盖特纳和印度财长慕克吉分别率领。这一高级对话机制主要包含宏观经济政策、金融领域和基础设施发展，成为两国在重大经济问题上扩大合作的平台。美国国务院负责南亚事务的助理国务卿布莱克在11月18日的记者会上表示，战略合作是美印关系的重要支柱，而反恐、防扩散和军售则是两国战略合作的重要领域，并称美国拟向印度提供一份180亿美元的军售合同。

2010年3月17日，美国和印度签署一项促进贸易和投资合作的框架协议，双方承诺将经贸关系提高到一个新的高度。美国贸易代表柯克与印度商业和工业部长夏尔马当天在框架协议上签字。根据该协议，美印将促进双边投资，增强对彼此知识产权的保护，同时减少对彼此的商品贸易壁垒。柯克表示，美印贸易增长“前景无限”，双方在这方面加强合作，将有助于促进美国经济复苏和创造更多的就业机会，同时也有助于印度经济持续增长。夏尔马表示，印度希望框架协议有助于促进印度清洁能源和环保技术研发以及基础设施建设。受国际金融危机冲击，2009年美印双边贸易额下降，但降幅低于美国同期整体对外贸易降幅。按照美国商务部的统计，2009年美印双边贸易额为377亿美元。4月6~7日，美印举行了首届财政与经济伙伴关系会议。美国财政部长盖特纳与印度财长慕克吉签署了建立印美经济与金融伙伴关系机制的协定，以提升两国经贸关系，扩展双方在宏观经济、金融和基础设施等领域的合作。

根据该协定，印美两国每年将轮流举行一次由双方财政部长出席的内阁级会议。盖特纳表示，美因双方面临许多共同挑战，新机制将进一步促进双方在贸易、投资和提供就业机会等领域的合作。20世纪90年代以来，印美经贸关系发展很快。2009年双边贸易额达376亿美元。美国是印度第三大贸易伙伴，同时也是第三大外国直接投资来源国。

2010年美国国家安全战略报告提出，美国与印度正在构建战略伙伴关系，这是基于双方共同利益、世界上两个最大民主国家的相同价值观以及两国人民的紧密联系。印度的发展进步，为发展中国家树立了积极的榜样，并为进一步与美国发展经济、科学、环境与安全的伙伴关系提供了机遇。通过战略对话与高级别访问，可以一起努力建立基础广泛的双边关系。印度可以为全球反恐、不扩散、协助减少贫困、教育、健康、可持续发展的农业等做出贡献。美国赞赏印度通过20国集团等组织，在全球性问题上发挥日益提升的领导力。美国将寻求与印度一道，努力促进南亚及世界其他地区的稳定。① 2010年6月1～4日，希拉里和印度外长克里希纳共同主持首轮美国—印度战略对话。根据双方发表的联合声明，双方的战略对话涉及领域广泛，包括促进全球安全与反恐、裁军与核不扩散、经贸关系、能源安全、气候变化、农业、教育、科技等。奥巴马参加了希拉里为到访印度官员举行的招待会并发表演说，称印度对于世界的安全与繁荣不可或缺，美印关系将成为21世纪“一种决定性的伙伴关系”。他还说，通过战略对话机制，美印两国的伙伴关系得到前所未有的加强。

10月29日，希拉里在檀香山就美国亚太战略发表讲话说，印度与美国作为世界上两个最大的“民主国家”，双方因“共同利益和价值观”而团结在一起。美印两国2010年早些时候发起的战略对话，讨论的核心问题之一是印度如何进一步融入东亚。美方认

---

① 《美国国家安全战略报告》，2010年5月。

为，印度不仅是这一地区的“关键角色”，在世界舞台也是如此。11月6~9日，奥巴马访问印度，与辛格举行会晤。奥巴马表示，支持印度加入联合国安理会，宣布放宽对印高科技产品出口管制，签订了两国有史以来最大规模的军售协议。双方还签署了一份备忘录，计划在今后4年内在印度共建全球核能中心，用于研发安全和防止扩散的核反应系统，并在核能安全方面提供短期培训项目。同时双方还决定各出资500万美元，在今后5年内共建清洁能源研发中心。

美印之间的军事合作持续升级，包括核动力航空母舰在内的美国军舰多次造访印度。自2001~2007年，美印举行了大约50次不同类型的军事演习。2010年1月20日，美国国防部长盖茨访问印度，与辛格、外交部长克里希纳和国防部长安东尼举行会谈。他希望印度能与美国签署《后勤支援协议》和《通信兼容与安全备忘录》。协议提出允许双方相互提供后勤支援，交换敏感通信设备，扩大两国防务合作。在今后一个时期，美国对印巴奉行的平衡政策将不会发生明显的变化。在美印、美巴关系发展过程中，还存在着许多不稳定因素。特别是鉴于印巴之间的尖锐敌对，这也体现了美国南亚政策的复杂性和微妙性。

孟加拉国是南亚地区一个较贫穷的国家。自20世纪80年代后期以来，孟加拉国开始进行经济改革，经济发展呈增长势头。孟加拉国签署了《全面禁止核试验条约》和《核不扩散条约》，这与印巴两国加速发展核武器形成鲜明对比，也是美国比较满意的地方。2000年克林顿的到访，旨在承认孟加拉国是一个温和、民主的伊斯兰国家，加强两国传统的政治经济合作关系。两国领导人在能源开发利用、减少孟加拉国债务及美国对孟加拉国提供食品援助等方面达成协议。克林顿在出访前表示，他要争取在美国和孟加拉国之间形成较为密切的伙伴关系。在克林顿与哈西娜总理会谈后举行的联合记者招待会上，克林顿宣布，美国将向孟加拉国和南亚其他国家提供5000万美元援助，主要用来发展清洁能源，减少环境污染和气候变化所造成的影响。同时美国国际开发署和农业部向孟加拉国提供价值9700万美元的食品援助。“9·11”事件发生后，孟加拉国政府严厉谴责恐怖主义行动。美军进驻阿富汗后，孟加拉国表示愿意向美军提供援助，如有需要，多国部队可以使用孟加拉国的领空和海港。

第五章
美国的对华政策与中美关系

一　乔治·布什政府的对华政策

1989 年 1 月乔治·布什就任总统时，中美关系继续保持着良好的发展势头。上台伊始他便于 2 月 25 日来华访问。出访途中，布什在阿拉斯加发表谈话说，“希望美中关系友好、稳定和持久地向前发展，并有着比象征主义更为重要的内容，这种关系是美国外交政策平衡的基础”。在与中国领导人会谈时他表示，他在世界发生重大变化、面临许多机遇和挑战的时刻来华，是非常有意义的。他强调，美国重视对华关系，美中关系的发展有巨大的潜力。但是，为时不久，中美关系便遇到了困难和挫折，陷入了停止状态。

1989 年 6 月，中国国内发生了政治风波，布什政府带头对中国内政进行干涉，实行制裁，向中国政府施加压力。6 月 5 日，布什就中国局势发表讲话，宣布对中国实行 5 项制裁措施，其中包括中断美中之间的军事交流与合作，停止向中国出售武器；重新研究中国留学生延长停留时间的申请等。6 月 8 日，布什又宣布，“除非中国领导人承认个人的权利，尊重持不同政见者，并承认学生要求的合法性，否则美国不可能同中国保持正常关系”。6 月 20 日，美国方面宣布采取下列措施：暂停美中之间一切高级官员的互访，要求国际金融机构推迟考虑向中国提供新的贷款。美国政府的行为是借“尊重人权”、“关心中国民主运动”的旗号来公然干涉中国的内部事务。6 月 22 日，中国外交部发言人表示，中国政府坚决反对美国政府干涉中国内政、对中国施加压力，希望美国不要做不利于双方关系的事情。此后，美国政府又相继采取了其他一些对华制裁措施。

1990年2月，在国会的压力下，布什签署了一项法案，规定禁止向中国出口军火，包括直升机及其零件；禁止中国火箭发射美制卫星；中止中美核能合作等。1991年6月16日，美国政府以中国长城公司和精密机械进出口公司出口高性能导弹和从事导弹技术扩散活动为由，宣布对中国实施三项制裁措施：限制向中国精密机械公司和长城公司出售任何与导弹有关的产品；限制向中国出口高速计算机工作站；暂停向中国出口卫星或卫星部件，包括使用中国火箭发射美国制造的卫星。

在另一方面，布什又不顾国会的反对，竭力维持美中关系，避免使之陷于彻底破裂，因而也采取了一些较为克制的行动。中国政府从大局出发，也采取了许多积极措施，以改善同美国的关系。因此，尽管美国政府公开宣布暂时中止中美两国间的高层往来，但实际上，两国之间的高层接触并没有中断。在否决了美国国会要求对中国实行进一步经济制裁的决议案的同时，布什于1989年7月1日派国家安全事务助理斯考克罗夫特为特使，在副国务卿伊格尔伯格的陪同下秘密访华，寻求解决两国分歧的途径，力图减少两国关系中的消极因素。7月31日，应美国方面的要求，中国外交部长钱其琛在出席柬埔寨问题巴黎国际会议期间，同美国国务卿贝克进行了会晤。在会晤中，钱其琛外长向贝克介绍了中国的国内形势，指出“中国独立自主的和平外交和改革开放政策不会改变”。他强调，“中美两国的社会制度、价值观念和文化背景不同，但在政治上和经济上有共同利益，只要相互尊重，互不干涉内政，中美关系是能够得到发展的”。贝克表示，“布什总统十分珍惜12年来双方培育起来的中美关系，希望共同努力，使这种关系得到维持和发展”。他还指出，布什总统“强烈希望我们保持一种对我们两国不仅具有经济意义，而且具有政治意义和战略意义的关系”。9月28日，钱其琛外长在出席联合国大会期间，同贝克再次举行了会晤。钱外长表示，“中国重视中美关系，但两国关系的恢复和发展需要双方的努力，中国希望美国方面采取一些有利于改善中美关系的实际步骤”。贝克表示，“美国也重视同中国的关系，并愿意为加强两国关系而努力”。

10 月 2 日，钱其琛外长应邀在美国对外关系委员会发表演说，指出中美关系正处于一个十字路口，两国关系的恢复和发展取决于美国政府的政策和行动。为改善中美关系，钱其琛外长提出四点意见：(1) 要承认和尊重差异，寻求和发展共同点。中美两国的意识形态、社会制度和价值观念根本不同，但这不是也不应该成为发展国家关系的障碍。中美关系得以建立和发展，首先是出于维护世界和平的根本需要。其次，作为最大的发展中国家和最大的发达国家，中美两国都可以从发展经贸关系中获利。(2) 不能把另一国的国内政治作为恢复和发展关系的先决条件。中美关系目前出现的困难并不是因为中国损害了美国的利益，而是由美国对中国实行制裁所引起的。中国的内政是不容干涉的。如果有人企图通过施加压力的办法改变中国的社会制度，那是永远不可能成功的。(3) 要努力增加相互了解和相互信任。应该避免用本国习以为常的标准判断别国的是非。(4) 处理好台湾问题十分重要。台湾当局利用某些国家同中国关系出现暂时困难之机，加紧推行“弹性外交”，其实质是谋求使台湾成为一个独立政治实体，制造“两个中国”、“一中一台”。这一做法违背了中国人民和平统一祖国的愿望。美国政府多次声明坚持“一个中国”的政策，中国对此表示赞赏，并希望这些声明能见诸行动。

正当中美关系发展处于僵局时，1989 年 10 月 28 日至 11 月 2 日，美国前总统尼克松应中国政府的邀请对中国进行第 6 次访问。尼克松在访华期间，与中国领导人分别举行了会谈。钱其琛外长在欢迎尼克松的宴会上说，“17 年前，尼克松先生以杰出政治家的远见卓识，来华访问，与中国领导人一起打开了封闭 20 余年的中美关系大门，开创了两国互利合作的新局面。当前，在中美关系面临困难的关键时刻，尼克松先生第6次访华，再次体现了你的政治上的远见和勇气”。钱其琛强调，“中美关系目前出现的困难，不是我们所愿意看到的，也不是我们造成的”，“希望美国政府能够权衡利害，采取向前看的态度，使中美关系早日重新走上正常发展的轨道”。尼克松表示，“美中关系对双方都是重要的，美中经济合作对双方都有好处”。10月31日，邓小平在会见尼克松时指出：“我们希望尽快解决过去几个月来中美关系的纠葛，开辟未来。在这个问题上，美国应该采取主动，也只能由美国采取主动。同时，美国也是可以采取一些主动行动的。”尼克松说，“17年来我一直关注美中关系，目前两国关系正面临着严峻考验，两国的政治家应该想办法，使两国的正常关系得到恢复和继续发展”。他希望两国领导人按照上海公报的精神，找到把两国联系在一起的共同点。

11月5日，布什总统听取了尼克松访华的汇报，认为尼克松的看法“富有建设性”，表示美国的总政策没有改变，美国确实想维持美中关系，随着事态的发展，美国将“继续考虑将使我们的关系发生变化的可能行动”。11月7日，布什在白宫举行的记者招待会上回答记者提问时说，尼克松的这次私人访问是很有益的。美中关系是重要的，美国有巨大的地缘政治的原因要保持同中国的关系，希望找到能够采取切实的步骤使这种关系回到正常化的方向。11月底，尼克松将其访华报告送交国会部分议员，主张美国必须同中国保持接触。尼克松在其报告中提出了7个方面的理由说明保持对华关系的重要性：（1）如苏联打“中国牌”，对美国是不利的；（2）在防止核扩散上，需要中国的合作；（3）一个强大和稳定的中国的存在，有利于平衡苏联和日本等国在东亚的影响；（4）中国在亚太地区起重要作用；（5）中国今后必将成为经济大国，美国不应放弃这一巨大市场；（6）下个世纪中国也必将成为军事大国，美国不应成为它的对手；（7）解决全球环境等问题。尼克松建议中美之间先恢复高级互访，取消经济制裁，以缓和两国关系。11月7～10日，应

中国外交部的邀请，美国前国务卿基辛格访华，同中国领导人就两国关系问题举行了会谈。钱其琛外长在欢迎基辛格的宴会上致辞说，中美之间有着长远的重大共同利益。中国希望尽快结束中美间这几个月来不愉快的纠葛，共同开辟未来。中国为了维护两国关系作出了很大努力，中国期待着美国政府采取主动行动。基辛格表示，由于稳定与和平符合两国的共同利益，两国应当共同采取步骤，使双方的关系更顺利地发展。

但是，美国国会此时却再一次掀起制裁中国的浪潮。1989 年 11 月 15 日和 16 日，国会众参两院分别通过了对中国实施进一步制裁的“国务院授权法”修正案。该修正案是在国会 6 月、7 月份通过的制裁中国的修正案基础上，经过两院协商委员会修改后分别通过的。修正案不仅对 6 月以来美国政府对华一系列制裁措施表示支持，而且要求政府中止向“贸易发展办公室”与中国有关的活动提供资金。修正案还敦促美国政府将对华政策与西藏问题相联系，要求总统重新研究中国的最惠国待遇问题及所有双边贸易协定，重新审议在高科技出口方面给予中国的优惠政策。11 月 19 日，中国外交部副部长刘华秋约见美国驻华大使李洁明，就美国国会通过上述议案，向美国政府提出强烈抗议，希望美国政府从维护中美关系和两国人民的根本利益出发，采取有效措施，明确反对国会议案。11 月底，布什否决了该修正案。

1989 年 12 月 9 日，布什再次派斯考克罗夫特为特使，以通报美苏马耳他首脑会晤情况为由来华访问。中国领导人会见了斯考克罗夫特。邓小平在会见时指出，斯考克罗夫特的来访“是一个重要的行动，重要的意义就是，中美尽管有一些纠葛，一些这样那样的问题和分歧，但归根到底中美还是要好起来才行。这是世界和平和稳定的需要”。邓小平表示“能够尽快解决 6 月以来中美之间在一些问题上存在的纠葛，早点解决，使中美关系能够得到新的发展和新的前进，这是我们的共同愿望”。邓小平还请特使转告布什总统：“在东方的中国有一位退休老人关心着中美关系的改善与发展。”斯考克罗夫特表示，美国“将同中方一起促进两国关系的改善”，他还转达了布什总统对邓小平的亲切问候和良好祝愿。钱其琛外长同斯考克罗夫特就中美关系和双方共同关心的重大国际问题举行了两次会谈。钱其琛指出，“中美关系几经风雨，仍能始终向前发展，充分证明它是富于生命力的。尽管我们之间存在着一些重要分歧，但是，这些分歧不可能抹杀我们之间的重大共同利益。只要双方共同努力，完全可以做到既保持各自的立场而又维护双方的共同利益。为了能够找到克服目前困难的途径，我们应该加强接触，互相沟通。我们相信，这次斯考克罗夫特将军来访，必将有助于我们增进相互了解，有助于克服困难，消除分歧，使中美关系早日得到恢复和发展”。斯考克罗夫特说，“我们今天来，还为我们的双边关系注入了新的推动力和活力，并寻求双方意见一致的新领域——经济、政治和战略。我们是为减少我们关系中的消极影响而来”。他强调，布什总统的“强烈愿望是这次同中方的会谈取得进展，并为我们所寻求的解决办法打下基础”。斯考克罗夫特在同其他中国领导人会谈中表示，布什总统“十分重视美中关系”，“希望把美中关系放在积极的轨道上，而脱离过去几个月的消极轨道”。

对于斯考克罗夫特访华，中美双方认为是“积极的、建设性和有益的”，“它增进了中美之间的相互了解，有助于克服中美关系中的困难，有利于中美关系的逐步恢复和改善”。通过交换意见，虽然仍存在一些分歧，但是，“双方都认为，中美在广泛的领域存在重大的共同利益。中美关系的改善和发展对维护世界和平与稳定具有重要意义”。美国为了避免中美关系继续恶化下去，也采取了一些积极的具体措施。同年 12 月 19 日，美国政府决定为将由中国火箭发射的 3 颗美国通讯卫星发放出口许可证，同时宣布取消美国进出口银行暂停向在中国做生意的美国公司提供资助的禁令。布什称这些决定是符合美国国家利益的。

1990 年，中美关系开始有所回升，两国间的重要往来呈增多趋势。1990 年 1 月 11 日，中国政府宣布撤销北京部分地区的戒严令，

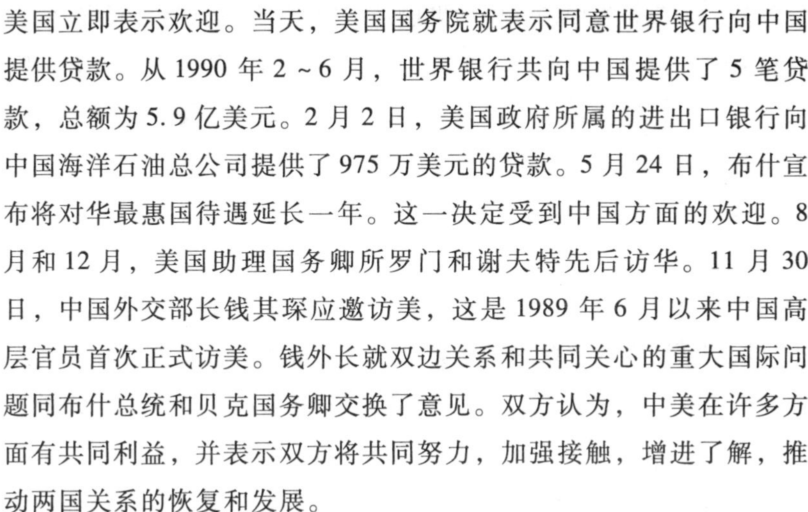

美国立即表示欢迎。当天，美国国务院就表示同意世界银行向中国提供贷款。从 1990 年 2～6 月，世界银行共向中国提供了 5 笔贷款，总额为 5.9 亿美元。2 月 2 日，美国政府所属的进出口银行向中国海洋石油总公司提供了 975 万美元的贷款。5 月 24 日，布什宣布将对华最惠国待遇延长一年。这一决定受到中国方面的欢迎。8 月和 12 月，美国助理国务卿所罗门和谢夫特先后访华。11 月 30 日，中国外交部长钱其琛应邀访美，这是 1989 年 6 月以来中国高层官员首次正式访美。钱外长就双边关系和共同关心的重大国际问题同布什总统和贝克国务卿交换了意见。双方认为，中美在许多方面有共同利益，并表示双方将共同努力，加强接触，增进了解，推动两国关系的恢复和发展。

1991 年 11 月 15～17 日，贝克国务卿访问中国，这是 1989 年 6 月以来美国国务卿首次访华，它也意味着美国政府本身制定的“不与中国进行高层互访”禁令的失败。贝克在访华期间，中国领导人江泽民、李鹏等分别予以会见。中国领导人表示非常重视中美关系，认为中美关系虽然仍处在一个困难时期，但两国之间的分歧同 20 年以前相比要小得多，而双方的共同利益却大为增加。中美两国当前所需要的是高层领导人加强往来和对话，增进相互了解和信任，互相尊重，使两国在具有战略意义的重大国际问题上开诚布公地交换意见，高瞻远瞩，着眼未来。这样，就一定可以使中美关系逐步恢复和发展。中国领导人强调，为了维护中美两国人民的根本利益，促进亚洲和世界的和平与发展，中美两国的合作是必不可少的。从这个意义上讲，中美关系只能搞好，不能搞坏。在与中国领导人会谈时，贝克表示，美中关系对双方都是重要的，而且对全球也是重要的。美中关系近两年来比较紧张，但他此行的目的就是为了保持美中关系。他声言自己的这次中国之行没有任何先决条件，本身就意味着取消了双方不进行高级接触的禁令。因此，这次访问对美中关系的未来具有关键意义。贝克强调，美国政府遵守美中之间的三个联合公报，美国方面认为，只有一个中国，台湾是中国的一部分；美国希望中国稳定和发展；美国愿意发展同中国的经贸关系和加强在国际上的合作；美国主张延长中国的最惠国待遇并不附加任何先决条件。经过会谈，双方在一些问题上取得了进展，达成了谅解和协议，对一些有严重分歧的问题则增进了相互了解。中国方面认为，总的来看，贝克的访问是成功的，有助于中美关系的恢复和发展。

1992 年 1 月 31 日，中国总理李鹏在纽约参加联合国安理会首脑会议期间同布什总统举行了会晤，双方就两国关系和国际重大问题交换了看法。李鹏表示，“中国重视中美关系，希望这次会晤将有助于中美关系的改善和发展”。他强调：“中美之间有分歧，但共同的利益是主要的。我相信，只要以中美关系的大局为重，增加往来，平等磋商，增进了解，共同努力，中美关系是能够改善和发展的。”布什在会谈中表示：这次会晤是重要的，“美中关系回到正常的轨道符合双方的利益”，美国将信守贝克国务卿访华时同中方达成的协议。1992 年，中美两国在经贸、科技、文化以及军事等各个方面的合作与交流不同程度地逐步恢复，双边关系得到了一定的改善，并开始走出低谷。1992 年 1 月，中美达成《关于保护知识产权的谅解备忘录》；6 月，双方签署了《关于禁止监狱劳动产品进出口贸易的谅解备忘录》；10 月，签署了《关于市场准入的谅解备忘录》。这些协议对于缓和中美关系，促进双方的经贸发展无疑具有积极的作用。1992 年 12 月，美国商务部长富兰克林访华，同中国经贸部长李岚清共同主持了 12 月 17 日在北京召开的中美商务贸易联委会第七次会议，并就双边经贸关系问题进行了会谈。这是 1989 年 6 月以来中美两国举行的首次部长级经贸会晤。1992 年中美贸易额达 174.93 亿美元，比上一年增加了 33 亿美元。美国在华投资总额超过了 50 亿美元。

1989 年中国的政治风波和随后的冷战的结束并没有使美国完全转向采取孤立和排斥中国的做法，相反，中美关系在经历了严峻的考验之后逐步得到了恢复和改善。布什政府之所以这样做，主要是

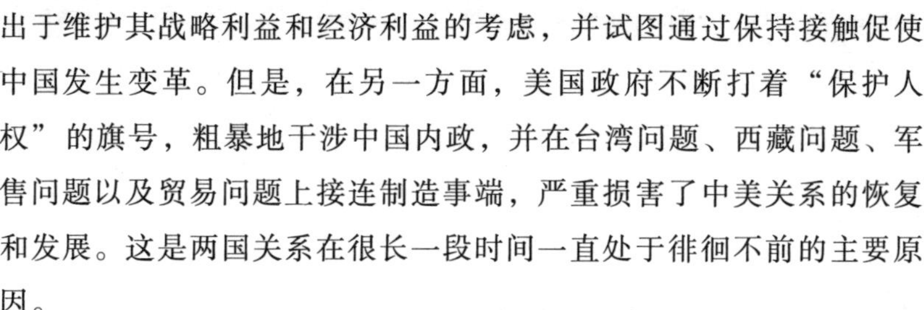

出于维护其战略利益和经济利益的考虑，并试图通过保持接触促使中国发生变革。但是，在另一方面，美国政府不断打着“保护人权”的旗号，粗暴地干涉中国内政，并在台湾问题、西藏问题、军售问题以及贸易问题上接连制造事端，严重损害了中美关系的恢复和发展。这是两国关系在很长一段时间一直处于徘徊不前的主要原因。

二　克林顿执政初期的对华政策

1992 年在总统竞选期间，克林顿曾对布什政府的对华政策进行激烈抨击，表示要对中国施加更大的压力。上台后，基于美国全球战略和扩大中国市场的需要，克林顿表示坚持发展同中国的关系，重视两国的“密切合作”。在另一方面，却又不断在人权、军售等问题上制造事端，使中美关系一度波澜迭起，并呈螺旋下滑趋势。

1993 年 5 月，克林顿政府在对华最惠国待遇问题上附加政治条件，遭到中国政府的强烈反对。7 月 23 日，美国驻华使馆官员紧急约见中国外交部官员，声称美国已经掌握可靠情报，中国货轮“银河号”装载着可用来制造化学武器的硫二甘醇和亚硫酰氯，正在将这些危险物品运往伊朗。美国要求中国政府立即采取措施，制止这一出口行为，否则美国将根据其国内立法对中国进行制裁。此后，美国又多次提出由中方召回该货轮，允许美方人员登船检查等无理要求。与此同时，美方还公然出动军用飞机和军舰，在公海上对“银河号”货轮采取跟踪、拍照和监视等非常行动，严重干扰货轮的正常航行。美方还向“银河号”货轮预计停靠的港口所在国施加压力，阻止“银河号”按计划进港卸货。

8 月 7 日，中国外交部部长助理秦华孙紧急约见美国驻华大使芮效俭，就美国无端指责中国“银河号”货轮载有危险化学品并干扰该船正常商业运输活动之事，向美方提出强烈抗议。秦华孙说，中方严正声明，中国遵守化学武器公约的规定，不会出口此类化学品。但美方不予置理，一意孤行，致使中国“银河号”货轮不能按计划停靠有关港口，被迫在公海漂泊。他强调，在国家关系中，依据莫须有的所谓情报对另外一个主权国家采取行动，是违反国际关系准则和国际法的。秦华孙指出，美国的行动无端地损害了中国的国际形象，干扰了中国船只的正常航行，破坏了主权国家之间正常的关系和贸易往来，给中方造成了严重的经济损失，使中方船只及其人员的安全受到严重威胁，并给中美关系投下了新的阴影。中方再次强烈要求美国立即采取措施，确保“银河号”顺利按计划进入各有关港口卸货，要求美方对其无理做法所造成的一切损失和后果进行赔偿和承担责任，并保证今后不再干扰中国商船的正常航行和商业活动。8 月 26 日至 9 月 4 日，沙特阿拉伯王国政府代表在中国政府代表和美国技术代表在场的情况下，在沙特的达曼港对“银河号”所载的货物进行了检查。在所查的集装箱内没有发现美方所指控的两类化学物品。美方代表又撕毁达成的协议，不断提出扩大检查范围的要求。最后，全船装载的 782 个集装箱全部被检查一遍。结果证明，“银河号”货轮完全没有装载美方所指控的化学物品。三方代表签署了核查结果，确认了上述核查结果。美国一手制造的“银河号”事件终于真相大白。

美国在“银河号”事件上的所作所为，激起中国政府和各界人士的强烈愤慨。9 月 4 日，中国外交部就此发表声明指出：近来，美国动辄凭借无中生有或捕风捉影的所谓情报，肆意向别国施加压力。这是地地道道的霸权主义和强权政治的表现，“银河号”事件只是其中一例。声明强调，美国一手制造的“银河号”事件给中国在政治上和经济上都造成了重大损失，中国强烈要求美国立即取消其错误情报所造成的恶劣影响，要求美方向中方公开道歉，赔偿中国所蒙受的一切经济损失。同一天，中国检查组负责人沙祖康发表声明，要求美国公开赔礼道歉，赔偿损失，并保证今后不再制造类似事件。他同时指出：《禁止化学武器公约》尚未生效，按照这一公约设立的检查机构还没有建立，美国至今也没有批准该公约，也没有权力对别国擅自进行核查，因此“美方根据错误情报采取的错误行动不仅违反了国际关系的基本原则，也是完全没有国际法的根据的”。中国全国人大外事委员会也发表声明，对美国的霸权主义行径表示极大愤慨和强烈谴责。声明强调，中国人民一向重视中美关系，但谁要侵犯中国的主权和权益，损害中国的尊严和国际声誉，中国人民是不会答应的。根据中国远洋运输公司估计，“银河号”事件给该公司造成了1293万美元的重大经济损失。“银河号”事件发生后，在国际社会也引起广泛关注。英国、日本、巴基斯坦、泰国、伊朗等国舆论纷纷发表评论，指出“美国所作所为违反国际法”、“强权政治不得人心”、“银河号”事件的结果是“美国在外交上的失分”。

一波未平，一波又起。1993年8月25日，美国政府又以所谓中国和巴基斯坦某些部门“从事了导弹技术转让”为由，宣布对中巴两国实行为期两年的经济制裁。美国国务院发言人麦柯里在新闻发布会上称，中国违反“导弹技术控制制度”的有关规定，向巴基斯坦出口了M－11导弹技术。为此，美国决定根据其国内法对中巴两国实行“二级制裁”，即禁止向受制裁国家出口敏感的高技术产品。中国驻美使馆在美国发表声明当天就严正指出，中国方面曾向美方多次说明中国没有做过违反对“导弹及其技术控制制度”承诺的事，但美方对中方的澄清置若罔闻，竟然根据自己不准确的情报作出错误的判断，依据其国内法律对中国进行经济制裁，这是完全没有道理的，中国对此表示坚决反对。

8月27日，中国外交部副部长刘华秋紧急召见美国驻华大使芮效俭，就美国宣布对华制裁一事，向美方提出强烈抗议。刘华秋指出，美方不顾中国、巴基斯坦政府的多次澄清，以美国国内立法为由，任意对主权国家进行制裁，粗暴践踏了国际关系的起码准则，是地地道道的霸权主义行径。他强调，中国政府在防止大规模杀伤性武器及其运载工具的扩散问题上一贯持积极和严肃的立场。中方多次明确告诉美方，中国信守按《导弹及其技术控制制度》的准则和参数行事的诺言，没有做过任何与承诺不符的事。刘华秋强调指出，美国一方面向中国关切的敏感地区大肆出售先进武器，危及中国的安全，另一方面又无中生有地对中国横加指责和干涉。这是一种强权政治的表现。刘华秋最后表示，根据中美达成的协议，1992年2月中国政府宣布按《导弹及其技术控制制度》的准则和参数行事，这是以美方取消1991年6月对中国的制裁为前提的。现在美方恢复了对中国的制裁，迫使中国政府不得不重新考虑对《导弹及其技术控制制度》的承诺问题。美国政府必须对由此产生的一切后果负完全责任。一时间，中美关系呈恶化趋势。很显然，这种状况不符合中美两国和两国人民的根本利益。美国朝野一些有识之士，不断发出要求重新考虑对华政策的呼声。

从1993年7月起，在总统国家安全事务助理莱克的主持下，美国政府开始重新审议其对华政策，并在此基础上形成了一份《行动备忘录》，决定改变强硬态度，奉行与中国进行全面接触、提高对话级别、开展广泛交往的政策。《行动备忘录》的基本要点包括：全面加强同中国的对话和交流，首先是同中国各政府部门包括军队的高级官员之间的对话和交流，以确保美中关系成为国家间的正常关系；通过接触使中国确信美国并不想使两国关系走向对抗或敌对，而是要使之趋于稳定和改善；通过接触寻找两国间有着类似的利益或共同关心的领域进行合作；通过接触影响中国的经济和政治发展的方向与进程，同时使中国确实理解美国对中国人权状况等问题的关心。9月25日，莱克约见中国驻美大使李道豫，向中方通报了美国对华新方针，表示准备同中国“在广泛的问题上加强联系”。

9月28日，出席第48届联大的中国外长钱其琛在美国亚洲协会为他举行的午餐会上发表演说时表示，中国愿同美国增加信任，发展合作。他指出，中国和美国是太平洋沿岸的两个大国，又同时是联合国安理会常任理事国。在维护全世界特别是亚太地区的和平与稳定中，既有共同利益，也负有重大责任。发展健康的中美关系，加强双方在各个领域的合作，符合中美两国和两国人民的根本利益，也有利于亚太和世界的和平与稳定。中国政府一向十分重视与美国的关系，并为两国关系的改善和发展作出很大努力，希望美方采取像中方一样的积极态度，严格遵循中美之间三个联合公报确定的原则，共同推动两国关系稳定向前发展。30 日，钱其琛在纽约会见美国国务卿克里斯托弗。双方就中美关系和国际问题交换了意见。钱其琛表示：中美关系对双方都很重要，中方同意克林顿总统的看法，即中美关系现正处在一个十字路口、关键时刻。他指出，中国政府十分重视中美关系，中美之间仍存在着广泛的共同利益。在国际新旧格局转变的时期，两国领导人更应高瞻远瞩，把握好中美关系发展的方向。美国政府最近审议了对华政策，决定要改善和发展中美关系，中国政府对此表示欢迎。克里斯托弗表示，中国是一个大国，经济发展很快。克林顿政府仍信守两国之间的三个联合公报。他认为现在紧迫需要的是要大力推动两国关系，使其进入顺利发展的轨道。

从 1993 年 10 月起，克林顿政府派遣了一系列高级官员访华。10 月 9 日，美国负责人权事务的助理国务卿沙特克访华，同有关部门讨论人权问题。中国方面表示重视中美之间平等的人权对话，希望美国官员通过这次访问，能对中国人权状况作出“客观、公正”的评价，以利于双方消除误解和加深理解。10 月 16 日，美国农业部长埃斯彼开始对中国进行为期一周的访问，这是克林顿政府第一位内阁成员来华访问。双方就中美农业合作与交流、农产品贸易的发展等问题举行了磋商。10 月 21 日，中国外交部发言人表示，埃斯彼此次访问“取得了一定成果”，中国欢迎克林顿总统关于扩大中美双边交往的主张并愿意同美方共同作出努力，推动两国关系的改善和发展。10 月 31 日，美国国防部助理部长弗里曼访华，标志着中美高级别军事对话的恢复。11 月 4 ~5 日，中国外交部副部长刘华秋在华盛顿同美国副国务卿塔尔诺夫就中美关系进行了政治磋商，双方就中美关系以及共同关心的国际问题深入、坦率地交换了意见。双方认为，此次两国副外长间的政治磋商是积极的、有益的，这种平等的、友好的磋商还要继续进行下去。11月5日，克里斯托弗和莱克分别会见了刘华秋。克里斯托弗表示，美中两国之间有很多共同点，美国重视中国，愿同中国发展全面的合作关系。他认为，美中保持良好的关系是至关重要的，美中两国各级领导人应加强互访，这将有利于关系的全面改善和发展。莱克向刘华秋表示，美中关系对两国政府和人民都是极其重要的，处理好美中关系不仅对两国而且对世界，不仅对现在而且对21世纪都具有重要的影响。莱克强调，美国政府将恪守美中三个联合公报的原则，坚持“一个中国”的政策。两国应扩大合作的基础，建立相互信任，使两国关系获得新的发展。

11月4日，克里斯托弗在国会参议院外交委员会作证，指出克林顿总统即将同江泽民主席举行会谈，美中关系处在一个关键的时刻。美国将提醒中国，这是中国需要作出非常重要决定的一年。美国的政策没有明显的变化，只是希望同中国建立和保持一种“全面的关系”，这种全面的关系将涉及美国关心的所有方面。中国经济增长迅速，经济状况的改善最为引人注目。对美国外交政策的主要挑战之一就是设法同中国发展一种稳固的关系。克里斯托弗还称，美国对华政策是受《与台湾关系法》和三个联合公报原则指导的，美国将寻求一种平衡政策，没有任何理由来确定两者的轻重。克林顿在接受美国全国广播公司采访时阐述了美国的对华政策，强调美国“不能孤立像中国那样大、像中国那样对世界前途至关重要的一个国家”，同时他又声称美国也不能对其“不能容忍的事情仅仅避而不管”，美国还必须“在大规模杀伤性武器和人权问题上非常坚决”。克林顿表示，这就是美国一直在努力寻找的“适当的折中办法”。

在双方的共同努力下，1993年11月19日，中国国家主席江泽民与克林顿总统在美国西雅图实现了1989年2月以来中美两国之间的首次首脑会晤，双方在维护和发展两国关系的问题上取得了共识。克林顿认为，中国是一个十分重要的国家，有着光明的未来，他对中国在经济上取得的成就十分钦佩。克林顿强调美中两个大国应“建立一种广泛的建设性关系”，美中两个大国“有许多共同利益和共同观念，没有理由不搞好关系”。江泽民主席指出，中美两个大国是在世界上有影响的国家，在许多重大问题上有共同的利益；中美之间增加信任，可以在国际上发挥积极作用。中美两国领导人应为世界人民做点事情，把一个安全的、和平的、稳定的、有利于经济发展的世界带入 21 世纪。两国领导人都认为，中美关系十分重要，其意义不限于双边，处理中美关系应放在世界范围内来考虑，着眼于未来，着眼于 21 世纪，中美之间的分歧可以通过平等对话与逐步协商来解决。双方认为，“在发展经贸合作，维护国际和平与安全等广泛的领域里，中美间存在许多共同利益。双方要保持高层接触，两国的各个部门要增加往来，增进了解，发展我们的共同利益”。江泽民提议两国领导人进行互访，通过面对面的对话来解决问题，正式邀请克林顿总统在方便的时候访问中国，建议两国外长进行定期磋商，两国主管各项事务的部长就两国各领域合作与交流经常接触。克林顿表示完全同意江泽民主席关于加强两国领导人接触的意见，他期待有机会实现这次访问，并赞成两国外长互访。双方还重申，中美间三个联合公报是中美关系的基础。中美首脑会晤具有重要的意义增进了相互了解，有助于中美关系的改善和发展。克林顿在会晤后举行的记者招待会上表示，此次会晤是“富有成果的”，对美中两国人民来说都是一次重要的会晤，表明“双方都有决心继续发展现有关系中的积极面，同时以比过去更坦率的态度商讨和寻求解决存在的问题，是个良好的开端”。他说，“中国毕竟是一个占全球人口 1/5、并且是世界上经济发展最快的国家，我们必须就广泛的地区和全球问题作出共同努力”，谁也不愿孤立像中国那样幅员广大、具有这样大的潜力的国家。他还说在会晤中具体谈到了人权问题，并称这是两国建立“正常、完全和建设性关系的障碍”。克林顿重申美国坚持一个中国的政策是“正确的政策”，但同时又称“这不妨碍我们执行《与台湾关系法》”。

中美首脑西雅图会晤后，美国政府内部制定了“全面接触和施加压力”并举的对华政策，同时围绕如何实施这项政策出现了分歧。以总统国家安全事务顾问莱克、国务卿克里斯托弗等为代表的一派，主张将人权作为美国对华关系的支柱和基础，同中国建立一种“既能体现美国价值观念又能反映美国各种利益的关系”。以总统国家安全事务副助理伯杰、助理国防部长弗里曼等为代表的“务实派”则强调不要因人权问题损害美国“在华的经济利益和战略利益”，主张美中应“进行包括军事交流在内的各方面的关系”。财政部长本特森、商务部长布朗等也认为中国在经济上对美已极为重要，主张把贸易与人权问题分开解决。经过反复争论，美国最终确定把对华经贸关系同人权问题脱钩。12 月 9 日，美国国防部助理部长帮办罗什在美中关系全国委员会发表演讲，指出克林顿政府对美中关系有 5 点认识：（1）中国是一个举足轻重的国家，而中国的重要性在过去几年受到忽视。（2）中国可以做美国的朋友，也可以当美国的对手。（3）中国的发展有若干难以看清的变量。（4）中国现在不是美国的敌人，应设法在国际问题上使其成为美国的伙伴。（5）美国乐于看到一个强大、统一、繁荣的中国。基于上述认识，美国政府将采取一种全新的“接触战略”，以全面加强同中国的对话与交流，来改变美国政府近年在对华关系中处于消极被动的局面。

1994 年伊始，中美关系出现了进一步改善的趋势。1 月 19 ~ 22 日，美国财政部长本特森访华。中国方面对这次访问十分重视。江泽民主席、李鹏总理、朱镕基副总理等中国领导人分别会见了本特森。江泽民指出：中美首脑西雅图会晤为两国关系的改善创造了一个良好的开端，希望双方能努力保持这一势头，并以此为契机，增加各个层次的接触和往来，建立相互信任，推动两国关系逐步走向正常。本特森向江泽民主席转交了克林顿总统致江主席的信，并向中方表示，克林顿总统派他来中国，表明美国政府对发展美中关系的重视，目的是通过访问寻求进一步发展美中关系特别是经贸关系的途径。美方认为，一个强大、繁荣的中国对美国乃至世界都是有利的。克林顿总统强烈地认为，美国应当参与亚洲特别是中国发展经济的进程。1 月 21 日，本特森与中国财政部长刘仲藜共同主持召开了中断达 7 年之久的中美联合经济委员会第 8 次会议，双方对中美经济关系进行了回顾和展望。在会议结束时发表的联合声明中，本特森代表克林顿总统表示，美国将支持一个稳定、繁荣和现代化的中国。1 月 24 日，正在法国访问的钱其琛外长与克里斯托弗在中国驻法使馆就中美关系、裁军、防止武器扩散、人权等问题举行会晤。双方都认为，中美是世界上具有重要影响的大国，在维护国际和平与安全等广泛的领域里仍然存在着许多共同利益和重大责任；两国经贸合作具有很大的潜力和广阔的前景。克里斯托弗在会谈结束后表示，这次会谈是“积极和富有建设性的”。1 月 26 ~ 28 日，中美两国副外长级政治磋商在华盛顿举行。中国副外长刘华秋分别同美国负责政治事务的副国务卿塔尔诺夫和负责国际安全事务的副国务卿戴维斯就双边关系、人权、武器扩散等问题进行了 3 轮磋商。期间，克里斯托弗、莱克等美国高级官员分别会见了刘华秋。克里斯托弗表示，美方致力于发展同中国的重要关系，愿同中方继续努力，使两国关系尽快走上健康发展的道路。莱克在会见刘华秋时说，美中首脑西雅图会晤对双方都十分重要，双方都认为继续改善和发展中美关系具有重要的战略意义。通过两国首脑的会晤，双方对话渠道已畅通。美中双方都为改善关系作出了努力，这是共同的、平等的。美方决不贬低中方采取的积极措施，更不把此视为美国外交的胜利。中方也是同样对待美方所采取的措施。双方相信，通过这样共同的不断努力，中美关系肯定能够不断改善和发展。

3 月 11 ~ 14 日，克里斯托弗来华访问。这是克林顿政府执政以来美国国务卿首次访华，主要目的是同中方讨论人权问题和关于延长对华最惠国待遇问题。江泽民主席、李鹏总理分别会见了克里斯托弗。江泽民在会见时指出：中美两国对世界局势负有重大责任，在许多重大问题上有着共同利益，双方应当增加信任、减少麻烦、发展合作、不搞对抗，把一个繁荣、稳定和进步的世界带入21世纪。李鹏总理在会见时强调：中国重视中美关系，希望两国关系得到发展，但用对中国施压的做法不能解决问题，中国也不会接受；最惠国待遇是维持两国正常经贸关系的基础，不仅对中国有利，也对美国有利；中国在人权问题上同美国有不同看法，但愿意在平等的基础上与美国就人权问题进行讨论。克里斯托弗向中国领导人表示：一个强大、稳定和繁荣的中国符合美国的国家利益，克林顿总统决心在美中之间建立广泛的、更富建设性的关系；美中合作的领域十分广泛，希望两国建立更为建设性的关系。克里斯托弗强调，美中两国有巨大的共同利益，双方必须以最大的努力来加强两国关系。美方愿以一种求实的精神，与中方共同努力，扩大共同点，不要因在人权问题上的争执而使最惠国待遇陷入危机，并影响两国建立更广泛的关系。钱其琛外长同克里斯托弗举行了两轮会谈，双方同意继续保持两国高级来往的势头。5月2日，克林顿在白宫会见了中国国务院副总理邹家华，双方强调要克服分歧，共同开辟中美关系的未来。克林顿说，中国是一个非常重要而伟大的国家，无论是美国政府还是他本人，都非常重视发展同中国的关系，美中两国应该在维护世界和平与促进经济发展方面成为合作的伙伴。美国愿意与中方共同努力，克服现在的分歧，使两国关系获得进一步的发展。

在此期间，美国国内工商界、舆论界和国会议员等纷纷举行研讨会、听证会就对华最惠国待遇问题展开激烈争论。2月1日，美国美中商务委员会在华盛顿发表声明，指出美国将人权与贸易挂钩，对中国进行制裁，损害了美国的经济利益。声明说，“中国是美国增长最快的出口市场。去年，美国向中国出口了价值约90亿美元的商品，比1992年增长了18%，解决了将近20万个就业机会，其中大多数为高技术领域”；“美国在中国的投资项目已超过8500个，总投资额达105亿美元。许多项目的技术、装备和零部件都是从美国引进的”。声明强调，“无论取消或是有条件延长对中国的最惠国待遇都将损害美国的战略利益和商业利益，尤其是美国企业和欧洲、日本企业在中国进行激烈竞争的关键时刻，采取上述做法等于为美国企业增加了风险，造成伤害”。2 月 24 日，在美国国会众议院举行的听证会上，美国美中商务委员会、美国贸易非常委员会、全美零售联盟、香港美国商会等一些企业贸易组织强烈要求国会和政府无条件延长对中国的最惠国待遇，认为这符合美国的长远利益。3 月，美国前国务卿基辛格、万斯、贝克以及前国家安全事务助理布热津斯基等都发表评论，指出把人权问题同贸易挂钩是“错误的做法”，美国应当设法同中国保持良好的关系，建立并发展密切的战略磋商关系，以维护世界的和平与稳定。3 月、4 月，美国对外关系委员会接连举行研讨会，并提出《美中关系的未来》的报告，建议美国政府考虑美国在亚洲政治、经济、人权和安全各方面的长远利益，主张对中国奉行“全面接触政策”。美国国会研究局、美国传统基金会等也提出研究报告，要求政府永久性地和无条件地给予中国最惠国待遇，否则将可能使美国消费者和出口商蒙受巨大的损失。5 月 10 日，美国国会一些知名议员在美国企业研究所召开中国问题的研讨会，呼吁美国政府无条件延长中国的贸易最惠国待遇。众议院外交委员会主席汉密尔顿强调，美国需要采取一种全面的对华政策，指出“现在到了（将人权问题与贸易）脱钩的时候了”。参议员鲍卡斯警告说，中国不是一个能轻率对待的国家，美国的挂钩政策使自己越来越孤立，没有一个国家支持美国的政策，“继续执行这一政策将是一个灾难”。他呼吁美国政府给予中国永久性的贸易最惠国待遇，并将这一问题永远排除在政治争论之外。参加讨论会的大多数人士认为，无条件延长中国的最惠国待遇是保持美中正常经贸关系的最佳途径。1994 年，有 800 多家美国公司和贸易组织要求延长中国的贸易最惠国待遇，并把贸易与人权问题脱钩。

5 月 26 日，美国政府经过一段时间的徘徊和犹豫，终于迈出了改善中美关系关键的一步。克林顿宣布无条件延长中国的最惠国待遇并把人权问题同每年延长中国最惠国待遇问题脱钩。克林顿指出，“我们与中国的关系对所有美国人来说都是重要的”，因为中国拥有核武器，在联合国安理会既有表决权，又有否决权，它是亚洲和世界安全的一个重要因素；中国是世界上经济发展最快的国家，去年美国向中国出口超过80亿美元，维持了15万美国人的就业。他说，延长给中国最惠国待遇能使美国得以同中国进行经济、文化、教育和其他方面的接触，并促进中国在人权问题上继续作出积极的努力。克林顿强调，必须从美国在亚太地区政策的更广阔范围看待与中国的关系，需要把美中关系置于更大、更能产生效果的框架之内。克林顿作出的这一决定表明美国政府的对话政策朝着务实的方向发展。其特点是：（1）提高经济问题在美国对话政策中的地位，从促进美国的“经济安全”的角度发展与加强美中经济关系；（2）从亚太和全球大视野看待与处理同中国的关系。美国在事关全球和平、安全与稳定问题上需要同中国进行合作；（3）将人权问题从“核心问题”降为“重要问题”，在“全面接触”政策框架内逐步稳妥地处理对华人权问题；（4）为同中国建立“长期广泛和建设性的关系”，美国将同中国进行“更多的接触、更多的贸易、更多的国际合作和更广泛及经常的人权对话”。克林顿政府在宣布延长中国的最惠国待遇与人权问题脱钩时，坚持认为中国存在着“严重践踏人权的行为”，但为了“最大限度地促进人权事业”和美国对华关系中的其他“重大利益”，美国应当延长中国的贸易最惠国待遇，同时，使人权问题同每年延长中国的贸易最惠国待遇问题脱钩。为此，美国政府决定对中国采取“新的人权战略”。美国制定的措施包括：（1）要求美国企业界与政府一道促进中国人权；（2）增加国际干涉，把中国的人权问题列入国际论坛，促使联合国人权委员会通过有关中国人权状况的决议，使中国的人权问题多边化、国际化；（3）支持中国的各种非政府组织；（4）通过“美国之音”和开办“自由亚洲电台”加强对中国的宣传攻势。

三　中美关系的发展与波澜

最惠国待遇问题解决后，中美关系出现了“全面接触”的新势头，两国在政治、经济、文化、军事等各个方面的交流都取得了很大进展。8 月 27 日至 9 月 1 日，负有总统使命的美国商务部长布朗访问中国，揭开了中美经贸关系新的一页。布朗在访华前夕于 8 月 17 日发表声明说，这次访问将“开创美中关系的新时代”，“美国与中国强有力的商业关系是维护亚洲稳定的重要因素”。在访华期间，布朗多次表示，美中关系的新时代已经开始，“我们已为这一新时代奠定了基础并已走上了开始这一新时代的轨道。在这一新时代中，我们的商业和经济关系将会加强，这是最符合我们两国利益的”。布朗在北京发表演说称，中国在战略上和经济上的重要性，要求美国在美中两国之间建立起一种更加稳定并有利于双方的关系。中美双方就扩大经贸合作达成了框架协议，签署了总额达 60 亿美元的合同和协议。

10 月 3 ~4 日，中国外长钱其琛访问美国。克林顿总统、戈尔副总统等分别会见了钱其琛。钱其琛向克林顿转交了江泽民主席致克林顿的复信。江泽民主席在信中重申了对克林顿总统的访华邀请。钱其琛表示，中美关系正处于关键时刻，两国关系中存在着一些问题，但也面临进一步改善和发展的前景；希望双方抓住这一有利时机，为中美关系的改善和发展作出切实努力，使中美关系进入一个全面发展的新阶段。他强调，中美之间的高级互访对改善和发展两国关系具有很重要的意义。克林顿表示，美国作出决定延长对华最惠国待遇并将此与人权问题脱钩，希望全面扩大与中国的合作。他重申美国将坚定不移地奉行一个中国的政策，美国与台湾只保持一种非官方的关系。钱其琛同克里斯托弗就双边关系问题举行了会谈，两国外长主张加强中美高层接触，认为这对两国关系的发展具有重大意义。克里斯托弗强调，同一个强大、稳定、繁荣和开放的中国保持合作关系是美国的目标，美国愿意同中国在各个领域中就广泛的问题交换意见。在谈到经济关系时，双方都表示，中美经济合作潜力巨大，前景广阔，两国政府愿为两国企业开展经贸合作创造条件，扩大双边贸易，促进双向投资，推动大项目合作，并以现实和合作的态度处理两国经贸关系中存在的问题。10 月 4 日，两国签署了《关于停止生产用于核武器的裂变材料的联合声明》和《关于导弹扩散问题的联合声明》，美国将取消不向中国提供卫星技术的限制。11 月 1 日，美国国务院负责军控和国际安全事务的副国务卿戴维斯宣布，美国正式取消自 1993 年 8 月起就中国出口导弹问题对中国实施的制裁。3 日，美国驻华大使芮效俭致函钱其琛外长，说明美国政府取消其 1993 年 8 月对中国一些实体及政府活动的制裁，这一决定自 1994 年 11 月 1 日起生效。

1994 年 10 月 16 ~ 19 日，美国国防部长佩里访华。他是 1989 年以来访华的第一位美国国防部长，标志着两国军方高层接触的恢复。江泽民主席、李鹏总理、钱其琛外长等领导人分别会见了佩里。中国国防部长迟浩田与佩里就双边关系、地区安全、武器扩散、核试验、军转民等问题进行了会谈。佩里在会见和会谈时表示，他此次访华是为了重建两国军队之间的正常关系，是美国政府同中国进行广泛、建设性接触政策的一个方面。他认为，发展两军关系不仅对两国军队非常重要，而且对于推动两国关系的发展和维护亚太地区的和平与安全也具有重要意义；美方非常重视发展两国两军的关系，在美国的国防政策中，没有把中国作为一个威胁，而是把中国当成朋友。访华期间，佩里还在国防大学发表了题为《美中关系及其对世界和平的影响》的演讲。佩里在记者招待会上表示，他对北京的访问增进了美中两国间的相互信任和谅解，这将有利于美中两国，双方进行的深入对话给他留下了“非常深刻的印象”。他指出，美中两军开展对话符合两国的安全利益，也将对本地区乃至世界的和平与稳定做出贡献。随同来访的美国参议员沃纳认为，佩里的访问“奠定了美中两军新型关系的基础”。

1994 年 11 月 14 日，在亚太经合组织领导人非正式会议期间，江泽民主席在雅加达同克林顿总统举行了第二次首脑会晤。江泽民主席指出，1993 年的西雅图会晤，双方在一些重大问题上取得共识，指导中美关系走上改善与发展的轨道，这次会晤将推动中美关系取得新的更大的发展。克林顿表示，美中关系已经取得了一些重要进展，高层互访增加，两国贸易关系有了改善，两国交往得到恢复。江泽民表示，中国政府一贯重视中美关系，希望同美国友好，希望同美国增加信任，减少麻烦，发展合作，不搞对抗，遵循中美三个联合公报确定的原则，推动中美关系不断向前发展。江泽民主席希望美国也奉行对中国友好的政策。他还提出，中美之间应该并完全可能建立建设性的新型关系，并提出了在中美三个联合公报的基础上，双方共同确立指导两国关系的主要原则：第一，双方都着眼于世界大局和 21 世纪，从更广泛的范围和长远的观点处理中美关系。第二，相互尊重各自的国情和选择，摆脱社会制度和意识形态差异对两国关系的影响，以友好的精神处理相互间的一切问题。第三，充分利用各自经济的优势和特点，在平等互利基础上推动两国经济合作全面发展。第四，加强两国在国际事务和国际组织中的磋商与合作，在解决世界热点、防止大规模毁灭性武器扩散及环保、缉毒、反恐怖主义、反走私等社会问题上开展协作。第五，增进相互间的来往和交流，特别是高层互访和接触。克林顿表示赞同江泽民主席提出的指导中美关系的原则，称美方也有类似的考虑，认为美中两国必须进一步发展互利的经贸合作关系，树立彼此间的信任，以友好的精神处理分歧，并就解决一些全球问题进行合作。他指出，现在美中两国关系更加密切了，我们有信心解决其他悬而未决的问题。展望下个世纪，美中两国有着彼此成为良好伙伴的前景，我将继续做出努力，使美中关系沿着正确的方向继续前进。雅加达首脑会晤是中美关系史上的一件大事，有助于双方加强了解，扩大共识。1995 年 2 月，中美两国就知识产权保护问题达成了协议，有助于两国经贸关系在健康的轨道上继续前进。

在首脑会晤之后，美国对华政策出现了反复。1995 年 5 月间，美国允许李登辉访问美国，这是美国政府在台湾问题立场上的重大倒退，完全违反了中美三个联合公报的原则，严重损害了中美关系，引起中国强烈反应。中美关系再次严重恶化。5 月 3 日，美国国务院就国会众议院不久前通过允许李登辉访美的决议发表声明说，美国政府不可能同意李登辉访美，因为这种访问会给美国的外交政策带来严重的后果。声明表示，同台湾保持非官方关系和同中华人民共和国发展官方关系，这是得到美国两党连续 5 届政府支持、极其成功的政策框架的基础，如果允许李登辉访美，无论是否以私人性质进行，“将危及我们同台湾的非官方关系、同中华人民共和国的官方关系的一个至关重要的基础”。5 月 9 日，国会参议院也通过了允许李登辉访美的决议。在国会的强大压力下，美国政府的立场开始发生变化。5 月 22 日，美国国务院发言人伯恩斯正式宣布，克林顿总统已决定允许李登辉“作为尊贵的校友于今年对美国进行私人访问”，此行的目的是为了参加康奈尔大学的校友会。

5 月 23 日，中国外交部发表声明指出，美国政府不顾中方的坚决反对和多次严正交涉，宣布允许李登辉到美国进行所谓“私人访问”，这是美国政府完全违反中美三个联合公报根本原则、损害中国主权和破坏中国和平统一大业、明目张胆地制造“两个中国”、“一中一台”的极为严重的行为。中国政府和人民对此表示极大愤慨，并向美国政府提出强烈抗议。声明强调，中国政府重视中美关系，并为改善和发展中美关系作出了不懈的努力。然而，发展中美关系要讲原则，需要双方作出努力。声明要求美国政府能从中美关系大局出发，立即取消允许李登辉访美的错误决定，重新回到中美三个联合公报的正确道路上来。同日，中国外长钱其琛紧急召见美国驻华大使芮效俭，也就美国政府允许李登辉访美提出强烈抗议。钱其琛指出，中美建交 16 年来，美国历届政府都表示奉行“一个中国”政策，遵循中美三个联合公报处理台湾问题。但台湾问题一直是影响中美关系发展的主要障碍。每当美方在台湾问题上违反三个联合公报原则时，中美关系就发生困难，停滞不前甚至倒退。近一个时期来，美方不顾中方的一再交涉，在提升美台关系上越走越远，现在竟然发展到允许李登辉访美的程度。鉴于李登辉的身份，不管他以什么名义和方式访美，都是一个严重的政治问题，都改变不了美国纵容和支持台湾当局制造“两个中国”、“一中一台”的事实。美国政府在几天前还郑重重申不允许李登辉访美，现在却背弃自己的承诺，采取了破坏中美关系基础的行动，后果将是严重的。钱其琛强调，台湾问题涉及中国的主权、领土完整、和平统一大业，牵动着12亿中国人民的感情。任何国家损害中华民族根本利益的行动，中国政府和人民都是坚决不允许的。钱其琛再次郑重要求美国政府认真考虑允许李登辉访美的后果，立即纠正错误，否则中方将不得不作出强烈反应，其责任应全部由美方承担。5月24日，中国全国人大外事委员会和全国政协外事委员会也分别发表声明，对美国政府的上述决定表示震惊和愤慨，并坚决支持中国政府向美国政府提出的强烈抗议。5月26日，中国政府决定推迟国防部长迟浩田原定6月对美国的访问，国务委员李贵鲜和空军司令员于振武也分别中止了对美国的访问。5月28日，外交部发言人宣布，中国推迟中美关于导弹及其技术控制制度和核能合作的专家磋商。美国负责政治、军事事务的助理国务卿帮办和军控与裁军署署长原定6月和7月的来华访问也被要求推迟。同年6月李登辉访美后，中国召回了驻美大使李道豫，从而使中美关系降到了建交以来的最低点。

面对中国的强烈反应，美国政府从其全球战略出发，也不愿使中美关系继续恶化，提出举行中美首脑会晤，以谋求修补中美关系。美国还一再强调，尊重中国在台湾问题上的立场，奉行一个中国的政策，反对“两个中国”、“一中一台”的主张，反对台湾独立，反对台湾加入联合国，希望同中国保持和发展友好合作关系。6月7日，克里斯托弗致函钱其琛，重申美国执行的是“一个中国”的政策。8日，克林顿在白宫会见了中国驻美大使李道豫，称美国执行的是“一个中国”的政策，而不是“两个中国”或“一中一台”政策，这一点没有任何变化。美国确有一些人主张奉行“两个中国”或“一中一台”的对华政策，“但我是反对这种主张的，今后仍将继续反对”。克林顿表示，“我的责任是保证美对华政策继续沿着过去几届政府所执行的一个中国政策的道路发展。我将继续谋求同中国建立建设性的关系，维护现行的对华政策”。

8 月 1 日，钱其琛外长在文莱出席东盟地区论坛会议期间同克里斯托弗举行会谈。这是 1995 年 5 月美国政府决定允许李登辉访美以来中美外长的首次会晤。钱其琛指出，这次中美外长会晤是在中美关系面临严重困难的时刻进行的。中国希望同美国保持一种正常和良好的关系，这符合中美两国的利益，也有利于世界和亚太地区的和平与稳定。但是，中美关系的发展是有原则的，这就是中美三个联合公报确定的原则，其核心就是台湾问题。钱其琛强调，中方重视美方最近在台湾问题上所做的表态，但单单在文字和口头上声明和重复这些原则是不够的。希望美方以实际行动来履行自己的承诺。克里斯托弗表示，美国承认中华人民共和国是中国的唯一合法政府，美国尊重中国政府关于世界上只有一个中国、台湾是中国一部分的立场，美国政府将在一个中国的政策基础上处理台湾问题，美国政府反对台湾独立，不支持台湾加入联合国。他还强调，同一个强盛、开放、繁荣的中国保持建设性的关系符合美国的利益。此后，美国负责政治事务的副国务卿塔尔诺夫于 8 月 25 ~ 27 日访华，同中方就如何消除李登辉访美给中美关系带来的严重后果进行磋商。钱其琛外长在会见塔尔诺夫时强调，美国允许李登辉访美给中美关系带来了严重后果，极大地伤害了中国人民的感情，造成了海峡两岸关系的紧张。塔尔诺夫表示，美方从最近的事件中更加理解台湾问题的重要性和敏感性，重视并尊重中国在台湾问题上的立场。他指出，美国认为，从世界战略的角度看，中国具有重要地位，美国希望同中国保持和发展良好的关系。10 月中旬，美国商务部长布朗再次率团访华，双方签署了一系列投资和贸易合同。

1995年10月24日，江泽民主席在出席联合国成立50周年纪念活动期间，同克林顿总统在纽约举行了正式会晤。两国领导人认为，自从雅加达会晤以来两国关系经历的困难和动荡，不符合两国的根本利益，双方决心继续为两国关系的改善和发展作出努力。双方一致认为，中美两国都是对国际事务有重大影响、对世界和平与发展有重大责任的国家，两国之间存在广泛、重要的共同利益，建立长期稳定的中美关系不仅符合中美两国人民的利益，也有利于世界的和平与稳定。江泽民在会晤时指出，增加信任，减少麻烦，发展合作，不搞对抗，是中国处理中美关系的基本政策。中国主张：一、两国领导人应当从战略高度看待中美关系，排除各种阻力和干扰，使中美关系的航程始终保持正确方向。二、中美三个联合公报仍然是中美关系的基础。三、中美两国能走到一起，是因为双方有共同的利益。为了发展和扩大双方的共同利益，我们需要尊重各自的国情与选择，超越社会制度和意识形态的差异，以一种平等、协商和合作的精神，处理相互间的一切问题。江泽民强调，影响中美关系最重要、最敏感的问题是台湾问题，构成中美关系基础的三个联合公报的核心问题也是台湾问题。克林顿在会谈时表示，一个强大、稳定、繁荣、开放的中国符合美国的利益。对中国孤立、对抗、遏制都不是选择，同中国进行建设性的接触方法是唯一的选择。美国要与中国发展建设性的伙伴关系。美方将为此作出努力，早日解决中国加入世界贸易组织问题。克林顿重申对中美三个联合公报各项原则的承诺；重申只有“一个中国”，中华人民共和国是中国唯一的合法政府；承认台湾是中国的一部分；同时强调反对“两个中国”和“一中一台”、反对台湾独立、反对台湾加入联合国的主张。双方同意将在下列领域加强对话和磋商：环境问题；重大国际问题和地区问题；经贸合作问题；两国军事交往问题；寻求恢复和扩大对话的领域。两国领导人一致认为，这次中美首脑会晤是坦诚、友好、积极、有益的，有助于推动中美关系的改善和发展。此后，美国助理国防部长访华，中美军事交流得到发展。11月

16 日，钱其琛外长同克里斯托弗就加强和扩大双方合作领域等问题进行了会谈，表示为推进中美关系进一步改善和发展，中国愿意在经济、环保和可持续发展等方面同美国进行磋商，并将采取一系列实际步骤推动两国合作与交流的开展。

同年 11 月 18 日，江泽民主席在日本大阪出席亚太经合组织领导人非正式会议期间，与美国副总统戈尔举行了会晤。江泽民表示，中美首脑在纽约的会晤使中美关系走上建设性的发展道路，这再一次说明中美领导人之间面对面的直接交谈对增进了解、消除误解、推动两国关系的改善和发展是十分重要的。江泽民强调，在纽约会晤时，克林顿总统重申了美国对中美三个联合公报的承诺，特别是关于台湾问题的承诺，并强调中美两国保持建设性接触是双方唯一正确的选择，而对抗、孤立和遏制不是美国的选择。中方对这些表态表示赞赏。戈尔说，克林顿总统认为，美中两国首脑在纽约的会晤是两国关系中的一次突破，使人们得以从战略角度来看待和处理美中双边关系。戈尔强调，美国对华政策的核心是接触而不是对抗，因此，美国方面要恢复和扩大两国在各个领域的对话与合作。双方一致同意恢复和加强中美在全球和地区问题、联合国事务、司法交流、打击贩毒和国际犯罪以及和平利用核能等领域的对话与合作。

1996 年 3 月，中国人民解放军在台湾海峡举行大规模军事演习，美国政府再次对中国做出挑衅性的反应，公然派遣航空母舰到台湾海峡附近向解放军示威，严重侵犯了中国主权。美国国会更是借机加紧了干涉中国内政的活动，举行所谓的“台湾安全问题”听证会，对中国的军事演习进行无端指责，敦促美国政府帮助“保护”台湾，使其免受“入侵、导弹袭击或者封锁”，要求政府“鉴于不断加剧的军事威胁”，重新研究“使台湾保持充分自卫能力”可能需要的美国防御物资和服务。中美关系再次面临严峻考验。

与此同时，美国政府将对华政策再次进行了审议和调整，表示继续奉行与中国进行接触的政策。5 月 16 日，克林顿就美国亚太政策发表讲话，表示愿意“同中国改善关系”，重申美国坚持“一个中国”的政策。5月17日，克里斯托弗在对外关系委员会就美国对华关系发表演讲，认为“美中关系无疑对美国有很大的利害关系，中国的未来对亚太地区乃至全球的安全与繁荣都具有深远的影响”，强调“中国发展成为一个安定的、开放的和成功的国家完全符合美国的利益”。他指出：“我们拒绝那些企图遏制或孤立中国的人的意见。那项方针会损害我们的国家利益，而不是保护我们的利益。”克里斯托弗还具体提出了美国对华政策的三项指导原则：支持中国发展成为“稳定、开放、成功”的国家；支持中国全面融入国际社会并负起相应的责任；通过“对话和接触”而不是对抗来处理和解决同中国之间的分歧，同时采取必要的行动保护美国的利益。他重申，美中有许多共同的利益，这些共同利益只有通过两国建设性的交往才能实现。克里斯托弗日后承认，他的这次演讲旨在推动两国高层互访的计划，希望通过高层互访建立起双边会谈机制。

在经贸关系方面，美国也采取了一些积极措施。5月20日，克林顿在华盛顿举行的太平洋地区经济理事会第29届国际大会开幕式上宣布，他已决定无条件延长对中国的贸易最惠国待遇。他强调，中国是美国出口增长最快的市场，仅通信设备，美国对华出口就增加了200%。克林顿指出：美国的利益与“促进一个安全、稳定、开放和繁荣的中国”密切相关，给中国最惠国待遇，不是给中国的政策投票，而是为美国的利益投票。5月31日，克林顿正式通知国会，决定将中国的贸易最惠国待遇再延长一年。白宫就此发表声明，指出克林顿采取这一步骤，是因为他相信“继续同中国保持接触是促使中国成为亚洲稳定和繁荣的建设性力量和推进美国重大利益的最佳办法”。声明说，延长最惠国待遇绝不是给中国的一种特殊待遇，而只是让中国得到其他大多数国家都享有的那种贸易地位，即正常的贸易待遇。取消最惠国待遇实际上等于切断同中国的经济关系，这将使美国在许多领域谋求与中国合作的努力受到损害，并将改变多年来两党一致支持的对华政策。

7月6~10日，美国总统国家安全事务助理莱克访华，向中方表示美国继续奉行“建设性接触”政策以及开展一系列高层会晤和“战略性对话”。江泽民在同莱克会见时表示：发展良好的中美关系，不仅符合中美两国和两国人民之间的根本利益，也有利于共同缔造一个更加美好的世界和21世纪的和平与繁荣。中美两国应从战略的高度和着眼于21世纪来看待和处理中美关系，使两国之间建立一种健康、良好和稳定的关系。莱克向中国领导人表示，一个统一强大的中国是符合美国利益的，他赞同江泽民主席提出的处理中美关系的16字原则：增加信任，减少麻烦，发展合作，不搞对抗。他说，只要坚持这一原则，两国就可以建立正常的、建设性的关系。7月底，钱其琛在出席东盟与对话伙伴国会议期间同克里斯托弗进行了会晤。双方认为，中美关系最近取得了一些积极进展，表示愿意在此基础上，“减少分歧和麻烦，扩大共识与合作”，双方就一系列内阁级的接触达成协议，并讨论了美国副总统戈尔1997年访华问题。8月初，克里斯托弗在国会作证，明确表示中美两国体制和价值观念不同，因此，美国应用“建设性”的态度对待同中国的分歧，处理人权等问题。他还表示，如果克林顿11月能够再次当选总统，美中两国领导人将实现互访。

11月19~21日，克里斯托弗第二次访华。钱其琛外长与克里斯托弗就两国关系发展等问题进行了两轮会谈。双方一致认为，保持和发展健康、稳定的中美关系符合中美两国的根本利益，有利于维护世界和平与亚太地区的和平、稳定和繁荣。双方愿意共同努力，推动中美关系进一步改善和发展。同意中美加强包括两国元首互访和内阁成员定期会晤在内的高层往来和接触。双方就如何妥善处理台湾问题交换了意见，还就两国之间存在的重大共同利益达成了共识。克里斯托弗在会谈前向新闻界表示，克林顿总统认识到中国的重要性和两国人民广泛合作的巨大潜力及其对两国人民乃至整个世界的重要意义。他说，克林顿在第二个任期的四年内决心致力于发展更加牢固的美中关系；美国认为中国是一个非常重要的国家，美国期待着看到一个繁荣、稳定和强大的中国，这有利于亚太地区的稳定。11 月 20 日，江泽民主席、李鹏总理分别会见了克里斯托弗。

1996 年 11 月 24 日，江泽民主席在出席马尼拉亚太经合组织领导人非正式会议期间同克林顿总统举行了会谈，这是两国最高领导人的第 4 次会晤。江泽民表示：三年来，虽然中美关系不乏波折起伏，但总的趋势是在向逐步改善的方向发展。特别是近半年来，在双方的共同努力下，中美高层互访和接触增加，经贸合作稳步发展，一度困扰两国关系的问题相继得到解决。两国领导人之间的直接对话有利于缩小甚至解决双方的分歧。他认为，目前中美关系的气氛已经明显改善，发展两国关系的有利条件明显增多，中美关系面临进一步改善和发展的良好机遇。克林顿重申了美方愿意看到一个强大、稳定、安全的中国，认为两国在许多问题上有着共同的战略利益，愿意同中国建立起一个良好的合作伙伴关系。双方认为，两国在一些问题上还存在一些分歧，双方应该通过平等对话、加强接触、增进了解来谋求这些问题的解决。双方商定，中美两国元首在 1997 年和 1998 年相互进行国事访问。

马尼拉首脑会晤之后，中美关系明显趋于好转。美国领导人一再强调要发展同中国的关系，保持全面接触，加深与中国的对话，双方的高层往来日益频繁。1996 年 12 月，中国国防部长迟浩田访美，这是对美国国防部长佩里 1994 年 10 月访华的回访。克林顿总统在白宫会见了迟浩田。迟浩田同佩里就双边关系等问题举行了会谈，并在美国国防大学发表讲演，重点阐述了中国的防务政策。1997 年 2 月 24 ~ 25 日，美国新任国务卿奥尔布赖特访华。江泽民、李鹏分别会见了奥尔布赖特，钱其琛同其进行了会谈。奥尔布赖特向中国领导人表示，美中两国是世界上重要的国家，双方面临着维护世界和平与稳定的共同任务，因此，美国一直把美中关系视为最重要的双边关系之一。克林顿总统也多次表示要在他第二任期内进一步加强美中关系，建立起伙伴合作关系。她指出，美中双方在一些问题上存在分歧，应该加强高层对话和交流，缩小双方之间的分歧，这是非常重要的。美国愿意看到一个繁荣、稳定和安全的中国，愿意和中方一起努力来扩大双边合作。奥尔布赖特强调，美方理解台湾问题在美中关系中的重要性和敏感性，美国政府将恪守三个联合公报的精神，坚持“一个中国”的立场。

3月24～28日，美国副总统戈尔访华。江泽民在会见戈尔时提出，为把一个健康、稳定的中美关系带入21世纪，中美双方应把握住三个原则：始终把握两国间共同利益；处理中美关系要站得高些，看得远些；切实遵守中美三个联合公报，妥善处理台湾问题。戈尔表示，美中两国必须在双边关系和国际及地区问题上加强合作，应该在各个层次上进行频繁的接触，增加交流，共同努力，扩大共识。他还强调，美国政府重视美中关系，愿意看到中国在世界上发挥越来越重要的作用。美方认为，美中双方能否处理好两国之间的关系、两国如何在世界上发挥作用将对21世纪的世界和平与繁荣产生重大影响。为此，美国愿与中国加强合作，共同推动世界走向一个和平与繁荣的21世纪。美国政府的对华政策正是基于这种长远考虑，并从美国的战略利益出发制定的。这种政策不会受到一时一事的干扰，美国政府将坚定地奉行这一政策。随后，美国众议院议长金里奇访华。4月28～30日，钱其琛外长应邀访美，并在由美国对外关系委员会、美中贸易全国委员会和美中关系全国委员会联合举办的午餐会上发表了题为《建立面向21世纪的中美关系》的讲话，全面阐述了中国政府处理中美关系的原则和立场。5月21日，克林顿政府宣布继续给予中国贸易最惠国待遇。奥尔布赖特发表讲话表示，美国政府认为，在所有问题上与中国进行“战略性对话”是维护美国长远利益的最佳方式。美国贸易代表巴尔舍夫斯基也解释说，如果取消中国的最惠国待遇，将使美国消费者每年遭受6亿美元的损失。8月10～13日，美国总统国家安全事务助理伯杰专程来华，为江泽民主席对美国进行国事访问做准备工作。伯杰向

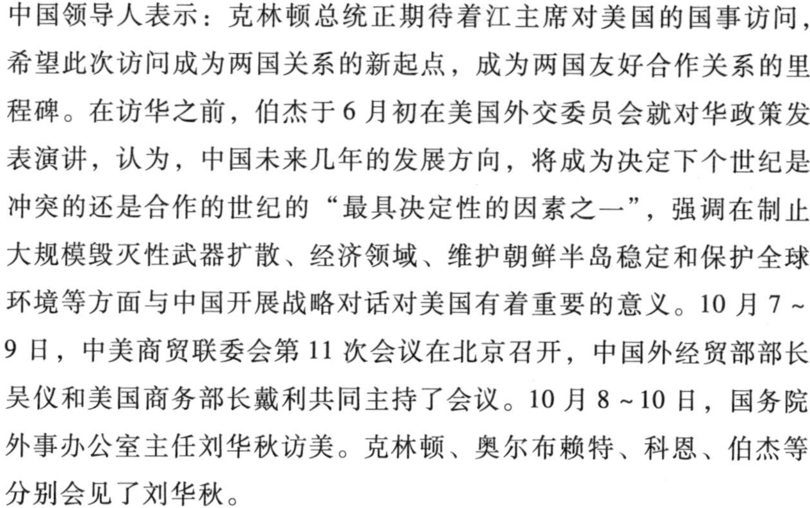

中国领导人表示：克林顿总统正期待着江主席对美国的国事访问，希望此次访问成为两国关系的新起点，成为两国友好合作关系的里程碑。在访华之前，伯杰于6月初在美国外交委员会就对华政策发表演讲，认为，中国未来几年的发展方向，将成为决定下个世纪是冲突的还是合作的世纪的"最具决定性的因素之一"，强调在制止大规模毁灭性武器扩散、经济领域、维护朝鲜半岛稳定和保护全球环境等方面与中国开展战略对话对美国有着重要的意义。10月7～9日，中美商贸联委会第11次会议在北京召开，中国外经贸部部长吴仪和美国商务部长戴利共同主持了会议。10月8～10日，国务院外事办公室主任刘华秋访美。克林顿、奥尔布赖特、科恩、伯杰等分别会见了刘华秋。

1997年10月26日，江泽民主席开始对美国进行为期9天的正式访问。访问期间，江泽民主席同克林顿总统就双边关系和共同关心的全球及地区问题进行了会谈，并发表了《中美联合声明》。两国领导人决定，中美两国通过增进合作，对付国际上的挑战，促进世界和平与发展，共同致力于建立中美建设性的战略伙伴关系。为实现这一目标，双方同意，从长远的观点出发，在中美三个联合公报的原则的基础上处理两国关系。声明指出，两国首脑将定期互访，两国建立热线联系，并确立两国高级官员定期互访的机制，就政治、军事、安全和军控问题进行磋商。这些机制的建立，有助于双方加强对话，增进了解，处理分歧，扩大合作，推动两国关系稳定、健康地向前发展。在联合声明中，美国承诺坚持"一个中国"的政策，遵守中美三个联合公报的原则。在会谈中，克林顿明确表示了不支持"两个中国"、"一中一台"、台湾独立，不支持台湾加入联合国的立场。双方还签署了包括军事、科技、教育、文化、经济、安全等领域的具体合作项目和协议。双方还就以下几个方面的问题提出了对话和合作的框架：

（1）能源和环境合作。双方同意通过一项加快清洁能源项目建设来加强在能源和环境领域的合作。中国国家计划委员会和美国能源部已签署了《中美能源和环境合作倡议书》，以促进上述领域的有效合作。

（2）经贸关系。两国经济正迈向21世纪，信息技术对促进技术革新和提高生产力至关重要。为此，中国表示了尽早参加《信息技术协议》的意向。此外，中方将在世界贸易组织谈判范畴内，继续实质性地降低关税。中美两国认为，中国全面参加多边贸易体制符合双方的利益。为了实现这一目标，双方同意加紧关于市场准入、包括关税、非关税措施、服务业、标准、农业等问题和履行世界贸易组织原则的谈判，以便中国可以在商业上有意义的基础上尽可能早日加入世界贸易组织。

（3）和平核合作。中美两国同意，在和平利用核能领域进行合作符合两国的共同利益。为此，两国已经为执行1985年签署的《中美和平利用核能合作协定》各自采取了必要的步骤。中国国家计划委员会和美国能源部签署了一项意向性协议，以促进两国间的和平核合作和研究。双方同意致力于促使《全面禁止核试验条约》尽早生效，同意在联合国裁军会议上寻求早日就“禁止生产用于核武器和其他核爆炸装置的裂变材料公约”开始正式谈判。双方重申各自不向未接受保障监督的核设施和核爆炸项目提供任何帮助的承诺。双方同意在多边框架内就执行《禁止化学武器公约》问题进行合作。两国同意在1994年关于导弹不扩散问题的联合声明的基础上继续努力，重申各自对《导弹及其技术控制制度》准则和参数已作出的承诺。

（4）人权问题。两国都认为《世界人权宣言》及其他国际人权文书在促进人权方面发挥积极作用，并重申双方均致力于促进和保护人权和基本自由。尽管两国未能解决在人权问题上的分歧，但双方同意本着平等和相互尊重的精神，通过在政府和非政府级别的对话讨论这一问题。

（5）法律合作。双方同意加强在打击国际有组织犯罪、毒品走私、非法移民、制造伪币和洗钱等方面的合作。为此，双方拟设立

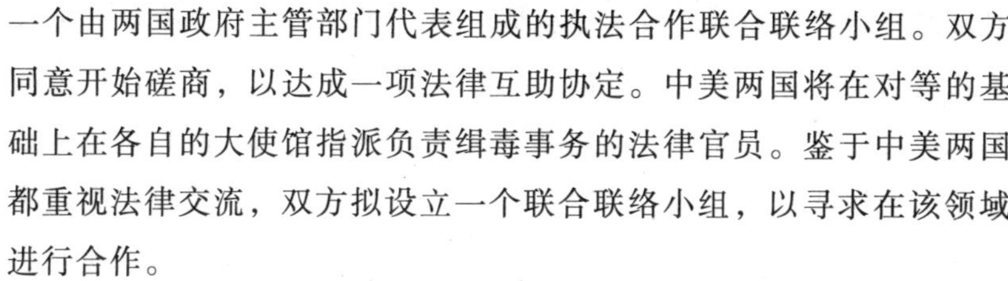

一个由两国政府主管部门代表组成的执法合作联合联络小组。双方同意开始磋商，以达成一项法律互助协定。中美两国将在对等的基础上在各自的大使馆指派负责缉毒事务的法律官员。鉴于中美两国都重视法律交流，双方拟设立一个联合联络小组，以寻求在该领域进行合作。

（6）两军关系。中美两国就建立加强海上军事安全磋商机制达成协议。该协议将有助于双方海空力量避免发生意外事故、误解或错误判断。两国同意就人道主义救援和减灾问题通报情况，进行讨论和交流经验。

（7）科技、教育和文化交流。自1979年以来，中美之间达成了30多个双边科技合作协议。中美科学技术联合委员会将继续指导这一积极的双边科技合作项目，并将推动进一步运用科学技术来解决国家和全球的问题。中美两国将扩大教育和文化交流。两国领导人相信，增加两国人民之间的交流有助于发展长期的双边关系。

江泽民主席的成功访美，极大地推动了两国关系在各个方面的发展，使中美关系进入了一个新阶段。围绕克林顿总统访华和落实两国元首就发展中美关系达成的一系列重要共识，中美双方高层互访和对话频繁，在许多领域的交流与合作得到进一步发展。1998年1月17~27日，美国国防部长科恩访华。江泽民、钱其琛等中国领导人会见了科恩。国防部长迟浩田与科恩举行了会谈，双方签署了《中美两国国防部关于建立加强海上军事安全磋商机制的协定》。根据协定，两军每年将举行一次会议，讨论海上安全措施，以及有关中美舰队相互援助、搜寻和救援行动的程序等，双方还将成立工作组或举行特别会议，处理两国海军之间的问题。科恩认为，中美“正在建立一种加强两国军队之间的信任和信心的机制”，使中美军事关系“迈上了扩大交流与合作的台阶”，双方“建立了建设性的能够合作的军事框架”。双方于1998年7月为实施该协定举行首次年度会晤。2月14日，美国总统特使、美国常驻联合国大使里查森访华，同中方就伊拉克武器核查危机问题进行磋商。4月10日，美国负责政治事务的副国务卿皮克林访华，就共同关心的全球、地区和双边问题与中方进行了讨论。4月29日至5月1日，美国国务卿奥尔布赖特访华。江泽民在会见奥尔布赖特时表示，他和克林顿总统在华盛顿就两国关系达成的共识正在逐步落实。中国政府高度重视克林顿总统即将对中国进行的国事访问，他本人也期待着在北京与克林顿总统会晤。唐家璇外长同奥尔布赖特举行了会谈，双方一致认为：自江泽民主席访美以来，中美关系显现出良好的发展势头；中美关系的发展有助于维护世界和平与稳定，也有助于两国建立面向21世纪的中美建设性战略伙伴关系。双方签署了《中美关于建立直通保密电话通信线路的协定》。在印度进行核试验后，5月25日，江泽民同克林顿首次通过当月开通的两国元首直通保密电话，就中美关系和南亚局势等问题交换意见。6月1~2日，美国总统国家安全事务助理伯杰访华，双方就克林顿总统访华的准备及共同关心的问题进行了磋商。在人权和宗教领域，双方的对话和交流也逐渐展开。1998年1月30日，美国国务院发表了各国人权状况的“人权报告”，除了照例对中国进行批评指责外，首次承认中国政府在人权方面“采取了一些积极措施”，中国的人权状况“有所改善”。1月至3月，中美两国的宗教代表团实现了互访，为增进双方在宗教和人权领域的相互了解，特别是对减少和消除一些美国人对中国宗教和人权状况长期存在的误解和偏见，起到了有益的作用。美国宗教代表团发表声明指出，中国关注宗教信仰的程度有所增加，宗教信仰问题在中国已处于比以往更为重要的地位。

1998年6月25日至7月3日，克林顿对中国进行了正式访问，同江泽民主席举行了会谈。克林顿在访华前夕发表文章，指出与中国合作符合美国的利益，遏制中国的主张不可取。在访华期间，中美两国领导人就中美关系和重大的国际与地区问题深入地交换了意见，达成广泛的共识。双方同意中美两国进一步加强在重大国际问题上的合作和对话；同意继续共同努力，向建立面向21世纪的中美建设性战略伙伴关系的目标加速迈进。双方决定，不将各自控制

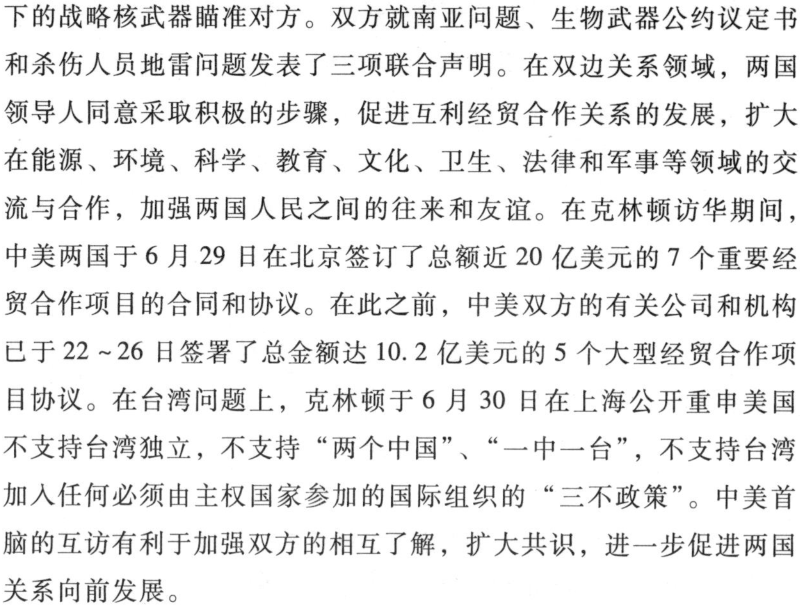

下的战略核武器瞄准对方。双方就南亚问题、生物武器公约议定书和杀伤人员地雷问题发表了三项联合声明。在双边关系领域，两国领导人同意采取积极的步骤，促进互利经贸合作关系的发展，扩大在能源、环境、科学、教育、文化、卫生、法律和军事等领域的交流与合作，加强两国人民之间的往来和友谊。在克林顿访华期间，中美两国于6月29日在北京签订了总额近20亿美元的7个重要经贸合作项目的合同和协议。在此之前，中美双方的有关公司和机构已于22～26日签署了总金额达10.2亿美元的5个大型经贸合作项目协议。在台湾问题上，克林顿于6月30日在上海公开重申美国不支持台湾独立，不支持“两个中国”、“一中一台”，不支持台湾加入任何必须由主权国家参加的国际组织的“三不政策”。中美首脑的互访有利于加强双方的相互了解，扩大共识，进一步促进两国关系向前发展。

在中美首脑实现互访之后，中美关系继续呈良好发展势头。1998年7月27日，正在马尼拉出席东盟地区论坛外长会议的唐家璇外长与奥尔布赖特国务卿举行了会谈，表示双方需要在中美三个联合公报和《中美联合声明》的基础上，加强合作，扩大共识，妥善处理两国间的分歧和问题，排除各种干扰，推动中美关系继续向前发展。9月14～22日，中国国家军委副主席张万年应美国国防部长科恩的邀请访问美国。克林顿会见了张万年一行。克林顿表示，发展美中关系和友谊对美国来说极其重要。双方需要继续努力，保持两国元首互访以来出现的双边关系发展的势头。9月27～29日，唐家璇外长在出席联大会议后对美国进行了担任外长以来的首次访问，同奥尔布赖特就加快落实两国元首互访所达成的一系列重要共识、继续加强两国高层互访和对话等问题举行了磋商。11月16日，江泽民主席在马来西亚首都吉隆坡出席第6届亚太经合组织领导人非正式会议期间，会见了美国副总统戈尔。江泽民表示，中美关系在过去的20年中历经风雨，成果来之不易。历史经验告诉我们，相互尊重主权和领土完整、互不干涉内政是中美关系稳定发展的必要条件；国与国之间存在分歧是自然的，处理彼此间分歧的正确态度应该是相互尊重、平等协商、求同存异、扩大共识、发展合作。中美双方应该抓住当前的历史机遇，在中美三个联合公报和《中美联合公报》的基础上，推动中美关系朝着建立建设性战略伙伴关系的目标加速前进。戈尔表示，美中两国元首的成功互访，使两国关系建立在牢固的基础上。美中双方有着广泛的共同利益，相信两国关系今后一定能取得更大的进展。

与此同时，美国国内又出现了一些不和谐的声音。在人权问题上，美国政府继续向中国施加压力。1999 年 2 月，美国国务院发表《世界人权问题年度报告》，再一次攻击中国的人权状况。4 月，在联合国人权委员会会议上，美国代表提出了指责中国人权状况的报告。美国的一系列行动严重恶化了中美关系的气氛，不利于两国关系的正常发展。1999 年 3 月初，奥尔布赖特国务卿对中国进行了为期 2 天的访问，取得了积极成果，双方再次确认建立战略伙伴关系的重要性，就两国在人权问题上的冲突与贸易问题分开达成协议，在中国加入世界贸易组织问题上，达成了加快谈判的共识。随后，美国贸易代表巴舍尔斯基、商务部长戴利先后访华，以推动中国加入世贸组织的谈判。1999 年 4 月 6～14 日，中国国务院总理朱镕基应邀对美国进行正式访问，主要就中国加入世界贸易组织等问题同美国领导人举行了会谈。双方一致认为，两国虽然存在一些分歧，但作为联合国安理会常任理事国，在事关世界和平与发展的重大问题上都负有重要责任。发展中美关系不仅符合两国和两国人民的根本利益，而且有利于亚太地区乃至世界的和平、稳定与发展。双方表示，应按照两国元首确定的中美关系的发展方向和框架共同努力，坚定不移地继续推进两国关系向前发展。

1999 年 5 月 8 日凌晨，以美国为首的北约悍然向中国驻南斯拉夫联盟共和国大使馆发射 5 枚导弹，造成了中方 3 名记者死亡，20 多名使馆工作人员受伤，并使馆舍遭到严重毁坏。这是对《联合国宪章》和国际关系基本准则的公然蔑视和严重破坏，是对中国主权的粗暴侵犯。中国政府立即发表声明，向以美国为首的北约提出强烈抗议，严厉谴责其野蛮暴行，要求美国和北约对此承担全部责任。中国外交部紧急约见美国驻华大使尚慕杰，向美方提出了最强烈抗议。中国还要求联合国安理会召开紧急会议，讨论和谴责以美国为首的北约的野蛮行动。5 月 10 日，中国方面宣布：推迟中美两军高层交往；推迟中美防扩散、军控和国际安全问题磋商；中止中美在人权领域的对话。同日，中国外交部长唐家璇在与美方进行严正交涉时代表中国政府向以美国为首的北约提出了四项要求：（1）公开、正式向中国政府、中国人民和中国受害者家属道歉；（2）对袭击中国驻南使馆事件进行全面、彻底的调查；（3）迅速公布调查的详细结果；（4）严惩肇事者。与此同时，在中国各地，普遍爆发了声势浩大的游行示威活动，强烈抗议以美国为首的北约暴行。

事件发生后，美国方面曾以各种方式和利用各种场合向中国方面表示道歉，并向死难者家属表示慰问。美国还表示将对此事进行调查，并向中国方面报告调查结果。5 月 8 日，克林顿在俄克拉荷马州视察龙卷风灾情时就以美国为首的北约轰炸中国驻南使馆答记者问时说，这是一起并非故意制造的不幸事件，他对由此给中方造成的人员伤亡和财产损失，向中国领导人和人民真诚地表示深切的哀悼和遗憾。8 日晚，美国国务卿奥尔布赖特和其他高级官员前往中国驻美使馆，就此事向中国政府表示道歉。她说，克林顿总统、她本人和美国政府对发生这一不幸事件深感痛心和遗憾。9 日，克林顿致信江泽民主席，表示“对昨天发生在中国驻贝尔格莱德大使馆的悲惨场面和人员死亡表示我的道歉和诚挚的哀悼”。10 日，克林顿在白宫向记者公开表示：“我已经向江泽民主席和中国人民表示了道歉。我要再次对中国人民和中国领导人说，我对此表示道歉和遗憾。同时，我要重申，我们致力于加强美中两国之间的关系。”随后，奥尔布赖特在国务院向记者表示，“我重申我们对由于北约错误轰炸导致中国驻贝尔格莱德大使馆人员伤亡表示深切悲痛”，“包括克林顿总统在内的北约领导人已经就这一悲剧性错误做出了道歉。北约将就这一事件发生的原因向中方做出全面解释。与此同时，我们继续与中国寻求一个建立在广泛基础上的、符合双方共同利益的关系”。13日，克林顿在白宫会见了中国驻美大使李肇星，并在使馆悼念驻南使馆遇难者的吊唁簿上留言：“对死难者表示深切哀悼，并对其家属和中国人民表示真诚的歉意。”但是，美国方面从一开始就称这次事件是一次“误炸”。这显然是中国政府和中国人民所不能接受的。

5月14日，应克林顿的要求，江泽民主席与克林顿总统通了电话。克林顿再次表示，“我愿对发生在贝尔格莱德的悲剧表示由衷的道歉，尤其是向受伤人员和遇难者的家属表示我个人的歉意”。他保证查清事件发生的原因，并尽快让中国人民了解事实真相。他强调，美中两国关系非常重要，他将尽最大努力处理好这场“悲剧”，使两国关系恢复正常发展。江泽民指出，以美国为首的北约对中国驻南使馆进行导弹袭击，是一起震惊世界的严重事件，造成了我人员重大伤亡和馆舍毁坏，严重侵犯了中国主权，也是对《联合国宪章》和国际关系基本准则的粗暴践踏。袭击中国使馆的严重事件极大地伤害了中国人民的民族感情。事件发生后，中国人民自发地用各种形式表达自己的义愤，举国上下形成了声势浩大的抗议浪潮，这是理所当然的。中国政府和中国人民的这一正义斗争，得到了国际社会和世界人民的广泛同情、理解和支持。江泽民强调，以美国为首的北约必须对这一事件承担全部责任。我希望，美国政府要充分看到这个事件的严重性，它已经损害了中美关系。江泽民最后指出，当务之急，美国政府应该对这一事件进行全面、彻底、公正的调查，并迅速公布调查结果，满足中国政府和中国人民提出的全部要求。克林顿政府除一再就“炸馆事件”向中国表示道歉外，还派遣总统特使来华通报调查结果，并在赔偿问题上采取合作态度。克林顿多次通过热线电话，要求与中国领导人就两国关系中的一些重要问题进行商谈。6月3日，克林顿还发表声明，决定继续延长对华正常贸易关系，认为这“将有利于促进美国的经济和安全利益”。他指出，给予中国正常贸易关系将为美国提供40万个就业机会。中国政府从中美关系大局出发，对美方恢复两国关系的要求也作出了一些积极的回应。

6月16日，美国总统特使、副国务卿皮克林访华，向中国政府报告了美国政府对以美国为首的北约袭击中国驻南使馆事件的调查结果，称美方的调查表明，这是一起“由美国政府一些部门的一系列失误所导致的悲剧性的误炸事件”。美有关部门主要有三个重大失误：第一，目标定位方面的失误。美方要打击的目标是南联盟军需供应采购局，在查找这一目标时使用了南斯拉夫1989年和1996年以及美国国家地图局1997年绘制的三幅地图。所有这些地图都没有标出中国驻南使馆的正确位置。美方情报人员把中国驻南使馆错误地确定为南联盟军需供应采购局。第二，美数据库存在缺陷。尽管近几年美官员曾数次去过中国驻南使馆新址，但新地址未被输入美情报和军事部门的目标数据库。美方的这些数据库未及时得到更新，而仍把中国驻南使馆定在贝尔格莱德的老城区。第三，审查程序未能纠正上述两项失误。在对被认为是南联盟军需供应采购局这一目标进行审查时，美国及北约各级审查机关均未能查出有关的错误。在此情况下，空袭按计划进行。5月7日夜，从美国密苏里州怀特曼空军基地起飞的一架美B－2轰炸机向中国驻南使馆这一错误目标投下5枚全球定位系统制导、全天候、各重2000磅的联合直接攻击弹药。皮克林说，目前美中央情报局和国防部仍在继续对那些参与轰炸决策过程的有关人员进行调查。由于北约对南轰炸行动刚刚结束，这项工作迄今未完成，也未能对导致这次错误的责任问题作出结论。皮克林最后表示，美方理解中国政府和中国人民对中国驻南使馆被炸的心情，认为美方完全有责任向中方报告对此事件的调查结果。美方愿解决中国人员伤亡和财产损失的问题，愿同中方就此进行讨论。

中方指出，中方注意到美国及其他一些北约国家政府和领导人就此事向中国政府和人民做出了道歉，中方也注意到美方对此事进行了调查。但必须指出，美方迄今对此事件发生原因所做出的解释是难以令人信服的，由此得出的“误炸”结论是中国政府和人民不能接受的。中方强调，美国袭击中国驻南使馆，不仅是对12.5亿中国人民最为珍视的国家主权和尊严的侵犯，也是对生存权这一基本人权的严重侵犯，极大地伤害了中国人民的感情。美国政府必须充分认识到美国袭击中国驻南联盟使馆事件的严重性，高度重视中国政府的严正立场和要求，切实进行全面、彻底的调查，严惩肇事者，以实际行动向中国政府和人民做出满意的交代。中方指出，美国袭击中国驻南联盟使馆构成美国的国际不法行为，中国要求美国政府承担全部赔偿责任，对中国的人员伤亡和财产损失做出迅速、充分和有效的赔偿。7月28～30日，中美两国代表团在北京就赔偿问题进行谈判并达成协议。美方同意就轰炸中国使馆造成的人员伤亡赔偿450万美元。12月16日，中美双方就美国袭击中国驻南使馆的赔偿问题达成协议，美国政府向中国政府支付2800万美元，作为对中方财产损失的赔偿。2000年4月8日，美国政府向中国政府通报了美国轰炸中国驻南使馆事件的责任调查结果。美方只承认使用了不合适的目标定位方法，而且每一级审查都未能发现其中的错误。美方已对中央情报局8名工作人员进行惩处，其中1名已被解雇。中国外交部发言人就此表示，美方向中方通报的调查结果是站不住脚的，也是中方不能接受的。美国政府必须正视中方的严正要求和立场，对美国轰炸中国驻南使馆事件切实进行全面彻底的调查，严惩肇事者，给中国政府和人民一个满意的交代，以彻底消除这一事件对中美关系产生的严重消极影响。

1999年9月11日，江泽民主席和克林顿总统在新西兰举行的亚太经合组织首脑非正式会议期间就中美关系以及共同关心的国际和地区问题举行了会晤。江泽民指出，中美作为世界上具有重要影响的大国，在维护世界和地区的和平与稳定、促进亚太和世界经济的发展等方面都负有重大的责任。中美两国的经济具有很强的互补性，各个领域的交流与合作有巨大的潜力，双方应该本着相互尊重、平等相待、求同存异的原则，积极寻求双方共同利益的汇合点，扩大合作，缩小分歧。中美关系的稳定和健康发展不仅有利于中美两国，而且有利于世界。克林顿表示，美国政府和他本人高度重视推进美中关系，在过去的6年多时间里，他一直作出努力，以稳定和发展美中关系。他表示，十分希望促使美中关系在一系列领域里回到正常的轨道上来。关于台湾问题，江泽民主席阐述了中国政府的原则立场，重申在台湾问题上坚持“和平统一、一国两制”的基本方针，尽一切可能争取和平统一。他同时也强调，为维护国家主权和领土完整，中国政府绝不承诺放弃使用武力。克林顿表示，他完全理解台湾问题是一个极其重要的问题，重申美国坚持执行“一个中国”的政策。在中国加入世贸组织的问题上，江泽民指出，中方对加入世贸组织一直持积极态度。中美已就中国加入世贸组织问题恢复了谈判，这具有积极的意义，希望谈判能在平等互利的基础上进行，并争取早日达成协议。克林顿表示，美国支持中国尽早加入世贸组织，希望尽快成功地结束同中国的谈判，希望双方能为此进一步作出努力。双方认为，此次首脑会晤将对谈判的进程起到积极的指导作用。两国领导人在会谈中表示，中美两国将继续致力于建立面向21世纪的建设性战略伙伴关系。这次首脑会晤取得了积极成果，对中美关系的恢复和改善具有重要意义。

11月7日，应美方要求，中美两国最高领导人就中美关于中国加入世贸组织双边谈判问题通了电话，决定加速谈判进程，并达成协议。11月10~15日，由中国对外贸易经济合作部部长石广生率领的中国政府代表团与由美国贸易代表巴尔舍夫斯基和美国国家经济委员会主席斯珀林率领的美国政府代表团在北京就中国加入世贸组织举行了最后阶段的谈判，签署了关于中国加入世贸组织的双边协议。协议是双方本着平等互利、相互谅解和尊重分歧而取得的“双赢”结果，它不仅有利于进一步推动中国的改革开放和扩大对外经贸合作，而且对于促进中美两国经贸关系的稳定发展及整个中美关系的改善都具有重要的意义。在谈判中，美方代表团还向中方作出明确承诺，将竭尽全力推动美国国会早日通过给予中国永久性最惠国待遇的决议，促进中美经贸走向健康、稳定的发展轨道，以使干扰中美经贸关系的政治因素大大减少。

中美两国领导人对中美就中国“入世”达成协议给予了高度评价。江泽民主席于 11 月 15 日在中南海会见了参加双边谈判的美国政府代表团，对双方代表团锲而不舍的工作精神和取得的成果表示高度赞赏。江泽民指出，中美双方终于签署了《中美关于中国加入世界贸易组织的双边协议》，这具有重大的现实和历史意义。这将有利于加快中国加入世贸组织进程，有利于促进中美经贸合作的全面发展，有利于中美关系的改善和发展，并将为世界经济的发展与繁荣注入新的活力。江泽民表示，中美双方关于中国加入世贸组织问题达成协议充分说明我们双方应该从战略的高度和展望 21 世纪的角度来审视和处理事关中美两国人民和世界人民根本利益的大事。正是由于双方从大局着眼，本着平等互利、互谅互让、求同存异的精神，作出了不懈的努力，才克服了各种困难，妥善处理和解决了彼此的分歧，取得了“双赢”的结果。正在土耳其进行访问的克林顿总统也于当天发表讲话，对美中签署关于中国加入世贸组织的双边协议表示高兴，认为该协议的签署是美中关系发展进程中意义深远的一步，对美中以及世界经济均有益。同时他还指出，在该协议的基础上，他将尽全力推动美国国会批准给予中国永久正常贸易关系。

进入 2000 年，中美两国各个领域的高层往来逐步恢复，双边关系继续向前发展。根据美国政府 1 月初公布的《新世纪的国家安全战略》报告，美国认为，中国的稳定、开放、繁荣、尊重国际准则、承担建设一个比较和平的世界的责任符合美国的根本利益，确定美国的对华政策既有原则，也讲求实际，既扩大合作，也直率地对待分歧。在对华政策上，未来的重要安全目标包括：保持由最近的首脑会谈和其他高级交流开始的战略对话；通过继续奉行“一个中国”政策、和平解决海峡两岸的问题和鼓励两岸的对话，加强台湾海峡的稳定；加强中国对国际不扩散准则的执行，特别是对弹道导弹和双重用途技术的出口控制；重新开始有关武器控制的双边讨论；提高中国军事部门的公开性和透明度；通过东盟和亚太经合组织这类多边论坛的积极合作，鼓励中国在国际事务中发挥建设性的作用；加强中美在反恐怖主义和缉毒等领域的合作。在经济领域，报告指出，让中国更充分地融入全球贸易体系符合美国的国家利益，中国是美国商品和服务的潜在大市场，必须继续与中国保持正常的贸易关系，以加强双边经济关系。美国在继续促使中国进行全面经济改革的同时，要求其进一步开放市场。

2 月 16～18 日，由美国副国务卿塔尔博特、国防部副部长斯洛科姆和总统国家安全事务副助理斯坦伯格等组成的代表团访华，与中国外交部官员举行了中美战略安全磋商，双方重点就全球和地区安全、两国关系，特别是台湾问题等交换了看法。3 月 28～30 日，美国总统国家安全事务助理伯杰访华，就中美两国关系等问题同中国领导人举行会谈。伯杰向中国领导人表示，此次克林顿派他来访华，是为了推动美中共同致力于建立建设性战略伙伴关系。美国政府十分重视对华关系，致力于不断改善和发展美中关系，并将此看做是 21 世纪世界稳定与繁荣的重要支柱。关于台湾问题，伯杰重申，美国政府坚持“一个中国”的政策，恪守美中三个联合公报，不支持“台湾独立”，不支持“两个中国”、“一中一台”，不支持台湾加入必须是主权国家才能参加的国际组织。

9 月 8 日，参加联合国千年首脑会议的江泽民主席在纽约同克林顿总统就中美关系以及共同关心的重大国际和地区问题举行了正式会晤。江泽民指出，中美作为世界上有重要影响的两个大国，对促进世界和平与发展的崇高事业负有共同的历史责任。近几年，中美关系尽管几经风雨，但总的趋势是不断向前发展的。事实说明，中美两国保持并发展健康稳定的关系符合两国人民的根本利益，有利于亚太地区乃至整个世界的和平、稳定与发展。在进入新世纪的历史关头，中美两国政府和领导人都要站得高，看得远，牢牢把握两国关系的大局，在中美三个联合公报的基础上，扩大交流，加强合作，妥善处理双方的分歧，特别是要处理好台湾问题，使中美关系在新的世纪里健康、稳定、持续地向前发展，这有利于世界的和平、稳定、发展与繁荣。克林顿表示，他就任总统的8年来，美中双方进行了良好的合作。美方真诚地希望美中两国实现真正的合作，希望中国作为一个大国以建设性的方式参与国际事务，也希望中国的经济、社会建设取得成功。关于台湾问题，克林顿表示，美国一定会继续奉行一个中国的政策，并希望海峡两岸的问题得到和平解决。11月16日，江泽民主席在文莱出席亚太经合组织领导人非正式会议期间与克林顿总统再次举行会晤。克林顿强调：一个强大、稳定、繁荣的中国，一个在亚洲、在世界发挥积极作用的中国，对美国来说是至关重要的。他希望美中关系的未来是合作的未来，而不是冲突的未来；是相互促进的未来，而不是相互遏制的未来。他认为，双方可能永远会有分歧，但通过对话可以消除分歧。

在经贸领域，2000年9月19日，美国参议院以83票对15票通过对华永久正常贸易关系议案。根据这项议案，在中国加入世贸组织后，美国将终止按《1974年贸易法》中有关条款对中国“最惠国待遇”（“正常贸易关系”）进行年度审议的做法，与中国建立永久正常贸易关系。9月20日，中国外交部发言人就此发表谈话，指出美国国会参议院表决支持实现美对华永久正常贸易关系，这是符合世界贸易组织非歧视原则的决定。实现美国对华永久正常贸易关系有利于为中美经贸合作创造长期稳定的环境，符合中美两国人民的根本利益，对中美两国关系的健康发展，也具有重要意义。发言人同时也表示，美国参议院通过的对华永久正常贸易关系议案仍保留了众议院文本中损害中国利益、干涉中国内政的内容，中国政府已就此向美国政府表明了中方坚决反对的严正立场。

在双边军事关系方面，1月22日，中国人民解放军副总参谋长熊光楷前往美国进行中美两国国防部第三次防务磋商。在华盛顿期间，熊光楷与美国国防部副部长斯洛科姆就国际与地区安全、双边军事关系等问题举行了正式会谈，标志着双方军方高层交往的恢复。熊光楷还分别会见了美国国防部长科恩、参谋长联席会议主席谢尔顿等高级官员。7 月 11 日，科恩开始了为期 5 天的中国之行。中国领导人江泽民等会见了科恩。中国国防部长迟浩田同科恩就国际和地区形势、双边关系等问题举行了会谈。11 月 3 日，美国参谋长联席会议主席谢尔顿访华，同中国军方领导人主要就发展双边军事关系、地区安全等问题举行了磋商。11 月 28 ~ 30 日，中美第四次防务磋商在北京举行，双方就共同关心的国际和地区问题以及中美关系特别是两军合作关系等交换了意见。

四　进入新世纪的中美关系

小布什上台之初，将中国视为主要的战略竞争对手和遏制对象，在对华政策方面采取了较为强硬的态度，这主要表现在对“撞机”事件的处理问题上。2001 年 4 月 1 日，在海南岛东南海域，一架美国军用侦察机将正对其进行跟踪监视的一架中方军用飞机撞毁，致使中方飞行员失踪。美机肇事后未经中方许可进入中国领空，降落在海南岛陵水机场。事发后，中国就此向美方提出严正交涉和抗议，要求美方向中方做出满意的交代。美国要求中方归还美军飞机，但对中国飞行员的失踪只字未提。4 月 11 日，美国驻华大使普理赫致函中国外交部长唐家璇，代表美国政府就美国军用侦察机撞毁中国军用飞机向中方致歉。与此同时，围绕台湾问题、西藏问题，美国还制造了多起严重损害中美关系的事端。2001 年 7 月 28 ~ 29 日，美国国务卿鲍威尔访华，这是小布什新政府执政以来访华的最高级别官员。中国国家主席江泽民、国务院总理朱镕基等领导人分别会见了鲍威尔，外交部长唐家璇与鲍威尔举行了会谈。鲍威尔在记者会上表示，美国政府希望与中国建立建设性合作关系，这既符合两国人民的利益，也符合整个世界的利益；中美之间有许多共识，但也有不少分歧，中美应通过对话解决，美国将在人权、贸易、不扩散等领域加强与中国的对话与合作。关于台湾问题，他重申，小布什政府将同历届美国政府一样，坚持“一个中国”的原则，恪守中美三个联合公报。

“9·11”恐怖袭击不仅是整个国际格局发生重大变化的标志，而且也为改善中美关系提供了机会。2002 年 9 月美国《国家安全战略报告》强调，“美国与中国的关系是我们促进建立一个稳定、和平和繁荣的亚太地区战略的一个重要组成部分。我们对一个强大、和平和繁荣的中国的崛起表示欢迎”。报告同时指出，美国寻求与中国建立一种“建设性的关系”，并“将努力缩小现在的分歧，不让它们阻碍我们在已经达成一致的领域进行的合作”。[①] 自“9·11”恐怖事件发生以来，中美高层往来不断，各领域的对话、交流频频展开。特别是围绕反对恐怖主义问题进行了一系列富有成效的磋商和合作，双方有关部门已建立起定期的工作磋商机制，并就反恐情报交流等达成协议。美国将中国定位从“战略竞争对手”转变为“战略伙伴”。一时间，人们对两国关系发展的期望大幅提高，被认为是进入了冷战后 10 余年来的“最好阶段”和“最稳定时期”。应当说，反对和打击恐怖主义是每个国家义不容辞的责任和义务。作为两个大国，中美合作不仅对于整个国际反恐活动，而且对于维护中国的国家安全也具有十分重要的意义。在反恐领域，中美之间的合作是十分必要的，符合双方的利益需要。[②] 小布什上台后，首先改变了竞选期间将中国称为“战略竞争对手”的提法，在较短时间内确定了美中是“利益攸关者”，需要发展“建设性合作关系”。小布什十分重视对华关系，他上台一年内就两次来华，而且先后相

① 《美国国家安全战略报告》，2002 年 9 月。

② Denny Roy, China and the War on Terrorism, Orbis, No. 3, Summer 2002, pp. 511 - 512; David Shambaugh, Sino-American Relations Since September 11, Current History, September 2002, pp. 245 - 246.

隔时间只有 4 个月；他执政不到两年就先后接待中国国家副主席和国家主席的来访；这种高层次、高规格、高频率的互访在中美关系发展历史上是绝无仅有的。小布什在总统任期内 4 次访问中国，并出席北京奥运会开幕式。在小布什总统任职期间，中美两国达成共识，建立了战略经济对话和战略对话机制，这对于两国就共同关心的战略问题展开对话磋商，增进相互了解与信任，扩大共同利益与合作，妥善解决双方分歧，发挥了重要作用。

"9·11"事件发生后，江泽民主席当即致电小布什，向美国政府和人民表示慰问。9 月 12 日，江泽民主席就美受到严重袭击应约同小布什总统通了电话。江泽民表示，中国愿意与美方和国际社会加强对话，开展合作，共同打击一切恐怖主义暴力活动。10 月 8 日，江泽民应约再次与小布什总统通话，重申中国政府历来反对一切形式的恐怖主义，强调中美作为在世界上有重要影响的两个国家，对维护亚太和世界的和平与稳定负有共同的责任。10 月 19 日，江泽民和小布什总统在上海出席亚太经合组织领导人非正式会议期间举行会晤。江泽民表示，中国高度重视与美国的关系，一向主张中美发展建设性合作关系，为此双方可以建立高层对话机制，及时沟通，就共同关心的重大问题交换意见。小布什强调，美国政府高度重视与中国的关系。中国是一个伟大的国家，中国不是美国的敌人，他把中国看成美国的朋友，美国致力于同中国发展建设性合作关系。他感谢中国在"9·11"发生恐怖袭击事件后迅速做出反应，明确、坚定地支持美国反对恐怖主义，并感谢中国在这方面给予的合作。关于台湾问题，江泽民指出，台湾问题始终是中美关系中最敏感的问题，希望美方恪守"一个中国"的政策，遵守中美三个联合公报。

2002 年 2 月 21 ~ 22 日，小布什对中国进行工作访问。21 日，江泽民主席与小布什总统举行了"积极的、建设性的和富有成果的"会谈，达成了广泛而又重要的共识。江泽民说，30 年前的今天，尼克松总统访华，中美两国领导人共同结束了两国相互隔绝的历史，开始了交流与合作的进程。30 年后的今天，国际形势发生了深刻变化，但中美之间的共同利益和对世界和平肩负的共同责任不是减少了，而是增加了；中美关系的重要性不是下降了，而是上升了。他就双方维护和发展两国关系的积极势头、充实建设性合作关系提出以下四点意见：第一，双方应进一步加强高层战略对话以及各级别、各部门之间的接触，增进了解和信任；第二，双方应加深在各领域的交流与合作，以造福于两国人民；第三，双方应在相互尊重、求同存异的基础上妥善处理彼此间的分歧，特别是台湾问题；第四，双方应当把中美关系放在世界范围内来考虑，在共同维护世界和平、促进人类文明进步方面应经常沟通，加强合作。小布什表示，赞同中方对发展双边关系的意见。他说，美国政府期望在各个领域扩大和加强与中国的合作，这不仅对美中两国有利，对维护世界和平与促进合作都是十分重要的。中美两国元首在决定保持高层战略对话和往来的同时，还同意积极开展经贸、能源、科技、环保、艾滋病防治、执法等领域的交流与合作，就地区经济、金融问题进行战略对话，并于年内举行两国经济、商贸和科技三个联委会会议。针对“9·11”恐怖袭击事件后事态的发展，两国元首深入讨论了反恐问题，同意在双向、互利基础上加强磋商与合作，充实两国中长期反恐交流与合作机制。对于彼此间存在的分歧，双方都表示应该以相互尊重、平等相待、求同存异的精神，通过对话增进了解，缩小分歧，扩大共识，推动合作。妥善处理台湾问题是中美关系稳定发展的关键。江泽民主席向小布什总统阐述了中国政府解决台湾问题“和平统一、一国两制”的基本方针，要求美方恪守承诺，慎重处理这一问题。小布什重申美国坚持一个中国的政策，遵守中美三个联合公报，并强调这是美方的一贯立场。

2002 年 4 月 27 日至 5 月 3 日，中国国家副主席胡锦涛应美国副总统切尼的邀请访问美国，同小布什、切尼、鲍威尔、拉姆斯菲尔德、赖斯等美国政界领导人举行会谈。胡锦涛在与美方会谈时强调，台湾问题是中美关系中最重要、最敏感的问题，希望美方恪守“一个中国”政策和中美三个联合公报原则，为中国实现和平统一发挥建设性作用。美方领导人表示，了解台湾问题的敏感性，重申坚持“一个中国”的政策，遵守美中三个联合公报，不支持“台湾独立”，不鼓励“台独”势力的发展。美方的这一政策立场没有改变。双方还就反恐、经贸及其他共同关心的问题交换了意见。访问达到了“加强接触、增进了解、求同存异、推动合作”的目的，取得积极成果。

10月22～25日，江泽民主席应邀对美国进行工作访问。在与小布什会谈时他表示，中美两个伟大国家拥有广泛而重要的共同利益，双方应扩大在各个领域的交流与合作，加强在重大国际和地区问题上的对话与协调，推动中美建设性合作关系不断向前发展。布什表示：美中两国在许多重大问题上有着共同利益，希望两国能建立强有力的友好关系。两国元首认为，保持两国高层战略对话和交往十分重要，并同意加强这种交往。双方同意在双向、互利的基础上加强在反恐领域的交流与合作，共同反对一切形式的恐怖主义，并于年内举行第三次反恐磋商；双方同意恢复两军交往，举行国防部副部长级防务磋商及其他交流项目；决定建立关于战略安全、多边军控和防扩散问题的副外长级磋商机制；同意在集装箱运输安全和贸易安全领域开展合作。关于台湾问题，小布什表示，美方理解台湾问题的敏感性，坚持一个中国的政策，反对“台湾独立”，赞赏中方关于和平解决台湾问题的立场。美国政府的上述政策是不会改变的。

2003年6月1日，正在法国埃维昂出席南北领导人非正式对话会议的中国国家主席胡锦涛会见了小布什。胡锦涛指出，中美都是世界上有重要影响的大国，两国对维护世界和平稳定、促进人类共同发展负有重要责任。在反对恐怖主义、打击国际犯罪、促进全球经济增长、防治疾病和保护环境等问题上，两国有着广泛的共同利益和合作基础。中方愿同美方一道努力，推动中美建设性合作关系不断向前发展。小布什表示，美中关系积极稳定，发展良好。中国是伟大的国家，前景美好。美方愿加强两国在反恐、经济和贸易等领域的合作，继续致力于发展与中国的建设性合作关系。美国政府将继续坚持一个中国政策，遵守美中三个联合公报，反对“台独”，这一政策没有改变，将来也不会改变。10月19日，胡锦涛主席在泰国曼谷出席亚太经合组织领导人非正式会议前夕会见了小布什总统，双方就中美关系及共同关心的国际和地区问题深入交换了意见。胡锦涛重申了中方在台湾问题上的原则立场，希望双方坚持从战略的高度审视和处理两国关系，推动中美建设性合作关系不断向前发展。小布什表示，良好的美中关系对美国很重要，他将继续致力于进一步发展两国关系。美国坚持一个中国政策，遵守美中三个联合公报，反对“台独”，这一政策不会改变。

2003年12月7~10日，温家宝总理对美国进行正式访问。在两国领导人随后举行的会谈中，温家宝表示，2001年10月江泽民主席和小布什总统在上海确定了中美发展建设性合作关系的目标，此次访美就是本着坦诚、合作和建设性的态度，期望与美方共同推进中美关系健康稳定向前发展。小布什表示，美中加强合作极为重要，希望两国建设性合作关系不断发展。双方商定提高中美商贸联委会的级别，由吴仪副总理担任中方主席，埃文斯商务部长和佐立克贸易代表担任美方共同主席。12月8日，温家宝在出席纽约美国银行家协会举行的午餐会上发表了题为《共同开创中美经贸合作的新局面》的演讲，指出经贸关系是两国关系的经济基础。互利共赢的中美经贸关系，不仅给两国人民带来了实实在在的经济利益，而且成为中美关系发展的重要基础和强大动力。他还就发展中美公平贸易和经济合作提出五条原则：第一，互利共赢。从大处着眼，既要考虑自己利益，又要考虑对方利益。第二，把发展放在首位。通过扩大经贸合作来化解分歧。第三，发挥双边经贸协调机制作用。及时沟通和磋商，避免矛盾激化。第四，平等协商。求大同存小异，不动辄设限和制裁。第五，不把经贸问题政治化。温家宝指出，这五条原则是建立在世贸组织框架和国际贸易基本准则基础上的，也是正确认识和妥善处理今后一个时期中美贸易可能出现的分歧和摩擦所需要的。

2004 年是美国的大选年，中美关系继续保持平稳发展，双方高层及各级别的交往密切。4 月，副总统切尼来华进行工作访问；前总统乔治·布什应邀访华。7 月初，美国总统国家安全事务助理赖斯访华。10 月下旬，鲍威尔国务卿访华、双方就中美关系、台湾问题及共同关心的重大国际和地区问题交换了意见。11 月 20 日，出席亚太经合组织领导人非正式会议的胡锦涛主席与小布什在智利首都圣地亚哥举行会晤。胡锦涛提出，为充实中美建设性伙伴关系的内涵，推动两国关系稳定发展，应保持中美高层交往的积极势头；加强两国战略对话；充分发挥中美商贸联委会、经济联委会、科技合作联委会的作用，努力推动两国经贸、金融、科技合作进一步健康发展；继续按照双向、互利原则，加强反恐、执法、卫生、环保等领域的交流和合作。继续就朝核、伊拉克重建及其他国际和地区问题开展密切磋商和协调。小布什表示，美中关系是美国最重要的双边关系之一。美方愿同中方加强合作，推进两国关系继续发展，同时加强两国就重大国际和地区问题上的磋商与协调。关于台湾问题，胡锦涛重申了中国政府的原则立场，希望美方切实履行坚持一个中国政策、遵守中美三个联合公报的反对"台独"的承诺，不向"台独"势力发出任何错误信号。小布什表示美方理解台湾问题的敏感性，坚持一个中国政策，遵守三个联合公报，不支持单方面改变台湾现状和宣布"独立"的言行，不会向台湾当局发出不一致的信号。①

2005 年小布什再次当选美国总统后，对于中美关系有了新的认识，将中国视为"利益攸关者"，双边关系有了明显提升。7 月 7 日，胡锦涛在英国苏格兰出席八国集团与中国、印度、巴西、南非、墨西哥五国领导人非正式对话会期间会见了小布什，双方就中美关系和共同关心的国际和地区问题交换了意见。9 月 13 日，胡锦涛出席联合国成立 60 周年首脑会议期间与小布什举行会晤，双方

---

① "胡锦涛主席会见美国总统布什"，人民网，2004 年 11 月 21 日。

表示将增进互信，加强合作，共同致力于发展中美建设性合作关系，促进世界和平、稳定、发展。在谈到两国关系时，胡锦涛说，近年来，中美在双边领域和国际事务中的交流合作取得重要进展，共同利益不断增加，合作范围逐步扩大，合作基础日趋牢固。胡锦涛指出，一个健康稳定发展的中美关系，符合中美两国人民的利益，也有利于世界的和平、稳定、发展。双方都应该十分珍惜。他表示中方愿同美方一道，在现有的基础上，增进交流和互信，扩大共识和合作，保持高层和各级别的交往，加强和扩大双方在反恐、防扩散、联合国改革、亚太事务、能源、促进全球经济增长等重要领域的对话和合作，全面推进21世纪中美建设性合作关系。胡锦涛说，为了推动中美关系健康稳定发展，双方应该保持高层交往势头，充分用好并不断完善中美在众多领域的磋商和合作机制，重视并搞好两国战略对话。中美经贸合作近年来迅速发展，互利双赢是中美经贸关系的主流。中方愿同美方继续本着平等互利、共同发展的原则，通过对话、协商，妥善解决贸易争端，推动两国经贸合作健康发展。中方将进一步加强知识产权保护工作，加大依法打击各种侵权行为的力度；愿同美方一起努力，在发展贸易合作中逐步解决贸易不平衡问题；中方将继续履行加入世界贸易组织所作的各项承诺，也希望美方放宽对华出口特别是高技术出口的限制，采取相应的促进两国贸易平衡的积极行动。中方愿同美方一道努力，在稳步推进货物贸易和相互投资的同时，在金融、财政、民航、服务贸易、能源等方面开拓新的合作领域。小布什表示，美中关系对美国是非常重要的双边关系，愿加强同中方在各领域的磋商和合作，美方同样重视两国战略对话。关于台湾问题，小布什表示，美方理解这一问题的高度敏感性，美方坚持一个中国政策的立场不会改变。

2005年11月19～21日，小布什总统访问中国。胡锦涛主席和温家宝总理分别会见了小布什，双方就中美关系和共同关心的国际与地区问题深入交换了意见。两国领导人一致同意，增进了解，扩大共识，加深互信，全面推进21世纪中美建设性合作关系；重申

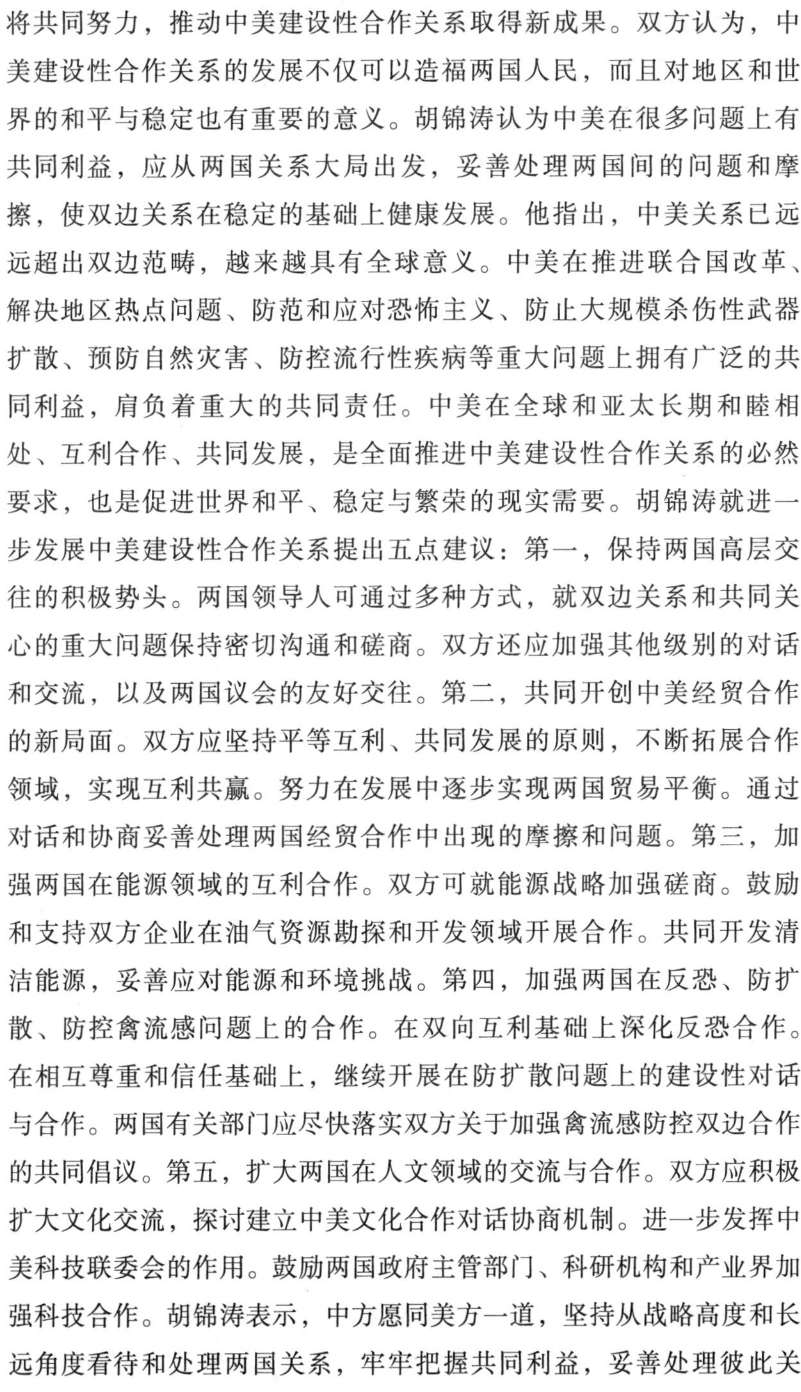

将共同努力，推动中美建设性合作关系取得新成果。双方认为，中美建设性合作关系的发展不仅可以造福两国人民，而且对地区和世界的和平与稳定也有重要的意义。胡锦涛认为中美在很多问题上有共同利益，应从两国关系大局出发，妥善处理两国间的问题和摩擦，使双边关系在稳定的基础上健康发展。他指出，中美关系已远远超出双边范畴，越来越具有全球意义。中美在推进联合国改革、解决地区热点问题、防范和应对恐怖主义、防止大规模杀伤性武器扩散、预防自然灾害、防控流行性疾病等重大问题上拥有广泛的共同利益，肩负着重大的共同责任。中美在全球和亚太长期和睦相处、互利合作、共同发展，是全面推进中美建设性合作关系的必然要求，也是促进世界和平、稳定与繁荣的现实需要。胡锦涛就进一步发展中美建设性合作关系提出五点建议：第一，保持两国高层交往的积极势头。两国领导人可通过多种方式，就双边关系和共同关心的重大问题保持密切沟通和磋商。双方还应加强其他级别的对话和交流，以及两国议会的友好交往。第二，共同开创中美经贸合作的新局面。双方应坚持平等互利、共同发展的原则，不断拓展合作领域，实现互利共赢。努力在发展中逐步实现两国贸易平衡。通过对话和协商妥善处理两国经贸合作中出现的摩擦和问题。第三，加强两国在能源领域的互利合作。双方可就能源战略加强磋商。鼓励和支持双方企业在油气资源勘探和开发领域开展合作。共同开发清洁能源，妥善应对能源和环境挑战。第四，加强两国在反恐、防扩散、防控禽流感问题上的合作。在双向互利基础上深化反恐合作。在相互尊重和信任基础上，继续开展在防扩散问题上的建设性对话与合作。两国有关部门应尽快落实双方关于加强禽流感防控双边合作的共同倡议。第五，扩大两国在人文领域的交流与合作。双方应积极扩大文化交流，探讨建立中美文化合作对话协商机制。进一步发挥中美科技联委会的作用。鼓励两国政府主管部门、科研机构和产业界加强科技合作。胡锦涛表示，中方愿同美方一道，坚持从战略高度和长远角度看待和处理两国关系，牢牢把握共同利益，妥善处理彼此关切，全面拓展各领域互利合作，不断推进21世纪中美建设性合作关系，不断推进人类和平与发展的崇高事业，更好地造福两国人民和世界人民。小布什表示，中国是重要的国家，希望这次访华为两国进一步发展具有重要影响的双边关系提供机会。他赞同胡锦涛就发展双边关系提出的有关建议，认为美中两国应不断扩大交往，加强对话。

两国领导人就经贸问题进行了深入讨论，双方表示在不断发展中逐步实现两国贸易平衡，对经贸关系迅速发展中出现的摩擦和问题，应该通过协商妥善处理。双方就进一步加强两国互利合作的具体措施达成许多共识。温家宝表示，中美经贸合作互利互惠，发展迅速，不仅给两国人民带来了实实在在的利益，而且有力地促进了亚太和世界经济的增长。中美应按照“发展、平等、互利”的精神，进一步扩大和深化双边经贸合作。双方要在充分利用现有的磋商和合作机制的基础上，不断加强在宏观经济政策、贸易、金融等领域的对话与合作；不断拓展合作领域，开拓两国在能源、公共卫生、环境保护等领域的合作，加强国际经济政策对话和协调，维护世界自由贸易体制；通过平等对话和友好协商，妥善解决合作中出现的问题，实现互利共赢。小布什认为美中间有着许多共同利益，应不断加强双边关系。对存在的不同看法和分歧，双方都愿意本着诚挚友好的态度加强对话。小布什表示美方重视贸易不平衡问题，主张双方共同努力，采取措施，不断发展美中贸易。

2006年4月18～21日，胡锦涛主席对美国进行国事访问。20日，胡锦涛与小布什举行会谈。胡锦涛指出，中美关系已超越双边关系的范畴，越来越具有全球影响和战略意义。中美在维护世界和平、促进共同发展方面拥有广泛而重要的共同战略利益，肩负着共同责任。中美双方不仅是利益攸关方，而且更应该是建设性合作者。双方应共同努力，全面推进中美建设性合作关系。双方一致认为，在当前国际形势下，中美拥有广泛而重要的共同战略利益，互利合作前景广阔；良好的中美关系对维护和促进亚太地区和世界的和平、稳定、繁荣具有战略意义。双方同意从战略高度和长远角度看待和处理两国关系，全面推进21世纪中美建设性合作关系，更好地造福两国人民和世界各国人民。双方同意共同推进互利双赢的中美经贸关系，并表示应该从两国和两国人民的根本利益出发，通过平等协商妥善解决存在的一些分歧和摩擦。双方同意加强两国在军事、执法、科技、教育、文化、青年等领域的交流合作，并就反恐、防扩散、禽流感防治、能源、环保、抗灾救灾以及维护亚太地区安全稳定等重大问题继续开展对话和合作。双方将继续推动朝鲜半岛核问题六方会谈进程，继续为和平解决伊朗核问题而努力。[①] 20日晚，胡锦涛在华盛顿出席了美国12个友好团体举行的晚宴，并发表题为《全面推进中美建设性合作关系》的讲话，就发展中美关系提出了六点主张：第一，增进了解，扩大共识，构筑长期稳定的中美建设性合作关系。第二，把握机遇，开拓思路，巩固和扩大经贸合作基础。第三，恪守原则，履行承诺，在中美三个联合公报的基础上妥善处理台湾问题。第四，密切磋商，迎接挑战，加强在重大国际和地区问题上的沟通和协调。第五，相互借鉴，取长补短，不断加强两国人民的友好交流。第六，相互尊重，平等相待，正确看待和处理彼此的差异。

7月16日，在俄罗斯圣彼得堡出席八国集团同发展中国家领导人对话会议的胡锦涛主席同小布什会晤，双方就中美关系和共同关心的重大国际及地区问题深入交换了意见。胡锦涛表示，近来中美关系稳定发展，双方就全面推进21世纪中美建设性合作关系达成的重要共识正逐步得到落实。中方愿同美方共同努力，坚持从战略高度和长远角度看待和处理中美关系，拓展两国利益的汇合点，加强双方在经贸、能源、防务、反恐、防扩散等各领域合作，同时尊重和照顾彼此关切，妥善处理两国关系中的敏感问题，推动中美关系继续向前发展。小布什重申，美方重视美中关系，愿不断加强两国合作，积极发展两国关系。在谈到两国经贸合作时，胡锦涛强

① “胡锦涛主席同布什总统举行会谈”，新华网，2006年4月21日。

调，双方应该按照平等互利、共同发展的原则，妥善处理经贸合作中存在的问题。中方将继续采取措施扩大从美国的进口，加强知识产权保护，积极稳妥地推进人民币汇率制度改革。希望美方高度重视解决中方有关经贸关切，放宽高技术产品对华出口限制，为中国企业赴美开展贸易投资活动提供公平环境。小布什表示，中国的经济增长有利于扩大美国产品的出口市场，美中经贸关系是互利双赢的。美方重视中国在市场准入和知识产权保护等方面的明确表态，愿不断扩大美中经贸关系。

2006 年 11 月 19 日，正在河内参加亚太经合组织第 14 次领导人非正式会议的胡锦涛主席会见了小布什。胡锦涛指出，当前经济全球化带来的机遇和挑战同时上升，影响和平与发展的不稳定不确定因素有所增多。作为利益攸关方和建设性合作者，中美应该就事关世界和平稳定和全人类共同利益的重大问题加强对话，增进互信，深化合作，妥善处理分歧，推动中美建设性合作关系不断向前发展。为此，双方应该坚定不移地推进中美建设性合作关系，坚持从战略高度和长远角度出发，牢牢把握两国关系发展的正确方向，全面推进中美建设性合作关系；妥善处理台湾问题，小布什总统和美国政府多次重申坚持一个中国政策、遵守中美三个联合公报、反对“台独”，希望美方恪守承诺，不向“台独”分裂势力发出任何错误信号，以维护中美共同战略利益；加强在亚太地区合作，就亚太事务加强磋商和合作，共同维护和促进该地区和平、稳定、繁荣；推进经贸互利合作，搞好首次中美战略经济对话，充分发挥中美商贸联委会、中美经济联委会等协调机制的作用，推动两国经贸合作更好更快发展；本着双向互利的精神，加强反恐、防扩散、防务、能源、航天、科技、教育、文化、卫生、青年等广泛领域的交流合作，充实中美建设性合作关系的内涵。小布什表示，美中关系发展良好。美中关系是美国对外政策的重要组成部分，美国致力于保持同中国的良好关系。美中共同努力、加强合作，有助于世界安全和人类繁荣，有助于重大国际和地区问题的解决。小布什同意胡锦涛关于两国加强各领域合作的建议，表示愿意同中国进行各种战略对话和各层次交往。美方理解台湾问题的敏感性和可能对美中关系产生的影响，美国在台湾问题上的政策没有变化。美中经贸合作是强有力的。美方欢迎中国的发展，不担心中国发展带来竞争。双方经贸合作虽有一些摩擦，但双方都愿意在相互尊重的基础上加以解决。

2007 年 6 月 8 日，胡锦涛在德国海利根达姆出席八国集团同发展中国家领导人对话会议期间会见了美国总统小布什。双方就双边关系及共同关心的国际和地区问题交换了意见。胡锦涛就发展中美关系谈五点意见：一、继续培育战略互信，客观公正地看待对方的发展，正确理解对方的战略意图，继续加强交流对话，增进信任、扩大共识、促进合作。二、妥善处理台湾问题，共同维护台海和平稳定和中美共同战略利益。三、精心维护经贸合作大局，全面、客观地看待中美经贸合作快速发展过程中出现的问题，充分发挥中美战略经济对话以及商贸、经济和科技联委会等机制的作用，通过平等对话和协商妥善处理经贸摩擦，避免经贸问题政治化，推动中美经贸关系健康发展。四、拓展能源、环境保护、气候变化等领域合作。加强能源战略对话和双边气候变化磋商，继续为维护世界能源安全、应对全球气候变化、改善人类生存环境做出贡献。五、加强在重大国际和地区问题上的磋商和协调，深化在重大国际和地区问题上沟通和合作，共同维护和促进亚太地区和世界的和平、稳定、繁荣。9 月 6 日，胡锦涛在澳大利亚悉尼出席亚太经合组织领导人非正式会议期间再次与小布什举行会晤。

2008 年，中美继续保持高层密切交往的势头，胡锦涛与小布什 4 次会晤、4 次通话、4 次通信，就中美关系和共同关心的国际与地区问题交换意见。7 月 9 日，胡锦涛在日本北海道出席八国集团同发展中国家领导人对话会议期间同小布什会晤。胡锦涛表示，中方愿同美方一道，牢牢把握中美建设性合作关系的大方向，加强对话、交流、合作，确保中美关系沿着健康稳定的轨道持续向前发展。8 月 8 日，小布什全家出席北京奥运会并在北京停留 4 天。8

月10日，胡锦涛会见小布什，指出中方始终从战略高度和长远角度认识和对待中美关系，愿同美方一道，加强对话交流，增进了解和互信，尊重和照顾彼此利益关切，妥善处理敏感问题，确保中美建设性合作关系沿着正确轨道持续健康稳定向前发展。小布什表示，美中关系是非常重要的、建设性的、坦率的双边关系，美方将继续同中方一道努力，把美中关系建设在更加牢固的基础上。11月14~15日，胡锦涛应小布什邀请赴美出席20国集团领导人金融市场和世界经济峰会。21日，胡锦涛在利马出席亚太经合组织领导人非正式会议期间与小布什举行会谈。关于中美关系，胡锦涛指出，过去7年多来，在双方共同努力下，中美关系有了重要进展。两国高层和各级别的交往密切，中美战略经济对话和战略对话机制得以建立并取得显著成效。两国在经贸、反恐、执法、文化、教育、能源、环保等领域交流合作不断扩大和深化，双方在重大国际和地区问题上保持了有效沟通和协调。胡锦涛强调，回顾中美关系的发展历程，最重要的经验是，要坚持从战略高度和长远角度出发，牢牢把握两国建设性合作关系的大方向，增进互信、加强合作，妥善处理分歧和敏感问题特别是台湾问题。台湾问题涉及中国核心利益，始终是中美关系中最重要、最敏感的问题，一个中国的原则绝不能改变。胡锦涛表示，中美关系正处在承前启后的重要时期，中方愿同美方一道，保持中美关系良好发展势头，推动两国关系健康稳定向前发展。在小布什8年任期内，胡锦涛主席与小布什总统双边会晤多达19次，两国元首通话30余次。小布什任内4次访华，超过以往任何一位美国总统。北京奥运会期间，小布什顶住美国国内政治压力，坚持出席奥运会开幕式，显示了他本人对中美关系的高度重视。①

在中美两国建立的60多个磋商机制中，战略对话与战略经济对话是双边交流中的两个重要机制。两项机制自确立以来，中美在

① 中国国际问题研究所：《国际形势和中国外交蓝皮书》（2008/2009），世界知识出版社，2009，第237页。

事关两国关系的深层次、战略性重大问题方面进行了富有成效的沟通与交流。2004 年 11 月，胡锦涛与小布什在智利圣地亚哥会晤时就进一步推进中美建设性合作关系达成共识，一致同意加强中美战略对话。2005 年 3 月，美国国务卿赖斯访华，与中方商定战略对话事宜，确定将定期举行战略对话，讨论政治和经济领域中的诸多议题，在双向互利的基础上加强各领域的交流与合作，妥善处理有关问题。8 月 1 日，中美首次战略对话在北京举行。双方就中美关系和共同关心的重大国际与地区问题进行了交流，并一致认为对话是有益的、建设性的，增进了相互理解。至 2008 年 12 月，中美双方共进行了 6 次战略对话，增进了彼此的了解和信任，促进了双方在各领域的合作。

2006 年 8 月 21 日，小布什在与胡锦涛通电话时表示，美方希望两国加强在经济领域的对话与合作，使两国经贸关系继续保持强劲发展势头。胡锦涛强调，随着中美经济联系日益紧密，加强双方在经济领域的对话有利于两国经贸合作和中美建设性合作关系的发展，对世界经济增长和全球稳定安全也会产生积极影响，中方愿同美国继续就此保持联系。为落实两国元首达成的重要共识，9 月 19～20 日美国财政部长保尔森访华。国务院副总理吴仪就加强两国经贸合作，推动中美建设性合作关系发展与保尔森进行会谈。双方决定启动中美战略经济对话机制，发表了《中美关于启动两国战略经济对话机制的共同声明》。中美战略经济对话主要讨论双边和全球战略性经济问题。对话一年两次，轮流在两国首都举行。12 月 14～15 日，中美两国在北京进行了首次战略经济对话。通过对话增进了相互了解，扩大了共识，加强了互信。美国代表团包括财政部长、商务部长、劳工部长、能源部长、贸易代表等。此后，双方分别在 2007 年 5 月和 12 月、2008 年 6 月和 12 月举行了第二次、第三次、第四次和第五次战略经济对话，取得了 189 项具体成果。这一对话机制成为事关双方全局性、战略性和长期性经济问题进行交流的重要平台。通过对话，中美双方达成了一系列重要共识，签署了多项协议，有力地推动了中美经贸关系的发展与合作。

奥巴马执政后，中美关系继续保持稳定发展，两国高层交往密切。2008 年 11 月 8 日，胡锦涛与奥巴马通电话，祝贺奥巴马当选美国总统，对他在竞选期间强调中美关系的重要性，主张中美加强合作、共同应对全球性挑战、共享全球发展机遇表示赞赏。他指出，作为最大的发展中国家和最大的发达国家，中美两国在事关世界和平与发展的重大问题上拥有广泛的共同利益，肩负着重要责任。在新的历史时期，中方愿同美方保持两国高层及各级别交往，继续开展战略对话，扩大各领域交流合作，加强在重大国际和地区问题上的沟通协调，相互尊重和照顾彼此关切，妥善处理两国间的敏感问题，特别是台湾问题，把中美建设性合作关系推上更高水平。奥巴马表示，中国的发展和成功符合美国利益；“在当今国际舞台上，美中关系是至关重要的关系，发展美中合作不仅有利于两国，也有利于世界”。他希望双方加强合作，推动美中关系取得更大发展，造福两国人民。① 2009 年 1 月 30 日，胡锦涛应约与奥巴马通电话，强调在新的历史时期，中方愿同美方一道，牢牢把握两国关系发展的大方向，加强对话，增进互信，扩大合作，尊重和照顾彼此核心利益，共同应对各种全球性挑战，推动中美关系持续稳定发展。奥巴马表示，美国政府愿同中方共同努力，发展更加积极、更富有建设性的中美关系。对中美两国而言，没有比两国关系更为重要的双边关系。双方有着许多共同利益。中美两国加强建设性对话和合作不仅有利于两国，而且有利于世界。美方期待着在重大国际和地区问题上同中方加强合作。② 2009 年中，胡锦涛与奥巴马 4 次会晤、4 次通话、9 次通信，就共同努力建设 21 世纪积极合作全面中美关系等达成重要共识。

2 月 20 ~ 22 日，新任国务卿希拉里·克林顿访华。胡锦涛在会见希拉里时指出，21 世纪中美关系是世界上最重要的双边关系之

---

① “国家主席胡锦涛同美国当选总统奥巴马通电话”，新华网，2008 年 11 月 9 日。

② “胡锦涛同美国总统奥巴马通电话”，新华网，2009 年 1 月 31 日。

一。在当前国际金融危机不断扩散和蔓延、各种全球性挑战日益突出的背景下，进一步深化和发展中美关系比以往任何时候都更为重要。胡锦涛表示，中方愿与美方进一步加强在经贸、反恐、执法、科教、文卫、能源、环保等领域的交流与合作，以及在重大国际和地区问题上磋商与协调，共同抵御国际金融危机冲击，有效应对气候变化等全球性挑战，推动两国关系健康顺利发展。国务院总理温家宝在会见希拉里时强调，面对复杂多变的国际政治、经济形势，中美不仅要同舟共济，还要携手共进。双方要从战略高度和长远角度出发，照顾彼此核心利益，不断丰富建设性合作关系内涵，使两国关系在新的起点上向前迈进。温家宝指出，应对金融危机为中美加强互信与合作提供了契机。两国要完善和发挥双边机制的作用，加强在多边领域的磋商与协调，坚决反对各种形式的贸易和投资保护主义；采取积极措施克服目前的经济困难，同时着眼于发展全面的、长期的、稳定的合作关系；把促进经济增长同应对气候变化、能源安全、环境保护问题和实现千年发展目标结合起来，推动世界的和谐与可持续发展。希拉里表示，美中关系开启了积极合作的新时代，双方在众多领域和全球性问题上拥有广泛共同利益，美方愿进一步加强同中方在各领域合作，同中方一起努力，应对包括发展在内的各种挑战。她在接受媒体采访时强调，“没有中美两国的合作和领导，要走出当前的经济危机是不现实的；没有中美两国的合作，要解决全球气候变化问题同样是不现实的”。她表示，美国将继续在西藏、台湾以及人权问题上向中国施压，但“就这些问题施压不能干扰全球经济危机、气候变化危机以及安全危机方面的合作”。希拉里访华期间，中美双方就建立新的高层对话机制达成原则性共识，同意建立“中美战略与经济对话”机制，就政治外交和经济领域战略性、全局性、长期性问题继续加强对话。①

① 中国国际问题研究所：《国际形势和中国外交蓝皮书》（2008/2009），第243～244页。

4月1日，胡锦涛在伦敦出席20国集团领导人第二次金融峰会期间会晤奥巴马，双方一致同意共同努力建设21世纪积极合作全面的中美关系，并就建立中美战略与经济对话机制、共同应对国际金融危机、加强双边广泛领域和重大国际地区问题协调合作达成共识。胡锦涛表示：当前国际形势正处在复杂而深刻的变化之中，国际金融危机继续蔓延和深化，各种全球性挑战明显增多。中美无论是在应对国际金融危机冲击、推动恢复世界经济增长方面，还是在处理国际和地区热点问题、维护世界和平与安全方面，都拥有更加广泛的共同利益。当前中美关系正站在新的起点上，面临重要的发展机遇。两国应该而且能够携手努力，共同建设21世纪积极合作全面的中美关系。胡锦涛指出，新时期中美关系应该具有以下特点：第一，应该是积极的关系。虽然两国社会制度、历史背景、文化传统、发展阶段不同，但双方都应该以积极的眼光看待对方，用积极的行动推进各领域对话和合作。第二，应该是合作的关系。双方应该携手应对21世纪人类社会面临的各种复杂棘手的挑战和问题，实现互利合作、共同发展。第三，应该是全面的关系。双方不仅应该深化经济、反恐、防扩散、执法、能源、气候变化、科技、教育、文化、卫生等领域交流合作，推动两军交往，还要加强在国际和地区事务以及全球性问题上的沟通和协调，不断充实两国关系战略内涵。胡锦涛强调，一个良好的中美关系不仅符合两国和两国人民的根本利益，而且有利于促进亚太地区乃至世界的和平、稳定、繁荣。中方愿同美方一道，坚持从战略高度和长远角度出发，加强对话和交流，增进互信和合作，相互尊重和照顾彼此核心利益，妥善处理分歧和敏感问题。奥巴马表示，美中关系是世界上最重要的双边关系。中国作为一个大国在令人瞩目地向前发展。美中两国不仅有着非常紧密的经济关系，而且在重大国际和地区问题上有着许多共同利益。希望通过加强接触和对话，在双方关心的重大问题上取得进展。美方对两国关系在现有坚实基础上继续向前发展的前景感到乐观，赞同使两国关系变得更加积极、合作、全面。双方要相互尊重彼此核心利益，妥善处理分歧，使两国关系不断向前发展。

两国领导人一致同意建立中美战略与经济对话机制。王岐山副总理和戴秉国国务委员将作为中国国家元首特别代表分别负责经济对话和战略对话。希拉里·克林顿国务卿和蒂莫西·盖特纳财政部长作为美国国家元首特别代表分别负责战略对话和经济对话。同时，双方将继续通过中美商贸联委会机制，促进两国经贸领域互利合作。两国元首同意进一步深化广泛领域的互利合作，加强能源、环境以及气候变化领域的政策对话和务实合作，恢复和扩大防扩散和其他安全问题磋商。

关于应对国际金融危机，胡锦涛指出，国际金融危机仍在蔓延和深化，给各国经济发展和人民生活带来严重影响。共同应对这场国际金融危机已成为国际社会面临的首要任务。中方愿同美方继续加强宏观经济政策协调，扩大经贸投资合作，推进国际金融体系改革，加强金融监管，共同维护国际金融稳定，积极推动恢复世界经济增长。奥巴马表示，美中两国经济关系非常强劲有力，给两国都带来了好处，双方要在此基础上继续推进经贸合作。美中两国还应该从长远角度讨论如何推动世界经济增长和发展。两国元首强调，中美作为两个主要经济体，将同各国一道努力推动世界经济恢复强劲增长，稳定国际金融体系，避免再度发生如此重大的危机。两国元首认为，中美两国采取的财政刺激措施已起到促进全球经济稳定的作用。两国元首一致认为，强有力的金融体系对于恢复经济增长至关重要，同意增加国际金融机构资源，以帮助新兴市场国家和发展中国家应对资金短缺，两国将同有关各方为此作出努力。双方一致表示坚定支持惠及各方的全球贸易和投资流动，承诺抵制保护主义，维护健康稳定的中美贸易关系。两国元首同意保持密切沟通和协调，共同推动解决冲突，减缓引发地区和全球不稳定的紧张因素，包括共同促进朝鲜半岛核问题、伊朗核问题、苏丹人道主义援助、南亚局势等问题的妥善解决。

关于台湾问题和西藏问题，胡锦涛指出，尊重和照顾彼此核心利益，是确保中美关系健康稳定发展的关键。台湾问题是中美关系中最重要、最敏感的核心问题。希望美方恪守承诺，妥善处理台湾问题，支持两岸关系和平发展。西藏自古以来就是中国领土不可分割的一部分。希望美方恪守西藏是中国领土不可分割的一部分、反对“西藏独立”的承诺，充分理解并尊重中方立场。奥巴马表示，美国政府坚定承诺奉行一个中国政策，坚持中美三个联合公报，这一立场不会改变。美方欢迎并支持两岸改善关系，并希望取得更大进展。西藏是中国领土的一部分，美国不支持“西藏独立”。①

9月22日，胡锦涛在纽约参加联大峰会期间再次与奥巴马会晤，双方一致同意共同努力建设21世纪积极合作全面的中美关系。胡锦涛指出，一个良好的中美关系不仅符合中美两国和两国人民的根本利益，也有利于亚太地区乃至世界和平、稳定、繁荣。面对当前复杂多变的国际形势，中美拥有更加广泛的共同利益和更加广阔的发展前景。中方愿同美方一道，抓住机遇，深化合作，推动两国关系健康稳定向前发展。胡锦涛就进一步发展两国关系提出如下意见：保持密切的高层交往；做好首轮中美战略与经济对话后续工作，同时推动两国在应对国际金融危机方面和经贸、反恐、防扩散、执法、能源、环境、人文等双边领域交流合作不断取得积极成果；深化在重大国际和地区问题上的协调和合作，努力推动朝核、伊核、南亚等地区热点问题的妥善解决，加强在应对气候变化、粮食安全、全球核安全以及传染性疾病防治等全球性问题上的沟通和协调；加强人文交流。奥巴马表示，美方致力于同中国建立积极合作全面的双边关系，并使其富有活力。发展同中国的合作对美国十分重要。② 9月5～13日，中国全国人大常委会委员长吴邦国访美，出席中美经贸合作论坛开幕式并发表演说。期间，他会见了奥巴马总统，与拜登副总统等举行会谈。他表示，中方愿与美方一道，坚

① “国家主席胡锦涛会见美国总统奥巴马”，新华网，2009年4月2日。

② “国家主席胡锦涛会见美国总统奥巴马”，新华网，2009年9月23日。

持从战略高度和长远角度出发，牢牢把握两国关系大局，保持高层交往和战略对话，妥善处理两国关系中的矛盾和问题，加强各领域交流与合作，密切在国际地区事务中的沟通协调，推动中美关系朝着积极合作全面的方向不断向前发展。这是中国人大最高领导人 20 年来首次访美。

2009 年 11 月 15 ~ 18 日，奥巴马总统对中国进行国事访问。两国领导人就中美关系、国际形势以及共同关心的国际和地区问题深入交换看法，达成一系列共识。两国政府和企业签署了《中美加强气候变化、能源和环境合作的谅解备忘录》等 11 份文件。胡锦涛在与奥巴马会谈时就进一步推进中美关系发展提出五点主张：一、持之以恒增进中美战略互信。双方要以新的视角看待世界、看待对方、看待中美关系。中国的发展对包括美国在内的世界各国是机遇而不是挑战，更不是威胁。中美两国不应互为对手，而要做相互信赖、真诚合作的伙伴。尊重对方核心利益和重大关切是中美两国建立战略互信的前提。二、保持密切高层交往和其他各级别对话磋商。双方要继续通过互访、通话、通信和在多边场合会晤等方式就彼此关切的重大问题及时进行沟通和磋商。中美战略与经济对话机制已成为加强两国交流合作的重要平台，双方要继续落实首轮战略与经济对话的成果，并尽早着手为 2010 年夏天在北京举行第二轮对话做准备。三、加强宏观经济金融政策协调。双方有必要在加强宏观经济金融政策协调、推进国际金融体系改革、完善全球经济治理结构等方面加强合作，为推动世界经济全面恢复和长远发展发挥更大作用。当前形势下，两国应该以更加坚决的态度反对和抵制各种形式的保护主义，坚持通过平等协商妥善处理两国经贸摩擦问题。中方希望美方尽快放宽对华高技术产品出口限制，承认中国市场经济地位，并为双方企业扩大贸易和投资合作提供便利，以更加积极的态度推动双边经贸关系健康稳定发展。四、继续推进各领域交流合作。双方应在已有合作领域和成果的基础上，继续推进两国全方位的交流合作。中方愿同美方在空间探索、高速铁路基础设施建设等领域开展合作。双方要共同落实《中美关于加强气候变化、能源和环境合作的谅解备忘录》等合作文件，以中美清洁能源联合研究中心正式启动为契机，深化节能减排、新能源、可再生能源、清洁能源、提高能效、环境治理等领域合作，使之成为两国关系的新亮点。双方已就加强两国人文交流和互派留学人员合作达成共识。中方愿继续本着双向互利的原则同美方加强反恐合作，也愿在平等、相互尊重、互不干涉内政的基础上就人权和宗教等问题开展对话交流，以增进了解、减少分歧、扩大共识。五、共同应对各种地区和全球性挑战。近年来，中美两国就地区热点问题和气候变化、核安全与核不扩散、打击跨国犯罪、减灾防灾、跨国传染病防治等全球性问题开展了密切协调和合作，使中美关系的战略水平和全球影响显著提升。双方应该继续加强沟通、协调、合作，共同维护地区和平与稳定，共同促进世界和平与发展。

奥巴马完全同意中方关于进一步加强两国关系的五点意见。他表示，21 世纪不同于 20 世纪，应对各种全球性挑战需要开展国际合作。国与国的关系不是零和游戏，要超越冷战思维。美国新政府的对外政策与以往相比有很大不同，强调与各国对话与接触，主张多边合作。美国不寻求遏制中国，欢迎一个强大、繁荣、成功和在国际事务中发挥更大作用的中国。两国的接触对于增进相互信任和了解十分重要，符合美中双方利益。要加强两国间对话和磋商，就经济、安全及区域和全球性问题进行有效合作。应该大力开展民间交流，增进两国人民之间的相互了解。双方要加强宏观经济政策协调，为世界经济复苏和发展创造良好条件。美国支持中国在国际金融机构中发挥重要作用。美方愿与中方一道，以建设性方式解决贸易摩擦，共同反对保护主义，并为实现全球经济的均衡发展打下基础。共同应对全球性问题对美中合作至关重要，美方期待着同中国进一步加强在核不扩散等领域的合作。奥巴马强调，在台湾等问题上，美国承认和尊重中国的主权和领土完整，无意干涉中国的核心利益。美方重申坚持一个中国的政策和中美三个联合公报，支持海

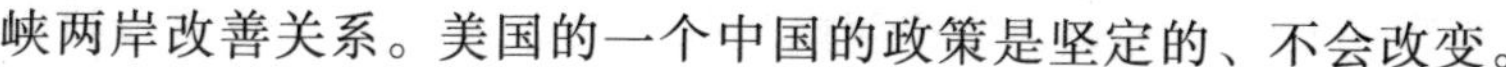

峡两岸改善关系。美国的一个中国的政策是坚定的、不会改变。

11月17日，双方发表了《中美联合声明》，这是继中美三个联合公报及1997年国家主席江泽民访美发表《中美联合声明》之后，中美之间的又一份重要政治文件，对新时期中美关系发展具有重要的指导意义。关于中美关系，声明强调，双方致力于建设21世纪积极全面合作的中美关系，并将采取切实行动稳步建立应对共同挑战的伙伴关系。双方认为，两国领导人保持密切交往对确保中美关系长期健康稳定发展至关重要，两国领导人将继续通过互访、会晤、通话、书信等方式保持密切沟通。双方高度评价中美战略与经济对话机制的重要作用，认为对话为两国增进理解、扩大共识、减少分歧、寻求对共同问题的解决提供了独特的平台。双方同意继续利用高层领导人的直接联系渠道就重大敏感问题保持及时沟通，将两国外长年度互访机制化，并鼓励两国其他部门高级官员经常互访。

关于建立和深化双边战略互信，声明指出：双方认为，21世纪全球性挑战日益增多，世界各国相互依存不断加深，对和平、发展与合作的需求增强。中美在事关全球稳定与繁荣的众多重大问题上，拥有更加广泛的合作基础，肩负更加重要的共同责任。两国应进一步加强协调与合作，共同应对挑战，为促进世界和平、安全、繁荣而努力。双方认为，培育和深化双边战略互信对新时期中美关系发展至关重要。美方重申，美方欢迎一个强大、繁荣、成功和在国际事务中发挥更大作用的中国。美方表示，美国致力于与其他国家共同努力应对所面临的最困难的国际问题。中方表示，欢迎美国作为一个亚太国家为本地区和平、稳定与繁荣作出努力。双方重申致力于建设21世纪积极合作全面的中美关系，并将采取切实行动稳步建立应对共同挑战的伙伴关系。双方强调台湾问题在中美关系中的重要性。中方强调，台湾问题涉及中国主权和领土完整，希望美方信守有关承诺，理解和支持中方在此问题上的立场。美方表示奉行一个中国政策，遵守中美三个联合公报的原则。美方欢迎台湾海峡两岸关系和平发展，期待两岸加强经济、政治及其他领域的对话与互动，建立更加积极、稳定的关系。双方重申，互相尊重主权和领土完整这一根本原则是指导中美关系的中美三个联合公报的核心。双方均不支持任何势力破坏这一原则的任何行动。双方一致认为，尊重彼此核心利益对确保中美关系稳定发展至关重要。

关于经济和全球复苏，双方决心共同努力，推动全球经济实现更加可持续和平衡的增长，同意延续现有举措以确保强健、可持续的全球经济复苏和金融体系；双方重申将继续在宏观经济政策领域加强对话与合作，进一步加强宏观经济政策的沟通与信息交流，共同努力采取调整国内需求和相关价格的政策，促进更加可持续和平衡的贸易与增长。双方认识到开放贸易和投资对本国经济和全球经济的重要性，并致力于共同反对各种形式的保护主义。双方同意本着建设性、合作性和互利性的态度，积极解决双边贸易和投资争端。

2010 年 4 月 12 日，出席核安全峰会的胡锦涛主席在华盛顿会见奥巴马，双方就中美关系及共同关心的重大国际和地区问题交换了意见，达成重要共识。胡锦涛表示，一个良好的中美关系符合两国共同利益，也有利于世界和平、稳定、繁荣。中方愿同美方一道努力，加强对话、增进互信、扩大合作，推动中美关系不断向前发展。胡锦涛就下阶段中美关系发展提出五点重要主张。一是始终坚持中美关系的正确方向，并采取切实行动稳步建立应对共同挑战的伙伴关系。双方应该牢牢把握两国关系这一正确方向。二是尊重彼此核心利益和重大关切。这对确保中美关系健康稳定发展至关重要。台湾问题、西藏问题事关中国主权和领土完整，涉及中方核心利益。希望美方恪守承诺，慎重处理好这些问题，以免中美关系再受干扰。三是保持高层和各级别交往。中美应该密切配合、通力协作，共同推动第二轮中美战略与经济对话取得积极成果，早日建立中美人文交流机制。四是深化务实合作。中方愿同美方深化经贸、反恐、能源、环境、执法等领域交流合作，积极开拓民用航空、高速铁路、基础设施建设等新的合作领域。五是加强在重大国际和地区热点问题及全球性问题上的沟通和协调。中美双方应该继续加强宏观经济政策协调以及在20国集团框架内的合作，推动世界经济进一步复苏。中方也愿同美方就气候变化、全球核安全、安理会改革以及伊朗核问题、朝鲜半岛核问题、南亚稳定问题等加强沟通和协调，共同维护和促进世界和平、稳定、繁荣。

2010年6月26日，在多伦多参加20国集团领导人峰会期间，胡锦涛与奥巴马举行会谈。胡锦涛强调：国际形势继续发生深刻复杂的变化，我们面临推动世界经济进一步复苏、应对各种地区热点和全球性问题等共同挑战，需要继续发扬同舟共济、合作共赢的精神。中方愿同美方一道，保持高层和各级别交往，深化各领域务实合作，加强在重大国际和地区问题上的沟通和协调，推动中美关系沿着积极合作全面的轨道不断向前发展。奥巴马表示，近期美中关系取得积极进展，双方成功召开战略对话和人权对话，进一步建立相互信任和信心，各领域合作取得新的成就。美国希望看到一个非常成功、繁荣的中国。美中合作具有很大潜力，双方应该进行建设性合作，实现共同发展。希望双方共同努力推进双边关系，在相互尊重的基础上妥善处理分歧，扩大双方共同利益。战略与经济对话不仅有助于改善双边关系，而且有利于各自探索促进可持续发展方式，希望双方落实在战略与经济对话上作出的决策，在推动全球经济平衡和可持续发展、应对气候变化等问题上加强合作。美方反对贸易保护主义。奥巴马重申，美方坚持一个中国政策，尊重中方核心利益。① 9月23日，温家宝在纽约会见了奥巴马总统。他表示，中美关系已超出两国范畴，在世界有重大影响。中美共同利益远大于分歧，虽然中美之间存在矛盾和分歧，但通过对话与合作，可以很好地加以解决，使中美关系不断向前发展。

11月11日，胡锦涛在韩国首尔会见奥巴马，双方一致同意共

① “胡锦涛会见美国总统奥巴马”，新华网，2010年6月27日。

同推动中美关系取得更大发展。胡锦涛指出，在双方共同努力下，中美关系稳步发展，两国高层交往和其他各级别磋商密切，双边经贸、能源、环境、人文、反恐、执法等领域交流合作继续深化。双方就重大国际和地区问题保持沟通和协调。面对国际形势深刻复杂的变化，如何在更高水平上推进积极合作全面的中美关系，在符合双方共同利益的领域开展伙伴合作，是摆在我们两国面前的重大课题。这不仅关乎各自国家前途，对整个世界的未来也影响深远。中方愿同美方一道，加强对话、交流、合作，尊重对方核心利益，推动中美关系持续健康稳定向前发展。中方希望美方奉行积极和建设性的对华政策，致力于稳定和发展中美关系。面对不断变化的国际和地区形势，中美应该相互信任、携手合作，共同应对日益增多的全球性挑战，更好地造福于中美两国人民和各国人民。中美关系面临新的发展机遇。希望双方抓住机会，进一步推进各领域交流合作，保持两国关系积极发展势头。奥巴马表示，非常高兴同胡锦涛举行第7次会晤。近年来，美中双方努力推动两国关系发展，促进各领域务实合作，进行战略与经济对话，就双边关系及国际和地区问题进行广泛深入磋商，两国关系保持强劲稳固发展势头。美方愿意就推动世界经济强劲、可持续、平衡增长同中方加强合作。美方期待着两国继续开展对话和磋商，推动两国关系进一步发展。关于经贸关系，胡锦涛指出，中美经贸关系取得新发展，已基本恢复到国际金融危机发生前的水平。美国对华出口继续快速增长，明显高于美国对其他主要贸易伙伴的出口增幅。中方已就两国开展更多财政、金融、经贸合作提出建议，希望双方共同努力做好有关工作。胡锦涛表示，中方愿继续就经贸问题同美方进行建设性沟通，寻找妥善解决分歧的办法。中方关于进一步推进人民币汇率形成机制改革的决定是在经济、就业面临十分复杂形势的背景下作出的，很不容易。中方推进人民币汇率形成机制改革的决心是坚定不移的，但改革需要良好的外部环境，只能是渐进式推进。希望美方尽快在放宽对华高技术产品出口限制方面采取具体行动，给予中国赴美投资企业公平的竞争环境，同中方一道推动两国经贸关系健康稳定发展。奥巴马表示，实现可持续的全球经济复苏是美国最重要的国际经济政策目标。希望双方共同努力，推进各自国内经济结构调整。美国致力于加强两国经贸合作，实现互利双赢。

2011 年 1 月 18 ~ 21 日，中国国家主席胡锦涛对美国进行国事访问，与奥巴马等美国领导人会晤。中美双方一致同意致力于共同努力建设相互尊重、互利共赢的中美合作伙伴关系，并全面规划了发展今后一个时期中美关系的重点方向和深化双方合作重点领域。胡锦涛表示，中方愿同美方一道，从战略高度和长远角度出发，着眼于两国人民福祉和国际社会共同利益，加强对话、增进互信、扩大交流、深化合作，开创两国伙伴合作新局面。胡锦涛指出，2009 年两国元首在伦敦首次会晤以来，两国元首在不到两年的时间里 8 次会晤并实现互访。双方成功举行两轮战略与经济对话，建立了人文交流高层磋商机制。两国共同应对国际金融危机、推进国际金融体系改革，在国际社会产生积极影响。中美经贸、能源、环境、反恐、防扩散、执法等双边领域合作不断深化，两国人民交往更加活跃，在朝鲜半岛局势、伊朗核问题等地区热点和气候变化等全球性问题上保持着有效沟通和协调。

胡锦涛强调，事实已经并将继续证明，一个良好的中美关系符合两国人民根本利益，有利于亚太地区乃至世界和平、稳定、繁荣。当今世界，国际形势继续发生深刻复杂变化。中美作为在国际社会有重要影响的两个大国，要积极推动积极合作全面的中美关系继续向前发展。中美关系发展需要新思路、新行动、新气象。胡锦涛为此提出五点建议。第一，发展求同存异、平等互信的政治关系。双方应该牢牢把握对话和合作的主流，以对话增进了解和信任，以沟通减少误会和疑虑，以合作促进发展和繁荣，巩固共同利益基础。中美两国历史文化、社会制度、发展水平不同，存在一些分歧是正常的，但只要客观理性地看待对方，尊重对方对社会制度和发展道路的选择，尊重对方主权、领土完整和发展利益，中美关系就不会偏离正常轨道。第二，深化全面合作、互利双赢的经济关系。世界经济复苏势头已经形成，但仍存在较多不确定因素。中美两国应该继续进行宏观经济政策协调，寻求和扩大互利合作，继续向全球市场发出积极有力信号。中方愿同美方开展全面经济合作，相向而行缓解贸易不平衡，共同倡导自由贸易和反对保护主义，推动两国经贸关系健康稳定发展，推动多哈回合谈判尽快取得实质进展。中方将一如既往为美国在华投资企业提供完全公平的国民待遇，希望美方在放宽对华高技术产品出口限制、给予中国赴美投资企业公平的竞争环境、承认中国完全市场经济地位方面尽快采取积极措施。双方应该继续在中美能源环境合作十年框架内重点深化新能源合作，积极开展高速铁路、智能电网改造等基础设施建设合作，使之成为两国关系的新亮点。第三，开展共同应对挑战的全球伙伴合作。中美两国应该共同承担负责任、建设性大国作用，共同推进金融和经贸领域的国际机制改革，在处理朝鲜半岛局势、伊朗核问题等地区热点问题和应对气候变化、恐怖主义、跨国犯罪、传染性疾病、严重自然灾害等全球性挑战中加强合作，维护世界和平，促进共同发展。中方支持美方主办亚太经合组织领导人夏威夷非正式会议，欢迎美国正式成为东亚峰会成员，愿同美方就亚太地区重大问题加强政策对话和立场协调，同本地区其他国家一道构筑开放包容、良性互动、合作共赢的亚太格局。第四，推进人民广泛参与的中美友好事业。双方应该鼓励两国政府有关部门和民间组织通过丰富多彩的形式，加深两国人民特别是青年一代对中美关系重要性的认识，增进他们相互了解和友谊，调动支持发展中美关系的积极性，夯实中美关系的社会和民意基础。第五，建立深入沟通、坦诚对话的高层交往模式。两国元首继续通过会晤、通话、通信等方式保持密切联系。双方应该继续充分发挥中美战略与经济对话、人文交流高层磋商以及商贸联委会、科技联委会等机制作用，加强对话、交流、协商。我们要继续创新形式，及时就双边关系和重大敏感问题进行沟通，以加深了解、扩大共识。

奥巴马表示，胡锦涛主席对美国进行国事访问为美中关系发展注入新的动力。自从他就任总统以来，美中两国关系取得令人瞩目的进展，两国关系发展的规模和速度是建交32年以来空前的。这是双方共同努力的结果，美方十分珍视两国关系，愿意在相互尊重和共同利益的基础上进一步发展两国关系。他完全赞同胡锦涛关于进一步发展两国关系的重要意见，表示美方愿意同中方共同努力，加强高层接触，增进战略互信，在推动解决全球经济可持续增长、促进亚太和世界繁荣、防止大规模杀伤性武器扩散、应对全球环境和气候变化等问题上加强合作。加强民间往来对增进两国人民相互了解十分重要。美方对两国经贸合作取得的重要进展表示赞赏，认为两国强有力的经贸关系给两国人民带来好处。美方愿意认真对待中方在经贸领域重要关切，努力取得积极进展。美方对两国战略与经济对话取得的进展表示高兴，愿意继续发挥这一机制的作用，增进两国了解，通过对话解决分歧。解决21世纪多边问题需要美中两国携手合作。美中两国合作符合双方重大利益，美国欢迎中国崛起，中国和平发展有利于美国，有利于世界。

关于台湾问题，胡锦涛强调，台湾问题事关中国主权和领土完整，事关中国核心利益，是中美关系中最敏感的问题。这个问题处理得好，中美关系就能稳步发展，两国合作就会比较顺畅。反之，中美关系就会发生波折。中方重视并赞赏美方多次重申坚持一个中国政策、遵守中美三个联合公报、不支持任何旨在分裂中国的势力及其活动，希望我们推动两岸关系和平发展的努力得到美方更明确的支持。奥巴马重申，美国坚持一个中国政策，遵守美中三个联合公报，美方乐见两岸关系不断改善，希望两岸关系继续取得进展。

19日，双方发表了《中美联合声明》。声明指出：两国元首重申致力于建设21世纪积极合作全面的中美关系，这符合两国人民和国际社会的利益。双方重申，中美三个联合公报为两国关系奠定了政治基础，并将继续指导两国关系的发展。双方重申尊重彼此主权和领土完整。关于中美关系，中美致力于共同努力建设相互尊重、互利共赢的合作伙伴关系，以推进两国共同利益、应对21世纪的机遇和挑战。鉴于两国面临重要的共同挑战，中美决定继续建设伙伴关系，以推进共同利益、处理共同关切、强调国际责任。两国领导人认识到，中美关系既重要又复杂。中美已成为不同政治制度、历史文化背景和经济发展水平的国家发展积极合作关系的典范。双方同意进一步培育和深化战略互信，以加强双边关系。双方重申要深化对话，拓展务实合作，确认需共同努力，处理分歧、扩大共识、加强在一系列问题上的协调。美方重申，欢迎一个强大、繁荣、成功和在国际事务中发挥更大作用的中国。中方表示，欢迎美国作为一个亚太国家为本地区和平、稳定与繁荣做出努力。两国领导人支持通过合作努力建设21世纪更加稳定、和平、繁荣的亚太地区。中美两国确认，一个健康、稳定、可靠的两军关系是胡锦涛主席和奥巴马总统关于积极合作全面中美关系共识的重要组成部分。双方一致认为，有必要加强各层次的实质性对话和沟通，以减少误解、误读、误判，增进了解，扩大共同利益，推动两军关系健康稳定可靠发展。中美将继续在农业、卫生、能源、环境、渔业、学生交流、技术创新等广泛领域进行合作，以增进双方福祉。[①] 访美期间，中美两国还达成约450亿美元的贸易协议，涉及农业、铁路、民航等领域。

1月20日，胡锦涛在华盛顿出席美国友好团体举行的欢迎宴会时就推动中美关系更加健康稳定地向前发展提出五点主张：第一，着眼大局，立足长远，积极推进中美伙伴合作。双方应该以更加广阔的全球视野和与时俱进的思维方式看待和处理中美关系，走出一条相互尊重、平等互信、互利共赢、共同发展之路。为此，中美两国应该继续密切高层往来，加深和扩大各级别、各层次的沟通，加深对对方战略走向、发展道路的了解，不断增信释疑、凝聚共识。第二，抓住机遇，开拓创新，努力构建互利双赢的中美经济合作新

① “中美联合声明”，新华网，2011年1月20日。

格局。中方愿同美方一道，推动建立两国更加全面积极的经济合作框架，开展更大规模的财政、金融、经贸合作，扩大能源、环保、农业、卫生等方面交流合作，拓展航空航天、基础设施建设、智能电网等新领域合作，使中美经贸合作纽带更加紧密，为两国人民创造更多就业机会和财富。第三，加强沟通，密切磋商，深化应对全球性挑战及国际和地区热点问题的协调和合作。中美两国应该开展共担责任、共迎挑战的全球伙伴合作，通过双边渠道和各种多边机制，加强在多哈回合谈判、气候变化、能源资源安全、粮食安全、公共卫生安全等全球性问题上的磋商和协调，继续在地区安全、区域合作和热点问题上保持沟通和交流，努力推动国际体系朝着更加公平、公正、包容、有序的方向发展。要继续致力于促进亚太地区和平、稳定、繁荣，推进开放包容的地区合作，让亚太地区成为中美两国相互尊重、密切合作的重要地区。第四，加深友谊，面向未来，积极促进社会各界友好交流。第五，相互尊重，平等相待，妥善处理重大敏感问题。①

2010 年 5 月 25 日，中美人文交流高层磋商机制成立仪式暨第一次会议在北京举行。中国国务委员刘延东和美国国务卿希拉里·克林顿共同担任机制的主席，分别代表两国政府签署了《关于建立中美人文交流高层磋商机制的谅解备忘录》。双方将每年轮流在两国召开人文交流高层磋商会议。中美人文交流高层机制第一次会议就教育、科技、文化、体育等领域共同关心的问题进行了广泛而深入的讨论，并宣布启动一系列人文交流项目。2011 年 4 月 12 日，第二轮中美人文交流高层磋商在华盛顿举行。会议全面总结了中美人文交流高层磋商机制成立一年来两国人文交流与合作取得的进展和成果，规划了今后一个时期中美人文交流的总体框架、阶段重点和工作原则，并就进一步加强教育、科技、文化、妇女、青年、体育等领域合作达成一系列重要共识，确定了数十项合作项目。

① “胡锦涛在美国友好团体欢迎宴会上的讲话”，新华网，2011 年 1 月 21 日。

2011 年 8 月 17 ~ 22 日，美国副总统拜登对中国进行正式访问。这是他就任副总统以来首次访华。胡锦涛、吴邦国、温家宝分别会见了拜登。胡锦涛在会见拜登时表示，中美两国作为在国际上有重要影响的国家，既肩负着重要责任，也面临着重大挑战。一个良好的中美关系符合两国和两国人民的根本利益，也是世界和平与发展的必然要求。中美双方应该登高望远，超越国情差异，把中美合作伙伴关系建设好、发展好。中方坚定致力于构建互尊互信的中美关系。中方愿同美方一道，加强各级别对话和磋商，扩大两国人民友好交往，努力培育两国战略互信，不断充实中美合作伙伴关系的战略内涵。中方坚定致力于推进互利共赢的中美经济合作，要发扬同舟共济精神，加强宏观经济政策协调，落实双方达成的保增长促稳定共识，深化双边和 20 国集团等多边框架内的合作，共同提振市场信心，推动世界经济复苏和强劲、可持续、平衡增长。中方坚定致力于深化中美在国际和地区事务中的协调与合作，希望充分利用双边渠道和多边机制，加强同美方在地区安全、区域合作、全球性问题上的沟通和协调，推动通过对话谈判和平解决地区热点问题，共同应对传统安全领域和非传统安全领域挑战。中美双方应妥善处理两国之间重大敏感问题，坚定维护两国关系发展大局，共同推动相互尊重、互利共赢的中美合作伙伴关系健康稳定深入发展。拜登表示，美方坚定地认为，一个强大、繁荣、成功、在世界事务中发挥更大作用的中国有利于美国，也有利于世界。美方完全致力于建设强有力、持续、积极的美中关系，希望在相互尊重的基础上，进一步深化两国各领域合作，把美中关系提升到新的高度。拜登重申，美方理解中方在核心利益问题上的关切。希望双方增加相互接触，增进相互了解和信任，妥善处理重大敏感问题，促进两国人民友好交往，加强经济合作，以及在地区和全球事务中的对话与磋商，共同应对国际社会面临的挑战。①

---

① “胡锦涛会见美国副总统拜登”，新华网，2011 年 8 月 19 日。

国家副主席习近平同拜登举行会谈，并就进一步发展中美合作伙伴关系提出四点建议。第一，牢牢把握中美合作伙伴关系大方向不动摇。双方要客观、理性看待对方发展，正确判断对方战略意图，不断增进中美战略互信。第二，深化全面互利的中美经济伙伴关系。第三，尊重彼此的核心利益是确保中美关系健康稳定发展的关键。台湾问题、西藏问题事关中国的核心利益、事关13亿中国人民的民族感情，必须谨慎、妥善处理，避免中美关系受到干扰和损害。第四，进一步加强中美全球伙伴合作。中方愿同美方继续合作应对各种全球性和地区性挑战，保持和加强沟通协调，共同发挥负责任、建设性的大国作用。双方要加强亚太事务对话与合作，进一步构建中美在亚太良性互动、互利共赢格局。拜登表示，战略互信是美中关系持久稳定发展的关键，双方应该增加接触，增进相互了解，增进战略互信，避免战略误判。美中合作对于世界经济稳定十分重要，美国欢迎中国保持经济增长，愿同中方共同努力，确保世界经济稳定增长。拜登重申，美方充分理解台湾问题、西藏问题是中国的核心利益，将继续坚定奉行一个中国政策，不支持“台湾独立”，完全承认西藏是中华人民共和国不可分割的一部分。他表示，美方愿同中方加强合作，妥善处理地区热点和全球性问题，促进地区和世界和平稳定。①

11月12日，正在美国夏威夷檀香山参加亚太经合组织领导人非正式会议的胡锦涛主席与奥巴马举行会谈，双方就双边关系及共同关心的国际和地区问题交换了意见，达成广泛共识，表示将共同努力，把中美合作伙伴关系不断推向前进。胡锦涛表示，近三年来，在双方共同努力下，中美相互了解和交流合作达到从未有过的广度和深度。当今人类社会发展任务更加突出，面临的挑战也更加严峻，中美作为两个大国，加强合作是唯一正确的选择。发展相互尊重、互利共赢的中美合作伙伴关系，是中美基于两国共同利益、

① “习近平同美国副总统拜登举行会谈”，新华网，2011年8月18日。

共同担负的责任和共同的战略判断作出的重大决策。双方应该牢牢把握这一定位，坚定不移地把中美合作伙伴关系建设好，把两国关系稳定发展势头长期保持下去。这符合两国人民的根本利益，也有利于世界和平、稳定、发展。胡锦涛强调，中美关系发展已经进入又一个关键时期。双方应该坚持从战略高度和长远角度出发，推动两国在双边、地区、全球层面的合作取得更多实实在在的成果，确保中美关系的平稳发展。为此，胡锦涛提出三点意见：第一，中美要做互尊互信的合作伙伴。两国应该加强高层交往和各级别、各领域对话磋商，客观、理性判断彼此战略意图和政策走向，持之以恒增进战略互信。要积极开展两国人民交往，继续鼓励双方省州市扩大友好交流，增进两国人民相互了解和友谊。相互尊重核心利益是中美建立合作伙伴关系的关键。希望美方切实按照中美三个联合公报确定的原则，慎重妥善处理好有关问题。第二，中美要做互利互惠的合作伙伴。中美两国应该更加注重交流合作、相互借鉴，更加注重互利共赢、共同发展。要充分发挥两国经济互补性强的优势，加强经济技术合作，促进两国企业开展合作，积极探索扩大两国经贸合作的新途径、新领域。要通过平等协商，在扩大互利合作中解决出现的问题。第三，中美要做同舟共济的合作伙伴。中美两国应该共同应对当前国际经济金融形势，发挥建设性作用，提振市场信心，支持实现保增长、促稳定的目标。双方也要共同充分利用双边渠道和多边机制，就朝鲜半岛局势、伊朗核问题等地区热点和气候变化、恐怖主义、粮食安全、大规模传染病、自然灾害等全球性问题加强协调，共同维护世界和平、促进全球发展。关于人民币汇率问题，胡锦涛指出，中国的汇率政策是负责任的。目标是确立以市场供求为基础、参考一篮子货币进行调节、有管理的浮动汇率制度。人民币汇率形成机制改革将会继续稳步推进。同时，美国贸易逆差和失业等结构性问题不是人民币汇率造成的，即使人民币大幅升值，也无法解决美国面临的问题。美国应该尽快采取实际措施放宽对华高技术产品出口限制，并为中国企业赴美投资提供便利。关

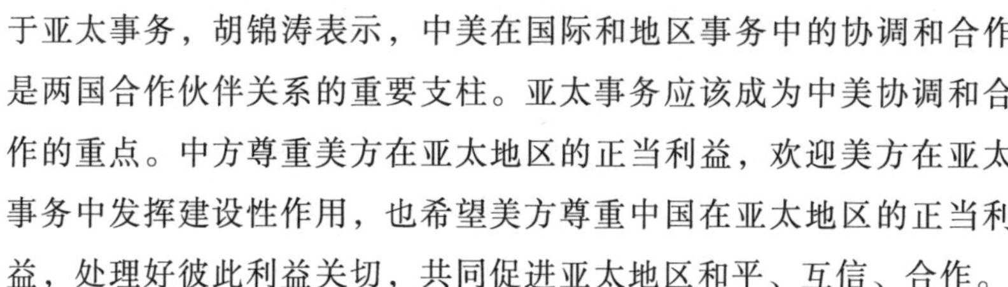

于亚太事务，胡锦涛表示，中美在国际和地区事务中的协调和合作是两国合作伙伴关系的重要支柱。亚太事务应该成为中美协调和合作的重点。中方尊重美方在亚太地区的正当利益，欢迎美方在亚太事务中发挥建设性作用，也希望美方尊重中国在亚太地区的正当利益，处理好彼此利益关切，共同促进亚太地区和平、互信、合作。

奥巴马强调，美中加强合作对两国、亚太地区和整个世界都至关重要。美方继续致力于以建设性方式同中方发展相互尊重、互利共赢的合作伙伴关系，欢迎一个强大、成功、繁荣、稳定的中国在国际事务中发挥更大作用，尊重中方在亚太地区的正当利益。美方尊重中国主权，乐见台海两岸关系取得的持续进展，支持两岸关系继续稳定、和解。美方将继续执行基于中美三个联合公报的一个中国政策，不支持"台湾独立"。关于两国经贸关系，他表示，美中经贸合作日益深化，双边贸易额和双向投资再创历史新高，两国在促进世界经济增长方面也发挥着越来越重要的作用。美方愿同中方保持密切磋商，并同其他国家一道，共同克服当前世界经济面临的困难，推动世界经济强劲、可持续、平衡增长。①

11 月 19 日，在印尼巴厘岛出席东亚领导人系列会议的温家宝总理会见奥巴马。温家宝表示，中美经贸关系的本质是互利共赢。在当前国际经济形势依然严峻的情况下，加强中美经贸合作有着特殊重要的意义，更有现实的必要性。中美之间的贸易不平衡主要是结构性问题，解决这个问题必须在深化双方经贸合作上下工夫。温家宝建议，在更高水平、更大规模上开展中美投资贸易合作，包括中方扩大自美商品进口，鼓励企业到美投资，深化双方在高端制造业、新能源产业、医疗卫生事业、节能环保产业、高新技术和基础设施建设等方面合作。为此，美方应在放宽对华高技术产品出口限制、中国企业赴美投资准入、为中国企业提供公平竞争环境等方面尽快采取实际行动。关于人民币汇率问题，温家宝表示，中国一直

① "胡锦涛会见美国总统奥巴马"，新华网，2011 年 11 月 13 日。

在推进人民币汇率形成机制的市场化改革，已经取得明显成效。中国正密切关注人民币汇率出现的新变化，并将继续按照主动性、渐进性、可控性原则，稳步推进改革，增强人民币汇率双向浮动的弹性。奥巴马表示，美中关系无论是对两国，还是对世界都是最重要的双边关系之一。双方应该继续以合作和相互谅解的精神，推进解决经贸等领域的分歧，推进美中这一具有重要战略意义的关系不断取得新的进展。①

在磋商机制方面，中美双方将原来的战略对话和战略经济对话整合为战略与经济对话。2009 年 7 月 27 ~ 28 日，首轮中美战略与经济对话在华盛顿举行，由胡锦涛主席特别代表国务院副总理王岐山、国务委员戴秉国与奥巴马总统特别代表国务卿克林顿、财政部长盖特纳共同主持。胡锦涛向对话开幕式致贺词并向奥巴马总统致口信。他指出：在当前复杂多变的国际经济政治形势下，中美双方通过战略与经济对话，扩大共识，减少分歧，加深互信，促进合作，符合双方共同利益，有利于推动中美关系朝着积极合作全面的方向发展，对世界的和平、稳定与发展、繁荣也具有重要意义。他希望双方平等协商，坦诚交流，集思广益，就两国关系发展中战略性、长期性、全局性问题进行深入沟通；希望双方开阔思路，务实进取，共谋双赢，广泛探讨扩大两国互利合作的新领域、新方式、新途径。他相信在双方团队的共同努力下，中美战略与经济对话机制一定能够不断完善和发展，为促进两国各领域互利合作、发展积极合作全面的中美关系，注入新活力、作出新贡献。② 奥巴马在开幕式上发表讲话说，此次对话是推动建设积极合作全面美中关系的重要一步。中国是国际社会强大、繁荣和成功的一员。美中关系是影响 21 世纪走向、十分重要的双边关系，双方要加强合作，寻求

---

① “温家宝会见美国总统奥巴马”，新华网，2011 年 11 月 19 日。

② “胡锦涛向首轮中美战略与经济对话开幕式致贺词”，新华网，2009 年 7 月 27 日。

共同利益，造福两国人民和世界人民，并就加强双边合作提出四点建议：共同推动世界经济的持久复苏，克服金融危机，促进世界金融稳定，推进自由和公平贸易，改革和完善国际金融机构，促进经济可持续增长；加强在清洁、安全能源和应对气候变化方面的合作；致力于防止核武器扩散，推动朝鲜半岛无核化；共同应对恐怖主义、疾病、走私等跨国威胁。① 对话中，双方就事关中美关系发展的战略性、长期性、全局性问题深入交换了意见。双方认为，对话机制作为独特的论坛，有助于双方加深了解、扩大共识、减少分歧、增进互信、促进合作，有助于双方在解决全球金融危机、地区安全关切、全球持续发展、气候变化等共同挑战方面进行合作。这一机制体现了中美关系30年来的成果，表明双方正共同致力于建设21世纪积极合作全面的关系。中美双方就双边关系，两国在经济、金融及相关领域的合作，两国在全球性问题以及地区问题上的合作，战略与经济对话机制等问题达成了广泛共识。双方发布了《联合成果情况说明》，并草签了《中美关于加强在能源、气候变化和环境方面合作的谅解备忘录》。

2010年5月24～25日、第二轮中美战略与经济对话在北京举行。中国国家主席胡锦涛出席开幕式并发表题为《努力推动建设21世纪积极合作全面的中美关系》的致辞。他指出，当今世界正处在大发展、大变革、大调整时期。中美作为联合国安理会常任理事国，分别作为世界上最大的发展中国家和最大的发达国家，面临着共同课题、肩负着重要责任。要坚持中美关系的正确方向，尊重彼此核心利益和重大关切，尊重各国自主选择发展道路的权利，保持两国高层及各级别的密切往来，发展互利共赢的合作格局，加强地区热点和全球性问题上的协调，深化两国人民相互了解和友谊。奥巴马总统向开幕式发来书面致辞，表示美国欢迎中国成为国际社会中强大、繁荣、成功的一员。美中两国关系的重要性堪比21世

① “奥巴马在首轮中美战略与经济对话开幕式上致辞”，新华网，2009年7月28日。

纪世界上任何双边关系。美方愿同中方共同努力，加强各领域交流与合作，推进双方的共同利益，发展积极合作全面的美中关系。对话期间，双方签署了8项合作协议，取得26项具体成果，内容涉及能源、环境、科技、卫生、执法、海关等广泛领域，充分体现了中美交流与合作的深度和广度。中方对加强中美合作提出五方面考虑：一是深化现有合作，继续就伊核、朝核等涉及双方重大利益的热点问题保持沟通和协调，加强在反恐、防扩散、打击跨国犯罪等领域的磋商与合作；二是在合作过程中，要充分尊重和照顾彼此重大利益和关切；三是遵循公认的国际关系准则，通过对话和谈判和平解决地区热点问题；四是在合作中客观冷静地面对矛盾和分歧，不因一时的困难影响中美合作大局；五是培育新的合作亮点，拓展气候变化、能源安全等领域的沟通与协调，并使之造福于中美两国以及国际社会。2011年5月9~10日，第三轮中美战略与经济对话在美国华盛顿举行，美国副总统拜登在开幕式上致辞。双方签署《关于经济强劲、可持续、平衡增长和经济合作的全面框架》等文件，双方将基于共同利益，从战略性、长期性、全局性的角度，推进更为广泛的经济合作，以共同建设全面互利的经济伙伴关系，增进两国繁荣与福祉，推动实现世界经济强劲、可持续、平衡增长。对话期间，取得了48项具体成果。

中美双方还建立了亚太事务磋商机制，以增进互信，拓展合作，推动中美在亚太地区良性互动，促进亚太地区的和平、稳定和繁荣。2011年6月25日，首次中美亚太事务磋商在美国夏威夷檀香山举行，会议由中国外交部副部长崔天凯与美国助理国务卿坎贝尔共同主持。双方就亚太形势、各自亚太政策、中美在亚太地区沟通与合作以及共同关心的地区问题交换了意见。10月11日，第二次中美亚太事务磋商在北京举行。

两国经贸关系有了长足进展。2001年12月27日，美国总统小布什签署命令，正式宣布从2002年1月1日起给予中国永久正常贸易关系待遇地位，从而扫除了这一长期制约两国经贸关系发展的障碍，为中美经贸关系的进一步发展创造了较为稳定的环境。为促进两国经贸关系的发展，中美先后成立了多个专门机构，并形成定期磋商机制。其中，中美商贸联委会是两国间最高层次的双边经贸磋商机制。多年来，联委会对推动双边经贸互利合作、维护和促进双边经贸关系的稳步和健康发展发挥了重要作用。从 2004 年开始，中美商贸联委会升格为副总理级别。在双方共同努力下，中美两国在双边贸易、投资及经济技术合作等领域都保持着良好的发展势头。2003 年，中美双边贸易总额首次突破 1000 亿美元，达 1263.3 亿美元。2010 年中美贸易额达到 3852.4 亿美元，比 2009 年增长 29.2%。美国 2010 年对全球出口增长 21%，其中对华出口增长 32%，中国已连续 9 年成为美国增长最快的主要出口市场。对华贸易为美国提供了 50 多万个工作机会。中美两国互为对方第二大贸易伙伴，美国是中国第一大出口市场，中国是美国第三大出口市场。美国对华投资额累计已达 600 亿美元，是对华投资最多的国家之一。至 2010 年底，美国对华投资项目累计达 59642 个。[①]

五　美国对台湾的政策

台湾问题是中美关系中最重要、最敏感的核心问题，也是影响两国关系稳定健康发展的主要因素。冷战结束后，美国的对台政策发生了较大变化。变化之一是首先表现在美台之间的人员往来层次越来越高，越来越频繁，越来越具有官方色彩。访台的人士中包括现任和卸任的国会议员、高级将领、部长级官员等。1994 年 4 月 30 日，克林顿签署了美国国会 4 月 28 日通过的《1994/1995 财政年度对外关系授权法》。该法案宣称“《与台湾关系法》的第三节优于政府的政策声明，包括公报、规定、指令以及基于上述的政

① 中国商务年鉴编辑委员会：《中国商务年鉴》（2011），商务印书馆，2011 年，第 422 页。

策”。《授权法》主张美国内阁级官员可以访问台湾，并要求美国总统采取步骤明确表示在双边关系上和在美国是成员国的多边国际组织中“支持台湾”。

1994 年 9 月 7 日，克林顿政府宣布调整对台政策。它虽然声明坚持“一个中国”的原则，不支持台湾进入联合国，只同台湾保持非官方关系，但实际上这是中美建交后美国政府对台湾政策经过“全面审议”而作出的系统调整。根据这一政策，美国官员将与台湾当局进行较高层次的接触，允许建立美台内阁副部长级的对话；允许台湾高级领导人进行必要的过境；准许美台官员在白宫和国务院以外的政府机构中进行会晤；批准美国经济、商务、技术部门的高级官员访台；承认台湾在一些跨国问题上所发挥的作用；支持台湾加入关贸总协定和其他一些不要求国家地位的国际组织；同意台湾驻美机构“北美事务协调委员会”改名为“台北驻美经济文化代表处”等。美国负责东亚事务的助理国务卿洛德在新闻发布会上称，“美国政府为了适应中国和台湾不断变化的情况，研究了美台非官方关系的做法。其目的是在充实我们政策的同时，做些必要的调整，以便在情况变化的情况下促进美国的利益”。他还说，美国与台湾当局进行较高级别的接触，是为了解决实际问题和做生意，任何人都不应认为是官方关系。

美国政府提升美台关系的做法遭到中国政府的强烈谴责。9 月 10 日，中国外交部副部长刘华秋奉命约见美国驻华大使芮效俭，就美国提升美台关系向美国政府提出强烈抗议。刘华秋指出，美国政府不顾中方的多次交涉和强烈反对，公然宣布将采取一系列提高美台关系的措施。这是美方蓄意制造“两个中国”、“一中一台”的政治行动，严重违反了中美三个联合公报所确定的原则，粗暴地干涉了中国内政，践踏了中国的主权。美国的行动是美国政府在台湾问题上重大的政策倒退，后果将是严重的。他要求美国政府从中美关系的大局出发，严格遵循中美三个联合公报的原则，纠正其在台湾问题上的错误行径，以免给中美关系带来严重损害。刘华秋重

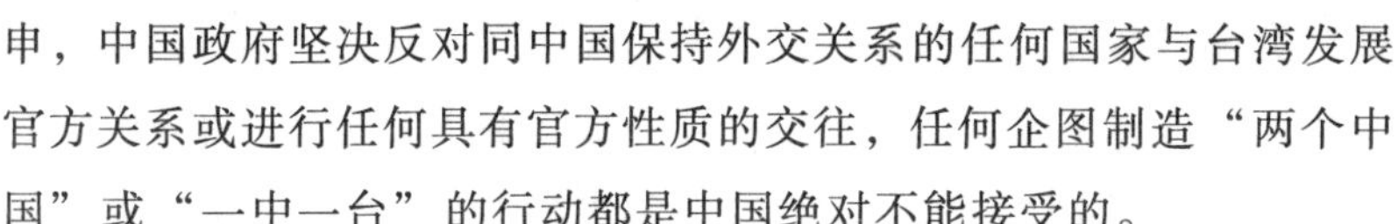

申，中国政府坚决反对同中国保持外交关系的任何国家与台湾发展官方关系或进行任何具有官方性质的交往，任何企图制造“两个中国”或“一中一台”的行动都是中国绝对不能接受的。

更为严重的是，美国政府出尔反尔，不顾中国政府的强烈抗议和严正交涉，允许李登辉于1995年6月7~11日以所谓“私人名义”访问美国，在康奈尔大学发表了政治性很强的演说，并在各种场合大肆进行旨在制造“两个中国”、“一中一台”的活动。虽然美国方面一再保证信守“一个中国”的原则，但并没有承诺今后不再向台湾领导人发放签证，只是称这样的访问将是“非官方的、私人性质的和罕见的”。经过两国领导人的几次直接对话和高级别的外交接触，李登辉访美事件所造成的中美关系恶化的势头才得到遏制。1998年克林顿访华期间公开重申了美国对台湾的“三不”政策，即不支持“两个中国”、不支持台湾独立、不支持台湾加入联合国，并多次表示坚持“一个中国”的立场。然而，就在克林顿作出这项承诺不久，11月，美国能源部长理查森便访问台湾，并会见了李登辉。此后，理查森多次借出席美台工商联合会年会之机访台。

美国对台政策调整的另一表现是售台武器逐步升级，美台军事联系明显增强。美国通过对台湾直接出售武器和在台湾开设军工厂生产先进武器装备等方式，重新装备台湾海军、空军和陆军及空中防卫系统，从而使台湾武器装备性能大大增强。在武装台湾海军方面，1992年7月，美国政府批准向台湾出租3艘克诺斯级护卫舰，租期为5年，总金额为2.36亿美元，由美国海军提供人员技术培训。1993年9月底，这3艘护卫舰抵台，正式加入台湾海军服役。1992年8月，美国宣布向台湾地区出售价值达1.26亿美元的207枚海军舰对空导弹。10月，美国向台湾地区出售12架直升机及12台航空发动机，价值1.61亿美元用于装备克诺斯级护卫舰。1994~1995年，又有6艘克诺斯级护卫舰抵达台湾，价值4.8亿美元。1993年9月，美国决定向台湾地区出售性能先进的41枚“鱼叉”式舰载导弹，价值680万美元。1994年5月，美国批准海军向台湾地区出售先进的雷达、电子反干扰系统及整套电子作战系统，以装备台湾从法国购进的6艘拉斐德级护卫舰。9月，美国同意台湾以470万美元租借3艘坦克登陆舰。在装备台湾空军方面，1992年7月，美国向台出售4架早期预警飞机，价值达7.6亿美元。9月2日，布什政府不顾中国政府的坚决反对，公然违背1982年中美达成的《八一七公报》，宣布将向台湾地区出售150架F－16战斗机，价值高达60亿美元。这是一种远距离、高性能的战斗机，具有很强的地面攻击能力，能够发射空对空导弹。美国不仅在数量上而且在武器性能上严重超出以前的水平。9月3日，中国外交部副部长刘华秋紧急约见美国驻华大使芮效俭，奉命向美国政府提出最强烈的抗议。刘华秋说，美国政府不顾中国政府多次严正交涉，作出向台湾地区出售F－16战斗机的决定，这完全违反中美《八一七公报》，粗暴干涉中国内政，严重损害中美关系，干扰和破坏中国和平统一大业的行为。中方对此感到震惊和愤慨。刘华秋指出，中美《八一七公报》对美国向台湾出售武器问题作出了明确的规定：“美国政府声明，它不寻求执行一项长期向台湾出售武器的政策，它向台湾地区出售的武器在性能和数量上将不超过中美建交后近几年供应的水平，它准备逐步减少它对台湾的武器出售，并经过一段时间导致最后的解决。在作这样的声明时，美国承认中国关于彻底解决这一问题的一贯立场。”美国政府自食其言，不断提高售台武器的性能和数量，甚至作出了向台湾地区出售F－16战斗机的决定，这只能说明美国政府的承诺是不可信任的。刘华秋强调指出，美国政府至今仍然保持对中国的制裁，并在对中国十分敏感的台湾问题上采取恶化两国关系的措施，这将导致中美关系的严重倒退，并不可避免地对中美双方在联合国及其他国际组织中的合作带来消极的影响。中国政府严正要求美国政府取消这一错误决定。在美方改变此项军售决定之前，中国将难以参加5大国军控会议。如果美方一意孤行，中国政府和人民将不得不作出强烈反应，由此而产生的一切严重后果应完全由美国政府负责。

美国还帮助台湾发展和装备陆基导弹防空系统。1992 年 1 月，美国政府批准向台湾出口先进的“爱国者”导弹的引航及控制系统，用于装备台湾新研制的“天弓”新型导弹。同年 9 月，台湾投资 13 亿美元，与美国的一家公司合作生产防空系统。1993 年初，美国普拉特—惠特尼公司决定投资 1 亿美元在台湾建立工厂，生产 F－16 发动机的零部件并提供维修服务。8 月，美国国防部向台湾提供价值 1.5 亿美元的电子防干扰系统，用于装备 F－16 战斗机。1994 年，美国同意向出售价值 3.77 亿美元的 200 枚爱国者导弹和 600 枚毒刺导弹。此外，美国还向台湾转让先进技术，帮助台湾发展先进武器。台湾的“成功”级护卫舰是由美国提供设计图纸和全部配件而由台湾组装制造出的产品。美国还协助台湾改进“鹰式”中低空导弹系统，与台湾共同制造具有先进的反潜能力的护卫舰。1994 年，台湾从美国购进价值 40 亿美元的空军防卫系统及 40 架训练机。

1999 年 2 月，美国国防部向国会提交一份题为《台湾海峡战略》的报告，称中国“在靠近台湾海峡一带已经部署了 150 至 200 枚中程导弹”，到 2005 年，导弹数量“将增至 650 枚”。加上中国正在发展的潜水艇和巡航导弹，届时，中国“将拥有有效袭击台湾和封锁台湾主要港口的能力”，“台湾两边的军事平衡可能被打破”。美国的这一报告是为了增加售台武器，并把台湾纳入美国战区导弹防御系统制造的借口。3 月，以美国参议院外交委员会主席赫尔姆斯为首的一些右翼亲台议员还提出了一项题为“加强台湾安全法”的议案，规定政府不得以任何政府间协议或行政命令限制对台湾的军售，要求加强美台在军事作战领域的交流和合作，扩大对台湾军事人员的培训，解除对美台军事人员交往级别的限制，并在美台两军之间建立“安全的、直接的接触渠道”，授权政府向台湾地区出售各种先进武器装备，包括弹道防御导弹和雷达预警系统等。1999 年 10 月，国会众议院国际关系委员会以 32 票对 6 票通过了该议案。2000 年 2 月 1 日，美国国会众议院不顾中国政府的强烈反对，以 341 票对 70 票通过了旨在加强美台军事关系、阻挠中国统一大业的《加强台湾安全法》法案。2 月 2 日，中国外交部副部长杨洁篪召见美国驻华大使普里赫，就此向美国政府提出严正交涉，指出美国国会众议院不顾中方的多次严正交涉，通过了所谓的《加强台湾安全法》法案，企图为美国和台湾进行和扩大军事联系与往来、美向台出售各种先进武器装备及技术提供所谓法律依据。美国众议院的上述行径严重违反中美三个联合公报和美方的有关承诺，严重侵犯中国主权，粗暴干涉中国内政，图谋制造“两个中国”、“一中一台”。中国政府对此表示强烈愤慨和坚决反对。杨洁篪强调，中方强烈要求美国政府高度重视中国政府的严正立场和要求，充分认识到《加强台湾安全法》法案的严重危害性，恪守中美三个联合公报和美方的有关承诺，按美国政府和克林顿总统本人所作出的承诺，立即阻止该法案成为法律。美方还应恪守中美《八一七公报》规定，立即停止售台先进武器装备及技术。普里赫表示，美国政府反对众议院通过的《加强台湾安全法》法案。

2 月 13 日，中国驻美大使李肇星复函赫尔姆斯，重申中国政府一直强烈反对美国众议院通过《加强台湾安全法》法案。他指出，如果该法案成为美国的法律，其后果将比李登辉 1995 年访美事件更加严重。中国采取这一立场是正当合理的。第一，该法案将台湾作为一个国家来看待，推翻了“一个中国”的重要原则，破坏了中美关系正常化的基本框架。第二，该法案要求美大幅度升格与台湾的军事关系，增加对台军售，违背了美国在中美三个联合公报中的承诺。第三，该法案授权美国军方对台湾海峡局势提交年度报告并作出军事反应，为错误的“中国威胁论”煽风点火。如果该法案成为美国的法律，它将进一步助长已十分嚣张的“台独”势力，增加海峡两岸发生军事冲突的机会，使亚太地区形势出现动荡。中国全国人大外事委员会和全国政协外事委员会的负责人也分别发表谈话，对美国国会众议院通过《加强台湾安全法》法案表示无比愤慨和坚决反对。

美国众议院的行为也遭到了美国行政当局的反对。白宫在众议院表决的当天发表声明，指出这一法案如果提交克林顿总统，将会遭到否决。白宫发言人洛克哈特在记者招待会上说，《加强台湾安全法》法案的支持者认为这一法案会加强台湾的安全，“但我们的看法却恰恰相反”，“这项法案不会增强只会损害台湾的安全，破坏整个东亚地区的稳定”。国务院发言人福利也表示，这项法案将“严重地削弱台湾的安全，破坏美国在亚太地区保持稳定的目标”。总统国家安全事务助理伯杰在威尔逊国际学者中心发表演说时强调，众议院通过这一法案是一个“危险的举动”。2 月 4 日，克林顿在接受美国全国广播公司的采访时也表示，他不支持众议院通过的《加强台湾安全法》法案，因为这样做只能“自食恶果”，并重申美国奉行“一个中国”的政策。

1999 年 8 月，美国宣布向台湾地区出售包括 E－21 预警飞机和 F－16 战斗机配件在内的价值 5.5 亿美元的先进武器装备。8 月 2 日，中国外交部副部长杨洁篪奉命召见美国驻华临时代办，向美国政府提出强烈抗议。他指出，美国政府不顾中国政府的坚决反对和严正交涉，宣布向台湾地区出售大量先进武器装备，美方的这一错误做法严重违反了中美三个联合公报，特别是中美《八一七公报》的规定，这是对中国内政的粗暴干涉，对中国主权和领土完整的严重侵犯，将进一步加剧台湾海峡的紧张局势，对中美关系造成严重损害。中国政府和人民对此表示极大的愤慨。杨洁篪强调，中方严正要求美国政府从中美关系的大局出发，妥善处理中美关系中的问题，特别是应严格按照中美三个联合公报及有关承诺处理好台湾问题。美方必须充分认识到售台武器的严重性、危害性和危险性，立即取消上述对台军售，以实际行动纠正错误。同年 9 月，美国国会通过《国防授权法》，要求把日本、韩国和台湾纳入东亚战区导弹防御系统。12 月克林顿签署了支持台湾参与世界卫生组织的议案。1999 年底，美国众议院又通过决议，敦促政府将台湾纳入美国筹建中的东亚战区导弹防御系统。中国政府严厉批评美国坚持在东亚建立导弹防御系统的做法，认为这将促使东亚地区军备竞赛的升级，不利于该地区的稳定，要求美方恪守中美三个联合公报和美方的有关承诺，停止售台武器，特别是明确承诺不向台湾提供战区导弹防御系统及其相关技术、设备和配套系统，以免破坏台湾海峡和本地区的和平与稳定，损害中美关系。中方多次严正指出，任何国家企图以任何形式将台湾纳入战区导弹防御系统都是对中国主权的侵犯和对中国国家安全的严重威胁，这势必助长“台独”气焰，为中国的和平统一大业设置障碍，影响亚太地区的和平与稳定。中国政府和人民对此坚决反对。考虑到中国方面的强烈反应，克林顿政府在这一问题上一直采取模糊战略，不做明确表态。围绕台湾加入美国东亚战区导弹防御问题，中美两国已经展开了几次激烈交锋。

小布什政府继续以履行《与台湾关系法》对台“义务”为由，与台湾当局进行官方往来和接触，提升美台军事交往，并积极推动向台湾地区出售先进武器。2002 年，美国向台湾地区出售两栖攻击性运载工具、空对地反坦克导弹、远程预警雷达系统和反装甲导弹等武器装备。美国国会通过支持台湾参与世界卫生组织的议案。2003 年，美国向台湾地区出售中程空对空导弹等武器装备。2008 年，美国决定向台湾地区出售“爱国者”反导系统、“阿帕奇”直升机等武器装备，总价值达 64.63 亿美元。美国还多次允许台湾政要“过境”美国。

奥巴马政府多次重申坚持一个中国政策，恪守中美三个联合公报，欢迎和支持两岸关系改善，但同时美方继续与台湾进行变相官方往来和军事联系。2009 年，美方允许台湾“立法院长”赴美出席奥巴马就职典礼，举办所谓《与台湾关系法》30 周年纪念活动；允许马英九于 5 月、7 月赴中美洲途中在美国“过境”，并不顾中方多次严正交涉，继续向台湾地区出售“爱国者”反导系统，出售导弹、军舰雷达部件等武器装备。2010 年 1 月，美国政府批准雷神、洛克希德·马丁公司执行小布什政府 2008 年 10 月所宣布的军

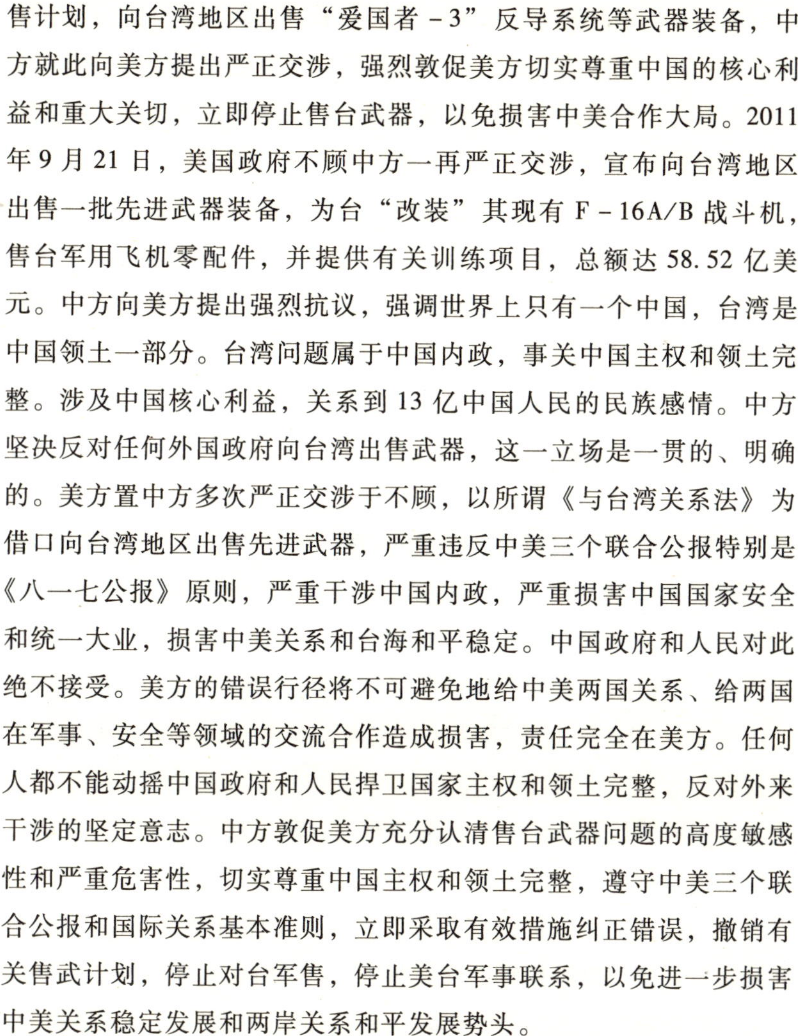

售计划，向台湾地区出售“爱国者-3”反导系统等武器装备，中方就此向美方提出严正交涉，强烈敦促美方切实尊重中国的核心利益和重大关切，立即停止售台武器，以免损害中美合作大局。2011年9月21日，美国政府不顾中方一再严正交涉，宣布向台湾地区出售一批先进武器装备，为台“改装”其现有F-16A/B战斗机，售台军用飞机零配件，并提供有关训练项目，总额达58.52亿美元。中方向美方提出强烈抗议，强调世界上只有一个中国，台湾是中国领土一部分。台湾问题属于中国内政，事关中国主权和领土完整。涉及中国核心利益，关系到13亿中国人民的民族感情。中方坚决反对任何外国政府向台湾出售武器，这一立场是一贯的、明确的。美方置中方多次严正交涉于不顾，以所谓《与台湾关系法》为借口向台湾地区出售先进武器，严重违反中美三个联合公报特别是《八一七公报》原则，严重干涉中国内政，严重损害中国国家安全和统一大业，损害中美关系和台海和平稳定。中国政府和人民对此绝不接受。美方的错误行径将不可避免地给中美两国关系、给两国在军事、安全等领域的交流合作造成损害，责任完全在美方。任何人都不能动摇中国政府和人民捍卫国家主权和领土完整，反对外来干涉的坚定意志。中方敦促美方充分认清售台武器问题的高度敏感性和严重危害性，切实尊重中国主权和领土完整，遵守中美三个联合公报和国际关系基本准则，立即采取有效措施纠正错误，撤销有关售武计划，停止对台军售，停止美台军事联系，以免进一步损害中美关系稳定发展和两岸关系和平发展势头。

美台关系一直是美国对华政策的重要组成部分，其发展趋势直接影响到中美关系的未来走向。美国政府越来越清楚地认识到，因台湾问题导致中美关系出现严重危机，不符合美国的现实利益和长远利益，不利于亚太地区的和平与稳定。因而，在调整对台政策的同时，美国也一再向台湾方面施加压力，不要采取冒险行动和制造事端。在未来一段时期内，美国对台湾政策的基本走向是：（1）继续维持台海现状，不支持“台独”，在一定程度上继续发展同台湾的实质关系，同时努力在海峡两岸推行平衡政策。（2）加强与台湾的安全关系，继续向台湾出售先进武器，力争把台湾纳入美国在亚太地区多边安全体系。（3）保持和发展与台湾的经济关系。在另一方面，美国政府迫于国内政治斗争的压力和需要，从其地区战略和全球战略目标出发，将会继续发展同台湾的实质性关系，包括出售武器，并制造种种障碍，阻挠中国的统一。只要台湾问题不解决，围绕中美关系中这一最为敏感的问题，中美两国关系势必会出现新的波澜和反复。

六　中美关系中的几个主要问题

经贸关系是中美关系的重要内容。自 1979 年中美建交以来，两国经贸关系发展迅速，双边贸易以年均 20% 的速度持续增长。1990 年中美双边贸易额为 118 亿美元，1999 年增至 614.8 亿美元，美国成为中国第二大贸易伙伴，中国则成为美国第四大贸易伙伴。2010 年双边贸易额达到 3852.4 亿美元，中美两国互为对方第二大贸易伙伴。

由于外贸统计方法不同，两国对美方所称的中美之间存在的巨额贸易逆差存在不同的看法，主要原因是中美贸易经过香港等地转口的比例很高。根据美国商务部的统计，美国对华贸易从 1983 年开始出现逆差，以后逐年上升，20 世纪 90 年代则尤为突出。1990 年美国对华贸易逆差为 104 亿多美元，1994 年上升至 294 亿美元，1997 年更高达 497 亿美元，仅次于美国对日贸易逆差。按照中方统计，1993 年中国才第一次有对美贸易的出超，1997 年对美出超是 164 亿美元，美中贸易逆差被美方大大夸大了。此外，90 年代以来，围绕知识产权、市场准入、纺织品贸易等问题，中美双方进行了一系列十分艰难而激烈的谈判。

美国指责中国进行不公平贸易，要求中国进一步开放市场，并多次威胁要对中国采取制裁措施。1992 年 10 月，中美两国在市场

准入问题上达成谅解备忘录，从而避免了一场贸易战。中方承诺在一定时间内使中国的进口管理体制增加透明度，更加符合国际贸易规则；美方承诺放宽对华技术出口的限制，并表示支持中国“复关”。

在知识产权领域的纠纷自20世纪90年代以来一直没有平息。美国指责中国非法仿冒美国产品，如拷贝电脑软件和音像制品，抄袭服装样式和冒用美国商标等。1991年4月，美国宣布中国没有充分保护知识产权，把中国列入根据美国的“特殊301条款”要重点调查的国家，要求中国采取措施，保护知识产权，否则美国将采取行动进行报复。“特殊301条款”是1988年美国在其贸易法中增加的特别条款，旨在针对那些美国认为“没有对知识产权提供充分有效保护”和“进行不公平贸易”的国家。1991年11月，中美双方就此开始谈判。美方要求中方在版权和专利权方面进行改革，建立有效的保护制度，并努力降低关税。由于彼此意见分歧较大，谈判一度没有取得进展。11月26日，美方突然宣布中止正在进行的有关保护知识产权的谈判，声称如果不能在1992年1月16日前达成协议，美国将对中国采取报复性贸易措施。经过双方共同努力，1992年1月16日，中美终于就知识产权问题达成一致。第二天，中国经贸部副部长吴仪和美国贸易代表希尔斯在华盛顿签署了中美关于保护知识产权的谅解备忘录。根据这项备忘录，美方将从1月17日起终止对中国知识产权保护情况的调查，并取消把中国列为重点观察国家，中国则承诺加强知识产权的立法执法工作。

但是，在上述谅解备忘录签署不到一年，美国方面便指责中方执法不严，未能充分保护美国企业界的知识产权，使美国受到数亿美元的损失，威胁对中国采取制裁。在此情况下，中美双方从1993年7月又开始就这一问题展开谈判。由于美方对谈判缺乏诚意和合作态度，一味坚持无理要求，导致谈判长期停滞不前。1994年6月，美国决定启用“特殊301条款”开始对中国的知识产权问题进行调查，并将根据6个月后的调查结果决定是否对中国对美出口的8亿美元的商品实行制裁。在贸易报复与反报复的严重威胁下，

1995年2月中美双方在北京恢复谈判，并最终于同年2月26日达成协议。在协议达成的当天，克林顿发表声明称，这是“一项非常重要的协议”，它意味着美国在电脑软件、制药、农业和化工产品、书刊以及音像等方面增加收入。

中美知识产权协议签订一年，1996年4月30日，美国方面再次无理指责中国保护知识产权不力，“没有令人满意地”履行两国于1995年签署的有关协议，将中国列为1996年知识产权重点调查的国家，并威胁要根据其“特殊310条款”对中国进行贸易报复。美国还声称，中国将是其进行报复的“优先考虑的国家”。美国贸易代表巴尔舍夫斯基甚至威胁将对中国实施贸易制裁。5月15日，美国贸易代表办公室单方面宣布对中国出口到美国的纺织品、服装和电子产品等价值30亿美元的产品实行贸易报复，关税将提高到100%，并将于30天后生效。同一天，中国外经贸部发表声明，严正指出，美国政府作出这一决定，不顾中美关系的大局和两国人民的根本利益，无视中国在保护知识产权方面采取的一系列有效措施和取得的巨大进展，严重损害了中美两国关系，破坏了两国在保护知识产权领域的合作，中国方面对此表示极大愤慨和强烈不满。声明强调，为维护国家主权和国家利益，根据《中华人民共和国对外贸易法》的规定，对于美国的贸易报复措施，中方将不得不采取相应的反报复措施。由此而产生的一切后果只能由美方负责。声明表示，双方在知识产权领域存在的分歧，只能通过平等协商来解决，而不是采取施压和报复的强权手段，对抗是绝对没有出路的。中方强烈要求美国政府纠正在知识产权问题上的错误决定，挽回给中美关系造成的损害。与此同时，中国外经贸部于5月15日晚发表公告，公布了中国对美国的贸易反报复清单。6月6~7日，双方代表团在北京举行了非正式磋商。从13日起，双方就知识产权问题举行正式磋商。经过5天的紧张会谈，终于就知识产权问题达成一致，双方同时宣布取消贸易报复和反报复。

在中国申请恢复在关税与贸易总协定的缔约方地位问题上，美国政府出于自身的战略和商业利益考虑，设置重重障碍，不断提出苛刻的要求，致使两国在该问题上的谈判屡屡陷入僵局。1995 年随着关贸总协定被世界贸易组织所替代，中美开始了中国加入世贸组织的谈判。美方承诺要在灵活务实的基础上进行有关谈判，并考虑到中国的发展中国家地位问题。双方在一些具体领域的谈判取得了积极进展。1996 年 6 月，两国签署了新的《知识产权协议》。经过艰苦谈判，1999 年 4 月 10 日，中美签署《中美农业合作协议》，并就中国加入世贸组织发表联合声明，美方承诺“坚定地支持中国于 1999 年加入世界贸易组织”。但是，5 月 8 日，发生了以美国为首的北约袭击中国驻南斯拉夫使馆事件后，中方中止了中美关于中国加入世贸组织的双边谈判。9 月 11 日，中美两国首脑在奥克兰举行会晤，中美恢复了双边谈判。直到 1999 年底，中美两国才在这一问题上达成协议。

进入新世纪以来，特别是 2008 年国际金融危机爆发后，美国国内贸易保护主义思潮抬头，中美贸易争端增多。贸易逆差、人民币汇率问题和知识产权成为中美经贸关系发展中的主要问题，美国政府多次采取单边威胁、双边施压和多边诉讼等措施，试图迫使中国在经贸问题上做出更大让步。2005 年，美国国会部分议员就对华经贸问题提出 30 多个议案，要求政府对华采取贸易保护主义措施。2009 年，美国对中国输美轮胎、油井管等产品发起 19 起包括反倾销、反补贴调查，涉案金额累计 90 亿美元，对双边经贸合作造成不利影响。美国国会还提出多项有碍中美经贸合作健康发展的涉华议案，指责中国操纵汇率，敦促人民币升值。2010 年 4 月 13 日，胡锦涛向奥巴马明确表示，人民币升值解决不了中美贸易不平衡问题，也解决不了美国的就业问题。中方无意寻求对美贸易顺差，愿采取进一步措施增加自美进口，促进两国贸易平衡。希望美方努力扩大对华出口，尤其希望美方尽快放宽对华高技术产品出口限制。希望双方通过平等协商妥善处理两国经贸摩擦问题，共同维护中美经贸合作大局。胡锦涛强调，中方推进人民币汇率形成机制改革的方向坚定不移。这是基于中国自身经济社会发展的需要。具体改革措施需要根据世界经济形势的发展变化和中国经济运行情况统筹加以考虑。尤其不会在外部压力下加以推进。

1989年春夏之交中国发生政治风波之后，人权问题就一直成为中美双方争论的焦点问题之一。美国一直同中国就释放“民主运动人士”进行交涉。美国政府无视中国在保护和改善人权状况方面所取得的巨大成就，自1989年以来在国务院发表的年度人权报告，每年都对中国的人权问题妄加评论，进行攻击。在一年一度的日内瓦联合国人权会议上，美国带头提出谴责中国的决议，结果都是以失败告终。1994年3月，美国主管人权事务的助理国务卿沙特克来华与中国方面讨论人权问题，他私下在饭店里会见了保外就医的魏京生，引起中国方面的极大不满，致使这次中美人权对话不欢而散。

为了在人权问题上向中国施加更大的压力，美国还把贸易最惠国待遇问题同人权问题挂钩。1979年7月，中美两国在北京签署了《贸易关系协定》，后经中国外交部和美国驻华使馆于1980年2月在北京互换照会，确认各自完成必要的法律手续而开始生效。该协定规定：为了使两国贸易关系建立在非歧视性基础上，缔约双方对来自或输出至对方的产品应相互给予最惠国待遇。根据美国于1974年通过的《杰克逊—瓦尼克修正案》，对于给予社会主义国家的贸易最惠国待遇，总统必须每年对是否延长做出决定，并送交国会审议。在1980~1989年间，美国国会每年审议中国最惠国待遇问题时都顺利通过。但是，1990年以后，美国国会每年都要对是否给予中国贸易最惠国待遇问题上进行辩论，其症结就在于中国的“人权记录”。

1990年2月、3月，美国国会内以参议员赫尔姆斯、米切尔为代表的一部分议员，借口所谓“人权问题”，要求美国政府取消给予中国的贸易最惠国待遇。赫尔姆斯提出的“理由”包括：（1）中国“违反了国际间接受的每一项人权即民主标准”；（2）中国不是关贸总协定的成员，因此无权享受最惠国待遇；（3）中国违反了《杰克逊—瓦尼克修正案》关于移民自由的规定；（4）中国“侵犯”了美国的知识产权；（5）由于中国拥有核武器，美国无法使用军事力量对中国施加压力。美国对中国保持压力，只能依靠经济手段。5 月 24 日，布什在白宫举行记者招待会，宣布把给予中国的贸易最惠国待遇延长一年。他指出，这符合美国的最大利益，“如果像某些人建议的那样取消中国的最惠国待遇，美国将会受到损害，同中国的贸易下降，从而使美国的出口商、消费者及投资者的利益受到极大的损害”。

1991 年 5 月 29 日，布什总统通知美国国会，决定无条件地延长中国的最惠国待遇。他于 27 日在耶鲁大学发表演说时强调，取消中国的最惠国待遇，或在延长时附加条件，是“不明智”的做法，它“不符合美国的最大利益”。同年 7 月，美国国会再次就对华贸易最惠国待遇问题进行审议。7 月 10 日，众议院以多数票通过了众议员佩洛西提出的有条件延长对华最惠国待遇的议案。该议案将中国解决所谓人权问题作为附加条件。7 月 23 日，美国参议院也通过一项由参议员米切尔提出的有条件延长中国最惠国待遇的议案。由于布什总统主张无条件延长中国的最惠国待遇，反对附加条件，而且越来越多的美国国会议员和有识之士也持同样的态度，国会两院的议案最终被否决。

1992 年 5 月 25 日，美国参议院再次以所谓“人权问题”等为借口，通过了有条件延长 1992～1993 年度对华最惠国待遇议案。当天，美中贸易全国委员会理事长安德森发表声明，呼吁布什总统否决上述议案。声明说：“在美国企业和工人设法摆脱经济衰退的时候，国会此举会损害美国在国外的竞争力。目前，美国在中国的投资近 50 亿美元，1991 年对中国出口约 63 亿美元，比 1990 年增长大约 30%。如果上述议案成为法律，美国在华的经济利益就会受到损害。”2 月 26 日，中国外交部发言人也表示，美国参议院通过的议案违反了两国贸易互惠原则，中国绝对不能接受。3 月 2 日，布什总统否决了美国国会通过的关于有条件延长中国最惠国待遇的决议案。他在致众议院的信中指出，国会的决议案“会严重损害美国在华的经济利益，对美国工人造成不利，而且还会减少美国的就业岗位”。布什还指出，保持对华接触政策正在产生效果。由于国会有条件延长中国最惠国待遇的法案损害了这一政策，他否决了国会的决议案。为了保护美国的经济和外交政策利益，他需要采取否决行动。

1992 年 6 月布什总统通知国会，他计划无条件延长 1993 ~ 1994 年度对中国的最惠国待遇。白宫新闻秘书处在其发表的一项声明中说，布什总统在作出这一重要决定时强调，“如果我们想影响中国的话，孤立中国就是错误的”。声明指出，在美中关系不完全正常的情况下，与中国保持建设性的接触政策符合美国的利益。取消中国的最惠国待遇会使美国商人、投资者和消费者付出沉重代价，它还意味着美国会丧失就业岗位、出现企业倒闭，并使美国的消费品进口多支付数十亿美元。声明最后表示，“总的来说，与中国人的直接接触是一种成功的政策。为了保护美国的利益和促进中国的积极变化，美国将保持这种接触政策”。中国外交部发言人发表谈话，对布什总统作出的这一现实而明智的决定表示赞赏，指出最惠国待遇是中美经贸关系的基础，是中美之间一种对等、互惠的安排。这种安排有利于维护和发展两国经贸合作，促进中美关系的进一步改善。

9 月，美国众议院又通过议案，要求美国在下一年度给予中国最惠国待遇时附加新的更为苛刻的附加条件，即除了“人权”条件外，还涉及市场准入等问题。9 月 28 日，布什总统再次否决了国会有条件给予中国贸易最惠国待遇的提案。他在给众议院的信中重申，美国对中国的出口今年将达到 80 亿美元，如果取消中国的最惠国待遇而招致中国的报复，“我们就会失去这个日益扩大的市场，造成成千上万美国人失业，同时也会把我们占有的市场份额输给其他外国竞争者，而它们并未实施对华贸易限制”。布什认为，最惠国待遇是同中国保持接触“所必需的基础”，国会议案提出的附加条件将破坏这一基础，而且侵犯“总统代表美国进行外交谈判的绝对权威”。9 月 29 日，中国外交部发言人表示欢迎布什总统的决定，强调保持两国间的最惠国待遇符合中美两国人民的利益，也有利于两国的经济贸易关系。

1993 年 5 月 28 日，克林顿以行政命令的形式宣布将对华最惠国待遇延长一年，即到 1994 年 7 月，但次年是否延长“取决于中国是否在改进人权状况上取得重大进展”。克林顿为此提出 7 项要求，包括 2 项“必要条件”和 5 项“重要条件”，即：（1）中国满足 1974 年贸易法关于自由移民的有关规定；（2）中国遵守 1992 年中美关于犯人劳动的双边协定；（3）中国采取步骤开始遵守《世界人权宣言》；（4）释放因非暴力表达政治和宗教信仰而遭监禁的或拘留的人员，并对他们的情况作出令人满意的说明；（5）保证犯人的人道待遇，允许国际人道主义和人权组织视察监狱；（6）保护西藏独特的宗教和文化遗产；（7）允许国际广播电台和电视台对中国广播。5 月 29 日，中国外交部就此事发表声明，指出这是公然违反中美三个联合公报和两国贸易关系协定的原则、严重干涉中国内政的行为。中国政府对此表示坚决反对，并向美国政府提出抗议。声明重申，最惠国待遇是中美双方根据两国贸易关系协定作出的对等、互惠的安排，是中美进行正常贸易的基础，符合两国人民的根本利益。美方将贸易问题政治化，甚至就延长对华最惠国待遇提出附加条件，这是中方不能接受的。如果美方一意孤行，只能严重损害中美关系和经贸合作，最终损害美国自身的重大利益。同一天，中国对外贸易经济合作部发言人也发表谈话，对美国单方面对最惠国待遇附加苛刻条件表示“强烈不满”，要求美国政府重新考虑其在对华最惠国待遇问题上的立场，以避免给正处在发展过程中的两国经贸关系带来严重的不利影响。

1993 年 6 月，美国众议院外交委员会人权小组委员会借口所谓“人权问题”反对北京申办和举办 2000 年奥运会。7 月 26 日，美国众议院通过决议，反对在北京或中国其他城市举行2000年奥运会，并要求美国在国际奥委会的代表投北京的反对票。27日，中国奥委会发表声明，强烈谴责美国众议院粗暴干涉国际奥林匹克事务。声明指出，美国众议院不顾中国奥委会的抗议和国际奥委会及体育界人士要求其停止干预国际奥委会事务的多次呼吁，通过了一项反对在北京举办2000年奥运会的决议，这是对国际奥林匹克事务的粗暴干涉，严重违背了奥林匹克的原则和精神。11月5日，克里斯托弗在参议院外交委员会作证，称除非中国在人权方面取得了全面的重大进展，否则最惠国待遇就不会继续。中国头三个月的进展情况使美国很失望。他表示，美国仍在等待中国采取行动，随着时间的推移人权条件会日益重要。

1994年5月，克林顿宣布将人权问题同贸易最惠国待遇脱钩，其主要意图之一就是希望通过接触来促使中国在改善人权状况方面“继续作出积极的努力”。克林顿在解释这项决定时说：“是孤立中国，还是在扩大同中国的政治经济合作中保持接触更能促进中国的人权事业？我相信，促进中国自由事业的最佳道路是美国加强扩大与中国的联系。”他表示“这一决定为我们提供了最好的机会，以便为在人权方面取得长期的、持续的进展，并为促进我们在对华关系上的其他利益奠定基础”。

为了加强对中国的宣传攻势，1993年6月15日，克林顿政府宣布建立“亚洲民主电台”。22日，中国外交部就此事提出交涉，要求美方取消设立“亚洲民主电台”的计划。24日，中国外交部发言人发表谈话，指出美国设立这一电台的真实目的，是利用新闻媒介干涉中国和其他亚洲国家内政，制造混乱。强调亚洲各国的事应由亚洲各国人民自己管，美方这一行动践踏了公认的国际关系准则，也违反了中美间三个联合公报的基本原则。1994年4月，美国国会通过《1994/1995年度对外关系授权法》，批准设立“自由亚洲电台”。1996年10月，美国不顾中国等国家的坚决反对，正式开播“自由亚洲国家”电台，其主要对象是中国等亚洲社会主义国家，以播送这些国家的国内政治、经济新闻为主要内容，明显地带有鼓励反政府活动的目的。1997 年江泽民主席访问美国前夕，奥尔布赖特在接受美国全国广播公司（NBC）记者采访时称："在中国采取更好的人权政策以前，我们与中国的关系是不可能完全正常化的。"

经过双方反复交涉，1998 年 3 月 16 日，美国政府宣布，决定不在 1998 年日内瓦联合国人权会议上提出涉华提案。中方对此表示欢迎，指出美方作出不在人权会议上搞涉华提案的决定是明智的，这将有利于推动中美关系健康、稳定地发展。6 月，在克林顿访华期间，中美双方同意按照《中美联合声明》中达成的共识，本着平等和相互尊重的精神，在政府和非政府级别进行人权对话。双方商定将举行中美政府间人权对话并设立中美非政府人权论坛。

但是，美国借人权问题对中国施压、干涉中国内政的做法依然没有改变。1999 年 2 月，美国国务院发表了 1998 年度关于各国人权状况的"人权报告"，在其中涉华部分继续攻击中国的社会制度和人权状况。2 月 27 日，中国外交部发言人就此表示强烈不满和坚决反对，要求美方遵守国际关系基本准则，停止借所谓人权问题干涉他国内政。4 月 23 日，在日内瓦举行的联合国人权委员会第 55 届会议上，通过了一项中国提出的对美国所提反华提案"不采取行动"的动议，从而使美国提出的所谓"中国人权状况决议案"未付诸表决即宣告失败。这是美国在日内瓦人权会议上搞反华提案第 8 次挫败。中国外交部发言人对此指出，联合国日内瓦人权会议的表决再次说明，利用人权问题干涉他国内政、推行霸权主义和强权政治的做法不得人心，搞对抗是没有出路的。2000 年 1 月 11 日，美国国务院发言人宣布将在 2000 年联合国人权会议上提出针对中国的提案。2 月 25 日，美国参议院通过决议，谴责中国的人权状况，要求美国政府在联合国人权会议上提出并通过谴责中国人权状况的决议。引起中方的强烈不满和坚决反对。4 月 18 日，联合国人权委员会第 56 届会议以 22 票对 18 票再次通过了中国代表团提出的“不采取行动”动议，决定对美国提出的“中国人权状况”议案不予审议和表决。美国策划的反华提案又一次胎死腹中。

1999年10月27日，美国国务院发言人鲁宾在记者招待会上对中国政府依法处理邪教组织“法轮功”进行无端指责，引起中方强烈不满，指出中国政府坚决反对任何借此问题说三道四、干涉中国内政的行径。11月18日，美国国会众议院通过了由众议员史密斯提出的两院共同议案，对中国政府取缔“法轮功”进行无端指责，并要求美国政府向中国政府施加压力。12月6日，克林顿就纪念《世界人权宣言》发表51周年在白宫发表讲话称，中国政府取缔“法轮功”令人担忧。12月7日，中国外交部官员就此向美国驻华使馆临时代办提出严正交涉。

在宗教问题上，美国国务院1999年9月9日发表“1999年度国际宗教自由报告”，在其中涉华部分对中国的宗教政策妄加评论，进行无端攻击。10月6日，美国国务卿国际宗教自由事务特别代表赛普尔在国会作证，宣布将中国列为所谓“存在宗教迫害需特别给予关切”的国家，并威胁采取制裁。美国政府不顾中方的坚决反对，根据《国际宗教自由法》，决定自10月14日起，延长现有的犯罪控制和侦测器材与设备对华出口限制两年。12月7日，中国外交部发言人就此发表谈话指出，美国政府不顾中方的严正交涉和坚决反对，对中方进行无端攻击，甚至对中国采取所谓的制裁措施，这是对国际关系基本准则的严重违反，对中国内政的严重干涉。中国政府和人民对此表示强烈义愤。中方要求美方立即纠正错误，取消制裁，以实际行动消除其行径对两国关系的恶劣影响。

进入新世纪，美国继续利用人权和宗教问题干涉中国内政。美国国务院发表的年度《国际宗教自由报告》多次将中国列入“特别关注国家”，无端指责中国存在“宗教迫害”，遭到中国政府的强烈反对。美国国会多次提出和通过有关决议，对中国的人权状况进行攻击。中方对美方的错误行径表示强烈不满和坚决反对，多次要求美方停止利用人权和宗教问题干涉中国内政。

在安全领域，中美之间的摩擦和分歧主要围绕美国企图阻止中国的某些武器出口，并加强同日本、中国台湾的军事关系，保持对中国的压力，在亚太地区制造不稳定因素。美国国会中一些共和党人无中生有地编造出所谓中国“偷窃”美国核技术的问题。1999年2月，克林顿政府以防止向中国转让卫星和导弹技术为由，决定拒绝批准美国休斯公司使用中国火箭发射其卫星和合作协议。从3月起，一些共和党人无端指责中国“长期偷窃美国的核技术”。众议院特别委员会负责人、加州共和党人考克斯于5月25日提出了一份长达700多页的所谓调查报告，称中国从80年代开始即系统地偷窃美国的核技术和军事技术。《纽约时报》、《时代周刊》等一些有影响的报刊也推波助澜，诬称中国从1995年起通过在美国新墨西哥州洛斯阿拉莫斯国家实验室工作的华裔科学家李文和偷窃美国的核技术。这场经过精心设计的闹剧只能是毒害中美首脑互访后两国关系的气氛，给正在逐步改善的两国关系制造新的障碍。

5月31日，中国国务院新闻办公室主任赵启正在记者招待会上列举大量事实严厉驳斥《考克斯报告》，指出美国炮制《考克斯报告》是煽动反华情绪、破坏中美关系的一出闹剧。他说，《考克斯报告》把中国自力更生、独立自主发展起来的国防尖端技术和关系到国民经济发展的重大科学技术都污蔑为从美国“窃取”或非法“获得”，对这种捏造事实、颠倒黑白、无中生有、捕风捉影的攻击，中国政府和人民表示极大的愤慨。赵启正表示，不久前，以美国为首的北约用导弹袭击中国驻南使馆，遭到中国政府和人民以及国际社会的强烈谴责。《考克斯报告》选在这时出台，完全是别有用心的，是美国一些人近年来制造的一系列反华事件后又一股反华逆流，他们的目的是转移视线，煽动反华情绪，诋毁中国形象，试图把中美关系拉向后退，遏制中国的发展。

美国还加紧研制和部署地区导弹防御系统，并力图把日本和中国台湾纳入其中，严重威胁着中国的国家安全，引起中国方面的强烈反对，认为美国在亚太地区部署战区导弹防御系统，将导致东亚地区的军备竞赛升级，不利于该地区的和平与稳定。

西藏事务纯属中国内政。达赖长期打着宗教旗号从事反华分裂活动，其本质是政治流亡者。中方坚决反对任何国家的领导人以任何方式会见达赖，坚决反对任何国家、任何人利用达赖干涉中国内政。早在1989年3月，西藏拉萨发生了少数分裂主义分子制造的分裂祖国的严重骚乱事件，致使数十人伤亡。为了制止破坏活动，维护社会秩序的稳定，中国政府决定在拉萨实行戒严。同年3月和5月，美国国会参众两院分别通过有关西藏问题的决议，指责中国政府在西藏实行“镇压”和“侵犯人权”，支持西藏少数分裂主义分子的暴力活动，要求美国政府和国际组织插手西藏事务。1994年4月28日，克林顿总统与戈尔副总统在白宫分别会见了达赖喇嘛。克林顿在会见后发表讲话称，“达赖喇嘛因为他在精神上的领袖作用而受到国际社会的尊敬”，“美国政府继续敦促北京和达赖喇嘛恢复对话，迫使中国解决在西藏的侵犯人权问题”。美国的行动引起中国方面的强烈不满。中国驻美使馆就此向美方交涉，严正指出美方安排克林顿和戈尔会见达赖喇嘛，违背了美国政府一再宣称的承认西藏是中国领土的一部分的立场，是对达赖鼓吹“西藏独立”、分裂祖国的政治活动的公开鼓励和支持，是对中国内政的严重干涉。美方的这一行动给中美关系造成十分不利的影响，中国政府对此深表关切和强烈不满。

在克林顿会见达赖的同一天，美国国会通过了《1994/1995财政年度对外关系授权法》，该法案公然将西藏称为“被占领的主权国家，其真正的代表是达赖喇嘛及西藏流亡政府”。5月5日，中国外交部副部长田增佩奉命约见美国驻华大使芮效俭，向美国方面提出强烈抗议，指出《授权法》的多项反华条款严重损害了中国主权，粗暴地干涉中国内政，是对中美关系的严重破坏，是与中美两国和两国人民的根本利益完全背道而驰的。田增佩郑重声明，该法案所有的反华条款，中国政府和人民都是坚决反对和绝对不能接受的，他要求美国方面严格遵守诺言，采取切实措施，恪守中美三个联合公报和国际关系基本准则，改变其错误立场和决定。中国政府的严正立场迫使美国不得不采取弥补行动。5 月 16 日，美国国务院发言人就《授权法》发表声明，重申西藏是中国领土的一部分，这是美国长期的政策。无论是美国还是其他任何国家，都不认为西藏是一个主权国家，明确表示美国不承认西藏流亡政府。然而此后不久，1995 年 9 月 12 日，克林顿和戈尔再次在白宫分别会见了达赖，中国外交副部长李肇星召见美国驻华使馆临时代办，向美国政府提出强烈抗议。

1998 年 5 月和 11 月，美国政府先后两次允许达赖喇嘛访问美国。11 月 10 日，克林顿、戈尔和奥尔布赖特等会见达赖。11 月 11 日，中国外交部发言人发表谈话指出，美方允许达赖访美，特别是安排克林顿等美国领导人和政府官员会见达赖，严重违反了美国政府多次声明的承认西藏是中国领土的一部分，不支持“西藏独立”的立场。11 月 12 日，中国外交部官员约见美国驻华大使尚慕杰，就美国政府允许达赖访美并安排美领导人会见达赖向美方提出抗议，要求美国政府严格遵守国际关系基本准则，切实履行有关承诺，立即纠正自己的错误，以实际行动维护中美关系的改善和发展。克林顿访华期间，江泽民主席在两国首脑联合记者招待会上重申了中国政府在西藏问题上的立场。克林顿表示，美国承认西藏是中国的一部分，是中国的一个自治区。11 月 16 日，江泽民在出席第六届亚太经合组织领导人非正式会议期间与美国副总统戈尔会晤，再次就西藏问题全面、详尽地阐述了中国政府的立场，敦促美国在西藏问题上采取明智的、有远见的政策。戈尔表示，美国在西藏问题上的政策是连续性的，没有任何改变。1999 年 7 月初，美国少数议员提出要求美国政府和国会将每年 7 月 10 日宣布为“世界西藏日”的议案。2000 年 3 月 9 日，美国国会参议院通过了所谓“西藏国庆日”决议案，确认 3 月 10 日为藏人“国庆日”。3 月 14 日，中国外交部发言人对美国这种粗暴干涉中国内政的做法表示强烈不满和坚决反对，要求美国参议院恪守承诺，立即停止一切利用西藏问题干涉中国内政的行径。

进入新世纪以来，美国政府继续在西藏问题上干涉中国内政。2005 年，美方两次允许达赖访美并安排政府官员会见。2006 年 4 月和 11 月，美方不顾中方坚决反对，两次允许达赖去美国活动。2007 年 10 月，小布什在白宫会见达赖，并出席美国国会为达赖颁发国会金质奖章的仪式。这是美国总统首次与达赖一起在公开场合出现。2008 年 4 月和 10 月，美国两次允许达赖赴美国活动。2009 年 4 月底 5 月初和 9 月底 10 月初，美方两次允许达赖到美活动；美国总统高级顾问还前往印度会见达赖。美国国务院还在中国国庆节当日宣布任命新的所谓“西藏事务特别协调员”。美国国会向达赖颁发“兰托斯人权奖”。2010 年 2 月 18 日，美方无视中方多次严正交涉，执意安排美国总统奥巴马在白宫地图室会见达赖，国务卿希拉里也于同日会见。中国外交部随即召见美驻华大使洪博培提出严正交涉。2011 年 7 月 16 日，美方无视中方坚决反对，安排奥巴马总统在白宫会见达赖喇嘛。中国外交部和驻美使馆已在北京和华盛顿向美方提出严正交涉，要求美方认真对待中方严正立场，立即采取措施消除恶劣影响，停止干涉中国内政，停止纵容和支持“藏独”反华分裂势力。

在香港回归中国之前，美国对香港的政策已作出调整。布什政府不顾中国方面的坚决反对，于 1992 年 10 月 5 日签署了《美国—香港政策法案》，主要内容是关于美国对香港的政策和香港在美国法律中的地位，表示在香港归还中国后，美国仍将把香港视为“合法实体”，在与香港的联系上与中国内地区别对待，并要求美国国务卿每年都要向众议院议长提交有关香港问题的报告。在澳门回归中国后，美国国会又开始酝酿有关美国对澳门政策的法案。2001 年 1 月，克林顿不顾中国的反对和交涉，签署了美国对于澳门进行出口管制及监督自治的法案，对澳门事务说三道四，试图利用出口管制和人权等问题干涉中国内政，侵犯中国主权，遭到中国方面的坚决反对。2003 年 6 月，美国国会众议院通过了反对香港基本法第

23 条立法的决议案，公然干涉中国内政和香港特区内部事务。中方就此向美方提出严正交涉，要求美方恪守其支持中国政府在香港实行“一国两制”、支持香港基本法的承诺，停止干涉香港事务，以免损害中美关系和香港的稳定与繁荣。2004 年 6 月和 9 月，美国国会参众两议院分别通过了少数议员提出的所谓“支持香港自由”决议案，粗暴地干涉香港特区事务和中国内政，遭到中方的强烈反对。

随着中国经济的不断快速发展和中国在国际事务中的影响力不断上升，“中国威胁论”开始在美国甚嚣尘上，内容涉及政治、经济、能源、环境、经贸、军事等领域，特别是对中国军事力量的评估和判断，大肆进行渲染，以此来加强在亚太地区的军事存在，强化与盟国的安全关系。2002 年 7 月，美国国防部向国会提交“中国军力年度报告”，恶意攻击中国军事现代化，散布“中国威胁论”。7 月中旬，美国国会“美中安全评估委员会”提出首份年度报告，对中国进行一系列的攻击。中国外交部发言人指出该报告通篇充斥着过时的“冷战思维”，毫无根据地渲染“中国威胁论”，不负责任地建议对中国实行贸易和技术封锁，其用心“十分险恶”，要求美国政府采取切实措施消除报告的消极影响，以免中美关系和两国的共同利益受到损害。2005 年 7 月，美国国防部出台《中国军事力量评估报告》，称一个经济和军事上不断强大的中国将对亚太地区构成“威胁”。2006 年 2 月出台的《四年防务评估报告》则认为，中国是最有潜力与美国进行竞争的大国，“假以时日，中国将拥有破坏性技术，抵消美国的传统优势”。2007 年，美国发布“中国军事力量报告”，强调中国是美国“最大的潜在军事对手”，称中国军力的上升是导致亚太军事力量平衡变动的重要因素。2007 年 2 月，美国国家情报总监麦克奈尔在《年度威胁评估》中称中国“今天是威胁，未来还会成为更大的威胁”。

美国还以各种手段积极插手南海地区事务，导致南海问题的国际化程度进一步加深。国务卿希拉里、国防部长盖茨等多次公开宣称南海问题关乎美国国家利益。2009 年以来，美国多次与东亚国家举行年度多边或双边联合军事演习，有些演习甚至以南海冲突为假想背景展开。2010 年 7 月 23 日，美国国务卿希拉里在越南河内举行的东盟地区论坛会议上表示，美国深切关注南海争端的和平解决，反对使用武力或以武力相威胁，并敦促相关国家进行多边协商和谈判，以寻求解决方案。希拉里声称，美国认为南海争端妨碍了其他国家进入这一海域，不利于海上贸易的开展。这是美国政府首次公开明确表示介入南海争端，并力图使这一问题“国际化”。2011 年 6 月 14 日，美国联合菲律宾、印度尼西亚、马来西亚、新加坡、泰国和文莱 6 个东盟国家，在马六甲海峡、西里伯斯海和苏禄海举行为期 10 天的代号为“东南亚合作与训练”的联合军演。27 日，美国参议院通过决议，指责中国舰只在南中国海有争议的海域使用武力，“支持美军继续采取行动，确保在南中国海的公海和空域自由航行的权利”。同时，美国测量船还经常在南海从事各种所谓的测量活动，并有军舰提供护航，中美围绕军事测量船进行的侦察与反侦察较量时有发生。美国向东南亚国家提供大量军事援助，以提高其对抗中国的能力。美国的介入使得南海问题的解决更趋复杂化。

第六章
美国对西半球的外交

一 美国与北美自由贸易区

冷战结束后，美国为了争夺在全球经济中的领导地位，迎接经济区域集团化，特别是欧洲一体化进程，将建立以美国为核心的北美自由贸易区，组建西半球经济共同体作为其西半球政策的重要目标。在里根政府时期美国与加拿大于 1986 年 6 月开始进行自由贸易谈判，1988 年月正式签署《美加自由贸易协定》，为北美自由贸易区的建立奠定了基础。1991 年 6 月，美国、加拿大、墨西哥三国开始就自由贸易进行谈判，谈判主要涉及市场准入、贸易规则、投资、知识产权、服务业、解决争端机制等问题。经过 14 个月 200 多次会晤和 7 次部长级会议，1992 年 8 月 12 日终于达成了关于建立北美自由贸易区的协定。同年 12 月 17 日，三国领导人分别在华盛顿、墨西哥城、渥太华正式签署了《北美自由贸易协定》，明确规定在 10 ~ 15 年内逐步取消关税和非关税壁垒，实现资本、货物的自由流通。对美国来说，北美自由贸易区只是其西半球战略的第一步，美国的长远目标是建立以美国为主导的，以自由贸易为基础的美洲自由贸易区。布什 1990 年 6 月提出的“开创美洲事业倡议”核心内容就是建立一个将整个美洲联系在一起的自由贸易体系，第一次较为明确地阐述了西半球经济一体化战略。1992 年 12 月 17 日，布什在美洲国家组织举行的会议上发表讲话，进一步强调，“我希望并且相信北美自由贸易区将扩大到智利和南美、中美以及加勒比的其他伙伴国。在整个美洲实现自由贸易的时机已经到来”。

克林顿政府继续推进美洲自由贸易进程，力促美国国会尽快批准北美自由贸易协定，并把它作为扩展对外贸易、促进美国国内经济发展战略的一项核心内容。1993年11月2日，克里斯托弗在洛杉矶发表演讲，较为全面地阐述了北美自由贸易协定对美国的重要性。首先，尽早批准北美自由贸易协定将为美国打开国际市场提供强有力的支持，并实现美国的“三管齐下”战略，即召开亚太经合组织领导人非正式会议，推动完成乌拉圭回合谈判和建立北美自由贸易区。国会批准北美自由贸易协定将把美国的整个对外贸易战略向前推进。同时，这一协定是否被批准，也成为关系到美国在西半球和世界的领导地位问题。其次，这一协定将增强美国的安全，并使美国的出口商可以在世界上最大的自由贸易区中毫无障碍地出售商品。北美自由贸易协定将大大增加美国的出口机会，使对墨西哥的出口比1986年增加200%，为美国创造40多万个就业机会，并增强美国在国际上的竞争力。最后，对美国和墨西哥来说，北美自由贸易协定的意义要远远大于关税、贸易、经济增长与就业机会，它是一种新型关系和合作结构的象征。批准北美自由贸易协定及其附件，将使墨西哥能够在诸如移民、环境保护和毒品走私等关系到美国安全的关键问题上，以更加直接和切实的方式与美国合作。克里斯托弗同时也警告说，如果美国国会拒绝批准北美自由贸易协定，将会产生一系列的消极影响，包括：严重损害美国与墨西哥的关系；美国在欧洲和亚洲的主要经济竞争对手就会迅速进入本应是美国商品和服务的天然市场；使美国在寻求用外交手段解决威胁西半球和平与稳定的地区危机的努力变得更加复杂；削弱美国关于开放市场和建立世界自由贸易秩序的承诺。他指出：北美自由贸易协定的失败，不仅会错过增强美国经济实力的机会，而且还会朝孤立主义方向迈出极有危害的一步，这将不但在经济问题上，还会在外交问题上削弱美国的地位，使美国放弃必须在世界上应有的作用。

与此同时，自 1993 年 3 月起，美、加、墨三国代表开始就协定的补充协议问题进行谈判。经过近 5 个月的谈判，三方达成一致意见。9 月 15 日，三国领导人分别在各自首都签署了关于劳工和环境保护等问题的补充协议。至此，有关贸易协定及其补充协议的谈判全部结束。克林顿政府为说服国会通过协定做了大量工作。1993 年 11 月，美国众议院和参议院先后通过了协定。1994 年 1 月 1 日，北美自由贸易协定正式生效，一个拥有 3.63 亿人口、面积 2130 多万平方公里、国内生产总值达 6.45 万亿美元的北美自由贸易区宣告诞生。

美国政府把北美自由贸易协定的正式生效和开始运行视为美国在对外政策方面取得的“最重要的成就之一”，认为该协定把美国所有的三大对外政策目标向前推进了一步，它不仅意味着为美国工人和企业带来新的就业机会，而且还意味着在巩固西半球民主国家共同体方面迈出重要的一步。北美自由贸易协定自生效以来，取得了很大进展。据美国财政部 1997 年年中统计，北美自由贸易协定使美国同加拿大和墨西哥的贸易额增长了 44%。北美自由贸易协定还使美国就业机会大大增加，降低了失业率。1997 年 7 月，克林顿总统在向国会提交的一份报告中指出，该协定运行 3 年来，使美国增加了 311 万个就业机会，其中 189 万个是因为增加了对加拿大的出口、122 万个是因为增加了对墨西哥的出口而创造的。与此同时，美国同加拿大、墨西哥的政治、经济关系日益密切。1995 年 2 月 23 ~ 24 日，克林顿对加拿大进行了首次正式国事访问，同加拿大总理克雷蒂安就进一步加强两国关系特别是经贸关系等问题进行了会谈。加拿大是美国的最大贸易伙伴，1993 年两国贸易总额为 2117 亿美元。北美自由贸易协定生效后，两国贸易发展迅速。1994 年美国对加拿大的出口增长了 12.8%，其增长速度超过对其他任何国家的出口；美国从加拿大的进口增长了 14.7%。1994 年两国贸易总额为 2500 亿美元。克林顿在访问期间，双方会谈的重点是相互开放市场问题。2月24日，两国运输部长分别代表本国政府签署了“开放领空”协议，解除了两国航空公司互飞的限制，规定两国的航空公司可以直飞对方的任何一个城市。1996年美加双边贸易额达到2900亿美元。

1997年5月，克林顿访问墨西哥，两国同意在尊重国家主权、领土管辖权和共同承担责任等原则基础上建立反毒联盟。1999年2月15日，克林顿再次对墨西哥进行了23小时的短暂工作访问，同墨西哥领导人达成了扫毒、促进贸易、保障移民权益等9项合作协议和谅解备忘录。克林顿声称，美墨两国关系正处于“历史上最好时期”。

克林顿在促使国会支持北美自由贸易协定的同时，主张将这一协定向南延伸，拓宽西半球自由贸易，建立美洲自由贸易区。上台伊始，1993年6月克林顿就表示，美国将尽快考虑向拉美国家推广北美自由贸易协定的模式，“准备立即同阿根廷、智利和其他合适的国家根据北美自由贸易协定的模式讨论扩大贸易的可能性”，并称将北美自由贸易协定扩大到西半球其他国家“是美国所追求的目标之一”。克里斯托弗和财政部长本特森也多次强调，克林顿政府将努力实现1990年布什总统“美洲事业倡议”的目标，同所有拉美国家实现自由贸易。克林顿政府拟分三步建立西半球自由贸易区：（1）1995年底接纳智利；（2）第二步吸收阿根廷、哥伦比亚、委内瑞拉和哥斯达黎加等；（3）最后是其他拉美国家和地区一体化组织。

美国建立美洲自由贸易区的设想得到了许多拉美国家的赞同和支持。在美国国会通过北美自由贸易协定后，中美洲5国总统在与克林顿举行会晤时讨论了5国作为一个集团申请加入协定的可能性。对于拉美国家来说，建立一个开放的西半球自由贸易区可使其拥有一个长期稳定的美国市场，有助于推动拉美的贸易和经济改革，并可获得更多的资金和技术，促进经济和社会的发展。长期以来，拉美国家在资金、技术等方面倚重美国，将其视为最主要的经贸合作伙伴，希望通过与美国签署双边或多边自由贸易协定进一步加强同美国的经济关系。对于美国，则可进一步扩大在拉美的商品和劳务市场，增加对拉美的投资。20 世纪 80 年代，因为债务危机等问题，拉美国家的经济发展陷于停滞状态，被称为“失去的十年”。20 世纪 90 年代以来，拉美国家通过调整发展战略，经济发展势头良好，再次成为全球经济增长较快的地区之一。根据世界贸易组织 1997 年 4 月发表的一份报告，1996 年拉美地区的商品出口增长率是世界平均水平的 3 倍，进口增长率是世界平均水平的 2.4 倍。1997 年拉美国家经济增长率达到 5.3%。以振兴国内经济为首要任务的克林顿政府当然把开拓拉美市场视为对拉美政策的核心目标。正是双方利益的需要使得建立美洲自由贸易区很快由构想转变为具体的实际行动。

1994 年 3 月，克林顿总统提出倡议，于同年 12 月初召开美洲国家首脑会议，具体商议建立美洲自由贸易区问题。这一倡议得到拉美各国领导人的积极响应。12 月 9 ~ 11 日，美洲 34 个国家（除古巴外）的政府首脑或代表云集美国迈阿密，讨论筹建美洲自由贸易区事宜。会议通过了《原则宣言》和《行动计划》，认为自由贸易和加强经济一体化是提高人民生活水平、改善美洲人民工作条件和更好地保护环境的关键因素，并共同承诺，立即开始规划建立美洲自由贸易区的工作；明确规定在 2005 年前结束关于建立美洲自由贸易区的谈判，以将北美自由贸易协定逐步扩大成一个包括北美、中美、南美和加勒比地区的美洲自由贸易区，实现美洲经济一体化；确定了筹建美洲自由贸易区的途径，即以现有的次地区协议和双边安排为基础进行谈判；指出在实现西半球经济一体化过程中必须充分考虑到各国在经济规模和发展水平等方面存在的巨大差距，应对经济上的弱小国家给予必要的帮助。《原则宣言》主要包括四个方面的内容：维持和加强美洲国家的民主制度，促进和捍卫民主法规；通过经济一体化和自由贸易来促进繁荣；铲除西半球的贫困和不平等待遇；保证经济可持续发展和自然环境。《行动计划》

就执行原则宣言提出了23条行动方案和100多项行动步骤，涉及关税、劳务、农业、知识产权等一系列问题。

尽管迈阿密会议没有能解决双方在一些具体问题上的矛盾和分歧，一些拉美国家领导人对美国限制进口他们国家的产品表示不满，但它的成功召开表明建立美洲自由贸易区是美国和拉美国家的共同目标和需要，也标志着美国与拉美国家在经贸领域的合作进入一个新阶段。克林顿在会议结束前的讲话中称，这次首脑会议取得的成果“超出了我们的预料”。他说，实现美洲自由贸易区的进程现在开始了，它将会给这个地区各国的经济发展、提供就业机会和增加收入带来巨大的好处。他认为，在这次会议上，美洲国家之间形成了“新的伙伴关系”。在参加这次会议的各国领导人之间，除了友谊之外，还建立起信任的精神，这是真正的“迈阿密精神”。随后，墨西哥爆发了严重的金融危机，使拉美各国建立美洲自由贸易区的努力和热情暂时受挫。

美国继续积极推进西半球经济一体化进程，在帮助墨西哥克服危机和阻止危机蔓延方面发挥了重要作用。1995年6月30日，各国贸易部长在美国丹佛举行会议，开始实施有关工作计划，决定成立7个工作小组，研究具体方案。1996年3月，各国贸易部长再次在哥伦比亚卡塔纳赫聚会，决定新增4个工作小组。与会者重申，美洲国家将在2005年之前完成有关建立美洲自由贸易区的谈判。在与会拉美和加勒比国家代表的坚持下，会议通过的联合声明强调，考虑到美洲国家的经济发展存在的差距，会议认为，有必要向经济弱国提供援助，以使这些国家能够全面参与筹建自由贸易区的过程。1996年克林顿重新当选后，再度把与拉美国家建立“合作伙伴关系”提上议事日程。1997年5月，克林顿两度出访拉美地区，旨在进一步加强与拉美国家的合作，扩大双边的经贸关系，并试图解决影响美拉关系发展的一些重大问题，尽快恢复建立美洲自由贸易区的多边和双边谈判。在美国的大力推动和拉美国家的积极合作下，1996年9月中旬，美洲34个国家负责贸易和外交的副部长在巴西举行会议，研究分析了迈阿密会议确定的2005年以前实现美洲贸易自由化目标所存在的一些具体问题。1997年5月中旬，美洲34个国家举行了第三次贸易部长会议，与会各国代表同意从1998年3月开始有关美洲自由贸易区的谈判工作。10月28日，34个国家的代表又举行了为期3天的会议，重点讨论了建立美洲自由贸易区谈判的日程、目标和组织结构等问题，并达成许多共识。

1998年4月18～19日，美洲34个国家在智利首都圣地亚哥举行了第二届美洲首脑会议，签署了《圣地亚哥宣言》和《行动计划》，宣布正式启动建立美洲自由贸易区的谈判，承诺在2005年前就取消关税、开放市场、消除贸易壁垒等问题达成协议，最终建立北起阿拉斯加，南至火地岛的全球最大的自由贸易区。首脑会议还确定了进行谈判的原则和具体时间，并建立了12个专家委员会，就市场准入、投资、贸易、卫生和植物检疫、知识产权、服务业等问题进行谈判，同时还设立一个常设秘书处，负责收集有关12个谈判小组进行谈判的具体情况，并解决可能遇到的其他贸易争端等事宜，与会国还就禁毒、反对恐怖主义和环境保护等问题达成共识，为西半球的一体化和合作注入新的动力与活力。美洲自由贸易区开始进入实质性谈判阶段。对美国来说，建立美洲自由贸易区是其西半球政策的首要目标，欲借此进一步巩固其传统的势力范围，并以自由贸易区为主要依托，在未来与欧盟、亚太地区进行竞争。对拉美国家来说，美国是拉美最大的贸易国、投资国和债权国。拉美国家希望通过建立自由贸易区，使自己的产品能稳定地进入美国市场，并可获得美国先进的技术和大量的资金，以促进本国经济的快速发展。1998年11月3～4日，除古巴以外的34个美洲国家的贸易部长在加拿大多伦多举行会议，会议在加紧进行关于美洲自由贸易区的谈判、统一各国对欧盟农产品出口补贴问题的立场等方面达成了一致。

建立美洲自由贸易区符合美国和拉美国家双方的利益，是两者共同追求的目标，也是大势所趋，符合世界经济一体化和全球化的潮流，不可逆转。在另一方面，对美国和拉美国家来说，双方仍面临诸多挑战和难题。首先，美国和拉美国家经济实力悬殊，各方对自由贸易区的期待和要求不尽相同，在谈判和推进过程中难免出现各种各样的矛盾和利益冲突。例如，美国坚持认为，美洲国家应该尽快展开谈判，统一削减关税与非关税，力争在2005年前正式建成美洲自由贸易区。而拉美国家则主张，由于在经济发展水平上拉美国家与美国、加拿大之间存在较大差距，美洲自由贸易区的组建应当采取稳步推进的战略，逐渐缩小双方的差距。其次，拉美地区经济发展势头较好，但也存在许多变数，包括国内政治、经济因素和国际因素。1998年，由于受亚洲金融危机冲击，拉美地区经济增长率明显下降。一些国家政局仍动荡不安，也严重影响西半球经济一体化进程。再次，美国在寻求与拉美国家加强经贸合作的同时，并没有放弃其固有的霸权主义的做法，依然以“盟主”自居，把拉美地区视为自己的“后院”或“势力范围”，而不是当做真正平等的合作伙伴。颐指气使、盛气凌人的霸道作风在处理与拉美国家关系时随处可见。围绕着扫毒、人权、环境、移民、贸易等问题双方争执不下，这在一定程度上必然会对建立美洲自由贸易区的谈判产生消极的影响。此外，美国对古巴长期奉行敌视、孤立政策，也遭到拉美国家的普遍反对。最后，拉美国家在致力于本地区经济贸易一体化的同时，也在逐步加强与西半球之外的国家或经济集团之间的经济合作关系。1999年6月，首届拉美—欧盟首脑会议的召开便是一个明显例证。拉美国家积极寻求与欧洲和亚太地区的经贸合作，将不可避免地削弱与美国的合作关系，从而影响到美洲自由贸易区的谈判进程。此外，在美国国内，也存在一些不可忽视的反对建立美洲自由贸易区的势力，认为建立美洲自由贸易区对美国经济的发展没有多少价值。正因为如此，建立美洲自由贸易区一直停留在议程和框架层面，没有取得实质性进展。

小布什执政后继续推进建立美洲自由贸易区。2001年4月20～

20日，小布什出席在加拿大魁北克举行的美洲国家首脑会议，推动会议通过《魁北克声明》和行动计划，决定在2005年1月前结束有关建立美洲自由贸易区的谈判。2003年11月20～21日，美洲自由贸易区会议在佛罗里达迈阿密举行。34个国家的代表就建立美洲自由贸易区达成如下共识：美洲自由贸易区谈判将尊重成员国间不同的经济发展水平和各自的敏感商品和服务，允许就开放本国市场做出不同程度的承诺；成员可通过双边或区域协定取得某些领域内更大程度的开放；农产品补贴和反倾销问题以及投资、知识产权保护、政府采购等将在世贸组织或双边、多边框架下商谈；重申最迟于2005年1月启动美洲自由贸易区。2004年初，美洲国家首脑特别会议、34国贸易部长磋商会议相继在墨西哥召开，但因为各方分歧严重，未能达成协议。自2004年起，建立美洲自由贸易区的谈判陷于中断。虽然如此，美国、加拿大和墨西哥三国之间的紧密联系并未受到影响，相反，三国在政治、经济、安全等问题上的合作大幅加强。2005年3月23日，小布什与加拿大总理马丁、墨西哥总统福克斯举行会晤，决定建立“北美安全与繁荣伙伴关系计划”，并举行首届北美峰会。三国领导人在会后发表的联合声明中表示，要加强在经济、安全、技术、能源、金融服务、运输等多个领域的交流与合作，促使该地区的商业和经济更具活力和竞争力，同时强调应在打击国际恐怖主义问题上探索新的合作途径，加强情报交流，实行统一的边界安全战略，确保北美地区不受外来威胁，共同防范和应对本地区出现的各种威胁。为了实施首脑会晤所确定的目标，三国决定建立一个部长级的工作小组，具体制定并监督实施实现这些目标的具体措施。[①] 一年一度的北美峰会成为美国、加拿大和墨西哥三国最高层进行交流、磋商的一个重要平台。

① “北美三国首脑公布安全与繁荣伙伴关系计划”，《美国参考》2005年3月23日。

二 乔治·布什政府对拉美国家的政策

布什政府在力图建立以美国为主导的“世界新秩序”的同时，从其全球战略出发，对美国的拉美政策作了相应的调整，强调要加强和改善同拉美国家的政治经济关系，大力推进拉美国家的“民主化”进程，以实现“历史上第一个完全民主的半球的伟大目标”，认为这对美国的利益至关重要。布什入主白宫不久，1989 年 5 月，他在美洲国家组织理事会发表讲话。表示美洲国家具有共同的利益，宣称要同拉美国家建立“新伙伴”关系。1990 年 3 月，美国《国家安全战略报告》又宣称在西半球美国“寻求一种新的成熟伙伴精神”。这一调整大体上可以分为两个阶段。第一阶段，从布什上台至 1990 年 6 月“美洲倡议”的提出。在这一阶段，布什虽然多次强调要同拉美国家建立“新伙伴关系”，改善美拉关系，以改变里根执政时期美国的干涉主义形象，但布什对拉美的政策重点仍然是“国家安全”。在第二阶段，美国对拉美政策的重点从国家安全转向经济利益，主要手段由援助转为贸易，力图建立一个以美国为主导的自由贸易体系。

在中美洲，上台伊始，布什便于 1989 年 3 同国会两党领袖签署了一项有关中美洲问题的两党协议，表示美国对中美洲的民主和平进程给予支持。在尼加拉瓜问题上，布什政府改变了其前任里根政府一味向反政府武装提供军事援助的做法，而是采取了双管齐下的政策。一方面继续向反政府武装提供“人道主义援助”，同时向尼加拉瓜政府施加种种压力，敦促其早日举行公正的选举。同时，美国还努力促进尼加拉瓜国内反对派的联合，并提供 900 万美元的竞选经费，支持全国反对派联盟推举的总统候选人查莫罗夫人竞选。1990 年 2 月，尼加拉瓜反对派领导人在大选中获胜。1990 年 4 月 25 日，在查莫罗夫人宣誓就职的同一天，美国政府宣布取消 80 年代对尼加拉瓜实行的一系列经济和贸易制裁。5 月初，布什又批准向查莫罗政府提供3亿美元的援助，以支持尼加拉瓜经济的重建工作。在萨尔瓦多，布什政府从其战略利益考虑，一方面大力支持民族主义共和联盟右翼政权，防止游击队用武力推翻萨尔瓦多政府；另一方面又对萨政府施加压力，促其同游击队和谈，使游击队放下武器，参加到政府中来。在美国的强大压力下，由于国际社会和萨尔瓦多冲突双方的共同努力，1992年1月，冲突双方终于达成和平协议，结束了长达12年之久的内战。

巴拿马是布什政府拉美政策的一大难题。早在1977年美国和巴拿马签署了新的巴拿马运河条约，就运河逐步归还巴拿马问题达成了一致，此后，两国关系趋于缓和。1983年诺列加就任巴拿马国防军司令，独揽军政大权，使巴拿马民主化进程发生逆转。但在运河问题上，诺列加坚持民族主义立场，维护国家主权，主张收回运河和运河区主权，拒绝了美国方面提出的种种修改1977年运河条约的无理要求，美国政府对此大为光火，必欲除之而后快。里根政府指责巴拿马偏离民主轨道，实行军事独裁，公开支持反对派的“倒诺”活动，并对诺列加施加种种压力，试图迫使他辞职。美巴关系日益紧张。

布什政府将巴拿马置于对拉美政策的首位，采取了更加强硬的政策，不仅在经济上实行严厉的制裁，继续拖欠运河租金，而且明确要求诺列加下台，以便进一步控制巴拿马，维护美国在运河的经济和军事利益。1989年5月，巴拿马举行大选，美国进行公开干预，向反对派提供了1000万美元的援助，同时表示不承认“任何由诺列加操纵的选举结果”，国防部还下令南方司令部进入高度戒备状态。投票结果，两派均宣布自己获胜，巴拿马政局出现混乱。诺列加悍然宣布选举结果作废，继而成立了由他自己挑选的临时政府，美国政府谴责诺列加在选举中舞弊，公开呼吁巴拿马人民和军队推翻诺列加，并召回美国驻巴拿马大使，向巴拿马的军事基地增兵2000名，同时组织针对诺列加政权的军事演习。在演习过程中，美军几次与巴拿马国防军发生直接冲突。10月初，美国驻巴拿马运河区的军队直接配合由巴拿马一批中级军官发动政变，遭到诺列加的镇压。诺列加指责美国插手政变，宣布与美国进入战争状态。驻运河美军与巴政府军接连发生摩擦。在使用各种手段迫使诺列加下台未果后，1989 年 12 月 20 日凌晨，美国出兵 26000 人，出动坦克、装甲车、直升机和轰炸机，在最新式的“隐形”战斗机配合下，对巴拿马发动突然袭击，迅速占领了巴拿马城，摧毁了巴拿马国防军总部。与此同时，巴拿马反对派领导人恩达拉宣布就任巴拿马总统，美国立即予以承认。1990 年 1 月 3 日，诺列加被美军逮捕，并被押送到美国佛罗里达候审。1991 年 9 月，美国司法部正式对诺列加提起公诉。1992 年 7 月 10 日，迈阿密的美国联邦地区法院以“贩毒”、“诈骗”等 8 项罪名，判处诺列加 40 年徒刑。

布什政府把这次入侵巴拿马的行动称为“正义事业的行动”，其理由是保护巴拿马运河，保护美国公民的安全，恢复巴拿马的民主进程，阻止通过巴拿马的毒品走私等，真正的目的乃是为了确保美国在巴拿马运河区的利益，加强对巴拿马的控制。美国在巴拿马有 14 个军事基地，其中的霍华德基地是美国在拉美最大的空军基地。对美国来说，保持美国在巴拿马的军事存在不仅对控制巴拿马运河，而且对控制整个西半球具有重要的战略意义。根据新运河条约，美国在 1999 年底要把巴拿马运河归还巴拿马，运河将永久中立。布什政府以美国战略利益为由，要求修改 1977 年的运河条约，把美国的占领期推迟到 2050 年，遭到了诺列加的反对，巴拿马坚持 1999 年底美军必须从运河撤走。运河问题才是美巴关系的症结所在。美国入侵巴拿马部分实现了它的预期目标，推翻了诺列加政府，建立了一个亲美的政府。但是，美国入侵巴拿马使美国在道义上遭受了又一次失败。拉美国家纷纷谴责美国的入侵行动。1989 年 12 月 22 日，美洲国家组织通过一项决议，强烈谴责美国入侵巴拿马。12 月 29 日，联合国大会通过决议，也要求美国立即停止对巴拿马的军事干涉。

改善同墨西哥的关系是布什政府西半球外交政策的一项重要内

容。墨西哥是美国的近邻，对美国有着重要意义。墨西哥既是廉价劳动力和原料的供应地，同时又是美国产品的销售地和美国的投资市场。作为一个拉美大国，墨西哥在拉美影响较大。改善美墨关系，加强同墨西哥的合作，不仅有助于进一步打开墨西哥的市场，而且可以利用墨西哥的影响，为整个美拉关系的改善创造有利条件。与此同时，墨西哥政府也在谋求改善同北方邻国的关系，并为此做出很大努力。双方共同利益的需要，使得美墨关系的发展较为迅速。在债务问题上，两国经过艰苦谈判，就减免墨西哥的债务达成了协议。墨西哥是拉美仅次于巴西的第二大债务国。1989 年初，墨西哥的外债总额已超过 1000 亿美元，其中 66% 是欠美国银行的。布什上任不久，两国就债务问题开始进行谈判。1989 年 3 月，美国宣布实施“布雷迪计划”，对拉美国家大幅度减免债务。墨西哥立即表示欢迎。在美国的促进下，1989 年，墨西哥分别同国际货币基金组织和债权银行达成减免墨西哥债务的协定。1990 年 2 月，墨西哥又同以美国为主的世界 15 大私人银行签署了减少墨西哥 70 亿美元的公共债务的协议。除墨西哥外，巴西、委内瑞拉、哥斯达黎加、阿根廷、乌拉圭等拉美国家也根据“布雷迪计划”同国际金融机构和私人银行就减免债务问题签署了协议，这在一定程度上缓解了拉美国家的债务危机。在贸易问题上，经过谈判，墨西哥同意放宽贸易限制，降低关税，扩大进口。美国则承诺增加进口墨西哥的纺织品和钢材，并减少 43 种墨西哥商品的进口税。为了进一步推进双边经贸关系的发展，1991 年 6 月，美国、墨西哥和加拿大三国就建立自由贸易区开始进行谈判，并于 1992 年 8 月达成协定。

毒品问题是影响美拉关系的一个重要问题。这一问题由来已久。美国是世界上最大的毒品消费国，拉美则是世界上主要产地之一，是美国毒品消费市场的主要供应者。美国消费的 90% 的可卡因是来自哥伦比亚、秘鲁和玻利维亚 3 国。美国消费的 40% 的海洛因、37% 的大麻来自墨西哥。毒品泛滥不仅严重破坏了美国的社会安定，而且危害了人们的身体健康，成为美国面临的一大难题。布什政府展开了积极的扫毒外交，制订了新的反毒品计划，并扩大对拉美国家的扫毒援助。1990 年 2 月 15 日，布什总统和哥伦比亚总统、玻利维亚总统、秘鲁总统一起在哥伦比亚卡塔赫纳举行会议，会议通过了《卡塔赫纳协议》，主要内容包括：4 国将在打击消费毒品、销售、运输、生产的各个环节进行合作，并把经济与贸易合作同扫毒联系起来。美国在会上承诺，争取国会通过 1991～1994 年为南美扫毒提供 24 亿美元的援助；向有关国家的古柯替代产品开放美国市场；加强与美国国内吸毒现象进行斗争；打击洗钱活动等。1992 年 2 月在美国的圣安东尼奥召开了第二次首脑会议，美国、秘鲁、哥伦比亚等 7 国首脑参加了会议，会议发表了《圣安东尼奥宣言》，表示要在扫毒方面进行更广泛的国际合作。7 国领导人还达成协议，以后每年举行一次高级别的扫毒会议，以协商政策。在此次首脑会议上，布什提出的建立多国扫毒部队的建议遭到拉美国家的普遍反对，这些国家担心美国会以扫毒为名，干涉拉美国家的内政。会议发表的宣言强调要在完全尊重各国主权、领土完整的基础上加强各国间在反毒斗争中的相互合作。

为了改善美拉关系，1990 年 6 月 27 日，布什总统在白宫向拉美国家外交使团发表讲话，提出了“开创美洲事业倡议”，表示要与拉美国家建立一种“新的经济伙伴关系”，使整个美洲完全成为“自由国家”。这一倡议以贸易、投资和债务为三大支柱。关于债务，布什建议美洲开发银行与国际货币基金组织和世界银行一起支持商业银行为减免拉美和加勒比国家的债务而作出努力，并为此提供资金。财政部长布雷迪随后表示，拉美国家欠美国官方债务共 120 亿美元，其中 70 亿美元优惠贷款可以考虑减免。关于贸易，布什提出要扩大贸易，建立一个包括整个美洲在内的自由贸易区。为此，美国提出三项建议：一是保证在关贸总协定的乌拉圭回合谈判中与拉美国家合作，更大幅度地降低拉美和加勒比国家感兴趣的商品的关税；二是准备同拉美国家或国家集团达成自由贸易协议，以便最终建立自由贸易；三是与那些不能达成自由贸易协议的国家进

行谈判，以便就开放市场和加强贸易关系达成双边协议。关于投资，布什要求拉美国家改善投资环境，以便美国增加投资，表示美国将同美洲开发银行合作，为拉美国家指定新的贷款计划，并提出设立一项 3 亿美元的资金，用于支持拉美国家向市场经济转变的改革。

美洲倡议的提出是在美苏关系趋于缓和，东西方冷战即将结束，世界经济区域化不断加快的背景下提出的，它的提出表明美国对拉美的政策正在发生重大变化，美国对拉美的政策重点已从安全转向经济，引起了国际社会特别是拉美各国的广泛关注。倡议提出后，美国积极采取行动。首先是加紧进行有关立法，建立有关组织机构。其次是继续对拉美地区实行贸易优惠政策。再次是免去了部分拉美国家所欠的美国官方的债务。最后是加快与墨西哥的自由贸易谈判。1990 年 12 月初，布什对巴西、乌拉圭、阿根廷、智利和委内瑞拉 5 个南美国家进行了历时 6 天的正式访问，他在访问中强调美国与拉美的关系正进入一个“新纪元”。布什政府的“美洲事业倡议”得到了拉美国家的积极响应，许多拉美国家通过多边或双边形式，同美国签订了贸易投资协定。至 1991 年底，除了古巴、海地等少数几个国家外，拉美和加勒比地区的其他国家都与美国签订了贸易协定，以促进与美国经贸关系的发展。1992 年 6 月，美国同巴西、阿根廷、哥伦比亚等 11 个拉美国家的财政部长在华盛顿举行会议，重申在平等互利的基础上实现经济合作。

自从 1959 年古巴革命胜利以来，美国历届政府都对古巴一直采取了敌视政策，在经济上进行封锁，在外交上进行孤立，军事上进行威胁，两国关系长期处于紧张状态。布什执政后，美古关系一度曾出现松动迹象。例如，1989 年 2 月，美国取消了古美之间邮件进出口的限制。但在东欧发生剧变后，美国的态度变得强硬起来，进一步加强了对古巴的经济封锁和贸易禁运。1990 年 1 月，美国军舰借口检查毒品，公然在公海拦截、追击并炮击古巴商船。同年 5 月初，美国军队在古巴附近水域同时进行 3 场大规模军事演习。布什政府还加紧推行和平演变政策，继 1985 年开设“马蒂广播电台”之后，又于 1990 年 3 月拨款 3.2 亿美元在迈阿密开播“马蒂电视台”，加紧对古巴展开宣传攻势。东欧剧变和苏联解体本已使古巴受到严重冲击，使古巴失去了重要的政治依托和经济依靠，而美国的封锁政策更使古巴雪上加霜，陷入重重困境，面临严峻的考验。1990 年 9 月，古巴领导人卡斯特罗宣布，古巴进入“和平时期的特殊阶段”。

1991 年苏联解体后，美国趁古巴陷入困境之机，对古巴施加高压，进一步加强了对古巴的经济封锁和外交孤立。1992 年 2 月 5 日，美国国会提出了一项旨在对古巴实行全面禁运的托里切利法案即所谓“1992 年古巴民主法案”，禁止美国公司和美国公司的海外子公司与古巴进行贸易；禁止任何进入古巴港口的船只进入美国港口；任何国家若与古巴进行贸易或提供财政援助，美国将停止给予其各项援助及有关的贸易优惠政策，同时禁止美国公民赴古巴旅行和向古巴的亲属汇款。该法案的提议者、民主党参议员托里切利宣称要以此“孤立古巴”，“为古巴的解放开辟道路”。同年 3 月 4 日，布什在迈阿密发表讲话，重申美国不与古巴进行正常对话。9 月，美国国会通过了托里切利法案，10 月 23 日经布什批准成为美国法律。在军事上，美国增兵关塔那摩基地，并进行大规模军事演习，对古巴进行挑衅。美国还积极支持迈阿密的古巴流亡组织。与此同时，美国还迫使其他国家参加对古巴的封锁禁运。在美国的压力下，捷克政府被迫关闭在捷克驻美使馆内附设的古巴利益照管处，使古巴一度失去了在美国首都的唯一的外交机构。恩达拉就任巴拿马新总统后，美国要求他禁止巴公司同古巴进行贸易往来。美国还在各种国际组织中对古巴发动“人道主义攻势”，借人权问题向古巴施压，力图在国际社会孤立古巴。

针对美国的敌视政策，古巴政府坚持维护民族独立、主权和民族尊严，采取了一系列措施，努力扩大国际交往，力争打破美国的孤立和封锁。古巴领导人卡斯特罗亲自参加了 1991 年、1992 年分别在墨西哥城和马德里举行的第一、第二届伊比利亚美洲首脑会议。1992 年 6 月，他还出席了在巴西召开的联合国环发首脑会议。1992 年 11 月第 47 届联合国大会全体会议通过决议，要求美国必须停止对古巴的经济、贸易和金融封锁。拉美国家也不顾美国制裁的威胁，坚持与古巴发展经济关系。

三 冷战后的美拉关系

克林顿上台后，对美国的拉美政策作了新的调整，重点从安全转向了经济，主要手段由援助转向贸易，力图建立一个以美国为主导的美洲自由贸易区和西半球“民主共同体”，致力于发展同拉美国家的“伙伴关系”。对美国来说，拉美地区的局势保持稳定，对美国保持在国际事务中的领导地位至关重要。拉美是美国第二大贸易伙伴，也是美国最活跃的出口市场，双方贸易额逐年增长，美国在拉美有着重要的经济利益。对拉美国家来说，美国是拉美最大的贸易国、投资国和债权国。根据美国商业部统计，美国同拉美国家的贸易总额从 1992 年的 752 亿美元猛增到 1995 年的 2000 亿美元，增长 1.6 倍多。美国投资在拉美吸收的外国直接投资中占 64%。拉美也是美国唯一有贸易顺差的地区。另外，在环境保护、扫毒、移民、打击恐怖主义等问题上，美国也离不开拉美国家的合作。为此，克林顿政府提出对拉美政策的六项主要任务：加强民主建设、保护人权、建立社会正义、支持经济改革、保护环境及建立西半球自由贸易区，同时重点推进缉毒和打击恐怖主义等跨国性犯罪活动。1995 年 8 月，美国国防部发表《美洲安全战略报告》确定了美国对拉美国家安全政策的基本要点：支持拉美各国民主政府；支持该地区经济的持续发展，使之成为美国的重要合作伙伴；加强与拉美各国在联合缉毒和反恐怖主义活动等领域的合作；增强美洲地区军事透明度，建立军事信任机制。克林顿在其第一任期内，对拉美国家比较冷落，没有访问任何拉美国家。国务卿克里斯托弗于

1996年2月底3月初才第一次正式踏上拉美国土。从1997年起，他开始转变态度，频频出访拉美国家，努力加强和发展同拉美国家在政治、经济等各个领域的合作关系。1997年5月5日，克林顿在出访墨西哥前夕发表讲话称，美国与拉美国家之间“正在形成一种伙伴关系，这种关系不仅以历史、地理位置和文化为基础，而且越来越多地以共同的利益和价值观、以一起为共同的未来作出努力为基础”。

促进海地恢复民主是克林顿政府建立“西半球民主共同体”的重点之一。海地位于加勒比海北部，面积2.7万平方公里，人口660万，是拉美地区最贫困的国家之一，也是世界上最不发达的国家之一。1991年9月29日，海地武装部队总司令塞德拉斯发动军事政变，民选总统阿里斯蒂德被驱逐出境，从此便一直流亡国外。作为海地全国改革和民主阵线的领导人，阿里斯蒂德在1990年12月的总统大选中以压倒多数票当选为1804年海地独立以来的第一位民选总统，并于1991年2月初宣誓就职。他一上任就开始对军队和政府部门进行整顿，试图改变国家机构腐败无能的状况，因而触动了军人和上层的利益，并引起不满。拉美国家担心海地的军事政变可能会引发新一轮军人干政的浪潮，一致同意作出强烈反应。美洲国家组织立即宣布对海地实行经济封锁。联合国也迅速通过决议，要求海地军方恢复民选政府。但是，海地军方态度一直非常强硬，拒不交出政权。

1993年克林顿上台后，决定对海地采取断然措施。5月初，克林顿政府提议建立一支国际警察部队帮助海地恢复民主，促使阿里斯蒂德回国复职。同年6月，在美国的积极推动下，联合国安理会通过决议，决定从6月23日起对海地实行石油和武器禁运，并冻结了海地军事当局在海外的资产。7月3日，在美国和联合国的协调下，阿里斯蒂德和军政府领导人塞德拉斯在纽约签署了《戈弗诺协议》。根据该协议，阿里斯蒂德在10月30日前回海地重新担任总统职务；塞德拉斯等人10月15日辞职；对参加政变的人实行大

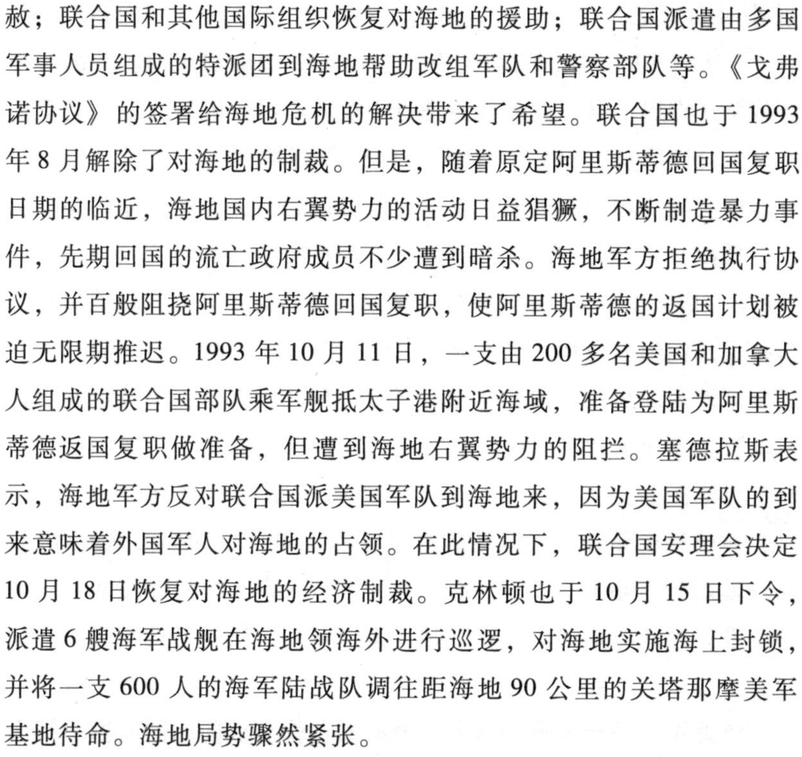

赦；联合国和其他国际组织恢复对海地的援助；联合国派遣由多国军事人员组成的特派团到海地帮助改组军队和警察部队等。《戈弗诺协议》的签署给海地危机的解决带来了希望。联合国也于 1993 年 8 月解除了对海地的制裁。但是，随着原定阿里斯蒂德回国复职日期的临近，海地国内右翼势力的活动日益猖獗，不断制造暴力事件，先期回国的流亡政府成员不少遭到暗杀。海地军方拒绝执行协议，并百般阻挠阿里斯蒂德回国复职，使阿里斯蒂德的返国计划被迫无限期推迟。1993 年 10 月 11 日，一支由 200 多名美国和加拿大人组成的联合国部队乘军舰抵太子港附近海域，准备登陆为阿里斯蒂德返国复职做准备，但遭到海地右翼势力的阻拦。塞德拉斯表示，海地军方反对联合国派美国军队到海地来，因为美国军队的到来意味着外国军人对海地的占领。在此情况下，联合国安理会决定 10 月 18 日恢复对海地的经济制裁。克林顿也于 10 月 15 日下令，派遣 6 艘海军战舰在海地领海外进行巡逻，对海地实施海上封锁，并将一支 600 人的海军陆战队调往距海地 90 公里的关塔那摩美军基地待命。海地局势骤然紧张。

自 1994 年 4 月起，迫于国内外的强大压力，克林顿政府对海地的政策变得更加强硬起来。4 月 26 日，一向主张以和平方式解决海地危机的总统海地事务顾问佩祖略被迫辞职，由民主党黑人领袖格雷接任。5 月，美国又推动联合国安理会通过决议，决定对海地实行全面的制裁。决议规定，除客运航班和人道运输外，所有国家应立即禁飞海地，禁止海地飞机在其他国家起降或飞越其领空。决议还规定，从 5 月 22 日起，除医疗用品和基本食品外，禁止海地的产品进出口和对海地的转口贸易，禁止运输船只进出海地港口，必要时拦截进出海地的船只以进行检查。6 月，美国宣布对海地进一步实行制裁，停止美国与海地之间的民用航线，停止美国与海地之间的一切金融交易。翌日，海地临时总统若纳桑宣布全国进入紧急状态。7 月，海地又宣布联合国和美洲国家组织派往海地的代表团在海地的存在“不合法”，限令在海地的 101 名联合国观察员在

48 小时内离境。

7 月中下旬，美国对海地军政当局进一步施加压力。美国海军陆战队还在巴哈马、波多黎各进行了军事演习。流亡美国的阿里斯蒂德致函联合国，请求“立即采取行动拯救海地人民”。7 月 31 日，联合国安理会通过了主要由美国提议的有关海地问题的 940 决议，授权会员国组成一支实际上由美国控制和指挥的多国部队，“使用一切必要手段”，促使海地军方领导人离开海地，以确保阿里斯蒂德回国恢复海地合法政府。美国企图以安理会的这一决议为其武装干涉海地提供“合法依据”。9 月 15 日，克林顿向海地发出最后通牒，要求海地军政府下台。克林顿强调为保护美国的利益，在西半球维护稳定，促进民主，必须将海地军政府赶下台。与此同时，美国积极部署入侵海地的军事行动，制订了详细的入侵计划，在海地附近水域集结了 30 多艘战舰和运输船只。在促使联合国通过一系列制裁海地的决议的同时，美国海军开始对海地实施海上封锁。

海地军方领导人迫于形势，表示愿意就交权问题同美国举行会谈。9 月中旬，美国派出以前总统卡特为首的代表团赴太子港与塞德拉斯等海地军方领导人举行会谈，并最终达成了《太子港协议》。根据协议，美国和多国部队将“和平地”进驻海地，以维护这个岛国的社会秩序；在海地议会通过一项赦免法令后，军方领导人将于 10 月 15 日前放弃权力，并保证在和平交权期间与多国部队全力合作；海地民选总统阿里斯蒂德将回国重新掌权。10 月，海地军政府正式辞职。10 月 14 日，美国宣布取消对海地的制裁。次日，阿里斯蒂德乘美军直升机与美国国务卿克里斯托弗一起返回海地。至此，历时三年的海地危机结束。美国国防部宣布，美国将在 12 月 11 日以前撤出其在海地驻军中的 6000 人，其余 9000 名美军仍将同多国部队一起继续驻守海地，以“恢复海地民主”。

海地仅有一支 7500 多人的军队，其中绝大多数是陆军，大约 7000 人，但正规军不到 900 人。空军只有 150 多人，其飞机基本上

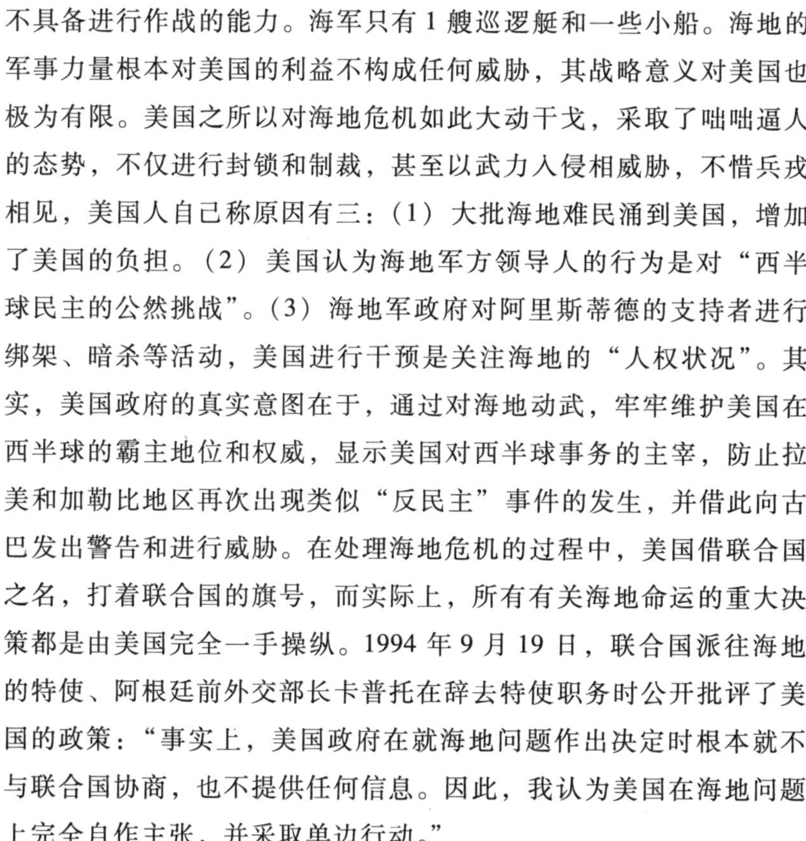

不具备进行作战的能力。海军只有1艘巡逻艇和一些小船。海地的军事力量根本对美国的利益不构成任何威胁，其战略意义对美国也极为有限。美国之所以对海地危机如此大动干戈，采取了咄咄逼人的态势，不仅进行封锁和制裁，甚至以武力入侵相威胁，不惜兵戎相见，美国人自己称原因有三：（1）大批海地难民涌到美国，增加了美国的负担。（2）美国认为海地军方领导人的行为是对“西半球民主的公然挑战”。（3）海地军政府对阿里斯蒂德的支持者进行绑架、暗杀等活动，美国进行干预是关注海地的“人权状况”。其实，美国政府的真实意图在于，通过对海地动武，牢牢维护美国在西半球的霸主地位和权威，显示美国对西半球事务的主宰，防止拉美和加勒比地区再次出现类似“反民主”事件的发生，并借此向古巴发出警告和进行威胁。在处理海地危机的过程中，美国借联合国之名，打着联合国的旗号，而实际上，所有有关海地命运的重大决策都是由美国完全一手操纵。1994年9月19日，联合国派往海地的特使、阿根廷前外交部长卡普托在辞去特使职务时公开批评了美国的政策：“事实上，美国政府在就海地问题作出决定时根本就不与联合国协商，也不提供任何信息。因此，我认为美国在海地问题上完全自作主张，并采取单边行动。”

令美国颇感失望的是，海地恢复民主政权之后并没有成为其所设想那样的民主国家。自1997年6月起，海地政局开始动荡不稳，各种政治派别的纷争使政府长期处于瘫痪状态，经济形势日益恶化，社会问题突出，大批难民逃亡美国，也给美国造成很大的经济、社会和政治负担。克林顿政府接连派出高级使者，试图劝说海地各派政治组织达成妥协，尽快结束海地长期的无政府状态。1997年10月和1998年4月，美国国务卿奥尔布赖特两次出访海地。1998年11月底，美国第一夫人希拉里亲自赴海地进行调解。1999年1月初，前国家安全顾问莱克访问海地，与海地总统普雷瓦尔进行了会谈，要求海地停止内部纷争。但是，美国的调解努力并没有取得任何实质性结果，海地的政治危机继续呈恶化趋势。1999年3

月初，普雷瓦尔与海地几个主要政党的领导人经过一系列反复协商，终于达成一项协议，决定成立一个新政府，并设立一个临时选举委员会，负责组织年底的议会选举工作。

对于中美洲，随着中美洲地区形势的稳定，克林顿政府大大减少了在这一地区的军事存在和军事援助，其政策重点是实现和巩固这一地区的民主制、打击贩毒和洗钱等犯罪活动。1993 年 11 月，克林顿在同中美洲首脑会晤时表示，“美国将在中美洲作为合作伙伴提供帮助，我们不会犯错误去忽视这个地区”，“我们将同中美洲保持关系，以帮助他们实现和平、巩固民主、维护人权和取得持久的经济发展”。1994 年 5 月 24 日，美国副总统戈尔在洪都拉斯同中美洲 7 国首脑举行会晤并发表联合公报。戈尔允诺，美国支持中美洲国家提出的持续发展的要求，并将制订一项临时贸易计划，给予中美洲和加勒比国家出口美国的纺织品及服装等产品一定的免税待遇。1998 年 5 月 7 日，克林顿对墨西哥进行了为期 3 天的正式访问，随后出席了在哥斯达黎加举行的中美洲首脑会议和在巴巴多斯举行的加勒比首脑会议。访问期间，克林顿与上述国家和地区的领导人就贸易、反毒、移民和环境保护等问题进行了讨论，与墨西哥签署了《反毒品联盟声明》，与中美洲 7 国签署了关于加强在反毒、移民、经贸和环保等领域进行合作，加强双方之间的朋友和伙伴关系的《圣何塞声明》，与加勒比国家签署了关于完善该地区经济福利和公民安全的“共同行动计划”。这次出访是克林顿 1993 年就任总统后首次访问拉美国家。1998 年 10 月底，中美洲国家遭受飓风的袭击，美国向该地区提供了 3.05 亿美元的援助。1999 年 3 月 8 日，克林顿开始其中美洲之行，访问了尼加拉瓜、洪都拉斯、萨尔瓦多和危地马拉，宣布将扩大“加勒比倡议”，在一年半内取消用美国原料加工的纺织品的进口关税，同时降低其他产品关税。克林顿称将在“贸易、减免债务负担、移民方面向中美洲国家提供援助”。11 日，在危地马拉，美国与中美洲国家多米尼加、伯利兹等国领导人举行首脑会议，签署了《危地马拉声明》，一致同

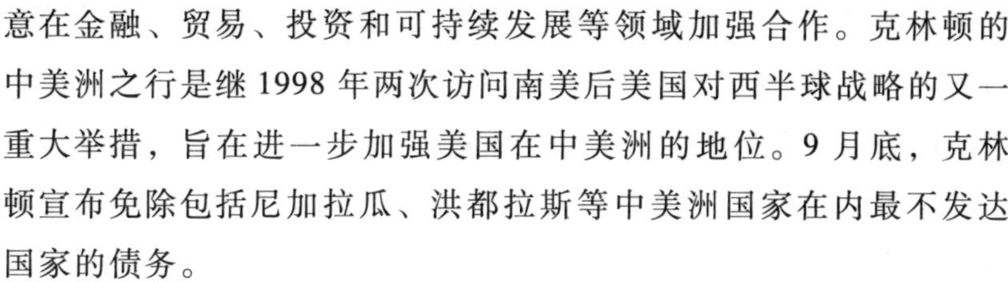

意在金融、贸易、投资和可持续发展等领域加强合作。克林顿的中美洲之行是继 1998 年两次访问南美后美国对西半球战略的又一重大举措，旨在进一步加强美国在中美洲的地位。9 月底，克林顿宣布免除包括尼加拉瓜、洪都拉斯等中美洲国家在内最不发达国家的债务。

克林顿政府根据 1977 年美国与巴拿马签署的关于巴拿马运河的条约，自 1993 年 1 月开始从其在巴拿马的军事基地逐步撤军。1994 年 6 月，美国驻运河区的 193 步兵旅开始正式撤离。美军南方司令部负责人在撤军仪式上宣布，到 1995 年拟将驻巴拿马的 1 万美军减到 6000 人，而后继续分阶段撤离，1999 年底全部撤完。但在另一方面，美国也并不甘心如期交出运河的控制权。就在刚刚撤军的同时，1995 年 6 月和 1996 年 9 月美国国会众参两院先后通过决议，要求克林顿政府同巴拿马政府举行谈判，以便将美国在巴拿马的军事基地保留到 2000 年以后。美国参议院外交委员会主席赫尔姆斯曾大声疾呼："你们想想吧，美国国旗将于 1999 年在巴拿马降下来，我们怎么能听之任之呢?" 1998 年 7 月，赫尔姆斯和美国众议院国际关系委员会主席吉尔曼再次建议政府同巴拿马方面谈判延长军事基地问题。美国国会的这一图谋遭到巴拿马政府和人民的强烈反对。

与此同时，美国政府也以所谓需要在巴拿马建立一个"多国扫毒中心"为借口，竭力想继续对巴拿马运河区实行军事占领，保留在运河区的美军基地。为此，两国政府从 1996 年开始就这一问题举行谈判。由于美国坚持要求巴拿马方面允许美军能够进行"多国扫毒中心"以外的活动，致使谈判未能取得任何进展。1998 年 9 月，两国发表联合声明，正式宣布两国没有能就 1999 年以后美国继续在巴拿马驻军问题达成协议。10 月 19 日，吉尔曼等人又提出通过金钱援助和一系列贸易优惠来换取巴拿马 4 个军事基地的建议，同样遭到巴拿马政府的坚决拒绝。巴拿马政府指出，巴拿马决不以国家主权来换取美国给予的所谓经济利益。面对巴拿马方面毫不妥协的立场，美国不得不依条约行事，继续从巴拿马分批撤军。1999 年 6 月 30 日，美国将其在巴拿马运河区大西洋沿岸的谢尔曼美军基地归还给巴拿马政府。11 月 1 日，又将霍华德、科贝等军事基地移交给巴拿马。11 月 30 日，美国交还最后一个军事基地克莱顿堡，从而结束了美国在巴拿马长达近一个世纪的军事存在。12 月 31 日，美国把巴拿马运河的管辖权正式移交给巴拿马政府。

克林顿政府对古巴的政策并没有实质性改变，继续实行在经济上封锁、外交上孤立、军事上威胁的强硬政策，试图以压促变。美国政府在 1995 年国家安全战略报告中强调，“古巴是西半球唯一仍处于极端统治下的国家”，美国的目标是帮助古巴人民建立起民主政治。在另一方面，迫于国内外压力，克林顿政府也采取了一些非实质性的松动政策。例如，1993 年 7 月，美国国务院移民专家同古巴官员就移民问题举行会谈；9 月，负责古巴事务的美国国务院官员访问古巴，同古巴政府就双边关系问题进行了官方接触。

1994 年夏，发生了古巴大批难民涌向美国的事件。在马蒂电台的鼓动下，前后大约有 3.2 万人企图乘小船或木排冒险漂往美国。在外逃高峰时，每天近千人，8 月 23 日一天更高达 3000 多人。古巴政府多次要求美国改变移民政策，制止非法移民。随着非法移民的增多，克林顿政府不得不紧急修改对古巴难民的政策，命令将从海上救起的古巴难民送入设在关塔那摩美军基地的难民营，禁止他们直接前往美国本土。美国还恢复了与古巴关于移民问题的谈判。古巴方面在会谈中同意阻止难民离境，但同时强调要根本解决难民问题，美国必须停止对古巴的封锁和宣传攻势。1995 年 5 月，美古就难民问题达成协议。美国同意将滞留在关塔那摩海军基地的 2 万多名古巴难民经审查后进入美国，宣布此后偷渡来美的古巴难民将被遣送回国。同年 10 月，美国还决定放宽对古巴的限制，主要是允许美古两国新闻单位互设分社，并适当放松旅游限制。

1996 年 2 月 24 日，3 架属于 1991 年在美国成立的古巴流亡分子组织“救援兄弟会”的飞机进入古巴领空，在古方发出警告而不

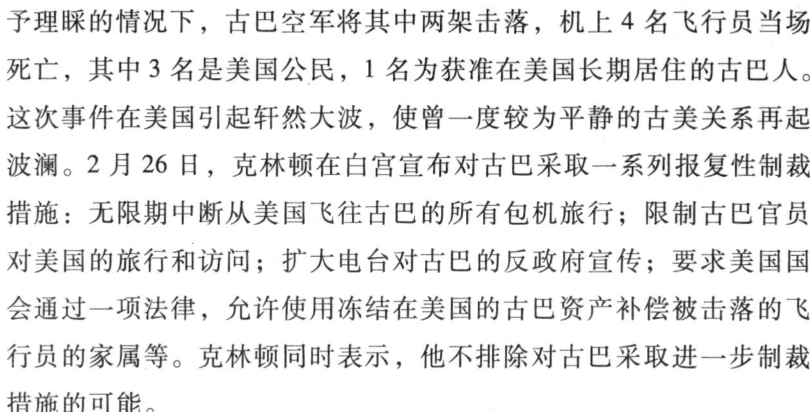

予理睬的情况下，古巴空军将其中两架击落，机上4名飞行员当场死亡，其中3名是美国公民，1名为获准在美国长期居住的古巴人。这次事件在美国引起轩然大波，使曾一度较为平静的古美关系再起波澜。2月26日，克林顿在白宫宣布对古巴采取一系列报复性制裁措施：无限期中断从美国飞往古巴的所有包机旅行；限制古巴官员对美国的旅行和访问；扩大电台对古巴的反政府宣传；要求美国国会通过一项法律，允许使用冻结在美国的古巴资产补偿被击落的飞行员的家属等。克林顿同时表示，他不排除对古巴采取进一步制裁措施的可能。

同年3月，克林顿以古巴击落美国飞机为由，签署了美国国会通过的《赫尔姆斯—伯顿法》，即《古巴自由和民主声援法》，并于同年5月29日开始实施。该法案是1995年9月由共和党参议员赫尔姆斯和共和党众议员伯顿提出的，明确宣布其目的就是谋求对古巴卡斯特罗政府的国际制裁，计划支持一个“过渡政府，导致在古巴产生一个民选政府”。法案的主要内容包括：要求联合国安理会对古巴实行“国际义务封锁”，反对古巴加入国际金融机构和美洲国家组织；禁止别国在美国销售古巴产品；不给在古巴投资或进行贸易的外国公司的经理、股东及其家属发放进入美国的签证；反对国际金融机构向古巴提供贷款；惩罚那些与古巴进行贸易的外国公司；支持建立“自由和独立的古巴”，并规定了古巴政府、社会以及政治形式的具体标准等。美国进一步加强了对古巴的经济制裁，试图完全切断古巴同国际经济的联系，彻底孤立古巴，把美国对古巴的封锁国际化，从而加速古巴政府的倒台。为了推行《赫尔姆斯—伯顿法》，克林顿任命商务部一名副部长为总统特别代表，主要职责就是游说和敦促拉美国家、加拿大和欧洲国家与美国合作，对古巴采取共同行动。美国的政策虽然给古巴带来相当大的经济困难，但在政治上毫无收效，反而使美国在国际上陷入孤立，遭到国际社会的普遍谴责和反对，美国对古巴的政策难以为继。迫于国际社会的强大压力，美国不得不一次又一次地宣布推迟实施《赫尔姆斯—伯顿法》部分条款。

首先，美国的制裁未能奏效，美国的目的并没有达到。美国的封锁政策严重影响了古巴经济的发展，进口进一步萎缩，工农业生产的原材料得不到保证，经济指标连年下滑，国内出现了严重的食品短缺。据古巴方面宣布，40 多年来，美国的经济、贸易和金融封锁给古巴造成了 1210 亿美元的经济损失。但古巴并没有因此而动摇，依然坚持走社会主义道路，政治稳定。冷战结束后，古巴政府坚持进行经济改革，努力开放市场，大力吸引外资，使古巴经济渐渐走出低谷，并从 1994 年起保持逐年增长势头。1999 年古巴国内生产总值增长了 6.2%，在拉美地区名列前茅。在国际社会，古巴通过采取灵活务实的全方位外交战略，同拉美等广大发展中国家的关系不断巩固和发展，同加拿大等西方国家的关系也在稳步发展，从而有效地打破了美国的孤立政策，并赢得了国际社会广泛的同情和支持。

其次，国际社会反对美国的制裁政策，美国面临国际社会要求解禁的压力越来越大。1994 年 11 月 25 日，声援古巴世界大会在哈瓦那举行，来自世界 100 多个国家的 3000 名政治和社会组织的代表参加了会议。大会通过的声明要求美国结束对古巴的经济封锁。大会通过了 9 项声援古巴、反对封锁的决议，并把每年的 10 月 10 日定为声援古巴世界日。古巴国务委员会主席卡斯特罗在大会闭幕式上发表讲话，强烈谴责美国对古巴长期实行的经济封锁。他指出，美国对古巴的封锁是“一种全面的敌视”，是向古巴开展的“一场经济战争”。他表示拒绝接受以任何政治条件换取美国取消对古巴的封锁，古巴不会为了同美国实现两国关系正常化而放弃它的政治制度。自 1992 年以来，联合国大会已连续 8 年以压倒多数通过要求美国解除对古巴制裁的决议。1999 年 11 月 9 日，第 54 届联大以 155 票赞成、2 票反对（美国和以色列）通过了要求美国解除对古巴的长期经济制裁的决议。决议要求美国政府采取必要措施，尽快废除旨在对古巴进行封锁的有关法律和规定，并重申了主权国家平等、不干涉他国内政以及国际贸易和航运自由等基本原则。

在美国的欧洲盟国中，法国、德国、英国等与古巴均建立了良好的关系，不仅是古巴重要的贸易伙伴，而且是古巴主要的投资者。欧盟和日本对《赫尔姆斯—伯顿法》提出强烈批评，认为美国制裁其他国家与古巴做生意的做法侵犯了第三国的主权，损害了全球贸易自由化进程，违反世界贸易组织的自由贸易规则。在 1996 年 6 月举行的佛罗伦萨欧盟首脑会议上，欧盟各国领导人对《赫尔姆斯—伯顿法》将造成的后果表示“严重关注”，并指出“美国这一针对伙伴和盟友的举动对实现我们在古巴的目标没有任何好处”。7 月 11 日，欧盟委员会主席桑特致函克林顿，再次向美国政府表明欧盟各国对该法的“普遍关注”。针对美国欲对欧盟国家一些与古巴有贸易往来的公司实行制裁，欧盟于 1996 年 7 月中旬在马德里召开 15 国外长会议，提出了反制裁措施，其中包括：对美国商人进入欧盟国家实行签证方面的限制；对欧盟国家的企业提供司法保护；向世界贸易组织提出上诉等。西班牙外交部于 1996 年 7 月警告说：《赫尔姆斯—伯顿法》在贸易领域引起的纠纷“会成为美国与其盟国之间一场小规模贸易争端的开始，它有可能演变成为一场使大家都会感到后悔的、大规模的贸易战”。1996 年 10 月，欧盟发表一项声明，反对美国采取任何超越国界的、有悖于国际组织规则的措施，强调“保持政治对话和促进经济关系的发展是促使古巴重返国际社会的最合适的途径”。欧盟的强硬立场迫使美国不得不最终与欧盟达成妥协。

作为古巴重要的贸易伙伴，墨西哥和加拿大成为《赫尔姆斯—伯顿法》最大的受害国。墨西哥外交部向美国政府提出“强烈抗议”，指责美国的做法违反了北美自由贸易协定的有关规定，表示将采取措施予以对抗。加拿大是古巴的第一大贸易伙伴，加政府多次表示，美国无权干涉和阻挠加拿大商人进行自由贸易和投资的权利。1996 年 5 月中旬，加拿大政府邀请尼加拉瓜、哥斯达黎加、萨尔瓦多、危地马拉和洪都拉斯5国总统和伯利兹总理访加，在会谈后发表的联合公报中，7国领导人坚决反对美国《赫尔姆斯—伯顿法》。10月，加拿大通过修改有关法律来抵制该法案，制定了针对美国的反制裁措施，其中规定只要美国法院对加拿大公司处以罚款，加拿大就对美国公司课以同等的罚款。两国同意在北美自由贸易协定的框架内采取共同行动，并继续发展同古巴的经贸关系。1998年1月，罗马教皇保罗二世对古巴进行了为期5天的历史性访问，他谴责了美国的禁运政策，敦促美国解除对古巴“非正义的、道义上无法接受的经济制裁措施”，并呼吁古巴向世界开放，世界也向古巴开放。1998年4月，加拿大总理克雷蒂安不顾美国的强烈反对，对古巴进行了为期3天的正式访问，并提出“要对话，不要对抗”的口号，成为20多年来第一个访问古巴的西方政府首脑。

在拉美，美洲国家组织、里约集团、拉美议会等组织多次通过决议，谴责美国对古巴的制裁，敦促美国解除对古巴实行多年的经济封锁。美洲国家组织多数成员国要求允许古巴重返该组织，融入国际社会。绝大多数拉美国家同古巴保持着正常的关系。截至1999年底，在33个拉美国家中，同古巴有正式外交关系的有29个。1999年4月，出席加勒比国家联盟首脑会议的25个国家的领导人发表声明，要求美国履行联合国通过的有关决议，停止执行《赫尔姆斯—伯顿法》。声明强调指出：“我们重申，我们坚决反对任何强制性的单方面措施，以及任何国家使国内法带有治外法权性质的做法，因为这违背了国际法，侵犯了国家主权和国际上的和平共处。”同年6月，古巴领导人卡斯特罗出席了在巴西里约热内卢召开的首届欧盟—拉美首脑会议，并会晤了德国、法国、西班牙、意大利等欧盟国家领导人。8月，古巴正式加入拉美一体化协会。11月，第九届伊比利亚国家首脑会议在古巴首都哈瓦那召开，来自拉美、西班牙、葡萄牙等21个国家的政府首脑或代表参加了会议，会议发表了《哈瓦那声明》，强烈谴责美国的《赫尔姆斯—伯顿法》，要求美国遵守联合国大会的有关决议，取消对古巴的经济制裁，称任何国家都无权实施治外法权，应按联合国宪章和国际法解决争端。美国对这次会议进行重重阻挠，在劝说有关国家领导人抵制出席会议无效后，奥尔布赖特亲自致信各国总统和外长，要求各国敦促古巴进行政治改革，同样遭到大多数国家的反对。2000 年 4 月 12 日，首届南方首脑会议在哈瓦那召开，来自世界上 122 个发展中国家的政府首脑或代表参加了会议。美国孤立古巴未果，反而使自己日益陷入困境。

在美国国内，要求改变对古政策、放弃制裁的呼声日益高涨。美国是对古巴实行禁运的唯一西方大国。西欧、日本在美国对古巴制裁之时，大力发展同古巴的经贸关系。美国的工商界和一些国会议员对美国政府的对古政策表示强烈不满。美国商会主席认为，对古巴的制裁损害了美国劳动者的利益，表示“美国商会决心站在全世界取消单方面制裁斗争中的最前列”。许多企业界人士在积极同古巴政府和商界进行接触、寻求未来投资和贸易的机会的同时，大力开展院外游说活动，向国会施加压力，敦促国会尽早解除对古巴的封锁，改变政策。国会内赞成放松和解除封锁的势力也在逐步上升。1998 年 10 月，美国国会 16 名议员联名致函克林顿，指出越来越多的美国人对封锁古巴给美古双方造成的影响表示关切，建议成立一个两党委员会，重新全面审视美国的古巴政策，作出深思熟虑、客观和合理的分析。这些议员认为，“我们对古巴的政策 30 多年来没有变化。古巴也没有发生很大变化。但是，世界形势发生了很大变化”。1999 年 1 月，美国对外关系委员会一特别工作小组提出报告，要求政府重新调整对古巴的政策，使古巴摆脱孤立状态。该报告支持政府采取具体步骤发展古巴与美国公民之间的接触，支持取消在食品和药品销售方面的大部分限制，支持“打开古巴的门户”，使美国人能够为文化、宗教、教育、人道主义和体育目的访问古巴，并建议也放宽对希望访问美国的古巴学者、艺术家、运动员和政府官员的限制。报告还提出，政府应采取措施发展在古巴的商业活动。报告最后呼吁，“随着古巴的变化，美国的政策也应进入一个新时期”。长期对古巴政府持敌对态度的工会领导人也在逐渐转变态度。1999 年 8 月，劳联—产联通过决议，呼吁结束对古巴的制裁。长期以来一直主张坚持对古巴采取强硬政策的美籍古巴人也改变了态度，特别是年轻一代的美籍古巴人开始呼吁通过对话恢复同古巴的正常交往，反对继续对古巴实行严厉的封锁政策。1999 年 7 月，300 多名古巴裔美国人在华盛顿集会，要求美国结束对古巴的禁运。美国迈阿密市古巴民主委员会执行干事弗雷雷表示，“这是一个时代的结束。我们不仅希望开放古巴，而且希望开放迈阿密。我理解我的父辈那一代的挫折，但是，又换了一代人，50 岁以下的人的看法不同了”。美国社会各界要求政府和国会修正对古政策、尽快结束对古巴的经济封锁的呼声日益高涨。越来越多的美国人认为结束对古巴的经济制裁、实现两国关系正常化的时候已经到来。根据美国对外政策协会 1999 年所做的民意测验表明，79%的美国人反对《赫尔姆斯—伯顿法》，认为对古封锁政策已经过时。

美国的制裁不仅未能使古巴放弃所选择的社会主义制度，反而损害自身利益，在国际上陷入孤立。美国政府不得不承认，《赫尔姆斯—伯顿法》“没有取得所期望的结果”，反倒使“美国同许多伙伴，特别是欧盟的关系紧张”。面对国内外要求解禁的强大压力，美国政府不得不调整政策，开始放松对古巴的制裁，并采取措施，试图打破与古巴关系的僵局。在克林顿的第二任内，美古关系出现松动。1998 年 3 月和 5 月，美国国防部和中央情报局分别向国会提出报告，认为古巴已不再对美国和该地区其他国家构成“军事威胁”，其军队“除保卫领土和政治制度外，无卷入军事活动的动机”，只具备最小的常规作战能力，而且目前古巴大多数军人在从事农业生产，敦促加强两国间的军事接触。同年 3 月 20 日，克林顿宣布采取四项使古巴能够获得更多人道主义物资的措施：恢复运载人道主义援助物资的飞机从美国直航古巴；允许旅美古巴人每年向其国内亲属汇款 1200 美元；加快向古巴出口药品的审批过程；请国会制定向古巴提供食品等方面的人道主义援助的立法。这是自 1962 年美国对古巴实行封锁以来第一次做出的试图缓和美古紧张关系的姿态。古巴最高领导人卡斯特罗主席对此表示欢迎，认为这是“积极的举措”，有助于古美关系“朝着良好的方向发展”，同时再次要求美国完全取消经济封锁。5 月 6 日，克林顿在记者招待会上做出进一步和解的姿态，公开称“美国愿与古巴和解”，希望古巴“融入由西半球其他国家组成的世界中”。

1999 年 1 月 5 日，克林顿再次宣布放松对古巴的制裁：减少美国公民向古巴亲属或非政府组织邮寄现金金额的限制；允许向古巴非政府机构和私营实体出售美国食品和农作物；扩大美古两国民间交往和体育往来；允许与古巴直接通邮；允许包机飞往除哈瓦那以外的古巴城市等。同年 6 月，美国与古巴反毒官员签署一项协议，以加强合作，打击毒品走私活动；同时还包括简化美国官员访问古巴的手续，在古巴开设办事处。同年 8 月，美国参议院以 70 票对 28 票决定取消了对古巴出售食品和药品的限制。2000 年 7 月 20 日，美国国会众议院以多数票通过了解除对古巴的食品和药品的禁运以及允许美国自由前往古巴的两项提案。在此之前，美国国会派遣了两位经济学家赴古巴，对美国经济封锁给古巴造成的影响进行调查。到 2000 年底，美国国会议员已提出 20 多项各种议案，要求缓和对古巴的经济禁令。这表明，美国的立法机构也开始反省美国的对古政策。

与此同时，美国政要纷纷访问古巴，与古巴领导人进行接触。1999 年 7 月，美国商会会长多纳休访问古巴。8 月，美国参议院少数党领袖达施勒和参议员多根对古巴进行了 3 天访问，与古巴领导人卡斯特罗举行了会谈。他在访问回国后发表的声明中呼吁放松对古巴的制裁。同年 10 月下旬，美国伊利诺伊州州长瑞安率领由该州议员、企业家、农场主和其他方面人士共 50 人组成的代表团访问古巴，并受到卡斯特罗的接见。瑞安在访问古巴时要求结束美国对古巴的封锁和禁运。2000 年 1 月，包括美国前农业部长布洛克在内的农业代表团对古巴进行了 4 天访问。在访问期间，该代表团要求美国政府取消对古巴实行了 40 多年的经济封锁，以早日实现两国关系的正常化。此外，美国棒球队于1999年4月访问古巴，与古巴国家棒球队进行比赛，受到古巴方面的热烈欢迎。古巴领导人卡斯特罗亲临现场观战，并同美国运动员一一握手。

尽管美国政府在逐步改变长期以来的对古巴的封锁政策，但并没有放弃对古巴的敌视，也没有彻底解除对古巴的制裁，美国的最终目标依然是促使古巴发生有利于美国的变革，改变古巴的社会制度。克林顿强调，除非古巴出现根本性的、重要的变革，否则孤立哈瓦那的政策就不会改变，认为现在还不到正式考虑改变对古巴实行封锁的时候。国务卿奥尔布赖特也一再声称："美国的政策十分明确。我们要在古巴实现向民主的和平转变。这一目标简明且不可动摇。为了达到这一目标，我们将不放弃我们的原则，不停止我们的努力。"美国政府还多次表示放松制裁是出于人道主义目的，旨在"减轻古巴人民的痛苦"，而不是"支持古巴政府"。1999年1月在克林顿宣布放松对古巴制裁措施的记者招待会上，美国副国务卿罗梅罗称，这些措施与对古巴的禁运丝毫无关；在可预见的将来，禁运法将继续实施，除非国会改变这些法律。奥尔布赖特则强调，这"并不表明美国将改善与古巴政府的关系"。此外，在美国国会内的极端保守势力反对放宽对古巴的制裁。在放松对古经济制裁的同时，美国政府宣布要加强反对古巴现政权的广播和电视节目，继续对古巴施加压力，促使古巴政策发生变化。根据2000年1月美国政府制定的《新世纪的国家安全战略》规定，美国"仍然致力于推动古巴以和平方式向民主过渡"。

从古巴方面来说，对美国尽快改变其敌视政策也并没有抱有幻想。1999年1月8日，古巴人民政权代表大会主席阿拉尔孔发表电视讲话，在谈到美国就美古双边事务采取的若干新措施时指出："美国的这些措施并不意味着它改变了对我们国家的政策，因为它们目的是颠覆（古巴）革命，使严厉的封锁不受触动。"他强调，这是美国"反古战争的一个新阶段"，"是在意识形态和政治领域（向古巴）发动的一场进攻"。古巴领导人多次明确表示，古巴不会以放弃民族尊严和损害国家利益为代价同美国做交易，古巴决不接受西方的民主体制，“走社会主义道路，这是古巴人民的唯一选择”。因此，只要美国不从根本上完全放弃其对古巴的敌视、孤立和封锁政策，两国关系就难以取得突破性进展。美国和古巴关系的改善有可能会是一个长期、曲折的过程。

在美国与南美国家的关系中，美国同阿根廷的关系较为密切。1993 年 6 月，阿根廷总统梅内姆访问美国，他是克林顿上台后正式接待的第一位南美洲国家元首。自 1989 年上台至 1999 年 1 月，梅内姆出访美国达 10 次之多。在其任内，阿根廷一直把改善和发展同美国的关系置于对外政策的首位。与此同时，美国也非常注重加强与阿根廷在政治、经济和军事等领域的合作。20 世纪 90 年代以来，两国关系有了长足的进展。克林顿称“阿根廷是美国可信赖的伙伴和朋友”。在经贸领域，自 1989 ~ 1997 年初，双边贸易额从 20 亿美元增加到 64 亿美元。但是，两国一直就农产品出口补贴问题存在较大分歧。阿根廷批评美国对农产品出口实行补贴政策，要求美国取消补贴，真正实现自由贸易。在知识产权、市场开放等方面，双方也存在一些摩擦。在安全领域，1996 年 12 月，两国首脑在举行会晤时达成协议：美阿结成在北约外围的“特殊盟友关系”，阿根廷同意其武装部队可以按美国的愿望参加拉美地区的缉毒行动。1997 年 10 月，克林顿访问阿根廷，正式给予阿根廷“非北约军事盟国”地位。

克林顿政府对发展与巴西的关系比较重视。巴西是美国在拉美最大的贸易伙伴，也愿意扩大同美国的对话和合作，但双方在经贸问题上矛盾不断。1993 年 1 月，美国商业部指责巴西、墨西哥、日本、法国等 19 各国家低价向美国倾销钢材，并决定对这些国家出口到美国的钢材征收 109% 的附加税。美国的这一决定在巴西引起强烈反应。巴西最大的 5 家钢铁公司决定在 1993 年内大幅度降低从美国进口煤炭的比重。1993 年 3 月，美国白宫贸易办公室再次将巴西列入不正当贸易活动的国家名单中，指责巴西不尊重工业专利权，对美国商品和劳务的进口设置障碍，限制外国投资等。美国方面还称，将对巴西采取报复措施。同年4月，巴西政府对美国将巴西列入有可能进行贸易制裁对象的名单表示不满。5月，巴西外长和美国贸易代表就两国的分歧进行了磋商，使两国在经贸领域的矛盾得到了一定程度的缓解。1997年10月，克林顿出访巴西，与巴西领导人签署了有关教育、环保、和平利用原子能等方面的协议。美国是巴西最大的贸易国和投资国，与巴西经贸关系十分密切。1997年底，美国在巴西的投资达370亿美元，占巴西外国直接投资的1/3以上。1997年美巴双边贸易额为234亿美元。1998年，巴西因受国际金融危机的影响发生金融动荡，美国出于自身利益的考虑，积极促使国际货币基金组织、世界银行以及西方发达国家向巴西提供415亿美元的巨额信贷，帮助巴西尽快摆脱困境，渡过难关。

在扫毒方面，克林顿政府已削减了对拉美国家的援助，将扫毒的重点从国外逐渐转向了国内，从控制拉美国家毒品的生产和贩运转向减少国内的毒品消费。在另一方面，美国国务院每年发表“扫毒评估”报告，对拉美国家的扫毒工作妄加评论，并不断指责拉美国家反毒不力。美国这种公然干涉别国内政的行径引起许多拉美国家的强烈不满。由于在禁毒问题上存在分歧，美国与哥伦比亚关系一直处于紧张状态。1994年，美国声称哥伦比亚总统桑佩尔在大选中接受了贩毒集团的资助，并以此为借口多次要求桑佩尔下台，对哥伦比亚施加种种压力，从而引发两国外交冲突。1996年3月，美国宣布对桑佩尔政府在反毒斗争方面的“合作诚意”表示怀疑，停止了对哥的经济援助。7月11日，美国国务院发表声明称，“鉴于桑佩尔总统在对哥贩毒集团的斗争中采取不合作的态度”，美国政府决定吊销其进入美国的签证，禁止他今后以任何身份进入美国国境，也将不允许他参加联合国大会。美哥关系急剧恶化。委内瑞拉、玻利维亚、秘鲁、巴西等拉美国家对美国的做法表示遗憾和不安。智利、哥斯达黎加、萨尔瓦多、危地马拉、洪都拉斯和尼加拉

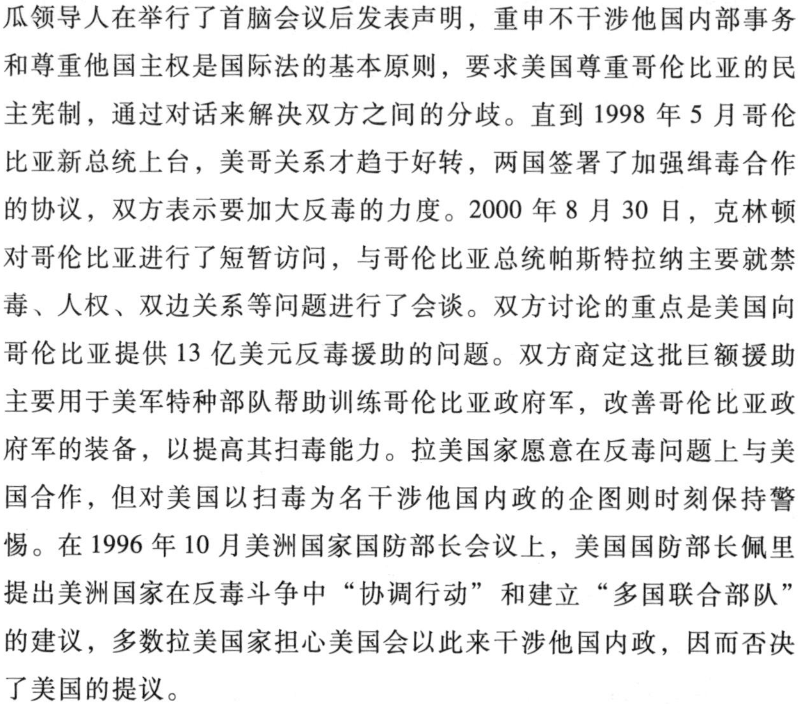

瓜领导人在举行了首脑会议后发表声明，重申不干涉他国内部事务和尊重他国主权是国际法的基本原则，要求美国尊重哥伦比亚的民主宪制，通过对话来解决双方之间的分歧。直到 1998 年 5 月哥伦比亚新总统上台，美哥关系才趋于好转，两国签署了加强缉毒合作的协议，双方表示要加大反毒的力度。2000 年 8 月 30 日，克林顿对哥伦比亚进行了短暂访问，与哥伦比亚总统帕斯特拉纳主要就禁毒、人权、双边关系等问题进行了会谈。双方讨论的重点是美国向哥伦比亚提供 13 亿美元反毒援助的问题。双方商定这批巨额援助主要用于美军特种部队帮助训练哥伦比亚政府军，改善哥伦比亚政府军的装备，以提高其扫毒能力。拉美国家愿意在反毒问题上与美国合作，但对美国以扫毒为名干涉他国内政的企图则时刻保持警惕。在 1996 年 10 月美洲国家国防部长会议上，美国国防部长佩里提出美洲国家在反毒斗争中“协调行动”和建立“多国联合部队”的建议，多数拉美国家担心美国会以此来干涉他国内政，因而否决了美国的提议。

移民问题是长期影响美拉关系发展的一大难题，冷战结束后，这一问题变得更为突出。由于美国与拉美国家在经济发展和生活水平等方面存在着明显的巨大差距，每年有大约 20 万非法移民从墨西哥、中美洲和加勒比地区涌入美国寻找工作。大量非法移民的进入在一定程度上冲击了美国的劳动就业市场，并给美国社会带来一些问题，引起保守势力对政府的不满和批评。美国的排外势力也乘机活动，袭击和迫害移民的暴力事件时有发生。1996 年 9 月 30 日，美国国会通过了《1996 年非法移民改革与移民责任法》，并于 1997 年 4 月 1 日正式生效。该法的主要内容包括：加强边界监视，阻止非法移民入境；为拒非法移民于国门之外，在外国机场设立移民预审站；调查、驱逐和打击已在美国的非法移民；对雇主实行罚款或监禁等。

惩处新移民法颁布实施后，美国移民局对拉美非法移民采取了严厉措施，包括进行罚款、关押和驱逐，引起拉美国家的密切关注，担心大量非法移民被遣返不仅会使这些国家失去数量可观的外汇收入，损害本国经济，而且还会给本国造成巨大的就业压力，从而有可能引发一些社会问题，危及国内秩序的稳定。拉美各国人民和舆论也对美国迫害和驱赶非法移民表示强烈反对，谴责美国这种侵犯人权的行径。拉美国家认为，移民问题产生的根本原因在于美国和拉美国家经济发展水平的悬殊，美国发达的经济和优越的生活条件与拉美落后的经济和较低的生活水平形成了鲜明对照，这必然促使许多人移居美国。作为世界上经济最发达的国家，美国有义务帮助拉美国家发展经济，提高人民生活水平，增加就业机会，只有这样才能减轻移民的压力，并逐步解决这一久已存在的问题。在美国的 2900 万拉美移民中，大部分来自墨西哥和中美洲，其中墨西哥约有 1885 万。墨西哥移民和劳工每年汇回外汇 50 多亿美元，仅次于石油工业和旅游业的外汇收入。墨西哥政府对美国的新移民法极为关注，要求美国政府正式做出承诺，遵守两国间签订的移民协议，公正地对待劳工的人权和劳动权，不歧视墨西哥移民，不大规模遣返墨西哥已在美国境内的劳工。墨西哥政府明确表示，“墨西哥政府将运用一切法律和外交手段来要求美国尊重墨西哥移民和劳工的合法权益”。哥斯达黎加、洪都拉斯、多米尼加、萨尔瓦多、危地马拉、尼加拉瓜和伯利兹等国家的领导人还要求美国撤销其新移民法，立即停止大规模驱赶中美洲移民，以维护本国移民的人权和减少遣返移民可能对本国经济造成的负担。

1998 年 5 月克林顿出访墨西哥和中美洲，移民问题是双方讨论的一个主要议题。面对拉美国家的严正立场和正当要求，美国不得不采取一些安抚措施，做出妥协姿态。美国与墨西哥签署了有关“尊重所有移民人权”的声明，并允诺将采取措施来缓和新移民法的影响；与中美洲国家签署了《圣何塞声明》，承诺在移民问题上将“寻求人道的、适当的解决办法”。声明指出，在移民问题上，中美洲国家愿与美国保持公开和经常性的高级对话，以寻求妥善解决移民这一复杂问题的办法，强调在处理移民问题时，必须尊重移民的人权和尊严。克林顿做出的一些承诺在一定程度上缓解了因新移民法而引起的美拉之间的紧张关系，但是，由于移民问题产生的原因在于双方经济发展水平的差距，很难从根本上加以解决，这一问题势必会长期困扰着美拉关系。

四　美拉关系的新发展

2001 年小布什执政后，表示要大力提升美拉关系。但随后的“9·11”事件、阿富汗战争和伊拉克战争导致美国无暇顾及与拉美国家的关系，引起拉美国家的不满。2002 年 3 月 21～24 日，小布什出访墨西哥、秘鲁和萨尔瓦多，并出席了安第斯及中美洲国家首脑会议，就加强地区安全，促进双边政治、经贸关系进一步发展达成了一些协议和共识。墨西哥与美国相邻，墨美边境安全对美国尤为重要。21 日和 22 日，小布什与墨西哥总统福克斯在蒙特雷市连续举行了 3 次正式会谈。双方为维护边境地区的安全签署了启动“智能边境”计划的协议。根据该计划，美墨两国将在边境地区安装先进的设备，监视和检查过往的人员和物资，防止毒品、贩毒分子、恐怖分子和非法移民进入美国。为了避免大量墨西哥移民涌进美国，美墨两国政府还决定增加投资，加速墨西哥中南部贫困农村地区的经济发展计划，大力发展墨方边境地区的中小企业，以增加当地居民的就业机会，并尽快改善他们的生活环境。此外，美国方面还将投资 5000 万美元作为墨西哥落后地区大学培养人才的奖学金。小布什访问秘鲁和萨尔瓦多时，分别同安第斯共同体国家秘鲁、哥伦比亚、玻利维亚和厄瓜多尔以及中美洲的萨尔瓦多、洪都拉斯、危地马拉、尼加拉瓜、哥斯达黎加、巴拿马和伯利兹的领导人商讨了反恐、反毒和维护地区安全等问题，并决定加强这些方面的合作。6 月 3 日，美国国务卿鲍威尔出席在巴巴多斯举行的美洲国家组织大会，推动会议通过《美洲国家间反恐条约》，决定进一步加强美洲国家在金融、执法、情报等领域的反恐合作。

在加强地区反恐合作的同时，美国继续积极推动建立美洲自由贸易区。小布什同中美洲和安第斯国家领导人就谈判建立自由贸易区问题达成了共识。美国政府认为，要保障拉美地区的稳定与安全，必须帮助和促进该地区稳定和快速发展，而推动建立自由贸易区则是达到此目的的一条捷径。1994 年 1 月，墨西哥与美国和加拿大建立“北美自由贸易区”后，墨西哥经济取得快速稳定的发展，从而成为一些拉美国家效法的对象。中美洲国家与美国贸易交往较多，各国每年向美国的出口量分别占它们总出口量的 60% ~80% 左右，它们希望尽快与美国建立自由贸易区。美国一直希望推动美洲自由贸易谈判向前发展，并于 2005 年前按计划建立美洲自由贸易区。小布什在萨尔瓦多与中美洲国家领导人会谈时，双方均同意将尽快就建立自由贸易区进行正式谈判。2002 年 12 月，美国与智利达成全面自由贸易协定。2003 年 1 月底，美国与哥斯达黎加、萨尔瓦多、危地马拉、洪都拉斯和尼加拉瓜开始就建立美国—中美洲自由贸易区进行谈判。2004 年 5 月和 8 月，美国分别与中美洲 5 国及多米尼加正式签署自由贸易协定。同时，美国与哥伦比亚、厄瓜多尔、秘鲁等就签署自由贸易协议开始谈判。

对于古巴，小布什政府继续采取孤立、遏制政策，并采取了一系列措施。2003 年 10 月，小布什政府宣布将加强有关禁止前往古巴旅游的法律，并改善对来自古巴的逃亡者的甄别手续，使得逃亡者能以“安全和合法”的途径进入美国，并成立一个由国务卿鲍威尔领导的“支持自由古巴委员会”，以“促进和加快古巴的民主化进程”；加强马蒂广播电视台对古巴的播出，以“打破古巴政府对新闻的封锁”。① 2004 年 5 月，小布什提出在两年内斥资 5900 万美元资助反古巴活动、将古巴侨民的汇款金额缩减一半、控制旅美古巴人回国探亲的次数等措施，对古巴实行进一步的封锁政策。6 月，古巴举行 20 万群众集会，抗议美国的封锁。2006 年 7 月，小

---

① 埃菲社华盛顿 2003 年 10 月 10 日电。

布什签署发布由国务卿赖斯和商务部长古铁雷斯召集撰写的《援助自由古巴委员会报告之二》，呼吁建立一个支持古巴转型的国际联盟，加强对古巴反对派的资金援助，并进一步强化对古巴的经济制裁。

2005 年，小布什在第二任期开始对拉美政策进行调整，力图强化美拉关系。4 月，赖斯国务卿访问巴西、哥伦比亚、智利和萨尔瓦多；3 月和 8 月，国防部长拉姆斯菲尔德先后出访阿根廷、巴西、危地马拉、巴拉圭和秘鲁。11 月，小布什出席在阿根廷举行的第 4 届美洲国家首脑会议，并访问阿根廷、巴西两国，这是他就任总统后首次访问南美。2007 年 3 月 8 ~ 14 日，布什出访巴西、乌拉圭、哥伦比亚、危地马拉和墨西哥 5 国，并出席美洲国家首脑会议。6 月 19 ~ 21 日，美国推动首届加勒比大会在华盛顿举行，小布什与加勒比共同体各国领导人举行峰会，并发表联合声明，表示要建立美国—加勒比“新型伙伴关系”。小布什宣布 2007 年为美国与拉美“接触年”，提出了在政治、经贸、人文、人员交往等领域加强合作的一系列倡议。美国国防部长盖茨、副国务卿伯恩斯和内格罗蓬特、助理国务卿香农等先后出访拉美国家。财政部长保尔森提出将地区合作、支持拉美中小企业发展和加强基础设施建设作为美国对拉美未来政策的三个支柱。

安全上，小布什政府继续加强与拉美国家的合作。2003 年 10 月，美洲国家组织成员国共同签署《美洲安全宣言》，指出恐怖主义、有组织跨国犯罪、贩毒等是未来几年美洲面临的新威胁，应该加强西半球反恐与安全合作。美国和拉美国家多次举行双边或多边反恐军事演习。2007 年底，美国政府提出“梅里达计划”，决定向墨西哥和中美洲国家提供数十亿美元的援助，帮助这些国家打击有组织犯罪和贩毒集团。2008 年 7 月，该计划获美国国会通过。12 月初，美国向墨西哥提供了首批 1.97 亿美元的援助资金。2008 年 4 月，美国宣布重建第四舰队，负责美国海军在拉美地区的行动，以佛罗里达的梅波特港为基地，任务范围从佛罗里达一直延伸到南美洲最南端的合恩角。经济上，美国依然是拉美地区最大的投资国和贸易伙伴，继续推进与拉美国家签署双边自由贸易协定。2008 年 9 月 24 日，小布什与同美国已经签订或正在谈判签订自由贸易协定的美洲 11 国领导人在纽约举行会晤，并签署《美洲繁荣之路》文件，强调要进一步加强地区贸易一体化，实现美洲地区的共同繁荣，为此要将领导人会晤机制化，并定期进行部长级磋商。2006 年 4 月，美国与秘鲁签署双边自贸协定；10 月，与乌拉圭开始就贸易和投资框架协议谈判，11 月，与哥伦比亚签订贸易促进协定。但是双方在民主、毒品、能源、移民、地区一体化等方面矛盾依然尖锐。小布什政府实施以反恐为中心的对外战略，并推行单边主义的外交政策，忽视了拉美国家，美国在拉美地区的影响力有所减弱。有媒体甚至称小布什当政的 8 年是美国“失去拉丁美洲的 8 年”。

奥巴马竞选期间，就曾批评小布什政府对拉美的政策是“失败的”，表示当选后要加强与拉美国家的关系，“建立一个新的美洲联盟”。2009 年 1 月，他就任美国总统以来，美国与拉美国家的高层接触明显增多。奥巴马政府提出在平等和相互尊重的基础上发展美拉伙伴关系。面对全球金融危机的严峻形势，美拉双方都表现出了改善关系的意愿。拉美国家普遍认为，在经济危机的背景下，只有加强与美国的关系，期待美国尽快走出危机，才能带动拉美地区的经济复苏。美国政府也希望改善自己在拉美国家中的形象，加强对话，携手应对金融危机。执政伊始，奥巴马就邀请墨西哥总统卡尔德龙和巴西总统卢拉相继访美，揭开了美国与两国关系新的一页。

美国政府高层官员接连出访拉美国家，与多位拉美国家领导人进行会晤。美国政府意识到，在面临共同挑战时，各国只有“共同努力”才能积极应对。2009 年 3 月，国务卿希拉里先后访问墨西哥和加勒比数国；副总统拜登出席在智利举行的“进步治理峰会”，并与多位拉美国家领导人接触，表达了积极发展美拉关系的愿望。拜登与智利总统巴切莱特共同会见记者时指出，美国以往是在试图“为拉美做事情”，而现在是要“与拉美一起做事情”。他在与阿根廷总统费尔南德斯和乌拉圭总统巴斯克斯会晤时表示，奥巴马政府将在应对经济危机、打击毒品和军火走私等方面与拉美国家“共同努力”，掀开与拉美国家关系“新的一页”。他还指出，美国和拉美国家还面临毒品、军火走私、有组织犯罪等共同的严峻挑战，承诺美国将为减少国内的毒品买卖、阻止军火走私做出更多的努力。

2009 年 4 月 17 日，第五届美洲国家首脑会议在特立尼达和多巴哥首都西班牙港举行，除古巴之外的西半球 34 个国家的领导人和代表与会。奥巴马发表讲话表示，美国“愿意承认”过去在处理与拉美国家关系上犯下的错误，在这方面美国需要走“一条新路”，以开辟相互关系的“新时代”；美国将本着“平等精神”与拉美国家建立新型伙伴关系。他承诺将向包括拉美国家在内的受经济危机重创的国家提供 4.48 亿美元的援助，设立西半球小额融资成长基金，用于帮助本地区企业。在打击贩毒和犯罪方面，奥巴马政府改变态度，承认自己的责任，承诺将在国内加强扫毒工作，遏制枪支走私，并加强与墨西哥等国在这方面的沟通与合作。他还承诺提供 3300 万美元，用于加强与加勒比国家治安合作，共同打击犯罪。奥巴马还建议成立美洲能源与气候伙伴计划，加强本地区在此领域的合作。奥巴马承认，过去美国有时与其他国家缺乏沟通，试图将自己的意志强加于人，美国今后将扮演朋友和伙伴的角色，致力于与本地区国家“进行强有力、持续和成功的接触”。奥巴马在新闻发布会上说，他和其他与会领导人就金融危机、能源环境、公共安全和缉毒、美国与古巴关系以及美国与拉美关系等热点问题交换了意见，并与对美国持批评态度的一些领导人进行了良好的接触。他认为，尽管仍然存在分歧，但这次峰会显示出美洲国家能够在求同存异的基础上展开合作。他说，尽管美国仍是世界上最强大和最富有的国家，但光靠一个国家无法解决问题。只有协调一致地迅速采取果断行动，才能有效应对美洲国家共同面临的挑战。他承认，美国和拉美存在历史遗留问题，并曾在地区事务中采取双重标准，但他的政府将在相互尊重的基础上努力改善与拉美国家的关系。奥巴马还利用此次峰会向委内瑞拉、玻利维亚等激进左翼国家表示愿意通过“坦承对话”和“实际行动”改善双边关系。6月，委内瑞拉恢复与美国冻结的外交关系。

2009～2010年，希拉里多次出访拉美地区，是几十年来出访拉美国家次数最多、最频繁的国务卿，18个月中访问了18个国家，几乎会见了拉美大多数国家领导人，足迹遍及整个西半球。美国还与激进左翼国家进行对话，谋求改善与玻利维亚、委内瑞拉等国关系。2010年4月，美国负责西半球事务的助理国务卿巴伦苏埃拉访问厄瓜多尔，就双边和地区问题进行对话。6月，他又出访玻利维亚，探讨双边合作可能性，并称“奥巴马希望双边关系进入一个相互尊重的合作新阶段”。

在经济领域，美国通过“通向繁荣之路”、“梅里达计划”、“千年挑战账户”等机制推进与拉美国家合作，提出建立“美洲能源和气候伙伴关系”。奥巴马承诺，美国要帮助拉美国家应对金融危机，刺激经济增长，创造就业机会和消除贫困，为此将设立西半球小额融资成长基金，用于帮助本地区中小企业。2011年10月初，正在多米尼加首都圣多明各出席“美洲繁荣之路”计划第4届部长级会议的美国国务卿希拉里表示，将向拉美国家提供1750万美元捐助基金，以加强拉美国家的基础设施建设。

希拉里国务卿在访问墨西哥时承认，美国国内对毒品的非法需求刺激了墨西哥的贩毒和武器交易。奥巴马政府从资金等方面加强了对有关拉美国家的反毒斗争的援助，承诺向墨西哥追加8000万美元用于购买打击毒贩的直升机，并帮助墨西哥建立一个新的打击贩毒工作站，出资7200万美元改善两国的边界设施，以便更有效地打击贩毒活动。

长期以来，哥伦比亚一直是美国在拉美地区最重要的盟友之一。2009年8月中旬，双方就军事合作达成初步协议。据此，美国可以在2019年之前使用哥伦比亚多个军事基地，并在这些基地部署战斗机和各种武器，派驻军事和反毒人员，以帮助哥伦比亚打击国内的贩毒集团和恐怖组织。哥伦比亚经济上对美国依赖较深，美国是哥伦比亚最大的投资国和贸易伙伴。2008 年，美哥双边贸易额达 245 亿美元。2004 年 5 月，美国与哥伦比亚开始进行自由贸易谈判，2006 年 2 月，两国达成了双边自由贸易协定。外交上，哥伦比亚长期以来一直将对美关系视为其外交关系中的重中之重，并在反毒和反恐等问题上对美国给予积极配合。美国是世界上最大的毒品消费国。20 世纪 80 年代以来，哥伦比亚贩毒活动猖獗，其生产加工的毒品 80% 以上销往美国。与此同时，贩毒集团又与哥伦比亚反政府武装或准军事组织相互交织，对哥伦比亚政府构成威胁。因此，美哥两国在共同打击贩毒走私等领域积极合作，形成同盟。这一时期，美国通过军售、派遣顾问等方式向哥伦比亚军方提供援助。“9·11”事件后，美国在哥伦比亚推行扫毒和反恐并举政策，将“哥伦比亚革命武装力量”、“哥伦比亚联合自卫军”等反政府组织列为恐怖组织，强调对其实施军事打击，深受哥伦比亚政府的欢迎。2002 年乌里韦上台以来，积极开展“反恐外交”，在反对恐怖主义和打击毒品走私等领域同美国积极合作。哥伦比亚政府不仅通过美国的帮助有效地打击反政府游击队，而且还获得美国提供的大量经济和军事援助，特别是“哥伦比亚计划”等所谓禁毒项目的军事援助。美国对哥伦比亚军事和经济援助累计 50 亿美元。

2011 年 3 月 19 日，奥巴马开始了为期 5 天的拉美之行，这是他上任后首次出访南美地区，先后访问了巴西、智利和萨尔瓦多三国，旨在推进美国与三国的经贸关系，为美国创造更多的出口和就业机会。临行前他表示，拉美是世界上经济增长迅速的地区之一，他将推动美国企业向拉美地区提供更多的产品与服务。他指出，2010 年，美国对巴西的出口支撑着 25 万个美国就业机会，“向拉美出口创造的美国就业机会很快将达到 200 万个”；美国对智利的出口自 2004 年以来增加了 3 倍，创造了 7 万个就业机会；萨尔瓦多的经济增长对美国也意味着很多机遇。

奥巴马将巴西作为南美的一个出访国，显示出美国对加强与巴西伙伴关系的重视。巴西是“金砖四国”之一和最大的拉美国家，在美洲的地位举足轻重。奥巴马将其作为发展与南美关系的重点，致力于修补与加强两国关系。卢拉访美后，两国间的合作逐渐加强，并从经济、科技领域发展到军事领域。2010 年 4 月 12 日，美国同巴西签署了多项军事合作协议，旨在加强双方在军事培训、防卫技能上的合作，并将进行海军舰队互访。奥巴马同巴西总统迪尔玛举行了会谈。迪尔玛会后表示，巴西和美国的关系应当是“平等的关系”，这是两国关系成熟的表现。奥巴马强调，美巴“是美洲地区两个最大的经济体”，“美国支持巴西作为经济强国的崛起”。访问期间，两国政府签署了一项《经济贸易合作协定》，决定设立双边经贸委员会加强磋商。两国领导人还探讨了在教育、医疗、生物能源等领域的合作前景。目前巴西石油出口的最大市场是美国，2010 年平均每天向美国出口 50 万桶，全年石油和石油产品出口额达到 41 亿美元。巴西近来发现了储量丰富的深海石油资源，预计到 2019 年，巴西将成为世界上主要石油出口国之一。奥巴马表示，美国有意参与巴西的深海石油开采，增加从巴西的石油进口，建立长期和稳定的供油合作。巴西在南美洲一体化中的领导地位，不断上升的国际影响力等，都是促成美国越来越重视巴西的重要因素。

在对古巴问题上，奥巴马政府承认对古巴的孤立政策“已经失败”，并积极寻求改善与古巴的关系。推动美国国会通过了关于部分解除美国对古巴制裁的议案，2009 年 2 月 23 日，美国国会发表了一份两党报告，题为《为美国国家利益着想改变对古巴政策》。报告建议美国总统率先在美洲国家首脑会议召开之前迈出改变对哈瓦那政策的“第一步”。报告指出，“这种态度可能意味着重大转变，将有利于创造出让拉美各国对美国产生良好意愿的氛围，并实现美国政府在各种事务上寻求的与拉美地区的合作”。3 月 10 日，美国参议院通过一项关于部分解除美国对古巴制裁的议案，允许美籍古巴人每年回古巴探亲一次，并放松向古巴出口食品和药品的限制。此举被认为是美国开始改变对古巴政策的一种积极信号，被认为是美古关系“一个微小但却重要的”开始。4 月，由芭芭拉·李率领的美国众议院代表团一行7人对古巴进行了访问，成为奥巴马就任总统以来首个访问古巴的官方代表团。代表团受到古方的热情接待，并受到古巴国务委员会主席劳尔·卡斯特罗和前领导人菲德尔·卡斯特罗的接见。劳尔·卡斯特罗表示，在“相互尊重和维护国家主权”的原则下，可以随时同美国进行对话。双方进行了4个多小时的“闭门会谈”，被称为“开创美古关系先河的历史性会晤”。菲德尔·卡斯特罗两次发表署名文章，称美国议员团是“美国重要的政治代表团”；奥巴马入主白宫的同时，“也出现了主张改善关系的潮流，应该利用这个历史性时刻”；“条件已经具备，奥巴马可以施行建设性的政策，终止近半个世纪的已被事实证明失败的做法”。美国众议员在访古期间也做出了积极表态。芭芭拉·李表示，“我们来到这里是为了开始就美古关系进行对话”。她认为，实现美古关系正常化的时刻就是现在，“我们将向奥巴马总统提交一份报告，其中包括与古巴关系正常化的建议”。

4月13日，奥巴马宣布解除对美国公民前往古巴探亲及向其在古巴亲属汇款的限制，并支持美国企业打入古巴电信网络和卫星广电服务市场。白宫当天发表声明说，奥巴马已指示国务卿希拉里、财政部长盖特纳和商务部长骆家辉采取必要措施，解除对美国公民前往古巴探亲及向其在古巴亲属汇款的限制。此外，这三个行政部门还被要求授权美国电信网络供应商与古巴方面签订协定以构建连接美古两国的光纤及卫星通信设施，允许美国电信服务供应商与古巴电信服务供应商签订漫游服务协定，允许美国卫星广播及卫星电视服务供应商通过必要的交易向古巴境内的客户提供服务等。声明强调：“支持古巴人民自由决定他们自己以及他们国家未来的愿望符合美国的国家利益。”虽然奥巴马政府仍未解除美国对古巴长达47年的全面经济封锁，但此次解除公民前往古巴探亲及向其在古巴亲属汇款限制的决定标志着美国政府对古巴政策的重要转变。这一决定赢得了拉美国家的普遍赞扬。

2009年4月16日，正在墨西哥访问的奥巴马表示，美国已对古巴发出了“示好”信息，解除了古巴裔美国人到古巴旅游和汇款给在古巴家人的限制，美国政府正在期待古巴的回复。奥巴马还说，“美古两国关系不可能一夜之间彻底修复”，但他对重塑冻结了近50年的双边关系表示乐观，并称美国政府正为解冻两国关系努力，希望能够取得良好效果。正在委内瑞拉出席会议的古巴国务委员会主席劳尔·卡斯特罗说，古巴愿意与美国进行“平等”的对话。4月17日，第五届美洲国家首脑会议在特立尼达和多巴哥举行。奥巴马在开幕式致辞时表示将寻求美国与古巴关系的“新开端”，并准备在各个领域与古巴进行广泛接触。美国有线电视新闻网就美古关系在美国本土所做的民意调查显示，70%的美国人支持美国与古巴建交，2/3的美国人认为，美国应该解除对公民前往古巴的限制。

2009年6月2~3日，第39届美洲国家组织大会在洪都拉斯召开。与会各国代表共同宣布废除1962年驱逐古巴的决议，从而结束了对古巴长达47年的孤立政策。美国负责西半球事务的助理国务卿香农在发言中表示，美国政府对古巴的政策和立场已经出现重大改变，美国代表团在讨论废除1962年制裁古巴决议时表现出的积极态度，以及近期内放宽对古巴旅游、侨汇的限制等，都充分说明美国政府和奥巴马总统对古巴问题的立场和政策已出现重大改变。香农强调，1962年决议的废止意味着古巴重返美洲国家组织的障碍已经消除。作为美洲国家组织的成员国，美国希望美古关系能够有一个“新的开端”，而“不应该还停留在过去”。他同时重申，美国将会为古巴返回美洲国家组织敞开谈判之门。7月，古巴和美国两国代表在纽约就移民问题举行自2003年以来的首次会谈。这是奥巴马入主白宫后向古巴示好行动的进一步发展。9月3日，美国财政部发表声明，宣布修改针对古巴的财产控制规定。此举为美国放宽旅美古巴人的旅行限制和汇款创造了条件。声明说，修改针对古巴的财产控制规定主要围绕家庭成员往来、汇款和通信三方面进行，目的是为了促进旅美古巴人与其在古巴亲属的来往，并在他们之间增加汇款及信息的流动。根据修改后的规定，旅美古巴人可以无限制地看望在古巴的亲属，并且在向其汇款数量和频率方面不受限制。9 月 17 日，美国和古巴政府官员在哈瓦那就恢复两国的邮政直通也举行了会谈。2011 年 4 月，古巴恢复与美国通邮，两国之间的信件往来恢复正常。

对奥巴马政府做出的积极姿态，古巴政府予以积极回应，表示愿意在平等的基础上就任何问题与美国方面进行对话。2009 年 4 月，古巴国务委员会主席劳尔·卡斯特罗在接见来访的 7 位美国国会议员时表示，两国之间可以谈“任何题目”，包括人权问题。但古巴政府同时强调，美国不能给对话“预设条件”，也不能要求“意识形态的让步”。2011 年 3 月底，古巴领导人同应邀前来访问的美国前总统卡特就改善美古关系等问题进行了会谈。劳尔·卡斯特罗重申，古巴愿在平等、无条件、完全尊重古巴独立和主权的情况下与美国就所有问题进行对话。卡特在结束访问前举行的记者招待会上要求美国取消对古已实行近半个世纪的封锁，呼吁两国在改善双边关系方面迈出更大步伐。

尽管奥巴马政府在改善与古巴关系方面做出积极表态，但美国国务院 2009 年 4 月发表报告，继续将古巴与伊朗、叙利亚和苏丹等国家一起列入所谓“支持恐怖主义国家”的黑名单中，指责古巴仍在为哥伦比亚等国的反政府武装人员和恐怖分子提供安全庇护，并称尽管美国没有证据显示古巴在帮助恐怖分子洗钱或者资助其从事恐怖活动，但古巴的银行系统依然是“世界上最隐秘和不透明的”金融机构。9 月 14 日，美国政府宣布，为了美国的国家利益，将对古巴的贸易禁运再延长一年。因此，当奥巴马宣布将经济禁运再延长一年后，古巴政府作出了愤怒的反应。古巴外长罗德里格斯说，美国的封锁使古巴经济损失约 960 亿美元，这是“犯罪和种族灭绝政策，在道义上不可接受，也是徒劳的和注定要失败的”。

正如美国国务卿希拉里所说：“在古巴问题上，美国几乎遭到了所有国家的反对。”奥巴马缓和对古政策，是客观形势使然。首先，美国对古巴实施的近半个世纪的全面经济封锁并未取得任何明显效果。其次，国际上要求美国改变对古政策的呼声日益高涨。联合国已连续十几次通过决议，呼吁美国取消经济封锁。而美国国内也有越来越多的有识之士要求美政府改弦更张，解除对古制裁。奥巴马政府虽然采取了一些积极措施，但双方关系的改善将是一个漫长的过程，不可能一蹴而就，而只能在不断的接触中逐步走向解冻。美国改善与古巴关系的措施是很有限的，要想真正改变与古巴的关系，必须彻底取消对古巴的一切封锁和制裁。

第七章
美国的人权外交

一　美国人权外交的历史

美国外交政策包含人权因素始于第一次世界大战时期。威尔逊总统提出了所谓“理想主义”外交，宣扬美国不为追求私利，而是“捍卫人类权利”。美国这时打出“人权”的旗号，主要是为了在与其他大国在国际舞台上进行竞争中，弥补军事实力的不足。威尔逊强调所谓“道义外交”，认为美国在世界上承担着一种“特殊和特别的使命”，宣称“我们的利益不是财产权，而是人权”。威尔逊打着维护“人权”的旗号，干涉西半球国家的内部事务，并称美国的行动是出于利他的动机，是为了促进这些地区的“民主”，美国是“整个西半球民族自由和独立主权的斗士”。1918 年，威尔逊总统提出了关于战后安排的 14 点计划，声称该计划以“公正、民主、自由”为前提，使美国“以高尚之宗旨、正当之主义、尽解决道德之责任”。威尔逊的理想主义外交虽然在当时未能得到实现，但它对后来美国外交的影响是深远的。富兰克林在欧洲战云密布之时大力宣扬美国在维护“人权”上的特殊性。1935 年 10 月 2 日，他发表讲话称：“每个人享有根据自己良心支配而实行自己宗教信仰的自由，在合众国，我们认为是不言而喻的。一个半世纪以来，我们的国旗象征着信仰自由、宗教自由和法律面前人人平等这些原则；而且，这些原则已经成为我们根深蒂固的民族性格。”在欧战爆发后，罗斯福发表了“四大自由”演说，强调“人权”的核心是让人们享有言论自由、宗教自由、摆脱贫困的自由和免于恐惧的自由。1942 年 8 月 14 日，罗斯福和丘吉尔联合发表了《大西洋宪章》，把“四大自由”列为两国战后对外政策的共同目标。1942 年 1 月，26 个国家的代表在华盛顿签署了《联合国家共同宣言》，明确提出：“为保卫生命、自由独立和宗教自由，并为保全他们本国和其他国家中的人权和正义起见，完全战胜敌国，实为必要。”在这一时期，美国举起“人权”的旗子主要是为了赢得其他国家的支持，以便共同努力，尽快获得世界反法西斯战争的胜利。在另一方面，也表明美国希望在战后承担起领导世界的“责任”，用美国的价值观念来改造世界。

在美苏冷战时期，人权更是美国对外政策的一大武器。不论是民主党执政还是共和党上台，历届美国政府都非常强调人权在美国外交中的作用和价值。肯尼迪是一个具有理想主义的总统，他在就职演说中说，新一代美国人“不愿目睹或允许我国总是作出保证的人权遭到无端的侵犯”。肯尼迪认为，人权是不可分割的，当人权受到任何一个成员国的侵犯和忽视时，联合国就不能袖手旁观。他甚至认为，和平问题归根结底是一个人权问题。在其任内，美国的人权外交发展到了一个新阶段，把人权明确纳入了对外政策中。1961 年，美国政府在《对外援助法》修正案中规定，美国国务院必须每年向国会众议院、参议院外交委员会提交一份各国人权状况的翔实报告。考察的对象包括联合国成员国和接受美国援助的国家，它被视为美国与别国发展双边关系或提供援助的重要依据和条件。对于那些被美国认为侵犯了“人权”的国家，美国将针对不同的对象视情况采取不同的做法。至今，美国国务院每年都发布有关其他国家人权状况的报告。

1975 年，美国国务院成立了“人道主义事务司”专门负责收集和提供联合国各成员国的人权执行情况，并向国会作出汇报。国务卿基辛格认为人权“至关重要”，是“我们时代最为迫切的问题之一”。在 1976 年召开的美洲国家组织第六届大会上专门就人权问题发表了讲话，把“必须保护和扩大人类的基本权利”说成是“我们时代最引人注目的问题之一，也是要求所有有责任心的民族与国家采取一致行动的问题”。相对来说，美国在人权问题上做得较为谨慎，唯恐损害与盟国的关系，特别是担心因人权问题而伤害了自身利益。

人权问题一直是战后美国外交政策中的一个重要内容。战后初期，美国推行冷战政策，往往把人权问题作为推行外交政策的工具，但还没有成为美国政府制定外交政策的主要原则。卡特是美国历史上积极推行人权外交的总统。在他看来，自威尔逊以后，除了少数总统外，美国很少把“人权”放到重要地位来考虑，忽视了美国外交传统的理想主义。卡特认为，长久以来，美国外交政策未能显示出美国所特有的杰斐逊或威尔逊的理想主义思想，结果是“我们丧失了抵御极权主义思想意识的威胁以及鼓舞我国人民士气的一项最有效的手段”。在总统竞选期间，卡特就提出，美国应当在维护基本人权和自由方面为国际社会树立榜样，成为维护国际人权的领导力量。正是在其任内，人权问题才真正上升到人权外交，并成为美国外交政策的核心内容之一。从这时起，人权外交开始成为美国对外政策的一个重要特征。

卡特政府之所以大张旗鼓地推行人权外交，主要是由于形势的发展变化迫使美国决策者不得不对美国的外交政策作出重大调整。二战后，美国凭借其在战时发展起来的强大经济力量和政治影响，把在全世界遏制苏联和共产主义的“扩张”作为其战略目标，由此充当起“世界警察”的角色，到处发号施令，动辄插手干涉。随着苏联军事实力的不断增强，西欧和日本经济的迅速重新崛起，以及第三世界民族解放运动的日益高涨，美国在世界上的霸主地位开始动摇。20 世纪 60 年代后期，美国深陷越南，更使美国感到力不从心，处于内外交困的境地。尼克松上台后，为摆脱困境，扭转不利局面，重新确立美国在世界上的地位，恢复美国对国际事务的影响，不得不对美国的外交政策实行战略调整，提出所谓“尼克松主义”，收缩海外力量。尼克松政府对外交政策的调整虽然取得了较大成效，但积重难返，不可能从根本上扭转美国的不利局面。而苏联则乘美国实行全球收缩之际，大力发展军事力量，实施战略进攻，扩大势力范围，使美国在国际上受到更为严重的挑战，美苏全球对抗态势由美攻苏守转变为苏攻美守。从美国国内来说，越南战争给美国社会造成了非常深刻的影响，极大地震撼了整个美国社会。对许多美国人来说，越南战争表明美国放弃了传统的道德领导作用，是对美国价值观的否定，公众对政府的信任度大大降低。美国民权运动的高涨在很大程度上改变了人们的行为方式。

面对美国所处的内外困境，卡特上台后大力推行人权外交，使人权成为美国外交政策的中心主题，强调美国传统的民主价值观，旨在恢复美国外交的“理想主义”，在国际社会赢得道义上的支持，从而在与苏联的竞争中重新获得主动地位。在美国国内，则试图重新唤起美国人的信心，恢复对政府的信任和支持。卡特表示，“在我看来，树立美国理想主义的榜样，是处理外交事务的一种切实可行的和现实的态度，道德原则是行使美国武力和扩大美国影响的最好基础”。国家安全事务助理布热津斯基也认为，“通过强调人权，美国可以再一次使自己成为人类希望的使者，未来的潮流之所在。这将有助于克服悲观主义的蔓延”。1977 年 1 月，卡特在就职演说中称，“我们对人权的承诺必须是绝对的”，“因为我们是自由的，我们就不会对其他地方的自由的命运漠不关心”，美国当前“最崇高和最有雄心的任务就是帮助建立一个人道的正义和和平的世界”。他决心要在推行的外交政策中运用“道义、理智和力量”。1977 年卡特在圣母大学发表讲话，提出美国要推行一项新的外交政策，规定了美国外交政策的五项原则，其中第一项就是“应反映出我们的人民对于促进人权事业所负有的基本义务”。卡特认为“尊重人权是自由民主国家在为扩大影响的而进行的和平斗争中最重要的优势”，因此美国要尽可能有效地利用这一武器。在整个任期内，卡特多次强调，人权外交是美国外交的基础、核心和精髓。

卡特政府的人权外交的重点是苏联，试图运用人权外交的力量，团结西方盟友，动员世界舆论，向苏联展开意识形态攻势，最终达到削弱和孤立苏联的目的，促其内部发生变革，重新恢复并扩大美国在世界上的地位和影响。美国新闻记者肖普在其所著《卡特总统与美国政坛内幕》一书中对卡特政府人权外交的实质评论说："人权运动给美国对外政策增添了道义方面的内容。这有助于树立一种为美国在越战后重建霸权所迫切需要的仁慈、正直和正义的形象，有助于使美国卷入和平干涉世界各地的政治斗争合法化。简言之，人权运动可以使美国摆脱越战后处于守势的地位，开始再次采取进攻性姿态。"卡特自己也坦率地承认，"以美国基本价值观为基础的政策，会更好地为美国的安全利益服务"。卡特刚上台一周，1977 年 1 月 27 日，美国国务院发表声明，公开赞扬苏联持不同政见者的领袖人物、著名核物理学家、诺贝尔奖获得者萨哈罗夫是"为人权而奋斗的战士"，指责苏联不让持不同政见者发表意见是与"公认的国际人权标准背道而驰"。卡特在记者招待会上称国务院的声明反映了他本人的立场，并说如果他亲自发表声明，就可能会"产生更大的鼓舞力量"。同年 2 月 5 日，卡特致信萨哈罗夫，表示"人权问题是我的政府主要关心的问题"，"美国人民和我们的政府将继续履行不仅在我们国内而且在国外促进尊重人权的坚定诺言"。3 月 1 日，卡特不顾苏联的事先劝阻，在白宫接见苏联另外一名持不同政见者布科夫斯基，说"我们维护人权的决心是永远不变的，我在公开发表声明和表明立场方面不会畏首畏尾"。同一天，苏联外交部召见美国驻苏大使，指责美国干涉苏联内政。美国国会也对苏联发起人权攻势，与政府的行动紧密配合。就在卡特接见布科夫斯基的第二天，美国参议院以 92 票对 0 票通过了一项反对苏联侵犯人权的决议，抗议苏联殴打、关押和折磨想获得移民签证去和家人团聚的苏联犹太人及其他少数民族的人士。

在卡特政府人权外交攻势的影响下，以萨哈罗夫为首的 100 余名持不同政见者发表宣言，呼吁欧安会 30 多个国家的政府首脑采取行动，使这次会议的“最后文件”中有关人权的条款能够在苏联和东欧国家得到贯彻执行。在 1977 年 10 月贝尔格莱德欧安会续会上，美国等西方国家借人权问题对苏联展开猛烈攻击，使苏联完全处于被动地位。1978 年 7 月在苏联判决夏兰斯基等 5 名著名持不同政见者有罪后，美国当即宣布取消预定的对苏联科学和卫生界的 4 次官方访问，中止了对苏联的高技术设备出口。1979 年 4 月，卡特政府释放 2 名被判 50 年徒刑的苏联间谍，以换取苏联释放 5 位持不同政见者。卡特政府还试图要求联合国人权委员会对苏联进行调查，并要求大量增加对“美国之音”和“自由欧洲电台”的投资。苏联指责美国干涉苏联内政，并采取了一系列报复行动，彼此驱逐对方记者，在贸易和文化交流中设置重重障碍。卡特以后在谈到这一时期美苏关系时承认，人权问题“确实在我们之间造成了紧张气氛，并妨碍了我们更和谐地解决一些别的分歧”。

对于东欧国家，美国根据情况不同采取了区别对待的做法。对于保加利亚和捷克等与苏联关系密切的国家，美国以谴责为主；对波兰、匈牙利等对苏联产生离心倾向的国家，美国则以劝说为主。1977 年 12 月和 1978 年 1 月，卡特和国务卿万斯分别访问波兰和匈牙利，宣布给予匈牙利贸易最惠国待遇，以鼓励其在国内人权问题上进一步采取“明智的做法”。此外，卡特也开始把人权外交指向中国。1979 年 1 月邓小平副总理访问美国时，卡特就曾提出中国放宽移民限制，解除新闻封锁和旅行限制等问题。

在国内，卡特政府加强了负责人权事务的机构建设，将国务院“人权和人道主义事务司”扩大为“人权司”，由负责人权事务的助理国务卿担任主任，其主要任务是负责收集世界各地的人权状况，并向国务院提交评估和政策建议，以便为政府制定相应的政策提供咨询意见。美国国务院从 1977 年起，每年都向国会提出一份全面的关于世界人权状况的报告。根据国会的建议，美国政府专门拨款成立了人权研究所，负责向那些为促进国际人权而工作的国内外非政府机构提供必要的研究信息和活动资助，组织召开各种关于

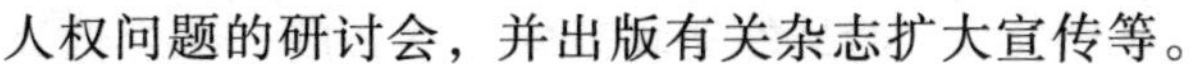

人权问题的研讨会，并出版有关杂志扩大宣传等。

卡特政府在提出人权外交时一再表示只有一个标准，美国“没有考虑对大国、弱国或共产党国家实行一套不同的原则”，但在实际上，美国执行的是“双重标准”，对不同的国家采取不同的措施。特别是对那些对美国有着重要战略意义的国家，美国一般很少进行谴责或不公开谴责，以免这些国家对美国产生离心倾向。1977 年韩国政府镇压学生运动时，美国国务卿万斯宣布，“尽管新政府非常关心这个国家的人权环境，但我们将不采取行动”。1978 年，伊朗国王巴列维实行专制统治，卡特为了维护美国在伊朗的巨大经济利益，向巴列维表示，“不管你干什么，我们都百分之百地支持你”。美国的人权外交并没有阻挡住苏联的攻势。1979 年底，苏联大举入侵阿富汗，直接威胁到美国在波斯湾的利益，迫使卡特政府不得不调整政策，“卡特主义”随即出笼。1980 年 1 月 23 日，卡特在致国会的国情咨文中提出，“任何外部势力企图控制波斯湾地区的尝试都被视为是对美国切身利益的一种进攻，美国将使用一切必要的手段，包括使用武力打退这种进攻”。表明美国政府从人权外交强调道义力量转向强调实力。

里根执政时期是美国人权外交发展的一个重要阶段。在里根执政期间，美国政府对苏联采取了强硬政策，从 20 世纪 70 年代的战略守势转向战略进攻。同卡特政府有所不同的是，里根政府对人权外交与实力的运用都非常重视，使两者相辅相成，互为促进，有机地结合成一个整体，在具体做法上表现为对苏联软硬兼施。里根政府还认为卡特的人权外交打击面太宽，没有突出重点，应当集中对准苏联。1981 年 1 月，里根政府在《国家安全战略报告》中明确指出，美国对苏联的政策“仍然是遏制苏联的扩张，鼓励苏联国内及其统治的其他各国内部的政治民主化和基本人权”。里根在发表公开演讲时强调：“促进自由一直是我们国家外交政策的一个主要因素。在本届政府任内，人权的考虑在我们外交政策的各个方面都是重要的。”美国国务院发表的人权报告也强调，“人权不是某种被加到我们外交政策上的东西，而是外交政策的最终目的：在全世界维持和促进自由”，认为“人权是把外交同美国人民的传统联系在一起的具有关键重要性的问题”。1983 年 2 月，美国国务院发表声明，更明确强调“人权是美国外交政策的核心”。为了推进人权外交，美国政府建立了处理人权问题的“计划、指导、协调和检查”小组，并专门成立了全国民主基金会。

里根政府人权外交的首要目标是苏联和东欧社会主义国家。里根认为“苏联是压倒一切的问题”，称“共产主义是侵犯人权的同义词”，表示他自己将直接关注苏联和其他社会主义国家的人权问题。20 世纪 80 年代初期，东欧一些社会主义国家为摆脱经济困境，纷纷开始尝试改革开放政策，美国则借机加紧推行人权外交政策，在人权问题上对这些国家施加压力，试图影响这些国家的变革，以促进这些国家的民主化进程，改变这些国家的政治制度。1982 年 10 月，国务卿舒尔茨发表演讲宣称，“我们坚信共产党国家的人民应该得到人权，他们为争取自由而进行的斗争将取得成功”。1981 年波兰发生内乱，波兰政府宣布进入紧急状态。美国和其他西方国家以波兰侵犯人权为由，对波兰实行经济制裁，迫使波兰政府承认“团结工会”的合法地位。1981 年底，美国又以苏联支持波兰政府实施军管为名对苏联实行经济制裁，包括限制高技术的出口，推迟粮食出售的谈判，停止苏联航空公司的飞机飞往美国等。苏联在 80 年代中期开始推行改革，强调“公开性”和“民主化”，在外交上奉行缓和政策。美国则进一步加强了对苏联的人权攻势。里根宣称：“美国鼓励进行民主变革，将随时准备在这些国家及其他国家帮助实现民主。”人权问题一直是历次美苏首脑会晤的基本议题之一。美国把人权视为影响美苏关系发展的极为重要的因素，同时以人权记录不佳为借口，继续对苏联实行歧视性贸易政策，拒绝向苏联提供贸易最惠国待遇。

里根政府的人权外交完全服从于美国的冷战战略，人权不过是是用来进行冷战的工具，其双重标准表现得十分明显。对于苏联和

其他社会主义国家动辄指责、攻击乃至实行各种制裁，对友好的盟国即使有严重违反人权的行为，美国却漠然视之，甚至对该政权还加以扶植，给予种种援助。1981 年 2 月，美国政府指示驻国际金融机构的代表不再以人权理由反对向阿根廷、智利、乌拉圭、巴拉圭贷款，尽管这些国家被普遍认为存在着严重侵犯人权的情况。

美国的人权外交也指向中国。1982 年美国以尊重人权为由，给中国运动员胡娜以“政治避难”。1985 年 9 月，美国国会无理指责中国实行堕胎，对中国的计划生育政策进行攻击。在西藏问题上，美国称中国侵犯了人权。1987 年，美国国会参众两院分别通过了所谓中国在西藏“侵犯人权”的议案。

二 冷战后美国人权外交的强化

乔治·布什执政时期，人权问题在美国外交政策中的作用和地位有了进一步的提高，成为外交政策的基本组成部分。为实施“促进和加强民主价值观”，美国政府在人权领域采取了更为主动和富有进攻性的强硬立场，宣称人权无国界、人权高于主权等论调。乔治·布什一再宣称，对人权的关注是美国外交的中心内容；美国的人权外交是世界性的，它不排除任何国家也不针对任何国家。对于正在发生深刻变革的东欧国家，美国政府加紧实行人权攻势。1989 年 7 月，他访问波兰和匈牙利，对两国出现的“自由潮流”大加赞许，同时允诺给予经济援助。东欧国家相继发生剧变的根本原因在于其自身，但美国等西方国家的支持和推动也是一个重要因素。在 1992 年初安理会首脑会议上，乔治·布什提出“我们必须推进走向民主和自由的势头”。美国副总统奎尔在联合国第 48 届人权会议上说，“今天，美国把人权作为一项基本国策，保卫人权是国际社会的职责”。“无论违反人权发生在什么地方，也不论谁违反人权，美国都有权加以指责”。国务卿贝克于 1990 年 3 月发表讲话，强调“美国的对外政策必须反映民主价值观”。负责人权事务的助理国务卿希夫特更直言不讳地说，人权问题不再被认为本质上属于国内管辖的事项。

1989年春夏之交中国发生政治风波后，美国人权外交的重点又指向了中国，对中国进行制裁，施加压力，试图以压促变，致使中美关系的发展屡屡受挫。美国对中国的人权外交主要表现在：无视中国实行计划生育政策取得的巨大成就，对中国的计划生育政策横加指责；在西藏问题上继续干涉中国内政；在贸易最惠国待遇问题上设置重重障碍；支持所谓的“民运人士”反对中国政府等。1989年以来，美国国务院每年都要提出人权报告，借人权问题干预中国的内部事务。在一年一度的日内瓦联合国人权会议上，美国每年都带头企图通过谴责中国人权状况的决议，而均以失败告终。

20世纪80年代末，随着东欧剧变和苏联的解体，美国认为苏联的威胁已基本消失，可以腾出手来在亚太地区大力推动美国式的民主化进程。为此，美国不断利用“人权”、“民主”等问题向亚太国家特别是社会主义国家施加种种压力，促使其内部发生某种“积极的变化”。美国领导人一再宣称，美国将“继续成为民主和人权的灯塔”，尽最大努力去支持亚太地区的民主制度，并把促进亚太地区的民主化作为建立“新太平洋共同体”的第二根支柱。

1992年民主党在竞选时一再宣传，向外输出美国式的价值观念、输出“民主”“符合美国的理想和利益”。克里斯托弗1993年1月13日在参议院提名听证会所做的外交证词中，进一步提出要把“在国外促进民主传播”作为美国外交政策的一大支柱。他声称，“我们的新外交将鼓励正在使我们的世界发生变化的全球民主革命”，并称“对国外民主和人权的支持能够而且应该是改善我们自身安全的一项中心战略原则”。他认为，民主运动和民主政府不仅更有可能保护人权和少数人的权利，而且更有可能和平解决种族、宗教和领土争端，成为外交、贸易、武器协议以及全球环境保护方面的可靠的伙伴。克里斯托弗还提出，为了促进全球民主，美国需要协调所有的杠杆，包括贸易、经济和安全援助以及债务减免等手段。克林顿在当选总统后提出了所谓“民主和平论”，称“在世界上保卫自由和促进民主并不仅仅是我们的最深刻的价值观的反应，这些都对我们的国家利益至关重要。民主意味着国家之间和平相处，思想和贸易相互开放”。国家安全顾问莱克说得更清楚，“民主的传播将帮助解决所有其他的美国外交政策问题，因为民主制不侵犯人权，不进攻其邻邦，不采取限制性的贸易政策，不从事恐怖主义，并且不产生难民”。克里斯托弗也在 1993 年 6 月日内瓦世界人权会议上强调“那些尊重人权并根据民主原则运行的政府，将会是世界上最稳定、最爱好和平的政府”，美国对人权的义务是全球性的，将在与其他国家的双边关系中推进人权事业，不管这些国家是大国还是小国，是发达国家还是发展中国家。

在冷战后的美国战略构想中，促进和传播美国式的民主价值观成为维护美国国家安全的重要内容，是克林顿政府三大外交目标之一。根据 1994 年美国制定的“参与和扩展战略”，美国认为促进国外的民主对于美国具有如下重要意义：“扩大民主社会和自由市场国家大家庭有利于美国所有的战略利益从在国内促进繁荣到在国外遏制全球威胁，防止给我们的领土构成威胁。”认为“民主国家不大可能给我们的利益构成威胁，它们更可能与美国合作，以共同对付给安全造成的威胁并促进世界经济持续发展”。因此，美国国家安全战略报告强调，“与新兴的民主国家合作，帮助它们维持发展自由市场和尊重人权的民主制度，是我们国家安全战略的一个关键部分”，并称美国的安全依靠世界范围民主的保护和发展。所以，1994 年的美国国家安全战略报告不无自豪地宣称，“我们的安全战略既反映了美国的利益，又反映了我们的价值观。我们对自由、平等和人类尊严所承担的义务，仍然是全世界人民希望的灯塔”。美国在国外促进民主的主要目标是，“通过保护、巩固和扩大自由市场民主国家大家庭，来增强我们的国家安全，扩大民主的基础”。

拉美地区是克林顿政府推行人权外交的一个重点。负责拉美事务的副国务卿沃顿 1993 年 5 月在纽约美洲理事会会议上较为详细地阐述了美国对拉美的人权外交，指出："克林顿允诺将同美洲国家建立一种真正的伙伴关系——一个民主共同体，加强民主机制，维护人权，争取社会公正，支持经济改革和自由市场"，称"人权是我们政策的核心，美国将想方设法利用其援助和影响力来帮助这些国家促进人权和强化民主制度"。美国政府强调人权，除了引导这一地区的民主化过程朝着有利于美国的方向发展外，还可以借机干涉拉美国家的内部事务。1994 年 2 月，美国政府指控智利人权状况欠佳，受到智利政府的抵制，谴责美国干涉智利内部事务。智利方面指出，智利是一个法治国家，一贯维护和尊重人权，并为此作出了巨大努力，"我们决不接受指控智利侵犯人权的报告"，一个大国绝不能借人权问题干涉别国内政。

在亚太地区，积极向这一地区输出美国的民主和价值观念，是克林顿政府"新太平洋共同体"的主要内容之一。克林顿在讲话中多次强调要在亚太地区推进民主制度，认为"建立新太平洋共同体就是要使亚太国家享有普遍的民主和人权。民主的推广是我们可能在这一地区实现区域和平、繁荣和稳定的最佳保障之一"，只有在亚太地区推行并建立美国式的民主制才"最符合美国的安全利益和经济利益"；"人权原则"是"普遍的"，美国对人权的承诺是"全球性的"，亚太也不能例外。他还宣称要不惜一切手段"使走向民主的国家得到鼓励，使拒绝民主的国家付出代价"。在实践中，美国不断利用"民主和人权"问题向亚太国家施加压力，要求其改善"人权状况"，并极力向亚太国家推销美国的价值观念，试图为确立美国在亚太地区的主导地位奠定思想文化基础。克里斯托弗积极支持建立一个"自由亚洲电台"来对亚洲国家施加影响，1993 年 6 月，克林顿宣布决定建立"亚洲民主电台"。

克林顿政府借助美国强大的经济力量，把对亚太地区的投资、贸易、技术转让与所谓的"人权标准"挂起钩来，动辄以最惠国待遇、经济制裁等来要挟亚洲一些国家，试图迫使它们接受美国的一些附加条件，特别是美国规定的价值观念和人权标准。克林顿执政

以来，人权问题屡屡成为美国与亚太国家争论的一个焦点问题。美国在亚太推行人权外交越来越受到这一地区的普遍批评和抵制，马来西亚、新加坡等国家的领导人都多次公开强调美国不要把自己的人权标准强加给亚太地区，并对美国以人权问题为借口来干涉别国内政的做法予以强烈谴责。新加坡资政李光耀在接受美国《外交》季刊主编采访时表示：“告诉美国人民他们的制度存在什么问题，这不是我的事情。我要对他们说的是，不要不分青红皂白地将自己的制度强加给那些无法适应这套东西的社会。”马来西亚总理马哈蒂尔更是直言不讳，指出亚洲人权问题只能由各自国家来解决，西方国家国内同样存在严重的社会问题，无权对亚洲的人权问题横加指责。

在内外压力下，美国政府不得不对其政策进行一些调整，采取较为灵活务实的手段，尽量缓和与亚太国家在人权问题上的矛盾，避免双方矛盾进一步激化。如在中国的贸易最惠国待遇上，宣布与人权问题“脱钩”。1996 年 7 月，克林顿在接受《纽约时报》记者采访时承认在对华政策方面把“人权”看得重于贸易是“不正确的”。他称，“长期以来，我一直认为美国和中国之间，最重要的事情就是民主。因为我认为，人民越自由，他们就越有可能成为负责任的伙伴”，但他现在认识到，“施加某种经济制裁不会使中国更民主”，希望“找到一条同中国人打交道的途径”，“携手共同实现经济和民主目标”，同中国发展“更富有建设性的关系”。

1998 年 12 月，美国政府颁布的《新世纪的国家安全战略》强调，“支撑我们担当国际领导的支柱是我们民主理想和价值观所产生的力量。在制定我们的战略时，我们认识到，民主的扩大对美国价值观是一个支持，对我们的安全和繁荣是一个促进。民主国家的政府在面临共同的威胁时彼此之间更易于进行合作，鼓励自由贸易和促进经济持续发展。它们发动战争和侵占人民权利的可能性较小。因此，全世界走向民主和自由市场的趋势有助于促进美国的利益。”2000 年，美国国家安全报告继续强调，美国国家安全战略的

“第三个核心目标是促进民主、人权和对法治的尊重”，“我们必须继续努力，在全世界范围内敦促大家遵守民主原则，尊重基本人权和法治，包括仍在抵制民主发展的国家。美国应该通过双边和国际机构开展工作，促进世界各国尊重民主原则和国际人权标准”。美国推行人权外交的目的是服务于美国的国家利益。美国政府以维护人权和促进自由为名，打着所谓“人权高于主权”和“人权无国界”等旗号，动辄采用制裁、禁运乃至动用武力实行“人道主义干涉”，横加干涉别国内政，严重违反了国际关系的基本准则，是对联合国宪章的粗暴干涉。

进入新世纪，美国的“使命感”不仅没有丝毫消退，反而越发膨胀。促进自由、传播民主成为历届美国政府国家安全战略的核心内容之一。小布什政府多次表示，“在今天，人类手中握有把自由对所有仇敌的胜利发扬光大的机会，美国愿意承担领导这项伟大使命的责任”，美国将“积极致力于把民主、发展和自由市场的希望扩展到世界的每一个角落”，[①] 并宣称“不论我们高举国旗到何处，它不仅代表我们的力量，也代表自由”，强调“我们将领导世界与邪恶抗衡”。[②] 很显然，在美国领导人看来，美国的价值观和民主标准是整个世界的标准。“对于小布什先生而言，没有其他的人类进步模式。这意味着美国目前正以自由主义所促进的不是一种模式。它是答案，而且是最终的答案”。[③] 这实际上道出了美国政府推行“民主”和“自由”的实质所在。小布什在第二任期明确将在全球传播自由和民主作为美国外交的出发点和归宿，宣扬要建立基于共同价值观和法治的国际体系。他在就职演说中称，“我们获取和平的最佳途径就是把自由扩散到全世界各个角落”。赖斯也多次强调，“民主和有关民主的讨论必须成为美国和世界上每一个国

---

① 《美国国家安全战略报告》，2002 年 9 月。

② 2002 年 6 月 1 日小布什总统在西点军校的讲话。

③ 托德·林德伯格：《布什主义》，《交流》2003 年第 1 期。

家之间的外交议题”。小布什政府明确将推进自由民主与美国国家安全紧密地结合起来，强调美国的安全越来越取决于自由能否在其他国家取得成功。2005 年 5 月，小布什在讲话中系统阐述了“推进民主”战略的思想，指出推进民主战略要依靠非正式组织、政府以及其他“自由国家”三股力量。

奥巴马政府依然把推进国外民主作为其对外政策的核心内容之一。2010 年，美国《国家安全战略报告》强调，美国对民主、人权和法制的承诺，是美国在世界上力量和影响力的基本源泉，“只要美利坚榜样的光辉继续闪耀，美国就仍是世界人民的灯塔”，并将推广美国的价值观列为美国的持久利益之一。希拉里在其《美国的太平洋世纪》一文中曾明确指出，“与我们的军事力量或经济规模相比，我们作为一个国家所拥有的最有影响力的资产是我们的价值观，特别是我们对民主与人权的坚定不移的支持。它显现了我们最深厚的民族性格，是我国外交政策的核心，包括我们向亚太地区的战略转移”。这清楚地表明了人权外交在美国对外政策中的中心位置。

第八章
当代美国外交的基本特征

一　影响美国对外政策的诸因素

一国外交政策的制定基本上是由其国内和国外政治、经济、社会、文化和意识形态等诸多因素所决定的，并且也是国内外诸多复杂因素相互作用的结果。“外交是内政的延续”。任何一个国家的对外政策，其立足点和着眼点是该国国内的政治、经济需要。在纷繁复杂的国内外因素中，国内因素是基本的、主导的，起着决定性作用。国外因素只是外部条件，同国内因素相比较，其在外交政策形成过程中的作用是次要的。外交决策者必须围绕本国经济和政治以及安全等方面的利益，去创造、改变或是适应外部环境，以实现其本国利益所要求的目标。作为当今世界唯一超级大国的美国也不例外。

根据美国宪法，外交权隶属于联邦政府，其中总统及其领导下的行政部门（主要是国务院）在外交事务决策过程中起主要作用。但是，尽管总统和行政部门在外交问题上享有压倒的优势，却并没有最终的权威。美国国会在外交事务中的发言权越来越大，对外交事务的参与也越来越多，使总统为达到自己的外交目标不得不作大量的耐心细致的游说工作。围绕外交决策问题，白宫和国会之间经常发生争执。具体来说，总统外交方面的权力主要有：任命大使和接见大使的权力；缔结条约和签订行政协定的权力；驻外使节和其他高级外交官的任免；对外宣战的权力，作为武装力量总司令，总

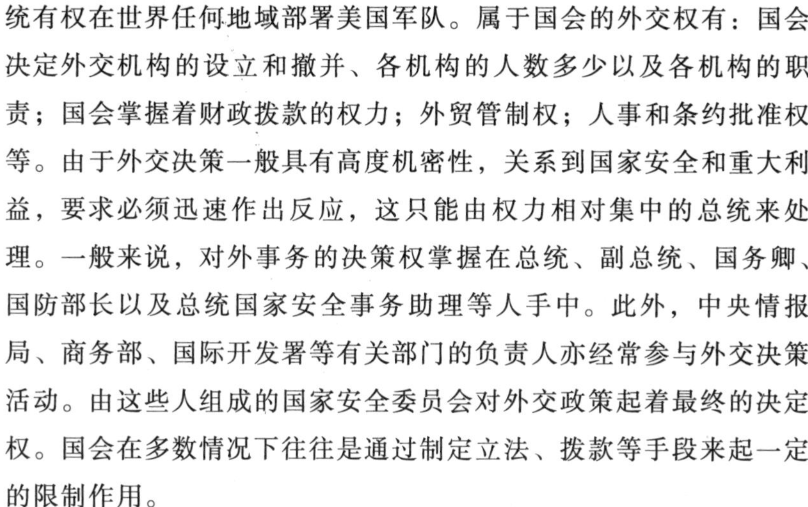

统有权在世界任何地域部署美国军队。属于国会的外交权有：国会决定外交机构的设立和撤并、各机构的人数多少以及各机构的职责；国会掌握着财政拨款的权力；外贸管制权；人事和条约批准权等。由于外交决策一般具有高度机密性，关系到国家安全和重大利益，要求必须迅速作出反应，这只能由权力相对集中的总统来处理。一般来说，对外事务的决策权掌握在总统、副总统、国务卿、国防部长以及总统国家安全事务助理等人手中。此外，中央情报局、商务部、国际开发署等有关部门的负责人亦经常参与外交决策活动。由这些人组成的国家安全委员会对外交政策起着最终的决定权。国会在多数情况下往往是通过制定立法、拨款等手段来起一定的限制作用。

冷战结束后，随着国际形势发生的重大变化，特别是经济问题在国际关系中的地位日益突出，国会在外交事务上的权力也在逐步扩大。例如，在海湾战争中，国会的表现非常主动。1990 年 7 月，国会两院决定对伊拉克实行制裁，禁止对其出口武器和敏感技术；12 月，国会中的 54 名民主党人对实施“沙漠盾牌”的合法性提出质疑；1991 年 1 月国会新一届会议开始后，众议院多数党领袖米切尔宣布取消休会，以便随时对海湾的行动进行辩论。米切尔称“宪法规定只有国会才能宣战”，“总统如果决定打仗的话，必须征得国会的同意”。迫使布什总统不得不正式请求授权。在对外援助方面，由于国会掌握着拨款权，对美国的对外援助政策牵制较大，使得美国的外援款项逐年下降。1990 ~ 1996 年底，美国的对外援助削减了 1/3。克林顿在为国会能通过北美自由贸易协定，不得不在一次公开辩论中，请卡特、福特、布什三位前总统同时出台，为自己的主张进行辩护。这表明，总统在外交上的绝对权威已被动摇。在另一方面，冷战后，美国国会内部对外交政策也往往意见不一，矛盾重重，在重大问题上难以达成一致。正如美国政治学家利普塞特所说的那样：“冷战结束后，左翼和右翼的许多激情都随之消失。两大党内都出现新的政治排队，使得昔日的伙伴变成了敌手。原先在对外政策上采取一致立场的盟友，如今却因防务政策和种种问题而发生了分歧。”

经济是外交决策的基础。经济因素常常是影响美国外交的决定性因素。在布什执政时期，美国经济状况严峻。1990 年 7 月，美国经济开始进入第二次世界大战后第九次衰退。政府财政赤字不断膨胀，失业率居高不下。尽管在外交方面，布什有所作为，特别是打赢了海湾战争，但面对国内问题却并无良策，结果在 1992 年总统大选中输给了克林顿。克林顿入主白宫后，以“重振美国经济”为首要任务，采取了一系列行之有效的措施，很快就使美国经济走出困境，恢复了活力，并且保持了美国历史上历时最长的强劲经济增长。国内经济的繁荣和发展为克林顿推行其外交政策创造了有利的条件。实际上，在克林顿政府的外交活动中，促进美国经济发展、打开国外市场始终是一项核心议题。2008 年金融危机席卷美国，重振美国经济成为奥巴马政府的首要任务。外交活动和国内经济发展是相辅相成，其关系密不可分。归根结底，外交是为国内经济发展服务的，而国内经济的繁荣则是进一步推行对外政策的基础。

相对来说，政党政治对美国外交的影响不如国内政治那样突出，两党领导人一般都赞成“两党一致的外交原则”。不过，政党政治对外交仍有一定的制约和影响，特别是当白宫和国会分属两党的情况下尤为突出。一般来说，民主党比较注重人权问题，强调美国的理想主义外交传统；共和党较为重视实力，主张加强军备，属于现实主义流派。不过，在冷战后时代，外交问题在美国政党政治中呈淡化趋势。在几次总统大选期间，外交议题并不占重要地位，没有成为双方争论的焦点，而且在外交政策主张方面，两党之间的分歧也在逐渐缩小。

影响美国外交的国内因素还包括各种特定的利益集团和新闻媒体。特定的利益集团主要有：（1）种族利益集团，如著名的犹太裔集团，对美国的中东政策的制定起着非常重要的作用。利益集团影响外交决策的主要做法包括：对政府官员和国会议员进行游说，以便能提出并通过符合它们意愿的提案或政策；在政治选举中提供经费资助；加强政府部门和企业公司之间的联系等。(2) 思想库，即专门从事政策研究和为政府提供决策参考的组织。具体到外交事务方面，重要的思想库包括对外关系委员会、大西洋理事会、布鲁金斯学会、兰德公司、卡内基基金会、华盛顿战略与国际问题研究中心、企业政策研究所、设在斯坦福大学的胡佛研究所、传统基金会等，其中不少具有半官方性质。这些思想库都为政府的外交决策出谋划策，提供咨询服务，举办各种研讨会，并出版研究报告。一般来说，在思想库任职的著名的专家多数都曾在政府中担任过处理外交事务或相关领域的职务，对外交决策过程较为熟悉。他们提出的调研报告具有很高的参考价值，有的则被政府部门直接采纳。新闻媒体对美国外交决策的影响也不应低估。新闻媒体主要包括电视、广播、报纸以及互联网。新闻媒体对公众舆论的影响起着至关重要的作用。由于外交决策的特殊性，一般公众对外交事务的了解大都是从新闻媒体而来。美国广播公司（ABC）、哥伦比亚广播公司（CBS）、全国广播公司（NBC）、美国有线新闻网（CNN）、《新闻周刊》、《时代周刊》、《纽约时报》、《华盛顿邮报》、《美国新闻与世界报道》、《基督教科学箴言报》、美联社、合众国际社等新闻媒介对公众舆论的形成起着决定性的作用，从而对政府外交决策施加影响。战后以来，美国历届政府对公众舆论都十分重视。在国务院内设有专门收集、分析公众舆论的部门，并定期向总统和国务卿提出分析报告，作为政府决策时的参考。

在意识形态方面，影响美国外交政策的主要是孤立主义思想和“国际主义”思想。在美国外交史上，孤立主义思想根深蒂固，贯穿始终。冷战结束后，美国国内又掀起一股新孤立主义思潮，主要代表人物有托内尔森、布坎南等人，他们撰文、演说，宣传其政策主张。美国对外关系委员会主席彼特森在一份研究报告中提出美国优先原则，主张美国要把国内议程放到第一位，因为美国生产、投资、青年教育等方面的软弱无力对美国制度与价值观所产生的“直接影响可能超过来自国外的威胁”。美国经济战略研究所的托内尔森认为，“近50年来美国的对外政策一直是建立在国际主义基础上的，认为世界上每个地方的安全与繁荣都与美国休戚相关，而现在这种国际主义包含着的巨大风险与代价，已超出了我们所能继续承担或必须支付的程度”。他呼吁“现在是制定新的对外政策蓝图的时候了。美国必须照顾自己，并认识到增强自己的力量，而不是建立一个十全十美的世界，才是保证自己安全与繁荣的最好办法”。美国前驻联合国大使柯克帕特里特也撰文呼应，指出冷战的结束使美国可以把时间、注意力和资源集中于自己的需要上。

新孤立主义的基本观点包括：（1）主张把美国国内问题置于第一位，奉行“美国第一”原则。新孤立主义者认为，在综合国力竞争的时代，经济和科技实力是决定国家命运的关键性因素，但冷战结束后，美国国内经济和社会问题十分突出，重建美国的经济、社会秩序已成为当务之急，否则就会削弱美国在国际上的竞争力，“对美国国家利益最紧迫的威胁在于国内”。布坎南明确提出“现在该是美国回家的时候了”，他的著名论调是：“我们现在需要的是一种新的民族主义，一种新的爱国主义，一种不仅要把美国放在第一位，而且放在第二位、第三位的新的外交政策。”（2）强调减少美国的海外义务，认为苏联威胁已经消失，美国就应该放弃全球干涉政策，减少美国在海外的义务。诺德林格提议削减一半国防预算，终止与他国的联盟关系，从海外军事基地撤回美国的武装力量，将美国的军事义务限定在北美、加勒比以及美国的空中和海上航线这样一个较为狭小的安全区域内。1992年和1996年曾两次角逐共和党总统候选人的布坎南则具体提出了调整和收缩美国海外义务的几项措施，其中包括：在对拉美国家关系上，美国应彻底修正门罗主义，将其适用范围缩小到只包括南美洲的北海岸、加勒比地区和中美洲；终止与日本的双边条约，大规模从亚洲撤军；撤回驻欧美军，将北约组织交给欧洲人；反对北约东扩；尽早停止一切对外经济援助，撤销国际开发署，撤出亚、非、拉的发展银行；国会应该阻止给国际货币基金组织和世界银行提供更多的资金等。他还主张贸易保护主义，限制外来移民，退出世界贸易组织和北美自由贸易区，减少对联合国的财政支持。（3）必须根据国家利益来确定美国的外交政策，反对把外交政策建立在抽象的"民主"和"正义"的基础之上，以超国家的理想代替国家利益。归根结底，新孤立主义强调美国应当把目标转向国内。

冷战后新孤立主义的出现不是偶然的，既有历史根源，也有非常复杂的社会经济现实背景。最直接的原因是苏联的解体使美国面对的军事威胁消除了，冷战的结束使美国所处的安全环境发生了重大变化。与此同时，在美国国内，却面临着诸多严重的社会、经济和政治问题，诸如贫困、失业、犯罪和暴力猖獗、毒品泛滥、种族歧视和种族矛盾尖锐、道德沦丧、公众对政治领导人丧失信任等等，美国应当把主要精力转向国内问题。颇有影响的《外交》季刊主编海兰撰文称，今天美国所受外来势力的威胁比过去任何时候都小，"但国内繁荣受到的威胁却是大萧条以来最严重的"，认为"冷战的胜利，使美国能在今后10年将自己的思想、注意力和资金从国外转向国内"。其次，冷战后，国际经济竞争日趋激烈，昔日的冷战盟友越来越成为美国强有力的经济竞争对手。在经济领域，美国和西欧、日本等盟国的矛盾日益加深，并爆发了一轮又一轮的贸易战。凡此种种的内外矛盾交织在一起，导致了人们对冷战时期外交政策的反思。也正是在这一背景下，以布坎南为代表的新孤立主义思潮兴起，且来势逼人。他们高举"美国优先"和"美国第一"的旗子，对美国现行的外交政策提出了强有力的挑战，引起了人们的密切关注。

新孤立主义是一个政治大杂烩，是其反对者对它的一种含混的归纳和称呼。实际上，没有人明确地承认自己一个是新孤立主义者。即使是被视为新孤立主义者的人，其政策主张也各不相同，多数人只关心外交领域的某一两个特定的问题。有人反对美国对外军事干涉，主张收缩海外安全义务，却支持扩大对外贸易和投资，打开国外市场。有人要求实行贸易保护主义，却反对削减军费和在海外的军事基地。

新孤立主义思潮的出现虽然迎合了一部分美国人的需要，特别是在美国社会的中下层有较大的影响，但从一开始就遭到了相当一部分人的反对，特别是那些形形色色的“国际主义者”以及“现实主义者”。他们认为，虽然冷战结束了，但美国仍然面临诸多外部挑战和威胁，美国应当继续承担国际义务，维护美国在世界上的领导地位，促进世界的和平与稳定，以确保美国的利益和安全。许多国际主义者呼吁美国政府应当对国际问题和国内问题同样重视，因为两者是密切相关的，认为美国经济的振兴在很大程度上依赖于进一步拓展国际市场，美国仍应奉行自由贸易主义政策；美国的国家安全更是离不开全球的和平与稳定，美国不能对外部世界的冲突采取不闻不问的冷漠态度，而是要积极干预，同盟国协商一致，加强集体安全体系，美国与盟国的安全关系不仅不能削弱，反而应当进一步加强和巩固，使之更能适应冷战后的新形势。美国著名历史学家施莱辛格在《外交》季刊上撰文指出，如果美国不设法建立冷战后的集体安全体系，就将不得不面临一个充满混乱、暴力和比以往任何时候都更为危险的世界。他把新孤立主义称为“缩回娘胎”的主张，说它“竭力阻止地球上最强大的国家在加强和平体系方面发挥作用。如果我们拒绝发挥作用，我们就不能期待较小、较弱和较穷的国家为我们维护世界秩序。如果不为之付出言辞、金钱以至鲜血，我们就不能建成世界新秩序”。

现实主义的代表人物是美国著名战略理论家、前国务卿基辛格和卡特政府国家安全事务助理布热津斯基，其基本政策主张是：维护美国在世界上的领导地位和作用；把实力作为推行外交政策的基础；加强美欧联盟，扩大北约；支持俄罗斯走上市场经济和政治民主化道路，遏制其民族主义势力的抬头；提高西亚和中亚地区在美国全球战略中的地位；同中国、俄罗斯等大国建立和发展合作关系，防止出现反美联合阵线。现实主义者主要从地缘政治和维持全球力量均势角度来为美国政府出谋划策。

与现实主义政策主张相对的是所谓的“新理想主义”，它是用西方的价值观念和标准来衡量其他国家，主张把推行西方的人权观和价值体系作为美国外交的一项中心内容。其典型论点是所谓“民主和平论”，即民主国家之间可以避免战争，和平相处；而民主国家同专制国家水火不容，存在根本利害冲突；世界的民主化是世界和平的基础和保障，美国推行人权外交既是道义上的需要，也符合美国的实际利益，是美国国家的一个重要组成部分。新理想主义者更多的是从意识形态角度出发来观察这个正在发生巨大变化的世界，并固守冷战时期美国传统的思维方式，其政策主张所包含的浓厚意识形态色彩是显然的。特别值得注意的是，尽管提倡新理想主义的人占极少数，但它对美国外交决策的影响却是深刻的，甚至克林顿本人就曾重申过“民主国家不互相进行战争”和“民主国家在贸易和外交上能结成更好的伙伴”观念。

布什和克林顿两届政府都对新孤立主义采取了批评态度，因而，新孤立主义在美国政府决策层中并没有多少市场。海湾战争期间和海湾战争之后，布什多次强调美国要重建冷战后的世界新秩序，主张运用美国强大的军事、政治和经济实力确保美国在世界上的领导地位，用美国的价值观念来改造世界，使美国继续成为全世界“自由的灯塔”。1991 年 12 月 7 日，布什在夏威夷利用珍珠港事件 50 周年纪念日对新孤立主义进行了批驳。他说，现在有人“认为扭脸不理世界上的事就能大大改善国内状况，这是忘记了 20 世纪的悲惨教训。事实是，当我们拒绝了政治上和经济上的孤立主义、主张卷入世界事务并发挥领导作用时，美国就享受最长久的经济发展和繁荣”。他明确表示坚决反对“国内外的孤立主义与保护主义”。克林顿上台后，不顾孤立主义者的鼓噪，坚持奉行全球主义的外交政策。1995 年 3 月 1 日，克林顿总统在国会发表讲话，对新孤立主义者进行了抨击，批评了他们试图改变“我们自第二次世界大战以来就得到两党一致支持的对外政策的基础”，强调为了捍卫“社会开放和人民自由的思想”，美国必须在全世界保持强大的存在。克林顿明确指出，“孤立主义者是错误的，他们将使我们独自面对未来。他们的做法将削弱美国的力量”。1994 年出台的美国国家安全战略明确表示，尽管冷战结束了，“但是我们的国家绝不能再把自己同全球发展隔绝开来。如果我们不在国外开辟市场、促进主要国家的民主以及对付和防止正在出现的威胁，国内的振兴就不能成功”。随着全球化时代的到来，人类社会相互依存的程度越来越高，孤立主义显然不合世界发展潮流，在美国外交政策中也不占主导地位。克林顿政府曾深深地认识到，“在一个相互联系的、互相依存的世界里，如果我们不积极参与世界事务，我们就不能成功地促进我们在政治、军事和经济方面的利益”。但在另一方面，孤立主义在美国有着深厚的文化基础和传统，在中下层社会仍有一定的基础，今后它依然会对美国人的思想产生影响，这种影响必然也会反映到美国的对外政策之中。

20 世纪 90 年代，新保守主义在美国开始崛起，并且逐渐在共和党内占据主导地位。2001 年小布什上台后，新保守主义的代表人物纷纷入阁，并且对美国外交、国防政策的制定起着至关重要的作用。新保守派具有强烈的意识形态色彩，信奉美国例外论和美国优越论，并且崇尚实力，强调以军事手段来推行美国价值观和维护美国国家利益。正是在新保守主义的极力推动下，美国走向了发动伊拉克战争的道路，并使美国深陷战争泥潭数年，付出了沉重的代价。

美国的外交政策还受到各种国际环境的制约。冷战结束后，国际力量对比发生了较大变化，世界格局继续朝着多极化趋势发展。美国正受到世界各种力量的制约。俄罗斯、中国明确反对美国的霸权主义，欧盟、日本等美国的盟国独立意识日益增强，对美国的许多做法表示不满。广大发展中国家在国际事务中的发言权也越来越大，并且正在以各种方式争取建立更加公正合理的国际政治经济新秩序。与此同时，美国所面对的挑战诸如大规模毁灭性武器的扩散、生态环境恶化、气候变化、毒品泛滥、国际恐怖活动等，单靠美国一国力量是根本无法应付的，需要采取跨国行动，与相关国家共同合作，特别是同几个主要大国进行合作。

二　当代美国外交的特点和未来走势

当代美国外交的内容异常丰富，所牵涉的问题十分复杂。而且，影响美国外交的国内外因素也多种多样，并相互交织。尽管如此，当代美国外交仍然具有一些基本的特点，其今后一段时期内的基本走势也是可以预测的。大体说来，这些特点和发展趋势应包括以下几个方面的内容：

（一）美国外交的核心目标仍然是增强美国的安全，促进美国的经济繁荣和促进国外的民主，并在国际事务中继续发挥领导作用。美国外交的主要侧重点正在从过去的双边关系和区域政策转向对核扩散、国际贸易规则、移民、毒品、打击恐怖主义、环境保护等全球性问题。这方面的主要目标是：健全对美国有利的国际贸易与投资规范和制度，继续倡导并推进全球贸易与投资自由化；扩大对外贸易和投资，不断拓展国外市场，特别是把目标转向亚洲、非洲和拉丁美洲这些发展中地区，同时设法保护国内市场和就业机会；打击国际犯罪和恐怖主义，加大反跨国毒品走私力度；制止非法移民；促进全球生态环境保护。

（二）内政和外交之间的界限将会变得更加模糊。总统的外交权威受到削弱，国会更多地插手外交事务。外交决策会进一步受到两党政治的干扰。随着外交议题的多元化，使外交决策机制越来越复杂化，决策机构越来越庞大。各种各样的利益集团、非官方组织以及跨国公司等对美国外交的影响将会进一步加大，这些都会使得美国外交决策变得复杂化。

（三）打击恐怖主义和防止大规模毁灭性武器的扩散在美国外交活动中仍将占据重要的地位。尽管在打击恐怖主义方面已经取得了重大成果，但美国反恐的任务还没有完成。今后一段时期，美国将综合运用军事、政治、外交、经济、文化等手段，继续打击恐怖主义。在防止核扩散方面，自冷战结束以来，美国非常重视制止大规模杀伤性武器的扩散问题，曾花费几十亿美元帮助东欧国家销毁核武器，防止核武器和核技术从这些国家流失。对于潜在的核国家，美国将采取措施密切监视，并想方设法施加压力，敦促这些国家放弃发展核武器。美国防范的重点仍将是朝鲜、伊朗、古巴等国。与此同时，美国将不顾国际社会的反对，继续加快部署国家导弹防御系统和战区导弹防御系统，从而引发新一轮军备竞赛，危及全球战略稳定与平衡，并使国际军控问题谈判和防止武器扩散的努力变得更为复杂、困难。

（四）继续在地区事务和冲突中扮演活跃的角色。美国会继续维持并不断加强传统的美欧、美日安全同盟，部分转变同盟的职能，扩大其活动范围，增强其牢固性，使之能够更有效地适应不断变化的国际和地区形势。美国继续在能源蕴藏丰富、战略位置重要的中亚地区加紧渗透，扩大影响，同俄罗斯和以伊朗为首的伊斯兰势力进行争夺。美国同非洲的关系进一步发展，特别是在经济领域，双方的往来将大大增加。在中东地区，继续积极推动中东和平进程，并促进中东发生有利于西方的变革。在亚太地区，美国仍将保持前沿存在，继续在日本、韩国、澳大利亚等国家保持一定数量的驻军。在经济领域，进一步推动亚太地区贸易与投资自由化。在西半球，继续谋求建立以美国为主导的美洲自由贸易区，加强在扫毒、制止非法移民、环境保护等领域同拉美国家的合作。欧洲仍然是美国推行全球战略的重点，继续建立以美国为主导、以北约为核心的欧洲安全新格局，进一步加强与欧洲盟国的政治、经济关系，同时加紧向欧洲新独立国家进行渗透，将其纳入西方势力范围。

（五）进一步加强传统盟国的关系，特别是美欧关系、美日关系，发展同中国和俄罗斯的关系。尽管美国与其盟国在经济利益和安全问题上存在着严重分歧和矛盾，双方龃龉不断，但是，美国和盟国关系的基本态势不会发生大的变化。在国际事务上，双方互有需求，任何一方都离不开对方的支持。合作与摩擦并存，既竞争又相互妥协，仍将是美国与其盟国关系的一根主线。在中美关系方面，继续重视并推进两国关系的发展，保持两国关系的相对稳定，增加在经济和社会交往中的合作。同时，在台湾问题、人权问题等方面仍可能会制造一些事端，在经贸领域也会设置一些障碍。但总体来说，中美关系仍将较为稳定地向前发展。对于美俄关系，双方在政治领域的联系会有所加强，在处理一些重大国际问题时，美国仍将会寻求俄罗斯的支持和合作。俄罗斯会在一些涉及自身重大利益的问题上坚持己见，但只要俄罗斯的经济实力没有明显好转，两国关系的不对等性在今后一段时期仍会继续存在下去。

（六）调整外交方式和手段，更加注重软硬方法的结合，手段多样，方法灵活。在今后一段时期，作为世界上唯一的超级大国，其霸权主义的外交不会有根本性的改变。好为人师、以势压人、横加干涉的霸道作风仍会是美国外交的基本行为方式。与此同时，为了尽可能赢得国际社会对美国外交的支持，更好地维护和扩大美国的利益，美国政府也将会努力改善其国际形象，对其行为方式作出某些调整，具体做法包括加强多边外交，避免直接发号施令，做出耐心听取别国意见的姿态，更多地利用非政府组织、跨国公司、国际机构来达到外交目标，加强对外文化渗透，扩大对外文化交流等。美国更加重视在国际机制、国际组织中制定和维护有利于他自己的行为规范和“游戏规则”，通过国际体制的安排和确立规则，把美国的那一套自由经济、人权观念、价值体系扩展到全球。美国在今后的外交活动中，将更加注重运用多边手段，通过国际组织来实现自己的目标。美国领导人认识到，冷战结束后，国际安全形势变得越发复杂，对美国安全的潜在威胁是多种多样的，仅仅靠美国的军事存在和联盟体制还不足以能够充分保障美国的国家安全，必

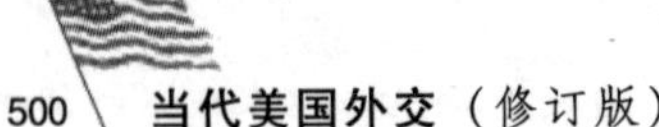

须建设多边安全对话机制，开展预防性外交，以作为建设同盟和保持前沿存在的有效补充，力争把威胁消灭在萌芽状态。随着世界经济区域化、全球化趋势的不断加强，美国外交的这一特征将会更加明显。美国外交政策的意识形态色彩依然浓重，推进世界的“民主化”进程，推广美国式的“人权”观依然是美国今后外交的重要目标，并借“人权问题”干涉其他国家内政。

主要参考文献

中文参考书目

陈峰君主编《冷战后亚太国际关系》，新华出版社，1999。

樊吉社、张帆：《美国军事：冷战后的战略调整》，社会科学文献出版社，2011。

黄平、倪峰主编《美国问题研究报告》（2011），社会科学文献出版社，2011。

李明德主编《1999年拉丁美洲和加勒比发展报告》，社会科学文献出版社，1999。

刘金质：《美国国家战略》，辽宁人民出版社，1996。

刘连第编著、《中美关系重要文献资料选编》，时事出版社，1996。

梅孜主编《美台关系重要资料选编》，时事出版社，1997。

梅孜编译《美国国家安全战略报告汇编》，时事出版社，1996。

牛军主编《克林顿治下的美国》，中国社会科学出版社，1998。

潘锐：《冷战后的美国外交政策》，时事出版社，2004。

孙士海主编《南亚的政治、国际关系及安全》，中国社会科学出版社，1998。

唐宝才主编《伊拉克战争后动荡的中东》，当代世界出版社，2007。

陶文钊主编《冷战后的美国对华政策》，重庆出版社，2006。

王缉思主编《高处不胜寒：冷战后美国的全球战略和世界地位》，世界知识出版社，1999。

王缉思、徐辉、倪峰主编《冷战后的美国外交》，时事出版社，2008。

王京烈主编《面向二十一世纪的中东》，社会科学文献出版社，1999。

王立新：《意识形态与美国外交政策》，北京大学出版社，2007。

王晓德：《美国文化与外交》，世界知识出版社，2000。

徐世澄主编《美国和拉丁美洲关系史》，社会科学文献出版社，1995。

赵国忠主编《海湾战争后的中东格局》，中国社会科学出版社，1995。

赵国忠、温伯友、杨光主编《中东非洲发展报告》（1997～2011），社会科学文献出版社，1998～2011。

赵伟明：《中东问题与美国中东政策》，时事出版社，2006。

中国社会科学院美国研究所编《美国年鉴》（1999～2006），中国社会科学出版社，1999～2006。

中国现代国际关系研究院：《反恐背景下的美国全球战略》，时事出版社，2004。

中国现代国际关系研究院：《国际战略与安全形势评估》（2002～2011），时事出版社，2002～2011。

中华人民共和国外交部政策研究室编《中国外交》（1993～2010），世界知识出版社，1993～2010。

朱明权：《领导世界还是支配世界？》，天津人民出版社，2005。

外文参考书目

Bose, Meena and Rosanna Perotti. From Cold War to New World

Order: The Foreign Policy of George H. W. Bush. Westport: Greenwood Press, 2002.

Christopher, Warren. Chances of a Lifetime. New York: Scribner, 2001.

Cohen, Warren. America's Failing Empire: US Foreign Relations Since the Cold War. Malden: Blackwell, 2005.

Cooper, Danny. Neoconservatism and American Foreign Policy. New York: Routledge, 2011.

Daalder, Ivo and James Lindsay. America Unbound: The Bush Revolution in Foreign Policy. Brookings Institution Press, 2003.

Dumbrell, John. Clinton's Foreign Policy. New York: Routledge, 2009.

Ehrenberg, John. The Iraq Papers. New York: Oxford University Press, 2010.

Girad, Philippe. Clinton in Haiti. New York: Palgrave Macmillan, 2004.

Hancock, Jan. Human Right and US Foreign Policy. London: Routledge, 2007.

Hybel, Alex and Justin M. Kaufman. The Bush Administration and Saddam Hussein. New York: Palgrave Macmillan, 2006.

Lampton, David. Same Bed, Different Dreams: Managing US-China Relations, 1989 - 2000. Berkley: University of California University Press, 2001.

Lynch, Timothy and Robert Singh. After Bush: The Case for Continuity in American Foreign Policy. New York: Cambridge University Press, 2008.

Miller, Mark and Boyka Stefanova. The War on Terror in Comparative Perspective: US Security and Foreign Policy after 9/11. New York: Palgrave Macmillan, 2007.

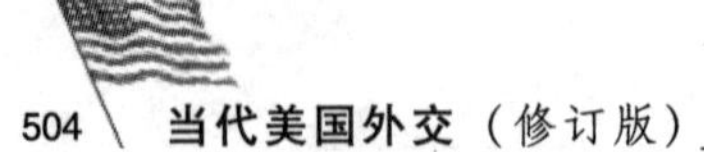

Morley, Morris and Chris MGillion. Unfinished Business: America and Cuba after the Cold War, 1989 - 2001. New York: Cambridge Univesity Press, 2002.

Sutter, Robert. U. S. - Chinese Relations. Lanham: Rowman & Littlefield Publishers, 2010.

后　记

这本小册子最初出版于2001年，主要介绍的是乔治·布什和克林顿两届政府的对外政策。这次修订增补了小布什、奥巴马政府的相关材料，并对原书内容做了一些必要的增删。在写作过程中，作者深深感到，当代美国外交的时间虽然相对较短，内容却是极为丰富、复杂。可以说本书的每一章、每一节甚至每一专题如果放开来写，基本上都能够成为一本单独的小册子。考虑到丛书编委会的要求，作者尽可能做到简明扼要，并力争较为全面、系统地梳理20年来美国对外关系的主要内容和发展变化的主要轨迹，希望对诸位学界师友和读者朋友了解当代美国外交能有所裨益，起一点参考价值。鉴于自己的水平和能力非常有限，要把握好纷繁复杂的当代美国外交的内涵，作者深感力不从心。疏漏、谬误和不当之处，敬请诸位读者朋友给予指教和批评。

美国研究系列丛书·相关链接

美国是中国最重要的研究对象国之一，美国问题研究对中国各界的重要性自不待言。经过长期筹备，中国社会科学院美国研究所与社会科学文献出版社共同推出美国研究系列著作，有《美国蓝皮书》、《美国研究丛书》、《美国研究译丛》和《当代美国丛书》共四个系列。

《美国蓝皮书》是中国社会科学院美国研究所和中华美国学会编撰的国内首部美国问题研究报告，每年出版一本，旨在对美国的内政外交等诸方面进行跨年度梳理和归纳，并对其来年的走势适当进行预测。《美国研究丛书》收录国内学者关于美国问题的最新专题性优秀研究成果。《美国研究译丛》收录海外美国问题研究的重要著作，为读者提供一个了解、认识美国的域外视角。《当代美国丛书》此次修订出版，依然坚持深入浅出的著述风格，在科学性的基础上兼顾可读性，在全方位、多角度的前提下深入地剖析美国的方方面面。

美国蓝皮书

黄平　倪峰　主编

2011 年 6 月出版

69.00 元

ISBN 978-7-5097-2390-6

黄平　倪峰　主编

2012 年 5 月出版

79.00 元

ISBN 978-7-5097-3333-2

美国研究丛书

王孜弘　主编

2011 年 6 月出版

39.00 元

ISBN 978-7-5097-2256-5

卢咏　著

2011 年 4 月出版

49.00 元

ISBN 978-7-5097-2119-3

更多信息请查询：www.ssap.com.cn

美国研究丛书

樊吉社　张帆　著
2011 年 1 月出版
49.00 元

美国研究译丛

〔美〕罗伯特·卡根　著
袁胜育　郭学堂　葛腾飞　译
2011 年 6 月出版
89.00 元(上、下)

ISBN 978-7-5097-2310-4
9 787509 723104 >

〔法〕夏尔 – 菲利普·戴维
路易·巴尔塔扎　于斯丹·瓦伊斯　著
钟震宇　译
2011 年 1 月出版　49.00 元

〔美〕尼娜·哈奇格恩
〔美〕莫娜·萨特芬　著
张燕　单波　译
2011 年 1 月出版　39.00 元

〔美〕理查德·罗斯克兰斯
顾国良　主编
2010 年 8 月出版　29.00 元

〔美〕弗朗西斯·加文　著
严荣　译
2011 年 8 月出版　39.00 元

当代美国丛书

朱世达　著
2011 年 6 月出版
59.00 元
ISBN 978-7-5097-2322-7

何家弘　主编
2011 年 6 月出版
59.00 元
ISBN 978-7-5097-2201-5

赵学功　著
2012 年 8 月出版
69.00 元

ISBN 978-7-5097-3550-3

姬虹　主编
2012 年 8 月出版
59.00 元

ISBN 978-7-5097-3643-2

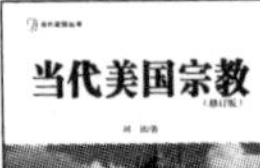

刘澎　著
2012 年 8 月出版
49.00 元

刘杰　著
2011 年 6 月出版
49.00 元

ISBN 978-7-5097-2261-9

陈宝森　王荣军　罗振兴　主编
2011 年 6 月出版
59.00 元

ISBN 978-7-5097-2412-5

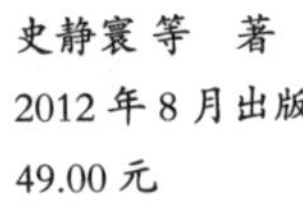
史静寰 等　著
2012 年 8 月出版
49.00 元

ISBN 978-7-5097-3468-1

朱成虎　孟凡礼　主编
2012 年 8 月出版
49.00 元

ISBN 978-7-5097-3680-7

更多信息请查询：www.ssap.com.cn

其他

黄平　胡国成　赵梅　主编
2011 年 6 月出版
189.00 元（上、下卷）

ISBN 978-7-5097-2289-3
9 787509 722893 >

黄平　主编
2009 年 7 月出版
39.00 元

ISBN 978-7-5097-0835-4
9 787509 708354 >

陈宝森　著
2007 年 4 月出版
45.00 元

ISBN 978-7-80230-433-8
9 787802 304338 >

姜琳　著
2008 年 3 月出版
39.00 元

ISBN 978-7-80230-984-5
9 787802 309845 >

〔美〕史蒂夫多尔蒂　著
2008 年 10 月出版　30.00 元

ISBN 978-7-5097-0359-5
9 787509 703595 >

〔美〕伊曼纽尔·沃勒斯坦　著
谭荣根　译
2007 年 7 月出版　29.00 元

ISBN 978-7-80230-703-2
9 787802 307032 >

周建明　王成至　主编
2010 年 3 月出版
248.00 元

ISBN 978-7-5097-1182-8

9 787509 711828 >

图书在版编目（CIP）数据

当代美国外交/赵学功著．—修订本．—北京：社会科学文献出版社，2012.8
（当代美国丛书）
ISBN 978－7－5097－3550－3

Ⅰ.①当…　Ⅱ.①赵…　Ⅲ.①美国对外政策－研究－现代
Ⅳ.①D871.20

中国版本图书馆 CIP 数据核字（2012）第 145057 号

·当代美国丛书·
当代美国外交（修订版）

著　　者／赵学功

出 版 人／谢寿光
出 版 者／社会科学文献出版社
地　　址／北京市西城区北三环中路甲 29 号院 3 号楼华龙大厦
邮政编码／100029

责任部门／编译中心（010）59367004　　责任编辑／段其刚　董风云　房　强
电子信箱／bianyibu@ ssap. cn　　责任校对／丁立华　刘玉清
项目统筹／祝得彬　　责任印制／岳　阳
经　　销／社会科学文献出版社市场营销中心（010）59367081　59367089
读者服务／读者服务中心（010）59367028

印　　装／三河市尚艺印装有限公司
开　　本／787mm×1092mm　1/20　　印　　张／26
版　　次／2012 年 8 月第 1 版　　字　　数／449 千字
印　　次／2012 年 8 月第 1 次印刷
书　　号／ISBN 978－7－5097－3550－3
定　　价／69.00 元